JN458002

제 4 판

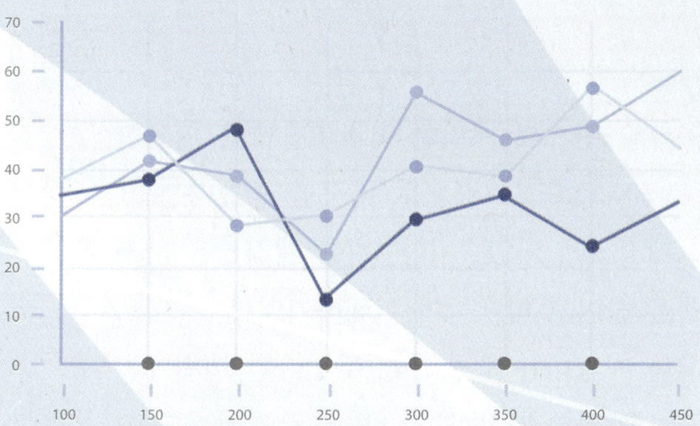


*Statistics for Management & Economics*

Excel 2013을 이용한

# 경영경제 통계학

김양렬 · 민충기 · 윤선희

명경사
MYUNGKYUNGSA

# 머리말 (제4판)

Preface

지난 2판의 「경영경제통계학」을 작년에 3판으로 개정한 이후 EXCEL을 활용한 계산과정에 사용된 프로그램을 새로운 EXCEL프로그램으로 바꾸면 좋겠다는 요구사항이 있어 1년만에 4판으로 다시 개정하게 되었습니다. 지난 개정판은 다소 어려울 수 있는 개념이나 중복된 내용을 줄이고 학생들이 이해하기 쉬운 용어로 바꾸어 설명하며 보충이 필요한 이론을 보강하는데 중점을 두었다면 이번에는 EXCEL 프로그램을 2013버전을 이용하여 통계를 계산하는 방법을 수정하는데 초점을 두었습니다.

본 서는 14장으로 구성하였으며, 제I부 통계학 입문– 1장 통계학이란, 제II부 기술통계 – 2장 자료의 종류와 도시, 3장 중심경항치와 분산도, 제III부 확률론 – 4장 확률개념, 5장 확률분포, 제IV부 추론통계 – 6장 표본추출과 표본분포, 7장 통계적추정과 신뢰구간, 8장 가설의 검정, 제V부 변수간의 관계분석 – 9장 분산분석, 10장 상관분석, 11장 단순선형회귀분석, 12장 다중회귀모형, 13장 카이제곱검정, 14장 비모수통계분석방법입니다.

개정된 3판과 제4판에서 개정된 구체적인 내용은 다음과 같습니다.

**첫째**, 제I부 통계학 입문은 1장 통계학이란 내용으로만 구성하였고, 기존의 내용을 종합 재구성하였고 통계학의 기본요소에 대한 용어 설명을 보강하였습니다.

**둘째**, 제II부 기술통계는 2장 자료의 종류와 도시, 3장 중심경향치와 분산도로 구성하였고, 2장에서 자료의 종류에서 정보의 수준에 따른 분류인 명목자료, 서열자료, 등간자료, 비율자료에 대한 내용을 보강하였습니다. 내용의 보강에 따라 이에 대한 연습문제를 추가하였고, 3장에서 체비세프의 정리에 대한 내용을 삭제하였습니다.

**셋째**, 제III부 확률론은 4장 확률개념, 5장 확률분포로 구성하였고, 4장에서는 확률에 대한 용어를 학생들에게 익숙한 용어들로 수정하고 기호들을 보완하였고, 5장에서는 정규분포를 이용한 이항확률계산에 대하여 그림을 추가하여 이해하기 쉽도록 보충을 설명하였습니다.

**넷째**, 제IV부 추론통계는 6장 표본추출과 표본분포, 7장 통계적 추정과 신뢰구간, 8장 가설의 검정으로 구성되었고, 6장에서는 표본추출방법에 대한 내용을 새롭게 추가하였다. 7장에서는 추정량 선정 기준에 대한 내용을 추가하였으며 신뢰구간 추정방법에 대한 내용을 쉽게 정리 하였고, 8장에서는 가설검정방법에 대해 설명하는 그림 등을 추가하여 학생들이 이해를 돕도록 하였습니다.

**다섯째**, 제V부 변수간의 관계분석은 9장 분산분석, 10장 상관분석, 11장 단순선형 회귀모형, 12장 다중회귀모형, 13장 카이제곱검정, 14장 비모수통계분석방법으로 구성되었고, 9장 분산분석에서는 분산분석을 하는 이유를 좀더 이해하기 쉽게 설명하도록 개정하였으며 이원분산분석에 대한 접근방법에 대해서도 쉽고 단순한 방법으로 설명하여 이해를 돕고자 하였고, 분산분석을 이해하는데 도움이 되는 연습문제를 수정보완 하였습니다. 10장 상관분석에서도 이 분석에 대한 이해를 돕기 위한 설명을 보충하고 수정하였고, 11장 단순회귀분석모형에서는 표본회귀선의 적합도 검정에 대한 방법 중 추정의 표준오차에 의한 적합도 검정을 추가로 삽입하여 보강하였으며, 표본회귀선의 유의성검정에 대한 방법도 F-검정방법을 추가로 설명하였습니다.

**여섯째**, 매장 추가되어 있는 EXCEL을 이용한 통계분석 방법을 2013버전으로 바꾸어 바뀐메뉴에 따라 그림을 모두 수정하고 내용을 보완하였고, 최신버전 EXCEL을 이용하여 통계분석을 하는데 학생들에게 도움이 되리라 생각합니다.

그동안 저희 책을 사용하시며 좋은 의견을 주신 분들께 진심으로 감사드립니다. 그리고 본 개정판에 나오기까지 수고해 주신 명경사 한의명 사장님의 지원에 감사드리고, 특별히 책표지를 위해 수고해 준 윤준성님께도 감사드립니다.

2014년 2월

저자

# 차 례
Contents

## 제 I 부 | 통계학입문

### 제 1 장 통계학이란

# 제 II 부 | 기술통계

## 제 5 장 확률분포

## 제Ⅳ부 | 추론통계

## 제 8 장 가설의 검정

## 제 V 부 | 변수간의 관계분석

### 제 9 장 분산분석

## 제 12 장 다중회귀모형



## 제 13 장 카이제곱검정 : 정성적 자료의 통계분석

- 서 론 (제1장)
  - 기술통계
    - 자료의 종류와 도시 (제2장)
    - 중심경향치와 분산도 (제3장)
  - 확 률 론
    - 확률 개념 (제4장)
    - 확률분포 (제5장)
      - 추론통계
        - 표본추출과 표본분포 (제6장)
        - 통계적 추정과 신뢰구간 (제7장)
        - 가설의 검정 (제8장)
          - 변수간의 관계 분석
            - 분산분석 (제9장)
            - 상관분석과 회귀모형 (제10,11,12장)
            - 카이제곱 검정 (제13장)
            - 비모수 통계분석방법 (제14장)

## 제 I 부

# 통계학 입문

제 1 장 | 통계학이란

**제 I 부 통계학 입문**

제1장 통계학이란

**제 II 부 기술통계**

제2장 자료의 종류와 도시
제3장 중심경향치와 분산도

**제 III 부 확률론**

제4장 확률개념
제5장 확률분포

**제 IV 부 추론통계**

제6장 표본추출과 표본분포
제7장 통계적 추정과 신뢰구간
제8장 가설의 검정

**제 V 부 변수간의 관계분석**

제 9 장 분산분석
제10장 상관분석
제11장 단순선형회귀분석
제12장 다중회귀모형
제13장 카이제곱검정
제14장 비모수 통계분석방법

제 **1** 장

# 통계학이란

1.1 통계학을 공부하는 이유는?
1.2 통계학의 정의 및 목적
1.3 통계학의 기본요소
1.4 통계적 분석절차
1.5 통계분석의 한계
1.6 본서의 구성

## 1.1 통계학을 공부하는 이유는?

거의 매일 우리는 일상생활에서 통계적 개념을 사용하고 있다. 아침에 일어나면서 날씨가 어떨 것인지, 비가 올 가능성은 얼마나 될 것인가를 생각한다. 식사를 하면서 국 맛을 보기 위해 약간을 표본으로 맛을 본 후 간을 조절한다. 기업 경영에서도 많은 유사한 문제를 경험한다. 롯데제과에서는 생산 제품이 표시용량을 만족하는가를 확인하기 위해 주기적으로 생산품을 무작위 추출하여 함량을 측정한다. 정부에서는 부동산 가격이나 물가동향을 파악하기 위해 주기적으로 일부 지역이나 상품가격을 조사한다.

오늘날 통계적 기법은 기업활동은 물론 정치, 행정, 사회, 병원, 교통, 스포츠 등 거의 모든 활동 분야에서 중요 의사결정을 위한 필수적 도구로 자리잡고 있다. 100여년 전 영국의 역사학자 H. G. Wells는 "앞으로 통계적 사고는 책을 읽을 수 있는 능력과 같은 정도로 효율적인 사회인이 되기 위해 필수적으로 갖추어야 할 능력이 될 것"이라고 하였다. 벌써 100년 전부터 통계적 사고능력 없이는 현대를 살아갈 수 없다고 공언한 셈이다.

대학의 교과과정을 보면, 많은 전공 분야에서 통계학을 필수과목으로 채택하고 있는 것을 알 수 있을 것이다. 공학, 사회과학, 경영학이나 경제학 등 각 전공 분야에서 교과과정에 통계학을 포함시키고 있다. 통계학을 응용하는 학문 분야는 다를지라도 기본적 이론이나 분석절차는 모두 동일하다. 눈에 띄는 하나의 차이는 그들이 사용하는 예시문제가 다르다는 것이다. 구태여 하나의 차이를 더 든다면 강의에 사용하는 수학 수준이다. 경영 · 경제를 포함한 사회과학 분야에서는 응용을 목적으로 하므로 고급수학을 사용하지 않는다. 본서에서 다루는 내용을 이해하는 데에는 고등학교 정도의 수학이면 충분하다.

다양한 학문 분야에서 통계학을 공부하는 이유는, 과학적 이론을 세우고 이런 이론을 뒷받침할 실증자료를 찾거나, 많은 현상적 자료를 분석하여 이들에 공통적인 일반적 법칙을 찾는 것은 어느 학문 분야나 마찬가지이고, 이러한 목적을 위하여 통계적 기법이 필수적으로 필요하기 때문이다. 전문적 학술연구는 물론이고, 일상적 문제를 설득력있게 설명하는 데 통계적 지식은 농부에게 호미와 쟁기 이상이다.

## 1.2 | 통계학의 정의 및 목적

통계학이라 할 때 가장 먼저 떠오르는 것은 무엇인가? 야구팀의 평균 타율? 아니면 종합주가지수? 실업률? 아니면 대학 졸업조건으로 반드시 들어야 하는 필수과목? 통계학은 필요한 정보를 얻기 위해 자료(data)를 모으고, 조직하며, 표현, 분석, 해석하는 과학적 기법으로, 기업경영이나 경제적 문제의 해결에 그 적용범위가 무한한 매우 유용한 학문이다. 통계학을 공부하는 과정에서 이러한 사실을 누구나 자명하게 느끼게 될 것이다.

우선 통계학은 복잡한 현상에 대한 수치적 설명(numerical description)으로 생각할 수 있다. 월별 실업률, GDP 성장률, 종합주가지수 등의 통계는 수많은 자료를 처리하여 얻은 현상의 요약적 설명이다. 통계적 분석에서 우리가 수집한 자료는, 우리가 관심을 가지고 있는 집단 전체보다는 그 중 일부분인 경우가 대부분이므로, 표본자료에 대한 단순한 현상의 설명을 넘어 통계학은 표본에서 얻은 정보로 모집단 특성을 추정하는 추론(inference)을 다룬다. 이것은 통계학에서 다루어지는 또 하나의 중요한 영역이다. 그러므로 통계학의 응용은 크게 기술통계(descriptive statistics)와 추론통계(inferential statistics)로 나눌 수 있다.

**▶▶ 기술통계와 추론통계**

**기술통계** : 숫자나 그래프를 이용하여 자료에 있는 정보를 요약하거나 유형화
**추론통계** : 표본자료를 이용하여 관심집단 전체의 특성을 추정, 예측, 또는 일반화

| 사례 |

**소비자 물가지수**

물가지수는 통상 비교의 기준이 되는 시점의 수치를 100으로 하여 산출함을 의미하는데 이에 따라 어느 특정 시점의 물가지수가 115라면 이는 기준시점보다 물가가 15% 오른 것을 의미하며, 비교시점의 물가지수가 90이라면 물가가 기준시점보다 10% 내린 것을 의미한다.

소비자물가지수는 소비자가 일상 소비생활에 쓸 용도로 구입하는 재화의 가격과 서비스요금의 변동을 조사함으로써 도시가계의 평균적인 생계비 내지 구매력의 변동을 측정하기 위한 특수목적지수이다. 미국에서는 노동통계청(www.bls.gov)이 소비자물가지수의 작성을 담당하고 있고, 우리나라에서는 통계청(www.nso.go.kr)에서 이를 담당하고 있다. 소비자물가지수의 조사대상지역은 현재(1995년 기준지수) 서울을 비롯한 36개 주요 도시이며 조사대상품목은 가계소비지출 중에서 차지하는 비중이 1/10,000 이상인 509개 품목이다. 물가지수는 그 작성목적에 따라 해당되는 상품의 가격변동을 전부 반영할 수 있도록 해당 상품을 모두 포괄하는 것이 가장 바람직하지만, 시간, 비용, 인력 등에 많은 제약이 따라 실제로는 일정한 기준에 의거하여 선정된 대표품목만을 대상으로 하여 가격을 조사한다.

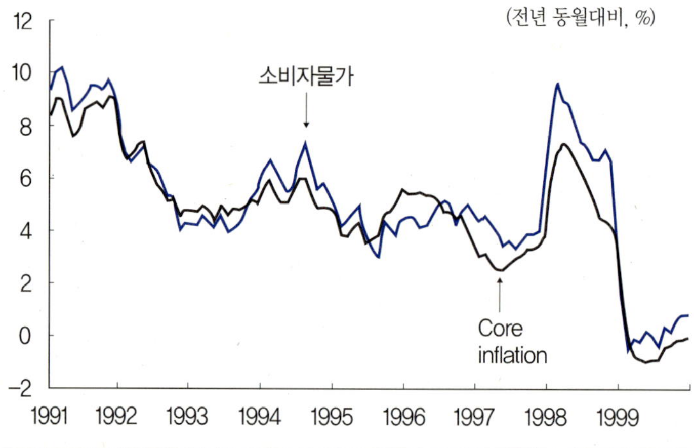


## 1.2.1 통계와 의사결정

경영이나 경제학에서 우리는 왜 통계학을 공부하는가? 지난 반세기 동안 품질관리, 통계적 회계감사, 수요예측 등 기업 경영활동에서 통계학을 이용한 계량적 기법은 놀라울 정도로 발전하였다. 계량경제모형, 시장조사, 소비자물가와 같은 지수 작성 등은 경제활동을 계량화하기 위한 비교적 최근의 시도이다.

오늘날 물밀듯이 밀려드는 숫자 정보로 인하여 통계적 무장이 약한 사람은 정보가 주는 혜안보다는 혼란의 늪에 빠져 정신을 차릴 수 없을 지경이다. 그러므로, 경영학이나 경제학을 공부한 사람들에게 통계적 방법론과 용어를 이해하는 것은 매우 중요하다. 경영관리자는 이들 숫자 정보의 홍수를 증류할 수 있는 합리적 사고와 분별력을 개발하여, 현실에 대한 현명한 의사결정, 추론 또는 일반화할 수 있어야 한다. 우리는 통계학에 대한 공부는 현대의 사업환경에서 기업을 효과적으로 경영할 수 있는 능력에 필수적이라고 믿는다.

어떤 조직에서나 관리자의 위치에 있는 사람은 여러 가지 문제에 대하여 끊임없이 최선의 방안을 선택하는 결정을 해야 한다. 의사결정은 관리자의 중요한 직무이고, 한 사람의 의사결정이 평균적으로 다른 사람보다 좋은 성과를 가져오면 우리는 그를 우수한 관리자라 한다. 그러나, 중대한 문제에서 하나를 선택해야 하는 결정은 쉬운 일이 아니다. 선택의 결과로 얻게 될 이득을 사전에 알 수 있다면 선택은 비교적 단순해지나, 미래에 발생하게 되는 상황을 사전에 알 수 없는 것이 인간의 한계이다.

미래 상황에 대한 정보가 불완전한 상태에서도 좀더 나은 성과를 얻기 위해서는 당연히 제한적 정보나마 최대한 활용해야 한다. 통계분석은 당면한 문제에 관계가 있는 여러 가지 자료(data)에서 의사결정에 도움이 되는 정보(information)를 추출하고, 그 정보의 질적 가치에 대한 척도를 제공해 주는 도구이다. 정보의 질은 그 정보를 얼마나 믿을 수 있는가의 정도이며, 확률로 평가한다. 확률은 여러 사건의 실현가능성에 대한 평가로 위험하고 무작위적인 사건을 이해하는 데 도움이 된다.

불확실성이 높은 의사결정에서는 전문가로서의 경험과 직관이 무엇보다 중요하다고 한다. 그렇지만 불확실성이 아무리 높다하여도 모든 관련 정보를 충분히 활용한다면 보다 나은 성과를 기대할 수 있다. 그러므로, 통계적 기법은 의사결정 과정에서 하나의 필수적 부분이고, 전문가로서의 직관은 통계적 분석 결과와 결합되어야 보다 나은 전략적 결론을 얻을 수 있다.

통계학적 지식이 없으면 성공적 관리자가 될 수 없는가? 그렇지는 않을 것이다. 상황이 매우 불확실한 경우에는 통계적 기법의 적용이 제한되므로, 직관과 경험을 바탕으로 결정을 하게 된다. 통계적 무장없이도 전략적 결정에 자신의 지식, 경험, 직관을 최대한 활용한다면 성공할 수 있을 것이다. 통계학은 숫자형태로 주어지는 지식과 경험을 체계적으로 다루는데 편리한 도구이다. 그러므로, 똑같은 정도의 지식, 경험, 직관을 소유한 관리자라 할지라도 통계적 능력을 갖춘 사람은 그렇지 못한 사람에 비하여 상대적 경쟁우위를 갖게 된다.

### 1.2.2 통계학을 공부하는 목적

통계학은 완전한 정확성을 추구하는 과학은 아니다. 겉으로 나타난 복잡한 현상으로부터 그 밑에 숨어 있는 보편적 사실을 도출하는 학문이다. 이러한 통계적 지식은 개인의 경험이나 직관을 보완할 수 있을 뿐 대체할 수는 없다. 그러므로, 통계적 지식이 개인의 경험이나 지식, 직관을 방해해서는 안된다. 불확실한 사건에 대한 자료와 그 자료의 기본 특성을 알면 의사결정에 필요한 정보를 보다 확실히 파악할 수 있다. 통계적 방법은 의사결정의 한 부분이지 전체가 아니다.

통계학은 의사결정에 필요한 자료를 수집하고 분석하는 기술이다. 모든 기록정보는 모두 자료이고 통계의 대상이 될 수 있다. 다음은 우리가 흔히 접하게 되는 경영경제 관련자료들이다.

**통계자료**

- 기업 재무제표, 주식의 가격 및 거래량 등의 회계 및 투자자료
- 생산실적, 판매보고서, 인사기록 등의 기업 내부자료
- 시장조사결과 등 시장자료
- 경제성장률, 통화량, 이자율 등 정부가 공시하는 정부자료
- 인구통계, 교통량 등의 사회활동자료

수많은 조그만 정보가 모여 복잡하고 규모가 큰 자료집단을 이루고 있을 때, 통계학은 이러한 상황을 분류하고 분석하여 집단 전체의 본질적인 큰 그림을 제공한다. 의사결정에 필요한 정보를 얻을 자료가 없는 상태라면 통계학은 자료를 효과적으로 수집할 수 있는 유익한 방법을 제공한다.

통계분석을 위한 자료가 있을 때, 통계적 분석방법으로 우리는 무엇을 할 수 있을까? 즉, 우리가 통계학을 공부하는 목적이 무엇인가를 생각해 보자. 통계학

을 공부하는 목적은 크게 나누어 네 가지를 들 수 있다.

### (1) 자료의 요약

첫번째의 목적은 자료의 요약이다. 자동차판매회사의 1년간 판매상황 자료가 일기장 형식으로 되어 있다고 하자. 이 상태로는 단지 현재의 상황을 알 수 있을 뿐이다. 그러나, 일기장 형태의 자료를 대리점별, 차종별, 월별, 지역별로 정리 요약하여 보면 판매상황에 대한 보다 많은 정보를 알 수 있다.

### (2) 표본조사

두번째의 목적은 표본조사이다. 우리나라에는 현재 약 1,300만 가구가 있다. 이들 중 독신가구와 4인 가구의 구매력 차이를 조사하기 위하여 이들의 월 평균 생활비 지출액을 알아야 한다면 어떻게 해야 할 것인가? 이들 전체를 조사하는 것은 시간과 비용 측면에서 현실적으로 불가능하다. 그러므로, 우리는 전체를 대표할 수 있는 표본을 만들고 이 표본을 조사한 후 그 결과를 전체 집단에 적용한다. 전체를 가장 근사하게 대신할 수 있는 표본을 추출하는 방법이 필요하다.

### (3) 인과관계 파악

다음의 목적은 여러 가지 관심대상이 되는 변수들 간의 인과관계를 파악하는 것이다. 어떤 기업의 경쟁력이 경쟁관계에 있는 기업의 생산성보다 낮다는 것을 알았을 때, 생산성을 높이기 위한 전략을 수립하기 위해서 관리자는 그 원인이 무엇인지 알아야 한다. 이러한 경우에 통계적 방법은 매우 유용하다. 즉, 급여수준, 작업조건, 작업방식, 생산설비 등 생산성에 영향을 미칠 수 있는 여러 요인 중 무엇이 가장 중요한지를 알 수 있게 해준다.

### (4) 예측

마지막 목적으로 관심 사항의 미래 활동수준을 예측하는 것이다. 많은 의사결정은 미래를 대비하기 위한 것이므로, 계획단계에서 미래의 예측은 필수적이다. 수도권에 위치한 기초소재를 생산하는 기업이 신설 공업단지로 시설을 이전하면서 시설 규모를 결정하기 위해서는 소재의 미래 시장수요와 자사의 시장점유율을 알아야 한다. 과거의 시장수요와 시장점유율 자료가 있다면 다양한 통계적 기법을 적용하여 가장 가능성이 높은 미래의 시장수요 및 점유율을 예측할 수 있다.

## 1.3 통계학의 기본요소

통계적 방법은 모집단을 조사하고, 분석하며, 이해하는 데 특히 유용하다. 모집단은 우리가 그 특성을 알고 싶어하는 사람, 목적물, 거래, 사건 등 실체 집단이다. 다음은 모집단(population)의 보기이다.

- **모집단**(population)은 우리가 그 특성을 알고 싶어하는 사람, 목적물, 거래, 사건 등 전체집단이다.
- **모수**(parameter) : 모집단의 특성을 수치로 나타낸 것
  예 평균($\mu$), 분산($\sigma^2$), 표준편차($\sigma$)

**모집단의 보기**

1. 전자산업에 근무하는 30세 미만의 여성
2. 서울시 전체 유권자
3. 2001년도에 A 기업의 B 모형 핸드폰을 구입한 전체 소비자
4. A 자동차 회사 B 차종 조립라인에서 2001년 5월 생산된 모든 자동차
5. 2001년도 A 백화점에서 전화주문으로 판매한 전체 매출 건수

모집단을 연구할 때 우리는 모집단에 속해 있는 개체들의 일반적 특성이나 속성을 대상으로 한다. 예를 들어, 위 첫번째 보기의 모집단에 속한 여성들의 나이, 소득, 학력, 결혼 여부 등은 관심의 대상이 될 수 있다. 우리는 이들을 변수(variable)라고 부른다.

**변수**(variable)는 통계분석을 통하여 우리가 밝히려고 하는 모집단의 일반적 특성이나 속성이다.

특정 변수를 연구할 때는 해당 변수를 숫자로 표현하는 것이 편리하다. 근로자의 결혼 여부와 같이 특정 변수의 관측치가 숫자로 나타나지 않는다면, 숫자로 전환하는 과정이 필요하다. 특정 변수의 관찰에서 모집단 내의 각 개체에 숫자를 부여하는 과정을 측정(measurement)이라 한다. 특정 제품에 대한 선호 정도를 1에서 5 사이의 숫자로 표현하도록 하거나, 단순히 조사 대상자의 나이를 묻는 것 등은 측정이다. 측정에서는 스톱워치나 저울 등의 도구를 사용할 수도 있다.

조사 대상 모집단이 크지 않다면, 모집단 내의 모든 개체를 조사할 수 있다. 예를 들어, 전체 사원의 수가 50명인 어느 중소기업에서 사원들의 월 생활비를 알고 싶다면, 전체 사원을 대상으로 조사할 수 있다. 이처럼 모집단 전체를 조사할 때 전수조사(census)라 한다. 그러나, 대부분의 현실적 경영 경제적 문제에서 모집단은 매우 커서, 전수조사에는 시간과 비용이 많이 소요된다. 그러므로, 실제로 우리는 전체를 조사하기 보다는 모집단의 일부분을 선정하여 조사한다. 어느 기업의 2000년도 결산서를 감사하고 있는 회계감사인은 그 기업에서 해당 기간 동안 발생한 전체 345,278건의 매출전표를 전부 조사하지 않고, 이들 중 임의로 뽑은 100건의 표본(sample)만 조사한다.

- **표본**(sample)은 모집단 특성을 조사하기 위해 뽑은 모집단의 일부이다
- **통계량**(statistics) : 표본의 특성을 수치로 나타낸 것

  예 평균($\overline{X}$), 분산($s^2$), 표준편차($s$)

표본을 선정하는 방법을 표본추출절차(sampling procedure) 또는 표본추출계획(sampling plan)이라 한다. 여러 가지 표본추출법 중 가장 중요한 것은 무작위추출법(random sampling)으로, 이 방법에서는 모집단 내의 어느 개체나 표본으

로 뽑힐 확률이 동일하다. 우리는 앞으로 여러 가지 표본추출방법에 대해 앞으로 자세히 알아볼 것이다.

표본을 추출하고 표본으로 뽑힌 각 개체에 대해 관심변수를 측정하였다면, 이제 이 자료를 이용하여 모집단 전체의 특성에 대한 추론을 해야 한다. 즉, 소규모 표본에서 얻은 정보를 이용하여 대량의 개체를 포함한 모집단 특성을 알아낼 수 있다. 감사인은 100건의 매출전표만 조사하고서도, 전체 345,278건의 매출전표에 포함된 오류건수를 추정할 수 있다.

**통계적 추론**은 표본 정보를 기초로 모집단 특성을 추정, 예측, 일반화하는 것이다.

경영관리자들은 중요한 의사결정에 필요한 정보를 얻기 위해 통계적 추론을 사용한다. 예를 들어, 감사인 100건의 전표만 조사하고도 그 회사가 일년 동안 처리한 전체 매출전표 처리과정의 적정 여부를 판단할 수 있다. 신제품을 개발한 후 시장에 출시할 것인지를 결정할 때에도, 일부의 표본집단에게 신제품을 선보인 후 여기서 얻은 정보를 바탕으로 모집단 전체의 구매의도를 추정할 수 있다.

## 1.4 통계적 분석절차

의사결정에 필요한 정보를 수집할 목적으로 통계적 방법을 활용할 때, 우리가 수행하는 통계적 분석 작업은 설계, 탐색, 추정, 가설검정 등의 네 영역으로 구분할 수 있다. 우리는 이들을 통계학의 기본 활동영역이라 한다. 실제 분석과정에서는 이들이 차례로 일련의 과정을 통하여 수행된다.

### (1) 설계단계

통계적 분석의 대상은 수치자료이므로 이러한 자료가 없으면 통계적 분석은 무의미하다. 그러므로, 당면한 문제와 관련된 자료가 없거나 많은 자료의 숲에서 어느 자료를 보아야 할지 알 수 없다면 자료수집을 위한 설계가 필요하다. 통계분석에 사용하는 자료를 수집하는 방법은 세 가지로 나누어 볼 수 있다.

**표본조사**(sample survey)는 시장수요 파악, 신제품 설계, 경쟁력 확보를 위한 전략수립 등의 목적으로 조사할 경우에 필요한 자료를 확보하기 위한 방법으로, 이를 통하여 시장의 현재 상황을 이해할 수 있는 자료를 얻을 수 있다.

**실험계획**(experimental design)은 화학공장의 공정최적화, 품질 원가 등 표준 설정을 위한 효과적 방법이다. 자연과학 분야에서 사용빈도가 높다.

**과거실적자료**(historical data)는 경제주체의 과거 실제 활동상태를 기록한 자료이다. 사회과학 분야에서 주로 접하는 자료로, 관심변수 이외의 다른 변수에 의한 효과를 많이 포함하고 있다.

자료수집을 위한 설계단계에서는 수집할 자료의 유용성과 자료수집에 필요한 비용을 고려하여 설계해야 한다. 시간과 비용을 투입하여 수집한 자료에서 중요한 조사목적에 대한 해답을 얻을 수 없다면 잘못된 설계이다.

좋은 설계는 꼭 필요한 내용의 자료를 꼭 필요한 양만큼 확보하는 것이다.

### (2) 탐색단계

자료가 확보되면, 그 내용을 개략적으로 검사하여 자료의 용도에 적합한지를 알아볼 필요가 있다. 이러한 목적의 탐색단계에서는 여러 각도에서 자료를 검토하고 설명하고 요약한다. 여기서 우리는 우리가 확보한 자료가 우리가 원하던 것인가 또 눈에 띄는 문제점은 없는가를 확인한다. 자료가 잘못되면 아무리 우수한 통계적 방법도 좋은 결과를 주지 못한다. 탐색단계에서 우리는,

- 자료에 우리가 기대했던 관계가 실제로 존재하는가를 밝힘으로써 계획한 분석법의 유효성을 확인하고,
- 자료에서 예기치 않은 중요한 구조를 발견하였다면, 사전에 계획한 분석기법은 다른 대안으로 바뀌어야 한다.

이 과정에서 우리는 흔히 관심변수의 대표치와 분포를 살펴본다. 모든 통계적 분석은 컴퓨터에 들어간 투입자료가 좋을 때에만 유효한 결과를 얻을 수 있다. 그러므로, 탐색단계에서는 자료에 오류가 있으면 수정하고, 분석기법으로는 무엇이

적합한지를 평가하여 최선의 방법을 선택한다. 또한 선택한 분석기법의 유효성도 확인해야 할 것이다. 예를 들어, 회귀분석의 경우에는 특이치(outliers) 유무를 살펴보는 것은 여기에 속한다.

### (3) 추정단계

통계학의 중요한 관심사항은 우리가 알지 못하는 미지수를 추정하는 것이다. 또 다른 목적은 둘 또는 그 이상 집단 간의 차이를 확인하는 것이다. 미지수의 추정에서 우리가 할 수 있는 최선은 하나의 가장 그럴듯한 추측치를 얻는 것이다. 정확한 값은 아무도 모른다. 경영활동에서 당면하게 되는 미지수들에는 다음과 같은 것이 있다.

**경영활동에서 주요 추정문제**

- 다음 분기의 시장이자율
- 내년도 경제성장률
- 다음 분기의 매출액
- 신규도입 제조공정의 불량률
- 수도권 청소년층의 PCS에 대한 반응(내년도 예상 보급률)
- 생산성 혁신전략으로 인한 이득

신뢰성이 높은 자료가 있을 때 우리는 통계적 방법으로 자료 전체에 대한 가장 그럴듯한 모습을 보여준다는 점에서 좋은 추정치를 얻을 수 있다.

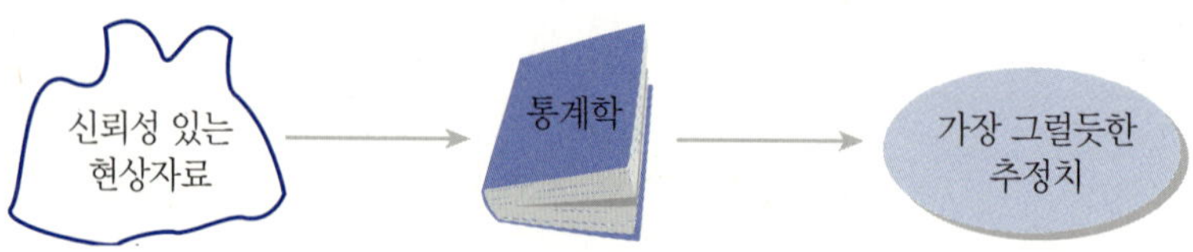


모든 통계적 추정치는 많은 가능성 중에서 가장 그럴듯한 하나의 추측치이므로 틀릴 수도 있다는 것을 이해해야 한다. 실제로 하나의 가장 그럴듯한 추정치는 실현 가능성은 높으나 좀처럼 실현되지는 않는다. 그러므로, 이 추정치가 얼마나 정확한지를 알 수 있다면 그 숫자에 어느 정도 주목해야 할지 결정할 수 있어 편리할 것이다.

이러한 목적의 척도가 신뢰구간이다. 신뢰구간은 추측치의 불확실한 정도를 나타내는 것으로 미지수의 상한과 하한을 준다. 다음 분기의 매출이 100억원으로 기대된다는 평가도 어느 정도 유용한 정보가 된다. 그러나, 매출이 최소 80억 이상 최고 120억원 사이가 될 가능성이 95%라고 한다면 다음 분기의 매출액 규모에 대한 이해를 좀 더 높일 수 있다. 이러한 목적을 위해서 우리는 확률(probability), 확률분포함수(probability density function), 표본분포(sample distribution)를 알아야 한다.

### (4) 가설검정

불확실한 상황에서 두 개의 가능성 중에서 하나를 선택하는 것을 가설검정이라 한다. 증명되어 있지 않은 모든 주장은 가설이며, 가설검정은 자신의 주장과 그 반대의 주장 중 어느 것이 더 타당한가를 통계적으로 확인하는 방법이다. 그러므로, 통계학에서 다루는 가설은 통계적으로 평가할 수 있어야 하며 이러한 가설을 통계적 가설(statistical hypotheses)이라고 한다. 다음은 통계적 가설의 보기들이다.

**통계적 가설예시**

- A사의 불량률은 산업평균보다 낮다.
- A사 자동차 타이어의 수명은 50,000km 이상이다.
- 고정급 제도보다 실적급 제도에서 대리점 영업사원의 실적은 더 높아진다.
- A사 휘발유의 리터당 주행거리는 B사 휘발유의 리터당 주행거리보다 길다.
- A산업의 임금수준은 B산업의 임금수준보다 높다.

가설은 하나의 주장이므로 사실이 아닐 수도 있다. 통계적 검정을 통해서 가설을 수용하거나 기각하는 결정을 한다. 그러나 이것은 가설을 증명하는 것이 아니다. 그러므로, 가설에 맞지 않는 하나의 현상을 찾았다고 통계적 가설을 기각할 수 없다. 가설에 부합하는 현상의 발생 가능성이 가설과 반대되는 현상의 발생 가능성보다 '충분히' 높으면 그 가설을 틀렸다고 할 수 없다. 문제는 어느 정도를 충분하다고 할 수 있는가? 이 질문에 답하기 위해서는 분석에 사용된 자료의 분포적 특성을 알아야 한다. 이러한 목적으로 우리는 조사표본의 대표성, 표본통계량의 분포 등을 이해해야 한다.

## 1.5 통계분석의 한계

앞에서 우리는 통계의 4요소로 모집단, 표본, 변수, 그리고 추론을 정의하였다. 여기에 하나의 개념을 추가한다면 그것은 추론에 대한 신뢰정도(level of significance)일 것이다. 어떤 방식으로든 관심변수에 대해 하나의 추론을 하였다고 하자. 그러나, 그 추론의 정확성이나 신뢰정도에 대한 정보가 없다면 완전하다고 할 수 없다. 사실상 이것은 통계분석에서 가장 중요한 부분이기도 하다.

### (1) 통계학의 기본목적은 추론이다

통계학의 기본 목적은 추론이다. 추론은 표본에서 얻은 정보를 기초로 모집단 특성을 일반화하는 것이다. 그러나 추론은 일부분에 불과하다. 우리는 그러한 추론이 얼마나 정확한 것인가에 대한 정보도 필요하다. 모집단에 대한 추론이 정확하다는 것을 보장하는 유일한 방법은 모집단 전체를 표본으로 하는 것이다. 그러나 시간이나 비용과 같은 자원의 제약으로 모집단 전체를 조사하는 것은 불가능하다. 모집단 중 일부분만을 조사하여 결론을 도출하므로 우리의 결론에는 필연적으로 불확실성이 내재해 있다. 일반적으로 표본의 크기가 작을수록 표본에서 얻은 추론은 정확성이 떨어진다. 그러므로, 가능하다면 언제나 표본에 기초한 추론의 신뢰도(reliability)를 계산하고 이를 보고할 필요가 있다.

추론과 함께 그 추론의 신뢰도를 제공한다는 것이 통계학이 단순한 점술과 차별되는 점이다. 관상을 보는 사람은 통계학자와 마찬가지로 표본으로 얼굴만 보고서 한 사람(모집단)의 미래를 추론한다. 그러나 추론에 대한 신뢰정도에 대해서는 어떤 정보도 제공하지 않는다.

전자산업에 근무하는 30세 미만 여성의 평균소득을 알고 싶다고 하자. 이들 중 일부만을 표본으로 뽑아 그들의 평균을 구하고, 통계적 방법으로 전체 집단의 평균이 표본평균과 얼마나 차이가 날 수 있는가에 대한 추정오차(estimation error)의 한계를 계산할 수 있다. 이 추정오차의 한계는 추론의 불확실 정도이다. 이 책의 많은 부분은 통계적 추론의 신뢰성을 다룬다.

### (2) 통계적 결론은 항상 확률로 표현된다

결국, 통계적 분석방법으로 얻은 통계적 결론은 항상 확률로 표현된다. 여기에 함정이 있다. 가능성을 수치로 나타낸 것이 확률이므로 결론은 항상 '가능성'이다. 가능성으로 표현된다는 것은 통계적 분석으로 얻은 추정치나 가설에 대한 판단이 틀릴 수도 있다는 뜻이다. 이것은 우리가 반드시 머리에 넣어두어야 할 통계학의 가장 중요한 하나의 한계점이다.

### (3) 확률적 결론이란 결론이 틀릴 가능성이 있음을 의미한다

이러한 한계점 때문에 어떤 사람은 '통계적 검정으로 증명할 수 있는 것은 하나도 없으며, 또 수용할 수 없는 것도 없다'고 한다. 맞는 말이다. 어떤 추정이나 검정방법도 100% 신뢰도로 확실하게 판단내릴 수는 없으며, 신뢰도를 낮춘다면 아무리 가능성이 희박한 가설이라도 맞는 것으로 받아들일 수 있다. 가설을 받아들인다는 것은 가설이 올바를 가능성이 높다는 뜻이지 반드시 맞다는 뜻은 아니다. 가설은 기각될 가능성이 항상 존재한다. 마찬가지로 가설을 기각한다는 것은 그러한 현상이 나타날 가능성이 낮다는 의미이므로 비록 가능성은 낮을지라도 그러한 현상이 실제로 나타날 수 있다. 일기예보에서 예보관이 "내일은 95%의 확률로 비가 올 것이다"고 하였다면 이것은 통계적 결론이다. 다음 날 예보와는 달리 비가 오지 않았다면 우리는 일기예보가 틀렸다고 할 수 있는가? 그렇지 않다. 나머지 5%의 가능성이 실제로 발생했을 뿐이다.

또 다른 한계점은 모든 통계적 분석은 결국 수리적 조작(mathematical operations)이라는 점이다. 통계적 분석결과, 조사한 변수들 사이에 상관관계가 높은 것으로 나타났다고 하자. 그렇다면, 이를 바탕으로 이들 변수의 상호 관련성이 실제로 높을 것이라고 결론지을 수 있을까? 그렇지 않다. 지난 30년간 우리나라 차량등록대수와 이혼율 사이의 상관성이 높게 나왔다고 하여 차량 때문에 이혼이 증가한다고 할 수는 없을 것이다. 통계적 결론에 개입될 수 있는 논리적 오류는 통계적 방법론으로는 확인할 수 없는 사항이다.

통계분석에서 발생할 수 있는 오류의 원인에는 여러 가지가 있다. 가장 단순한 것으로는 흔치는 않으나 계산을 잘못한 실수를 생각할 수 있다. 다음으로는 모집단을 잘못 설정하거나 조사표본을 잘못 추출하는 경우이다. 이 경우에는 분석 대상의 자료가 잘못되었으므로 이후 과정이 아무리 정교하여도 좋은 결론을 얻을 수 없다. 분석기법을 잘못 선택할 경우에도 올바른 결론을 얻을 수 없다. 자료의 형태와 종류에 따라 적합한 기법이 달라지므로 선택에 신중해야 한다. 마지막으로 단순한 상관성을 인과관계로 해석하게 되는 실수는 가설모형에 이를 뒷받침할 만한 논리가 결여되어 있을 경우이다. 이것은 분석자가 통계학 이외의 다른 학문적 기초로 평가해야 할 사항이다.

## 1.6 본서의 구성

본서는 통계적 분석방법을 앞에서 설명한 일반적인 분석자료의 흐름에 따라 설명한다. 2장과 3장에서는 탐색단계에 도움이 되는 기술통계에 관한 여러 가지 통계량을 계산하는 방법을 정리하였으며, 4장과 5장에서는 추정 및 가설검정의 기초가 되는 확률이론을 소개한다. 6장, 7장 그리고 8장에서는 5장에서 다룬 확률이론을 바탕으로 표본추출, 표본분포, 추정 및 가설검정을 다룬다. 1장에서 8장까지는 통계학의 기초이론에 해당한다. 어떤 학문 분야에서나 여기까지의 내용에는 차이가 없을 것이다.

본서의 나머지 부분에서는 지금까지 공부한 통계적 분석기법을 이용하여 변수들간의 관계를 파악하거나 경영 경제 문제에 응용하기 위한 방법들을 설명한다. 먼저, 9장에서는 범주적 독립변수가 연속적 독립변수에 미치는 영향을 조사하는 방법으로 분산분석을 다룬다. 이어서 10장, 11장, 12장에서는 연속변수들 간의 관계를 규명하는 상관분석과 회귀분석을 설명한다. 13장과 14장에서는 비모수 통계기법들을 소개하였다.

## A1.1 EXCEL을 이용한 통계분석

통계분석은 많은 양의 자료처리를 해야 하기 때문에 컴퓨터를 이용하는 것이 유용하다. 통계분석을 위한 데이터는 엑셀과 같은 스프레드시트를 이용하면 자료정리, 자료분석, 자료표현 등을 쉽게 할 수 있다. 엑셀이 경영조직에서 광범위하게 이용되는 소프트웨어이므로 교과서를 통해 배운 통계지식을 엑셀을 이용하여 자유롭게 이용할 수 있다면 더욱 좋을 것이다.

그래서 본 교재에서는 엑셀을 이용하여 어떻게 통계분석을 할 것인가를 매장마다 설명할 것이다.

통계분석을 위한 엑셀을 사용하는 데에는 자료입력, 함수와 수식입력, 도구사용 등 세 가지 단계에 따라 수행된다.

• 자료입력 : 자료입력을 위한 셀을 선택하고 적절한 이름과 함께 자료를 입력한다.

• 함수와 수식입력 : 셀 위치를 선정하여 엑셀 함수를 삽입하고 함수마법사를 통해 수식을 입력하여 결과를 얻게 된다.

• 도구사용 : 자료관리, 자료분석, 표현을 위해 엑셀의 도구를 사용한다.

위의 세 가지 단계 중 통계분석을 위해서는 자료입력 단계는 반드시 필요하지만 통계 분석의 복잡성 정도에 따라 마지막 두 단계는 하나만 필요한 경우도 있다. 통계적 절차를 수행하기 위해 엑셀을 사용할 때 마다, 이러한 일들이 수행되는 방법에 대해 설명할 것이다.

본교재는 엑셀2013을 이용하였다.

## A1.2 EXCEL 사용에 관한 기초설명

(1) EXCEL의 화면 구성

[그림 A1-1]과 같이 맨 윗줄에는 파일이름이 나타나는데, 여기서의 'Book1'은 기본적으로 주어진 파일 이름이다. 대부분의 경우 다른 이름으로 바꾸어 저장하는데, 이를 위해서는 둘째 줄의 메뉴에서 파일, 다른 이름으로 저장을 차례로 클릭한 후, 원하는 파일 이름을 입력하고 저장을 클릭한다.

두 번째 줄에는 메뉴가 있으며, 그 아래에는 도구표시줄이 나타나 있다. 작업을 하는 워크시트의 가로에는 영문 알파벳, 세로에는 숫자가 표시되어 있다. [그림 A1-1]에는 시트1(sheet1)이 화면에 나타나 있다는 것을, 맨 아래 줄을 보면 알 수 있다. 시트2(sheet2)에서 작업하고 싶으면, 맨 아래 줄에서 sheet2를 클릭하여 화면에 나타나게 하면 된다. 현재, 세 개의 시트(즉, sheet1, sheet2, sheet3)로 구성되어 있는

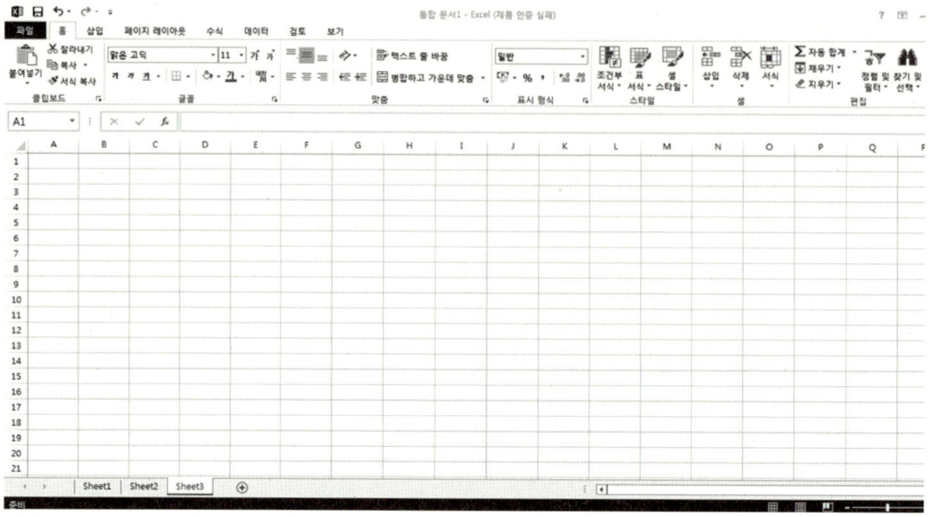


**그림 A1-1** EXCEL의 화면구성

전체를 워크북(workbook)이라고 하며, 이는 위에서 정한 파일이름으로 저장된다.

시트이름을 바꾸고 싶으면 맨 아래줄에서 해당 시트에 마우스를 옮긴 다음, 오른쪽 버튼을 누른다. 이제 이름 바꾸기를 택한 후, 원하는 이름을 입력한다.

또한, 특정 시트를 복사하고 싶으면 맨 아래줄에서 원하는 시트의 이름(예를 들어, sheet1)에 마우스를 옮겨 놓고, 오른쪽 버튼을 누른다. 여기서 이동/복사를 클릭하면, [그림 A1-2]와 같은 이동/복사를 위한 선택상자가 나타난다. 복사된 시트가 위치하기를 원하는 곳과 복사를 선택한 후, 확인을 클릭한다. 새로운 시트를 추가하고 싶을 때에는 삽입을 선택한 후 확인을 클릭한다.

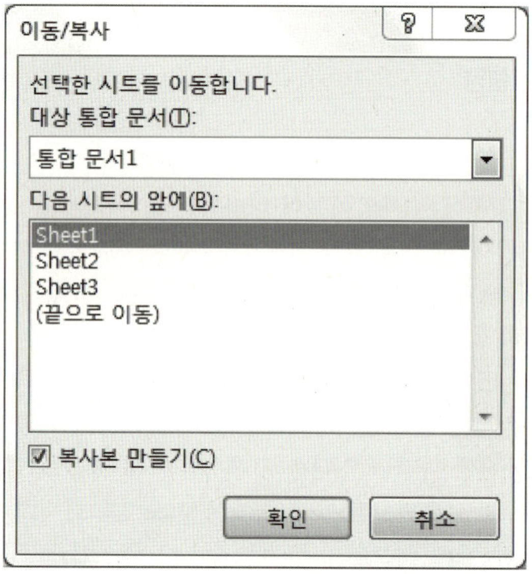


**그림 A1-2** 시트의 복사

(2) 칸의 지정과 데이터 입력 방법

하나의 칸(cell)을 선택하고자 할 때에는, 커서를 원하는 칸에 옮긴 후 클릭한다. 여러 칸들을 선택하고 싶을 때에는, 원하는 칸들의 왼쪽 위에 위치한 칸을 선택한 후, 끌기(drag)를 한다. 다시 말하면, 마우스의 왼쪽 버튼을 누른 채 움직여 원하는 칸들을 모두 포함시키면 된다. 단, 원하는 칸들은 직사각형의 형태이어야만 한다.

데이터를 입력시키기 위해서는 원하는 칸(cell)을 선택한 후, 데이터를 입력하고 엔터(Enter)키를 누른다. 이미 입력된 내용을 수정할 때에는, 원하는 칸을 선택한 후 F2키를 누르고 나서 수정하면 된다.

직사각형으로 구성된 영역의 데이터를 이동할 때에는, 우선 원하는 영역을 선택한다. 그런 다음, 마우스의 오른쪽 버튼을 누르고 잘라내기를 선택한다. 이제, 커서를 원하는 위치의 왼쪽 위칸에 옮기고 오른쪽 버튼을 누른 다음, 붙여넣기를 선택한다.

마찬가지로, 직사각형으로 구성된 영역의 데이터를 복사할 때에는, 우선 원하는 영역을 선택한 후 마우스의 오른쪽 버튼을 누른다. 이제 복사를 선택한 다음, 커서를 원하는 위치의 왼쪽 위칸에 옮긴다. 그리고, 오른쪽 버튼을 누른 후 붙여넣기를 선택한다.

(3)기타

앞으로 여러 통계분석을 하기 위해서는 메뉴에서, 데이터 메뉴가 선택사항에 포함되어 있어야 한다. 만일 데이터 메뉴가 포함되어 있지 않다면, 파일을 선택한 후 옵션을 클릭한다. 그런 다음 추가기능을 선택하고 오른쪽 화면에서 분석도구를 클릭한 뒤 확인 버튼을 누른다.

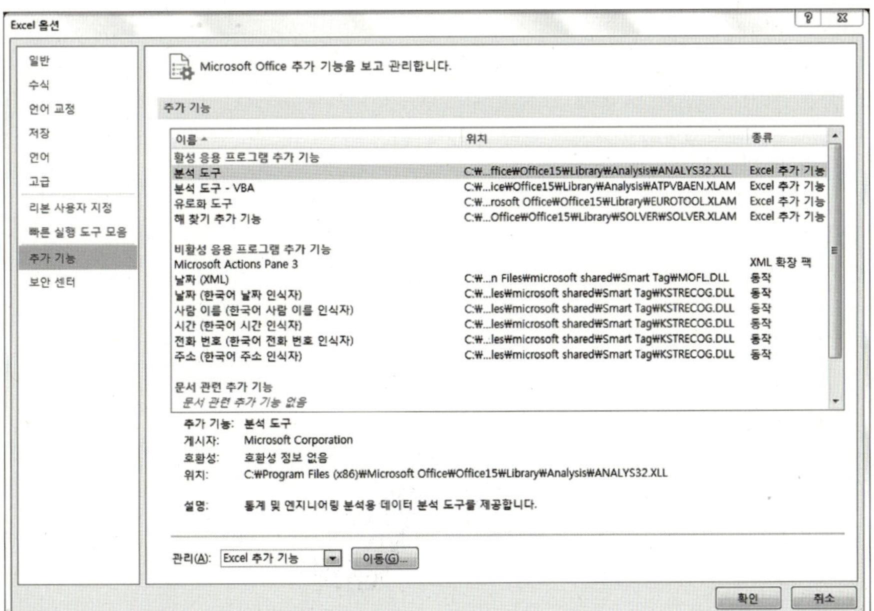


**그림 A1-3** EXCEL의 화면구성

## 연습문제

**01** 통계학을 공부하는 목적은 무엇이라고 생각하는가?

**02** 모집단과 표본의 차이, 모수와 통계량의 차이를 비교설명하라.

**03** 기술통계학과 추론통계학을 비교설명하라.

**04** 장난감 제조업체 A기업은 생산량의 0.04% 미만이 불량이라고 발표하였다. "한국 소비자 연구원"에서 A기업의 장난감 2000개를 추출하여 조사하였더니 2개의 장난감이 불량품으로 조사되었다.

① 이 사건의 모집단은 무엇인가?

② 이 사건의 표본은 무엇인가?

③ 이 사건의 모수와 통계량은 무엇인가?

**05** 다음의 각 상황은 통계학의 네 기본 활동 중 어느 것을 나타내는가?

a. 생산현장의 품질관리부에서는 생산라인에서의 문제발생 여부를 확인하기 위하여 최근 생산성에 대한 상세한 계량정보를 검사한다.

b. 어느 광고기획사에서는 고객 회사의 광고효과를 극대화하기 위하여 목표집단을 논의하고 있다.

c. A 회사는 성차별 혐의로 기소되었다. 남성과 여성 종업원의 급여자료가 재판부에 제시되었다. 재판부는 이 자료를 보고, 차별적 급여지급이 지속적이었는지, 급여차이가 우연이라 보기 어려울 만큼 충분히 큰가를 결정한다.

d. 회사의 매출을 예측하기 위해서는 다음 분기의 국민총생산 규모를 알아야 한다. 현재 이러한 자료가 없으므로, 예측모형에서 추정한 추정치를 사용하려고 한다.

**06** 지난 분기 수출이 급격히 떨어졌으나, 그 원인을 알아볼 자료가 전혀 없다. 사장을 문제해결방법을 논의하기 위하여 회의를 소집하였다. 이 단계에서는 어떤 통계적 활동이 필요한가?

**07** 경기예측 전문기관에 향후 5년간 경제성장률 예측을 의뢰하여 경기가 상승할 가능성이 90% 이상이라는 결과를 받았다. 이를 바탕으로 A사는 대규모로 설비를 확장하였으나, 실제로는 경기가 하락하여 큰 손해를 보았다. 이에 A사는 손해를 배상하라는 소송을 제기하였다. 예측기관은 배상해 주어야 하는가?

## 제 Ⅱ 부

# 기술통계

**제 I 부 통계학 입문**

제1장 통계학이란

**제 II 부 기술통계**

제2장 자료의 종류와 도시
제3장 중심경향치와 분산도

**제 III 부 확률론**

제4장 확률개념
제5장 확률분포

**제 IV 부 추론통계**

제6장 표본추출과 표본분포
제7장 통계적 추정과 신뢰구간
제8장 가설의 검정

**제 V 부 변수간의 관계분석**

제 9 장 분산분석
제10장 상관분석
제11장 단순선형회귀분석
제12장 다중회귀모형
제13장 카이제곱검정
제14장 비모수 통계분석방법

# 제 2 장

# 자료의 종류와 도시

## 2.1 자료의 종류

통계분석에서는 여러 가지 형태의 자료가 이용되며, 자료의 형태에 따라 적용되는 분석기법도 상이하다. 분석자료(data set)는 다수의 관측대상들로 구성되는데, 각 관측대상은 분석자료의 기본단위가 된다. 기본단위로는 소비자, 가구, 기업, 하청업체 등이 될 수 있다. 통계분석을 위하여 필요한 변수에 관한 정보를 기본단위로부터 수집한 것이 분석자료이다. 예를 들어, 하청업체 관리책임자가 갖고 있는 자료에는 다수의 하청업체들에 대한 기업 규모, 생산품목, 품질, 납기 등의 정보가 있을 것이다. 이때 기본단위는 하청업체이고 변수들은 기업 규모, 생산품목, 품질, 납기 등이 된다.

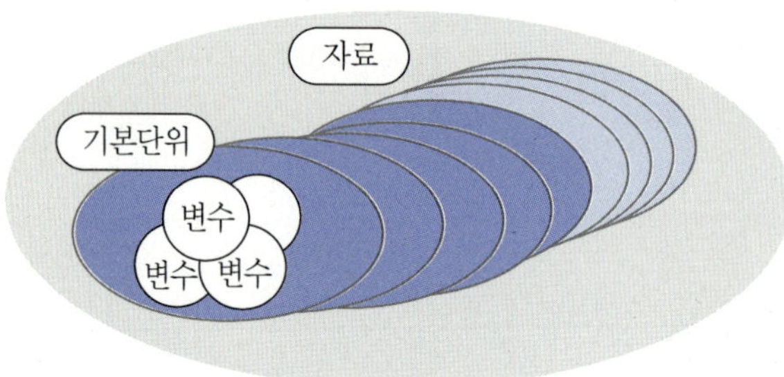


통계분석에서 우리는 주로 변수의 관측값들이 기본단위들 간에 어떤 차이를 보이는가에 관심이 있다. 그러므로 자료를 구분할 때에는 변수를 기준으로 하는 것이 일반적이다. 이러한 맥락에서 자료는 기본적으로 다음과 같이 네 가지 방식으로 분류된다. 즉, 하나의 기본단위가 가지고 있는 정보의 수(변수의 수)에 따라 단변수 자료와 다변수 자료로 나누어지고, 각 변수의 측정방식에 따라 정성적 자료(qualitative data)와 정량적 자료(quantitative data)로 나누어진다. 또, 각 변수의 측정값이 시간의 흐름에 따라 관측된 시계열자료(time-series data)와 같은 시점에 관측된 횡단면자료(cross-sectional data)로 구분된다. 마지막으로, 자료가 가지고 있는 정보의 수준에 따라 명목자료, 서열자료, 등간자료, 비율자료로 나눌 수 있다.

## 2.1.1 단변수 자료와 다변수 자료

이것은 자료에 포함된 변수의 수에 따른 분류다. 관측대상이 되는 각 기본단위에 하나의 변수만 있을 때 이를 단변수 자료(univariate data)라 하고 변수가 여럿 있을 때는 다변수 자료(multivariate data)라 한다.

### (1) 단변수 자료

단변수 자료에는 각 관측대상마다 변수가 하나밖에 없어 자료가 단순하고, 이러한 자료에 대해 적용할 수 있는 통계적 방법도 비교적 단순하다. 단변수 자료에서 우리의 관심은 주로 ① 대표값, ② 기본단위의 동질성, ③ 전체와 차별되는 특이한 관측대상이 존재하는가 등이다.

### (2) 다변수 자료

다변수 자료에는 하나의 관측대상에 두 개 이상의 변수가 있으므로, 보다 다양한 내용의 정보를 추출할 수 있다. 앞에서 언급한 단변수 자료에서 알아볼 수 있는 ①, ②, ③ 이외에 ④ 변수 간의 관련성, ⑤ 몇 개의 변수를 이용한 다른 변수의 미래값 예측 등이 가능하다.

**| 예 1 |** 반도체를 생산하는 국내 7개 사의 지난 분기 생산량과 생산원가 자료를 이용하여 두 변수 간의 관계를 알아볼 수 있다. 또한 각 회사의 생산원가를 비교하여 그들의 효율성을 평가할 수 있다.

**| 예 2 |** 특정 기업 종업원들의 급여수준, 성별, 근속연수, 직무유형, 교육수준, 나이 등의 인적자료를 이용하여 평균적으로 남성과 여성의 급여에 차이가 나는지, 종업원들의 급여 차이는 성 이외의 다른 요인에 의해 결정된다고 할 수 있는지를 분석할 수 있다.

## 2.1.2 정성적 자료와 정량적 자료

모든 통계자료는 관측값의 속성에 따라 정량적 자료(quantitative data)와 정성적 자료(qualitative data)로 크게 나눌 수 있다.

### (1) 정성적 자료

정성적 자료는 남성 · 여성과 같이 두 개의 범주로 나뉘어지거나, 전문직 · 판매직 · 사무직 · 관리직 등의 직종 분류에서와 같이 여럿으로 나뉘어지는 자료를 의미하는 바, 범주적 자료(categorical data)라고도 불린다. 정성적 자료에서는 각 범주에 0, 1, 2 등의 숫자를 할당하여 자료를 처리하더라도, 범주(category)는 수치개념이 아니므로 각 변수가 취하는 값의 크기에 의미를 주지 않는다. 다만, 변수가 취하는 값이 순서나 순위의 의미를 가지는가에 따라, 순서의 의미가 없는 명목자료와 의미가 있는 서수자료로 구분한다.

#### ① 명목자료

봄, 여름, 가을, 겨울 등 계절을 나타내는 변수와 같이 범주변수 중에서도 범주 간에 어떤 의미 있는 순위를 부여할 수 없는 경우, 이를 명목자료(nominal data)라 한다. 명목자료에는 범주만 존재하고 범주 간에 어떤 의미 있는 순위를 부여할 수 없다. 그러므로 그러한 자료에 대해서 계산한 평균치 등의 수치결과는 의미가 없다. 이러한 자료에 대해 우리는 단지 발생빈도나 측정범주에 속하는 표본의 비율을 조사한다.

**| 예 3 |** (a) 기업의 소속업종에 따른 구분 : 화학, 플라스틱, 농약, 화학섬유, 의약
(b) 노동조합이 있는가 없는가에 따른 사업장 구분

#### ② 서열자료

관측대상에 첫째, 둘째, 셋째와 같이 순위를 매길 수 있는 선호도, 경쟁력 등은 서열자료(ordinal data)에 속한다. 순서에 따라 서열을 매기고 서열이 분석에 사용된다.

**| 예 4 |** 소비자를 대상으로 5가지 상품에 대해 좋아하는 순서로 번호를 매겨달라고 한다면, 이들은 소비자가 평가한 제품의 선호도에 명백한 선호순서가 있으므로 서열적 정성자료가 된다. 또 기업의 크기에 따라 대기업, 중기업, 소기업으로 구분한다면 크기에 따른 순서가 있으므로 서열적 정성자료에 속한다.

### (2) 정량적 자료

정량적 자료는 크기를 가진 수치로 표현된 자료이므로 수치적 자료(numerical

data)라고도 한다. 체중 · 거리 · 시간 등과 같은 측정치나 불량품 개수 · 안전사고 건수 등과 같은 도수(count)가 이에 속한다. 정량적 자료에 대해서는 평균치를 계산하거나 분산을 측정하는 것과 같은 모든 수치적 조작이 가능하다. 정량적 자료는 변수가 취하는 값의 형태에 따라 이산자료와 연속자료로 구분한다.

### ① 이산자료

이산자료(discrete data)에 속하는 변수는 특정 사건의 발생횟수를 의미하며, 따라서 양의 정수값을 갖는다. 예를 들어, 특정 가구의 자녀 수, 일정 기간 동안 교통사고 발생 건수, 월별 산업재해 발생 건수 등은 모두 이산자료에 속한다.

### ② 연속자료

체중 · 거리 · 시간과 같은 변수는 원칙적으로 무한히 작은 단위로 측정이 가능하여 모든 실수값을 취할 수 있다. 이러한 변수로 구성된 자료를 연속자료(continuous data)라 한다. 기업의 투자수익률, 부채비율, 불량률, 시장점유율 등은 모두 연속자료의 보기이다.

정량적 자료도 간단한 조작을 통하여 범주적 자료로 전환할 수 있다. 예를 들어, 가구당 연 평균소득에 관한 자료가 주어진 경우 500만원 미만, 500만원에서 1,000만원 미만, 그리고 1,000만원 이상 등으로 나누고, 이들 3구간에 속하는 관측도수를 계산한다면 정량적 자료도 범주적 자료와 같은 방법으로 처리할 수 있다.

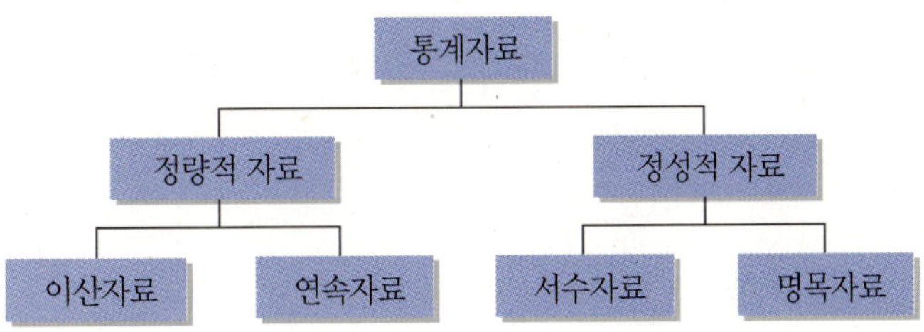

### 2.1.3 시계열자료와 횡단면자료

자료의 관찰시점에 따라 시계열자료 혹은 횡단면자료로 나눌 수 있다. 월 생산실적, 분기별 판매실적, 주식가격 변동, 결근현황 등과 같이 자료가 기록된 시간적 순서에 의미가 있을 때, 그 자료를 시계열자료(time-series data)라 한다. 한편, 1/4분기의 작업반별 생산성이나 1998년도 상반기 공개법인들의 영업실적과 같이, 같은 시점에서 관찰한 자료는 횡단면자료(cross-sectional data)라 부른다. 다시 말하면, 횡단면자료는 시간적으로 한 시점에서 본 여러 관측대상의 활동수준에 대한 정보를 준다.

**| 예 5 |** 지난 20년간 월별 자동차 판매대수를 기록한 자료는 시계열자료이다. 이 자료로부터 자동차 판매대수 증가추세와 계절별 수요변동을 알아볼 수 있다. 또 미래의 자동차 수요를 예측하기 위해서도 이용할 수 있다.

**| 예 6 |** (a) 지난 분기에 기록된 부서별 제안건수는 횡단면자료이다.
(b) 1970년에서 1998년 사이의 산업별 이직률을 기록한 자료는, 매년 여러 관측대상들(즉, 산업들)의 이직률을 시간의 경과에 따라 관측한 것이므로 시계열-횡단면자료(time-series and cross-sectional data)라 불리운다.

### 2.1.4 명목자료, 서열자료, 등간자료, 비율자료

자료가 가지고 있는 정보의 수준에 따라 통계적 분석방법도 다르게 되는데 정보의 수준에 따라 자료를 분류해 보면 명목자료, 서열자료, 등간자료, 비율자료 순으로 정보의 함유가 크다고 할 수 있다. 명목자료와 서열자료는 위의 정성적 자료의 범주에 속하며, 같은 내용을 갖는다.

#### (1) 명목자료

명목자료(norminal data)는 자료를 구분할 목적을 가지고 조사하여 그룹을 나누기 위해 숫자를 부여하는 것이다. 그래서 명목자료로 얻은 숫자는 연산을 통한 분석은 의미를 가질 수 없고 다만, 빈도수와 관련된 통계량을 분석할 수 있다.

### (2) 서열자료

서열자료(ordinal data)는 연구대상의 특성에 대한 상대적인 순서를 알고자 할 때 숫자를 부여하는 것으로 측정값들의 차이에 의미를 부여할 수는 없다. 서열자료를 통해서는 빈도분석을 포함하여, 4분위수, 중앙값 등을 계산할 수 있으며, 순위상관계수(rank-order correlation), 순위를 이용한 분산분석(Friedman's ANOVA) 등의 분석을 할 수 있다.

### (3) 등간자료

등간자료(interval data)는 서열자료가 가지고 있는 정보에 순서 간의 간격을 알 수 있는 자료를 의미한다. 측정값들의 차이는 일정한 간격(등간)을 가진 거리의 개념을 나타내는데 대표적인 자료가 온도나 소비자의 선호를 물어 보는 경우의 등급정도(5점 척도, 7점 척도 등) 등이다. 등간자료의 '0' 은 상대적인 위치를 의미하며 자의적으로 설정된다. 등간자료를 통해서는 서열자료에서 계산할 수 있는 통계량을 포함하여 평균, 표준편차 등을 계산할 수 있으며, 피어슨상관계수(Pearson's product-moment correlation), 분산분석(ANOVA), 회귀분석(regression analysis) 등의 통계분석을 할 수 있다.

### (4) 비율자료

비율자료(ratio data)는 명목자료, 서열자료, 등간자료가 갖는 특성을 더하여 측정자료 간의 비율계산이 가능하며 '0' 은 절대적 위치를 나타낸다. 나이, 무게, 길이, 가격, 시장점유율, 방문고객 수 등의 자료이다. 비율자료를 이용하여서는 등간자료에서 계산할 수 있는 통계량을 포함하여 기하평균(geometric mean), 조화평균(harmony mean), 변동계수(coefficient of variation) 등과 같은 특별한 통계량을 계산할 수 있으며, 모든 통계분석방법을 사용할 수 있다.

정보의 수준은 명목자료, 서열자료, 등간자료, 비율자료 순이며 정보의 수준이 높은 것은 낮은 수준으로 변환하여 사용할 수 있지만 반대로 낮은 것을 높은 것으로 변환할 수는 없다.

## 2.2 자료의 정리와 도시방법

여러 변수들의 정성적 또는 정량적 특성을 모아 놓은 자료를 통계적 자료라 하며, 어떠한 종류의 자료가 있는가를 알아보았다. 이러한 통계적 자료에서 변수의 전반적 특성을 알아보기 위하여, 도표와 그림, 그리고 몇 개의 수치들(예, 평균과 분산)로 요약하는 방법을 기술통계(descriptive statistics)라 한다.

본절에서는 도표와 그림으로 자료를 요약하는 방법을 알아본다. 이러한 도시적 자료요약은 신문기사, 조사연구, 정부통계연감 등에서 누구나 한 번쯤 본 적이 있을 것이다. 그러므로, 그러한 그림이 어떻게 만들어졌고, 그들을 어떻게 해석하는지 알아둘 필요가 있다.

**▶▶ 자료의 요약과정에서 답을 얻을 수 있는 질문들**

- 가장 대표적인 값은?
- 관측값들은 서로 얼마나 차이가 있는가?
- 대표값 주변에 집중되어 있는가?
- 집중되는 형태는 어떠한가?
- 특이한 관측값이 있는가?
- 둘 또는 그 이상의 그룹으로 자료를 나눌 수 있는가?

### 2.2.1 도수분포표

정성적 자료이든 정량적 자료이든 간에 주어진 자료를 효율적으로 정리하는 데 쓰일 수 있는 가장 간단한 방법은 도수분포표(frequency distribution table)를 작성하는 것이다. 도수분포표는 같은 수치별로 또는 각 범주나 구간별로 분류하고 각 구간에 해당할 빈도수를 정리한 표로서, 자료의 특성이나 분포형태에 관한 정보를 제공한다.

### (1) 이산적 자료

〈표 2-1〉은 두 자동차판매대리점 A와 B에 근무하고 있는 판매원들을 지난 달의 판매실적에 따라 도수분포표로 작성한 것이다. 〈표 2-1〉에서 대리점 A는 자동차 판매대수에 비례하여 급여를 지급하는 커미션제도를 채택하고 있으며, 대리점 B는 월급제도를 채택하여 운영하고 있다.

〈표 2-1〉에 근거하여 자동차 판매원에 대한 보상방법이 월 자동차판매대수에 영향을 미친다고 말할 수 있겠는가? 즉, 대리점 A와 B 중 어느 쪽의 실적이 더 우수한 것으로 보이는가? A가 B보다 우수해 보이지만 이 자료만으로는 확실히 말하기 힘들다. 그러나, 이들 두 집단의 차이는 자동차판매대수의 상대도수, 즉 발생비율을 계산해 보면 훨씬 명확해진다. 〈표 2-2〉에 수록된 상대도수는 〈표 2-1〉의 도수를 판매원 합계로 나눈 값이다. 상대도수는 이처럼 비율로 표시할 수도 있으며, 비율에 100을 곱하여 백분율(%)로 표시할 수도 있다.

$$\text{상대도수} = \frac{f_c}{n}, \quad \text{백분율} = \frac{f_c}{n} \times 100$$

$n$ : 전체 관찰수, $f_c$ : 각 구간의 빈도수

**표 2-1 | 자동차판매점 A와 B의 자동차판매실적**

| 자동차 판매대수 | A대리점 판매원수(커미션제) | B대리점 판매원수(월급제) |
|---|---|---|
| 0 | 13 | 50 |
| 1 | 4 | 14 |
| 2 | 5 | 12 |
| 3 | 6 | 16 |
| 4 | 3 | 0 |
| 5 | 4 | 4 |
| 6 | 1 | 2 |
| 7 | 3 | 2 |
| 8 | 5 | 0 |
| 9 | 3 | 0 |
| 10 | 3 | 0 |
| 11 | 1 | 0 |
| 합계 | 50 | 100 |

표 2-2 | 보상방법에 따른 월 자동차판매실적의 상대도수분포표

| | 상대도수 | | 누적상대도수 | |
|---|---|---|---|---|
| 자동차 판매대수 | 커미션제(A) | 월급제(B) | 커미션제(A) | 월급제(B) |
| 0 | 0.26 | 0.50 | 0.26 | 0.50 |
| 1 | 0.08 | 0.14 | 0.34 | 0.64 |
| 2 | 0.10 | 0.12 | 0.44 | 0.76 |
| 3 | 0.12 | 0.16 | 0.56 | 0.92 |
| 4 | 0.06 | 0.00 | 0.62 | 0.92 |
| 5 | 0.08 | 0.04 | 0.70 | 0.96 |
| 6 | 0.02 | 0.02 | 0.72 | 0.98 |
| 7 | 0.04 | 0.02 | 0.76 | 1.00 |
| 8 | 0.10 | 0.00 | 0.86 | 1.00 |
| 9 | 0.06 | 0.00 | 0.92 | 1.00 |
| 10 | 0.06 | 0.00 | 0.98 | 1.00 |
| 11 | 0.02 | 0.00 | 1.00 | 1.00 |

도수분포표를 상대도수로 작성한 것을 상대도수분포표라 부른다. 상대도수가 구해지면 이를 이용하여 누적상대도수를 계산해 볼 수 있다. 누적상대도수는 해당치수보다 작거나 같은 값을 나타내는 누적빈도가 전체 중 차지하는 비율을 의미한다. 〈표 2-2〉에서 각 대리점의 판매원 중 4대 이하를 판매한 판매원의 비율을 찾아보면, 대리점 A의 경우 62%이며 대리점 B는 92%임을 알 수 있다. 이제 〈표 2-2〉의 누적상대도수를 보면 커미션제가 월급제보다 항상 작은 값을 가져 커미션제를 채택한 A대리점의 실적이 우수함을 쉽게 알 수 있다.

### (2) 연속자료

주어진 자료가 체중이나 키와 같이 무한히 작은 단위로 측정이 가능한 것이라면, 지금까지의 설명에서와 같이 각 관측치에 대한 도수분포표를 작성해서는 별로 의미있는 정보를 얻기 어렵다. 이러한 경우에는 관측치를 일정한 간격으로 묶고, 각 구간에 속하는 관측치 수를 기록함으로써 의미있는 도수분포표를 작성할 수 있다. 예를 들어, 10개의 체인점을 가진 수퍼마켓의 일일매출액이 〈표 2-3〉과 같이 주어져 있다고 가정해 보자.

**표 2-3 | 수퍼마켓 체인점의 일일매출액** (단위: 백만원)

| | | | | |
|---|---|---|---|---|
| 31.3 | 33.7 | 36.0 | 36.5 | 37.9 |
| 38.7 | 39.1 | 41.4 | 44.5 | 47.8 |

### ▶▶ 도수분포표 작성요령

① 구간의 수 정하기 : 자료 값의 범위와 관측치의 수를 감안하여 구간의 수를 선택
② 구간의 넓이(계급구간의 크기) 정하기 – 극단적인 수치를 포함한 양끝 등급을 제외한 구간의 넓이는 모두 같아야 한다. 홀수가 좋음(구간의 중간점을 정하기 쉬움)

$$\text{구간의 넓이} = \frac{\text{자료의 최대값} - \text{자료의 최소값}}{\text{등급의 수(구간의 수)}}$$

③ 구간한계(경계 값) 결정 및 도수분포표 작성 – 정수값 또는 편리한 값(5,10,100 등)이 되도록 조절한 후 구간이 서로 중복되지 않도록 구간한계(경계값)를 설정한다.

이러한 자료에 대해서는 〈표 2-4〉에서 볼 수 있듯이, 매출액을 일정한 간격으로 나누고 각각의 매출액 구간에 속하는 체인점 수를 기록함으로써 도수분포표를 작성할 수 있다. 대개 도수분포표의 작성에 사용되는 구간은 5에서 15개 정도가 바람직하지만, 관측치 수가 작으면 이보다 작은 수의 구간이 사용될 수도 있다.

구간을 설정할 때에는 각각의 구간은 서로 중복되지 않아야 하고, 또한 연속적으로 배열되어 있어 끊기는 부분이 없어야 한다. 뿐만 아니라 각 구간의 크기가 같아야 의미있는 도수분포표를 작성할 수 있다. 〈표 2-4〉의 경우 매출액 구간의 크기는 5이며 서로 중복되지 않음을 알 수 있다.

**표 2-4 | 매출액 도수분포표**

| 매출액(백만원) | 해당 구간에 속하는 관측치의 수 |
|---|---|
| 30이상 – 35미만 | 2 |
| 35이상 – 40미만 | 5 |
| 40이상 – 45미만 | 2 |
| 45이상 – 50미만 | 1 |

**예제 | 2-1**

다음의 자료는 A회계법인이 지난 달 실시한 20개 기업의 회계감사에서 소요된 기간이다. 이 자료를 도수분포표로 요약하시오.

| 12 | 14 | 19 | 18 | 15 | 15 | 18 | 17 | 20 | 27 |
|---|---|---|---|---|---|---|---|---|---|
| 22 | 23 | 22 | 21 | 33 | 28 | 14 | 18 | 16 | 13 |

**풀이**

① 구간의 수 : 자료 값의 범위와 관측치의 수를 감안하여 5개의 구간을 선택

② 구간의 넓이 : $\frac{\text{최대값} - \text{최소값}}{\text{구간의 수}} = \frac{(33-12)}{5} = 4.2$

이므로 구간의 넓이는 5로 한다.

③ 구간한계 결정 및 도수분포표 작성

| 구간 | 도수 | 상대도수 |
|---|---|---|
| 10 – 14 | 4 | 0.2 |
| 15 – 19 | 8 | 0.4 |
| 20 – 24 | 5 | 0.25 |
| 25 – 29 | 2 | 0.10 |
| 30 – 34 | 1 | 0.05 |
| 합계 | 20 | 1.00 |

## 2.2.2 히스토그램

주어진 자료를 여러 개의 구간으로 나누고 각 구간에 속하는 관측치들의 수를 표시한 도수분포표는 히스토그램(histogram)을 이용하여 보다 알기 쉽게 나타낼 수 있다. 히스토그램은 도수분포표로 정리된 변수의 발생빈도를 막대의 길이로 표시하여 수평이나 수직으로 늘어 놓아 상호비교가 용이하게 만든 그림이다. 보통 수평축은 매출액, 몸무게 등 자료의 측정단위를 나타내고, 수직축은 특정값이

그림 2-1 | 수퍼마켓 매출액의 히스토그램

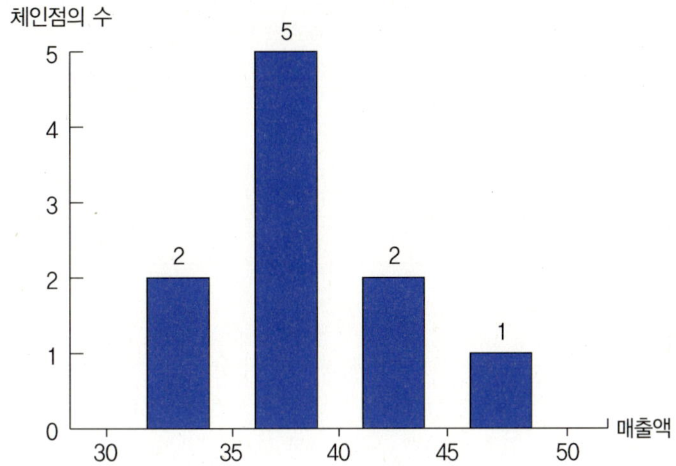


얼마나 자주 발생하는가를 나타낸다. 히스토그램은 자료 전체가 내포하는 여러 가지 기본적 특성을 알아보기 위한 표현방법이다. [그림 2-1]은 앞에서 예로 든 수퍼마켓 체인점의 매출액 도수분포표를 히스토그램으로 나타낸 것으로, 각 기둥의 높이는 그 구간에 속하는 도수를 의미한다.

앞에서 예로 든 자동차 판매대리점의 자료도 두 개의 히스토그램을 한 그래프

그림 2-2 | 자동차판매대수의 상대도수에 의한 히스토그램

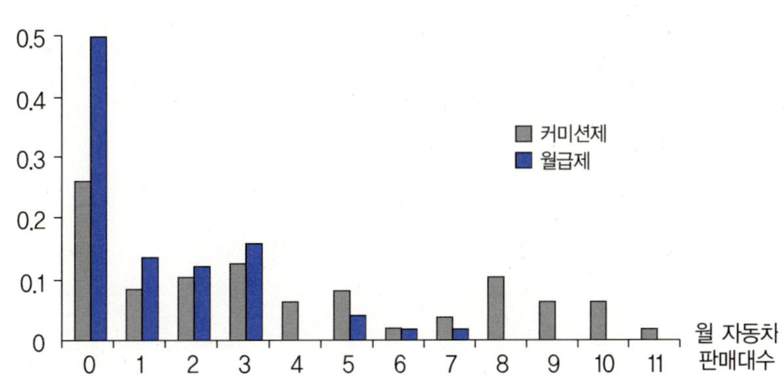

### 예제 | 2-2

다음의 자료는 현재 거래되고 있는 25개 펀드의 수익률을 모아 놓은 것이다. 6개의 구간을 사용하여 도수분포표와 히스토그램을 작성하시오.

| | | | | |
|---|---|---|---|---|
| 20.5 | 15.4 | 16.9 | 13.4 | 8.8 |
| 19.5 | 12.7 | 7.8 | 14.3 | 22.1 |
| 15.6 | 5.4 | 23.3 | 19.2 | 20.8 |
| 24.1 | 17.0 | 11.8 | 9.2 | 12.6 |
| 9.9 | 28.6 | 18.4 | 16.8 | 15.9 |

#### 풀이

위의 자료를 살펴보면 가장 작은 값이 5.4이고 가장 큰 값이 28.6임을 알 수 있다. 6개의 구간을 이용하는 경우, 각 구간의 크기는 (28.6−5.4)÷6=3.87이 되나, 편의상 이 값을 반올림하여 구간의 크기를 4로 하기로 하자. 또한 첫 구간을 5.4에서 시작하는 것보다는 5에서 시작하여 첫 구간을 5에서 8.9까지로 설정하는 것이 바람직하다. 따라서 6개 구간은 5~8.9, 9~12.9, 13~16.9, 17~20.9, 21~24.9, 25~28.9가 된다. 이를 이용하여 각 구간에 속하는 사례수를 구하면 다음과 같은 도수분포표와 히스토그램이 작성된다.

| 구간(펀드수익률,%) | 사례수(도수) | 상대도수 |
|---|---|---|
| 5~8.9 | 3 | 3/25 |
| 9~12.9 | 5 | 5/25 |
| 13~16.9 | 7 | 7/25 |
| 17~20.9 | 6 | 6/25 |
| 21~24.9 | 3 | 3/25 |
| 25~28.9 | 1 | 1/25 |
| 합계 | 25 | 1.00 |

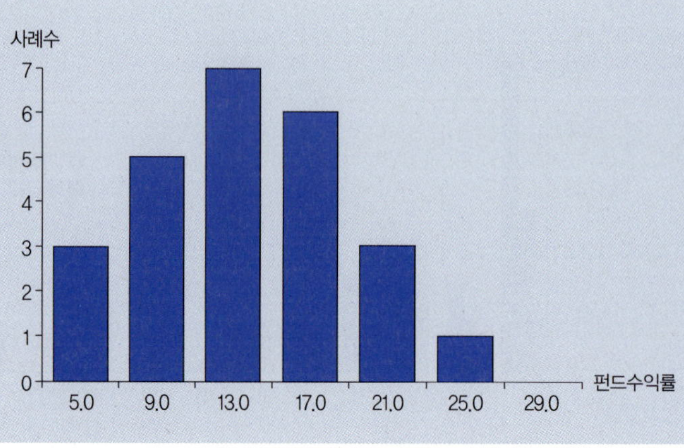

에 도시함으로써 손쉽게 비교해 볼 수 있다. [그림 2-2]에서와 같이 자동차판매대리점 A(커미션에 의해 지급)를 회색으로 표시하고 자동차판매대리점 B(월급으로 지급)는 갈색으로 표시하여 비교하면, 커미션제도를 채택하고 있는 대리점 A의 실적이 월급제도를 채택하고 있는 대리점 B의 실적보다 우수함을 알 수 있다. 두 대리점의 판매원수가 같지 않으므로 상대도수를 이용한 빈도분포도를 작성해야 그 차이를 확실히 알아볼 수 있다.

### 2.2.3 막대그림표

히스토그램과는 그 모양이 유사하지만 자료의 성격이 범주적 자료인 경우에는 막대그림표(bar/column chart)를 이용하여 자료를 도시화한다. 막대그림표는 도수분포표로 요약된 정성적 자료를 그림으로 보여주는 것으로, 보통 수평축에는 범주를 표시하고, 수직축에는 활동수준, 관측도수 등을 나타낸다. [그림 2-3]과 [그림 2-4]는 〈표 2-5〉를 근거로 하여, 2000년과 2010년의 우리나라의 직종별 취업자수와 취업자비율을 막대그림표로 각각 표시한 것이다. 이 경우 각 직종 간에는 뚜렷한 서열이 존재하지 않으므로 어떤 순서로 도시하더라도 상관이 없다.

이와 같이 기간별 비교를 위해 수집된 자료는 [그림 2-4]에서와 같이 백분율을 나타내는 막대의 크기를 동일하게 함으로써, 손쉽게 그 변화를 파악해 볼 수도 있

**표 2-5 | 2000년과 2010년의 직종별 취업자수**

| 직종 | 취업자수(단위: 천명) | | | |
|---|---|---|---|---|
| | 2000년 | 백분율(%) | 2010년 | 백분율(%) |
| 행정 · 전문 · 기술직 | 462 | 4.7 | 730 | 5.3 |
| 사무직 | 576 | 5.9 | 1,266 | 9.2 |
| 판매직 | 1,199 | 12.3 | 1,983 | 14.5 |
| 서비스직 | 636 | 6.5 | 1,085 | 7.9 |
| 농 · 임업 | 4,672 | 47.9 | 4,438 | 32.4 |
| 수산업 | 226 | 2.3 | 214 | 1.6 |
| 기타 | 1,974 | 20.3 | 3,990 | 29.1 |
| 계 | 9,745 | 100.0 | 13,706 | 100.0 |

그림 2-3 | 직종별 취업자수

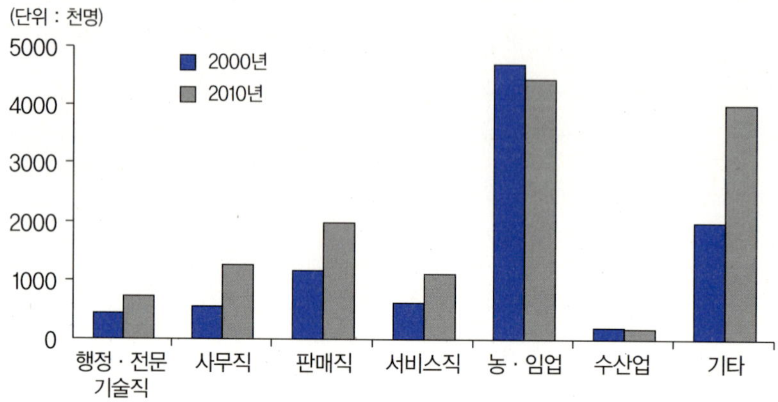


그림 2-4 | 직종별 취업자비율

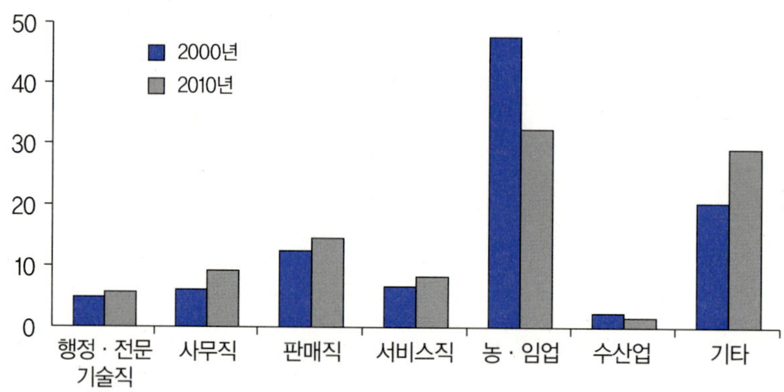


다. 이 그림에서 예를 들어, 농업 및 임업 분야의 취업자수는 10년간 약 24만명 정도 줄어들었으며, 또한 전체 노동력에서 차지하는 비율은 47.9%에서 32.4%로 줄어들었음을 쉽게 알 수 있다. 이와 같은 표는 조사시점에 따른 변화를 보여주는 것이 목적일 때 특히 적합하며, 기업에서는 구성원 직종의 변화라든가 매출액 구성품목의 비율과 같은 자료의 요약에 많이 쓰인다.

그림 2-5 | 커미션집단과 월급집단의 자동차 판매대수분포

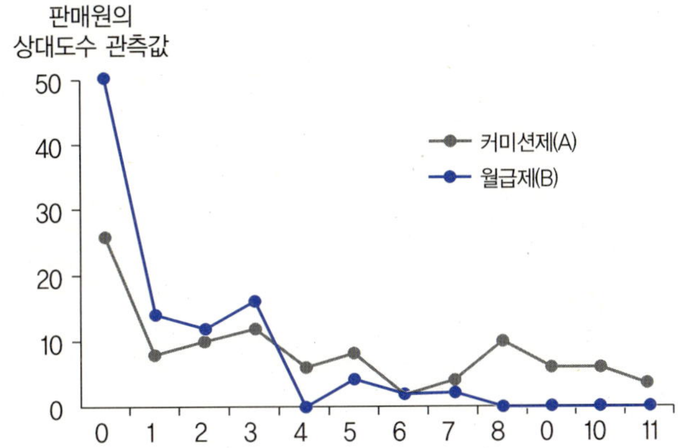


## 2.2.4 꺾은선그림표

히스토그램은 각 구간에 속해 있는 도수를 기둥으로 표시한 것임에 반해, 꺾은선그림표(polygon)는 이를 점으로 표시하고 이 점들을 직선으로 연결한 것이다. [그림 2-5]는 〈표 2-2〉의 상대도수를 꺾은선그림표로 그려본 것이다.

히스토그램이 비율의 상대적 크기를 알아보고자 할 때 적합하다면, 꺾은선그림표는 연도별 변화와 같이 변동해 가는 정도를 알아보고자 할 때 많이 쓰인다. 따라서, 연도별 물가상승률, 총매출액 등 시계열자료는 꺾은선그림표를 이용하는 것이 이해하기 쉽다.

## 2.2.5 원그림표

원그림표(pie chart)는 각 구성요소가 전체 중에서 차지하는 몫을 나타내기 위한 그림표로, 범주적 자료를 정리하는 데 많이 사용된다. 즉, 각 범주에 속하는 자료의 상대도수나 비율을 [그림 2-6]과 같이 면적으로 나타내는 방법이다. 원그림표를 작성하기 위해서는 각 범주에 해당하는 사례의 상대도수에 360°를 곱한 다

그림 2-6 | 2000년과 2010년의 직종별 취업자의 백분율 원그림표

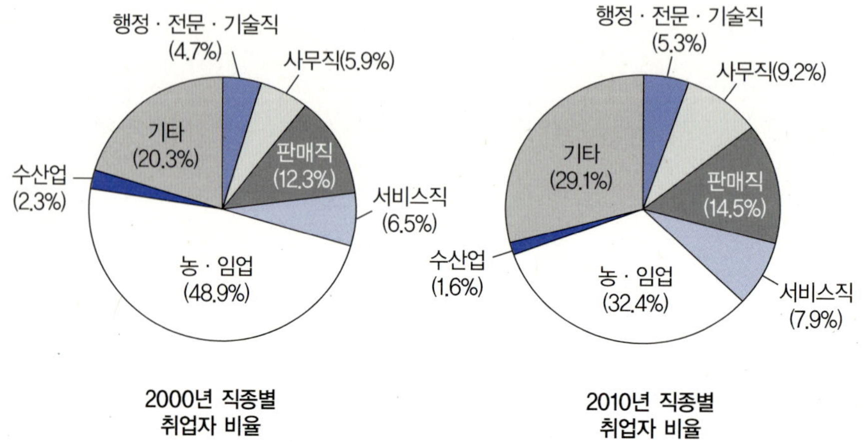


음 원을 쪼개어 각 범주가 차지하는 넓이를 나타내면 된다. 원그림표에서는 범주의 수가 너무 많으면 복잡해지므로 곤란하다. 또한, 각 구성요소에 대한 설명이 명확해야 한다.

**예제 | 2-3**

2011년 현재 우리나라의 각 부문별 전력소비량은 다음과 같다.

| 부 문 | 전력 소비량(단위:GWH) |
|---|---|
| 주 택 용 | 13,211 |
| 농 · 임 · 어업 | 1,296 |
| 공 공 용 | 2,716 |
| 광 업 | 988 |
| 서 비 스 업 | 9,842 |
| 제 조 업 | 46,265 |

위의 자료를 원그림표로 나타내시오.

**풀이**

원그림표를 작성하기 위해서는 우선 각 부문별 전력소비량을 상대도수나 백분율로 나타내고, 이를 원의 넓이로 전환시켜야 한다. 이 과정을 요약해 보면 다음과 같다.

| 부문 | 전력 소비량(단위: GWH) | 백분율(%) | 넓이(360° × 백분율) |
|---|---|---|---|
| 주 택 용 | 13,211 | 17.78 | 64.0° |
| 농 · 임 · 어업 | 1,296 | 1.74 | 6.3° |
| 공 공 용 | 2,716 | 3.65 | 13.1° |
| 광 업 | 988 | 1.33 | 4.8° |
| 서 비 스 업 | 9,842 | 13.24 | 47.7° |
| 제 조 업 | 46,265 | 62.25 | 224.1° |
| 계 | 74,318 | 100.00 | 360° |

**그림 2-7 | 2011년의 부문별 전력소비량**

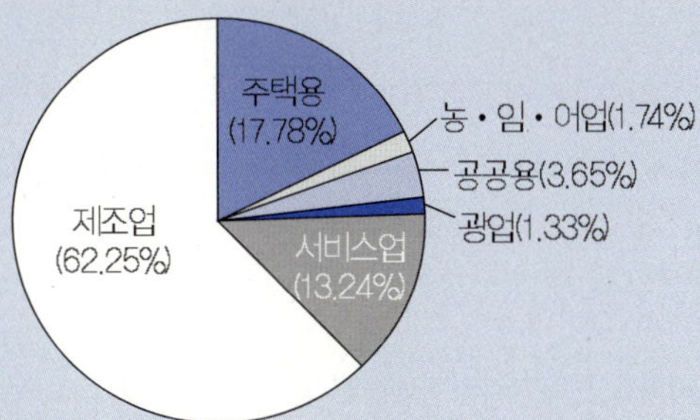


## 2.2.6 스템-앤-리프

스템-앤-리프(stem-and-leaf)는 자료의 분포형태를 알아보기 위하여 컴퓨터를 이용하지 않고 손계산으로 쉽게 사용할 수 있는 방법으로서, 자료가 크지 않은 경우에 사용될 수 있다. 스템-앤-리프를 설명하기 위하여 아래에 나타난 자료를 이용하여 보자. 이 자료는 어느 지역에서 지난 달에 거래된 아파트 가격에 관한 것이다.(단위 : 천만원)

| 65 | 59 | 101 | 52 | 63 | 89 | 128 | 49 | 82 | 84 |
|---|---|---|---|---|---|---|---|---|---|
| 71 | 95 | 72 | 58 | 76 | 109 | 77 | 68 | 102 | 65 |
| 43 | 148 | 37 | 95 | 112 | | | | | |

우선 각 측정치를 스템과 리프로 구분하여야 한다. 스템은 그래프에서 구간의 수를 나타낼 것이므로, 그 수가 너무 많지 않도록 정하는 것이 좋다. 위의 자료에서는 십단위 이상을 스템으로 정하고, 끝자리 단위를 리프로 정하는 것이 좋은 선택으로 여겨진다. 따라서, 첫번째 관측치인 65(650,000,000원의 판매가격을 의미함)의 경우, 스템은 6이 되고 리프는 5가 된다. 세번째 관측치 101의 경우에는, 스템은 10이 되고 리프는 1이 된다.

이제 모든 가능한 스템의 값들을 가장 작은 것부터 크기 순으로 정리한다. 위 자료의 경우, 가장 작은 스템은 3이고(관측치 37로부터), 가장 큰 스템은 14(관측치 148로부터)가 된다. 그런 다음, 각 관측치의 리프(끝자리 숫자)를 해당 스템의 옆에 크기 순으로 나열하면 된다. 〈표 2-6〉은 완성된 스템-앤-리프를 보여주고 있다. 스템-앤-리프는 각 구간(또는 스템) 내의 관측치 수를 보여 줄 뿐만 아니라, 그 관측치들이 얼마인가를 나타낸다는 점에서 히스토그램보다 많은 정보를 포함하고 있다.

**표 2-6 | 아파트 판매가격의 스템-앤-리프**

| 스템 | 리프 |
|---|---|
| 3 | 7 |
| 4 | 3 9 |
| 5 | 2 8 9 |
| 6 | 3 5 5 8 |
| 7 | 1 2 6 7 |
| 8 | 2 4 9 |
| 9 | 5 5 |
| 10 | 1 2 9 |
| 11 | 2 |
| 12 | 8 |
| 13 | |
| 14 | 8 |

## 2.3 요 약

통계분석에서 우리는 변수값이 기본단위들 간에 어떤 차이가 있는가를 알아본다. 분석방법은 자료의 유형에 따라 상이하다. 변수를 기준으로 자료는 보통 네 가지 방식으로 분류된다. 즉, 각 기본단위가 가지고 있는 정보의 수(변수의 수)에 따라 단변수 자료와 다변수 자료로 나누어지고, 각 변수의 측정방식에 따라 정성적 자료와 정량적 자료로 나누어진다. 또, 각 변수의 측정값이 시간으로 순서가 있는가의 여부에 따라 시계열자료와 횡단면자료로 구분된다. 마지막으로 자료가 가지고 있는 정보의 수준에 따라 명목자료, 서열자료, 등간자료, 비율자료로 나눌 수 있다.

어떤 유형의 자료이든 일단 자료가 확보되면, 그 자료의 기본적 속성을 조사할 필요가 있다. 개략적으로 특성을 알아보기 위한 하나의 방법이 표나 그림으로 자료를 정리하는 것이다. 지금까지 우리는 도수분포표, 히스토그램, 막대그림표, 꺾은선그림표, 원그림표, 그리고 스템-앤-리프 등의 표현기법을 알아보았다.

## A2.1 EXCEL을 이용하여 막대그림표(Bar/Column Chart)와 원그림표(Pie Chart)를 그리는 방법

[그림 A2-1]에 나타난 수직막대그림표(column chart)를 얻는 절차는 다음과 같다.

**01** 변수이름과 자료를 열A와 열B에 입력한다.

**02** 칸 A2:B6에 입력되어 있는 희망전공과 빈도수를 마우스 끌기(drag)로 선택한 후, 도구표시줄에서 추천차트 버튼을 한 번 클릭한다.

**03** 추천차트 버튼을 눌러 원하는 선택을 한 후, 확인버튼을 누르면 차트가 나타난다.

**04** 마우스를 그림표에 클릭한 상태로 움직이면서 원하는 위치에 그림표를 옮길 수 있다. 또한 마우스를 그림표의 오른쪽 아래 모서리에 위치시키면 조그만 양방향 화살표가 나타나는데, 이때 마우스를 클릭한 상태로 움직이면서 그림표의 크기를 조절할 수 있다.

**05** [그림 A2-2]와 같이 차트의 각 영역을 더블클릭하면 오른쪽에 차트서식을 변경할 수 있는 창이 나온다. 각 영역을 클릭하여 수정할 수 있다.

수평막대그림표(bar chart)와 원그림표(pie Chart)를 얻기 위해서는, 차트 마법사 버튼을 클릭한 후 1단계에서 해당 그림표를 선택하면 된다. 그 다음은 위의 절차와 같다.

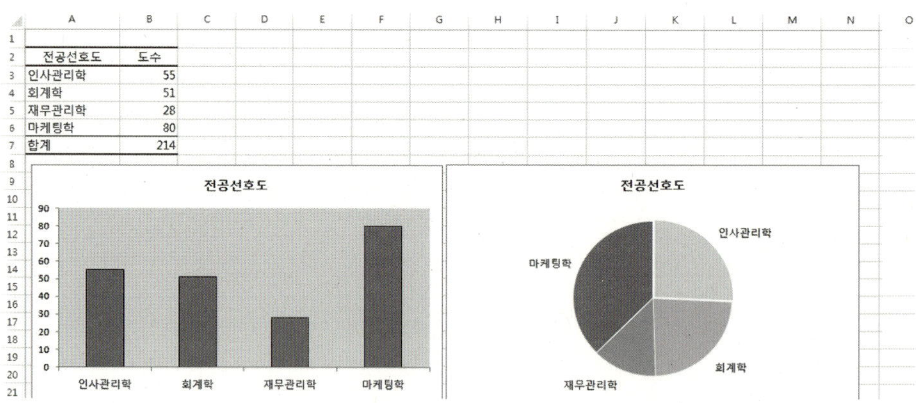


**그림 A2-1** EXCEL을 이용하여 그린 막대그림표와 원그림표

**그림 A2-2**

선그림표의 예

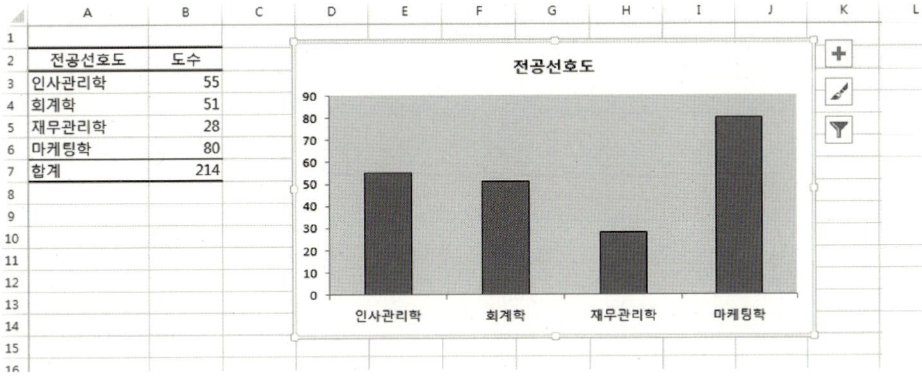


## A2.2 선그림표 그리기

선그림표는 시계열자료(time-series data)의 변화 과정을 이해하는 데 매우 유용하다. EXCEL은 입력된 시계열자료가 일정한 간격으로 관측되었다고 가정하여 선그림표를 그린다. 예를 들면, 1개월 간격으로 관측한 월별 자료나, 3개월 간격으로 관측한 분기별 자료 등은 여기에서 설명하는 방법으로 선그림표를 그릴 수 있다. 그러나, 관측 간격이 일정하지 않은 자료는 10장의 A10에서 설명한 산포도(XY scatter chart)를 이용하여야 한다.

**01** [그림 A2-3]에서와 같이 자료를 열A와 열B에 입력시킨다. (여기에 사용된 자료는 어느 컴퓨터대리점의 2007년 여름부터 2013년 봄까지의 분기별 판매액이다.)

**02** 판매액 자료를 선택한 후(B2 : B17), 추천차트 버튼을 한 번 클릭한다.

**03** 모든 차트버튼을 눌러 원하는 선택을 한다. 확인버튼을 누르면 차트가 나타난다.

**04** 그림표의 위치와 크기를 변경하기 위해서는 A2.1에서 설명한 방법으로 하면 된다.

**그림 A2-3**
선그림표의 예

| 기간 | 판매액 |
|---|---|
| 2009년 여름 | 9640 |
| 2009년 가을 | 8851 |
| 2009년 겨울 | 14899 |
| 2010년 봄 | 13212 |
| 2010년 여름 | 8300 |
| 2010년 가을 | 7312 |
| 2010년 겨울 | 12874 |
| 2011년 봄 | 11123 |
| 2011년 여름 | 7510 |
| 2011년 가을 | 6102 |
| 2011년 겨울 | 13610 |
| 2012년 봄 | 10832 |
| 2012년 여름 | 6912 |
| 2012년 가을 | 6011 |
| 2012년 겨울 | 14010 |
| 2013년 봄 | 11860 |

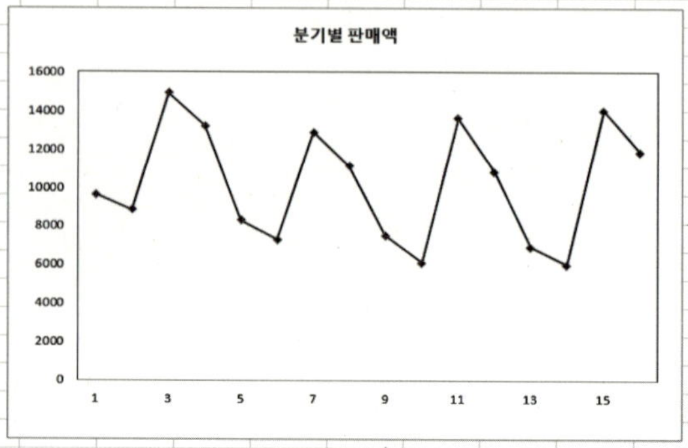


## A2.3 범주자료의 도수분포표 만들기

범주자료(categorical data)를 정리하는 방법 중의 하나는 각 범주의 발생횟수를 세어서 표를 만드는 것이다. 예를 들어, 어느 회사 근로자 20명의 출근시각에 관한 자료가 [그림 A2-4]과 같다고 하자. 각 시각에 몇 명의 근로자가 출근하였는지를 알기 위해서는 [그림 A2–4]에 나타난 도수분포표를 작성할 필요가 있다. 여기서는 이러한 도수분포표를 작성하는 방법을 설명하고자 한다.

**그림 A2-4**
도수분포표

| 근로자번호 | 출근시각 |
|---|---|
| 1 | 7:00 |
| 2 | 8:30 |
| 3 | 9:00 |
| 4 | 8:00 |
| 5 | 7:30 |
| 6 | 7:30 |
| 7 | 8:30 |
| 8 | 8:30 |
| 9 | 7:30 |
| 10 | 7:00 |
| 11 | 8:30 |
| 12 | 8:30 |
| 13 | 8:00 |
| 14 | 8:00 |
| 15 | 7:30 |
| 16 | 8:30 |
| 17 | 7:00 |
| 18 | 9:00 |
| 19 | 8:00 |
| 20 | 8:30 |

| 출근시각 | 개수 : 근로자번호 |
|---|---|
| 7:00 | 3 |
| 7:30 | 4 |
| 8:00 | 4 |
| 8:30 | 7 |
| 9:00 | 2 |
| **총합계** | **20** |

| 출근시각 | 개수 : 근로자번호 |
|---|---|
| 7:00 | 15.00% |
| 7:30 | 20.00% |
| 8:00 | 20.00% |
| 8:30 | 35.00% |
| 9:00 | 10.00% |
| **총합계** | **100.00%** |

**01** [그림 A2-4]과 같이 행A와 행B에 자료를 입력한다.

**02** 메뉴에서 삽입의 피벗 테이블을 선택한다.

**03** 피벗 테이블/피벗 차트 마법사의 총 3단계 중 1단계에서는, [그림 A2-4]와 같이 엑셀 목록이나 데이터베이스(M)와 피벗 테이블(T)을 선택한 후 다음을 클릭한

다. 커서를 자료의 왼쪽 위(여기서는 칸A1)에 위치시킨 후, 마우스의 왼쪽버튼을 누른 채 마우스를 움직여 자료 전체를 선택하면 [그림 A2-5]와 같이 된다. 도수분포표의 출력위치를 정하여 주기 위하여 [그림 A2-5]와 같이 기존 워크시트(E)를 선택한 후, 원하는 위치의 왼쪽 위 칸의 주소인 D1를 입력시키거나 커서를 그 위치에 옮긴 후 클릭한다. 새로운 워크시트에 출력하고자 할 경우는 새 워크시트(N)를 선택한 후 확인버튼을 누른다.

**그림 A2-5**

피벗 테이블 마법사의 2단계

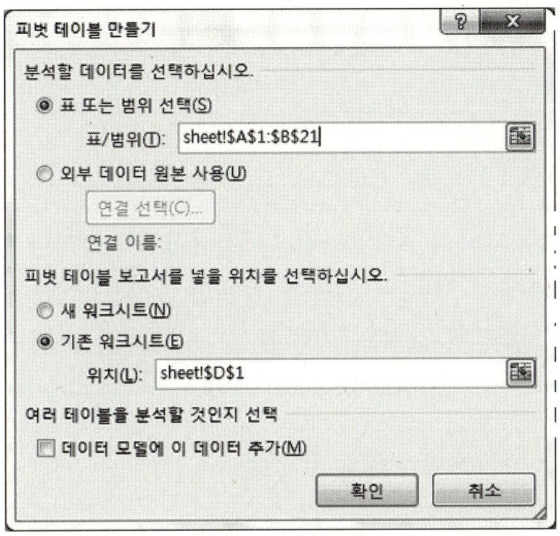


**04** [그림 A2-6]과 같은 화면이 나타나면 오른쪽 피벗테이블필드 선택 화면에서 '근로자번호', '출근시각'을 선택하며 체크한다.

**그림 A2-6**

피벗 테이블 마법사의 3단계

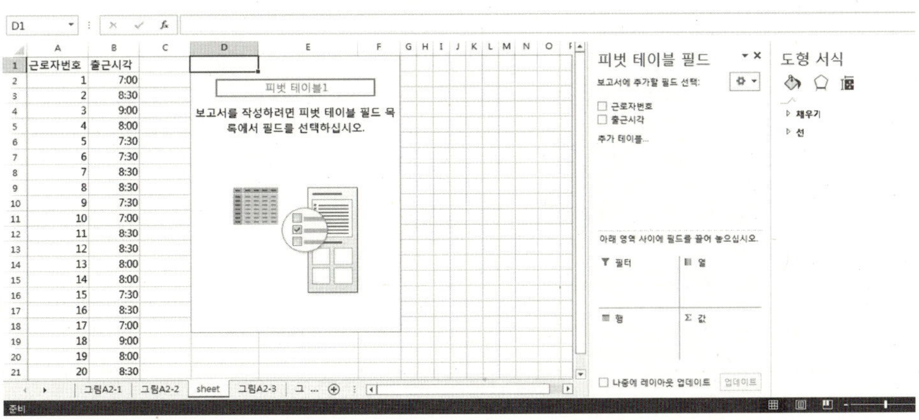

그림 A2-7
레이아웃의 선택화면

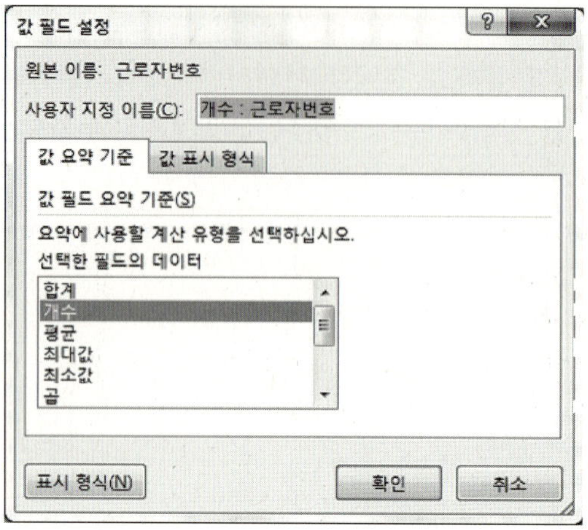


**05** 도수분포표에서 빈도수를 나타나고자 할 경우에는 [그림 A2-7]과 같이 값 필드 설정의 값 요약기준 유형에서 '개수' 옵션을 선택한 후 확인버튼을 누르고 [그림 A2-8]과 같이 값 필드설정에 값 요약기준을 '기각' 옵션을 선택한 후 값 표시형식에서 '열합계비율' 옵션을 선택한 후 확인버튼을 누른다.

그림 A2-8
피벗 테이블 필드의 선택 예

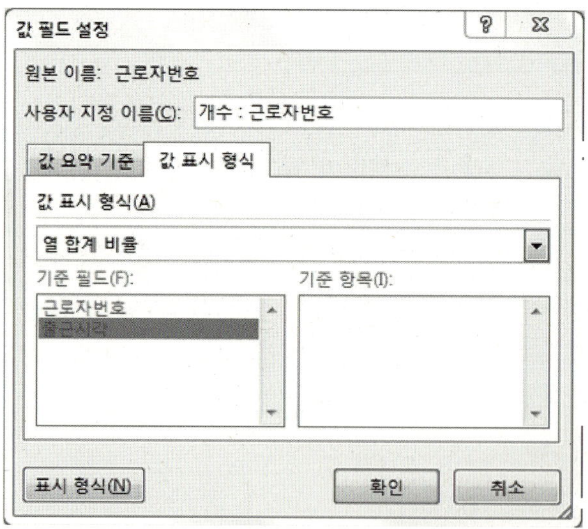

## A2.4 수치자료의 히스토그램 그리기

여기에서 설명하는 히스토그램을 얻기 위해서는 테이터에서 데이터 분석 (D)이 선택사항에 포함되어 있어야 한다. 만일 데이터 분석 (D)이 포함되어 있지 않다면, 파일에서 옵션을 선택한 후 추가기능 (I)을 클릭한다. 그런 다음 추가기능사용 (A) 항목 중에서 분석도구를 선택한다.

데이터 분석 (D)의 기능들 중에서 히스토그램을 사용하기 위해서는 계급구간 (intervals)을 먼저 정하여야 한다. EXCEL에서는 각 계급구간의 최대값을 Bin이라고 부른다. [그림 A2-9]에 나타난 예에서는, 5, 9,……, 29를 Bin으로 사용하였다. 이는 첫 번째 구간은 1–5, 두 번째 구간은 5–9 임을 의미한다. 자료의 최소값은 5.4, 최대값은 28.6이므로 모든 자료가 정해진 계급구간에 포함됨을 알 수 있다.

**그림 A2-9** 히스토그램의 선택

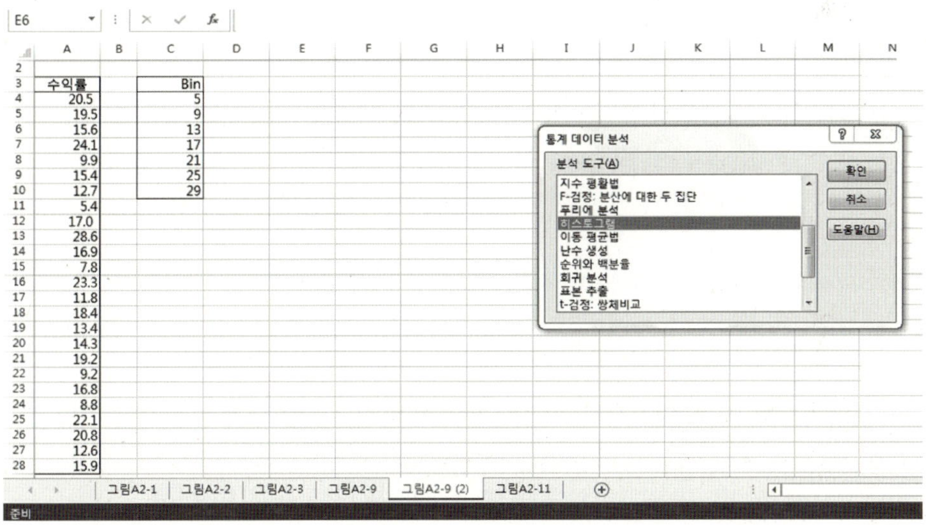


이제 아래의 설명을 따라서 히스토그램과 도수분포표를 만들어 보자.

**01** [그림 A2-9]에서와 같이, 정해진 Bin값들을 열C에 입력시킨다. 칸 C3에는 Bin이라는 이름을, 그리고 칸 C4에는 5, 칸 C5에는 9를 각각 입력시킨다. 다른 Bin값들을 채우기 위해서는 먼저 칸 C4와 C5를 선택한 후, 선택된 영역의 오른쪽 아래에서 마우스를 클릭한 채 칸 C10까지 끌어내리면 된다.

**02** 메뉴에서 도구 (T), 데이터 분석 (D)을 차례로 선택한 후, [그림 A2-9]와 같이 히스토그램을 선택한다.

**03** 히스토그램에 필요한 정보를 [그림 A2-10]과 같이 입력시킨다.

a) 입력범위 (I) : 자료의 범위를 입력시킨다.

b) 계급구간 (B) : Bin 값들의 범위를 입력시킨다.

c) 이름표 (L) : 입력범위와 계급구간에 이름(label)이 들어 있는 칸(여기서는 A3와 C3)을 포함시킨 경우에는 이를 선택하여야 한다.

d) 출력범위 (O) : 계산된 통계량들을 출력하고자 하는 위치의 왼쪽 위 칸을 입력시킨다.

e) 파레토 : 순차적 히스토그램(A) : [그림 A2-11]과 같은 표준형의 도수분포표와 히스토그램을 얻기 위해서는 이를 선택하지 말아야 한다. 이를 선택하는 경우에는 계급구간들이 빈도수의 크기 순서에 따라 배열된다.

f) 누적 백분율 (M) : 이를 선택하면 누적도수분포(cumulative frequency distribution)도 얻을 수 있다.

g) 차트 출력 (C) : 도수분포표와 더불어 히스토그램을 얻을 수 있다.

**그림 A2-10**

**히스토그램에서 선택 예**

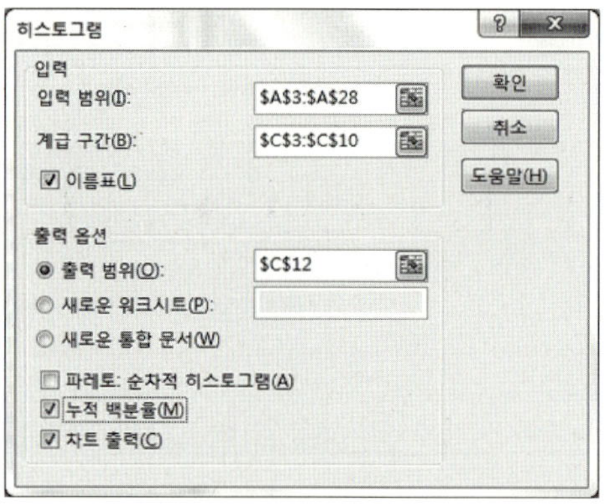


**04** 모두 입력시킨 후 확인을 클릭하면, [그림 A2-11]과 같은 출력을 얻게 된다. 출력된 도수분포의 마지막 구간인 '기타'는 EXCEL이 자동적으로 추가한 것으로, Bin의 최대값인 29보다 큰 값들을 나타내는 구간이다.

**그림 A2-11**

**히스토그램의 출력 예**

| Bin |
|---|
| 5 |
| 9 |
| 13 |
| 17 |
| 21 |
| 25 |
| 29 |

| Bin | 빈도수 | 누적 % |
|---|---|---|
| 5 | 0 | 0.00% |
| 9 | 3 | 12.00% |
| 13 | 5 | 32.00% |
| 17 | 8 | 64.00% |
| 21 | 5 | 84.00% |
| 25 | 3 | 96.00% |
| 29 | 1 | 100.00% |
| 기타 | 0 | 100.00% |

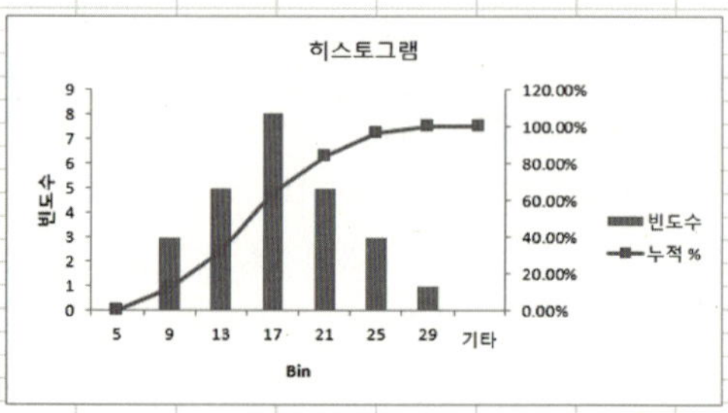

# 연습문제

**01** 정량적 자료와 정성적 자료의 차이를 설명하시오.

**02** 정보의 수준에 따라 나눌 수 있는 자료의 4가지 종류를 설명하시오.

**03** 도수분포표가 자료의 정리에 많이 이용되는 이유와 작성절차에 대해 설명하시오.

**04** 삼일기획판매(주)는 택배회사를 이용하여 건어물을 온라인 판매하고 있다. 판매관리상의 개선점을 알아보기 위하여 고객을 대상으로 설문조사를 실시하였다. 다음의 각 설문에서 얻은 결과는 명목, 서열, 등간, 비율자료 중 어디에 해당되는가?

(1) 귀하의 나이는 얼마입니까?(　　)

(2) 지난 1년간 온라인 주문을 이용한 횟수는 얼마입니까?(　　)

① 5회 이하　　② 6~10회　　③ 11~20회　　④ 20회 이상

(3) 마지막으로 구입하신 온라인 판매 제품의 가격에 대해 만족하고 있습니까?(만족한 정도를 해당 번호에 체크해 주세요)

| 매우불만족 | | 그저그러함 | | 매우만족 |
|---|---|---|---|---|
| 1 | 2 | 3 | 4 | 5 |

(4) 보기의 온라인 판매 상품 중 관심있는 상품을 순서대로 적어주세요.

첫째(　　)　둘째(　　)　셋째(　　)　넷째(　　)

**보기**

① 오징어　　② 멸치　　③ 미역　　④ 홍합

**05** 문화관광부에서는 우리나라를 방문하는 여행객을 대상으로 설문조사를 실시하고 있다. 다음의 각 설문에서 얻은 결과는 명목, 서열, 등간, 비율자료 중 어디에 해당되는가?

(1) 귀하의 나이에 해당되는 번호를 써 주세요.(　　)

① 10대　　② 20대　　③ 30대　　④ 40대　　⑤ 50세 이상

(2) 이번 여행의 주목적은 무엇입니까?(① 관광 ②사업 ③ 친구, 친지방문 ④ 기타)

(3) 귀하가 투숙한 곳의 직원의 친절도는 어떠했습니까?

매우친절 ―――― 보통 ―――― 매우불친절

1 ―― 2 ―― 3 ―― 4 ―― 5

(4) 며칠 동안 체류할 예정입니까?

**06** 다음은 삼일기업의 지난 4년간 재무자료이다.

| 부문 | 1994 | 1995 | 1996 | 1997 |
|---|---|---|---|---|
| 총매출(억원) | 6,120 | 6,850 | 7,821 | 7,508 |
| 순이익(억원) | 85 | 93 | 112 | 94 |
| 주당순이익(원) | 4,722.2 | 5,166.6 | 6,222.2 | 5,222.2 |
| 주당장부가치(원) | 35,215 | 42,883 | 38,492 | 35,419 |

(a) 위의 자료에서 변수의 수는 몇 개인가?

(b) 이들 변수는 정량적인가, 정성적인가?

(c) 이들은 시계열자료인가, 횡단면자료인가?

**07** 모 회사에서는 초등학생을 대상으로 한 빙과류 제품을 개발하였다.

(a) 이 제품을 출시하기 위해서는 약 250억원의 설비투자가 예상된다. 시설투자를 결정하기 전에 어떤 자료가 필요할까?

(b) 이들 필요한 자료는 어떻게 확보할 수 있을까?

**08** 다음은 새로 개발한 스프레이 타입 살충제의 성능을 실험한 결과로, 이 약을 맞은 해충의 잔존생명을 분으로 나타낸 것이다. 8개의 구간을 사용하여 도수분포표와 히스토그램을 작성하시오.

| | | | | | | | | | | | | |
|---|---|---|---|---|---|---|---|---|---|---|---|---|
| 2.4 | 0.7 | 3.9 | 2.8 | 1.3 | 1.6 | 2.9 | 2.6 | 3.7 | 2.1 | 3.2 | 3.5 | 1.8 |
| 3.1 | 0.3 | 4.6 | 0.9 | 3.4 | 2.3 | 2.5 | 0.4 | 2.1 | 2.3 | 1.5 | 4.3 | 1.8 |
| 2.4 | 1.3 | 2.6 | 1.8 | 2.7 | 0.4 | 2.8 | 3.5 | 1.4 | 1.7 | 3.9 | 1.1 | 5.9 |
| 2.0 | 5.3 | 6.3 | 0.2 | 2.0 | 1.9 | 1.2 | 2.5 | 2.1 | 1.2 | 1.7 | | |

**09** 다음은 아파트 밀집 지역의 한 보수센터가 지난 두 주간 각종 수리의뢰를 처리한 후 고객에게 청구한 비용액이다. 7개의 구간으로 나누어 도수분포표와 상대도수분포표를 작성하시오.

39 38 36 61 55 46 37 44 41 44 38 67 57 63 45 64 51 63 48 40
62 67 60 36 58 41 45 39 49 42

**10** 다음은 2007년부터 2012년까지의 석탄산업에 대한 육성자금지원실적을 정리한 자료이다.

| 연도 | 2007 | 2008 | 2009 | 2010 | 2011 | 2012 |
|---|---|---|---|---|---|---|
| 민간에 대한 보조 | 450 | 523 | 553 | 562 | 560 | 1042 |
| 출자금 | 255 | 196 | 136 | 120 | 90 | 90 |
| 석탄산업육성자금 | 445 | 410 | 272 | 12 | 22 | 0 |
| 기타 | 83 | 90 | 83 | 86 | 83 | 118 |
| 총계 | 1233 | 1219 | 1044 | 780 | 755 | 1250 |

① 총지원금과 민간에 대한 보조금실적을 꺾은선그림표로 나타내시오.
② 89년도 지원내역을 원그림표로 나타내시오.
③ 84년과 89년도의 지원실적과 지원금 비율을 막대그림표를 이용하여, 그 변화를 알기 쉽게 나타내시오.

**11** 다음은 상대도수분포표의 예이다.

| 구분 | 상대도수 |
|---|---|
| A | 0.25 |
| B | 0.15 |
| C | |
| D | 0.40 |

(a) C의 상대도수는 얼마가 되어야 하는가?
(b) 표본의 수가 200개인 경우에, C의 도수는 얼마일까?
(c) 도수분포표를 만들어 보시오.

**12** A대 경영학과에 재학 중인 학생을 대상으로 학과목 강의평가를 실시하였다. 하나의 문항은 다음과 같다.

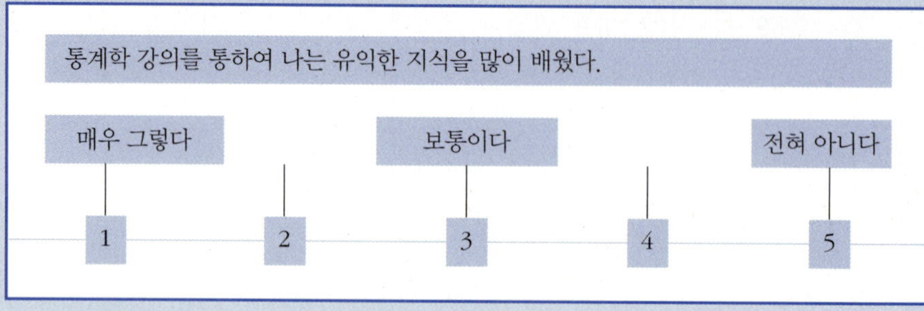


조사결과 : 3 4 4 5 1 5 3 4 5 2 4 5 3 4 4
4 5 5 4 1 4 5 4 2 5 4 2 4 4 4

(a) 이들은 정성적인가, 정량적인가? 이유를 설명하시오.
(b) 도수 및 상대도수분포표를 작성하시오.
(c) 막대 및 원그래프를 작성하시오.

**13** 한국 경자동차 주식회사는 이번에 새로 시장에 소개할 500cc짜리 L카의 휘발유 리터당 주행거리를 조사하기 위해 50번의 테스트 운전을 수행하여 다음과 같은 자료를 얻었다.

| | | | | | | | | | |
|---|---|---|---|---|---|---|---|---|---|
| 27.9 | 31.2 | 29.3 | 29.5 | 31.8 | 28.7 | 22.5 | 23.0 | 34.2 | 30.1 |
| 34.2 | 30.5 | 32.7 | 31.3 | 26.5 | 24.9 | 26.4 | 26.8 | 31.6 | 29.9 |
| 35.6 | 28.7 | 31.0 | 28.0 | 31.3 | 33.7 | 32.7 | 32.0 | 30.4 | 30.3 |
| 28.5 | 33.5 | 30.5 | 29.8 | 30.6 | 31.2 | 35.1 | 28.7 | 28.6 | 27.5 |
| 30.0 | 30.1 | 28.7 | 30.3 | 33.2 | 29.6 | 30.5 | 31.4 | 27.9 | 32.4 |

① 5개의 구간으로 나누어 상대도수분포표를 작성하시오.
② 위의 자료에서 리터당 주행거리가 30km를 넘는 경우는 총 50번 중 몇 %를 차지하는가?

**14** 한국생명보험은 보험청구서 작성과정에 통계적 품질관리기법 중의 하나인 관리도기법을 적용하기로 하였다. 지난 25일간 매일 100건의 청구서를 검사한 결과 다음과 같은 자료를 얻을 수 있었다. 히스토그램을 작성하시오.

| 날짜 | 1 | 2 | 3 | 4 | 5 | 6 | 7 | 8 | 9 | 10 | 11 | 12 | 13 |
|---|---|---|---|---|---|---|---|---|---|---|---|---|---|
| 오류발생건수 | 3 | 3 | 3 | 2 | 0 | 3 | 0 | 1 | 7 | 3 | 2 | 0 | 0 |
| 날짜 | 14 | 15 | 16 | 17 | 18 | 19 | 20 | 21 | 22 | 23 | 24 | 25 | |
| 오류발생건수 | 4 | 1 | 2 | 4 | 0 | 1 | 1 | 0 | 2 | 8 | 2 | 1 | |

**15** 다음은 아파트 밀집 지역의 한 보수센터가 지난 두 주간 각종 수리의뢰를 처리한 후 고객에게 청구한 비용액이다.

| | | | | | | | | | |
|---|---|---|---|---|---|---|---|---|---|
| 39 | 61 | 37 | 44 | 57 | 64 | 48 | 67 | 58 | 39 |
| 38 | 55 | 44 | 38 | 63 | 51 | 40 | 60 | 41 | 49 |
| 36 | 46 | 41 | 67 | 45 | 63 | 62 | 36 | 45 | 42 |

① 스템-앤-리프로 자료를 정리하시오.

② 히스토그램을 작성하시오.

# 제 3 장

# 중심경향치와 분산도

# 3.1 중심경향치

임의로 선정한 다섯 명의 몸무게가 각각 55kg, 58kg, 59kg, 62kg, 67kg이었다고 하자. 이들 다섯 학생의 몸무게를 하나의 대표적 수치로 나타내고 싶다면, 얼마로 하는 것이 전체적 경향을 가장 잘 나타낸다고 할 수 있을까?

이런 경우에 쓰이는 척도가 중심경향치(measure of central tendency)이다. 즉, 중심경향치는 자료에 포함된 관측값들이 어디에 집중되어 있는가, 또는 자료 전체를 대표할 수 있는 값은 얼마인가를 알아보기 위한 척도이다. 후자의 의미에서 중심경향치는 대표값이라고도 한다. 본절에서는 여러 종류의 중심경향치 계산 방법을 알아본다.

## 3.1.1 평균

### (1) 산술평균

산술평균은 가장 보편적으로 사용되고 있는 중심경향치이다. 간단히 평균(mean)이라고 할 때, 우리는 이것을 의미한다. 산술평균(arithmatic mean)은 모든 관측치들을 다 합한 뒤 그 합을 전체 관측치의 수로 나누어 계산하므로, 관측치 크기가 의미를 갖는 정량적 자료에서 계산할 수 있다. 산술평균은 일반적으로 $\overline{X}$로 표시한다.

앞에서 예로 든 수퍼마켓 체인점의 일일매출액 자료를 이용하여 계산방법을 알아보자. 〈표 2-3〉의 자료에서 소수점 아래의 값을 떼어내고 다시 쓰면 아래와 같다.

**수퍼마켓 체인점의 일일매출액**

(단위 : 백만원)

| | |
|---|---|
| 31 | 38 |
| 33 | 39 |
| 36 | 41 |
| 36 | 44 |
| 37 | 47 |

우리가 알고 싶은 것은 열 개의 자료값을 대표할 수 있는 하나의 대표값이다. 위에서 정의한 대로 체인점 한 곳 당 평균매출액을 계산해 보자.

$$\text{산술평균}(\overline{X}) = (31+33+36+36+37+38+39+41+44+47) \div 10$$
$$= 38.2(\text{백만원})$$

즉, 평균적으로 보아 점포당 매출액은 38.2(백만원)이라고 할 수 있을 것이다. 일반적으로 $n$개의 관측치 $X_1, X_2, \cdots, X_n$의 산술평균은 다음과 같이 계산한다.

산술평균

$$\overline{X} = \frac{1}{n}(X_1 + X_2 + \cdots + X_n) = \frac{1}{n}\sum_{i=1}^{n} X_i \quad (3.1)$$

**예제 | 3-1**

15명 학생에 대한 몸무게를 조사한 결과, 60kg 3명, 62kg 6명, 64kg 3명, 65kg 2명, 71kg 1명이었다. 산술평균을 구하시오.

**풀이**

$$\overline{X} = \frac{(3)(60)+(6)(62)+(3)(64)+(2)(65)+(1)(71)}{3+6+3+2+1} = 63\text{kg}$$

### (2) 기하평균

산술평균만큼 널리 사용되지는 않으나, 평균인구증가율, 평균물가상승률 등을 계산하는 데 사용된다. 예를 들어, 지난 4년간 임금상승률이 아래와 같다고 하자. 이 경우 평균상승률을 어떻게 계산하는 것이 합당할까?

단순히 산술평균을 적용한다면 5.5%로 계산된다. 이렇게 계산한 평균상승률을 적용하면 1994년에 100을 받은 사람의 1998년 급여는,

| | 평균임금 | 상승률 |
|---|---|---|
| 1994년 | 100.0 | – |
| 1995 | 110.0 | 10% |
| 1996 | 123.2 | 12% |
| 1997 | 130.6 | 6% |
| 1998 | 122.8 | −6% |

$$100\ (1+0.055)(1+0.055)(1+0.055)(1+0.055)=123.9$$

이 되어 위의 실제 값보다 더 크다. 따라서, 산술평균은 평균상승률로는 적합하지 않다. 그러면 평균적으로 1년에 몇 %씩 상승하였을 때 100을 받던 사람이 4년 후 122.8을 받게 될까? 즉,

$$100(1+x)\ (1+x)\ (1+x)\ (1+x)=122.8$$

또는

$$(1+x)^4=\frac{122.8}{100}$$

그러므로

$$x=\left(\frac{122.8}{100}\right)^{1/4}-1 \fallingdotseq 0.0527$$

임금은 평균적으로 매년 약 5.27%가 올랐다고 볼 수 있다. 평균상승률을 계산하기 위해서 우리는 매 관측년도의 상승률을 곱한 후 4제곱근을 취하였다. 즉,

$$\{(1+0.10)(1+0.12)(1+0.06)(1-0.06)\}^{1/4}=1.0527$$

이렇게 계산한 평균을 기하평균이라고 한다.

일반적으로 $n$개의 관측치 $X_1$, $X_2$, $\cdots$ , $X_n$의 기하평균(geometric mean)은 이들 관측치들의 곱의 $n$제곱근으로 정의한다. 즉,

기하평균

$$M_g = (X_1 \times X_2 \times \cdots \times X_n)^{1/n} \qquad (3.2)$$

기하평균을 계산하는 또 다른 방법은 각 관측치의 로그(logarithm)값을 취한 후, 이들의 산술평균을 구하는 것이다. 즉,

$$\log\ M_g = \frac{1}{n}\Sigma\log\ X_i \qquad (3.3)$$

또한, 자료에 비정상적으로 큰 값이 포함되어 있을 때는, 기하평균이 그 큰 값의 영향을 산술평균보다 덜 받기 때문에 중심경향치로 사용하는 것이 좋다.

**예제 | 3-2**

다섯개의 관측치 4, 6, 2, 3, 100의 산술평균과 기하평균을 구하시오.

**풀이**

$\overline{X} = (4+6+2+3+100) = 23$

$\log\ M_g = \frac{1}{5}(\log 4 + 1\text{og}6 + 1\text{og}2 + 1\text{og}3 + 1\text{og}100) = 0.832$

그러므로, $M_g = 10^{0.832} = 6.8$

## 3.1.2 중앙치

중앙치(median)는 관측치의 분포가 극도로 편재되어 있는 경우나 서수자료에 많이 쓰이는 중심경향치로 모든 관측치를 크기의 순서대로 나열했을 때 중앙에 있는 관측치의 값을 말한다. 그러나 관측치의 수가 짝수개이면 중앙이 없으므로 중앙에 가장 가까운 두 값의 평균을 취하여 중앙치로 한다.

수퍼마켓 체인점의 예를 통해 중앙치의 계산과정을 살펴보기로 하자.

31, 33, 36, 36, 37, 38, 39, 41, 44, 47

중앙치를 계산하기 위해서는 우선 관측치를 크기 순으로 재배열하고, 상부에 총 관측치의 50%, 하부에 나머지 50%가 놓여지는 분기점을 선택하면 된다. 위의 경우, 관측치가 모두 10개이므로 정확히 중앙에 위치하는 관측치는 존재하지 않는다. 예를 들어, 중앙치를 37로 설정하는 경우 이보다 작은 값은 4개이고 이보다 큰 값은 5개이므로, 정확하게 중앙에 위치하지는 않는다. 관측치의 수가 이와 같이 짝수인 경우에는 중앙에 위치하는 두 개의 관측치를 찾은 뒤, 이들 두 관측치의 중간값을 중앙치로 정하면 된다. 수퍼마켓 체인점 매출액의 경우 중앙에 위치하는 두 개의 관측치는 37과 38이 되므로, 중앙치는 대략 37.5가 된다.

이상을 정리해 보자. $n$개의 관측치를 크기 순서로 늘어놓았을 때 $i$번째의 관측치를 $X_i$로 표시하면 중앙치 $M_d$는 아래와 같이 된다.

중앙치

$$M_d = X_{\frac{n+1}{2}} \qquad n\text{이 홀수일 때,}$$
$$= \frac{1}{2}(X_{\frac{n}{2}} + X_{\frac{n}{2}+1}), \qquad n\text{이 짝수일 때,} \tag{3.4}$$

중앙치와 산술평균의 차이는 중앙치의 경우 그 값보다 크거나 작은 관측치는 전혀 고려하지 않은 반면, 산술평균은 모든 관측치의 값을 다 반영하는 데 있다고 볼 수 있다. 따라서, 다른 관측치들보다 지나치게 크거나 작은 값이 포함된 경우(이러한 관측치를 특이치(outlier)이라 한다)에는, 중앙치와 산술평균의 차이가 커지게 된다.

예를 들어, 두 회사의 관리자 임금에 대한 자료 〈표 3-1〉을 살펴보자. 두 회사의 관리자 평균임금(산술평균)은 60만원으로 같지만, 을회사의 경우는 150만원을 받는 사람을 제외하면 평균이 37.5만원이 되어 전체적으로 낮은 수준이다. 이처럼 특이한 관측치가 포함되어 있는 경우 산술평균만 비교하는 것은 의미가 없을 수 있다. 이 경우 산술평균보다는 중앙치(갑회사의 경우 60만원, 을회사의 경우 35만원)가 더욱 가치있는 정보를 제공할 수 있다.

표 3-1 | 두 회사 임금의 평균과 중앙치

| 관리자 | 갑 회사 | 을 회사 |
|---|---|---|
| 1 | 60만원 | 35만원 |
| 2 | 60 | 150 |
| 3 | 60 | 25 |
| 4 | 60 | 20 |
| 5 | 60 | 70 |
| 산술평균 | 60 | 60 |
| 중앙치 | 60 | 35 |

중앙치는 이처럼 소득과 같은 인구통계학적 자료 또는 경기변동 자료의 요약에 자주 쓰이는데, 이는 지나치게 큰 값이 자료 전체의 특성을 흐려버리는 경향을 줄이기 위해서이다. 물론 특이값이 존재하지 않는 경우 중앙치와 산술평균값은 대개 비슷해진다.

### 3.1.3 최빈치

중심경향을 나타내는 또 하나의 통계치는 최빈치(mode)이다. 이는 주어진 자료에서 가장 많이 나타나고 있는 관측치를 말한다. 예를 들어, 수퍼마켓 체인점들의 매출액이

31, 33, 36, 36, 37, 38, 39, 41, 44, 47

의 형태로 나타났다면, 최빈치는 이 중 나타난 빈도가 가장 높은 36이 된다. 자료가 도수분포표나 히스토그램 형태로 요약되어 있는 경우, 간단히 최빈 구간의 중간값을 최빈치로 해도 된다. 이것을 조최빈치(crude mode)라고 한다. 예를 들어, 수퍼마켓 체인점의 매출액이 〈표 3-2〉와 같다면 최빈치는 그 사례수가 가장 많은 35 39.9 구간의 중간 값인 37.5가 된다.

산술평균이나 중앙치는 하나만 존재하나, 최빈치는 여러 개가 있을 수 있으며 중앙치보다 쓰이는 빈도가 적다.

표 3-2 | 매출액 도수분포표

| 매출액 | 관측치 수 |
|---|---|
| 30-34.9 | 2 |
| 35-39.9 | 5 |
| 40-44.9 | 2 |
| 45-49.9 | 1 |

〈분포형태에 따른 중심성향을 나타내는 대표값들의 위치〉

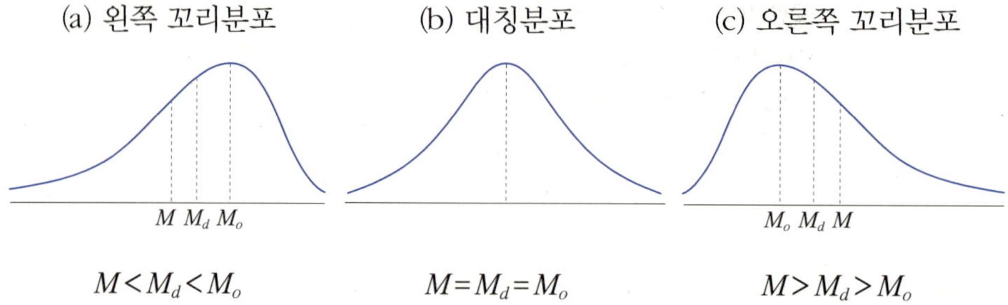


평균($M$), 중앙치($M_d$), 최빈치($M_o$)

## 3.1.4 중심경향치의 선택방법

산술평균은 계산과 정의가 쉽고 모든 관측치를 다 고려한다는 점에서 가장 많이 이용되고 있다. 그러나, 중앙치와 최빈치도 특징이 있으므로, 어떤 척도를 사용할 것인가를 결정하고자 할 때 우리가 고려해야 할 몇 가지 사항이 있다.

첫째, 주어진 자료의 특성을 감안해야 한다. 예를 들어, [그림 3-1]의 (b)에서와 같이 관측치들의 분포가 거의 좌우대칭이며 봉우리가 하나인 형태를 취할 때에는 어떤 대표치를 선택하더라도 그리 큰 문제가 없다. 그러나 (a)(c)에서와 같이 왼쪽 또는 오른쪽으로 편향된 분포형태를 취할 때에는 단순히 산술평균만을 그 대표치로 삼아서는 곤란하다. 이러한 경우에는 산술평균과 함께 중앙치를 대표값으로 사용해야 한다.

둘째, 자료의 분포에 극단적으로 크거나 작은 값을 갖는 관측치가 포함되어 있는 경우에는 산술평균을 그 대표치로 선택해서는 곤란하다. 산술평균은 이 극단

그림 3-1 | 좌우대칭인 분포와 한 쪽으로 편향된 분포

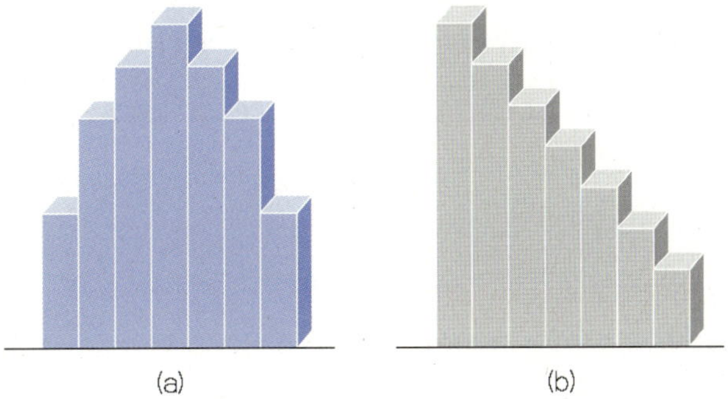


치가 분포의 어느 쪽에 포함되어 있느냐에 따라 큰 영향을 받게 되지만, 중앙치의 경우 산술평균에 비해서는 그 영향의 정도가 극히 미미하다. 최빈치는 속해 있는 사례수가 가장 많은 구간에 의해 결정되므로, 중앙치와 마찬가지로 극단치의 영향을 받지 않는다.

셋째, 중심경향치는 자료를 대표하는 기능도 갖지만 통계분석에 사용될 수 있어야 한다. 산술평균은 분산의 계산과 가설검정 등의 통계처리에 사용될 수 있지만, 중앙치나 최빈치는 대개 대표치로서의 기능만으로 끝나게 되는 경우가 많다. 따라서 주어진 자료에서 대표값 이외의 통계적 정보를 얻고자 하는 경우에는 산술평균을 선택하는 것이 바람직하다고 할 수 있다.

## 3.2 | 분산도

주어진 자료의 특성을 완전하게 기술하고 이해하기 위해서는 산술평균, 중앙치 등의 중심경향치와 함께 각 관측치들이 서로 얼마나 밀집 또는 분산되어 있는가를 알아야 한다. 통계적 분석이 필요한 이유 중 하나는 자료의 변동성이다. 자료에 변동이 없다면, 즉 모든 관측치가 똑같다면 통계적 분석을 거치지 않고도 자명한 결론을 얻을 수 있다. 변동이 적을수록 자료에서 얻은 대표치의 신뢰도는 높아진다.

관측치들의 퍼진 정도, 즉 분산도(variability, dispersion, spread)를 측정하기 위한 대표적인 통계량으로는 범위(range), 사분편차(interquartile range) 그리고 표준편차(standard deviation)를 들 수 있다.

### 3.2.1 범위

범위(range)란 주어진 자료에서 가장 큰 값과 가장 작은 값의 차이를 의미하며, 분산도를 알아보는 방법 중 가장 손쉽게 값을 구할 수 있는 방법이다.

수퍼마켓 체인점의 자료를 볼 때, 10개의 관측치 중 가장 작은 값은 31이고 가장 큰 값은 47이므로, 범위($R$)는 이 두 관측치의 차이인 $47-31=16$이 된다. 이처럼 범위의 계산과정은 극히 간단하나, 이를 이용하여 자료의 분산도를 나타내기에는 몇 가지 문제점이 있다.

첫째, 범위는 자료에 포함된 관측치 수가 몇 개이든 간에 오직 두 개의 관측치만을 사용한다. 예를 들어, 〈표 3-3〉과 같이 서로 다른 두 자료의 분산도를 생각해보자. 둘 다 범위가 20임에도 불구하고 자료 A는 자료 B에 비해 상당히 밀집해 있으며 이 경우 범위만으로는 두 자료의 분산도를 비교하기 어렵다.

또 하나의 문제점은 분산도가 의미 있는 정보로 그 역할을 하기 위해서는 각 관측치들이 중심경향치로부터 얼마나 떨어져 있는가를 나타내 주어야 하나, 범위의 경우 중심경향치를 전혀 고려하지 않는다는 데에 있다. 예를 들어, 위의 표의 경우 자료 A와 자료 B는 산술평균이 50으로 같으며 범위도 20으로 같다. 그러나,

**표 3-3 | 두 자료의 분산도 비교**

| | 자료 A | 자료 B |
|---|---|---|
| | 60 | 40 |
| | 50 | 40 |
| | 50 | 40 |
| | 50 | 50 |
| | 50 | 60 |
| | 50 | 50 |
| | 40 | 60 |
| 범 위 | 20 | 20 |
| 산술평균 | 50 | 50 |

각 자료의 관측치들의 분포를 살펴보면, 자료 A의 관측치들이 산술평균을 중심으로 보다 밀집되어 있는 것을 알 수 있다. 즉, 산술평균을 중심으로 하는 분산도는 두 자료에서 차이가 있으나, 범위는 이에 관한 구분을 하지 못하는 단점이 있다. 이를 보완하기 위하여 고안된 분산도의 측정이 앞으로 설명할 표준편차이다.

범위는 계산이 용이하다는 장점이 있으나, 자료에 예외적으로 크거나 작은 관측치가 있으면 범위는 이들에 의해 결정되어 불안정하다는 단점이 있다. 그러므로, 표본의 크기가 그다지 크지 않을 때 사용된다. 범위가 가장 많이 사용되는 적용 분야는 품질관리이다.

## 3.2.2 사분편차

관측치를 크기 순서로 늘어놓을 때 중앙에 오는 값을 우리는 앞에서 중앙치로 정의하였다. 같은 개념으로 4분의 1에 해당하는 값을 $Q_1$, 4분의 3에 해당하는 값을 $Q_3$로 정의하면, 중앙치는 $Q_2$에 해당한다. 사분편차(quartile deviation 또는 interquartile range)는 다음과 같이 정의된다.

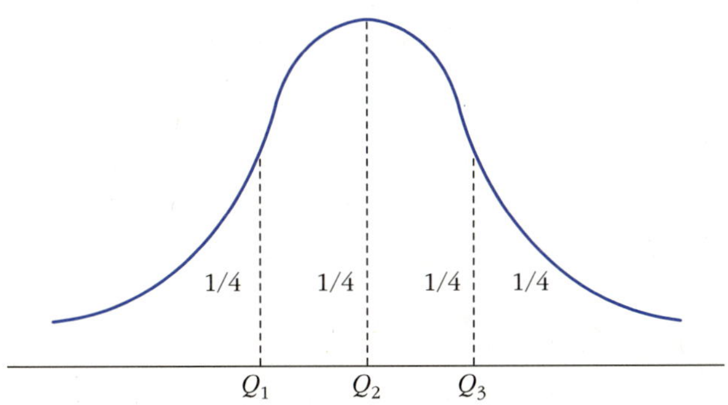


사분편차

$$Q = Q_3 - Q_1 \tag{3.1}$$

사분편차를 분산도로 사용하려면 자료의 수가 비교적 많아 $Q_1$과 $Q_3$가 안정적이어야 한다. 범위는 예외적으로 크거나 작은 값의 영향을 크게 받아 불안정하다는 단점이 있으나, 사분편차는 극단적인 관측치의 영향을 받지 않으므로 보다 안정된 척도라 할 수 있다. 중심경향치로 중앙치($M_d$)가 사용될 때 분산도의 척도로 사분편차를 많이 이용한다.

대부분의 자료에서 표본의 수는 정확히 4등분되지 않는다. J.W. Tukey는 이러한 경우에 적용할 수 있는 하나의 계산법칙을 제안하였다.[1)]

### 등위계산법

$Q_1$의 등위 : $\frac{1}{2}$(1+$Q_2$의 등위). 정수가 아니면 아래와 위 정수 번째에 해당하는 관측치들의 평균으로 $Q_1$을 계산한다.

$Q_2$의 등위 : $\frac{1}{2}(1+n)$. 정수가 아니면 정수 부분을 취한다.

$Q_3$의 등위 : $(1+n)-Q_1$의 등위. 정수가 아니면 아래와 위 정수 번째에 해당하는 관측치들의 평균으로 $Q_3$을 계산한다.

| | $n$=32일 때 | | $n$=13일 때 |
|---|---|---|---|
| $Q_2$의 등위 | (1+32)/2=16.5 | ∴ 16번째 관측치 | (1+13)/2=7 |
| $Q_1$의 등위 | (1+16)/2=8.5 | ∴ 8번째와 9번째 관측치의 평균 | (1+7)/2=4 |
| $Q_3$의 등위 | 33−8.5=24.5 | ∴ 24번째와 25번째 관측치의 평균 | (1+13)−4=10 |

## ■ Box Plot

최소값, 제1사분치, 중앙치, 제3사분치, 최대값 등 다섯 개의 요약 정보로 자료의 특성을 표현하는 방법이다. 예를 들어, 임의로 추출한 A대 졸업생 10명의 표본에 대하여 대졸 초임을 조사한 결과, 다음의 자료를 얻었다고 하자.

| 110 | 125 | 120 | 150 | 105 |
|---|---|---|---|---|
| 125 | 130 | 120 | 165 | 115 |

최소값=105

제1사분치 (3번째)=115

1) J.W. Tukey, *Explorative Data Analysis*, 1977.

중앙치(5.5번째) = 122.5

제3사분치 (8번째) = 130

최대값 = 165

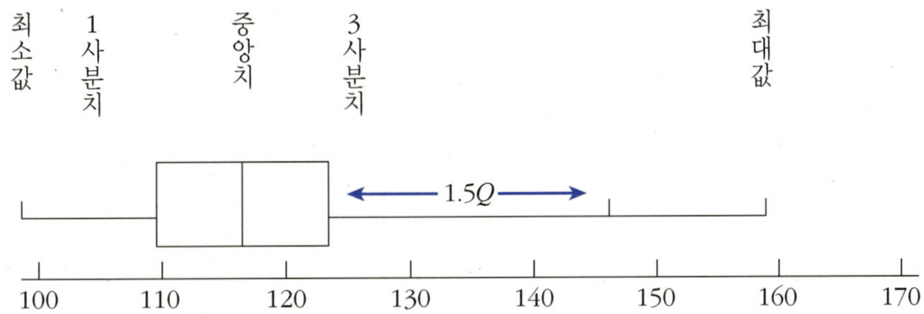


위에서 $Q$는 사분편차를 말하며, 위 문제에서는 그 값이 15이다. 3사분치에서 $Q$의 1.5배를 초과하거나, 1사분치에서 $Q$의 1.5배 이상 떨어져 있는 관측치는 보통 특이치(outlier)로 취급한다. 위의 예에는 하나의 특이치가 존재한다.

### 3.2.3 분산과 표준편차

분산도를 나타내는 또 하나의 척도인 분산(variance)은 산술평균과 각 관측치 간의 차이를 제곱한 후 그 평균을 계산한 값이다. 표본자료에 있는 $n$개의 관측치가 각각 $X_1, X_2, \cdots, X_n$일 때 분산은 다음의 공식을 이용하여 계산한다.

표본분산

$$s^2 = \frac{1}{n-1}\sum_{i=1}^{n}(X_i - \overline{X})^2, \quad \overline{X} = \frac{1}{n}\sum_{i=1}^{n}X_i \tag{3.6}$$

분산은 범위와는 달리 모든 관측치를 이용하여 계산하며, 단순히 얼마나 퍼져 있는가를 나타내기보다는 평균에서 얼마나 떨어져 있는가를 나타내준다. 위의 계산과정에서 알 수 있듯이, 분산의 값은 0보다 작을 수 없으며 분산이 0인 경우에는 모든 관측치가 평균과 같은 값을 가지고 있다는 것을 의미한다.

일반적으로 표본을 추출하여 모집단의 특성을 알아보고자 하는 경우, 표본의 분산은 표본의 평균과 각 관측치 간 차이의 제곱합을 총 관측치수로 나누지 않고 (총 관측치수−1)로 나눈다. 표본의 분산은 그 자체로 의미를 갖는다기보다는 모집단의 분산을 추정하기 위한 도구의 역할을 하게 되는데, 위에서 정의된 바와 같이 (총 관측치수−1)로 나누어 표본의 분산을 계산하게 되면 모집단의 분산을 보다 정확하게 추정한다는 것이 이론적으로 증명되어 있다.

분산의 계산과정에서 또 하나 궁금해 할 수 있는 사항은 평균과 각 관측치 간의 차이를 왜 제곱하여 합하느냐일 것이다. 단순히 평균과 각 관측치의 차이를 합하게 되면 계산과정은 간단하지만, 그 값은 항상 0이 되어 전혀 의미 없게 된다. 예를 들어, 다음과 같은 자료를 이용하여 분산을 계산한다고 생각해 보자.

| | |
|---|---|
| 관측치 1 | 3 |
| 관측치 2 | 4 |
| 관측치 3 | 5 |
| 평균 | 4 |

만약, 평균과 각 관측치의 차이를 제곱하지 않는다면 그 결과는,

$$[(3-4)+(4-4)+(5-4)]\div(3-1)=0$$

이 되어 버리고 만다. 즉, 양의 값을 지니는 차이와 음의 값을 지니는 차이가 서로 상쇄되어 전혀 차이가 없다는 결과가 나타나게 된다. 따라서 분산의 계산에서는 평균과 관측치의 차이를 제곱하여 이용하게 된다.

분산과 함께 자료의 분산도를 나타내는 또 하나의 통계량으로 표준편차(standard deviation)가 있다. 표준편차는 단순히 분산의 제곱근을 의미한다. 분산은 제곱값의 평균이므로 측정의 단위가 원자료와 달라진다. 그래서 제곱근을 취하여 측정단위를 같게 만든 것이 표준편차이다. 표준편차는 분산과 마찬가지로 각 관측치가 평균으로부터 얼마나 떨어져 있는가를 나타내 준다.

**표준편차**

$$s=\sqrt{s^2}=\sqrt{\frac{1}{n-1}\sum_{i=1}^{n}(X_i-\overline{X})^2} \qquad \textbf{(3.7)}$$

수퍼마켓 체인점의 일일매출액(산술평균 $\overline{X} = 38.2$)

| | |
|---|---|
| 31 | 38 |
| 33 | 39 |
| 36 | 41 |
| 36 | 44 |
| 37 | 47 |

앞에서 사용한 수퍼마켓 체인점의 매출액 예를 통해 분산과 표준편차를 계산해 보자.

$$
\begin{aligned}
\text{분산} = \{&(31-38.2)^2+(33-38.2)^2+(36-38.2)^2+(36-38.2)^2+(37-38.2)^2 \\
&+(38-38.2)^2+(39-38.2)^2+(41-38.2)^2+(44-38.2)^2+(47-38.2)^2)\} \\
&\div(10-1)=23.289
\end{aligned}
$$

$$\text{표준편차} = \sqrt{23.289} = 4.825$$

## 3.2.4 변동계수

범위, 표준편차 등은 표본자료의 중심경향치 크기를 고려하지 않는 분산도이므로 절대적 척도라고 한다. 일반적으로 대표값이 큰 자료의 표준편차는 대표값이 작은 자료의 표준편차보다 크게 되는 경향이 있어, 대표값이 서로 다른 두 자료의 분산도를 표준편차의 크기만으로 비교하는 데에는 무리가 있다. 이러한 단점을 보완하여 대표값의 크기를 감안하여 분산도를 측정하는 척도가 변동계수($CV$: coefficient of variation)이다. 변동계수는 산술평균($\overline{X}$)에 대한 표준편차($s$)의 비율로 계산하며, 표준편차계수 또는 변이계수라고도 부른다.

경우에 따라서는 위의 값에 100을 곱하여 백분율(%)로 표시하기도 한다.

변동계수

$$CV = \frac{s}{\overline{X}} \qquad (3.8)$$

예제 | 3-3

다섯 개의 관측치, 4, 3, 7, 6, 10으로 이루어진 자료의 변동계수를 계산하라.

풀이

$$\overline{X} = \frac{1}{5}(4+3+7+6+10) = 6.0$$

$$s^2 = \frac{1}{5-1}\left\{(4-6)^2 + (3-6)^2 + (7-6)^2 + (6-6)^2 + (10-6)^2\right\} = 7.5$$

$$s = \sqrt{7.5} = 2.74$$

$$CV = \frac{2.74}{6} = 0.46$$

## 3.3 | 분포의 다른 특성

### 3.3.1 왜 도

왜도(skewness)는 분포의 비대칭정도, 즉 분포가 기울어진 방향과 정도를 나타내는 양이다. 도수분포도가 최빈치를 기준으로 왼쪽보다 오른쪽으로 길게 뻗어 있으면 우측왜도(skewed to the right) 또는 양의 왜도(positive skewness)라 하고, 그 반대의 경우는 좌측왜도(skewed to the left) 또는 음의 왜도(negative skewness)라고 한다. 양의 왜도일 때는 평균이 최빈치보다 오른쪽에 있고, 음의 왜도일 때는 반대로 최빈치보다 왼쪽에 있다.

그러므로, 왜도는 (평균−최빈치) or (평균−중앙치)의 정도로 측정할 수 있다. 또 이 값을 표준편차로 나누어 주면 단위가 없어져 여러 자료의 상호비교에 유익한 척도가 된다.

왜도

$$a_3 = \frac{\text{평균} - \text{최빈치}}{\text{표준편차}} = \frac{\overline{X} - M_0}{s} \quad \text{또는} \quad a_3 = \frac{\text{평균} - \text{중앙치}}{\text{표준편차}} = \frac{\overline{X} - M_d}{s} \tag{3.9}$$

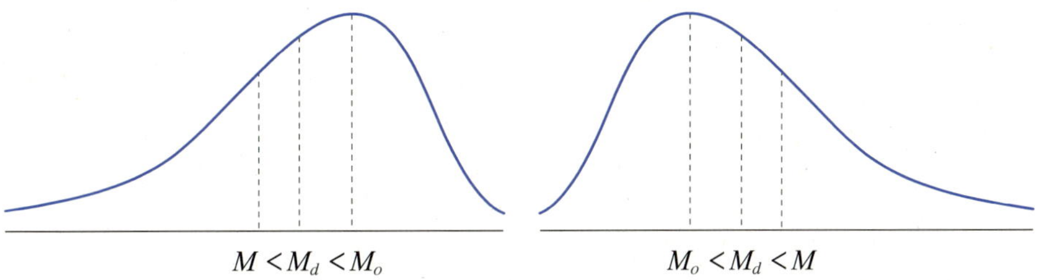


좌측왜도($a_3 < 0$인 경우) 우측왜도($a_3 > 0$인 경우)

*평균($M$), 중앙치($M_d$), 최빈치($M_o$)

그러나, 보다 일반적으로 사용되는 왜도의 척도는 평균치 주위의 3차적률(3rd moment)을 이용하는 것으로, EXCEL은 아래 식에 따라 계산한다.

3차적률을 이용한 왜도

$$a'_3 = \frac{n}{(n-1)(n-2)} \times \frac{\sum_{i=1}^{n}(X_i - \overline{X})^3}{s^3} \tag{3.10}$$

여기서 $n$은 관측치 수이고 $s$는 표준편차이다.

## 3.3.2 첨 도

첨도(kurtosis)란 분포도가 얼마나 중심에 집중되어 있는가, 다시 말해서 분포의 중심이 얼마나 뾰족한가를 측정하기 위한 개념이다. 첨도를 재는 하나의 척도는 평균치 주위 4차 적률을 이용하는 적률첨도계수(moment coefficient of kurtosis)로 다음과 같이 계산한다.

첨도

$$a_4 = \frac{1}{n}\sum_{i=1}^{n}(X_i - \overline{X})^4 \frac{1}{s^4} \quad \textbf{(3.11)}$$

여기서 $n$은 관측치 수이고 $s$는 표준편차이다.

첨도는 정규분포를 기준으로 해서 상대적 정도로 평가하는데, 정규분포에서는 $a_4$가 3의 값을 갖는다. 이러한 이유로 어떤 경우에는 첨도를 $(a_4 - 3)$으로 정의하기도 한다.

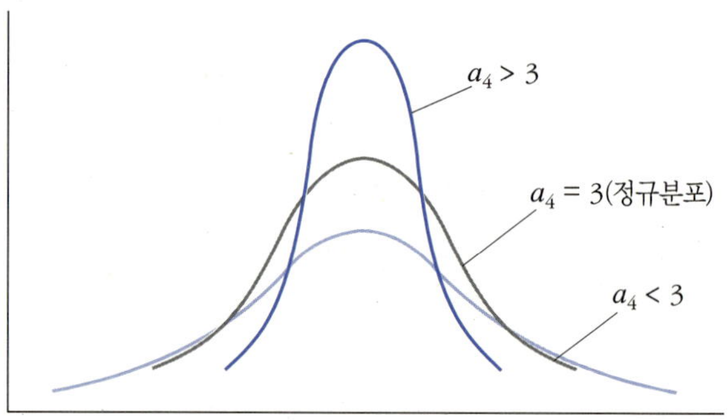


## 3.4 요 약

본장에서는 자료의 중심경향치와 분산도를 측정하는 여러 가지 기술통계량을 설명하였다. 이들 기술통계량은 제2장에서 설명한 도시적 방법과는 달리, 수치로 자료의 특성을 측정한다. 중심경향치로는 산술평균, 기하평균, 중앙치, 그리고 최빈치 등을 소개하였고, 분산도로는 분산, 표준편차, 범위, 사분편차, 변동계수 등을 소개했으며, 분포의 다른 특성으로 왜도, 첨도 등을 소개하였다.

## A3 EXCEL을 이용하여 수치자료의 통계량을 구하는 방법

EXCEL은 수치자료(numerical data)의 특성을 나타내는 여러 가지 기술통계량(descriptive statistics)을 계산하는 기능이 있다. EXCEL로부터 얻을 수 있는 통계량에는 평균, 분산, 표준편차, 범위 등이 포함된다.

**01** 자료를 열A에 입력시킨다. (그림 A3-1)

**02** 메뉴에서 도구(T)와 데이터 분석(D)을 차례로 클릭한 후, [그림 A3-1]과 같이 기술통계법을 선택한다.[1)]

**그림 A3-1**
데이터 분석(D)의 선택항목들

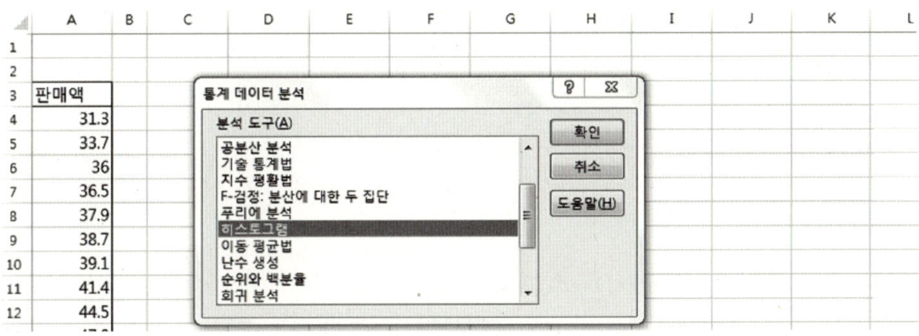


**03** 기술통계법에 필요한 정보를 [그림 A3-2]와 같이 입력한다.

a) 입력범위(I) : 기술통계량을 구하고자 하는 자료의 범위를 입력시킨다.

b) 데이터 방향 : 자료가 열(column)로, 즉 위에서 아래로 입력되었으면 열(C)을 선택한다.

c) 첫째 행 이름표 사용(L) : 입력범위에 변수이름(Label)이 들어 있는 칸(여기서는 A3)을 포함시킨 경우에는 이를 선택하여야 한다.

d) 출력범위(O) : 계산된 통계량들을 출력하고자 하는 위치의 왼쪽 위 칸을 입력시킨다. 그 곳부터 오른쪽으로 두 열의 여백이 필요하다.

e) 요약 통계량(S) : 기술통계량을 얻기 위해서는 이를 선택하여야 한다.

f) 평균에 대한 신뢰수준(N) : 신뢰구간의 원하는 신뢰수준을 입력시킨다.

g) K번째 큰 값(A) : 입력된 자료 중에서 K번째로 큰 값을 원한다면, 이를 선택한 후 원하는 K값을 입력시킨다.

h) K번째 작은 값(M) : 입력된 자료 중에서 K번째로 작은 값을 원한다면, 이를 선택한 후 원하는 K값을 입력시킨다.

---

1) 만일 데이터 분석(D)이 도구(T)의 선택사항 중에 포함되어 있지 않다면, 도구(T)를 선택한 후 추가기능(I)을 클릭한다. 그런 다음 추가기능 사용(A) 항목 중에서 분석도구를 선택한다.

그림 A3-2
기술통계법의 입력사항들

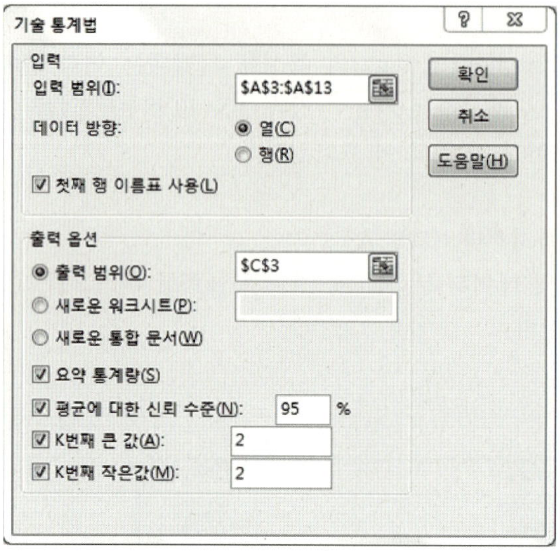


**04** 모두 입력시킨 후 확인을 클릭하게 되면, [그림 A3-3]과 같은 출력을 얻게 된다. 열의 간격을 적절히 조절하면, 출력 내용들을 보다 쉽게 읽을 수 있다.

제1사분위값(1st quartile)과 제3사분위값(3rd quartile)을 얻기 위해서는 QUARTILE 함수를 이용하여야 한다. [그림 A3-3]에서는 칸F4에 '1st Quartile ='이라는 이름을, 칸G4에는 '=QUARTILE(A4:A13,1)'을 입력시켰다. QUARTILE 함수에서 자료의 입력 범위에 변수이름이 있는 칸A3은 포함시키지 않았다. 마찬가지로, 제3사분위값을 얻기 위해서 '=QUARTILE(A4:A13,3)'을 칸G5에 입력시켰다.

**그림 A3-3** 기술통계법의 출력 예

| | A | B | C | D | E | F | G | H |
|---|---|---|---|---|---|---|---|---|
| 1 | | | | | | | | |
| 2 | | | | | | | | |
| 3 | 판매액 | | 판매액 | | | | | |
| 4 | 31.3 | | | | | 1st Quartile= | 36.125 | |
| 5 | 33.7 | | 평균 | 38.69 | | 3rd Quartile= | 40.825 | |
| 6 | 36 | | 표준 오차 | 1.55073101 | | | | |
| 7 | 36.5 | | 중앙값 | 38.3 | | | | |
| 8 | 37.9 | | 최빈값 | #N/A | | | | |
| 9 | 38.7 | | 표준 편차 | 4.903842031 | | | | |
| 10 | 39.1 | | 분산 | 24.04766667 | | | | |
| 11 | 41.4 | | 첨도 | 0.098849852 | | | | |
| 12 | 44.5 | | 왜도 | 0.487424347 | | | | |
| 13 | 47.8 | | 범위 | 16.5 | | | | |
| 14 | | | 최소값 | 31.3 | | | | |
| 15 | | | 최대값 | 47.8 | | | | |
| 16 | | | 합 | 386.9 | | | | |
| 17 | | | 관측수 | 10 | | | | |
| 18 | | | 가장 큰 값(2) | 44.5 | | | | |
| 19 | | | 가장 작은 값(2) | 33.7 | | | | |
| 20 | | | 신뢰 수준(95.0%) | 3.507997263 | | | | |
| 21 | | | | | | | | |

## 연습문제

**01** 다음에 주어진 각 자료의 산술평균과 중앙치를 계산하시오.

자료 A : 1, 5, 6

자료 B : −1, 3, 4, 89

자료 C : 1, 3, 789, 9,000, 245, 678

**02** 다음 두 개의 히스토그램 중 어떤 것이 더 큰 분산을 가지며, 그 이유는 무엇인가?

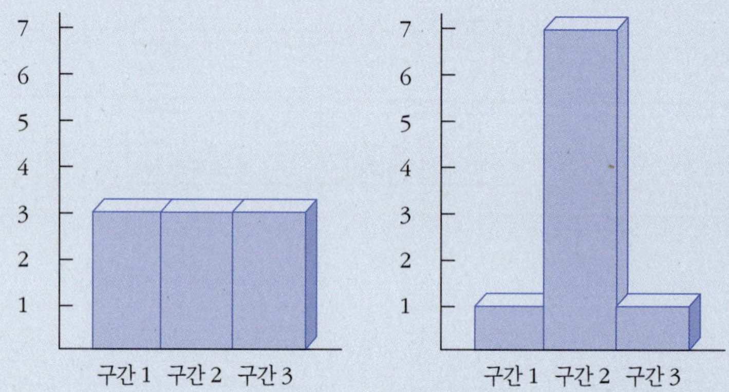


**03** 생산관리나 인사관리 분야에서 자주 거론되는 품질관리 분임조는, 동일 직장 내에서 품질과 그와 관련이 있는 문제점을 인식하고 분석하기 위해 정기적으로 모임을 갖는 자발적인 소집단 모임이다. 품질관리 분임조를 도입함으로써 어느 정도의 효과를 기대할 수 있는가를 평가하기 위해, 품질관리 분임조가 운영되고 있는 공장 A와 아직 품질관리 분임조가 도입되지 않은 유사한 공장 B를 조사한 결과 다음과 같은 자료를 얻을 수 있었다.

| 기간 | 불량률(%) | |
|---|---|---|
| | 공장 A | 공장 B |
| 1월 | 2.18 | 2.16 |
| 2 | 2.09 | 2.12 |
| 3 | 2.14 | 2.22 |
| 4 | 2.02 | 2.47 |
| 5 | 2.09 | 2.31 |
| 6 | 2.13 | 2.52 |
| 7 | 2.17 | 2.39 |
| 8 | 2.05 | 2.43 |
| 9 | 2.00 | 2.50 |
| 10 | 2.19 | 2.54 |
| 11 | 2.20 | 2.35 |
| 12 | 2.16 | 2.46 |

① 이 자료를 히스토그램으로 정리하시오.

② 각 공장의 월평균 불량률과 표준편차를 구하시오.

**04** 15명의 학생에게 능력시험을 실시하여 올바르게 답한 문항의 수에 대한 자료를 다음과 같이 얻었다.

| 2, 1 3, 0, 1, 3, 6, 0, 3, 3, 5, 2, 1, 4, 2 |
|---|

(a) 평균, (b) 중앙치, 그리고 (c) 최빈치를 구하시오.

**05** 10명의 학생에게 IQ 테스트를 실시하였더니, 평균이 114이었다. 학생 9명의 IQ 성적이 101, 125, 118, 128, 106, 115, 99, 118 그리고 109일 경우, 나머지 한 명의 IQ성적은 얼마인가?

**06** 여섯 개의 관측치 3, 6, 2, 1, 7, 5에 대한 산술평균과 표준편차를 구하시오. 또, 각 관측치에 5를 더한 후, 산술평균과 표준편차를 구하시오. 일반적으로 $n$개의 관측치 $X_1$, $X_2, \cdots$, $X_n$의 평균과 표준편차가 $\overline{X}$와 $s$일 때, 각 관측치에 상수 $\alpha$를 더한 후의 평균과 표준편차는 어떻게 되는가?

**07** 어느 항공기 회사에서 승객들의 화물에 대한 무게를 조사하여, 다음과 같은 자료를 얻었다.

| 화물무게(kg) | 도 수 | 상대도수 |
|---|---|---|
| 7이상~10미만 | 8 | 0.11 |
| 10이상~13미만 | 11 | 0.16 |
| 13이상~16미만 | 14 | 0.20 |
| 16이상~19미만 | 17 | 0.24 |
| 19이상~22미만 | 20 | 0.29 |
| 계 | 70 | 1 |

(a) 산술평균을 구하시오.

(b) 중앙치와 최빈치를 구하시오.

(c) 분산과 표준편차를 계산하시오.

(d) 변동계수를 구하시오.

(e) 왜도를 계산하시오.

**08** A대학교 3학년 학생 20명을 무작위로 추출하여 평균학점을 조사한 결과, 다음과 같은 자료를 얻었다.

| | | | | | | | |
|---|---|---|---|---|---|---|---|
| 3.2 | 1.9 | 2.7 | 2.4 | 2.8 | 2.9 | 3.8 | 3.0 |
| 2.5 | 3.3 | 1.8 | 2.5 | 3.7 | 2.8 | 2.0 | 3.2 |
| 2.3 | 2.1 | 2.5 | 1.9 | | | | |

(a) 표준편차를 구하시오.

# 제 Ⅲ부

# 확률론

## 제 I 부 통계학 입문

제1장 통계학이란

## 제 II 부 기술통계

제2장 자료의 종류와 도시
제3장 중심경향치와 분산도

## 제 III 부 확률론

제4장 확률개념
제5장 확률분포

## 제 IV 부 추론통계

제6장 표본추출과 표본분포
제7장 통계적 추정과 신뢰구간
제8장 가설의 검정

## 제 V 부 변수간의 관계분석

제 9 장 분산분석
제10장 상관분석
제11장 단순선형회귀분석
제12장 다중회귀모형
제13장 카이제곱검정
제14장 비모수 통계분석방법

제 4 장

# 확률 개념

# 4.1 집 합

확률(probability)은 여러 가지 사건이 나타날 수 있을 때, 어떤 시행에서 특정의 사건이 일어날 가능성을 말한다. 이 특정 사건이 일어날 가능성은 한 번의 시행에서 일어날 수 있는 사건의 종류와 수가 얼마나 많은가, 또 이 특정 사건이 어느 만큼의 비율로 포함되어 있는가에 따라 달라진다.

집합은 어떤 시행에 포함된 종류와 수를 평가하는 데 편리한 개념이다. 그러므로, 확률을 이해하고 계산하기 위해서는 먼저 집합의 개념과 종류에 대해 알아야 한다. 우리는 먼저 집합의 개념을 검토하고, 두 개 이상의 사상으로 만들어지는 복합사상에 대해 알아보기로 하자.

## 4.1.1 집합의 개념

집합(set)이란 하나의 주사위를 던져 윗면에 나오는 수들과 같이 잘 정의된 결과나 사건의 모임을 의미한다. 잘 정의되었다는 것은 집합에 속한 원소를 정확하게 파악할 수 있다는 의미이다.

예를 들어, 주사위를 던져 윗면에 나올 수 있는 수들을 하나의 집합으로 할 경우, 3은 이 집합에 속하나 8은 이 집합에 속하지 않는다는 것을 쉽게 알 수 있다.

일반적으로 집합은 중괄호, 즉 { }로 표시하며 집합을 구성하고 있는 개개의 원소는 쉼표( , )로 구분한다. 앞에서 언급한 주사위를 던져 윗면에 나올 수 있는 눈의 수들의 집합을 $A$라 하면 $A = \{1, 2, 3, 4, 5, 6\}$이다. 집합 $A$는 1, 2, 3, 4, 5, 6이라는 여섯 개의 원소들(elements)로 구성되어 있다. 많은 경우 집합을 표시할 때, 원소를 모두 기록하는 것이 불가능하거나 번거로울 때가 있다. 이런 경우에는 집합의 원소를 모두 기록하는 대신 집합에 포함되는 원소를 나타내는 규칙으로 대신할 수 있다. 예를 들어 $M = \{i \mid i$는 정수, 그리고 $1 \le i \le 5\}$는 1, 2, 3, 4, 5의 집합을 의미한다.

■ 표본공간

주사위나 동전을 던지는 경우처럼 같은 상태에서 반복될 수 있는 실험이나 관찰을 시행이라고 하며, 어떤 시행에서 일어날 수 있는 모든 가능한 결과(outcome)들의 집합을 표본공간(sample space)이라고 한다. 또한 두 개의 집합이 있을 때, 첫번째 집합에 속하는 모든 원소가 둘째 집합의 원소가 될 경우, 첫째 집합을 둘째 집합의 부분집합(subset)이라고 한다. 예를 들어, 하나의 주사위를 던져 윗면에 나타난 눈의 수들의 집합을 $A$, 윗면에 나온 눈의 수가 짝수인 집합을 B, 그리고 윗면에 나온 눈의 수가 홀수인 집합을 $C$라 하면 이들은 다음과 같다.

$$A = \{1, 2, 3, 4, 5, 6\}$$
$$B = \{2, 4, 6\}$$
$$C = \{1, 3, 5\}$$

여기서 집합 $A$는 주사위를 던져 윗면에 나올 수 있는 점의 수들에 대한 모든 가능성을 포함하고 있으므로 표본공간임을 알 수 있다. 또한, $B$의 모든 원소가 $A$에 포함되어 있으므로 $B$는 $A$의 부분집합이다. 마찬가지로, 집합 $C$도 $A$의 부분집합임을 알 수 있다. 부분집합을 기호로는 $B \subseteq A$ 또는 $C \subseteq A$와 같이 표시한다. 이러한 표본공간의 부분집합을 사상(event)이라고 부른다.

## 4.1.2 복합사상(집합 연산)

■ 교집합

$A$와 $B$ 두 집합이 있을 때 양 집합에 공통적인 원소로 이루어진 집합을 $A$와 $B$의 교집합(intersection)이라고 부르며, $A \cap B$로 표시한다. 수식으로 표현하면 아래와 같다.

$$A \cap B = \{x \mid x \in A \text{ 그리고 } x \in B\}$$

그림 4-1 | 두 사상의 교집합

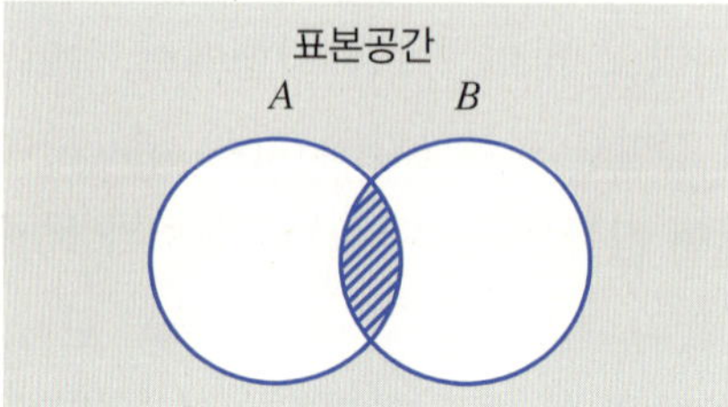


여기서 $x \in A$는 $x$가 $A$집합의 원소, 즉 $x$가 $A$집합에 속한다는 것을 의미한다. 곱집합을 그림으로 표시하면 [그림 4-1]의 빗금친 부분으로 이 부분은 $A$와 $B$ 두 집합에 공통적으로 속하는 모든 원소들을 나타낸다.

예를 들어, $A=\{x \mid x$는 짝수인 자연수$\}$, $B=\{x \mid x$는 10보다 작은 자연수$\}$라고 하면, $A$와 $B$의 교집합은 $A \cap B=\{2, 4, 6, 8\}$이 된다. 만약 두 집합 $A$와 $B$에 공통적인 요소가 하나도 없다면 $A \cap B$는 공집합이 되며, $A \cap B=\phi$로 표시된다. 이 경우 $A$와 $B$를 배반적(disjoint) 또는 상호 배타적(mutually exclusive)이라고 한다. [그림 4-2]는 이러한 경우에 해당한다.

그림 4-2 | 배반적인 사상

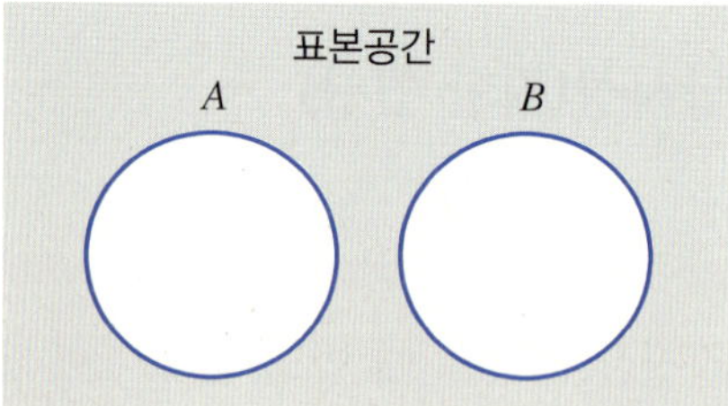


■ 합집합

두 집합 $A$와 $B$의 합집합(union)은 $A$에 속하거나 또는 $B$에 속한 모든 원소들로 이루어진 집합이다. $A$와 $B$의 합집합은 $A \cup B$로 표시하며, 식으로는 다음과 같이 표현한다.

$$A \cup B = \{x \mid x \in A \text{ 또는 } x \in B\}$$

**그림 4-3 | A와 B의 합집합**

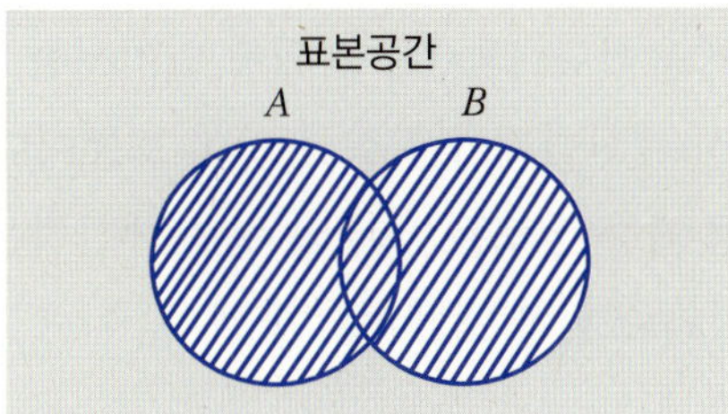


## ■ 여집합

집합 $A$가 있을 때 집합 $A$에 속하지 않는 모든 원소들로 이루어진 집합을 $A$의 여집합(complementation)이라고 한다. 여집합은 $\overline{A}$, $A^c$, 또는 $\sim A$ 등 다양한 방법으로 표시한다. 수식으로는,

$$A^c = \{x \mid x \notin A\}$$

가 되며, 하나의 원소가 $A$와 $A^c$에 동시에 속할 수 없으므로

$$A \cap A^c = \phi$$

이 되고 서로 배반적이다.

**그림 4-4 | A와 여집합**

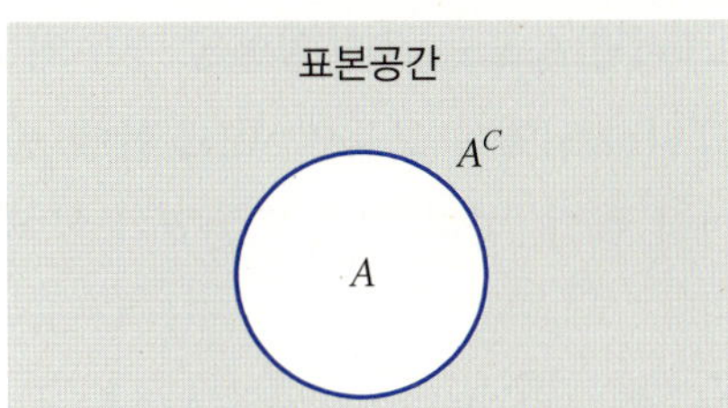

## 4.2 | 경우의 수

어떤 시행에 대한 표본공간을 구할 때 발생 가능한 모든 경우를 빠짐없이 헤아리는 것이 중요하다. 그러나 실제에 있어서는 특정 표본공간에 속하는 원소의 수가 매우 커서 계산하기가 복잡한 것이 보통이다. 따라서, 지금부터는 어떤 시행에 있어서 발생 가능한 모든 경우의 수를 계산하는 데 필요한 합의 법칙, 곱의 법칙, 그리고 순열과 조합을 소개하고자 한다.

### 4.2.1 합의 법칙

어떤 사상이 일어날 경우의 수를 구하는 데 집합을 이용하면 편리하다. 즉, 두 사건 $A$, $B$가 일어날 수 있는 경우의 집합을 각각 $A$, $B$로 나타내고, $n(A)$와 $n(B)$는 각각 사상 $A$, $B$가 일어나는 경우의 수라고 하자. 또, $n(A \cup B)$는 사상 $A$ 또는 $B$가 일어날 경우의 수, $n(A \cap B)$는 사상 $A$와 $B$가 동시에 일어날 경우의 수라고 하자. 그러면 $n(A)$, $n(B)$, $n(A \cup B)$ 그리고 $n(A \cap B)$의 사이에는 다음의 관계가 성립한다.

합의 법칙

$$n(A \cup B) = n(A) + n(B) - n(A \cap B) \tag{4.1}$$

만약 사상 $A$와 사상 $B$가 동시에 일어나지 않을 때, 즉 상호 배반적일 경우에는 $A \cap B = \phi$이므로 $n(A \cup B) = n(A) + n(B)$가 성립한다. 이런 관계는 세 개 이상의 사상에 대해서도 적용된다.

주사위를 던져 눈의 수가 3 이하인 사상을 $A$라 하고, 3 또는 4가 나올 사상을 $B$라고 하자. 그러면 $A$ 또는 $B$가 일어날 경우의 수를 계산할 때, $A$와 $B$의 교집합사상인 3은 [그림 4-5]에서 보듯이 두 집합에 동시에 포함되어 중복계산이 되므로 한 번 빼주어야 한다. 따라서, $A$ 또는 $B$가 일어날 경우의 수는 다음과 같다.

$$n(A \cup B) = n(A) + n(B) - n(A \cap B) = 3 + 2 - 1 = 4$$

그림 4-5 | 합의 법칙의 이해

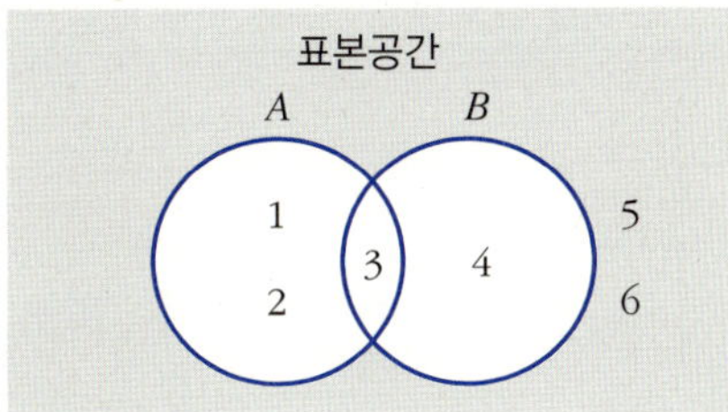


## 4.2.2 곱의 법칙

어떤 사람이 $A$, $B$ 두 종류의 주식을 보유하고 있다고 가정하자. 이들 주식의 가격변동은 상승, 하락, 또는 변하지 않는 세 가지 경우로 나눌 수 있다. 그러면 이 사람이 가지고 있는 두 종류 주식의 가격이 변할 총 경우의 수를 나무그림을 이용하여 표시하면, [그림 4-6]과 같이 9가지의 경우가 된다. 이것은 첫 번째 주식에 대한 경우의 수 3과 두 번째 주식에 대한 경우의 수 3을 곱한 것과 같다.

그림 4-6 | 두 종류 주식의 가격 변동의 경우 수

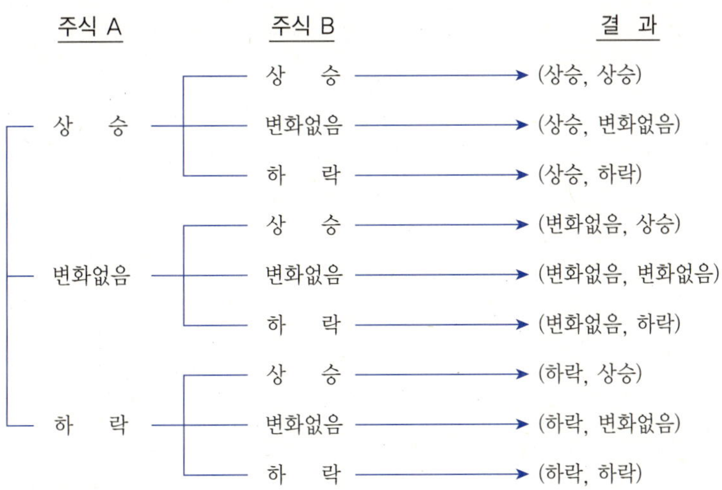

그림 4-7 | 동전을 두 번 던질 때 발생가능한 결과

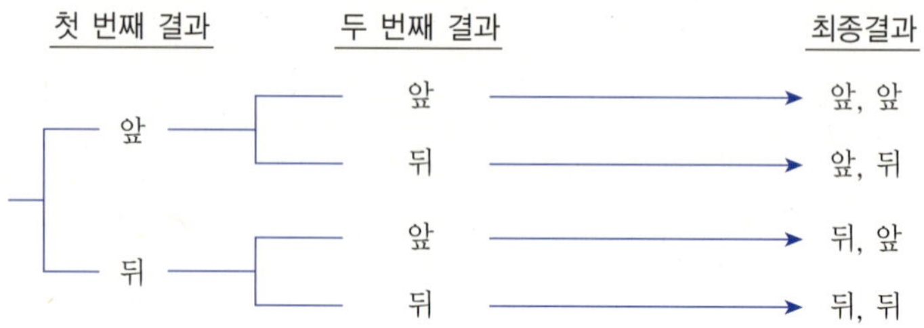


마찬가지로, 100원짜리 동전을 두 번 던졌을 때 발생 가능한 모든 경우를 생각해 보면, [그림 4-7]과 같이 네 가지(2 × 2) 경우가 있다. 동전을 하나만 던질 때는 앞 또는 뒤라는 두 가지 결과만 가능하나, 두 개의 동전을 동시에 던지는 시행에서는 네 가지의 결과가 발생 가능하다.

이처럼 둘 또는 그 이상의 사상을 동시에 시행했을 때 나타날 총 경우의 수는, 각 사상의 단일 시행 시 경우의 수들을 곱한 것과 같다. 이것을 곱의 법칙이라고 한다.

**곱의 법칙(경우의 수)**

한 번의 시행에서 발생할 경우의 수가 각각 $n_1$, $n_2$, ⋯, $n_r$인 사상 1, 2,⋯, $r$을 동시에 시행할 때 일어날 수 있는 총 경우의 수는 (4.2)

$$n_1 \times n_2 \times \cdots \times n_r$$

## 4.2.3 순 열

경우의 수의 또 다른 상황은 줄을 세우는 방법에 대한 것이다. 새로 지은 건물에 세 개의 점포를 만들어 임대를 주려고 한다. 현재 고려하고 있는 영업대상은 식품점, 문구점, 서점 등이다. 그러나 이들을 어떤 순서로 배열하는 것이 좋을지 판단이 서지 않아, 우선 배열방법에는 몇 가지나 있는지 알아보기로 하였다. 아래의 그림에서와 같이 세 영업대상은 어느 점포에서도 영업이 가능하다.

| 점포 1 | 점포 2 | 점포 3 |
|---|---|---|
| 식품점 | 식품점 | 식품점 |
| 문구점 | 문구점 | 문구점 |
| 서 점 | 서 점 | 서 점 |

그러므로, 먼저 점포 1에 들어갈 수 있는 대상의 수는 3이 된다. 세 영업대상 중 어느 하나가 점포 1에 배정되었다면, 점포 2를 사용할 수 있는 영업대상은 이제 나머지 둘 중 하나가 되어 두 종류의 결과만이 가능하다. 마지막으로 점포 3에는 아직 배정받지 못한 하나의 영업대상이 들어가게 되어 경우의 수는 1이 된다. 이제 총 경우의 수는 곱셈법칙에 의해서 $3 \times 2 \times 1 = 6$이 된다. 즉, 세 종류의 영업대상을 배열하는 방법은 아래와 같이 모두 6가지가 되는 셈이다.

위의 예와 같이 몇 개의 원소를 선택하여 일렬로 배열하는 경우의 수 즉, 줄을 세우는 순서를 고려하여 배열하는 경우의 수를 구하는 것을 순열(permutation)이라 한다.

(식품점, 문구점, 서점) (서점, 식품점, 문구점)
(식품점, 서점, 문구점) (서점, 문구점, 식품점)
(문구점, 서점, 식품점) (문구점, 식품점, 서점)

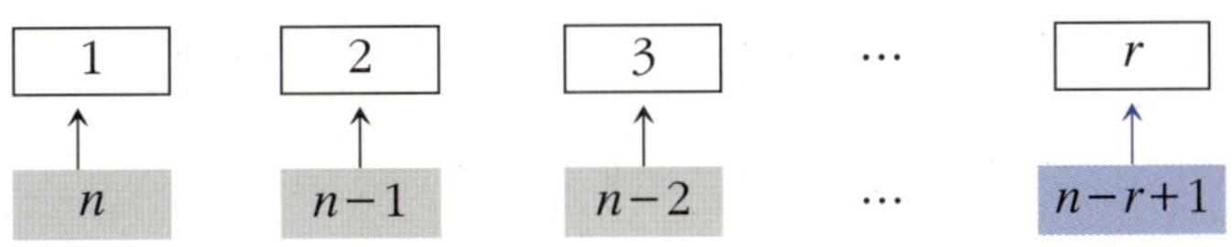


곱의 법칙에 의하여 서로 다른 $n$개 중에서 $r$개를 택하여 일렬로 배열하는 순열의 수는 ${}_nP_r = n(n-1)(n-2)\cdots(n-r+1)$이다. 특히, 서로 다른 $n$개 중에서 $n$개를 택하는 순열의 수는 ${}_nP_n = n(n-1)(n-2)\cdots 3 \times 2 \times 1$이 되며 우변은 1에서 $n$까지의 자연수의 곱이다. 이것을 $n$계승이라고 하며, $n!$($n$ 팩토리얼이라고 읽음)로 나타낸다.

이상의 논의를 기초로 하여, $n$개 중에서 $r$개를 택한 순열을 다음과 같다.

$$
\begin{aligned}
{}_nP_r &= n \times (n-1) \times (n-2) \times \cdots \times (n-r+1) \\
&= \frac{n(n-1)(n-2)\cdots(n-r+1)\cdot(n-r)(n-r-1)\cdots 2 \times 1}{(n-r)(n-r-1)\cdots 2 \times 1} \qquad (4.3) \\
&= \frac{n!}{(n-r)!}
\end{aligned}
$$

**예제 | 4-1**

5명의 후보자가 세 직무 $A$, $B$, $C$에 지원하였다고 가정하자. 세 직무를 충원하는 방법에는 몇 가지의 경우가 있겠는가?

**풀이**

먼저 직무 $A$에 충원하는 방법에는 5가지가 있다. 그러면 4명이 남으므로 직무 $B$에 충원하는 방법은 4가지이다. 마지막으로 직무 $C$에는 3가지 방법이 있다. 따라서 직무를 채우는 방법은 모두 $5\times4\times3=60$가지이다. 만약 위의 예에서 지원자가 3명이라면, 세 직무를 채우는 총 경우의 수는 3! 또는 $3\times2\times1=6$이 된다.

## 4.2.4 조합

순열은 어떤 집합에서 몇 개의 원소를 택하여 일렬로 배열하는 경우의 수에 대한 것이라면, 조합은 순서를 생각하지 않고 단지 구성요소에만 관심을 가지고 있다. 앞에서 예로 든 건물임대 문제에서, 여섯 가지 경우들은 순서는 비록 다르지만 구성요소는 동일하다. 그러므로, 순열에는 여섯 가지의 경우가 있으나, 조합은 하나의 경우만 있다. 즉, 세 개의 요소에서 순서를 생각하지 않고 세 개를 뽑는 방법은 한 가지이다.

일반적으로 서로 다른 $n$개 중에서 $r(r \le n)$개를 택하여 만든 집합을 $n$개 중에서 $r$개를 택하는 조합(combination)이라고 하고, 이 조합의 수를 ${}_nC_r$로 나타낸다. $r$개로 구성되는 각 조합에서는 $r!$개의 순열이 있으므로 ${}_nC_r$개의 조합에서 만들 수 있는 순열의 총수는 ${}_nC_r\times r!$이다. 그런데 이것은 ${}_nP_r$과 같으므로

$$ {}_nC_r=\frac{{}_nP_r}{r!}=\frac{n(n-1)(n-2)\cdots(n-r+1)}{r!}=\frac{n!}{(n-r)!\,r!} \tag{4.4} $$

의 식이 성립된다.

예를 들어, 20명 중 3명의 위원을 선출한다고 가정하자. 이 경우 3명이 선출되는 순서는 중요치 않다. 따라서, 이는 조합의 문제이며 가능한 경우의 수는 다음

과 같다.

$$_{20}C_3 = \frac{20!}{(20-3)!\,3!} = \frac{20!}{17!3!} = \frac{20\times19\times18}{3\times2\times1} = 1140$$

순열은 원소들의 순서적 배열에 관한 것이며, 조합은 원소의 순서에는 관계없이 원소의 집합에 관한 것이라는 점을 명확히 구별할 필요가 있다.

## 4.3 통계적 확률과 확률법칙

확률의 개념을 제대로 이해하기 위해서는 먼저 무작위성(randomness)의 개념을 알아둘 필요가 있다. TV 시청률 조사를 위해 무작위로 시청자를 선정한다든가, 의학실험에서 환자를 무작위로 선정하는 것과 같이, 표본의 추출과정에서는 언제나 무작위성의 개념이 도입된다.

### ■ 무작위성

무작위(randomness)란 사전에 정확한 결과를 예측할 수 없다는 의미이다. 그러나, 똑같은 조건에서 수없이 실험을 반복하면 예측 가능한 결론을 도출해낼 수 있다. 예를 들어, 100명의 학생이 통계학을 수강한다고 생각해 보자. 이 중 80명은 교양과목으로 기초통계학을 지난 학기에 수강하였고, 나머지 20명은 수학을 수강했다고 가정해 보자. 이러한 사실을 알지 못하는 담당교수는 이들 개개인 모두에게 어떤 과목을 수강하였는지 물어보지 않고서는 몇 명의 학생이 수학을 수강했는지를 정확하게 알 수 없다. 그러나, 매시간 무작위적 방법으로 10명씩 뽑아 이들에게 수학과목 수강 여부를 물어 본다면 평균적으로 10명 중 2명은 수학을 수강했다고 대답할 것이며, 이 정보를 바탕으로 20%의 학생이 수학을 수강했을 것이라고 생각할 것이다.

마찬가지로, 100원짜리 동전을 두 번 던지는 실험을 할 때에도, 동전을 던지기 전에 동전의 앞면이 몇 번 나올 것인가를 정확히는 알 수 없다. 그러나, 동전을 두 번씩 던지는 실험을 수없이 반복하게 되면, 앞면이 한 번, 두 번, 또는 앞면이 전혀 나오지 않을 가능성을 어느 정도 점쳐 볼 수 있다.

### 4.3.1 통계적 확률

확률이란 똑같은 조건에서 표본추출이나 실험을 계속 반복할 때, 어떤 결과 또는 사건(event)이 나올 상대빈도 또는 비율을 의미한다. 예를 들어, 주사위 한 개를 무한히 계속 던져볼 때 2가 나올 빈도수는 여섯 번 중에 한 번 정도일 것이며, 따라서 2가 나올 확률은 1/6이라고 할 수 있다.

**▶▶ 통계적 확률의 정의**

> 어떤 실험을 $n$회 시행할 때, 특정 결과가 $s$회 발생했다면 상대빈도는 $\frac{s}{n}$로 쓸 수 있다. $n$이 무한히 커갈 때 이 값이 한 값에 수렴한다면, 이 값을 단일시행에서 특정 결과가 발생할 확률이라고 정의한다.

어떤 결과의 발생이 우연에 의해서 지배된다고 볼 때, 그 결과가 일어날 가능성을 값으로 나타낸 것이 확률이다. 그러나, 이것을 알기 위해 실험을 무한히 계속할 수는 없다. 때로는 실험이 불가능하거나 과거의 경험적 자료가 없을 때도 있다. 이러한 경우에는 주관적 판단으로 주관확률을 결정해야 한다. 또는 유사한 경우가 반복적으로 나타날 때 적용할 수 있는 함수식을 만들어 확률을 계산하거나, 실험을 하지 않고도 발생할 경우의 수를 모두 알 수 있고 각 경우의 상대적 발생빈도를 가정할 수 있다면 이론확률을 계산할 수 있다.

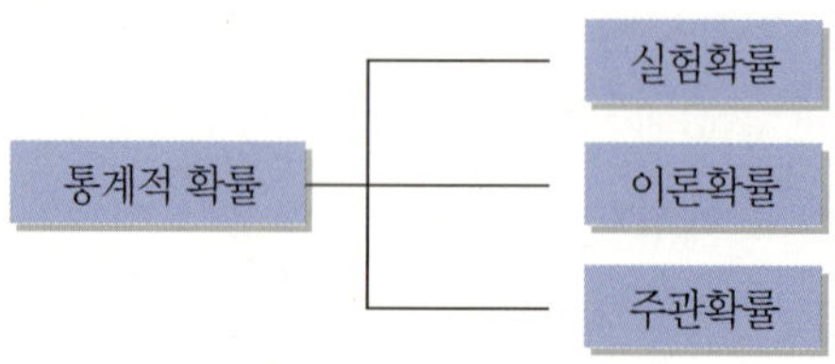


많은 문제에 있어서 이들 확률은 어떤 실험에서 발생 가능한 경우의 총수에 대한 특정사상을 구성하는 경우의 수의 비율로 계산한다. 그러므로, 경우의 수만 확

실하게 구할 수 있다면 확률은 비교적 쉽게 계산할 수 있다.

### 예제 | 4-2

아들과 딸을 낳을 확률이 똑같다고 가정하자. 어느 가정에 4명의 아이들이 있다고 할 때, 그 중에 딸이 한 명, 두 명, 세 명, 네 명일 확률을 나무그림을 통해 계산하여라.

**풀이**

경우의 수는 모두 16이고, 딸이 하나, 둘, 셋, 넷일 경우의 수는 각각 4, 6, 4, 1이다. 따라서, 딸이 하나일 확률=4/16, 딸이 둘일 확률=6/16, 딸이 셋일 확률=4/16, 딸이 넷일 확률=1/16이 된다.

그림 4-8 | 네명의 어린아이로 구성되는 성별의 조합

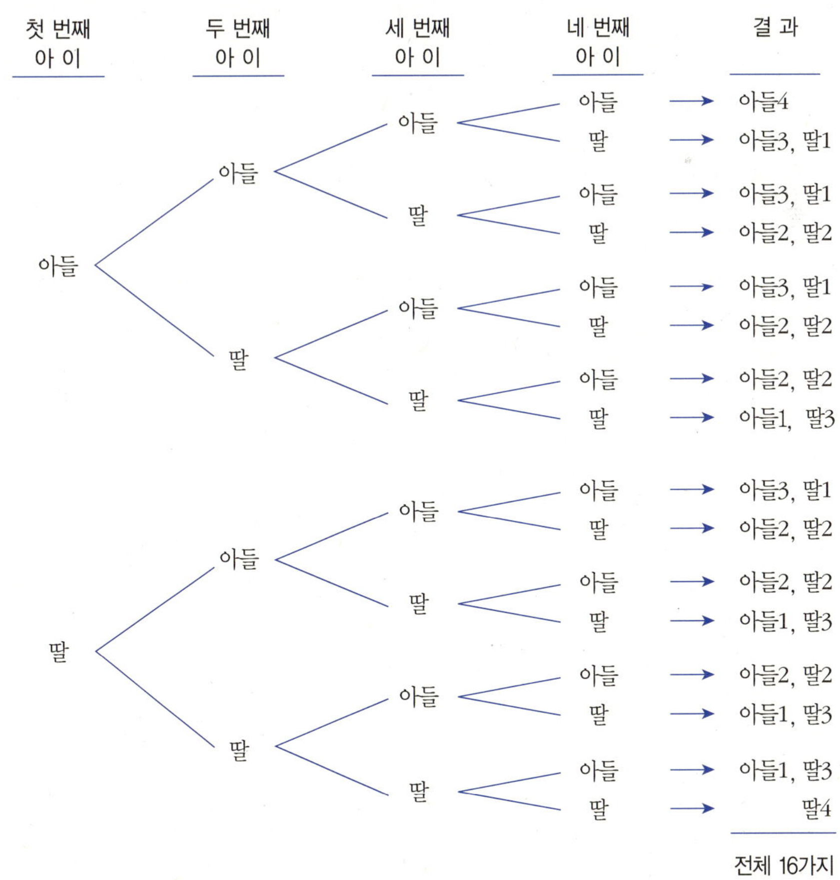

**예제 | 4-3**

2개의 주사위를 동시에 던질 때 나오는 숫자의 합이 3일 확률은 얼마인가?

**풀이**

두 개의 주사위를 동시에 던졌을 때 발생할 수 있는 경우의 수는 모두 36가지이고, 이 중 합이 3이 되는 경우는 (1, 2)과 (2, 1)로 둘이 있으므로 확률은 $\frac{2}{36}$, 즉 $\frac{1}{18}$이다.

## 4.3.2 확률법칙

앞에서 우리는 통계적 확률을 개념적으로는 상대빈도로 정의하였으나, 실제로는 총 발생가능한 경우의 수에 대한 특정사상의 경우 수로 계산한다고 하였다. 즉,

$$P(A) = \frac{\text{사상 } A\text{에 속하는 원소의 수(s)}}{\text{표본공간 } S\text{에 있는 원소의 총수(n)}}$$

확률을 이렇게 정의하고 계산할 때, 어떤 주어진 사건의 확률이 0보다 작거나 1보다 크게 되는 것이 가능한가? 확률은 어떤 조건하에서도 반드시 0(0%) 이상이고 1(100%) 이하인 값을 갖는다. 이것은 어떤 계산 결과가 확률이 되기 위해 반드시 만족시켜야 할 하나의 법칙이다. 이 법칙이 만족되어야 하는 이유는 위의 확률 계산식을 보면 자명하다. 경우의 수는 모두 양(+)의 값을 가지며, 분자는 분모의 부분집합이므로 $P(A)$는 1보다 클 수 없다.

이번에는 동전을 두 번 던지는 예를 통해 또 하나의 확률법칙을 생각해 보자. 두 번 모두 앞면이 나올 확률은 25%이고, 한 번은 앞면 한 번은 뒷면이 나올 확률은 50%, 두 번 모두 뒷면이 나올 확률은 25%이다. 동전을 두 번 던지는 실험에서는 두 번 모두 앞면이 나오거나, 한 번은 앞면 한 번은 뒷면이 나오거나, 두 번 모두 뒷면이 나오는 경우밖에 없다. 즉, 동전을 두 번 던질 때에는 세 종류의 사상만이 발생 가능한데, 이들 사상의 발생확률을 모두 더하면 100%가 된다.

여기에서 우리는 또 하나의 확률법칙을 끌어낼 수 있다. 한 번의 시행에서 일어날 수 있는 모든 가능한 사건들의 확률을 모두 더하면 1(100%)이 된다. 이것은 $P(S)=1$을 의미하며, 앞으로 논의할 확률분포함수의 기본조건이기도 하다.

## 4.4 확률의 계산

지금까지의 논의에서는 하나의 사상만이 고려의 대상이었다. 이제, 여러 가지의 사상이 포함되어 있을 때 확률을 신속히 계산하는 데 유용한 몇 가지 계산법칙에 대하여 알아보자.

### 4.4.1 확률의 덧셈

많은 확률 문제에 적용될 수 있는 하나의 중요한 계산법칙은 확률의 덧셈에 관한 법칙이다. 확률의 덧셈법칙은 앞에서 설명한 합집합의 발생확률을 계산할 때 적용되는 것으로, 각 사상이 상호 배반적인가에 따라 달라진다. 상호배반적사상(mutually exclusive events)이란 동시에 발생하지 않는 경우를 말한다. 만약 두 사상이 서로 배반적이라면, 두 사상의 합집합에 대한 확률은 각 확률의 합과 동일하다. 두 사상을 $A$와 $B$라 하면,

$$P(A \cup B)=P(A)+P(B)$$

가 성립한다.

주사위를 한 번 던져 윗면에 나오는 눈의 수에 대한 실험을 생각해 보자. 이 경우 표본공간은 $S=(1, 2, 3, 4, 5, 6)$이 된다. 사상 $A$를 눈금이 4보다 작을 경우, 그리고 사상 $B$를 눈금이 4보다 클 경우라고 하면 두 사상은 배반적이다. 그러므로,

$$P(A \cup B) = P(A) + P(B) = \frac{3}{6} + \frac{2}{6} = \frac{5}{6}$$

윗식은 두 집단이 배반적인 경우에만 적용되는 것에 유의해야 한다. 일반적으로 두 집합의 합집합의 확률은 각 확률의 합에서 곱집합의 확률을 뺀 것이다.

**확률의 덧셈**

사상 $A$와 $B$ 중에서 어느 하나가 발생할 확률 $P(A \cup B)$는

$$P(A \cup B) = P(A) + P(B) - P(A \cap B) \tag{4.5}$$

주사위 한 개를 던지는 실험으로 돌아가서, A를 눈의 수가 3 이하의 값이 나올 사상, 그리고 B를 눈의 수가 3 또는 4가 될 사상이라고 하자. 그러면, [그림 4-9]에서 보듯이 눈금 3은 두 사상에 동시에 포함되게 된다.

**그림 4-9 | 주사위를 던졌을 경우 윗면 눈의 수에 대한 표시공간**

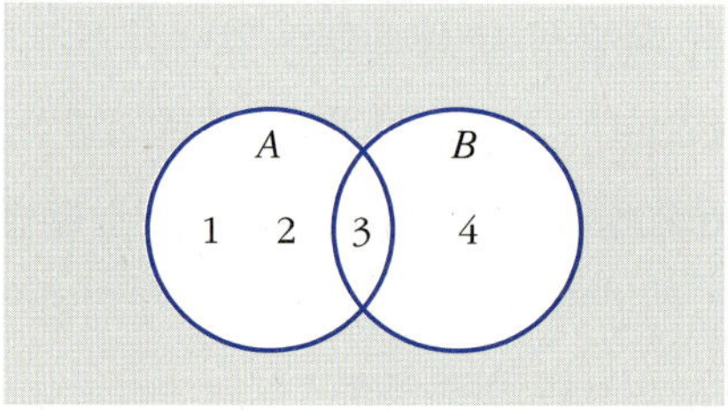


이 경우 합집합의 확률을 위의 계산법칙에 따라 계산하면 A와 B의 곱집합은 두 번 계산된다. 따라서, 곱집합의 확률을 한 번 빼 주어야 한다. 즉, 합집합의 확률은 개별 사상에 대한 확률의 합에서 곱집합의 확률을 뺀,

$$P(A \cup B) = \frac{3}{6} + \frac{2}{6} - \frac{1}{6} = \frac{2}{3}$$

이 된다.

## 4.4.2 확률의 곱셈 : 독립사건의 확률

확률의 곱셈법칙은 앞에서 설명한 곱집합의 발생확률을 계산할 때 적용되는 법칙이다. 곱집합, 즉 둘 또는 그 이상의 사상이 동시에 발생할 확률을 결합확률(joint probability)이라고 한다. 결합확률은 발생 가능한 모든 경우의 수를 분모로 하고, 관심의 대상이 되는 사상을 모두 만족시키는 경우의 수를 분자로 택해 계산한다. 그러나, 이와 같이 두 가지 이상의 사건이 고려의 대상에 포함될 때, 어떤 사상이 일어날 확률을 계산하기 위해서는 이들 사상의 상호관계를 알아야 한다.

■ 통계적 독립사상

주어진 두 사건 또는 사상 $A$, $B$가 있을 때, 한 사건의 발생이 다른 사건의 발생에 영향을 주지 않는다면, 우리는 이들을 통계적 독립사상(statistically independent events)이라 한다. 예를 들어, 100명의 학생이 통계학을 수강하면 평균 20명이 $F$를 받아 재수강해야 한다고 가정해 보자. 아무런 추가적인 자료가 주어지지 않을 때, 임의의 한 학생이 통계학 과목에서 $F$를 받을 확률은 20%이다. 만약 다음의 추가적 자료가 주어질 경우, 이 학생이 $F$학점을 받을 확률은 어떻게 변할가?

추가 자료 : 이 학생의 키는 185cm이다.

위 자료가 추가적으로 주어진다 하더라도 키와 통계학 수학능력과는 별 상관이 없으므로, 통계학을 무난히 수강할 확률에는 변화가 없다. 따라서, 두 사상은 통계적 독립사상이다.

위에서 논의한 바와 같이 둘 또는 그 이상의 사건이 서로 관련이 없다면, 둘 또는 그 이상의 사건은 서로 독립적이라고 말할 수 있다. 구체적으로, 두 사건 $A$와 $B$가 있다고 할 때, $A$의 발생이 $B$의 발생에 영향을 미치지도 영향을 받지도 않는다면 $A$와 $B$는 독립적이라고 한다. 이와 같은 경우 $A$와 $B$가 모두 발생할 확률은 개별 확률의 곱과 같다. 즉,

$$P(A \cap B) = P(A) \times P(B)$$

위의 식은 두 사건이 독립적일 경우에만 적용된다. 예를 들어, 동전을 두 번 연속으로 던질 때 $A$를 첫 번째 시행에서 앞면이 나오는 사상, 그리고 $B$를 두 번째 시행에서 앞면이 나올 사상이라고 하면, $A$와 $B$가 동시에 발생할 확률, 즉 두 번 다 앞면이 나올 확률은 $1/2 \times 1/2 = 1/4$이 된다. 이것은 $A$의 발생이 $B$의 발생에 영향을 미치지 않기 때문이다.

**독립사건의 결합확률**

사건 1, 2 … $r$이 통계적 독립사상일 때 이들이 동시에 발생할 확률을 $P$라 하면,

$$P = P(1) \times P(2) \times \cdots \times P(r) \tag{4.6}$$

### 4.4.3 확률의 곱셈 : 종속사건의 확률

서로 독립적인 둘 이상의 사건이 동시에 발생할 확률은 각 사건의 발생확률을 곱하여 계산하였다. 여기서 우리는 둘 이상의 사건이 동시에 발생한다는 의미를 좀 더 자세히 알아보자. 사건 $A$와 $B$가 동시에 일어난다는 의미는 사건 $A$가 발생하고 그 상태에서 사건 $B$가 또 발생하거나, 사건 B가 발생하고 그 상태에서 사건 $A$가 또 일어난다는 것을 뜻한다.

그렇다면, 사건 $A$와 $B$가 동시에 일어날 확률은 사건 $A$가 일어날 확률과, 사건 $A$가 일어난 상태에서 사건 $B$가 일어날 확률을 곱해야 할 것이다. 여기서 하나의 사건이 발생한 상태에서 또 다른 사건이 발생할 확률을 조건부확률(conditional probability)이라고 한다.

예를 들어, 통계학을 수강하는 100명의 학생 중에서 임의로 한 명을 선택하였을 때, 그 학생이 이 과목을 무난히 수강할 확률은 80%로 이 확률은 단순확률이다. 그러나, 그 학생이 한 주일에 20시간 이상 통계학을 공부한다는 사실이 알려져 있을 때, 이 과목을 무사히 수강할 확률은 조건부확률이 된다.

종속적 관계의 두 가지 사상이 동시에 발생하는 결합사상의 발생확률 $P(A \cap B)$에 대한 정확한 표현은 다음과 같다.

종속사건의 결합확률

$$P(A \cap B) = P(A) \cdot P(B \mid A) = P(B) \cdot P(A \mid B) \tag{4.7}$$

위에서 $P(B|A)$는 $A$가 발생한 상태에서 $B$가 발생할 조건부 확률을 나타내며 "probability of B given A"라고 읽는다.

하나의 사건 $A$가 발생하였다고 가정할 때 또 다른 사건 $B$가 발생할 조건부 확률 $P(B|A)$은, 이들 두 사건이 서로 통계적으로 독립이라면 사건 $A$의 발생이 사건 $B$의 발생에 영향을 미치지 않으므로 단순히 사건 $B$가 발생할 단순확률 $P(B)$와 같아야 한다. 이것은 두 사건의 통계적 독립성에 대한 또 다른 표현이다.

사건 $A$와 사건 $B$가 독립사건

↓ ↑

$P(A|B)=P(A)$, $P(B|A)=P(B)$

어떤 주어진 사건들이 통계적으로 독립사상인지 아닌지를 논리적으로 결정할 수도 있으나, 자료가 방대하거나 상황이 복잡할 경우에는 단순히 논리만으로는 통계적 독립사상의 여부를 판단하기 힘들다. 예를 들어, 비타민 C의 섭취가 과연 감기에 걸릴 가능성을 줄이는가? 이러한 유형의 문제를 해결하기 위해서는 구체적인 실험을 통해 자료를 수집하고 분석해야 한다. 이러한 경우 독립성 여부를 평가하기 위해 위의 관계를 이용할 수 있다. 이제 이 문제에 대해 자세히 알아보도록 하자.

성관기업은 어떤 직무에 남성과 여성을 동시에 고용하였다. 일정기간이 지난 후 100명을 뽑아 그들의 승진 여부를 조사한 결과 〈표 4-1〉과 같았다.

**표 4-1 | 성별과 승진 여부에 대한 조사결과 : 독립사건**

| | | 성별($A$) | | 합계 |
|---|---|---|---|---|
| | | 남($A_1$) | 여($A_2$) | |
| 승진여부($B$) | 승진($B_1$) | 18 | 12 | 30 |
| | 누락($B_2$) | 42 | 28 | 70 |
| | 합계 | 60 | 40 | 100 |

## ■ 주변확률

조사대상이 된 직무에는 남성($A_1$)이 60%, 그리고 여성($A_2$)이 40%를 차지하고 있다. 또한 승진($B_1$)은 30%, 누락($B_2$)은 70%를 차지하고 있다. 이들 확률은 〈표 4-1〉의 주변 합계란의 비율이므로 주변확률(marginal probability)이라고 한다. 즉, $P$(승진)=0.3, $P$(누락)=0.7, $P$(남)=0.6, $P$(여)=0.4이다. 이제 조건부 확률이 어떻게 계산되는지 알아보자. 임의로 뽑은 한 사람이 남자($A_1$)였을 때, 그 사람이 승진($B_1$)한 사람일 확률은 어떻게 될까? 이것은 남자 중 승진한 남자의 비율로 계산한다.

$$P(\text{승진} \mid \text{남자}) = \frac{\text{승진한 남자의 수}}{\text{남자의 수 60}} = \frac{18}{60} = 0.3$$

이 값은 $P$(승진)와 같다. 즉, 조건부 확률과 주변확률이 같다. 이것은 성(性)과 승진 여부가 서로 독립사건임을 뜻한다. 이것이 사실이라면, 여성($A_2$)에 대해서도 승진확률이 0.3으로 계산되어야 한다. 여성은 모두 40명이고, 이 중 12명이 승진했으므로 $P(\text{승진} \mid \text{여성}) = 12 \div 40 = 0.3$임을 확인할 수 있다.

둘 또는 그 이상이 결합하여 동시에 일어나는 확률을 우리는 결합확률(joint probability)이라고 하였다. 위의 보기에서 두 사건 $A_1$(남성)과 $B_1$(승진)이 동시에 일어날 확률, 즉 결합확률은 곱셈법칙에 의해서,

$$\begin{aligned} P(A_1 \cap B_1) &= P(A_1) \times P(B_1 \mid A_1) \\ &= 0.6 \times 0.3 \\ &= 0.18 \end{aligned}$$

이 된다. 이것은 임의로 한 사람을 뽑았을 때 그 사람이 승진한 남자 직원일 확률이다. 위에서 계산한 결합확률 0.18은 두 사건 $A_1$과 $B_1$의 주변확률을 곱한 것과 같다.

〈표 4-1〉은 종업원의 성($A$)과 승진 여부($B$)가 서로 독립적이 되도록 의도적으로 작성되었다. 이처럼 독립사건의 결합확률은 두 개의 주변확률을 곱해서 계산한다. 다른 결합사건도 해당하는 주변확률의 곱이 되는가 확인해 보라.

만약 사건 $A$와 $B$가 독립이 아니라면 $A$와 $B$의 결합확률은 더 이상 주변확률의 곱이 아니다. 이것은 $A$의 발생이 $B$의 발생에 영향을 미치게 되어 조건부확률이 주변확률과 달라지기 때문이다. 즉,

$$P(A) \neq (A|B),\ P(B) \neq (B|A)$$

성관기업은 100명의 직원을 다시 뽑아 성별과 승진 여부를 조사하여 〈표 4-2〉를 얻었다. 〈표 4-2〉의 주변확률은 앞에서와 동일하지만 결합확률은 다르게 나타났다.

**표 4-2 | 성별과 승진 여부에 대한 조사결과 : 종속사건**

| | | 성별($A$) | | 합계 |
|---|---|---|---|---|
| | | 남($A_1$) | 여($A_2$) | |
| 승진여부($B$) | 승진($B_1$) | 12 | 18 | 30 |
| | 누락($B_2$) | 48 | 22 | 70 |
| | 합계 | 60 | 40 | 100 |

전체 100명 중 승진한 남성은 12명이므로 임의로 뽑은 한 사람이 승진한 남성일 결합확률은 0.12이다. 이에 해당하는 주변확률의 곱은 0.18이 되어 결합확률과 같지 않다. 이제 〈표 4-2〉의 자료에서는 두 사건이 서로 독립이 아니다. 그러므로, 임의로 뽑은 한 사람이 남자였을 때, 그 사람이 승진했을 조건부 확률 $P(B_1|A_1)$은 단순확률 $P(B_1)$과 같지 않을 것이다. 조건부 확률을 계산해 보자. 남성은 모두 60명이고 이 중 12명이 승진하였으므로

$$P(B_1|A_1) = 12 \div 60 = 0.2$$

이다. 또 승진한 사람이 남성일 확률은 다음과 같다.

$$P(A_1|B_1) = 12 \div 30 = 0.4$$

이들 조건부확률은 각각의 주변확률 $P(B_1) = 0.3$, $P(A_1) = 0.6$과 같지 않다. 이제

임의로 뽑은 한 사람이 승진한 남성일 확률이 0.12가 되는 것을 곱셈법칙을 이용하여 계산해 보자.

$$\begin{aligned} P(A_1 \cap B_1) &= P(A_1) \times P(B_1 \mid A_1) \\ &= 0.6 \times 0.2 \\ &= 0.12 \end{aligned}$$

곱셈법칙에서 $P(A_1 \cap B_1)$은 다른 방법으로도 계산된다. 즉,

$$\begin{aligned} P(A_1 \cap B_1) &= P(B_1) \times P(A_1 \mid B_1) \\ &= 0.3 \times 0.4 \\ &= 0.12 \end{aligned}$$

그러므로, 우리는 곱셈법칙이 모두 성립함을 알 수 있다.

### 예제 | 4-4

200명의 서울시민에게 고수부지에 건설하고자 하는 골프연습장에 대해 찬반 여부를 조사하였다. 연소득이 2천만원 이상인 80명 중 30명이 골프연습장 건설에 찬성하였고, 연소득이 2천만원 미만인 120명 중에서는 12명만이 골프연습장 건설에 찬성하였다. 통계분할표를 작성하고 소득수준이 골프연습장 건설에 대한 찬반 여부에 영향을 주는지 분석하여라.

**풀이**

우선 통계분할표를 작성해 보면 다음과 같다.

| | 찬성($A_1$) | 반대($A_2$) | 계 |
|---|---|---|---|
| 2,000만원이상($B_1$) | 30 | 50 | 80 |
| 2,000만원이하($B_2$) | 12 | 108 | 120 |
| 계 | 42 | 158 | 200 |

골프연습장 건설에 찬성하는 주변확률은 42/200=0.21이다. 그러나, 소득이 2천만원 이상인 사람들 중에서 찬성할 조건부확률은 30/80=0.375로, 주변확률과 다르므로 소득수준과 골프연습장 건설에 대한 찬성 여부는 서로 독립이 아니다. 마찬가지로, 소득이 2

천만원 미만인 사람들 중에서의 조건부확률은 12/120=0.100으로, 주변확률과 다름을 알 수 있다. 따라서, 소득수준이 높은 사람들이 골프연습장 건설에 보다 많이 찬성한다는 것을 알 수 있다.

### 예제 | 4-5

다음 표는 완전하지 않은 통계분할표이다. 빈 칸에 적절한 수치를 채워 넣어 IQ 수준과 대학진학률이 완전한 통계적 독립사상이 되도록 하여라.

| | IQ 125 이상 | IQ 125 미만 | |
|---|---|---|---|
| 합 격 | $x$ | $y$ | 90 |
| 불합격 | | | 110 |
| | 80 | 120 | 200 |

**풀이**

두 사상이 통계적 독립사상이 되기 위해서는, 어느 한 사상이 발생할 확률은 또 다른 사상이 발생하든 하지 않든 일정해야 한다. 따라서, 대학에 합격할 확률은 IQ가 125 이상이든 미만이든 똑같아야 한다. 총 200명 중 합격자수가 90명이므로 합격할 주변확률은 90/200=0.45이다. 따라서, IQ가 125 이상인 학생이 합격할 조건부확률도 45%, IQ가 125 미만인 학생이 합격할 조건부확률도 45%이어야 한다. 이를 이용하여 통계분할표를 완성하면 다음과 같다.

| | IQ 125 이상 | IQ 125 미만 |
|---|---|---|
| 합 격 | (80)(0.45)=36 | (120)(0.45)=54 |
| 불합격 | 80−36=44 | 120−54=66 |
| | 80 | 120 |

지금까지 우리는 조건부 확률을 하나의 사건이 발생하였음을 알고 있을 때 또 다른 사건이 발생할 확률이라고 정의하고, 이 확률을 계산하기 위하여 통계분할표를 이용하였다. 즉, 통계분할표에서 사건 $A$에 속하는 사람이 $n(A)$이고 사건 $A$와 $B$ 모두에 해당하는 사람이 $n(A \cap B)$일 때, 조건부확률 $P(B|A)$는 다음 계산식

을 이용하여 계산하였다.

$$P(B|A) = \frac{n(A \cap B)}{n(A)}$$

이렇게 되는 이유는 종속사건의 곱셈법칙에서 찾아볼 수 있다. 사건 $A$와 사건 $B$가 동시에 일어날 확률은

$$P(A \cap B) = P(A) \times P(B|A)$$

이므로, 사건 $A$가 발생한 후 사건 $B$가 일어날 조건부 확률 $P(B|A)$는 두 사건이 동시에 일어날 결합확률을 $A$의 주변확률로 나누어주면 된다. 즉,

조건부확률의 계산식

$$P(B|A) = \frac{P(A \cap B)}{P(A)} \quad (4.8)$$

표본공간을 $S$라 하고 원소의 수를 $n(S)$라 하면

$$P(A \cap B) = \frac{n(A \cap B)}{n(S)}$$

$$P(A) = \frac{n(A)}{n(S)}$$

이므로, 결국 조건부 확률 $P(B|A)$는 $n(A \cap B)$를 $n(A)$로 나누는 것과 같게 된다.

## 4.5 베이스의 정리

조건부확률은 하나의 사건이 발생하였음을 알고 있을 때, 다른 사건이 발생할 확률이라고 하였다. 사건 $A$의 발생이 사건 $B$의 영향을 받으면, $A$가 발생할 확률

은 조건부확률로 계산해야 한다. $A$와 $B$가 통계적 독립사상이 아니라면 조건부확률은 단순확률과는 다른 값을 취하게 되며, 조건부확률 값은 사건 $B$의 영향에 관한 정보를 반영하고 있다. 이것이 우리가 조건부확률을 중요하게 생각하는 이유이다. 하나의 보기를 통해 새로운 정보가 얼마나 가치가 있는지를 살펴보기로 하자.

**| 사례 |**

### 컴퓨터 칩 검사기 문제

컴퓨터 칩을 생산하는 모 기업은 새로운 자동검사기를 도입하여 품질관리에 사용하고 있다. 이 검사기는 불량으로 판정되는 칩에만 표시를 하게 되어 있고 양질의 칩은 그대로 통과시킨다. 생산라인에서의 불량률은 평균 10%로 알려져 있다. 자동검사기의 성능은 완전한 것이 아니어서, 양질의 칩은 90% 정도를 아무 표시없이 통과시키며 불량품인 칩은 95% 정도를 제대로 가려내어 표시한다. 품질관리 담당자가 생산라인에서 임의로 한 개의 칩을 추출하여 이 자동검사기로 테스트한 결과, 불량으로 판정되었다고 하자. 이때 이 칩이 정말 불량품일 확률은 얼마일까? 또, 검사에 통과한 양품이 정말 양품일 확률은 얼마일까?

이 문제에서 검사기가 없을 경우, 임의로 한 제품을 골랐을 때 그 제품이 불량일 확률은 10%이다. 그러나, 성능이 꽤 좋은 검사기에서 불량으로 판정된 제품 중에서 하나를 고를 때, 그것이 불량일 확률은 훨씬 높아질 것이다. 어떻게 바뀌는지 알아보자.

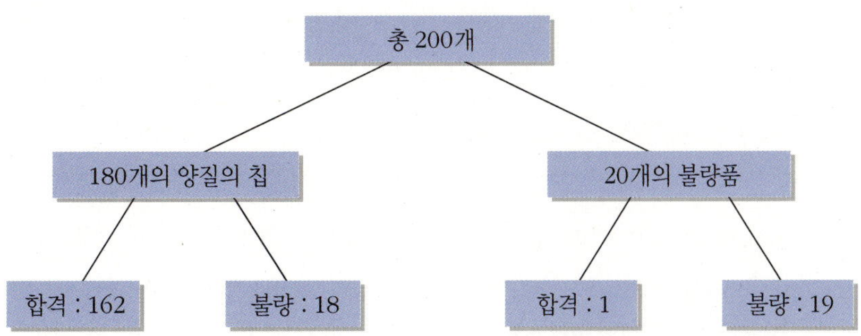


만약 200개의 칩이 자동검사기를 통해 그 품질이 결정되었다고 하면, 위와 같은 자료를 기대해 볼 수 있다.

여기서 생산한 칩의 수를 200개로 한 것은 계산을 용이하게 하기 위한 것일 뿐

표 4-3 | 검사기 문제의 통계분할표

| | 검사기에서의 양질의 칩으로 통과($A_1$) | 검사기에서의 불량으로표시($A_2$) | 계 |
|---|---|---|---|
| 양품 ($B_1$) | 162 | 18 | 180 |
| 불량품($B_2$) | 1 | 19 | 20 |
| | 163 | 37 | 200 |

별다른 의미는 없다. 생산라인에서 200개가 생산되었을 때, 불량률이 10%이므로 180개는 양질의 칩이며 나머지 20개는 불량품일 것이다. 검사기에서 양질의 칩을 합격으로 판정할 가능성이 90%이므로, 162개(180×0.9)의 칩은 표시되지 않고 통과될 것이고 나머지 18개는 불량으로 표시될 것이다. 한편, 20개의 불량품 중 19개(20×0.95)의 칩은 제대로 불량으로 표시될 것이고, 나머지 1개는 양질의 칩으로 통과될 것이다. 이를 정리하여 통계분할표로 작성하면 〈표 4-3〉과 같다.

이제 이 표를 이용하여 우리가 원하는 확률을 계산할 수 있다. 먼저 검사기에서 불량으로 표시된 칩이 정말로 불량품일 확률부터 계산해 보자. 200개의 칩 중 검사기에서 불량으로 표시된 칩은 37개이며, 이 중 진정한 불량품은 19개에 불과하다. 따라서, 확률은

$$\frac{19}{37}=0.5135$$

가 된다. 이에 반해, 검사기에서 양질로 통과된 칩이 정말 양질의 칩일 확률은 162÷163=0.9938로 매우 높다. 따라서, 검사기에서 양질로 통과한 칩은 거의 100% 가까이 믿을 수 있으며 추가적인 검사가 불필요할 것이다.

검사기 도입 전에는 임의로 하나의 칩을 추출했을 때 그 칩이 양질의 칩일 가능성이 90%였으나, 검사기를 통해 양질로 판단된 칩이 진정한 양질의 칩일 가능성은 거의 100%로 증가하였다. 그러나, 검사기에서 불량으로 표시된 칩은 약 절반 정도만 불량이며 나머지는 양질의 칩이라 할 수 있다. 따라서, 이 검사기를 도입한다면 모든 제품을 다 검사할 필요는 없어지며, 생산된 칩의 18.5%(37÷200)만 추가적인 검사를 수행하면 될 것이다.

이와 같이, 영향을 미치는 어떤 사건에 대한 새로운 자료나 정보가 추가되었을

때, 사건 발생 전에 알고 있는 정보(사전확률)는 조건부확률을 이용하여 우리가 알고 싶은 또 다른 확률 9.7(사후확률)을 계산할 수 있으며, 이것이 정보의 가치이다. 이러한 확률의 계산은 베이스 정리(Bayes' Theorem)라고 알려진 공식을 이용한다. 베이스 정리는 결국 조건부확률 계산공식이므로, 전 절에서 설명한 것처럼 통계분할표를 이용하면 더 간편할 수 있다. 본절에서는 먼저 베이스 정리를 소개하고, 통계분할표를 이용하여 조건부확률을 계산하는 과정을 설명하고자 한다.

### 4.5.1 베이스의 정리

베이스 정리는 널리 사용되고 있으며, 그 개념은 그렇게 어려운 것이 아니다. 결합확률표를 알고 있다면 조건부 확률을 계산하는 것은 단순한 문제이다. 결합확률을 해당 주변확률로 나누어 조건부 확률을 쉽게 구할 수 있기 때문이다. 그러나, 결합확률이 주어지지 않은 경우에는 해당 조건부 확률을 구하기 위해서는 약간의 계산이 필요하다. 간단한 보기를 통하여 그 과정을 알아보자.

어두운 방에 3개의 주머니가 있다고 가정하자. 주머니 1($B_1$)에는 6개의 빨간 공($R$)과 4개의 흰 공($W$)이, 주머니 2($B_2$)에는 7개의 빨간 공과 3개의 흰 공이, 그리고 주머니 3($B_3$)에는 빨간 공과 흰 공이 각각 5개씩 들어 있다.

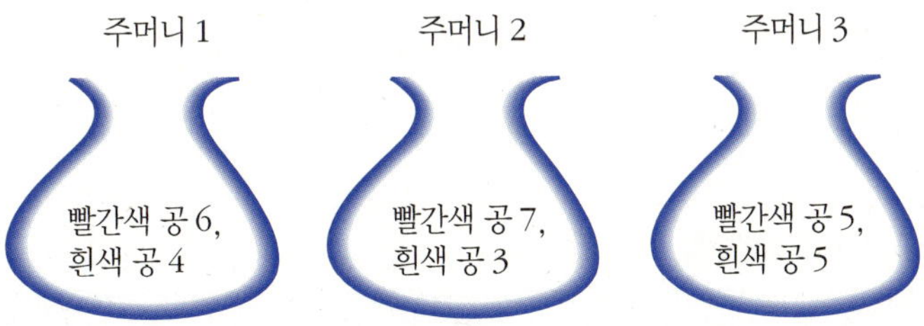


어떤 사람이 방에 들어와서 무작위적으로 주머니 하나를 선택하여 꺼낸 공이 빨간 색이었다면, 선택된 빨간 공이 주머니 1($B_1$)에서 나온 것일 확률은 얼마일까? 또한 주머니 2, 주머니 3에서 나왔을 확률은 얼마일까?

세 주머니의 크기가 동일하다면 세 주머니 중 하나가 선택될 확률은 1/3이다. 즉,

$$p(B_1)=p(B_2)=p(B_3)=\frac{1}{3}$$

하나의 주머니가 선택된 후, 거기서 하나의 공을 꺼낼 때 흰 공이나 빨간 공이 나올 조건부 확률은 〈표 4-4〉와 같다. 즉,

**표 4-4 | 조건부 확률**

| 주머니 | 빨간공($R$) | 흰공($W$) | 합계 |
|---|---|---|---|
| 주머니 1($B_1$) | $P(R\|B_1)=0.60$ | $P(W\|B_1)=0.40$ | 1.00 |
| 주머니 2($B_2$) | $P(R\|B_2)=0.70$ | $P(W\|B_2)=0.30$ | 1.00 |
| 주머니 3($B_3$) | $P(R\|B_3)=0.50$ | $P(W\|B_3)=0.50$ | 1.00 |

우리가 알고자 하는 확률은 조건부 확률 $P(B_1|R)$, $P(B_2|R)$, 그리고 $P(B_3|R)$이다. 이들 조건부 확률을 구하기 위해서는 먼저 〈표 4-4〉의 조건부 확률에 해당 주변확률을 곱하여 결합확률을 구해야 한다. 즉,

$$P(B_1 \cap R)=P(B_1)\times P(R|B_1),\ P(B_1 \cap W)=P(B_1)\times P(W|B_1)$$
$$P(B_2 \cap R)=P(B_2)\times P(R|B_2),\ P(B_2 \cap W)=P(B_2)\times P(W|B_2)$$
$$P(B_3 \cap R)=P(B_3)\times P(R|B_3),\ P(B_3 \cap W)=P(B_3)\times P(W|B_3)$$

윗식에서 $P(B_1)$, $P(B_2)$, $P(B_3)$는 모두 1/3이므로,〈표 4-4〉의 각 조건부확률에 1/3만 곱해 주면 〈표 4-5〉와 같은 결합확률을 얻게 된다.

**표 4-5 | 결합확률**

| 주머니 | 빨간공($R$) | 흰공($W$) |
|---|---|---|
| 주머니 1($B_1$) | (1/3)(0.6)=6/30 | (1/3)(0.4)=4/30 |
| 주머니 2($B_2$) | (1/3)(0.7)=7/30 | (1/3)(0.3)=3/30 |
| 주머니 3($B_3$) | (1/3)(0.5)=5/30 | (1/3)(0.5)=5/30 |
| 합계 | 18/30 | 12/30 |

위의 표로부터 빨간 공을 선택할 확률 $P(R)$은 18/30, 그리고 흰 공을 선택할 확률 $P(W)$는 12/30가 됨을 알 수 있다. 우리가 원하는 조건부 확률을 구하기 위해서는 〈표 4-5〉의 첫 번째 열의 개별 격자에 있는 결합확률을 주변확률로 나누면 된다. 즉,

$$P(B_1|R)=\frac{P(B_1\cap R)}{P(R)}=\frac{6/30}{18/30}=\frac{6}{18}$$

$$P(B_2|R)=\frac{P(B_2\cap R)}{P(R)}=\frac{7/30}{18/30}=\frac{7}{18}$$

$$P(B_3|R)=\frac{P(B_3\cap R)}{P(R)}=\frac{5/30}{18/30}=\frac{5}{18}$$

일반적으로 $B$가 $n$개의 부분집합 $B_i$로 나누어져 있을 때, $P(B_i|R)$의 조건부 확률을 계산하기 위한 베이스 정리는 다음과 같다.

**베이스의 정리**

$$P(B_i|R)=\frac{P(B_i\cap R)}{P(R)}=\frac{P(B_i\cap R)}{P(B_1\cap R)+P(B_2\cap R)+\cdots+P(B_n\cap R)}$$

$$=\frac{P(B_i)P(R|B_i)}{P(B_1)P(R|B_1)+P(B_2)P(R|B_2)+\cdots+P(B_n)P(R|B_n)} \tag{4.9}$$

이상에서 알 수 있듯이, 베이스 정리는 역으로 된 조건부 확률을 계산하기 위한 공식이다. 즉, 우리가 $P(R|B_i)$를 알고 있을 때 $P(B_i|R)$을 계산하기 위한 공식이다. $R$은 일종의 관찰이며 $P(B_i|R)$은 관찰이 행해진 후 $B_i$의 확률이므로 $P(B_i|R)$은 사후확률(posterior probability)이라고도 한다. 반면, $P(B_i)$는 관찰이 행해지기 전의 확률이므로 사전확률(prior probability)이라고 한다. 베이스 정리는 널리 적용되고 있지만, 개념을 정확히 파악하기 어려우므로 하나의 예를 살펴보자.

예제 | 4-6

동일한 부품을 생산하는 기계 $X$, $Y$, $Z$의 세 대가 있다고 하자. $X$기계에서 생산된 제품은 5%가 불량품($D$)이고, $Y$기계는 10%, 그리고 $Z$기계는 15%의 불량품을 발생한다. 세 기계에서 생산된 제품은 모두 섞여 있어, 어느 특정 제품을 어느 기계가 생산하였는지 알 수 없다. 그러나 세 기계의 생산 능력이 동일하며 가동률도 동일하다는 것이 알려져 있다. 한 부품을 선택하여 살펴본 결과 그것이 불량품($D$)이었다면, 이 불량품이 기계 $Y$에서 생산된 것일 확률은 얼마일까? 즉, $P(Y|D)$는 얼마일까?

**풀이**

이 문제에서 우리는

$$P(X)=\frac{1}{3} \qquad P(Y)=\frac{1}{3} \qquad p(Z)=\frac{1}{3}$$

$$P(D|X)=0.05 \qquad P(D|Y)=0.10 \qquad P(D|Z)=0.15$$

임을 알고 있다. 따라서,

$$\begin{aligned} P(Y|D) &= \frac{P(Y)P(D|Y)}{P(X)P(D|X)+P(Y)P(D|Y)+P(Z)P(D|Z)} \\ &= \frac{\frac{1}{3}(0.10)}{\frac{1}{3}(0.05)+\frac{1}{3}(0.10)+\frac{1}{3}(0.15)} \\ &= \frac{1}{3} \end{aligned}$$

## 4.5.2 통계분할표를 이용한 확률계산

앞에서 설명한 베이스의 정리는 얼핏 보아 적용하기가 대단히 복잡한 것처럼 보인다. 그러나, 통계분할표를 이용하면 내용과 계산이 단순해진다. 사실상 여러분은 베이스정리를 읽기 전에 이미 앞의 컴퓨터 검사기 문제에서 베이스정리에 의한 확률을 계산하였다.

통계분할표를 이용하여 사후적 확률을 계산하기 위해서는, 우선 알고 있는 정보로 통계분할표를 만들어야 한다. 일단 통계분할표만 만들어지면, 계산하고자

**표 4-6 | 기계별 불량품수**

| | $X$ | $Y$ | $Z$ | 합계 |
|---|---|---|---|---|
| 양품($O$) | 95 | 90 | 85 | 270 |
| 불량품($D$) | 5 | 10 | 15 | 30 |
| 합계 | 100 | 100 | 100 | 300 |

하는 사후적 확률은 전 절에서 설명한 조건부확률 계산방법으로 쉽게 구해진다. 앞에서 보기로 든 하나의 불량품이 기계 $Y$에서 생산된 제품일 확률을 통계분할표로 구해 보자.

세 기계의 생산능력이 동일하다고 하였으므로, 각 기계가 100씩 생산하였다고 하자. 세 기계의 불량품 생산비율이 각각 5%, 10%, 15%이므로 〈표 4-6〉과 같은 통계분할표를 만들 수 있다. 이 표에서 불량품은 모두 30개이고 이 중 $Y$기계가 생산한 양은 10이므로, 우리가 구하고자 하는 조건부확률 $(Y|D)=10/30=1/3$이 된다.

### 예제 | 4-7

신용카드를 사용하고 이에 대한 대금지급을 미루는 불성실한 고객들로 인해 고심하고 있는 A백화점은, 모 대학교수의 자문을 받아 새로운 신용평가시스템을 개발하였다. 과거자료를 이용하여 이 시스템을 테스트해 본 결과, 실제 신용이 높은 고객이 평가시스템에 의해 신용이 낮은 고객으로 오판될 확률은 5%였으며, 신용이 낮은 고객이 신용이 높은 고객으로 오판될 확률은 20%였다. 과거자료를 분석한 결과 평균 24%의 고객이 신용이 낮은 것으로 나타났을 때, 신용평가시스템에 의해 신용이 높은 고객으로 판단된 고객이 실제로 신용이 높은 고객일 확률은 얼마인가?

**풀이**

앞에서와 같이 통계분할표를 작성해 보면 다음과 같다.

| | 평가시스템에 의한 판정 | | |
|---|---|---|---|
| | 신용이 높음($A_1$) | 신용이 낮음($A_2$) | 계 |
| 실제로 신용이 높음($B_1$) | $76\times0.95=72.2$ | $76\times0.05=3.8$ | 76 |
| 실제로 신용이 낮음($B_2$) | $24\times0.2=4.8$ | $24\times0.8=19.2$ | 24 |
| | 77 | 23 | 100 |

따라서, 평가시스템에 의해 신용이 높은 고객으로 평가된 고객이 실제로도 신용이 높은 고객일 확률은 다음과 같다.

$$72.2 \div 77 = 0.9377$$

또한 평가시스템에 의해 신용이 낮은 고객으로 판단된 고객이 실제로도 신용이 낮은 고객일 확률은 $19.2 \div 23 = 0.8348$이 된다.

## 4.6 요 약

본장의 목적은 확률 개념에 대한 이해와 특정 사상이 발생할 확률을 어떻게 계산하는가를 알아보는 것이었다. 둘 이상의 사상이 포함된 경우, 확률의 계산은 두 사상이 독립인가 아니면 종속인가에 따라 다르다. 종속사건의 경우 결합확률, 주변확률, 그리고 조건부확률 간의 관계를 이해할 필요가 있다. 새로운 정보나 자료가 추가된 경우에는 베이스 정리를 이용하여 기존의 확률보다 정확도를 높일 수 있다.

## 연습문제

**01** 최근 발표에 의하면, 국내선 여객기가 정시에 출발하는 경우는 83%에 불과하며, 정시에 도착하는 경우는 92%, 그리고 정시에 출발하여 정시에 도착하는 경우는 78%라고 한다.

① 정시에 출발한 여객기가 정시에 도착할 확률은 얼마인가?

② 정시에 도착한 여객기가 정시에 출발했을 확률은 얼마인가?

**02** 다음을 읽고 각 문장에서 틀린 내용을 지적하여라.

① 자동차판매원이 임의의 어느 날에 자동차를 3대 이상 팔 확률은 0.15, 2대 팔 확률은 0.29, 1대 팔 확률은 0.38, 그리고 1대도 팔지 못할 확률은 0.19이다.

② 내일 비가 올 확률은 0.40이고 비가 오지 않을 확률은 0.52이다.

③ 타이피스트가 한 장 분량의 타이프를 칠 때 3단어 이상 실수할 확률은 0.29, 2단어를 실수할 확률은 0.43, 1단어를 실수할 확률은 −0.10, 그리고 전혀 실수하지 않을 확률은 0.5이다.

**03** 두 개의 주사위를 동시에 던졌을 때, 숫자의 합이 다음과 같은 경우가 나올 확률은 얼마인가?

① 숫자의 합이 8인 경우

② 숫자의 합이 8 이하인 경우

③ 숫자의 합이 8 이상인 경우

**04** 동전 하나를 6번 던졌을 때, 다음과 같은 결과가 나올 확률은 얼마인가?

① 정확하게 4번 앞면이 나오는 경우

② 앞면이 4번 이하로 나오는 경우

**05** 섬유산업에 종사하고 있는 종업원들을 성별과 노조가입 여부에 따라 분류한 결과 다음과 같은 자료를 얻을 수 있었다.(여: $A_1$, 남: $A_2$, 노조원: $B_1$, 비노조원: $B_2$)

| 종업원 유형 | 숫 자 |
|---|---|
| 여성이면서 노조원($A_1 \cap B_1$) | 12,000 |
| 여성이면서 비노조원($A_1 \cap B_2$) | 25,000 |
| 남성이면서 노조원($A_2 \cap B_1$) | 21,000 |
| 남성이면서 비노조원($A_2 \cap B_2$) | 42,000 |

① 각 사상이 발생할 확률을 계산하시오.
② 임의의 한 종업원을 추출했을 때, 그 사람이 노조원일 확률을 구하시오,
③ 임의의 한 종업원을 추출했을 때, 그 사람이 여성일 확률을 구하시오.

**06** 한일백화점은 백화점 이용고객의 의식을 조사하기 위해 349명의 고객을 대상으로 설문조사를 실시한 결과, 다음과 같은 자료를 얻을 수 있었다. 이를 이용하여 다음의 확률을 계산하시오.

| 백화점 이용 이유 | 소득수준 | | |
|---|---|---|---|
| | 저($A_1$) | 중($A_2$) | 고($A_3$) |
| 편의성($B_1$) | 22 | 31 | 19 |
| 품 질($B_2$) | 42 | 51 | 54 |
| 가 격($B_3$) | 45 | 38 | 21 |
| 보유품목의 다양성($B_4$) | 8 | 11 | 7 |

① 임의의 한 고객이 한국백화점 제품의 품질이 우수하다는 생각으로 이 백화점에서 구매할 확률
② 가격이 저렴하다는 이유로 구매하는 고객이 고소득층에 속할 확률
③ 임의의 고객이 저소득층에 속하며 품목의 다양성 때문에 이 백화점에서 구매할 확률
④ 임의의 고객이 고소득층에 속하며 품질 또는 가격 때문에 이 백화점에서 구매할 확률

**07** 모 기업의 제품개발팀에서는 최근 신제품을 개발하고, 이의 대량생산을 검토하고 있다. 과거의 경험으로 볼 때, 이 제품이 시장에서 성공할 가능성은 60%로 평가된다. 최고 경영층에 현재의 상황을 보고한 결과, 본격적인 대량생산을 추진하기 전에 소규모 시험출하로 성공 가능성을 평가한 후 그 결과에 따라 대량생산을  추진하는 방안을 검토하라고 지시하였다. 시험생산에서 성공할 가능성

은 70%, 대량생산이나 시제품 시험생산 중 최소한 어느 한 쪽에서 성공할 확률은 75%로 평가된다. 시험생산에 성공했을 때 대량생산에 성공할 확률은 얼마인가? 또, 시험생산에 실패했을 때 대량생산에 실패할 확률은 얼마인가?

**08** 수학강의를 1학년이 15명, 2학년이 30명, 그리고 5명의 3학년 학생들이 수강하였고, 이들 중에서 1학년 3명, 2학년 5명, 3학년 2명이 각각 $A$학점을 받았다. 만약 수강생들 중에서 무작위로 선택된 학생이 $A$학점을 받은 것으로 밝혀졌다면, 그 학생이 1학년일 확률은 얼마인가?

**09** 특정한 병을 찾아내는 테스트가 90% 정도 효과적이고, 10% 정도의 경우에만 병을 탐지하지 못하고 있다. 병이 없는 사람에 대해서 테스트는 1%가 병에 걸리고, 99%는 병에 걸리지 않은 것으로 나타난다. 0.2%만이 병에 걸려 있는 큰 모집단에서 한 사람을 무작위로 선택하여 테스트한 결과, 그 사람이 병에 걸려 있는 것으로 나타났다. 그 사람이 실제로는 병에 걸려 있지 않았을 확률은 얼마인가?

**10** 자가운전을 하는 이 교수는 퇴근시 교통 혼잡도에 따라 한강을 건널 때 $A$대교, $B$대교, $C$대교 중 한 곳을 거쳐 집으로 간다. 통상적으로 이 교수가 $A$대교를 건널 확률은 20%, $B$대교를 건널 확률은 50%, 그리고 $C$대교를 건널 확률은 30%이다. $A$대교의 경우 건너는 데 소요되는 시간이 30분 이상일 확률이 5%, $B$대교는 4%, $C$대교는 8%라 할 때 다음의 확률을 계산하시오.

① 이 교수가 한강 다리를 건널 때 30분 이상 걸릴 확률은 얼마인가?

② 이 교수가 한강 다리를 건너는 데 30분 이상 소요되었다고 했을 때, $C$대교를 이용했을 확률은 얼마인가?

**11** 어느 심리학자가 10명 중 평균 1명만이 창조적인 능력을 가지고 있다고 주장한다. 그는 창조적인 능력을 가지고 있는지 여부를 판단할 수 있는 새로운 테스트를 개발하였다. 창조적인 능력을 가지고 있다고 알려진 사람의 60%가 이 테스트에서 70점 이상을 획득했고, 이에 반해 창조적인 능력을 갖추고 있지 못하다고 알려진 사람의 5%만이 70점 이상을 획득하였다. 피조사자가 이 테스트에서 70점 이상을 맞았을 때, 그 사람이 창조적인 능력을 가졌을 확률은 얼마인가?

**12** 어느 회사에서 개발한 고객신용도 평가시스템의 신뢰도가 다음과 같다.

| | | 평가시스템에 의한 결과 | | |
|---|---|---|---|---|
| | | 높음($A_1$) | 중간($A_2$) | 낮음($A_3$) |
| 고객의 실제신용도 | 높음($B_1$) | 0.7 | 0.2 | 0.1 |
| | 중간($B_2$) | 0.3 | 0.5 | 0.2 |
| | 낮음($B_3$) | 0.05 | 0.05 | 0.9 |

위의 표에서 예를 들어, 0.7은 고객의 실제신용도가 높을 때 평가시스템이 이 고객을 신용이 높다고 판정할 확률이다. 과거의 자료를 분석한 결과, 평균적으로 고객의 50%는 신용도가 높고 30%는 중간이며 20%는 신용도가 낮은 것으로 나타났다. 어느 한 고객의 신용도가 평가시스템에 의해 낮다고 판정되었을 때, 실제 그 고객의 신용도가 낮을 확률은 얼마인가? 또한 어느 고객의 신용도가 높다고 판정되었음에도 불구하고 실제로는 신용도가 낮을 확률은 얼마인가?

제 5 장

# 확률분포

## 5.1 확률변수와 확률분포

통계적 분석에서 하나의 목적은 통계자료(data set)가 추출된 모집단의 특성에 대한 정보를 도출하는 것이다. 이러한 목적으로 사용되는 통계적 자료는 무작위적 실험이나 관찰을 통하여 얻은 확률변수의 관측치이다. 확률모형을 알기 위해서는 먼저 확률변수의 개념을 명확히 알아둘 필요가 있다.

### 5.1.1 확률변수의 개념

확률변수(random variable)란 일정한 확률을 가지고 발생하는 사건인 확률사상(random event)을 2개 이상 취할 수 있는 변수이다. 다음의 몇 가지 보기를 통하여 확률변수의 개념과 그 종류를 구체적으로 살펴보자.

예 1 : 3명의 어린이 중 남자아이의 수
예 2 : 하나의 컴퓨터 기억소자의 정상작동 수명
예 3 : 우체국에서 취급하는 소화물의 무게

첫 번째 예에서 알아보고자 하는 것은 남자아이의 수로, 3명의 어린이 중에 남자아이가 1명도 없을 수도 있으며, 1명, 2명 또는 3명이 포함될 수도 있다. 이 예에서 확률변수는 남자아이의 수이며, 이 변수는 0, 1, 2, 3 중 하나의 값을 취할 수 있다.

두 번째 예에서는 기억소자의 수명이 확률변수가 되는데, 이 경우 확률변수가 취할 수 있는 값은 무수히 많다. 만약 기억소자가 최소 800시간, 최대 1,300시간의 수명을 갖는다고 가정한다면, 확률변수는 800시간에서 1,300시간 사이의 어떤 값이든 취할 수 있다. 즉, 소수점 이하 몇 자리까지도 수명시간을 표시할 수 있으므로, 기억소자의 수명이 가질 수 있는 값은 무수히 많다.

세 번째 예도 두번째와 마찬가지로 확률변수가 취할 수 있는 값은 무수히 많다. 이 경우 확률변수는 소화물의 무게가 되는데, 최대중량을 5kg으로 제한하더라도 확률변수는 0과 5kg 사이의 어떤 값이든 취할 수 있다.

위의 보기들에서 알 수 있는 바와 같이, 확률변수는 변수가 취할 수 있는 값의 범위에 따라 두 종류로 구분된다. 예1에서의 확률변수는 네 개의 값만을 취할 수 있는데, 이와 같은 속성을 지니는 확률변수를 이산확률변수(discrete random variable)라 부르며, 예2와 예3에서와 같이 상한과 하한 사이에 연속하여 있는 무한히 많은 값 중 아무 값이나 취할 수 있는 확률변수를 연속확률변수(continuous random variable)라 한다.

### 5.1.2 확률분포

확률분포는 확률변수가 어떤 특정 값을 취할 확률을 손쉽게 계산하기 위해 사용되는 모형으로, 확률변수가 취할 수 있는 모든 값과 그들이 나타날 확률을 나열한 표나 그림 또는 함수식이다.

예1의 확률변수에 대한 확률모형을 어떻게 만드는가 알아보자. 제4장에서 설명한 확률계산방법을 이용하여 임의로 3명의 아이를 뽑았을 때, 남자아이가 1명도 포함되지 않을 확률, 1명이 포함될 확률, 2명 또는 3명이 남자아이일 확률을 계산해야 한다. 남자아이와 여자아이의 출생이 동일한 확률을 갖는다고 가정하고, 3명의 아이에 포함된 남자아이 수를 확률변수로 정의한다면, 이 확률변수가 취할 수 있는 각각의 값이 나올 확률은 다음과 같다.

| | |
|---|---|
| 남자아이가 1명도 없을 확률 | =1/8(12.5%) |
| 남자아이가 1명일 확률 | =3/8(37.5%) |
| 남자아이가 2명일 확률 | =3/8(37.5%) |
| 모두 남자아이일 확률 | =1/8(12.5%) |
| 합 계 | =1.0(100%) |

이산확률모형 또는 이산확률분포란 이와 같이 이산확률변수가 취할 수 있는 모든 값과, 그 값들이 각각 나타날 확률을 관계지은 분포로, 위의 경우 네 개 확률값의 합은 1이 되어 확률분포의 기본 특성을 만족시킨다. 이 개념은 연속확률분포

그림 5-1 | 3명의 어린이에 포함된 남자아이의 수의 확률분포

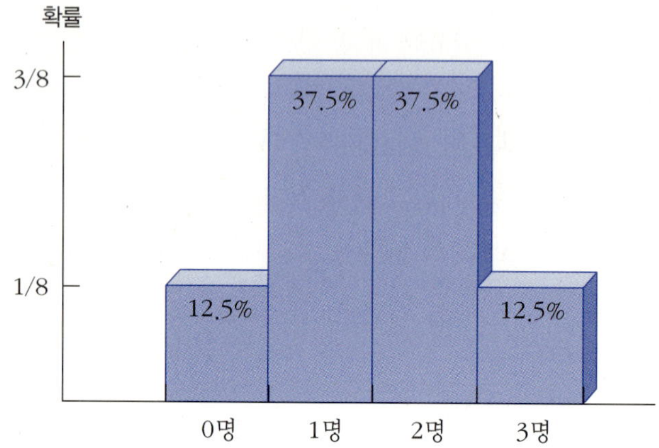


에도 적용될 수 있으나, 확률변수가 취할 수 있는 값을 모두 나열할 수 없다는 점이 다르다. 이산확률분포는 [그림 5-1]과 같은 확률막대그림을 통해 변수가 취할 수 있는 값과 그 값이 나올 확률을 표시할 수 있다.

확률막대그림은 확률분포를 그림으로 표현한 일종의 막대그림으로, 다른 막대그림과 마찬가지로 막대나 직사각형으로 구성된다. 각 직사각형 밑변의 크기를 1로 설정하고 높이를 해당 확률변수값의 확률을 나타내면 확률막대그림 아래의 전체면적은 1(100%)이 된다.

### 5.1.3 확률분포의 기대치와 분산

확률분포는 기대치와 분산으로 전체적 모습이 요약될 수 있다. 500원을 주고 주택복권 한 장을 구입하면 최고 1억 5천만원까지 당첨될 수 있다. 〈표 5-1〉은 주택복권을 구입했을 때 당첨 가능한 액수와 당첨매수를 요약해 놓은 것이다. 우리는 1억 5천만원에 당첨될 가능성이 없지 않지만, 대개는 한 푼도 받지 못하게 된다. 만약 이 복권을 매주 한 장씩 끊임없이 구입한다고 할 때, 당첨되어 받게 될 금액은 평균적으로 얼마나 될 것인가? 또는, 장기적으로 볼 때 복권을 구입함으

**표 5-1 | 복권 당첨가능액과 당첨매수**

| 당첨액수 | 당첨복권수 (총발행복권수 360만) | 확률 |
|---|---|---|
| 1억5천만원 | 1 | 1/360만 |
| 3천만원 | 2 | 2/360만 |
| 1백만원 | 6 | 6/360만 |
| 5천원 | 7,200 | 7,200/360만 |
| 1천원 | 108,000 | 108,000/360만 |
| 500원 | 1,080,000 | 1,080,000/360만 |

로써 매번 벌 수 있는 금액은 얼마에 해당할까?

기대치(expected value)란 이와 같은 확률적 자료의 중심경향을 나타내는 통계치이다. 즉, 기대치란 확률을 가중치로 한 가중평균으로, 발생할 가능성이 있는 값에 그 값이 발생할 확률을 곱하여 모두 합한 값이다. 다음과 같이 확률 변수 $X$가 $x_1, x_2, \cdots, x_n$ 중 어느 한 값을 가지며, $p(x_i)$를 $x_i$가 발생할 확률이라 하자.

| $X$ | $x_1,$ | $x_2, \cdots,$ | $x_n$ |
|---|---|---|---|
| $P(X=x_i)$ | $f(x_1)$ | $f(x_2)$ | $f(x_n)$ |

그러면, 확률변수 $X$의 기대치 $E(X)$는 다음과 같이 정의된다.

기대치

$$E(X) = \sum_{i=1}^{n} x_i f(x_i) \tag{5.1}$$

이 공식을 이용하여 복권 당첨액의 기대치를 구해 보면 다음과 같다.

$$E(X) = (1억5천만원 \times 1 + 3천만원 \times 2 + 1백만원 \times 6 + 5천원 \times 7,200 + 1천원 \times 108,000 + 500원 \times 1,080,000) \times \frac{1}{360만} = 250원$$

여기서 250원은 복권을 매주 한 장씩 끊임없이 계속 구입할 때 당첨금으로 받을 수 있는 금액의 평균값으로, 단 한 번 복권을 구입했을 때 얻을 수 있는 액수는 아니다.

그렇다면, 기대치 그 자체는 어떤 의미가 있는가? 제3장에서 설명한 평균과 표준편차의 계산에서와 마찬가지로, 기대치가 주는 정보 역시 표준편차 또는 분산을 알지 않고서는 그것이 갖는 의미는 적다. 표준편차가 작은 경우에는 단 한 번의 복권구입으로도 기대치만큼의 수익을 얻을 수 있다고 기대할 수 있지만, 표준편차가 매우 크게 되면 지속적으로 복권을 구입하는 경우에만 기대치만큼의 수익을 기대할 수 있을 뿐, 단 한 번의 복권구입으로 기대치 수준의 수익을 올릴 수 있으리라고 기대해서는 곤란하다.

확률적 자료의 분산(variance)은 각 관측치와 기대치의 차이를 제곱한 값에 확률을 곱한 뒤 총합을 구하여 계산한다. 다시 말해, 확률변수의 분산 $V(X)$는 다음 식을 통해 구할 수 있다.[1)]

분산

$$V(X) = \sum_{i=1}^{n} [x_i - E(X)]^2 f(x_i) \quad (5.2)$$

표준편차(standard deviation)는 단순히 이 값의 제곱근으로 구한다. 즉,

표준편차

$$s(X) = \sqrt{V(X)} \quad (5.3)$$

1) 여기서 주어진 기대치와 분산의 공식은 확률변수가 이산확률변수인 경우에만 적용될 수 있다. 만약 연속확률변수의 확률밀도함수가 $f(x)$로 주어지고, 확률변수값이 $[a, b]$의 구간에서만 존재한다면, 기대치과 분산은 각각 다음 식을 이용하여 구할 수 있다.

기대치 $E(X) = \int_a^b xf(x)\,dx$

분 산 $V(X) = \int_a^b [x - E(X)]^2 f(x)\,dx$

## 예제 | 5-1

200대의 제빵기를 보유하고 있는 한국제과가 지난 3개월 동안 하루에 고장난 제빵기 대수를 조사한 결과, 다음과 같은 확률분포표를 구할 수 있었다. 하루에 고장날 수 있는 제빵기 대수의 평균과 분산을 구하여라.

| 하루에 고장난 제빵기 대수 | 0 | 1 | 2 | 3 | 4 | 5 |
|---|---|---|---|---|---|---|
| 발생확률 | 0.45 | 0.2 | 0.15 | 0.10 | 0.05 | 0.05 |

### 풀이

$E(X)=(0)(0.45)+(1)(0.2)+(2)(0.15)+(3)(0.10)+(4)(0.05)+(5)(0.05)=1.25$

$V(X)=(0-1.25)^2(0.45)+(1-1.25)^2(0.2)+(2-1.25)^2(0.15)+(3-1.25)^2(0.10)$
$\quad+(4-1.25)^2(0.05)+(5-1.25)^2(0.05)=2.1875$

$s=\sqrt{2.1875}=1.479$

## 예제 | 5-2

어떤 보험회사에서 판매하고 있는 생명보험은 35살 된 남자가 연간 1회 20만원을 내고 보험에 가입하면, 가입자가 1년 안에 사망할 경우 5,000만원을 지급한다. 만약 남자가 1년 안에 사망할 가능성이 0.001이라면, 장기적으로 보아 보험회사에 돌아갈 이익은 얼마이겠는가? 기대값과 표준편차를 계산하라.

### 풀이

이 경우 피보험자가 1년 이내에 사망하여 보험금을 지급하거나 또는 1년 이상 생존하는 두 가지 경우만이 고려의 대상이 된다.

| 구분 | 보험회사의 이익 | 확률 |
|---|---|---|
| 가입자 생존시 | 20만원 | 0.999 |
| 가입자 사망시 | 20만원−5,000만원=−4,980만원 | 0.001 |

$E(X)=(20\times 0.999)+(-4{,}980\times 0.001)=15$만원

$V(X)=(20-15)^2\times(0.999)+(-4{,}980-15)^2\times(0.001)=24{,}975$(만원)$^2$

$s=158$만원

기대치가 15만원이라 해서 보험회사가 모든 가입자에게 일률적으로 15만원의 수익을 올릴 수 있다는 의미는 아니다. 생존한 가입자에게는 1인당 20만원의 수익을 올리나, 사망한 가입자에게는 1인당 4,980만원의 손해를 보게 된다. 그러나, 가입자가 많아지는 경우에 보험회사는 평균적으로 1인당 15만원의 수익을 기대할 수 있다.

## 5.1.4 기대치와 분산의 특성

이제 확률변수의 개념을 응용하여 기대치와 분산의 특성에 대해 살펴보기로 하자. 확률변수 $X$의 기대치를 $E(X)$라 할 때 $X$에 상수 $a$를 곱하고 $b$를 더하여 정의한 확률변수 $aX+b$의 기대치와 분산을 구해 보면 다음과 같다.

확률변수 $aX+b$의 기대치와 분산

$$
\begin{aligned}
E(aX+b) &= \sum(ax_i+b)f(x_i) \\
&= \sum[ax_i f(x_i)+bf(x_i)] \\
&= aE(X)+b \\
V(aX+b) &= \sum[ax_i+b-aE(X)-b]^2 f(x_i) \\
&= a^2\sum[x-E(X)]^2 f(x_i) \\
&= a^2 V(X)
\end{aligned}
\tag{5.4}
$$

따라서, $b=0$인 경우, $E(aX)=aE(X)$, $V(aX)=a^2V(X)$임을 알 수 있으며, $a=0$인 경우에는 $E(b)=b$, $V(b)=0$이 됨을 알 수 있다.

**예제 | 5-3**

〈예제 5-1〉에서 제빵기가 고장나는 경우, 신속한 수리를 위해 출장비 2만원과 대당 수리비용 1.5만원을 지급하고 있다. 여기서 출장비는 수리 대수에 관계없이 일정하다고 가정한다. 총 수리비용의 평균과 분산을 구하여라.

**풀이**

$X$대의 제빵기가 고장났을 경우 총 수리비용은 $2+1.5X$가 된다. 따라서 다음과 같이 된다.

$$E(2+1.5X)=2+(1.5)(1.25)=3.875\text{만원}$$
$$V(2+1.5X)=(1.5)^2V(X)=(1.5)^2(2.1875)=4.922$$

상호독립적인 두 확률변수 $X$와 $Y$의 기대치를 각각 $E(X)$와 $E(Y)$라 할 때, 확률변수 $X+Y$와 $X-Y$의 기대치와 분산은 다음 식을 통해 구할 수 있다.

두 확률변수 $X$와 $Y$로 구성된 확률변수의 기대치와 분산

$$E(X+Y)=E(X)+E(Y)$$
$$E(X-Y)=E(X)-E(Y) \quad \textbf{(5.5)}$$
$$V(X+Y)=V(X-Y)=V(X)+V(Y)$$

즉, 두 확률변수가 서로 독립적일 때, 그들의 합이나 차이의 기대치는 각각의 기대치를 합하거나 빼서 계산하고, 분산은 각 확률변수의 분산을 합해서 계산한다.[2)]

---

2) $V(X-Y)=E([(X-Y)-(E(X)-E(Y))]^2)$
$=E([(X-E(X))-(Y-E(Y))]^2)$
$=E(X-E(X))^2+E(Y-E(Y))^2-2E[(X-E(X))(Y-E(Y))]$

두 확률변수 $X$와 $Y$가 서로 독립적인 경우

$E[(X-E(X)(Y-E(Y))]=E[XY-E(X)Y-E(Y)X+E(X)E(Y)]$
$=E(X)E(Y)-E(X)E(Y)-E(Y)E(X)+E(X)E(Y)$
$=0$

이므로, $V(X-Y)=V(X)+V(Y)$가 성립한다. 마찬가지로, $V(X+Y)=V(X)+V(Y)$가 성립한다.

**예제 | 5-4**

한국전자는 $A$와 $B$의 두 납품업체로부터 전자부품을 공급받는다. 납품업체 $A$의 경우, 부품 100개당 불량품 개수의 평균이 2개이고 분산은 0.5, 납품업체 $B$의 경우 부품 100개당 불량품 개수의 평균이 1.5이고 분산은 0.5인 것으로 나타났다. 납품업체 $A$는 매일 600개를 공급하고 납품업체 $B$는 매일 400개를 공급한다고 할 때, 이들 두 업체에서 공급하는 부품에 섞여 있는 불량품의 기대치와 분산은 얼마인가?

**풀이**

이 문제의 답은 확률변수 $Z$를 $Z=6A+4B$로 정의하면 쉽게 구할 수 있다.

$$E(6A+4B)=6E(A)+4E(B)=12+6=18$$

$$V(6A+4B)=(6)^2V(A)+(4)^2V(B)=18+8=26$$

참고로 두 확률변수 $X$와 $Y$의 곱으로 정의되는 확률변수 $Z=XY$의 기대치도 $X$와 $Y$가 상호 독립적이라면 다음 식을 이용하여 $E(Z)$를 구할 수 있다.

$$E(Z)=E(XY)=E(X)E(Y)$$

## 5.2 | 이항분포

발생 가능한 모든 경우 중 특정 사건이 발생할 빈도의 비율, 또는 백분율은 경영활동자료에서 자주 나타난다. 많은 경우 발생빈도(또는 횟수)는 이항분포(binominal distribution)를 따른다. 이항분포는 통계학에서 가장 많이 쓰이는 확률분포 중의 하나이다. 특정의 확률변수에 대하여 이항분포를 가정할 수 있다면, 기대값, 표준편차, 또 특정사건의 발생확률의 계산이 용이하다. 이제, 이 분포를 도출하는 데 사용되는 베르누이 시행과 이항분포를 이용하여 확률을 계산하는 방법을 알아보자.

## 5.2.1 베르누이 시행의 특성

베르누이 시행(Bernoulli trial)은 다음의 두 가지 기본특성을 지니는 실험과정이다.

**특성 1** : 베르누이 시행은 한 번의 시행에서 오직 두 종류의 결과만이 가능하며, 이들 결과는 상호 배타적이다.

다음은 이러한 특성을 가진 베르누이 시행의 몇 가지 예이다.

- 제과점의 제빵기 작동 여부
- 동전 던지기에서 앞면 혹은 뒷면
- 남자아이 또는 여자아이의 출생
- 컴퓨터 기억소자의 불량 여부

두 가지 이상의 결과가 나타날 수 있는 시행도 시행결과를 재분류하여 베르누이 시행으로 전환할 수 있다. 예를 들면, 주사위 던지기에서는 1, 2, 3, 4, 5, 6의 여섯 가지 결과가 나타날 수 있으며, 정당 선호조사에서는 정당의 수만큼의 다양한 결과가 출현 가능하다. 그러나, 이러한 경우에도 시행결과를 상호배타적이고 포괄적인 두 종류로 분류할 수 있다. 즉, 주사위 던지기에서 3과 3을 제외한 모든 수, 정당선호조사에서는 특정 정당을 선호하는 집단과 선호하지 않는 집단으로 구분하게 되면 베르누이 시행이 된다.

**특성 2** : 베르누이 확률변수가 특정 값(제빵기의 고장, 남자아이, 불량기억소자)을 취할 확률은 시행횟수에 관계없이 언제나 일정하다.

이 특성이 의미하는 바는, 한 번의 시행에서 어떤 값이 나타날 확률은 그 이전의 시행에서 나타난 값에 전혀 영향을 받지 않는다는 '독립성'이다. 예를 들면, 어떤 제품의 품질검사에서 불량품이 나올 확률이 0.1이라고 하자. 베르누이시행이라면 첫 번째 검사에서 불량품이 나왔다 하더라도 두 번째 검사에서 불량품이 나올 확률은 증가하거나 감소하지 않는다. 또 제품 10개를 검사할 때 처음에서 9

개가 모두 불량이라 하더라도 마지막 10번째 제품이 불량일 확률은 여전히 0.1이다.

### 5.2.2 이항확률의 계산

■ 이항확률의 변수

일회 시행에서의 확률과정이 베르누이 과정일 때, $n$회 시행 중 특정 사건의 발생횟수로 정의되는 확률변수를 이항분포 확률변수, 또는 간단히 이항확률변수(binomial random variable)라 한다. 다음은 이항확률변수의 보기들이다.

① 주문판매점에 걸려오는 전화 10회 중 실제 주문이 성사된 횟수

② 생산품 1000개 중 불량품의 수

③ 지난 해 입사한 30명 중 퇴사한 사람의 수

베르누이 시행에 그 기초를 둔 이항확률은 각 시행에서의 결과가 통계적 독립사상이라는 점을 이용하면 간단히 구할 수 있다. 예를 들어, 어느 백화점에서 월 50만원 이상의 고액구매자와 그 미만의 소액구매자를 구분하여 고객을 관리한다고 생각해 보자. 평균적으로 40%의 고객이 고액구매자이며 나머지 60%가 소액구매자인 것으로 나타났다고 할 때, 3명의 고객 중 2명이 고액구매자이고 1명이 소액구매자일 확률은 얼마이겠는가? 이 확률은 아래와 같이 단계적으로 생각하면 손쉽게 계산할 수 있다.

1단계 : 구하고자 하는 결과를 임의의 순서로 나열한다. 2명의 고액구매자($H$)와 1명의 소액구매자($L$)인 경우, 가능한 배열 중의 하나는 ($H$, $H$, $L$)이다.

2단계 : 곱셈법칙을 이용하여 이 경우의 확률을 계산한다.

$P(H, H, L) = 0.4 \times 0.4 \times 0.6 = 0.096$

3단계 : 가능한 모든 경우가 몇 가지나 되나 계산한다. 3명 중 2명이 고액구매자인 경우는 ($H$, $H$, $L$), ($H$, $L$, $H$), ($L$, $H$, $H$)의 세 가지이다. 이 경우 조합의 개념을 이용하면 ${}_3C_2 = \frac{3!}{(3-2)!\,2!}$임을 알 수 있다.

4단계 : 2단계에서 구한 확률과 3단계에서 구한 경우의 수를 곱한다.

$0.096 \times 3 = 0.288$ 또는 28.8%

같은 방식으로 3명의 구매자 중 1명만이 고액구매자일 확률과 3명이 모두 고액구매자일 확률, 그리고 모두 소액구매자일 확률까지 구한다면, 3명의 고객에 포함된 고액구매자수라는 확률변수의 분포가 얻어진다. 이제 이항확률변수에 대한 확률막대그림을 그리면 [그림 5-2]와 같다.

$$P(\text{3명중 1명이 고액구매자}) = \frac{3!}{2!1!}(0.4)(0.6)(0.6)$$

$$= 0.432 = 43.2.\%$$

$$P(\text{3명이 모두 고액구매자}) = \frac{3!}{0!3!}(0.4)(0.4)(0.4)$$

$$= 0.064 = 6.4\%$$

$$P(\text{3명이 모두 소액구매자}) = \frac{3!}{3!0!}(0.6)(0.6)(0.6)$$

$$= 0.216 = 21.6\%$$

이와 같은 확률계산방법을 일반화시키면, $n$번의 시행에서 특정사상의 발생횟수($x$)가 $k$가 되는 이항확률분포모형을 다음과 같이 도출해낼 수 있다.

이항확률 분포모형

$$p(x=k) = {}_nC_k p^k(1-p)^{n-k} = \frac{n!}{(n-k)!k!}p^k(1-p)^{n-k} \quad (5.6)$$

$n$ = 시행횟수
$p$ = 특정사상이 발생할 확률
$k$ = 성공횟수

위 계산공식으로 우리는 발생확률이 $p$인 특정사상이 $n$회 시행에서 $k$회 발생할 확률을 계산한다. 이러한 확률계산과정을 거치지 않고 필요한 확률을 쉽게 구할 수 있도록, 부록에 이항확률분포표가 준비되어 있다. 부록의 이항확률분포표는

그림 5-2 | 고액구매자일 확률이 0.4일 때, 3명의 고객에 포함된 고액구매자수의 확률분포

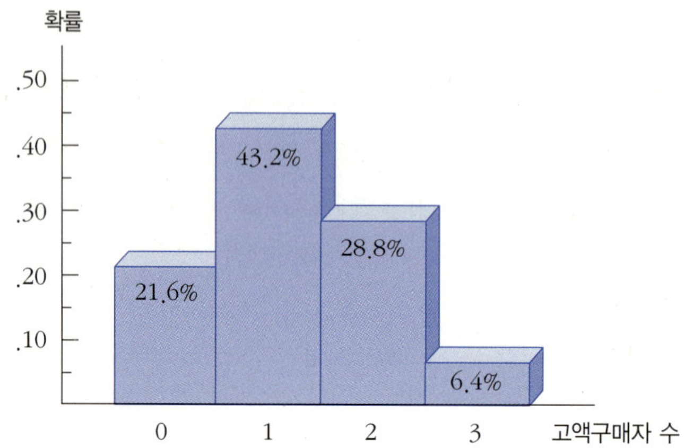


발생확률이 $p$인 특정사상이 $n$회 시행에서 적어도 $k$회 발생할 누적확률을 보이고 있다. 즉, $P(X \leq k) = \sum_{x=0}^{k} \frac{n!}{(n-x)!x!} p^x (1-p)^{n-x}$의 계산결과가 정리되어 있다.

**예제 | 5-5**

5지 선다형 시험을 치루고 있는 철이는 시험준비를 전혀 준비하지 못하여 무작위로 답을 고르고자 한다. 20개의 문제가 주어져 있을 때, 최소한 2개 이상 정답을 고를 확률은 얼마인지 계산하여라.

**풀이**

5지 선다형 문제이므로 주어진 문제의 정답을 고를 확률은 0.2이다. 총 20개의 문제 중 2개 이상을 맞출 확률은

$$\sum_{k=2}^{20} \frac{20!}{(20-k)!\,k!} (0.2)^k \ (0.8)^{20-k}$$

가 된다. 2개 이상의 정답을 맞출 확률을 계산하기 위해서는, $k$가 2에서 20이 될 때까지 모두 계산한 후 이들을 더해 주어야 한다. 그러나, 이와 같은 계산은 상당히 복잡하므로 다음과 같이 계산하는 것이 손쉬울 것이다.

20개의 문제 중 최소한 2개 이상 정답을 고를 확률
$= 1 -$ (20개 모두 틀릴 확률 + 20개 중 1개를 맞출 확률)

20개 모두 틀릴 확률 $= \dfrac{20!}{20!0!}(0.8)^{20} = 0.012$

20개 중 1개를 맞출 확률 $= \dfrac{20!}{1!19!}(0.2)(0.8)^{19} = 0.057$

따라서, 20개 중 최소한 2개 이상 정답을 고를 확률은
$1 - 0.012 - 0.057 = 0.931$

부록의 이항확률분포표를 이용하면 보다 쉽게 확률을 계산할 수 있다. 시행횟수 $n = 20$에 해당하는 표를 찾은 후, 발생확률 $p = 0.2$와 1개 이하 (즉, $k = 1$)에 해당하는 칸에 나타난 확률 0.069를 취한다. 따라서, 20개 중 최소한 2개 이상 고를 확률 $1 - 0.069 = 0.931$을 계산하면 된다.

### 5.2.3 이항분포의 기대치와 표준편차

앞 절에서 논의한 확률적 자료의 기대치와 표준편차의 정의를 이항분포에 적용해 보면, 다음 예제에서와 같이 이항분포의 기대치와 표준편차를 계산해 볼 수 있다.

**예제 | 5-6**

동해, 남해, 서해의 세 지역에서 유전탐사를 계획하고 있다. 통계에 의하면 이들 각 지역에서 유전을 발견할 확률은 20%라 한다. 이들 지역에서 발견될 수 있는 유전의 수에 대한 기대치와 표준편차를 구하시오.

**풀이**

한 지역에서 유전이 발견될 확률 : $\dfrac{3!}{2!1!}(0.2)^1(0.8)^2 = 0.384$

두 지역에서 유전이 발견될 확률 : $\dfrac{3!}{1!2!}(0.2)^2(0.8)^1 = 0.096$

세 지역에서 유전이 발견될 확률 : $\frac{3!}{0!3!}(0.2)^3(0.8)^0=0.008$

세 지역 모두에서 유전을 발견하지 못할 확률 $=\frac{3!}{3!0!}(0.2)^0(0.8)^3=0.512$

기대치 $=(0)(0.512)+(1)(0.384)+(2)(0.096)+(3)(0.008)=0.6$

분 산 $=(0-0.6)^2(0.512)+(1-0.6)^2(0.384)+(2-0.6)^2(0.096)$
$+(3-0.6)^2(0.008)$
$=0.48$

표준편차 $=0.6928$

이항분포의 평균은 발생확률이 $p$인 특정사상을 $n$회 시행할 때 평균적으로 발생할 횟수이며, 표준편차는 발생 횟수의 산포정도이다. 위 예제의 경우, 평균은 0.6이고 표준편차는 0.6928로 계산되었다. 이항분포의 평균과 표준편차는 다음 식을 이용하여 손쉽게 구할 수 있다.

이항분포의 기대치와 표준편차

$$\text{기대발생횟수} = np \tag{5.7}$$
$$\text{표준편차} = \sqrt{np(1-p)}$$

위의 예제에서 $n$은 3이고 $p$는 0.2이므로 평균은 $(3)(0.2)=0.6$, 표준편차는 $\sqrt{(3)(0.2)(0.8)}=\sqrt{0.48}$로 되어 동일한 결과를 얻는다. 위의 표준편차 계산식에서 $(1-p)$는 특정사상이 발생하지 않을 확률이다.

이제까지 설명한 발생횟수보다는 발생비율에 보다 관심이 있는 경우가 종종 있다. $n$개의 표본 중 발생비율($\hat{p}$)은 발생횟수($X$)를 총시행횟수($n$)로 나누어 얻어진다.

$$\text{표본 중 발생비율 } \hat{p} = \frac{X}{n}$$

여기서, $X$가 확률변수이므로 $\hat{p}$ 또한 확률변수가 되며, 0과 1 사이의 값을 취하게 된다. 발생비율 $\hat{p}$의 기대치와 표준편차는 다음과 같다.[3)]

발생비율의 기대치와 표준편차

$$E(\hat{p}) = p \quad S(\hat{p}) = \sqrt{\frac{p(1-p)}{n}} \tag{5.8}$$

$\hat{p}$의 표준편차는 시행횟수 $n$이 클수록 작아진다. 따라서, 많은 시행횟수를 통하여 계산한 발생비율 $\hat{p}$는 기대치인 $p$(발생확률)를 중심으로 밀접하게 분포한다. 왜냐하면, 발생비율의 표준편차가 작기 때문이다. 따라서, 시행횟수를 늘릴수록 발생확률 $p$를 보다 정확하게 추정할 수 있다.

**예제 | 5-7**

우편판매(mail order)를 위주로 하고 있는 한국통상은 고객의 주문을 제대로 처리하는 비율이 약 90% 정도인 것으로 추정하였다. 즉, 주문품목을 누락하거나 주문량을 제대로 맞추지 못하는 경우가 약 10% 정도이다. 만약 이번 주에 5건의 주문이 들어왔다고 가정한다면, 주문내역을 제대로 처리할 주문건수($X$)의 기대치와 표준편차는 얼마인가?

**풀이**

주문내역을 제대로 처리할 비율이 0.9이므로, 이 문제에서는 $n=5$, $p=0.9$이다. 따라서 $X$의 기대치와 표준편차는 다음과 같다.

$$E(X) = np = (5)(0.9) = 4.5$$
$$s(X) = \sqrt{np(1-p)} = \sqrt{(5)(0.9)(0.1)} = 0.671$$

## 5.3 | 초기하분포

이항분포는 한 번의 실험에서 나타나는 결과가 단 두 가지이며, 이 중 특정 결

---

3) $E(\hat{p}) = E\left(\frac{1}{n}X\right) = \frac{1}{n}E(X) = \frac{1}{n}np = p$

$V(\hat{p}) = V\left(\frac{1}{n}X\right) = \frac{1}{n^2}V(X) = \frac{p(1-p)}{n}$

과가 나타날 확률이 시행횟수에 관계없이 항상 일정하다는 가정에 근거를 두고 있다. 이러한 가정은 실험대상이 되는 모집단의 크기가 무한하거나, 또는 실험을 통해 몇 개의 요소를 추출한 뒤에 다시 같은 수의 요소를 되돌려 집어넣는 경우에 성립하게 된다. 만약 모집단의 크기가 유한하고 실험을 수행하는 과정에서 모집단의 크기가 줄어든다면, 이항분포는 더 이상 적합한 모형이 아니다. 이러한 경우에는 초기하분포(hypergeometric distribution)로 정의되는 분포함수를 이용해야만 정확한 확률을 계산할 수 있다.

예를 들어, $N$개의 전기부품 중 불량품이 $R$개 섞여 있다고 하자. 이 모집단에서 $n$개의 부품을 추출할 때 불량품이 정확히 $X$개 섞여 있을 확률을 계산해 보자. 물론 표본을 하나씩 추출할 때마다 모집단의 크기는 하나씩 줄어들게 된다. 표본의 크기가 $n$이므로 $N$개의 부품집단에서 $n$개의 부품을 선택할 수 있는 경우의 수는 ${}_NC_n$이 되며, $n$개 중 정확히 $k$개의 불량품이 섞여 있는 표본을 추출할 수 있는 경우의 수는 $({}_RC_k)({}_{N-R}C_{n-k})$가 된다.

따라서, $P(X=k)$를 크기가 $n$인 표본에 $k$개의 불량품이 섞여 있을 확률이라 정의한다면, 그 확률은 다음과 같이 계산한다.

초기하 확률분포모형

$$P(X=k)\,\frac{({}_RC_k)({}_{N-R}C_{n-k})}{({}_NC_n)} \qquad \textbf{(5.9)}$$

초기하분포의 기대치와 분산은 다음과 같이 이항분포의 평균, 분산과 상당히 유사한 형태를 띤다.

초기하 확률분포의 기대치와 분산

$$\begin{aligned} \text{기대치 } E(X) &= n\left(\frac{R}{N}\right) \\ \text{분 산 } V(X) &= n\left(\frac{R}{N}\right)\left(1-\frac{R}{N}\right)\left(\frac{N-n}{N-1}\right) \end{aligned} \qquad \textbf{(5.10)}$$

이 식에서 $N$이 $n$에 비해 상당히 크면 $(N-n)/(N-1)$이 1에 가까워져, $R/N=p$라 할 때, 초기하분포의 분산은 이항분포의 분산과 거의 같은 값을 가지게 된다.

참고로 $R/N \le 0.05$이면 초기하분포 대신에 이항분포를 쓰더라도 확률값에는 별 차이가 없다.

**예제 | 5-8**

한국전자는 15개의 계산기를 한 박스에 넣어 판매점에 공급하고 있다. 박스를 포장하기에 앞서, 박스에 들어 있는 15개의 계산기 중 4개의 계산기를 무작위로 추출하여 검사한다.

(a) 만약 임의의 박스에 들어 있는 15개의 계산기 중 3개의 계산기가 불량품이라면, 무작위로 추출한 4개의 계산기 중 불량품이 0, 1, 2, 3개 섞여 있을 확률은 각각 얼마인가?

(b) 확률변수 $X$를 표본에 포함되어 있는 불량품의 수라고 정의할 때, $X$의 기대치와 분산을 구하여라.

**풀이**

(a) $P(X=0)=0.362$, $P(X=1)=0.482$,
$P(X=2)=0.0145$, $P(X=3)=0.010$

(b) 기대치$=n\left(\frac{R}{N}\right)=(4)\left(\frac{3}{15}\right)=0.8$

분　산$=n\left(\frac{R}{N}\right)\left(1-\frac{R}{N}\right)\left(\frac{N-n}{N-1}\right)=(4)\left(\frac{3}{15}\right)\left(\frac{12}{15}\right)\left(\frac{11}{14}\right)=0.503$

## 5.4 포아송분포

포아송분포(Poisson distribution)는 주로 단위시간, 단위면적, 단위부피에서 일어날 수 있는 확률적 사상을 나타내는 데 이용된다. 특히, 그러한 사상이 발생할 건수는 구할 수 있지만, 발생하지 않을 건수는 알 수 없어 발생비율을 계산할 수 없을 때 유용하다. 예를 들어, 회로판 1개에서 발견할 수 있는 납땜 불량개수 등과 같이, 결점이 몇 개나 되는가를 구체적으로 셀 수 있는 경우에 이용된다. 또한, 어느 기계가 일주일 안에 고장날 횟수 등과 같이 문제가 되는 사건의 발생횟수를 구할 수 있지만, 문제가 안되는 사건의 발생횟수란 무의미한 경우에 포아송분포가 이용된다.

$X$를 단위시간 내에 발생한 사건횟수, 또는 단위면적 안에서 발견된 결점수라 정의하고 이들 사상이 통계적으로 독립사상이라 가정할 수 있다면, $X$가 $k$값을 가질 확률은 다음과 같이 정의한다

포아송 확률분포 모형

$$P(X=k)=\frac{e^{-\lambda}(\lambda)^k}{k!}, \qquad k=0,\ 1,\ 2,\ \cdots \tag{5.11}$$

위의 식에서 $\lambda$는 단위시간에 발생할 평균건수, 또는 단위면적에 나타날 평균결점수를 의미하는 것으로 포아송분포의 평균값이다. 포아송분포의 특성 중 가장 흥미있는 것은 평균과 분산값이 같다는 점이다. 다시 말해서,

포아송분포의 기대치와 분산

$$\text{기대치}=\text{분산}=\lambda \tag{5.12}$$

참고로 $\lambda$가 0.5, 1, 2일 경우 포아송분포의 형태를 보면 [그림 5-3]과 같다. 여기서 주목할 점은 $\lambda$가 커짐에 따라 점차 좌우대칭의 형태를 띠어가고 있으며, $\lambda$가 작은 경우 단위시간 또는 단위면적에 아무런 사건도 발생하지 않을 확률이 상당히 크다는 것이다.

그림 5-3 | $\lambda$값의 변화에 따른 포아송분포의 형태

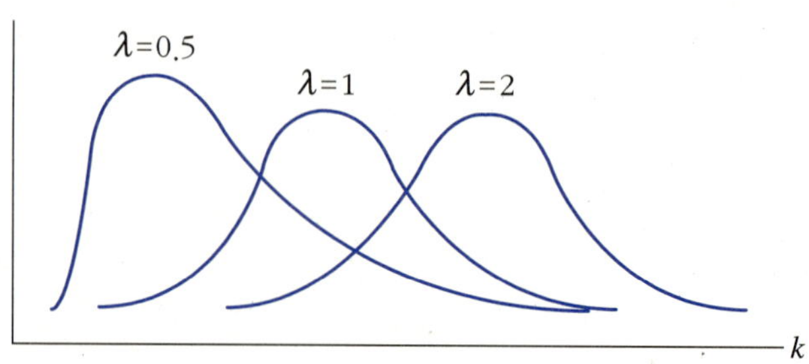

**표 5-2 | 누적 포아송분포표**

| $c$값 | 포아송분포의 평균($\lambda$) | | | | | | |
|---|---|---|---|---|---|---|---|
| | 1 | 3 | 6 | 8 | 10 | 15 | 20 |
| 0 | 0.367 | 0.049 | 0.002 | 0.000 | 0.000 | 0.000 | 0.000 |
| 1 | 0.735 | 0.199 | 0.017 | 0.003 | 0.000 | 0.000 | 0.000 |
| 2 | 0.919 | 0.423 | 0.061 | 0.013 | 0.002 | 0.000 | 0.000 |
| 3 | 0.981 | 0.647 | 0.151 | 0.042 | 0.010 | 0.000 | 0.000 |
| 4 | 0.996 | 0.815 | 0.285 | 0.99 | 0.029 | 0.000 | 0.000 |
| 5 | 0.999 | 0.916 | 0.445 | 0.191 | 0.067 | 0.002 | 0.000 |
| 6 | 0.999 | 0.916 | 0.606 | 0.313 | 0.130 | 0.007 | 0.000 |
| 8 | | 0.996 | 0.847 | 0.592 | 0.332 | 0.037 | 0.002 |
| 10 | | 0.999 | 0.957 | 0.815 | 0.583 | 0.118 | 0.010 |
| 15 | | | 0.999 | 0.991 | 0.951 | 0.568 | 0.156 |
| 20 | | | | 0.999 | 0.988 | 0.917 | 0.559 |
| 25 | | | | | 0.999 | 0.993 | 0.887 |
| 30 | | | | | | 0.999 | 0.986 |

한편 〈표 5-2〉는 $P(X \le c) = \sum_{k=0}^{c} \frac{e^{-\lambda}(\lambda)^k}{k!}$의 값을 부록에 있는 포아송분포표로부터 발췌하여 나타낸 것으로, $P(X=c)$의 계산에 이용될 수 있다.

### 예제 | 5-9

한국자동차(주)에서 생산하고 있는 경승용차는, 소비자보호원에 의하면 구입 후 6개월 내에 대당 평균 2군데가 고장난다고 한다. 5대를 동시에 구입한 소비자가 6개월 내에 모두 9번 이상 고장을 경험할 확률은 얼마인가?

**풀이**

포아송분포의 평균값 $\lambda = (5)(2) = 10$이므로, 〈표 5-2〉(또는 부록)에 나타난 누적포아송분포표에서 $P(X \le 8) = 0.332$를 얻을 수 있다. 따라서,

$$P(X \ge 9) = 1 - \sum_{x=0}^{8} \frac{e^{-10}(10)^x}{x!} = 1 - 0.332 = 0.668$$

# 5.5 정규분포

이미 설명한 바와 같이 연속확률변수는 이산확률변수와는 달리 무한히 많은 값을 취할 수 있다. 연속확률모형은 연속확률변수가 취할 수 있는 값의 구간과 그 구간 내의 값을 가질 확률을 연결한 모형이다. 여기서는 정규분포모형을 통해 연속확률모형의 특성을 살펴보기로 하자.

## 5.5.1 정규분포모형의 유용성과 특성

정규분포(normal distribution)모형은 연속확률분포의 대표적인 모형으로서 많은 경우에 유용하게 사용되는데, 이러한 유용성을 뒷받침하는 가장 중요한 이유는 '중심극한정리' 이다. 중심극한정리란 모든 표본평균의 분포가 표본의 크기가 커짐에 따라 정규분포에 유사한 형태로 변해 간다는 정리를 말한다. 이에 대한 자세한 설명은 다음 장에서 구체적으로 다루기로 하고, 이제 정규분포의 특성에 대해 간략히 알아보기로 하자.

일반적으로 정규분포는 다음과 같은 특성을 지닌다.

**정규분포의 특성**

① 분포의 모양은 좌우대칭이며, 확률곡선은 평균치에서 최고점을 가진다.
② 곡선 아래의 전체 면적은 1이다.
③ 곡선은 횡축에 닿는 것처럼 보이나 결코 닿지는 않는다. 즉, 평균 또는 기대값보다 매우 크거나 작은 값이 나타날 확률은 작을 수는 있으나 0은 아니다.
④ 정규분포곡선은 평균과 표준편차에 따라 다양한 모양을 가질 수 있다. 표준편차가 커지면 커질수록 [그림 5-4]와 같이 평평한 모양을 취하게 되며, 이와 반대로 표준편차가 작으면 작을수록 봉우리의 높이가 높아지게 된다. 또한 표준편차가 같더라도 평균값의 차이에 따라 [그림 5-5]에서와 같이 분포의 위치가 달라지게 된다.

그림 5-4 | 평균은 같으나 표준편차가 다른 경우

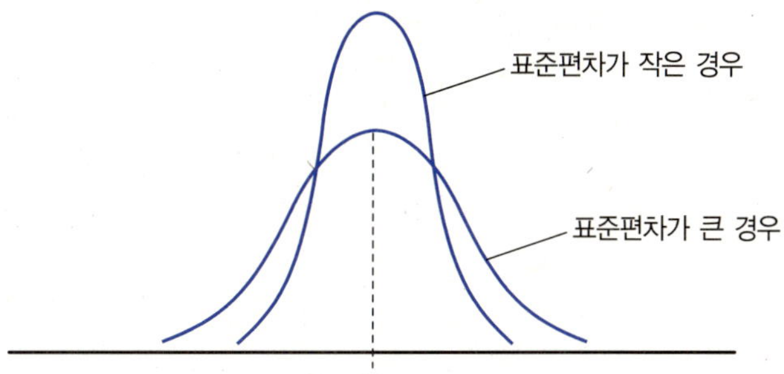


그림 5-5 | 표준편차는 같으나 평균이 다른 경우

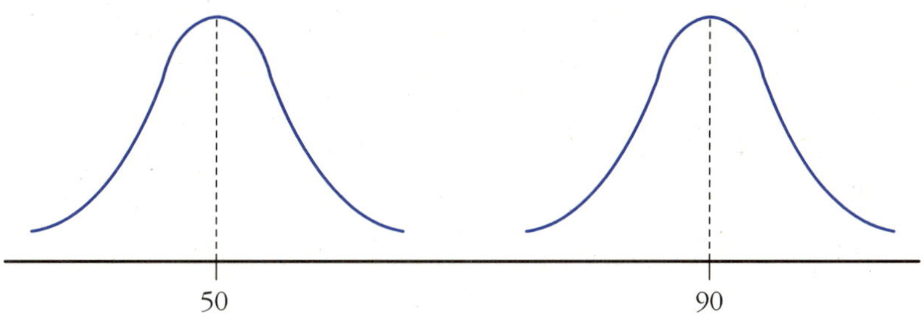


이처럼 정규분포는 확률변수의 평균($\mu$)과 표준편차($\sigma$)에 따라 그 형태가 달라진다. 평균이 $\mu$이고 표준편차가 $\sigma$인 정규분포는 $N(\mu,\ \sigma^2)$으로 표시하며, 확률밀도함수를 수학식으로 나타내면 다음과 같다.

정규분포 확률모형

$$f(X) = \frac{1}{\sigma\sqrt{2\pi}}\, e^{-\frac{1}{2}\left(\frac{x-\mu}{\sigma}\right)^2} \quad (5$$

단, $\pi = 3.14159$, $e = 2.71828$

### 5.5.2 정규분포에서의 확률계산

정규확률변수의 확률은 정규분포곡선과 횡축 사이의 면적으로 정의되나, 이러한 면적을 계산하기가 용이하지 않기 때문에 우리는 사전에 계산해 둔 통계표를 이용한다. 정규분포함수는 확률변수의 평균($\mu$)과 표준편차($\sigma$)에 따라 그 형태가 달라지므로, 무수히 많은 통계표가 필요할 것이다. 그러나, 다행히 변수변환을 통해서 하나로 통일할 수가 있다.

실제로 우리는 계산하고자 하는 확률변수를 $Z$로 표시한 표준정규확률변수로 변환시킴으로써 손쉽게 계산할 수 있다. 여기서 $Z$값은 확률변수값이 평균치로부터 표준편차의 몇 배만큼 아래나 위쪽으로 떨어져 있는가를 나타내는 값으로 다음과 같이 정의한다. 따라서, 확률변수 $X$값이 평균보다 클 때는 $Z$가 양의 값을 가지며, 평균보다 작으면 음의 값을 갖는다.

표준정규확률변수

$$Z=\frac{\text{확률변수값}-\text{평균}}{\text{표준편차}}=\frac{X-\mu}{\sigma} \tag{5.14}$$

예를 들어, 지난 해에 생산한 컴퓨터 기억소자의 평균수명이 2,000시간이고 표준편차가 200시간이라고 가정하고, 1,800시간과 2,300시간을 $Z$값으로 변환시켜 보자. 1,800시간은 평균보다 200시간이 적으므로 $Z$값으로는 −1이 되며, 2,300시간은 평균보다 300시간 많고 300시간은 표준편차의 1.5배가 되므로 $Z$값은 +1.5가 된다.

[그림 5-6]은 정규분포를 표준정규분포로 전환하여 표현한 것이다.

모든 통계학 교과서의 부록에는 표준정규곡선 아래의 면적을 나타내는 표준정규분포 면적표가 있으며, 〈표 5-3〉은 이러한 표의 일부분을 발췌한 것이다. 여기서 0과 $Z$값 사이의 면적은 양의 $Z$값과 음의 $Z$값에 대해 동일한데, 이는 정규분포의 좌우대칭성 때문이다.

**그림 5-6 | 정규분포의 표준정규분포로의 전환**

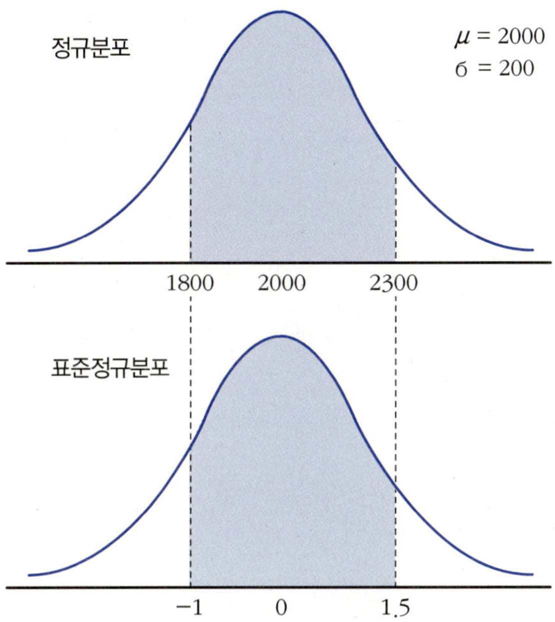


**표 5-3 | 정규분포 면적표**

| Z값 | 0과 Z값 사이의 면적(%) |
|---|---|
| 0.5 | 19.15 |
| 1.00 | 34.13 |
| 1.50 | 43.32 |
| 1.60 | 44.52 |
| 1.64 | 44.95 |
| 1.96 | 47.50 |
| 2.00 | 47.72 |
| 2.33 | 49.00 |
| 2.50 | 49.38 |
| 2.58 | 49.5 |

그러면 표준정규분포표를 이용하여 확률을 계산하는 예를 알아보도록 하자.

① $Z=0$부터 $Z=1$ 사이에
확률변수가 있을 확률
$P(0 \leq Z \leq 1)=0.3413$

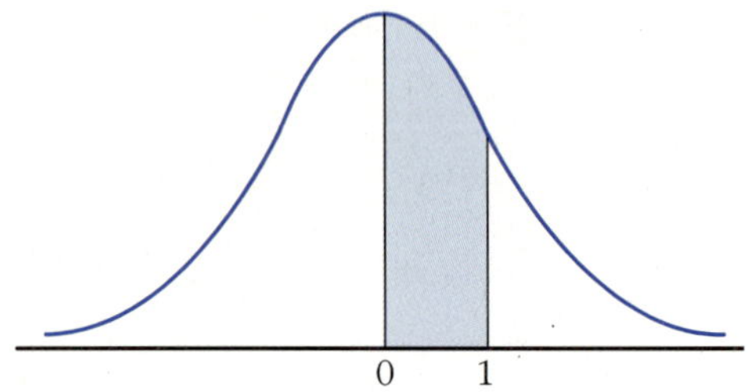


② $Z=-1$부터 $Z=1$ 사이에
확률변수가 있을 확률
$P(-1 \leq Z \leq 1)$
$=P(-1 \leq Z \leq 0)+P(0 \leq Z \leq 1)$
$=2 \times P(0 \leq Z \leq 1)$
$=2 \times 0.3413=0.6826$

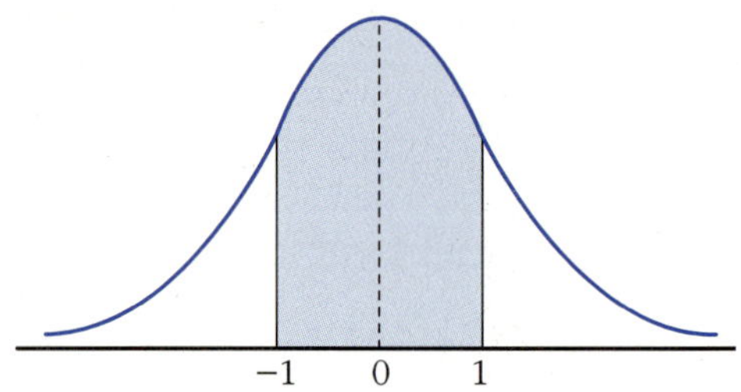


③ $Z=-1.5$보다 작거나 $Z=1.5$보다
큰 사이에 확률변수가 있을 확률
$P(Z \leq -1.5)+P(Z \leq 1.5) \quad = 1 - P(-$
$1.5 \leq Z \leq 1.5)$
$=1-2 \times P(0 \leq Z \leq 1.5)$
$=1-2 \times 0.4332=0.1336$

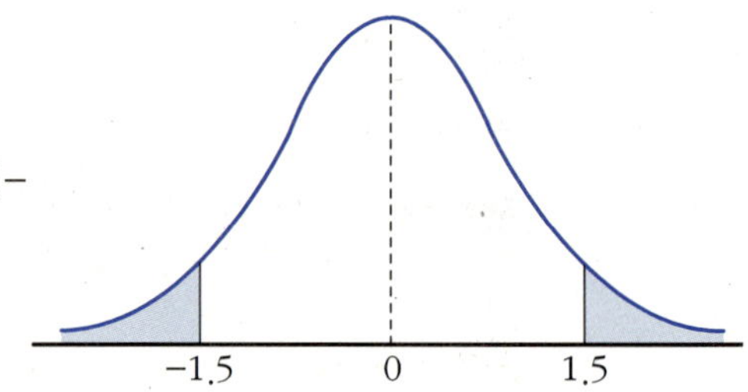


④ $Z=-2$에서 $Z=-0.5$ 사이에
확률변수가 있을 확률
$P(-2 \leq Z \leq -0.5)$
$=P(0.5 \leq Z \leq 2)$
$=P(0 \leq Z \leq 2)-P(0 \leq Z \leq 0.5)$
$=0.4772-0.1915=0.2857$

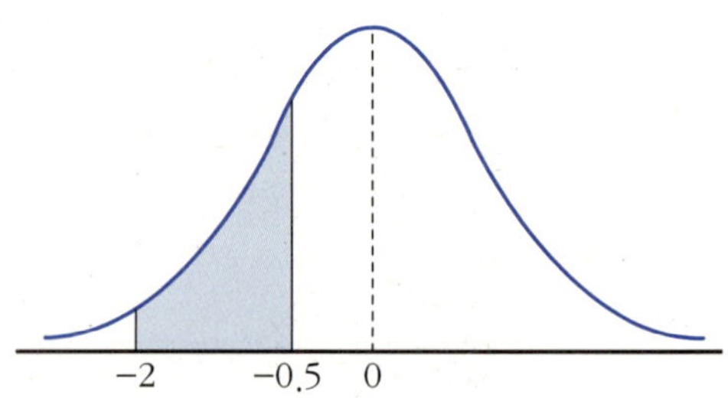

다음은 반대로 면적을 알고 있을때 이에 대응하는 Z값을 찾는 문제를 예로 알아보도록 하자.

① 평균에서 오른쪽 45%, 왼쪽 45%에 해당하는 Z값은 얼마인가?

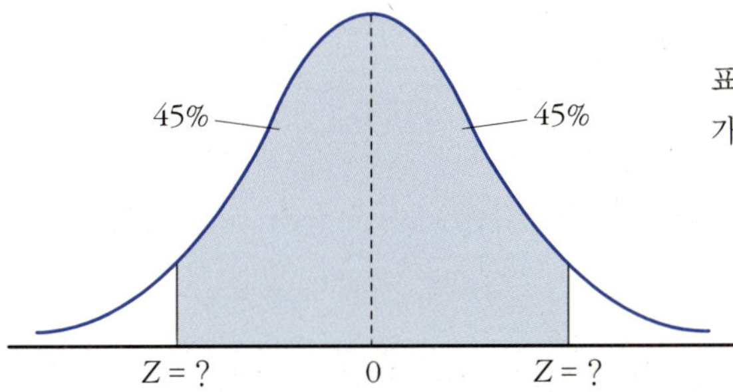


표준정규분포표에서 확률 0.45에 가장 가까운 Z값을 찾으면 된다.

Z = ±1.64

② 오른쪽 20%를 차지하는 Z값은 얼마인가?

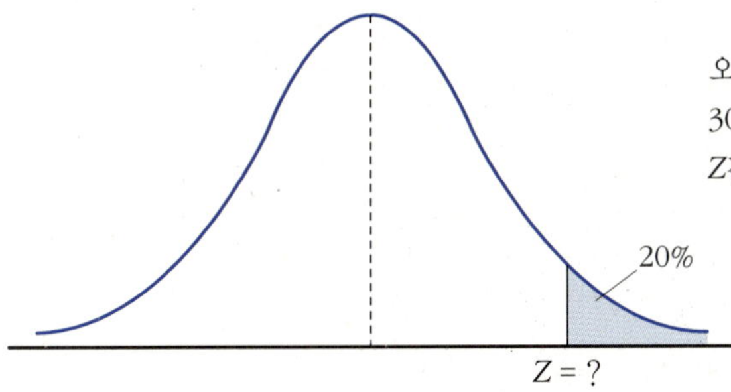


오른쪽 20%는 표준정규분포에서 30%, 즉 0.3의 확률에 해당하는 Z값을 찾으면 된다.

Z = 0.84

이제 우리는 표준정규분포표를 이용하여, 정규분포확률변수가 특정범위의 값을 가질 확률을 계산할 수 있다. 정규분포확률을 계산할 때의 일반적 순서는 다음과 같다.

**정규분포 확률계산**

1단계 : 확률변수값을 Z값으로 전환하고,
2단계 : 정규분포곡선을 대강 그려 구하고자 하는 면적을 빗금으로 표시한 후,
3단계 : 부록에 수록된 정규분포 면적표를 이용하여 정확한 확률값을 계산한다.

이 중 두번째 단계는 반드시 필요하진 않지만, 정규분포곡선을 그려봄으로써 구하고자 하는 확률이 곡선 아래 어느 부분인가를 파악할 수 있다. 또한, 대강의 어림값을 알 수 있기 때문에, 세 번째 단계에서 구한 확률값과 비교함으로써 계산 과정이 잘못되었는지를 쉽게 알아낼 수 있다. 다음의 예제문제는 정규분포 확률을 어떻게 계산하는지 알아보기 위한 것이다.

**예제 | 5-10**

컴퓨터 기억소자의 수명이 평균($\mu$) 2,000시간, 표준편차($\sigma$)가 200시간인 정규분포를 이룬다면, 임의로 하나의 소자를 구입했을 때 그 소자가 1,800시간 이상 2,200시간 미만의 수명을 유지할 확률은 얼마인가?

**풀이**

먼저 1,800시간과 2,200시간을 $Z$값으로 전환하면 1,800시간은 −1이 되고 2,200시간은 +1이 된다. 다음에는, [그림 5-7]과 같이 정규분포곡선을 그리고, 표준단위가 +1과 −1인 구간을 음영(그림자)으로 표시한다. 마지막으로, 정규분포 면적표로부터 음영(그림자) 부분의 확률을 구하면 0.6826, 즉 68.26%임을 알 수 있다. 여기서 0.6826은 $Z$값이 0과 1 사이일 때의 면적 0.3413의 두 배이다.

**그림 5-7 | 컴퓨터 기억소자 수명의 확률분포(1)**

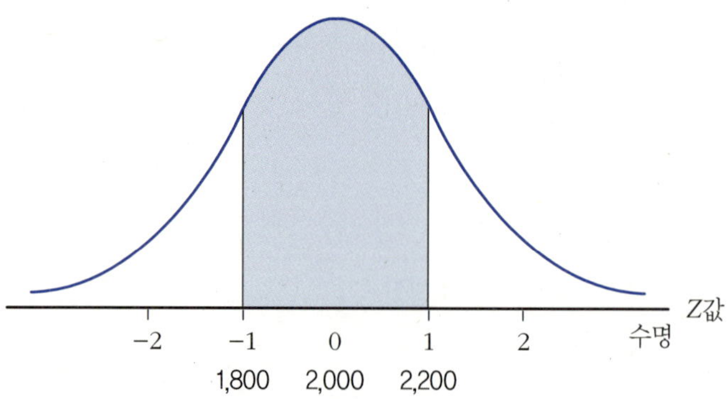

## 예제 | 5-11

앞의 예제와 같이 기억소자수명의 평균이 2,000시간, 표준편차가 200시간일 때,

(a) 임의로 선정한 하나의 기억소자가 2,300시간 이상 작동할 확률은 얼마인가?

(b) 임의로 선정한 기억소자가 1,600시간 이상 2,100시간 미만 작동할 확률은 얼마인가?

(c) 임의로 선정한 하나의 기억소자가 정확히 1,900시간 작동할 확률은 얼마인가?

### 풀이

(a) 이 문제에서도 먼저 2,300시간을 Z값으로 전환하고 확률분포곡선을 그려 찾고자 하는 면적을 표시한 뒤, 정규분포표를 이용하여 확률을 계산하면 된다. 2,300시간의 Z값은 +1.5이고, 구하고자 하는 값은 [그림 5-8]에서와 같이 수명이 2,300시간 이상이 될 확률이므로, Z값이 +1.5보다 큰 값이 될 확률을 구해야 한다. 정규분포곡선은 좌우대칭이므로 Z값이 0보다 클 확률, 즉 평균치 오른쪽의 확률은 50%가 된다. 또한 정규분포 면적표에서 Z값이 0과 1.5 사이의 값을 취할 확률은 0.4332이므로, 구하고자 하는 음영(그림자) 면적은 0.5−0.4332=0.0668 즉, 6.68%가 된다.

그림 5-8 | 컴퓨터 기억소자 수명의 확률분포(2)

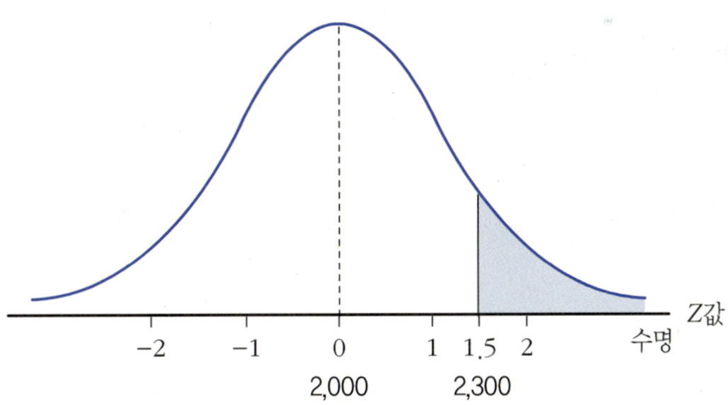


(b) [그림 5-9]는 구하고자 하는 확률면적을 음영(그림자)으로 표시한 것이다. 여기서 음영(그림자) 부분은 Z값이 0과 −2 사이의 부분과 0과 +0.5 사이의 두 부분으로 구성되어 있으므로, 음영(그림자) 전체의 면적은 두 부분 각각의 면적을 합하여 계산한다.

$$0.4772+0.1915=0.6687=66.87\%$$

그림 5-9 | 컴퓨터 기억소자 수명의 확률분포(3)

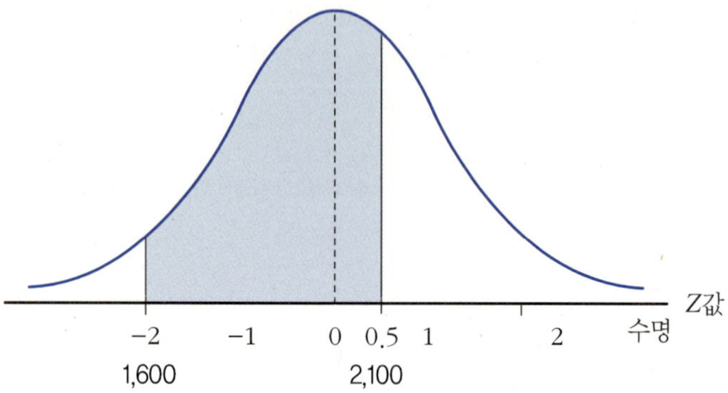


(c) 정규분포곡선을 그리고 구하고자 하는 확률면적을 표시해 보면 단순히 직선으로 표시된다. 따라서 면적의 크기는 0이 된다. 즉, 수명이 정확히 1,900시간이 될 가능성은 없다는 의미이다.

### 예제 | 5-12

한국전자의 생산라인에 근무하는 작업자들의 월 평균임금은 45만원이며, 표준편차는 6만원이다. 이들 작업자들의 임금이 정규분포를 이룬다고 가정할 때, 54만원 이상을 받는 작업자의 비율은 얼마인가? 또, 39만원과 48만원 사이의 급여를 받는 작업자의 비율은 얼마인가?

**풀이**

54만원을 $Z$값으로 바꾸면 1.5(=(54−45)/6))가 된다. 따라서, 54만원 이상을 받는 작업자의 비율은 $Z$값이 1.5보다 클 확률과 같다.

**그림 5-10** | **54만원 이상을 받는 직업자의 비율**

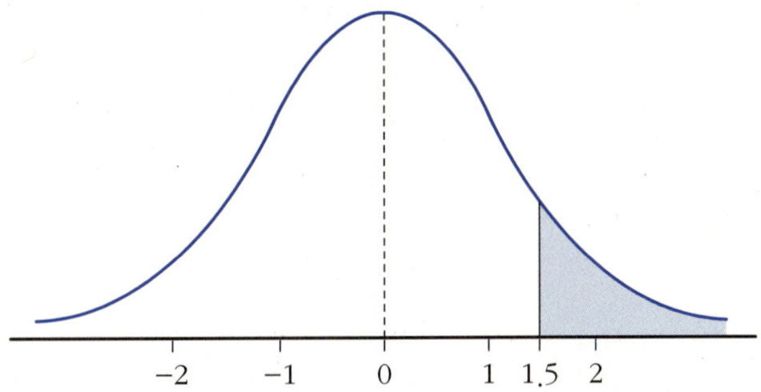


정규분포표에서 Z값이 0과 1.5 사이일 확률이 0.4332이므로, 구하고자 하는 비율은 다음과 같다.

$$0.5-0.4332=0.0668$$

한편, 39만원과 48만원을 Z값으로 각각 나타내면 −1.0과 0.5이다. Z값이 0과 0.5 사이일 확률이 0.1915이고, −1과 0 사이일 확률이 0.3413이므로, 39만원과 48만원 사이의 급여를 받는 작업자의 비율은 다음과 같다.

$$0.1915+0.3413=0.5328$$

**그림 5-11** | **39만원과 48만원 사이의 급여를 받는 작업자의 비율**

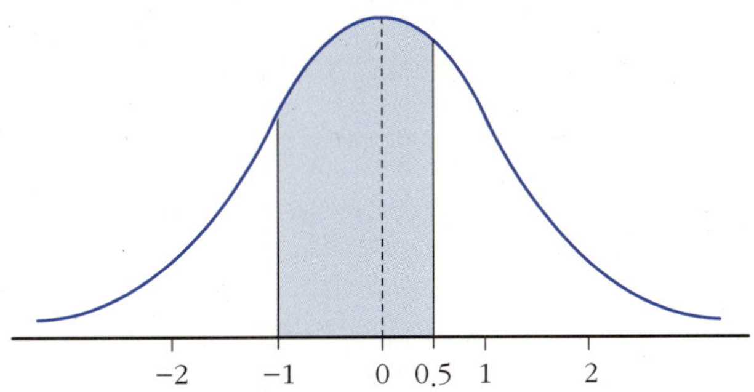

## 예제 | 5-13

대학로에 최근 개점한 두 중국음식점, 북경루와 산동루는 비슷한 메뉴와 가격으로 경쟁관계에 있다. 이들 음식점은 전화주문에 의한 신속한 배달로 매출액이 급신장하고 있으나, 경쟁이 점차 치열해짐에 따라 배달시간에 대한 광고를 대대적으로 하기 시작하였다.

지금까지의 경험적 자료에 의하면, 산동루의 평균배달시간은 30분이고, 북경루의 평균배달시간은 34분이었다. 그리고, 북경루의 배달시간은 변화가 적어 표준편차가 2분이고, 산동루의 배달시간에 대한 표준편차는 5분이었다. 배달시간이 정규분포를 따른다고 가정할 때 늦어도 앞으로 36분 이내에 음식이 도착되기를 원한다면, 산동루와 북경루 중 어느 음식점에 주문하는 것이 바람직한가?

### 풀이

이 예제의 답을 얻기 위해서는, 어느 음식점에 주문하는 것이 36분 이내에 배달될 확률이 더 높은가를 알아야 한다. 즉, 각 음식점이 36분 이내에 배달될 확률을 계산하고, 이 값이 더 큰 음식점을 선택해야 한다. [그림 5-12]는 두 음식점의 배달시간에 대한 확률분포를 그린 것이다. 곡선 아래의 전체면적은 100%이고, 음영(그림자) 부분은 각 음식점이 36분 이내에 배달해 줄 확률을 나타내고 있다.

그림 5-12 | 북경루와 산동루의 배달시간에 대한 확률분포

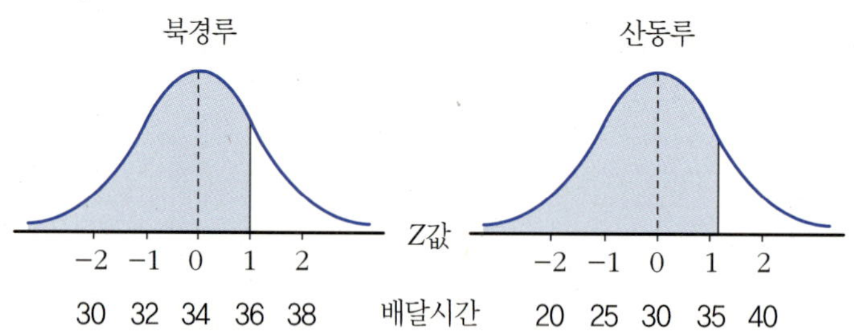


[그림 5-12]에서 음영(그림자) 부분은 Z값이 0보다 큰 부분과 0보다 작은 값을 취하는 부분으로 나뉘어져 있다. Z값이 0보다 작은 값을 취하는 부분의 면적은 산동루와 북경루 모두 50%이고, Z값이 양의 값을 취하는 부분의 면적만이 서로 다를 뿐이다. 북경루의 경우, 36분에 대한 Z값은 +1이 되어 0과 1 사이의 면적은 전체의 34.13%가 되므로, 북경루가 36분 이내에 배달해 줄 확률은

$$50\% + 34.13\% = 84.13\%$$

가 된다. 한편, 산동루의 경우 평균은 30분이나 표준편차가 5이므로, 36분의 $Z$값은 +1.2가 되고 0과 1.2 사이의 면적은 전체의 34.49%가 된다. 따라서, 산동루가 36분 이내에 배달해 줄 확률은

$$50\%+38.49\%=88.49\%$$

이므로, 산동루에 주문하는 것이 유리함을 알 수 있다.

### 예제 | 5-14

한국카드주식회사는 총 25,000명의 회원을 확보하고 있다. 고액 및 소액매출액구좌를 구분하여 관리하기 위해 자료조사를 한 결과, 구좌당 매출액은 평균이 150만원, 표준편차가 50만원인 정규분포를 하고 있음을 확인하였다. 고액매출구좌를 특별관리하기 위해 매출액 상위 5%를 선택하고자 할 때, 연간 매출액이 얼마 이상이어야 이 안에 포함될 수 있는가?

#### 풀이

지금까지의 예제와는 달리 이번 문제는 확률 또는 비율이 주어져 있고, 그에 해당하는 실제 값을 구해야 한다. 우선 그림으로 이를 표시하면, [그림 5-13]에서와 같이 $X$에 해당하는 매출액이 상위 5%에 해당한다.

그림 5-13 | 상위 5%에 해당하는 매출액 수준

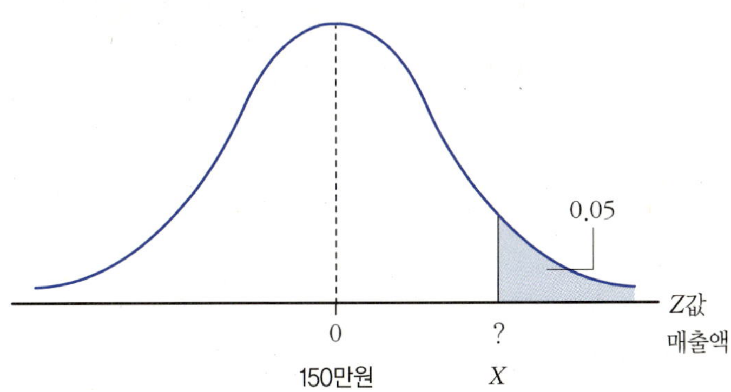


정규분포표에서 우측 끝 부분이 0.05일 때의 $Z$값을 찾아보면 약 1.645임을 알 수 있

다. $Z$값이 1.645일 때의 $X$값은 다음과 같이 구할 수 있다.

$$Z\text{값} = 1.645 = \frac{X - 150}{50}$$

$$X = 232.25\text{만원}$$

## 5.6 정규분포를 이용한 이항확률의 계산

이항분포는 $n$회의 시행 중 특정 사건의 발생빈도에 대한 분포이다. 그러므로, 이항분포는 결코 정규분포가 될 수 없다. 왜냐하면, 이항확률변수(binomial

**그림 5-14 | 동전을 10회, 100회 1000회 던져 앞면이 나온 수의 확률막대그림**

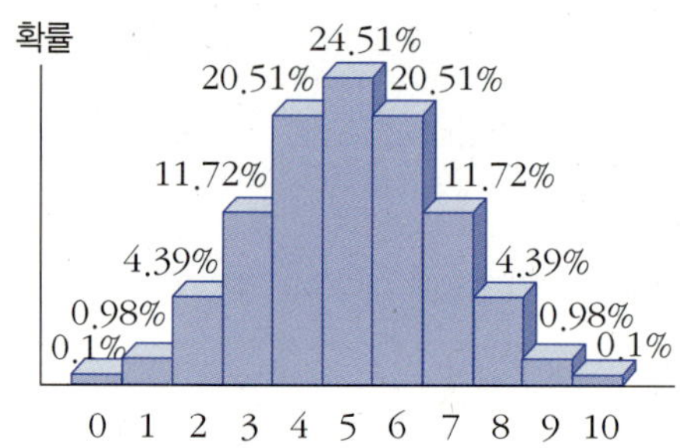


(a) 동전을 10회 던진 경우

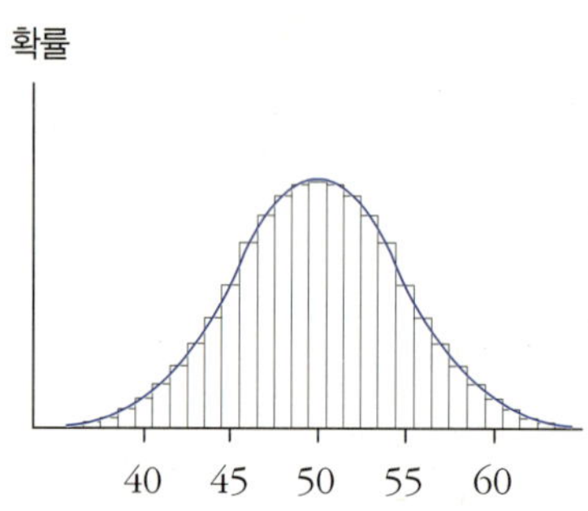


(b) 동전을 100회 던진 경우

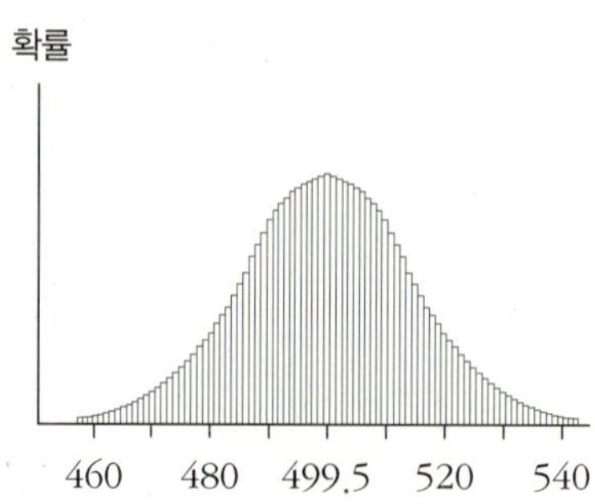


(c) 동전을 1000회 던진 경우

random variable)는 정수값만을 취하고, $p=0.5$가 아닌 경우에는 좌우 대칭이 안 되기 때문이다. 그러나, 시행횟수가 충분히 크다면 정규분포를 이용하여 근사치를 얻을 수 있다.

구체적인 근사값 계산과정을 살펴보기에 앞서, 이항분포에서 시행횟수 $n$이 커짐에 따라 분포의 형태가 어떻게 변하는가를 알아보자. 먼저 앞면과 뒷면이 나올 확률이 반반인 동전을 10회 던지는 실험에서, 앞면이 나오는 수를 확률변수라 정의해 보자. 이 경우 확률변수는 0에서 10까지 모두 11개의 값을 취할 수 있다. [그림 5-14]는 이들 각각의 경우에 대한 확률을 나타낸 확률막대그림이다.

만약 동전을 100회 던진다고 한다면 확률변수가 취할 수 있는 값은 0에서 100까지 101개이며, [그림 5-14]의 (b)와 (c)같은 확률막대그림이 도출된다. 이 막대그림은 좌우대칭의 형태에 가까우며, 곡선 아래 부분 면적은 100%에 가까운 값을 갖게 된다.

동전을 던지는 횟수가 많아짐에 따라 확률막대그림은 점점 좌우대칭의 곡선에 가깝게 되어, 1,000회의 시행에서는 [그림 5-14]에서와 같이 거의 곡선처럼 보이게 된다. 그래서 정규분포를 이용하여 이항분포의 확률의 근사치를 구할 수 있다. 그러나 이항분포는 이산확률분포이고 정규분포는 연속확률분포이므로 이항분포의 확률을 구하기 위해 정규분포를 이용하기 위해서는 이항분포의 범위를 조정해 주어야 한다.

[그림 5-15]에서와 같이 이항분포의 $p(4 \le x \le 6)$의 면적과 정규분포의 $p(4 \le x \le 6)$의 면적을 비교하면 정규분포의 $p(3.5 \le x \le 4)$와 $p(6 \le x \le 6.5)$ 정도가 이항분포와 차이가 나는 것을 알 수 있다. 그래서 이항분포의 $p(4 \le x \le 6)$의 근사치를 정규분포를 이용하여 구하기 위해서는 정규분포 $p(3.5 \le x \le 6.5)$의 면적을 이용하여 확률을 구하게 된다.

따라서 이항분포의 확률을 구하기 위해 정규분포를 이용할 때는 다음과 같은 범위의 조정이 필요하다.

**정규분포를 이용한 이항분포 확률 구하기 위한 범위조정**

$p(x \ge a) \quad \rightarrow \quad p(x \ge a-0.5)$

$p(x \le b) \quad \rightarrow \quad p(x \le b+0.5)$

$p(a \le x \le b) \quad \rightarrow \quad p(a-0.5 \le x \le b+0.5)$

**그림 5-15 | 정규분포와 이항분포의 비교 및 이항분포의 조정**

(a) 이항분포
$p(4 \le x \le 6)$

(b) 정규분포
$p(4 \le x \le 6)$

(c) 정규분포를 이용하여 이항확률의 근사치를 구하기 위한 이항분포의 조정
$p(4-0.5 \le x \le 6+0.5)$
$=p(3.5 \le x \le 6.5)$

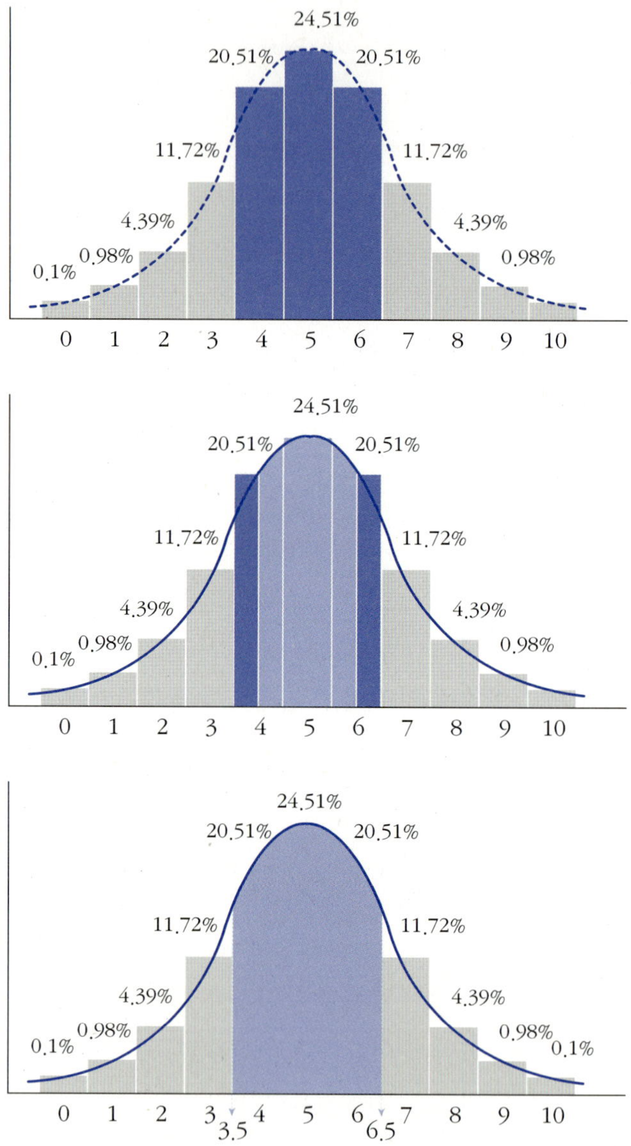

## 예제 | 15-15

평균불량률이 10%인 공정에서 100개의 부품을 임의로 추출하였다.

(a) 100개에 포함된 불량품의 개수가 5개 이하일 확률은 얼마인가?

(b) 불량품의 개수가 12개를 초과할 확률은 얼마인가?

(c) 불량품의 개수가 6개와 12개 사이일 확률은 얼마인가?

(d) 불량품의 개수가 5개일 확률은 얼마인가?

### 풀이

평균불량률 $p=0.1$이고 $n=100$이므로 $np=10>5$, $n(1-p)=90>5$를 만족한다. 따라서 정규분포를 이용하여 근사값을 계산해도 큰 오차가 없을 것으로 기대된다. 이 문제에서 이항분포의 평균은 $np=10$, 표준편차는 $\sqrt{np(1-p)}=3$이다. 따라서, 근사값을 구하기 위해 사용할 정규분포 역시 평균이 10, 표준편차가 3이 되어야 하며, 이를 그래프 상에 그려보면 [그림 5-16]과 같다.

**그림 5-16 | 정규분포를 이용한 이항분포의 근사모형**

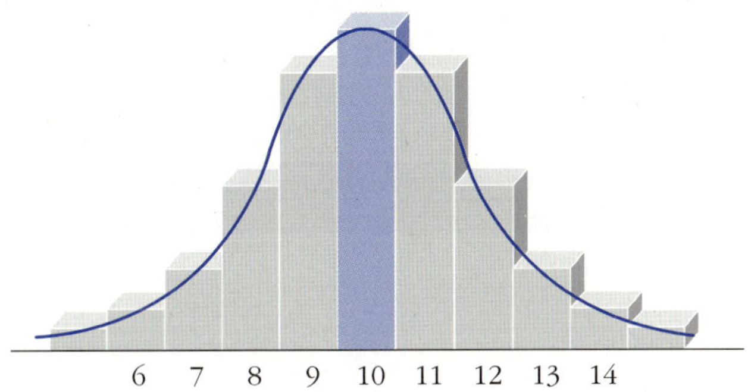


$$\mu=np=10$$
$$\sigma=\sqrt{np(1-p)}=3$$

[그림 5-16]에서 볼 수 있듯이, 확률분포의 평균인 10개의 불량품이 나올 확률은 정규분포하에서는 9.5와 10.5 사이이다. 다시 말해, 정규분포는 연속확률분포이므로 $X=10$일 때의 확률은 존재하지 않기 때문에, $p(X=10)$일 이항확률을 정규분포를 통해 구하기 위해서는 $p(9.5 \le X \le 10.5)$의 확률을 계산해야 한다. 이와 같은 원리를 각 문항에 적용해 보면 다음과 같다.

(a) 불량품 개수가 5 또는 그 이하일 확률은 정규분포하에서 $p(X \le 5.5)$가 되므로,

$$Z = \frac{5.5 - 10}{3} = -1.5$$

$$p(Z \le -1.5) = 0.0668$$

이 된다.

(b) 불량품 개수가 12개를 초과할 확률은 정규분포하에서 $p(X \ge 12.5)$가 되며, 이에 해당하는 Z값과 구하는 확률은 다음과 같다.

$$Z = \frac{12.5 - 10}{3} = 0.83$$

$$p(Z \ge 0.83) = 0.2033$$

(c) 불량품 개수가 6개와 12개 사이일 확률은 $p(5.5 \le X \le 12.5)$가 되므로, 앞에서 구한 Z값을 이용하면 정규분포하에서는 다음과 같다.

$$\begin{aligned} p(-1.50 \le Z \le 0.83) &= 1 - p(Z < -1.50) - p(Z > 0.83) \\ &= 1 - 0.0668 - 0.2033 = 0.7299 \end{aligned}$$

(d) $p(4.5 < X < 5.5) = p\left(\frac{4.5 - 10}{3} < Z < \frac{5.5 - 10}{3}\right) = 0.0332$

## 5.7 요 약

본장에서는 확률적 사상을 수치값으로 표현하기 위하여 확률변수의 개념을 도입한 후, 각 확률변수가 취하는 값들에 대하여 확률이 어떻게 분포되는가를 나타내는 확률분포에 관하여 알아보았다. 제3장에서 배운 자료분포의 중심경향치와 분산도에 대응하는 개념으로, 확률변수의 기대치와 분산을 정의하고 그 의미를 살펴보았다.

이산확률분포 중에서 널리 사용되는 이항분포, 초기하분포, 포아송분포들에 대하여는 그들의 특성과 기대치, 분산에 관하여 자세히 알아보았다. 또한, 연속확률분포 중에서 가장 많이 사용되는 정규분포에 대하여는 표준정규확률분포표를 이용한 확률의 계산방법을 설명하였는데, 이는 앞으로 공부하게 될 신뢰구간 설정과 가설검정에서 매우 중요하다.

## A5 EXCEL을 이용하여 확률분포의 확률 계산하기

여기서는 EXCEL을 이용하여 이항분포, 초기하분포, 포아송분포, 그리고 정규분포의 확률과 누적확률을 구하는 방법을 설명한다.

■ 이항분포 확률계산

**01** [그림 A5-1]에서와 같이, 이항분포의 총 시행횟수와 성공의 확률, 그리고 확률분포표를 위한 표를 만든다.

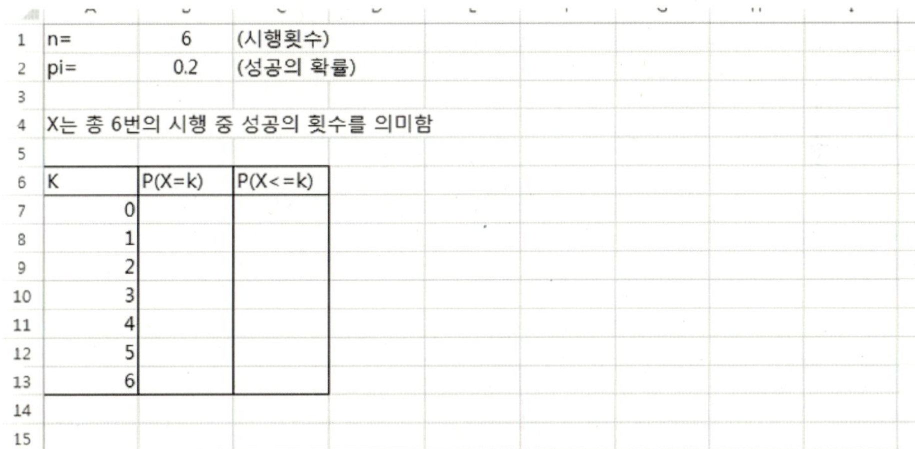

| | A | B | C |
|---|---|---|---|
| 1 | n= | 6 | (시행횟수) |
| 2 | pi= | 0.2 | (성공의 확률) |
| 3 | | | |
| 4 | X는 총 6번의 시행 중 성공의 횟수를 의미함 | | |
| 5 | | | |
| 6 | K | P(X=k) | P(X<=k) |
| 7 | 0 | | |
| 8 | 1 | | |
| 9 | 2 | | |
| 10 | 3 | | |
| 11 | 4 | | |
| 12 | 5 | | |
| 13 | 6 | | |
| 14 | | | |
| 15 | | | |

**그림 A5-1** 이항확률분포표의 준비

**02** $P(X=k)$를 계산하기 위해서 커서를 칸B7에 옮긴 후, 도구줄에서 함수 삽입버튼을 클릭한다. [그림 A5-2]와 같이 함수 범주(C)에는 통계를, 함수 이름(N)에는 BINOM.DIST를 선택하고 확인을 누른다.

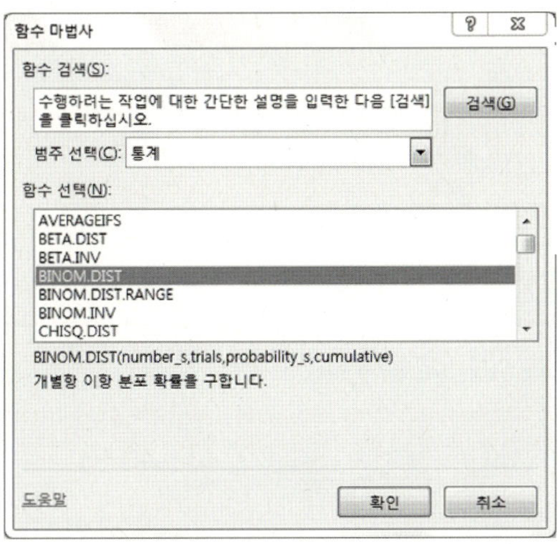


**그림 A5-2** 함수 마법사에서의 선택

**03** BINOM.DIST 상자에서 [그림 A5-3]과 같이 필요한 정보를 입력시킨다. 여기서, Number_s에 숫자 0 대신에 칸 주소인 A7($k=0$의 경우)을 입력시키게 되면, $k$의 다른 값(1,2,...,6)의 확률계산에서는 이를 복사할 수 있으므로 편리하다. Trials에는 총 시행횟수를, Probability_s에는 성공의 확률을 입력한다. 마지막으로, Cumulative에 False(또는, 간단히 0)를 입력함으로써 $P(X=k)$의 확률을 얻을 수 있다.

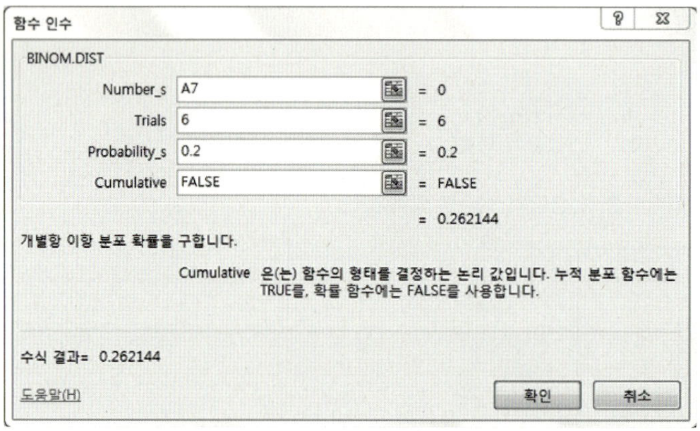


**그림 A5-3** 이항분포의 확률 계산에 필요한 정보 입력

**04** 누적확률 $P(X<=k)$를 계산하기 위해서 커서를 칸C7에 옮긴 후, 메뉴에서 함수삽입을 클릭한다. 함수 종류(C)에는 통계를, 함수 이름(N)에는 BINOM.DIST를 선택하고 확인을 누른다. BINOM.DIST 상자에서 [그림 A5-4]와 같이 필요한 정보를 입력시킨다. 여기서, Cumulative에는 True(또는, 간단히 1)를 입력함으로써 $P(X<=k)$의 확률을 얻을 수 있다.

**05** 이제, 칸B7:C7을 칸B8:C13에 복사하게 되면, [그림 A5-5]와 같은 이항확률분포표를 얻을 수 있다.

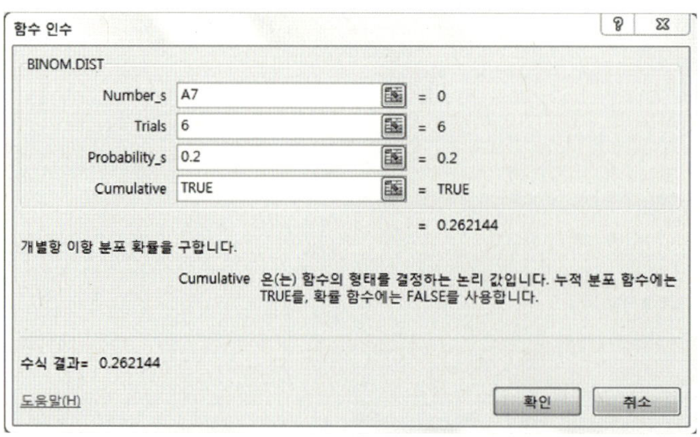


**그림 A5-4** 이항분포의 누적확률 계산에 필요한 정보 입력

그림 A5-5
이항확률분포표

| | A | B | C |
|---|---|---|---|
| 1 | n= | 6 | (시행횟수) |
| 2 | pi= | 0.2 | (성공의 확률) |
| 3 | | | |
| 4 | X는 총 6번의 시행 중 성공의 횟수를 의미함 | | |
| 5 | | | |
| 6 | K | P(X=k) | P(X<=k) |
| 7 | 0 | 0.262144 | 0.262144 |
| 8 | 1 | 0.393216 | 0.65536 |
| 9 | 2 | 0.24576 | 0.90112 |
| 10 | 3 | 0.08192 | 0.98304 |
| 11 | 4 | 0.01536 | 0.9984 |
| 12 | 5 | 0.001536 | 0.999936 |
| 13 | 6 | 6.4E-05 | 1 |
| 14 | | | |

■ 초기하분포 확률계산

위의 이항분포확률계산에서와 같은 방법으로 하되, 함수 마법사에서 초기하분포를 의미하는 HYPGEOM.DIST를 선택한다. [그림 A5-6]의 HYPGEOM.DIST 선택상자에서, Sample_s는 추출된 표본 내의 성공횟수를, Number_sample은 표본의 크기를, Population_s는 모집단 전체에서의 성공횟수를, 그리고 Number_pop는 모집단의 크기를 마지막으로 Cumulative에 FALSE를 입력한다.

그림 A5-6
초기하분포에 관한 정보 입력

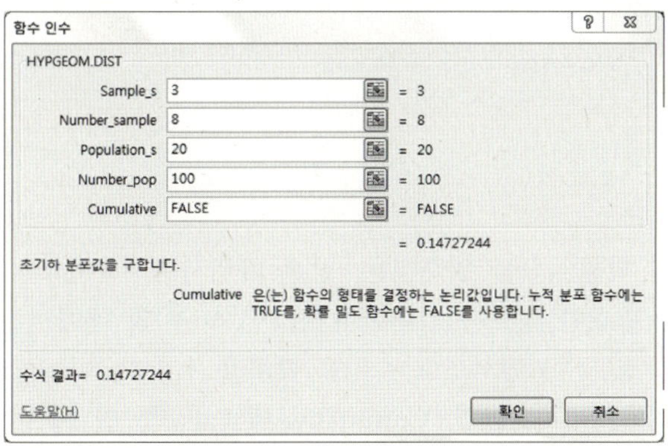


■ 포아송분포 확률계산

함수 마법사에서 포아송분포를 의미하는 POISSON.DIST를 선택한다. [그림 A5-7]의 POISSON.DIST 선택상자에서 $X$는 주어진 시간 동안의 발생횟수를, Mean은 그 시간 동안 발생횟수의 기대값을 의미한다. 그리고, $P(X=k)$를 원하면 Cumulative에 False(또는 0)을, 그러나 $P(X<=k)$를 원하면 True(또는 1)을 입력한다.

그림 A5-7

포아송분포에 관한 정보 입력

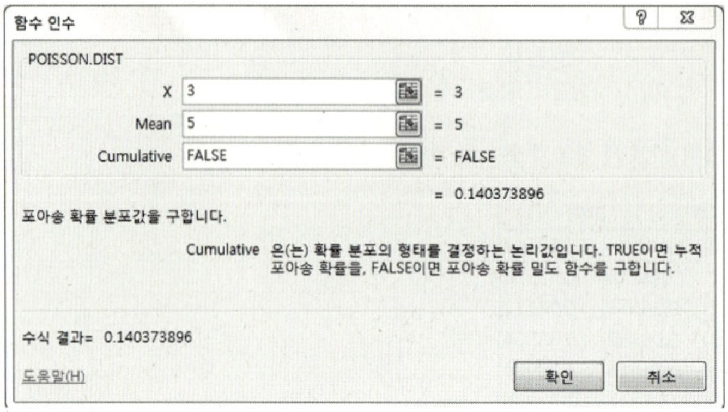


■ 정규분포 확률계산

함수 마법사에서 표준정규분포를 의미하는 NORM.S.DIST를 선택한다. [그림 A5-8]의 NORM.S.DIST 선택상자에 *Z*값을 입력하고 Cumulative에 TRUE를 입력하면 누적분포함수값이 FALSE를 입력하면 확률밀도함수의 값이 출력된다.

그림 A5-8

표준정규분포

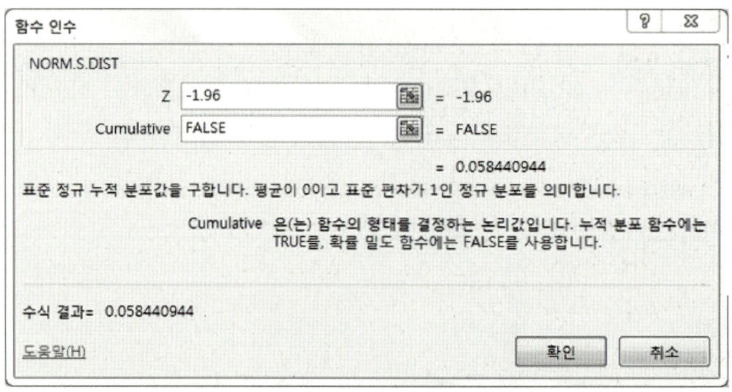


일반적 정규분포의 확률계산을 위해서는, 함수 마법사에서 NORM.S.DIST를 선택한 후, 확률계산에 필요한 정보를 입력한다. [그림 A5-9]의 예에서는, 평균이 10이고 표준편차가 3인 정규분포에서 $P(X < 6)$을 확률을 구한다. 이는 Cumulative에 TRUE를 입력하였기 때문이다. 만일, Cumulative에 False를 입력하면 $X=6$에서의 확률밀도함수 값, 즉 확률밀도함수의 높이가 출력된다.

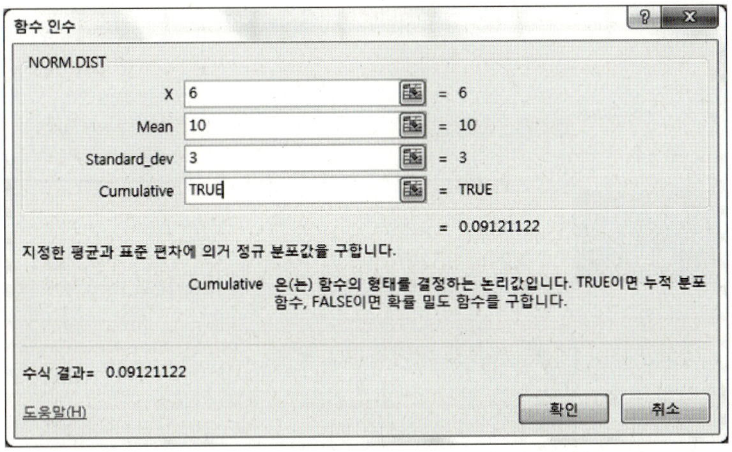


**그림 A5-9**

정규분포에 관한 정보 입력

## 연 습 문 제

**01** 다음과 같이 확률분포가 주어져 있다고 가정하고 물음에 답하시오.

| $Y$ | 1 | 2 | 3 | 4 | 5 | 6 |
|---|---|---|---|---|---|---|
| 확률 | 0.2 | 0.3 | 0.25 | 0.1 | 0.1 | 0.05 |

(a) 확률변수 $Y$의 평균과 표준편차를 구하시오.

(b) 확률변수 $5Y+10$의 평균과 표준편차를 구하시오.

**02** 50대의 복사기를 보유하고 있는 한국카피서비스가 지난 3개월 동안 하루에 고장난 복사기 대수를 조사한 결과, 다음과 같은 확률분포표를 구할 수 있었다.

| 하루에 고장난 복사기 대수 | 0 | 1 | 2 | 3 | 4 | 5 |
|---|---|---|---|---|---|---|
| 발생 확률 | 0.1 | 0.2 | 0.3 | 0.25 | 0.1 | 0.05 |

(a) 하루에 고장날 수 있는 복사기 대수의 평균과 분산을 구하시오.

(b) 복사기가 고장나는 경우 고장 대수에 관계없이 출장비 3만원과 대당 8천원의 수리비용이 소요된다고 할 때, 일일 총 수리비용의 평균과 표준편차를 구하시오.

**03** 서울에 있는 모 기업은 미국의 컴퓨터 잡지회사의 총판을 맡으면서, 잡지 한 권을 1년 동안 구독하도록 하면 1만원의 커미션을 받기로 계약하였다. 예를 들어, 정기구독자가 2년간 구독하면 2만원의 커미션을 받게 된다. 시장조사를 통해 구독신청 후 얼마나 오랫동안 구독하는가를 조사한 결과, 다음과 같은 확률분포를 구할 수 있었다. 구독신청을 한 어느 한 독자로부터 기대할 수 있는 커미션은 얼마인가? 커미션의 표준편차도 구하시오.

**04** 두 변수 $X$와 $Y$가 서로 독립적인 확률변수이며 $E(X)=6$, $V(X)=1$, $E(Y)=4$, $V(Y)=1.5$라 할 때,

(a) 확률변수 $Z=2X-3Y+4$의 기대치와 분산을 구하시오.

(b) 확률변수 $Z=XY$의 기대치를 구하시오.

| 구독기간 | 1년 | 2년 | 3년 |
|---|---|---|---|
| 확률 | 0.5 | 0.25 | 0.25 |

**05** 하나백화점은 백화점 신용카드를 가지고 있는 고객들의 관리를 위해, 월 평균 카드사용액을 기준으로 하여 고객집단을 다음과 같이 분류하였다.

| 월평균사용액 | 분류 |
|---|---|
| 30만원 이상 | $A$ 그룹 |
| 10만원 이상 30만원 미만 | $B$ 그룹 |
| 10만원 미만 | $C$ 그룹 |

전체 카드소유자 중 $A$그룹이 30%, $B$그룹이 50%, 그리고 $C$그룹이 20%인 것으로 나타났다.

① 카드소유자 명단에서 임의로 4명을 뽑았을 때, 4명 모두가 $A$그룹에 속할 확률은 얼마인가?

② 4명 중 3명만이 $B$그룹에 속할 확률은 얼마인가?

**06** 확률변수 $X$, $Y$, $Z$의 평균과 분산이 다음과 같다.

| 변수 | 평균 | 표준편차 |
|---|---|---|
| $X$ | 2.5 | 0.2 |
| $Y$ | 1.5 | 0.1 |
| $Z$ | 2.0 | 0.3 |

(a) 확률변수 $W=2X-3Y+4Z$의 기대치를 구하시오.

(b) 이들 세 확률변수가 서로 독립적이라 가정하고, 확률변수 $W=2X-3Y+4Z$의 분산을 구하시오.

**07** 아래 8번 문제에서 한 번 뽑힌 카드는 다시 집에 넣지 않는다면 확률값은 어떻게 달라지며, 그 이유는 무엇인가?

**08** 놀이용 카드 한 질에서 3장을 뽑을 때, 그 결과가(하트, 하트, 하트가 아닌 카드)의 순으로 나올 확률을 계산하시오. 한 번 뽑은 카드는 다시 집어넣고, 재시행 전에 카드는 완전히 다시 섞는다고 가정한다.

**09** 전국적으로 시청자의 60%가 MBC뉴스를 시청한다고 알려져 있다. 10명의 TV 시청자를 무작위로 선정했을 때, 이 중 4명이 MBC뉴스를 시청할 확률은 얼마인가?

**10** 항아리에 100개의 공이 들어 있다. 이 중 70개는 붉은 색($R$), 30개는 푸른 색($B$)이다. 10개의 공을 임의로 대체하지 않고 뽑을 때, 그 결과가 ($R$, $R$, $R$, $R$, $R$, $R$, $B$, $B$, $B$, $B$)일 확률은 얼마인가?

**11** 대학로 제과점은 5대의 제빵기를 보유하고 있으며, 각각의 제빵기가 작동할 확률은 약 90% 정도로 추정된다. 보통 하루의 수요를 만족시켜 주기 위해서는 최소한 4대의 기계가 가동할 수 있어야 한다. 그러나 3대의 기계만 작동한다면 판매감소로 하루 평균 10만원의 손실이 발생할 뿐만 아니라, 제때에 빵을 구입할 수 없어 실망한 일부 손님은 다시 찾아오지 않게 된다. 제과점 주인은 추가로 기계 1대를 월 17만 5천원에 임대할 것을 고려 중이다. 제과점 주인은 신용의 실추로 인한 고객감소는 고려에 넣지 않고, 추가로 임대한 기계의 임대료가 공급능력의 부족으로 발생하는 손실보다 비싸지 않다면 기꺼이 임대할 생각이나, 추가로 임대한 기계가 어느 정도나 공급능력을 증대시켜 줄 것인지 판단이 서지 않는다. 추가로 1대를 더 임대하는 것은 현명한 판단일까?

**12** 품질관리에서 표본발췌검사(sampling inspection)는 검사할 표본의 크기 $n$과 합격 · 불합격 판정을 위한 최대 불량품 허용한도수 $c$를 결정해야 한다. 즉, 주어진 제품 랏(lot)에서 $n$개의 제품을 표본으로 추출한 뒤, 이 중 불량품이 $c$개를 초과하지 않으면 랏 전체를 합격으로 받아들이게 된다. $n=10$, $c=2$이고 랏의 불량률이 10%로 알려져 있을 때, 이 검사법에 의해 랏을 합격으로 판정할 확률은 얼마인가?

**13** 모직천을 생산하는 한국섬유는 지난 6개월간의 불량률 조사를 토대로 분석한 결과, 모직물 1마당 평균 3개의 흠집이 있다는 사실을 알 수 있었다.
(a) 만약 1마의 직물을 임의로 추출했을 때, 흠집수가 4개 이하일 확률은 얼마인가?
(b) 2마의 직물에서 모두 4개 이하의 흠집을 발견할 확률은 얼마인가?
(c) 5마의 직물에서 발견할 수 있는 흠집수가 11개와 15개 사이일 확률은얼마인가?

**14** 항공여객기들과 호텔들은 종종 예약 후 나타나지 않는 고객들로 인한 손실을 최

소화하기 위해 정원을 초과해서 예약을 받는다. 경우에 따라서는 실제 서비스를 받기 위해 나타난 고객의 수가 정원을 초과할 수도 있다. 평균적으로 비행기의 좌석을 예약한 손님들의 5%가 제 시간에 탑승하지 않는다고 가정해 보자. 정원 10명의 좌석에 12명의 예약을 받았을 때,

① 실제 비행기를 타기 위해 나타난 손님의 수가 정원을 초과할 확률은 얼마인가?

② 정원을 초과해서 나타나는 손님 수의 기대치는 얼마인가?

③ 평균 몇 좌석이 비어 있는 상태로 운행되겠는가?

**15** 통계학 강의는 오후 2시에 시작된다. 영희는 오후 1시에 집을 나섰다. 학교까지 전철이나 버스를 이용하여 갈 수 있으며, 전철을 이용할 경우 평균 50분이 소요되며 표준편차는 5분이다. 이에 반해, 버스를 이용하는 경우 평균 40분이 걸리지만 표준편차는 10분이다. 가능한 한 강의에 늦지 않기 위해서는 어떻게 학교에 가는 것이 바람직한가? (정규분포를 가정하시오)

**16** 한국소비자카드주식회사는 카드 소유자의 구좌를 고액, 소액 사용자로 나누어 관리하고자 한다. 지난 해 구좌당 평균 사용액이 150만원이었고, 표준편차는 25만원이었다고 한다.

(a) 매출액이 30만원 이하인 구좌의 비율은 얼마인가? 정규분포를 가정하시오.

(b) 고액 매출구좌를 특별 관리하기 위해 매출액 순서로 상위 15%를 선택하고자 할 때, 연간 매출액이 얼마 이상이어야 이 안에 포함될 수 있을까?

**17** 예방적 설비보전(preventive maintenance)이란 고장이 나기 전에 주기적으로 설비를 보수해 가는 방법을 의미한다. 이는 설비가 고장난 후에 보수하는 것보다 비용이 절감되며, 미리 계획을 세워 보수할 수 있기 때문에 설비의 효율성을 향상시킬 수 있기 때문이다.

한국기계는 작업장의 조명에 3,000개의 전구를 사용하는데, 이들 전구의 수명은 평균이 500시간, 표준편차가 50시간인 정규분포를 띠고 있다. 작업 도중에 수명이 다하는 전구의 수를 최소화하기 위해, 설비 유지 부서는 일정시간이 지나면 모든 전구를 한꺼번에 교체한다. 전구교체시간이 되기 전에 수명이 다된 전구가 1%를 초과하지 않도록 하기 위해서는, 얼마나 자주 전구를 교체해야 하는가?

**18** 3번을 치른 통계학시험에서 평균 65점에서 75점 사이를 받은 학생은 B를 받는다고 한다. 만약, 전 수강생의 평균이 70점이고 표준편차가 10점이며, B학점을

받은 학생의 수가 60명이라면, 모두 몇 명이 통계학을 수강하고 있는가? (학생들의 평균성적은 정규분포를 이루고 있다고 가정하시오.)

**19** 평균 불량률이 10%인 공정에서 200개의 부품을 임의로 추출하였다. 정규분포를 이용하여 다음 확률값의 근사치를 구하시오.

(a) 200개에 포함된 불량품의 개수가 10개 이하일 확률은 얼마인가?

(b) 불량품의 개수가 15개를 초과할 확률은 얼마인가?

(c) 불량품의 개수가 11개와 15개 사이일 확률은 얼마인가?

**20** 한국반도체는 1M DRAM를 생산하는 기업이다. 제조공정의 평균불량률이 5%인 것으로 주어져 있을 때, 정규분포를 이용하여 다음 확률값의 근사치를 구하시오.

(a) 100개의 반도체를 공정에서 임의로 추출했을 때, 불량품이 4개 이하 섞여 있는 확률

(b) 100개의 반도체에 섞여 있는 불량품 수가 3과 6 사이일 확률

**21** 서로 독립인 3 개의 확률변수 $X_1$, $X_2$, $X_3$의 기대치와 분산이 다음과 같다.

$E(X_i)=p \quad V(X_i)=p(1-p) \quad (i=1,\ 2,\ 3)$

(a) 새로운 확률변수 $X=X_1+X_2+X_3$의 기대치와 분산을 구하시오.

(b) 또 다른 확률변수 $\hat{p}=\dfrac{X}{3}$의 기대치와 분산을 구하시오.

**22** 정상적인 사람이라면 아래의 두 게임 중에서 어느 것을 택하겠는가? 그 이유를 설명하시오.

게임 A : 동전을 던져서 앞면이나 뒷면이 나오면 1억원을 받는다.

게임 B : 동전을 던져서 앞면이 나오면 2억원을 받고, 뒷면이 나오면 0원을 받는다.

**23** $i$번째 베르누이 시행에서 성공의 결과가 나올 경우에 확률변수 $X_1$는 1의 값을 갖게 되고, 그렇게 될 확률이 $p$라고 하자. 그리고, 그 외의 결과가 나올 경우에 $X_1$는 0의 값을 갖는다고 하자.

(a) 첫번째 베르누이 시행에서의 확률변수 $X_1$의 기대값과 분산을 구하시오.

(b) n번째 베르누이 시행에서의 확률변수 $X_n$의 기대값과 분산을 구하시오.

(c) 새로운 확률변수 $X=X_1+X_2+\cdots+X_n$의 의미는 무엇인가? $X$의 기대값과 분산을 구하시오.

(d) 확률변수 $\hat{p}=\dfrac{X}{n}$의 의미는 무엇인가? $\hat{p}$의 기대값과 분산을 구하시오.

## 제 Ⅳ부

# 추론통계

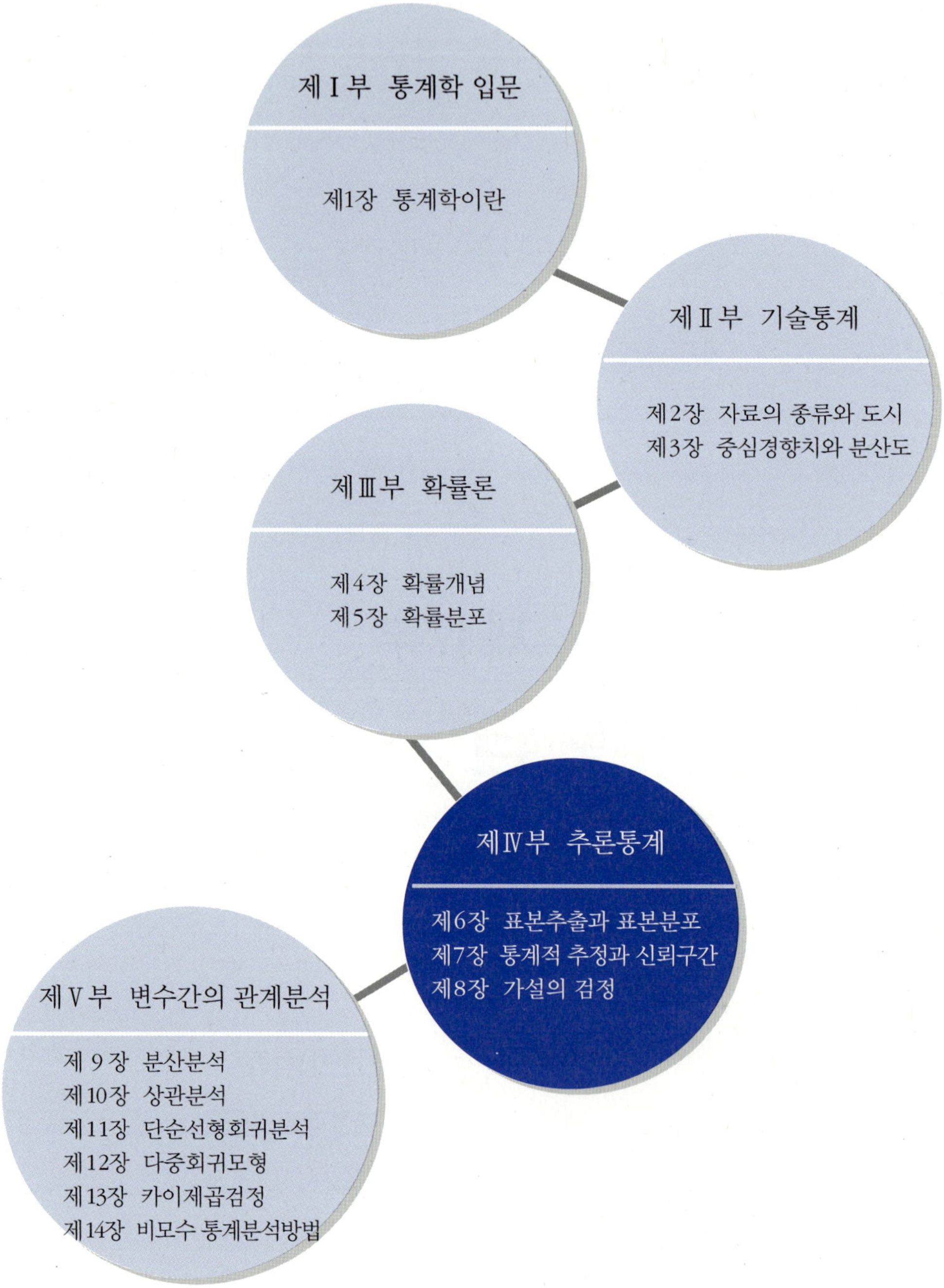
제 I 부 통계학 입문
제1장 통계학이란
제 II 부 기술통계
제2장 자료의 종류와 도시
제3장 중심경향치와 분산도
제 III 부 확률론
제4장 확률개념
제5장 확률분포
제 IV 부 추론통계
제6장 표본추출과 표본분포
제7장 통계적 추정과 신뢰구간
제8장 가설의 검정
제 V 부 변수간의 관계분석
제 9 장 분산분석
제10장 상관분석
제11장 단순선형회귀분석
제12장 다중회귀모형
제13장 카이제곱검정
제14장 비모수 통계분석방법

# 제 6 장

# 표본추출과 표본분포



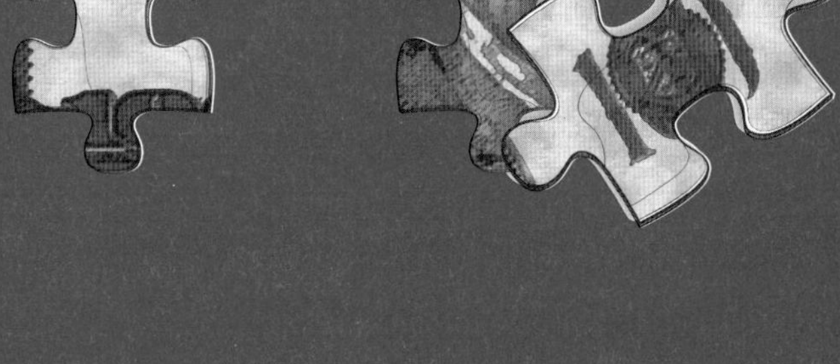

## 6.1 표본추출

**| 사례 |**

**신제품 시장반응**

월요일 아침 9시 출근과 동시에 지난 주 출시한 신제품의 시장반응과 앞으로의 전망을 묻는 사장으로부터의 메모를 받았다. 사장은 내일 오후 이사회에서 보고할 수 있는 자료를 제출하라고 한다. 영업팀장은 어떻게 하겠는가? 소비자의 반응을 알아보기 위해서는 당연히 소비자와 만나 그들의 이야기를 들어보아야 할 것이다. 영업부장은 자신의 데이터베이스에 들어 있는 2,600여 대리점에 전화인터뷰를 생각하였으나, 시간적으로 이들을 모두 접촉하기는 불가능하다면 어떻게 해야 할까? 이들 중 일부만을 접촉해야 할 것이나, 구체적으로 접촉할 대상을 어떻게 골라야 할지 막연하였다.

물론 데이터베이스에 있는 전체 대리점 모집단(population)으로부터 표본을 만들어야 할 것이다. 즉, 영업팀장은 한정된 시간에 인터뷰할 수 있는 만큼의 대리점만을 뽑아야 한다. 영업팀장은 지난 주 판매실적 상위 20위 대리점 명단을 만들었으므로 이들을 상대로 조사할 것을 생각하고 있다. 매출실적 20위 대리점의 매출이 전체의 50%를 차지하므로 이들만으로도 전체의 흐름을 파악할 수 있을 것이라고 생각하고 있다.

그러나, 이사회의 관심은 표본으로 선택된 대리점의 반응이 아니라 모집단 전체의 반응이므로 표본은 모집단에 대한 충분한 대표성을 가져야 한다. 신제품은 기존제품보다 성능을 향상시키고 가격을 높였으므로, 일부 대형 대리점을 통한 대량판매보다는 전 대리점에 걸쳐 소량주문이 예상된다면 영업팀장의 표본은 대표성이 있다고 할 수 없다.

### 6.1.1 모집단과 표본

모집단(population)은 우리가 알고 싶어하는 측정단위(소비자, 기업, 제품이나 서비스 등)의 전체 집단을 의미하며, 표본(sample)은 모집단의 일부로 구성된 측정단위로, 모집단에 대한 정보를 얻기 위해 사용된다. 우리는 보통 모집단 전체에

그림 6-1 | 모집단과 표본

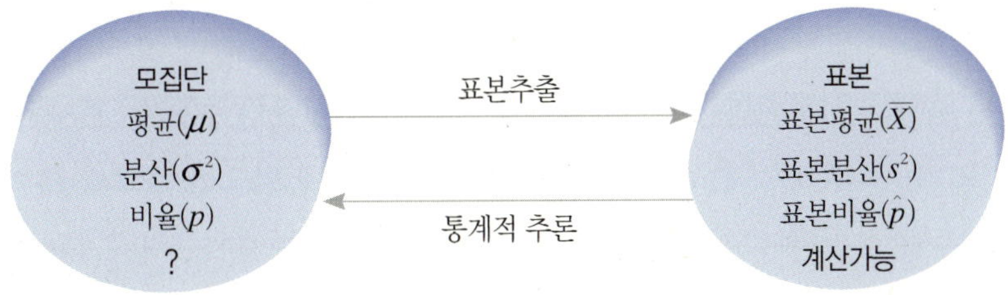


대해서는 정확한 정보를 알 수 없지만, 표본에 속해 있는 개인에 대해서는 정확한 정보를 알 수 있다.

모집단의 평균이나 표준편차와 같은 모수(母數, parameter)는 모집단 분포에 관한 특성을 대표하는 중요한 정보이지만 보통 그 실제 값은 알려져 있지 않다.

**▶▶ 표본통계량과 모수**

**표본통계량**(statistic) : 표본에서 얻은 평균이나 표준오차 등을 말하며, 무작위 표본추출로 얻은 자료에서 계산할 경우 그 값은 표본에 따라 달라지는 확률변수이다.

**모수**(parameter) : 모집단 전체를 대상으로 계산한 값으로, 모집단이 클 때 보통 그 값을 알지는 못하지만 하나의 상수(fixed number)이다.

표본통계량(sample statistic)은 간단히 통계량이라고도 하며, 미지의 모수 값을 추정하기 위해 사용된다. 모수는 일정한 상수인 데 반해, 표본통계량은 표본을 달리 취하면 그 값이 달라지는 변수이다.

## 6.1.2 표본조사의 필요성

모집단의 특성을 조사하고자 할 때 대부분 표본자료에 의하여 분석하고자 한다. 모집단의 특성을 표본을 통해 분석한다면 표본이 모집단을 제대로 반영하지 못해 오차가 생길 수밖에 없다. 그럼에도 불구하고 표본을 사용하는 이유는 다음과 같다.

시간과 비용의 경제성, 시간의 제약, 무한모집단 혹은 조사 불가능한 모집단, 정확성 등이다. 모집단 전체를 조사하는 것보다 표본을 조사하는 것이 시간과 비용 측면에서 절약된다. 또 주어진 시간 안에 필요한 정보를 얻어야 하는 신제품개발 상황이나 선거에 대한 유권자 의견조사 등에서는 표본조사를 할 수밖에 없다. 조사대상의 모집단이 유한하지 않거나 전체 모집단을 조사하는 것이 불가능한 경우도 있다. 예를 들어 어떤 기업에서 타이어의 수명을 조사하고자 할 때 모집단을 조사한다면 팔 수 있는 타이어는 한 개도 없을 것이다. 또한 어떤 경우는 모집단 전체에 대한 조사보다 표본을 깊이 관찰하는 것이 더 정확한 결과를 알 수 있는 경우도 있다. 신약에 대한 약효의 진행을 소수의 환자를 대상으로 관찰할 때 더 자세한 결과를 얻을 수 있다.

## 6.1.3 표본추출방법

■ 표본추출 방법

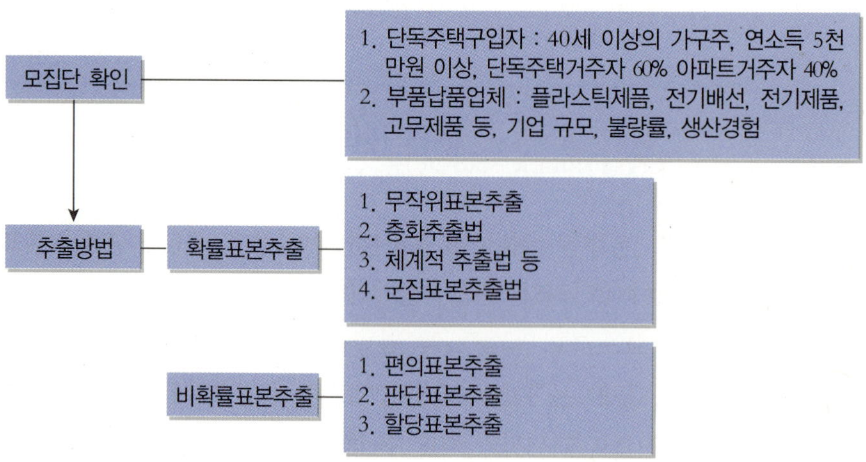


### (1) 확률표본추출(probability sampling)

모집단에 포함되는 연구대상 프레임을 이용하여 표본을 추출함으로써, 모집단에 속해 있는 구성원이 표본으로 선택될 확률이 일정하게 되도록 하는 표본추출 방법이다.

#### ① 무작위표본추출법

무작위표본추출법이란 각 모집단 대상에 일련번호를 부여하여 난수표를 이용하거나 기타의 방법을 사용하여 모집단에 포함된 모든 구성원이 뽑힐 확률이 같도록 하는 방법이다. 복권의 당첨자를 추첨하는 것도 이와 같은 방법이다.

#### ② 층화표본추출법

모집단을 특성에 따라 상이한 여러 집단으로 분류하여 각각 소집단에서 일정수의 표본을 무작위로 뽑는 방법이다. 예를 들어 선거전 유권자의 후보선호도에 대해 조사하고자 할 때 나이대로 집단을 구분하여 동일한 연령대에서 비슷한 표본을 얻는 방법이다. 이 방법을 통해 무작위표본추출법이 편중된 표본을 얻을 수 있다는 단점을 보완한 것이다.

#### ③ 체계적 추출법

체계적 추출방법은 모집단에 일련번호를 부여한 후, 동일한 간격의 번호를 가진 표본을 추출하는 방법이다. 예를 들어 어느 수퍼마켓에서 고객의 평균매출액을 조사하고 싶을 때 계산대에서 계산하고 나간 고객에 대한 번호를 부여하고 매 50번째 고객을 표본으로 추출한다면 이것이 체계적 추출방법을 통해 표본을 뽑는 것이다.

#### ④ 군집표본추출법

군집표본추출방법은 모집단 내의 인위적 또는 자연적 집단을 선택하여 그 집단 내에서 필요한 표본을 추출하는 방법이다. 예를 들어 신제품을 개발하여 대학생들의 제품에 대한 선호도를 조사하고 싶을 때 몇 개의 대학을 선정하여 이 대학 내에 다시 학과와 학년으로 나누어 그 그룹에 해당되는 모두를 조사하는 방법이다.

### (2) 비확률표본추출법(non-probability sampling)

비확률표본추출법은 모집단의 규모가 매우 크거나 표본프레임을 구하기가 쉽지 않을 때 연구자가 모집단과 비슷하다고 생각되는 표본을 임의로 추출해내는 방법이다. 연구자의 주관에 의해 표본이 선택되므로 오차에 대해 알 수 없다.

### ① 편의표본추출법

편의표본추출법은 연구자가 가장 쉽게 구할 수 있는 구성원을 선택하는 방법이다. 예를 들어, 방송국에서 젊은이들의 의견을 듣기 위해 젊은이들의 많이 모이는 홍대 앞에서 지나가는 사람들을 대상으로 조사를 하는 방법 등이다. 이 방법은 시간이나 비용 측면에서는 매우 경제적이나 표본추출오차가 크고 응답을 거부한 사람들의 특성이 반영되지 않아 일반화하기에는 문제가 있는 방법이다.

### ② 판단표본추출법

판단표본추출방법은 조사해야 하는 문제에 대하여 잘 알고 있거나 모집단의 의견을 잘 반영할 것으로 판단되는 집단을 표본으로 선정하는 방법이다. 예를 들어 물가지수를 계산할 때는 모집단의 모든 상품을 대상으로 하지 않고 물가변동을 잘 반영한다고 판단되는 몇 개의 품목만을 표본으로 조사한다. 그리고 휴대폰로밍서비스에 대해 조사하고자 한다면 일반휴대폰사용자를 대상으로 무작위 조사를 하기보다 공항을 이용하는 고객을 대상으로 조사한다면 비교적 정확한 정보를 얻을 수 있다.

### ③ 할당표본추출법

할당표본추출법은 전체 모집단을 몇 개의 집단으로 나누어 각 집단별로 필요한 수만큼을 집단에서 추출하는 방법이다. 소비자의 자사 제품에 대한 만족도를 조사할 때 나이, 소득, 성별로 나누어 조사를 하게 되는데 예를 들어 성별을 기준으로 표본을 추출할 때 자사 구매고객의 40%가 남성이라면 40%표본은 남성에서 60%표본은 여성에서 추출하는 방법이다.

## 6.1.4 편 의

통계분석을 위한 표본에서 나타날 수 있는 표본추출 오류는 두 가지 요인에서 비롯되는데, 첫째는 표본의 크기 때문에 발생하는 우연에 의한 오류이고, 둘째는 모집단을 대표할 수 없는 표본을 뽑았기 때문에 일어나는 오류이다. 이러한 표본을 편의표본이라 한다.

무작위표본은 모집단의 모든 개별 관측치가 표본에 포함될 확률이 비슷한 표본을 말하며, 편의표본은 특정 표본에 포함될 기회가 다른 표본에 포함될 기회보다 크거나 작은 표본을 말한다. 편의표본에서는 표본이 모집단을 대표하지 못하므로, 평균이나 표준편차 등의 모집단 모수가 과대 또는 과소하게 추정될 가능성이 있다. 편의표본이 되는 원인은 다음과 같은 세 가지 유형으로 분류될 수 있다.

### ① 선정편의

선정편의(selection bias)에 대한 전형적 예로는 1936년 여름에 시행한 미국 대통령선거의 의견조사를 들 수 있다. 당시 루스벨트는 대통령후보로 출마하여 알프 랜든(Alf Landon)과 경합하고 있었다. 대부분의 여론조사는 루스벨트의 승리를 예언하였으나 리터러리 다이제스트(Literary Digest)의 여론조사는 랜든이 크게 이길 것이라고 예측하였다. 대부분의 다른 여론조사가 1,400 내지 1,800명의 표본을 이용하였으나 리터러리 다이제스트는 240만 명의 표본을 사용하였다. 그러나 투표 결과 랜든은 단지 메인과 버몬트 2개 주에서만 승리하였고 나머지 주에서는 루스벨트가 승리하였다. 리터러리 다이제스트의 여론조사는 랜든이 57 : 43으로 이길 것이라 하였으나 실제로는 루스벨트가 62%의 지지를 얻어 승리하였다.

이 조사에서 다이제스트는 전화번호부에서 찾은 이름과 주소로 천만 장의 여론조사서를 발송하여 그 결과를 분석하여 선거결과를 추정하였다. 그러나 1936년경 경제공황은 최악의 상태에 이르러 전화를 소유할 수 있는 대부분은 랜든이 소속한 공화당을 지지하는 부유한 계층이었고 결과적으로 리터러리 다이제스트의 여론조사에 응답한 대부분의 유권자는 랜든의 지지기반인 공화당원이었다는 문제가 있었다. 그들은 의견조사에서와 같이 투표에서 랜든을 지지했을 것이나 민주당을 지지하는 많은 유권자가 의견조사에서 배제되었기 때문에, 리터러리 다이제스트의 여론조사는 랜든이 이길 것으로 예측했던 것이다.

이처럼 표본 추출시 모집단의 일부가 체계적으로 제외되는 경향을 선정편의라 한다. 선정편의를 없애기 위해서는 모든 모집단의 구성원이 똑같은 확률로 표본에 뽑힐 수 있도록 해야 한다. 단순히 표본의 크기를 증가시키는 것만으로는 선정편의 현상을 줄일 수 없으며 오히려 악화시킬 우려가 크다.

### ② 응답편의

응답편의(response bias) 현상은 일반적으로 대중의견조사에서 나타난다. 조사자는 질문내용을 약간 바꾸어 줌으로써 어떤 문제에 대한 응답에 영향을 미칠 수 있다. 한 예로 일부에게는 대통령 단임제를 헌법에 삽입해야 할 것인가를 묻고, 다른 일단에게는 단임제를 포함시키기 위해 헌법을 바꾸어야 할 것인가를 물을 때 전자에서는 6%가, 후자에서는 50%가 동의하였다는 통계조사를 들 수 있다. 또 다른 예로 여론조사로 입후보자의 지지도를 알고자 할 때, 지지도는 여론조사서에 후보자의 이름을 어떤 순서로 써 넣느냐에 따라서도 바뀌게 되는데 대개 맨 처음 이름이 기입된 후보자가 보통 5% 정도 더 높은 지지를 받은 것으로 나타났다.

이러한 편의현상도 표본크기를 크게 한다고 해서 없어지지는 않으며 무작위 표본추출로도 이런 현상은 줄일 수는 없다. 응답편의는 표본이 문제가 아니라 어떤 방식으로 질문을 하느냐, 질문을 어떻게 표현하느냐, 누가 질문하느냐 등이 문제가 되기 때문이다.

예를 들어 현재 행복도에 대한 조사를 할 때 질문을 하는 순서에 따라 행복도에 대한 조사결과가 달라질 수 있다. 먼저, "이번 주에 몇 번 데이트를 했습니까?" 질문한 후 "당신은 행복하십니까?" 라고 질문했을 때와 이 질문의 순서를 바꾸었을 때 결과가 달라졌다.

### ③ 무응답편의

앞에서 예로 든 다이제스트의 조사에서 1천만의 유권자 중 76%인 760만 명이 응답하지 않았다. 이처럼 많은 수의 무응답은 표본통계량에 심각한 편의현상을 일으킬 수 있다. 다이제스트의 조사에서 응답하지 않은 760만 명의 유권자는 어떤 사람들이었을까? 그들은 응답자들 보다 가난해서 회신할 우표를 살 수 없었을 수도 있고 문맹으로 여론조사서를 읽을 수 없어 응답하지 않았을 수도 있다. 아무튼 최종 240만 명은 여론조사서가 발송된 1천만 명의 대표집단이라고 볼 수 없다. 어느 연구보고에 의하면 일반적으로 저소득층과 고소득층은 우편여론조사에 응답하지 않는 경향이 있다고 한다. 이것은 중산계층의 의견이  무응답편의에 의하여 과대 반영된다는 것을 의미한다.

무응답편의(nonresponse bias)는 방문조사에서도 나타난다. 면담자가 방문했을 때 집에 있지 않은 사람들은 집에 있는 사람과 체계적으로 다를 수 있다. 무응답편의는 선정편의와는 구별된다. 선정편의는 설문서를 우송받은 집단이 모집단의 대표집단이 아닐 경우를 말하며, 무응답편의는 응답한 집단이 대표집단이 아닐 때 발생한다. 이 경우 물론 응답해 오지 않는 사람들을 다시 뽑아 표본의 크기를 크게 하면 무응답편의를 감소시킬 수 있다.

따라서 여론조사에서는 최소한 응답자와 무응답자가 연령 · 성별 · 경제 사회적 위치로 보아 체계적으로 어떤 차이가 있는지를 검토해야 하고 어떤 뚜렷한 차이가 있을 수 있다면 이러한 조사를 바탕으로 하여 통계적 추론을 시도해서는 안된다. 예를 들어, 모집단에서 25개의 기억소자를 임의로 추출했다고 가정하자. 모집단 표준편차가 0이 아니므로 표본평균(표본통계량)이 모집단평균(모집단 모수)과 항상 같을 수는 없다. 그러므로 표본에 편의가 전혀 없을 때에도 표본통계량이 모집단 매개변수에 가까울 것이라는 보장을 할 수 없는데, 편의까지 발생한다면 그 결과를 믿을 수 없다는 것은 자명한 사실이다.

## 6.2 | 표본분포

추론통계에서 가장 중요한 내용은 모집단의 평균이나 표준편차와 같은 모수를 추정하는 방법에 관한 것이다. 모수에 대한 추정은 표본분포와 중심극한정리에 그 기초를 두고 있다. 표본분포(sampling distribution)는 표본으로부터 얻은 추정량의 확률분포를 말한다. 우리는 추정량과 표본분포로부터 모집단 모수에 대한 정보를 얻을 수 있다. 그러므로, 모집단 모수에 대한 통계적 추론을 위해서는 표본분포를 알아야 한다. 먼저 표본분포의 개념을 이해하고 중심극한정리를 알아보자.

그림 6-2 | 통계적 추론의 과정

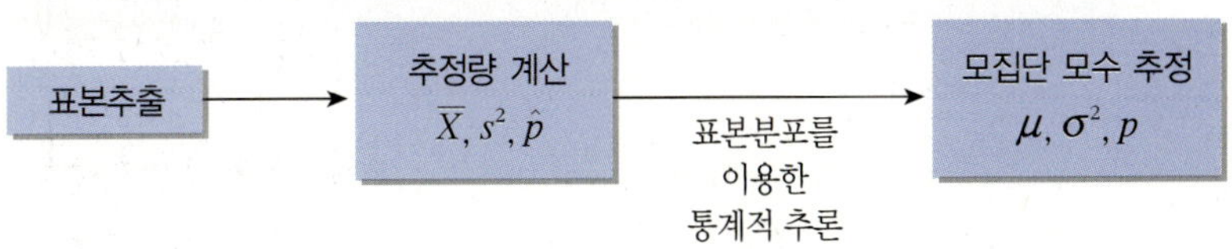

### 6.2.1 표본분포의 개념

매점에 방문한 고객의 평균 구입액을 조사할 때 우리는 하나의 추정치를 얻게 되며, 그 추정치를 확정값으로 생각하기 쉬우나 그 값은 조사결과 우리가 얻을 수 있는 많은 값 중 하나에 불과하다. 다시 한 번 똑같은 조사를 반복하여 평균값을 계산한다면 그 값은 전에 얻은 것과 같지 않을 것이다. 표본분포는 이처럼 반복적 조사에서 얻은 추정량의 관측치들의 분포이다. 아래의 그림은 이러한 개념을 설명하고 있다.

**그림 6-3 | 모집단과 표본분포의 관계**

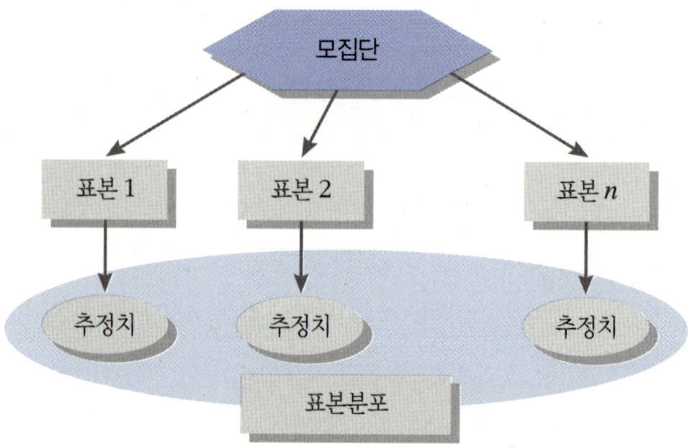


하나의 보기를 통해 표본분포의 개념을 살펴보기로 하자. 6명의 종업원으로 구

**표 6-1 | 종업원 결근일수**

| 종업원 | 결근일 수 |
|---|---|
| 1 | 0 |
| 2 | 9 |
| 3 | 6 |
| 4 | 3 |
| 5 | 1 |
| 6 | 5 |

성된 소규모 제조업체의 지난 1/4분기 결근자료를 정리한 결과 〈표 6-1〉과 같은 표를 작성할 수 있었다.

위의 표는 종업원 전체로 구성되어 있으므로 모집단이다. 이 모집단의 평균과 표준편차는 얼마인가? 모집단의 크기가 클 때에는 이를 쉽게 계산할 수 없지만, 위의 예에서와 같이 소규모 모집단일 때에는 손쉽게 계산할 수 있다. 평균과 표준편차라는 용어는 모집단과 표본 모두에서 사용되므로 이를 구별하기 위해 다음과 같은 기호를 사용한다.

| | 평균 | 분산 | 표준편차 | 관측치의 수 | 비율 |
|---|---|---|---|---|---|
| 모집단 | $\mu$ | $\sigma^2$ | $\sigma$ | $N$ | $P$ |
| 표본 | $\overline{X}$ | $s^2$ | $s$ | $n$ | $\hat{p}$ |

〈표 6-1〉의 자료에서 모집단의 평균과 표준편차를 계산하면 다음과 같다.

$$\mu=(0+9+6+3+1+5)\div 6=4$$
$$\sigma^2=[(0-4)^2+(9-4)^2+(6-4)^2+(3-4)^2+(1-4)^2+(5-4)^2]\div 6=9.33$$
$$\sigma=\sqrt{9.33}=3.05$$

$\sigma^2$의 계산과정에서 분모는 5가 아닌 6으로 되어 있다. 제3장 식(3.6)에서 표본의 분산과 표준편차를 계산할 때 분모는 $(n-1)$이 된다고 하였는데, 이는 $s^2$의 계산과정에서 표본평균($\overline{X}$)을 사용하므로 $(n-1)$로 나누는 경우에 보다 바람직한 통계적 특성을 갖고 있기 때문이다. 그러나, 여기에서는 $\sigma^2$의 계산에 $\mu$를 사용하기 때문에 분모에 $N$을 사용한다.이제 위의 모집단으로부터 표본크기가 3이 되는 모든 표본을 취해 보자. 크기가 3인 표본의 개수는 제4장에서 소개한 조합의 개념을 이용하여 계산할 수 있다. 즉, 선택 가능한 표본의 총수는,

$$\frac{6!}{3!3!}=20$$

이 된다. 이 20개의 표본에 대하여 각각의 표본평균을 계산하고 이를 빈도막대그림으로 표시하면, 이것이 바로 표본평균의 분포 또는 표본분포(sampling

그림 6-4 | 표본의 크기가 3인 표본분포

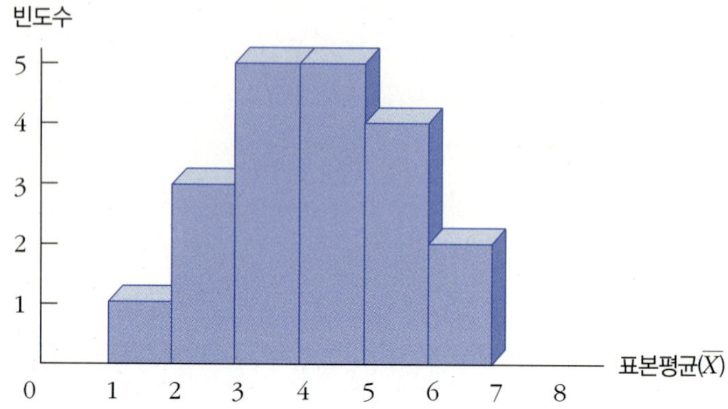


distribution)가 된다. 표본분포란 이름이 붙은 것은 특정 크기의 가능한 표본들을 모두 추출할 경우에 얻게 되는 평균값들의 분포를 구성하기 때문이다. 〈표 6-2〉는 각 표본의 평균을 계산한 것이고 [그림 6-4]는 이를 막대그래프로 도시한 것이다.

표본분포의 평균을 $\mu_{\overline{X}}$ , 분산을 $\sigma^2_{\overline{X}}$, 표준편차를 $\sigma_{\overline{X}}$로 표시하기로 하고, 모집단, 표본, 그리고 표본분포의 평균과 표준편차들이 서로 어떻게 다른가 살펴보자. 모집단으로부터 크기가 3인 표본을 취하면, 이 표본으로부터 $\overline{X}$와 $s$를 계산할 수 있다. 이 중 s는 표본에 포함된 세 관측치가 표본평균 $\overline{X}$주위에 퍼져 있는 정도를 나타낸다.

이에 반해, 표본평균들의 평균인 $\mu_{\overline{X}}$는 가능한 표본을 모두 취한 뒤 이들 표본의 평균을 각각 계산하고, 이렇게 계산된 20개 표본평균의 평균값을 의미한다. 이들 20개의 평균값들은 모두 동일하지 않으며, 〈표 6-2〉에서 보는 바와 같이 1.33에서 6.67까지 변한다. 표본평균의 표준편차인 $\sigma_{\overline{X}}$는 $\mu_{\overline{X}}$ 주위에 이들 20개의 표본평균값들이 퍼져 있는 정도를 나타낸다.

표 6-2 | 표본의 크기가 3인 표본과 표본평균

| 표본 | $\overline{X}$ | 표본 | $\overline{X}$ |
|---|---|---|---|
| (0,1,3) | 1.33 | (1,3,5) | 3.00 |
| (0,1,5) | 2.00 | (1,3,6) | 3.33 |
| (0,1,6) | 2.33 | (1,3,9) | 4.33 |
| (0,1,9) | 3.33 | (1,5,6) | 4.00 |
| (0,3,5) | 2.67 | (1,5,9) | 5.00 |
| (0,3,6) | 3.00 | (1,6,9) | 5.33 |
| (0,3,9) | 4.00 | (3,5,6) | 4.67 |
| (0,5,6) | 3.67 | (3,5,9) | 5.67 |
| (0,5,9) | 4.67 | (3,6,9) | 6.00 |
| (0,6,9) | 5.00 | (5,6,9) | 6.67 |

## 6.2.2. 표본평균의 평균과 표준오차

앞의 예에서 모집단 평균 $\mu$는 4일이었다. 그렇다면 표본분포의 평균 $\mu_{\overline{X}}$는 얼마일까? 결론부터 말하면 $\mu_{\overline{X}}=\mu$가 성립한다. 앞의 예를 통해 이를 확인해 보자. $X$는 20개 표본평균의 평균으로 다음과 같이 계산된다.

$$\mu_{\overline{X}} = \frac{\overline{X}_1 + \overline{X}_2 + \cdots + \overline{X}_{20}}{20} = 4$$

한편, 표본분포의 표준편차 $\sigma_{\overline{X}}$는 표준오차(standard error)라고도 하는데, 이 표준오차는 모집단의 표준편차 3.05와 어떤 관계일까? 모집단에 포함된 여섯 개의 관측치가 퍼져 있는 정도와 20개의 표본평균 간의 퍼진 정도를 비교해 보면, 모집단의 경우 결근일수는 작게는 0에서 크게는 9까지 변하고 있다. 그러나, 표본평균의 퍼짐은 최소 1.33에서 최고 6.67까지로 표본평균의 평균인 4 근처에 몰려 있다. 따라서 표본분포의 표준오차가 모집단의 표준편차보다 작다는 것을 알 수 있다.

이제 6명의 모집단에서 표본크기가 4인 모든 표본을 취해 보자. 표본의 수는 $6! \div (4! \times 2!) = 15$개가 되며 이들 15개의 표본평균을 계산하여 막대그림으로 표시하면 [그림 6-5b]와 같다. 15개의 표본평균의 최소값은 2.25이며 최대 5.75까

**그림 6-5 | 표본의 크기가 3인의 경우(a)와 4인 경우(b)의 분포 비교**

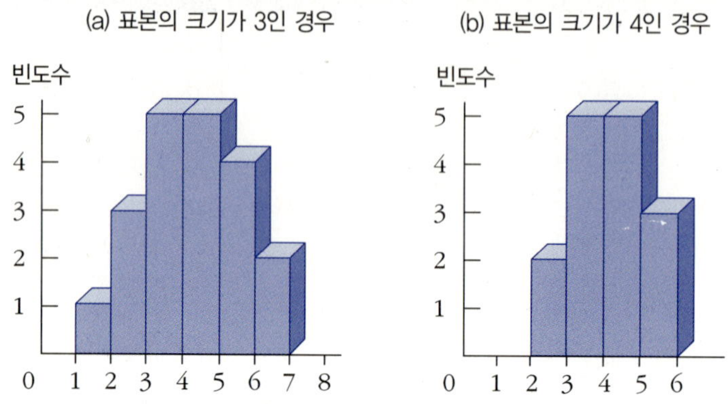


지 퍼져 있다. 다만, 표본평균의 평균은 모집단의 평균에 일치하므로 이 경우 역시 표본분포의 평균은 4일이 된다. 그렇다면 표준오차도 표본크기가 3일 때와 같게 되는가?

[그림 6-5a]와 [그림 6-5b]를 비교해 보면 표본크기가 4인 경우 평균 4에 좀 더 밀접해 있는 것을 발견할 수 있다. 즉, 표본의 크기가 4일 때의 표준오차가 표본의 크기가 3일 때에 비해 상대적으로 작다. 다시 말해, 표준오차는 표본의 크기가 증가해 감에 따라 점차 작아지는 경향이 있다.

일반적으로 모집단이 매우 큰 경우 표본평균의 표준오차는 모집단의 표준편차를 표본의 크기($n$)의 제곱근으로 나눈 것과 같다.

표본평균의 평균과 표준오차

$$\text{평균} \quad \mu_{\overline{X}} = \mu$$

$$\text{표준오차} \quad \sigma_{\overline{X}} = \frac{\sigma}{\sqrt{n}} \tag{6.1}$$

따라서, 표준오차는 표본의 크기를 증가시킴으로써 원하는 만큼 줄일 수 있게 된다. 다만, 표준오차 관계식은 모집단이 매우 클 때에만 성립하며 모집단 크기가 작을 때는 근사적으로만 성립한다.[1)]

그렇다면 표본의 크기가 증가함에 따라 표준오차는 왜 작아지는가? 그 이유를 알아보기 위하여 앞에서 사용한 종업원 결근자료를 다시 이용해 보자. 모집단 변수값인 결근일수는 0에서 9까지의 값을 취하고 있으며 이들 관측치들은 모집단 평균값인 4에 그다지 근접해 있지 않다. 따라서, 모집단 표준편차는 3.06으로 비교적 큰 값을 취한다.

그러나, 표본의 수가 3인 표본을 취하여 그들의 평균을 구해 보면 이들은 비교적 4에 가깝게 분포하고 있다. 즉, 결근을 많이 한 종업원이 표본에 포함되면 이보다 결근일수가 적은 종업원에 의해 평균값은 줄어들게 되어 결과적으로 표본평균값들은 표본분포의 평균값에 비교적 가까이 분포하게 되며 이에 따라 표준오차는 줄어들게 된다. 4명의 종업원을 표본으로 취하게 되면 표본평균값들은 모집단 평균에 좀 더 근접하게 된다. 이를 요약해 보면 다음과 같다.

> 표본의 크기가 커지면 커질수록 표본평균의 표준오차는 감소하게 되어 모집단의 평균($\mu$)에 점점 근접하게 된다.

**예제 | 6-2**

(12, 7, 5, 15, 11)과 같이 5개의 원소를 가진 모집단이 주어져 있을 때 다음 물음에 답하시오.

① 모집단의 평균과 표준편차를 구하시오.
② 표본의 크기가 2일 때 선택 가능한 모든 표본과 표본평균을 구하시오.
③ 표본의 크기가 4일 때 선택 가능한 모든 표본과 표본평균을 구하시오.
④ 어느 경우에 표본분포의 표준오차가 더 작은가?

---

1) 1) 식 (6.1)에 나타난 표준오차는 모집단이 매우 큰 경우에 적용된다. 앞의 예에서와 같이 모집단이 작은 경우에는(즉 $N=6$), 표준오차는 $\sqrt{\frac{N-n}{N-1}}\left(\frac{\sigma}{\sqrt{n}}\right)$이 된다. 여기서, 모집단이 커지게 되면(즉 $N$이 커지면), $\frac{\sigma}{\sqrt{n}}$으로 수렴하는 것을 알 수 있다.

**풀이**

① 평균 $\mu=(12+7+5+15+11)\div5=10$

분산 $\sigma^2=\{(12-10)^2+(7-10)^2+(5-10)^2+(15-10)^2+(11-10)^2\}\div5=12.8$

표준편차 $\sigma=3.5777$

②

| 표본번호 | 표본에 포함된 수 | 표본평균($\overline{X}$) |
|---|---|---|
| 1 | 12,7 | 9.5 |
| 2 | 12,5 | 8.5 |
| 3 | 12,15 | 13.5 |
| 4 | 12,11 | 11.5 |
| 5 | 7,5 | 6.0 |
| 6 | 7,15 | 11.0 |
| 7 | 7,11 | 9.0 |
| 8 | 5,15 | 10.0 |
| 9 | 5,11 | 8.0 |
| 10 | 15,11 | 13.0 |

표본평균의 평균 $\mu_{\overline{X}}=10$

③

| 표본번호 | 표본에 포함된 수 | 표본평균($\overline{X}$) |
|---|---|---|
| 1 | 12,7,5,15 | 9.75 |
| 2 | 12,7,5,11 | 8.75 |
| 3 | 12,7,15,11 | 11.25 |
| 4 | 12,5,15,11 | 10.75 |
| 5 | 7,5,15,11 | 9.75 |

표본평균의 평균 $\mu_{\overline{X}}=10$

④ (a) $n=2$일 때

분산 $\sigma^2_{\overline{X}}=\{(9.5-10)^2+(8.5-10)^2+\cdots+(13-10)^2\}\div10=6.4$

표준오차 $\sigma_{\overline{X}}=\sqrt{6.4}=2.53$ (또는 표준오차$=\dfrac{\sigma}{\sqrt{n}}=\dfrac{3.577}{\sqrt{2}}=2.53$)

(b) $n=4$일 때

분산 $\sigma^2_{\overline{X}}=\{(9.75-10)^2+(8.75-10)^2+\cdots+(9.75-10)^2\}\div5=3.2$

표준오차 $\sigma_{\overline{X}}=\sqrt{3.2}=1.79$ (또는 표준오차$=\dfrac{\sigma}{\sqrt{n}}=\dfrac{3.577}{\sqrt{4}}=1.79$

따라서, $n=4$일 때의 표준오차가 $n=2$일 때의 표준오차보다 더 작다.

본장의 목적이 추정량 ($\overline{X}$와 $s$)을 사용하여 모집단의 평균($\mu$)과 표준편차($\sigma$)를 추정하고자 하는 것임은 이미 밝힌 바 있다. 이제 표본분포의 특성이 어떻게 이러한 추정에 이용될 수 있는가 알아보기로 하자.

표본분포는 이론적 개념으로만 존재할 뿐 실제 이를 구성하기 위해 모집단에서 가능한 표본을 모두 추출하지는 않는다. 예를 들어, 모집단의 크기가 100개만 되어도 표본크기를 3으로 할 때 가능한 표본의 수는

$$\frac{100!}{3!97!} = 161,700$$

이 되어 이들을 모두 검토하기란 사실상 불가능하다. 따라서, 실제로는 표본의 크기가 $n$인 표본 하나만을 취하여 미지의 모집단의 평균과 표준편차를 추정하게 된다.

지금까지 우리는 모집단의 표준편차를 알고 있는 경우를 다루었다. 모집단 표준편차를 알 수 있기 때문에 우리가 하나의 표본평균을 얻었을 때 그것이 얼마나 믿을 만한가를 평가할 수 있었다. 그러나, 대부분의 경우 우리는 모집단 정보를 알지 못한 채, 표본에 대한 정보($\overline{X}$와 $s$)만을 가지고 모집단 정보를 알고 싶어한다. 따라서, 모집단 표준편차($\sigma$)를 알지 못한다면, 한 가지 방법은 표본에서 구한 표준편차($s$)를 이용하는 것이다. 이 경우 표본평균($\overline{X}$)의 표준편차($s_{\overline{X}}$)를 표준오차(standard error)라고 하는데, 이는 모집단에서 무수히 많은 표본을 추출하여 계산한 표본평균들의 표준편차를 의미한다.

### ▶▶ 표준편차와 표준오차

**표준편차** : 관측단위 개체들의 변동 정도($\sigma$ 또는 $s$)
**표준오차** : 표본정보로 계산한 표본통계량의 변동 정도($\sigma_{\overline{X}}$ 또는 $s_{\overline{X}}$)

| | 모집단 | 표본 |
|---|---|---|
| 평균 | $\mu$ | $\overline{X}$ |
| 개체 변동성 | $\sigma$ | $s$ |
| 표본평균($\overline{X}$)의 변동성 | $\sigma_{\overline{X}} = \dfrac{\sigma}{\sqrt{n}}$ | $s_{\overline{X}} = \dfrac{s}{\sqrt{n}}$ |

표본평균($\overline{X}$)은 표본자료에서 계산되므로 통계량이다. 표준오차($s_{\overline{X}}$)는 $\overline{X}$가 모집단 평균($\mu$)에서 얼마나 떨어질 수 있는가를 보여주는 변동량 척도이다. 우리의 관심사가 개인 또는 개체라면 왜 우리는 표본평균에 관심을 가지는가? 그 이유는 표본관측치(표본평균)가 개인에 대한 관측치보다 덜 변동적이기 때문이다. 따라서, 표본평균의 기대치($\mu_{\overline{X}}$)는 개인들의 평균($\mu$)과 같으므로, 덜 변동적인 표본평균을 사용하게 되면 $\mu$에 관한 보다 정확한 정보를 얻을 수 있게 된다.

**예제 | 6-3**

수퍼에 방문한 고객들의 평균 구입액을 알아보기 위해 계산대에서 매 10번째 손님으로 모두 50명을 뽑아 계산한 결과 평균($\overline{X}$)은 34,200원이었고, 표준편차($s$)는 15,360원이었다. 이것으로 이 수퍼를 방문한 전체 모집단 평균에 대해서는 무엇을 알 수 있는가?

**풀이**

"표본에서 한 개인을 뽑는다면" 그는 아마도 34,200 ± 15,360원을 구입했을 것이다. 이것은 표본에 대한 것이고 수퍼를 방문한 전체 고객에 대한 설명은 아니다. 우리는 수퍼에 방문한 모든 사람에 대해서 알고 싶어하므로 모집단 평균($\mu$)에 대한 정보가 필요하다. 먼저 표준오차를 계산해 보자.

$$\sigma_{\overline{X}} = \frac{s}{\sqrt{n}} = \frac{15,360}{\sqrt{50}} = 2,172$$

모집단 평균은 아마도 (34,200 ± 2,172)원이 될 것이다. 이것은 또한 하나의 표본을 더 뽑았을 때 그 평균치의 범위로 해석할 수도 있다. 위에서 계산한 표준오차는 표본의 수가 커질수록 작아지는 경향이 있다. 만약 표본으로 한 사람만 뽑았다면 표준오차는 15,360원이 될 것이다.

### 6.2.3 이항분포 표본비율의 평균과 표준오차

모집단 비율($p$)을 알지 못할 때 표준오차를 계산하기 위해서는 표본에서 계산한 표본비율($\hat{p}$)을 그대로 사용하여 다음과 같이 표준오차를 계산한다. 표준오차 $s_{\hat{p}}$는 표본비율 $\hat{p}$의 변동 정도를 나타낸다.

| | 모집단 | 표본 |
|---|---|---|
| 평균 | $P$ | $\hat{P}$ |
| 표본평균($\hat{P}$)의 변동성 | $\sigma_{\hat{p}} = \sqrt{\dfrac{p(1-p)}{n}}$ | $s_{\hat{p}} = \sqrt{\dfrac{\hat{p}(1-\hat{p})}{n}}$ |

## 6.3 중심극한정리

미지의 모집단평균을 추정하고자 할 때 표본의 크기는 어느 정도가 적당할 것인가? 예를 들어, 표본의 크기가 3인 경우와 30인 경우를 고려해 보면, 표본추출과 계산에 소요되는 비용과 시간을 무시할 때 표본의 크기가 클수록 모집단에 대한 대표성이 높아지므로 표본의 크기는 30일 때가 바람직할 것이다. 이 점은 다음의 표본분포의 특성을 감안한다면 쉽게 이해할 수 있다.

① 모집단으로부터 표본의 크기가 3인 모든 표본과 표본의 크기가 30인 모든 표본을 추출한다면, 두 표본분포의 평균은 미지의 모집단 평균과 일치한다. 즉, 표본의 크기에 관계없이 표본분포의 평균은 모집단평균과 같다.

② 평균값의 표준오차는 표본의 크기가 증가해 감에 따라 감소한다. 즉, 표본의 크기가 30인 표본들의 평균값은 표본의 크기가 3인 표본들의 평균값보다 모집단 평균값에 상대적으로 더 가깝게 분포하며, 이에 따라 30개의 관측치를 갖는 하나의 표본으로부터 계산한 평균값은 표본의 크기가 3인 표본의 평균에 비해 미지의 모집단 평균값($\mu$)에 더 가까울 가능성이 높아진다.

그렇다면 표본분포는 모집단분포와 어떠한 관계를 가지는가? 앞에서 예로 든 종업원 결근일수의 모집단과 표본의 크기가 3과 4인 표본분포의 막대그림을 다시 한 번 생각해 보자.

모집단 막대그림은 종 모양의 정규분포곡선의 형태를 취하고 있지 않으나 표본평균의 분포는 표본의 크기가 증가함에 따라 정규분포곡선과 유사해져 간다. 이 점이 바로 중심극한정리(central limit theorem)의 기초를 이루는 개념이다.

그림 6-6 | 모집단 및 표본평균의 분포

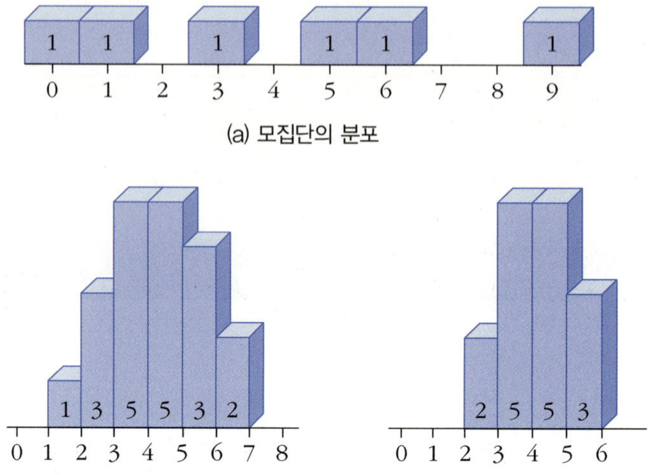


(b) $n = 3$일 때의 표본평균 분포 (c) $n = 4$일 때의 표본평균 분포

중심극한정리는 모집단이 정규분포를 따르지 않을 때에도 표본평균($\overline{X}$)의 분포는 정규분포에 가까운 형태를 취하며, 표본의 크기가 커지면 커질수록 점점 더 정규분포에 가까워진다는 것을 의미한다. 특히, 표본의 크기가 30개 이상인 경우, 거의 모든 표본분포는 모집단분포에 관계없이 정규분포형태를 따른다고 가정하여도 무방하다.

### ▶▶ 중심극한정리

> 평균이 $\mu$이고, 표준편차가 $\sigma$인 임의의 모집단에서 크기가 $n$인 표본을 취하는 경우, 표본평균 $\overline{X}$는 $n$이 커짐에 따라 평균이 $\mu$이고 표준편차가 $\dfrac{\sigma}{\sqrt{n}}$인 정규분포에 가까워진다

경우에 따라 표본평균이 $\mu$로부터 멀리 떨어진 값을 취할 수도 있으나 이런 경우는 드물게 나타나고, 대부분의 표본평균값은 $\mu$ 근처에 위치하게 된다. 바로 이러한 표본분포의 특성 때문에, 표본통계량을 이용한 모집단 모수에 대한 귀납적 추론이 가능해진다. 구체적인 통계적 추론과정을 설명하기에 앞서, 지금까지 기

술한 내용을 요약해 보기로 하자.

### 표본분포의 특성

① 표본분포의 평균값($\mu_{\overline{X}}$)은 모집단 평균값($\mu$)과 같다.
② 표본평균의 표준오차($\sigma_{\overline{X}}$)는 모집단 표준편차($\sigma$)를 표본의 크기 $n$의 제곱근으로 나눈 값이다. 따라서 $n$이 커지면 표준오차는 작아지게 된다.
③ 표본크기가 충분히 크면(가령 30 이상) 모집단의 분포에 상관없이 표본분포는 거의 정규분포형태를 취하게 된다.

### 예제 | 6-4

(L제과 종합쿠키) L제과에서 생산하고 있는 종합쿠키 한 통의 포장중량은 180g이다. 이것은 소비자에 대한 약속으로 최소한의 무게이다. L제과에서는 이 무게를 맞추려 하나 생산과정에서의 오차로 최소 178g에서 최고 186g까지 허용하고 일주일에 한 번 10개를 뽑아 그 평균이 이 범위를 넘으면, 생산라인을 정밀 조정하고 있다. 쿠키 생산공정은 하나의 무게가 평균 182g이고 표준편차가 6g이 되도록 조정되어 있다. 생산공정이 정상일 때 한번의 검사에서 불합격할 확률은 얼마인가?

**풀이**

$\mu = 182$g이고 $\sigma = 6$이므로,

$\mu_{\overline{X}} = 182$g이고 $\sigma_{\overline{X}} = \dfrac{6}{\sqrt{10}} = 1.9$가 된다.

그러므로,
$$P(178 < \overline{X} < 186) = P\left(\frac{178-182}{1.9} < Z < \frac{186-182}{1.9}\right)$$
$$= 2 \times P(0 < Z < 2.11)$$
$$= 0.9652$$

우리가 구하는 확률은 $1-0.9652=0.0348$이 된다.

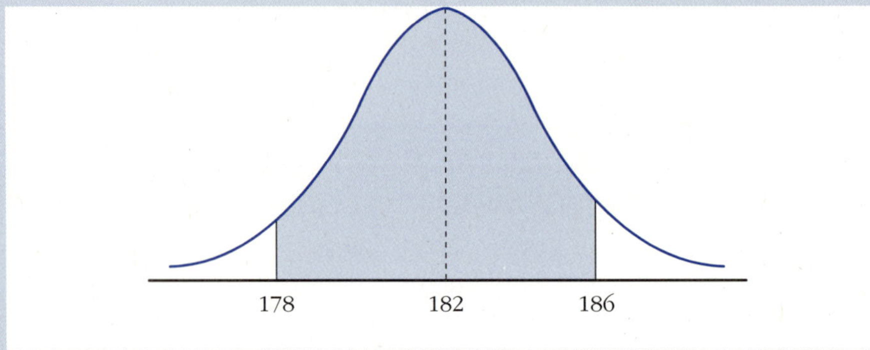


**예제 | 6-5**

금요일 아침 백화점 사장은 당일 결제해야 할 액면금액 1억원의 어음에 대한 자금이 확보되어 있지 않아 금일의 매출액으로 어음을 지급하려고 한다. 이 백화점에 방문한 고객의 평균 구매액은 270,000원이고 표준편차는 180,000원이다. 최근에 방문객 추세로 보아 오늘 400명의 고객이 방문할 것으로 예상된다. 결제를 하지 못할 확률은 얼마인가?

**풀이**

$\mu=270,000$이고 $\sigma=180,000$이므로,

$\mu_{\overline{X}}=E(\overline{X})=270,000$이고 $\sigma^2_{\overline{X}}=V(\overline{X})=\dfrac{(180,000)^2}{400}$이다.

총매출액은 $X_1+X_2+\cdots+X_n=n\overline{X}$ 이므로

$E(X_1+X_2+\cdots+X_{400})=E(400\overline{X})=400E(\overline{X})=(400)(270,000)=1$억8백만원

$V(X_1+X_2+\cdots+X_{400})=V(400\overline{X})=(400)^2V(\overline{X})=(400)^2\dfrac{\sigma^2}{(400)}=(400)\cdot(180,000)^2$

그러므로, 총매출액의 표준편차는

$s(X_1+X_2+\cdots+X_{400})=\sqrt{400}\cdot(180,000)=3,600,000$

표본의 크기가 충분히 크므로 중심극한정리에 의하여 정규분포를 이용할 수 있다.

$$P(X_1+X_2+\cdots+X_{400}<1\text{억})=P\left(Z<\frac{100-108}{3.6}\right)$$
$$=P(Z<-2.22)=0.0132$$

## 연습문제

**01** (1, 4, 7, 10, 13)으로 구성된 모집단을 자료로 하여 다음 물음에 답하시오.

① 표본의 크기를 3으로 할 때 이 모집단에서 추출할 수 있는 서로 다른 표본은 모두 몇 개인가?

② 표본의 크기를 3으로 했을 때 추출가능한 모든 표본을 구하고, 표본분포의 평균과 표준오차를 구하시오.

③ 모집단의 평균을 구하고, 이 값이 ②에서 구한 표본분포의 평균과 일치하는가를 확인시오.

**02** (4, 7, 9, 12)로 구성된 모집단을 자료로 하여 다음 물음에 답하시오.

① 표본의 크기를 2로 할 때 이 모집단에서 추출할 수 있는 서로 다른 표본은 몇 개인가?

② 표본의 크기를 2로 할 때 추출가능한 모든 표본을 구하고, 표본분포의 평균과 표준오차를 구하시오.

③ 모집단의 평균을 구하고, 이 값이 ②에서 구한 표본분포의 평균과 일치하는지를 확인하시오.

**03** 다음 표본 중 어느 것이 삼성전자 종업원을 가장 잘 대표한다고 할 수 있는가?

① 가전사업부 생산라인에 근무하는 사람 중 경력이 가장 오래된 10명

② 반도체 설계팀에서 임의로 뽑은 10명

③ 출근시간에 정문에서 1,000번째, 2,000번째 등으로 뽑은 10명

④ 전 직원명단에서 임의로 10명 선출

**04** 다음 표본 중 어느 것이 전국 유권자집단을 가장 잘 대표한다고 할 수 있는가? 이유를 설명시오.

① 강남에 있는 어느 백화점 방문객 중 임의로 뽑은 100명

② 유명 사립대 동창회 명단에서 뽑은 100명

③ 임의로 전화하여 응답한 100명

④ 어느 대형 교회 신자 중 임의로 뽑은 100명

**05** 한국카드주식회사의 지난 해 구좌당 평균사용액은 150만원이었고 표준편차는 35만원이었다. 49개의 구좌를 임의로 추출하여 그 평균을 계산하였을 때 다음을 구하시오.

① 49개 구좌의 평균값이 160만원 이상일 확률은 얼마인가?
② 49개 구좌의 평균값이 145만원 이하일 확률은 얼마인가?
③ 49개 구좌의 평균값이 140만원과 160만원 사이일 확률은 얼마인가?

**06** 한국냉장은 참치통조림을 생산하는 중견기업이다. 지난 1년간의 자료에 의하면 참치통조림의 중량은 평균이 120g, 표준편차는 3g인 것으로 나타났다. 36개의 참치통조림을 무작위로 추출하여 중량의 평균을 계산한다고 할 때 다음 물음에 답하시오.
① 36개 참치통조림의 평균중량이 121g 이상일 확률은 얼마인가?
② 36개 참치통조림의 평균중량이 119.5g 이하일 확률은 얼마인가?
③ 36개 참치통조림의 평균중량이 119g과 120.5g 사이일 확률은 얼마인가?

**07** 제조기업에서 사용하는 공정통제기법은 생산공정에서 발생하는 품질특성의 변동상황을 통제하는 데 쓰이는 품질관리기법이다. 한국합판의 제1공장은 1.2m ×2.4m짜리 합판을 주로 생산하며, 합판 한 장당 흠집수는 평균($\mu$)이 5이며 표준편차($\sigma$)가 2.5인 정규분포를 이룬다고 한다. 일반적으로 $n$개의 합판에서 발생하는 합판 한 장당 평균흠집수가 평균에서 $3\sigma$ 안에 있으면 공정이 제대로 통제되고 있다고 한다. 제조공정이 제대로 통제되고 있다고 가정할 때, 무작위로 추출한 30장의 합판의 평균 흠집수가 6보다 크거나 같을 확률은 얼마인가?

**08** 임의로 뽑은 50명의 진료기록을 조사한 결과, 환자당 평균 진료비는 53,000원이었고, 표준편차는 16,500원이었다.
① 평균의 표준오차를 계산하고 그 의미를 해석하시오.
② 위에서 계산한 표준오차가 합리적 예산 의사결정에 너무 크다고 생각되어 절반으로 줄이고 싶다고 하자. 표본의 크기는 얼마가 되어야 하는가?

**09** 상표인지도 조사에서, 임의로 선정한 763명 중 152명이 상표명을 알지 못하였다.
① 상표를 알지 못하는 모집단 비율을 추정하시오.
② 추정치 표준오차를 계산하고 그 의미를 간단히 설명하시오.

**10** 흰바둑알 200개와 흑바둑알 800개가 어느 상자에 들어 있다. 이 상자에서 100개의 바둑알을 집어 낼 경우, 흰색의 비율을 $\hat{p}$이라 하자.
① 흰색의 비율이 0.3 이상일 확률은 얼마인가?
② 흰색의 비율이 0.15 이하일 확률은 얼마인가?

제 7 장

# 통계적 추정과 신뢰구간

## 7.1 통계적 추정

통계에는 기술통계와 추론통계가 있으며, 추론통계는 표본의 통계량을 이용하여 모집단의 특성을 추론하는 통계이다. 모수를 추론하는 방법은 통계적 추정과 가설검정을 이용하는 방법이 있다. 이번 장에서는 통계적 추정을 통한 추론에 대해 먼저 알아보고자 한다.

통계적 추정은 모집단에 대한 정보가 없을 때 표본의 통계량을 통해 모집단의 모수를 추론하는 방법이다. 다음의 예를 통해 통계적 추정에 대해 설명해 보기로 한다.

어떤 백화점에서 백화점 이용고객들의 만족도에 대해 알아보려고 하고 있다. 설문을 통해 100점 만점으로 조사하였는데 시간과 경비의 제약 때문에 전 고객을 대상으로 조사할 수 없어서 500명을 선정하여 이를 토대로 모집단의 모수, 즉, 이 백화점 이용고객 전체의 만족도를 추정하고자 한다. 500명을 대상으로 조사해 본 결과 평균점수가 75점이었다. 그러면 백화점 이용고객 전체의 만족도를 추정해 보자.

첫째, 75점일 것이다.

둘째, 55점 ~ 95점 사이일 것이다.

셋째, 0점 ~ 100점 사이일 것이다.

위의 3가지 답은 모두 틀리지 않았다. 그러나 첫 번째의 경우 500명 고객의 평균인 75점이 고객 전체의 만족도일 것이라고 추정하는 데 동의하기가 쉽지 않다. 세 번째의 경우 모집단의 만족도가 0점에서 100점 사이일 가능성은 100% 맞다고 할 수 있다. 그러나 이 추정이 갖는 정보로서의 가치는 0%이다. 즉. 굳이 통계적 분석을 하지 않아도 알 수 있는 사실이다.

즉, 통계적 추정은 표본의 통계량이 모집단의 모수를 얼마나 정확하게 맞출 수 있는가에 대한 가능성과 추정치가 가지는 정보로서의 가치를 모두 갖추어야 한다. 일반적으로 추정이 주는 정보의 가치(효과)는 구간이 작을수록, 모수를 정확하게 맞출 가능성은 구간이 넓을수록 크다.

위의 예에서 첫 번째와 같이 표본 통계량에 대한 하나의 값으로 모수를 추정하는 방법을 점추정(point estimation)이라 하고, 두 번째, 세 번째와 같이 적절한 구간으로 모수를 추정하는 방법을 구간추정(interval estimate)이라고 한다.

그러면 통계적 추정은 어떻게 해야 할 것인가? 점추정을 통해서는 정확하지는 않지만 어느 정도는 백화점 고객들의 만족도를 추정할 수는 있다. 그렇지만 가장 큰 단점은 어느정도 불확실한가에 대한 확률을 표현할 수 없다는 것이다. 그래서 이러한 단점을 해결하기 위해 일반적으로 추정을 할 때는 구간추정을 이용한다. 구간추정은 표본의 통계량을 토대로 모수가 존재할 일정구간, 즉 신뢰구간을 제시하고 이러한 신뢰구간이 틀릴 확률도 함께 제시하여 추정하는 방법이다.

## 7.2 추정량과 적절한 추정량 선정기준

### (1) 추정량과 추정치

추정량(estimator)은 추정치를 구하기 위해 사용되는 추정 방법 또는 도구이며, 모평균($\mu$)의 추정량은 표본통계량인 표본평균($\bar{x}$)이고, 모집단의 분산($\sigma^2$)의 추정량은 표본분산($s^2$)이다. 표본의 자료를 토대로 구한 수치값을 모수의 추정치(estimate)라고 한다. 위의 예에서 백화점 고객의 전체의 만족도를 알기 위해 조사한 500명 고객의 만족도 평균점수 75점이 추정치이다.

하나의 모수를 추정하기 위해 사용할 수 있는 표본통계량의 종류가 다양하여 무엇을 추정량으로 하느냐가 중요한 문제가 될 수 있다. 예를 들어, 모집단의 평균을 추정하기 위해서 표본의 산술평균, 기하평균, 중앙값, 최빈치 등 여러 가지 통계량을 이용할 수 있기 때문이다. 그래서 이렇게 여러 가지 통계량 중에 가장 적합한 통계량을 선정하는 기준이 필요할 것이다.

### (2) 적절한 추정량 선정기준

통계량을 선정하는 대표적인 평가기준으로 불편성(unbiasedness), 효율성(efficiency), 일치성(consistency), 충분성(sufficiency) 등이 있다. 이러한 네 가지 조건을 모두 잘 충족시킨다면 좋겠지만, 그렇지 않다면 불편성이 가장 중요한 선택기준이 되어야 한다.

■ 불편성(unbiasedness)

불편성이란 표본으로부터 구한 통계량의 기대값이 추정할 모수의 실제값과 일치하거나 가까운가를 판단하는 기준이다. 추정량의 기대값이 모수의 실제값과 차이가 나는 경우 편의(bias)를 갖는다고 하고, 모수와 일치하면 불편성이 있다고 하며, 이러한 추정량을 불편추정량(unbiased estimator)이라고 한다.

**▶▶ 불편성**

$E(\hat{\theta})=\theta$($\hat{\theta}$ : 추정량, $\theta$ : 모수)

추정량의 기대값과 모수의 실제값이 일치할 때 이 추정량은 불편성을 가졌다고 함.

6장에서 표본분포의 평균을 모집단의 평균으로 추정하는 데 사용할 수 있는 것은 $E(\overline{X})=\mu$이기 때문에 $\overline{X}$는 불편추정량이다.

그러나 편의가 없는 불편추정량이라고 표본을 추출하는 과정에서 발생할 수 있는 표본오차(sampling error)가 없는 추정량을 의미하지는 않으므로 편의와 표본오차는 구분하여 생각해야 한다.

■ 효율성(efficiency)

모수를 추정하는 데 여러 개의 불편추정량이 존재한다면 효율적인 추정량이 어떤 것인지 평가할 필요가 있다. 효율성은 표본추정량의 분산으로 평가할 수 있다. 즉, 같은 표본추정치 중 분산이 작을수록 효율성이 좋은 추정량이 된다. 왜냐하면 분산이 작으면 작을수록 모수를 정확하게 추정할 가능성이 높아지기 때문이다.

■ 일치성(consistency)

일반적으로 표본의 크기($n$)는 추정량의 질에 영향을 미치게 되는데 크기가 클수록 추정량의 정확도가 증가하게 된다. 극단적으로 표본의 크기가 점점 커져 모집단과 일치하면 표본의 통계량이 모수와 정확이 일치하게 된다고 할 수 있다. 그래서 표본의 크기가 커질수록 추정량과 모수의 차이가 작아져 신뢰성이 커지는 특성을 추정량의 일치성이라 한다.

■ 충분성(sufficiency)

동일한 표본으로부터 얻은 추정량이 모집단의 모수에 대한 정보를 더 많이 제공한다면 이러한 추정량은 충분성이 있는 추정량이라고 할 수 있다. 이러한 추정량을 충분추정량(sufficient estimator)이라고 한다. 예를 들어 대표값으로서 평균과 중앙치 중 평균은 대표값 이외의 다른 분석을 위한 자료를 제공하지만 중앙치는 단지 대표값으로서의 정보만을 제공하므로 평균이 중앙치에 비해 충분추정량이 될 수 있다.

## 7.3 구간추정

앞에서 설명된 점추정은 하나의 값으로 모수를 추정하기 때문에 추정치에 대한 신뢰성에 문제가 있음을 설명하였다. 이에 반해 구간추정은 추정하고자 하는 모수를 특정한 구간으로 추정하여 모수가 그 구간 내에 위치할 확률에 대해서도 알려줄 수 있는 장점을 가지고 있다.

다음의 사례를 통해 구간추정에 대한 이해를 좀 더 해보기로 하자.

**| 사례 |**

**하나타이어**

하나타이어주식회사는 신제품 개발을 완료하고 이제 곧 시판할 계획을 수립하고 있다. 기존 타이어의 수명은 4만km 정도이나 개발팀에서는 신제품의 수명이 5만km 이상이라고 주장하고 있다. 이 회사에서는 신제품의 판매를 촉진시키기 위해 제품수명에 대한 회사의 보증서를 첨부하기로 결정하고, 보증주행거리를 결정하기 위해 개발팀과 기획팀이 회의를 하였으나 의견이 대립되어 결정을 내리지 못하였다. 보증기간을 너무 짧게 설정하면 시장경쟁력을 잃게 될 것이고, 이와 반대로 지나치게 길게 설정하면 보증청구가 많아지게 되어 직접적인 손실을 초래할 가능성이 높아지므로 타이어의 수명을 비교적 정확히 측정할 필요가 있다.

다음은 최고경영자와 생산담당이사 사이의 타이어 평균수명에 관한 대화이다.

최고경영자 : 타이어의 평균수명을 어떻게 추정하였는지 설명해 주시오.

이사 : 창고에 있는 완제품 중에서 단순무작위추출법을 이용하여, 900개의 표본을 취하여 기초통계량을 계산했습니다.

최고경영자 : 단순무작위추출법이란 무엇을 말합니까?

이사 : 모든 완제품 타이어가 표본으로 뽑힐 확률을 동일하게 하는 표본추출법입니다. 이 방법은 선정편의를 최소로 해주어 표본 전체 신제품의 품질을 대표할 수 있게 해줍니다.

최고경영자 : 그 다음은 어떻게 하였습니까?

이사 : 900개의 타이어를 실험한 결과, 평균($\overline{X}$)의 점추정치가 47,500km로 나타났습니다.

최고경영자 : 점추정치란 무엇인가요?

이사 : 900개 표본의 단순평균값으로 타이어 예상수명을 하나의 값으로 추정한 값을 의미합니다.

최고경영자 : 그렇다면 우리가 알고자 하는 신제품 타이어의 평균수명이 47,500km라는 말이군요.

이사 : 반드시 그렇다고는 할 수 없습니다. 만약 또 다른 900개의 표본을 임의로 추출하여 실험해 본다면 평균값이 47,500km가 아닌 다른 값이 나올 수도 있습니다. 표본평균값은 모집단 표준편차가 0이 아닌 한 서로 다른 값을 가질 수 있습니다. 그래서 추정에서는 일반적으로 점추정 대신에 구간추정을 하게 됩니다.

최고경영자 : 구간추정이라면 평균수명이 얼마 이상 얼마 미만이 된다는 것을 의미하겠군요.

이사 : 그렇습니다.

최고경영자 : 그렇다면 평균의 최소값과 최대값을 알기 위해서는 분포를 알아야 하는데 얼마나 많은 표본을 시험해 봐야 합니까? 표본의 크기가 900인 표본은 무수히 많을 텐데요.

이사 : 이론적으로는 모든 가능한 표본을 다 시험해 봐야 되지만, 중심극한정리에 의해서 표본분포가 정규분포의 성질을 갖는다는 사실을 이용하면 반복적으로 표본을 시험해 볼 필요가 없어집니다.

최고경영자 : 모집단평균을 알지 못하고 있는데, 표본분포의 평균은 어떻게 알 수 있습니까?

이사 : 우선 한 가지 사실은 표본평균값의 표준오차는 모집단 표준편차보다 훨씬 작다는 것입니다. 즉, 표본의 크기가 900이고, 모집단의 표준편차가 3,000km이면 표본평균치의 표준오차는,

$$\sigma_{\overline{X}} = \frac{\sigma}{\sqrt{n}} = \frac{3,000}{\sqrt{900}} = 100\text{km}$$

가 되고, 평균값의 분포는 [그림 7-1]과 같은 형태를 갖게 됩니다.

최고경영자 : 멋있는 그림이군요. 그러나 우리는 여전히 타이어의 평균수명, 즉 모집단 평균($\mu$)을 모르고 있지 않습니까?

이사 : 네. 그러나 정규분포의 특성으로부터 몇 가지 사실을 알 수 있습니다. 모든 가능한 표본평균값($\overline{X}$)의 95.44%가 미지의 모집단평균 $\mu$로부터 2배의 표준오차(200km) 범위 내에 있게 됩니다. 즉, 임의의 어떤 표본평균이 미지의 모집단 평균으로부터 200km 범위 내에 있을 확률은 95.44%가 됩니다. 따라서, 단순무작위 추출로 얻은 900개 타이어의 실험결과로 얻은 표본평균이 $\mu$로부터 200km 범위 내에 있을 확률이 95.44%가 된다는 뜻이지요. 95.44%의 신뢰도로 타이어 평균수명의 점추정치인 47,500km가 미지의 모집단 평균값의 200km 내에 있을 것이라고 말할 수 있게 됩니다. 다시 말해, 95.44%의 신뢰도로 타이어의 수명이 47,300km와 47,700km 사이에 있을 것이라고 말할 수 있습니다.

**그림 7-1 | 표본평균의 분포(타이어 수명)**

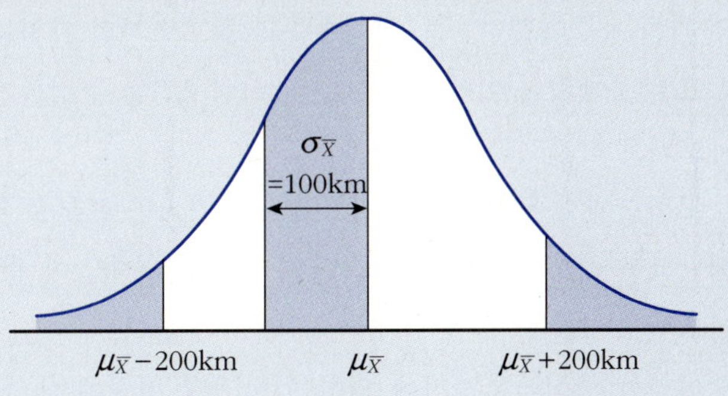

## 7.4 신뢰구간

구간추정을 할 때  모수가 실제로 위치할 것이라고 예상되는 범위를 신뢰구간(confidence interval)이라 한다. 그러나 이렇게 추정된 신뢰구간은 모수의 추정을 100% 확신한다고 할 수 없으므로 신뢰구간을 추정할 때는 어느 정도 믿을 수 있는가에 대한 확률을 제시하는데 이 확률을 신뢰수준(confidence level)이라고 한다. 신뢰수준은 $100 \times (1-\alpha)\%$로 나타내는데 $\alpha$를 허용오차수준이라고 하며 모수가 신뢰구간에 위치하지 않을 확률을 의미한다. 즉, 98%신뢰수준으로 구간추정을 하였다면 추정된 구간 안에 모수가 존재하지 않을 확률은 2% 정도 된다고 할 수 있다는 의미이다.

신뢰구간은 하한값과 상한값으로 표시하는데 구간의 크기는 신뢰수준에 비례한다. 즉, 신뢰수준이 높아지면 신뢰구간의 폭도 넓어지고, 신뢰수준이 낮아지면 신뢰구간의 폭이 좁아진다. 이는 정보로서의 가치와도 관계가 있는데 신뢰구간의 폭이 넓을수록 정보로서의 가치는 떨어지고 신뢰구간의 폭이 좁을수록 정보로서의 가치는 좋아진다. 즉, 신뢰수준과 정보로서의 가치는 trade-off 관계가 있다.

표본 통계량을 이용하여 모수의 신뢰구간을 추정하기 위한 방법을 간략하게 알아보기로 하자.

모집단에서 무작위적 방법으로 크기가 $n$인 표본을 취하여 각 표본의 평균값을 계산하면 이들의 분포는 모집단의 형태에 관계없이 중심극한정리에 의하여 평균이 $\mu$이고 표준편차가 $\frac{\sigma}{\sqrt{n}}$인 정규분포가 된다.

이러한 중심극한정리에 의하여 모집단 평균에 대한 정보를 얻기 위해 우리는

**신뢰수준** : 신뢰구간을 추정할 때 어느 정도 믿을 수 있는가의 확률
**신뢰구간** : 모수가 신뢰수준의 확률로 위치할 것이라고 예상되는 범위

그림 7-2 | $\overline{X}$의 분포

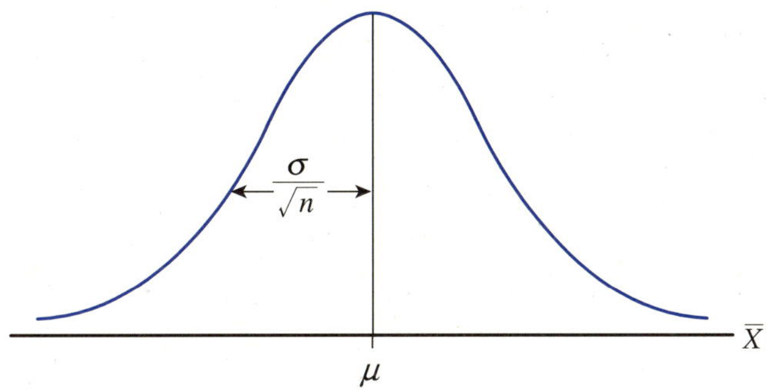


반복적으로 많은 표본을 추출하지 않아도 된다. 하나의 표본에서 얻은 표본평균($\overline{X}$)은 평균이 $\mu$이고 표준오차가 $\frac{\sigma}{\sqrt{n}}$인 정규분포를 따를 것이므로, 모집단평균($\mu$)의 위치를 파악할 수 있다.

우리가 얻은 하나의 표본평균($\overline{X}$)은 그것의 기대값인 $\mu$와 일치하지 않을 것이고 그 차이는 추정오차(estimation error)이다. 추정오차는 둘 사이의 차이로, $\overline{X}$에서 $\mu$까지로 재든, $\mu$에서 $\overline{X}$까지로 재든 동일하다. 이것은 다음을 의미한다.

> $\overline{X}$가 $\left(\mu \pm 2\frac{\sigma}{\sqrt{n}}\right)$의 범위에 속할 확률은 약 95%이다.
>
> 다시 말하면, $\left(\overline{X} \pm 2\frac{\sigma}{\sqrt{n}}\right)$의 구간이 미지의 $\mu$를 포함할 확률은 약 95%이다.

신뢰구간을 결정하기 위해서는 표본평균($\overline{X}$)의 표준오차를 알아야 한다. 모집단의 표준편차($\sigma$)가 알려져 있는 경우와 알려져 있지 않은 경우로 나누어 신뢰구간을 설정하는 방법을 알아보자.

## 7.5 모집단평균의 신뢰구간

### 7.5.1 모집단 표준편차를 알고 있는 경우 or 대표본인 경우

신제품 타이어 수명에 대한 정확한 정보를 얻기 위해서는 전 제품을 대상으로 실험해야 할 것이나, 그렇게 되면 판매할 타이어가 없게 되므로 의미가 없다. 그러므로, 생산 제품 중 일부를 표본으로 추출하여 표본통계량인 $\overline{X}$를 계산하고, 이를 이용하여 모집단 모수인 신제품 타이어의 평균수명을 추정하는 것이 타당하다. 추정과정에 대한 설명을 손쉽게 하기 위해 모집단의 표준편차($\sigma$)가 3,000km로 알려져 있다고 가정하자. 모집단평균($\mu$)을 모르는 상태에서 표준편차를 알고 있다고 가정하는 것은 상당히 비현실적이지만, 추후 $t$-분포를 설명할 때까지는 이 가정을 계속 유지하기로 하자.

위의 '하나타이어 사례'의 이 대화에서 신뢰구간이란 미지의 모집단 모수가 표본 통계량으로부터 얼마나 떨어질 수 있는가를 나타내는 개념이다. 신뢰구간에서 신뢰의 대상은 "모집단 모수가 구간 안에 포함되거나 구간이 모수를 포함하고 있음"이다. 그러므로, 신뢰구간이 결정되면 우리는 모수가 표본통계량에서 얼마나 떨어질 수 있는가를 짐작할 수 있다. 신뢰수준(confidence level)은 어느 정도의 신뢰감으로 신뢰구간이 정확하다고 말할 수 있는가, 또는 하나의 신뢰구간이 미지의 모수를 포함할 확률을 의미한다. 신뢰수준이 95.4%라는 것은 표본의 크기가 900인 표본을 1,000번 취하여 1,000개의 신뢰구간을 만들어 보면, 그 중 954개는 미지의 모집단평균을 포함하고 나머지 46개는 포함하지 않을 것이라는 의미이다. 그러므로, 신뢰수준은 우리의 주장이 옳다는 것을 어느 정도로 믿을 수 있는가 하는 수준이다.

예를 들어, 타이어의 평균수명($\mu$)이 48,000km이고 표준편차는 위에서와 같이 3,000km라 가정하고, 표본의 크기가 900인 표본을 10번 추출하여 신뢰구간을 설정했다고 하자. 표본평균은 표본에 따라 달라질 것이고, 이에 따라 신뢰구간 역시 달라지게 된다. 〈표 7-1〉은 이들 개개의 표본평균값에 따른 신뢰구간을 나타내고 있다.

표본번호 3과 7의 경우 모집단평균 48,000km가 신뢰구간 안에 포함되어 있지

표 7-1 | 신뢰수준이 95.44%일 때의 신뢰구간

| 표본번호 | 표본평균 | 신뢰구간 | $\mu$=48,000을 포함하는지 여부 |
|---|---|---|---|
| 1 | 47,900 | (47,700, 48,100) | 포함함 |
| 2 | 48,100 | (47,900, 48,300) | 포함함 |
| 3 | 47,500 | (47,300, 47,700) | 포함하지 않음 |
| 4 | 48,010 | (47,810, 48,210) | 포함함 |
| 5 | 48,150 | (47,950, 48,350) | 포함함 |
| 6 | 47,950 | (47,750, 48,150) | 포함함 |
| 7 | 48,300 | (48,100, 48,500) | 포함하지 않음 |
| 8 | 47,850 | (47,650, 48,050) | 포함함 |
| 9 | 48,050 | (47,850, 48,250) | 포함함 |
| 10 | 48,180 | (47,980, 48,380) | 포함함 |

않아 총 10개의 사례 중 2개의 경우 잘못된 의사결정을 내릴 수 있다. 물론 이러한 실험을 계속 반복했다면 평균적으로 4.56%(=(1−0.9544)×100)의 경우에만 모집단평균이 신뢰구간 안에 포함되어 있지 않을 것이다.

이제 모집단평균의 신뢰구간을 설정하는 일반적인 방법을 정리해 보기로 하자. 모집단으로부터 무작위추출방식으로 관측치수가 30개 또는 그 이상(최소한 10)의 표본을 추출하게 되면 표본분포는 정규분포를 따르게 되며 모집단평균 $\mu$의 $100(1-\alpha)\%$ 신뢰구간은 다음과 같다.

■ 신뢰수준100(1−α)%의 양측신뢰구간

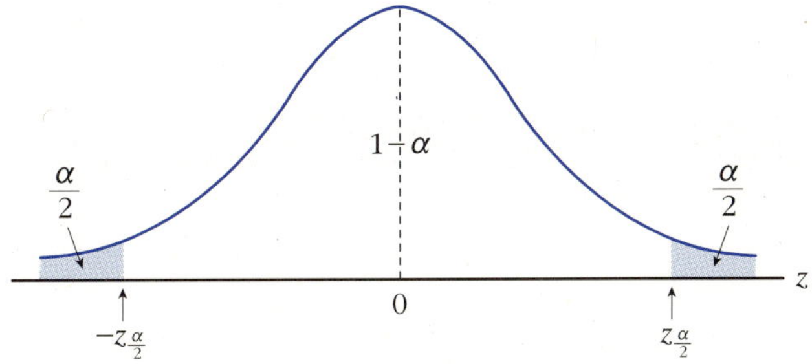


$$1-a=PR\left(-z_{\frac{\alpha}{2}}\le\frac{\overline{X}-\mu}{\sigma/\sqrt{n}}\le z_{\frac{\alpha}{2}}\right)=PR\left(\overline{X}-z_{\frac{\alpha}{2}}\frac{\sigma}{\sqrt{n}}\le\mu\le\overline{X}+z_{\frac{\alpha}{2}}\frac{\sigma}{\sqrt{n}}\right)$$

100(1 − α)% 신뢰수준의 신뢰구간(대표본의 경우)

$$\overline{X} - z_{\frac{\alpha}{2}} \times \frac{\sigma}{\sqrt{n}} \le \mu \le \overline{X} + z_{\frac{\alpha}{2}} \times \frac{\sigma}{\sqrt{n}}$$

위 식에서

① '$Z_{\frac{\alpha}{2}}$'는 표준정규분포표에서 오른쪽 끝 부분의 넓이가 $\frac{\alpha}{2}$에 해당하는 Z값으로 신뢰수준인 $(1-\alpha)$값에 따라 그 값이 달라진다. 즉, 신뢰수준을 높이게 되면($\alpha$값이 작아지면) Z는 큰 값을 갖게 되고, 신뢰수준을 낮추면($\alpha$값이 커지면) Z는 작은 값을 갖게 된다.

② '$\sigma$'는 모집단의 표준편차로 이미 알고 있다고 가정한다.

③ '$Z_{\frac{\alpha}{2}}$ × 표준오차'는 표본평균 $\overline{X}$와 모집단평균 $\mu$의 차이가 얼마만큼 클 수 있는가를 나타내며, '오차한계(margin of error)'라 부른다.

이제 타이어 모집단의 평균수명에 대한 80% 신뢰구간을 설정해 보기로 하자. 80%의 신뢰구간은 표본평균의 오른쪽으로 40%, 왼쪽으로 40%의 면적을 가지게 되므로, 80%의 신뢰수준에 해당하는 Z값은 〈표 7-2〉를 참고할 때 1.282가 됨을 알 수 있다. 따라서 80% 신뢰구간은

$$47{,}500\text{km} \pm (1.282 \times 100)\text{km}$$

가 되며, 오차한계는 128.2km가 된다.

**표 7-2 | 정규분포면적표**

| Z값 | 0과 Z값 사이의 면적 | 신뢰수준 |
|---|---|---|
| 1.00 | 0.3413 | 68.3% |
| 1.038 | 0.3500 | 70% |
| 1.282 | 0.4000 | 80% |
| 1.645 | 0.4500 | 90% |
| 1.96 | 0.4750 | 95% |
| 2.00 | 0.4772 | 95.4% |
| 2.575 | 0.495 | 99% |

## 7.5.2 모집단 표준편차를 모르는 경우 and 소표본인 경우

앞에서 예로 든 타이어수명 추정문제에서는 모집단의 표준편차가 알려져 있다고 가정하였다. 만약 이 가정이 성립하지 않는다면, 즉 평균 및 표준편차가 모두 알려져 있지 않다면, 지금까지 설명한 방법으로는 신뢰구간을 구할 수 없다.

모집단의 표준편차를 모른다면 이를 추정해야 하는데, 이 경우 표본의 표준편차 s를 이용한다. 표본의 표준편차 $s$는 제3장에서 정의한 바와 같이, $n$개의 관측치 $X_1, X_2, \cdots, X_n$이 주어져 있을 때, 다음과 같이 계산한다.

표본의 표준편차

$$s = \sqrt{\frac{[(X_1-\overline{X})^2+(X_2-\overline{X})^2+\cdots+(X_n-\overline{X})^2]}{n-1}} \tag{7.1}$$

모집단의 표준편차($\sigma$) 대신 표본에서 추정한 값을 이용하였으므로, 이를 이용해 설정한 신뢰구간의 오차한계는 모집단의 표준편차가 알려져 있는 경우보다 넓어져야 한다. 신뢰구간의 오차한계는 추정과정에서 정규분포가 아닌 다른 분포, 즉 $t$-분포($t$-distribution)를 사용함으로써 증가하게 된다(W.S. Gossett이 1908년 Biometrika에 Student라는 이름으로 논문을 발표하였다). 같은 신뢰수준에서 $t$ 값은 Z값보다 커지게 되는데 $t$-분포곡선은 [그림 7-3]과 같이 양쪽 꼬리 부분이

그림 7-3 | 정규분포곡선과 $t$-분포곡선의 비교

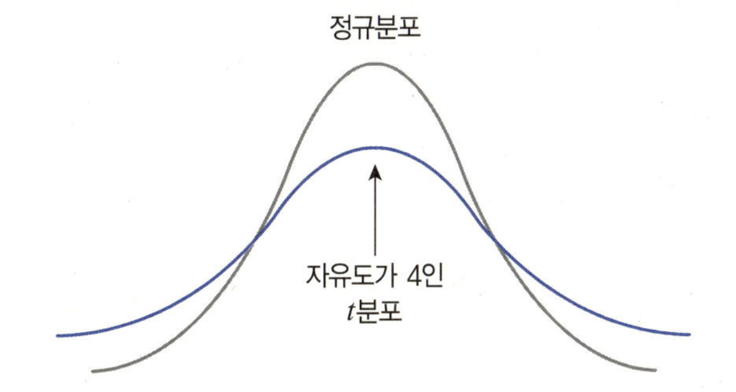

표 7-3 | 신뢰수준별 $t$값과 $Z$값

| 자유도 ($n-1$) | 신뢰도 | | | |
|---|---|---|---|---|
| | 80% | 90% | 95% | 99% |
| 4 | 1.533 | 2.132 | 2.776 | 4.604 |
| 9 | 1.383 | 1.883 | 2.262 | 3.250 |
| 16 | 1.337 | 1.746 | 2.120 | 2.921 |
| 25 | 1.316 | 1.708 | 2.060 | 2.787 |
| 36 | 1.306 | 1.684 | 2.030 | 2.722 |
| 정규분포 $Z$값 | 1.282 | 1.645 | 1.960 | 2.576 |

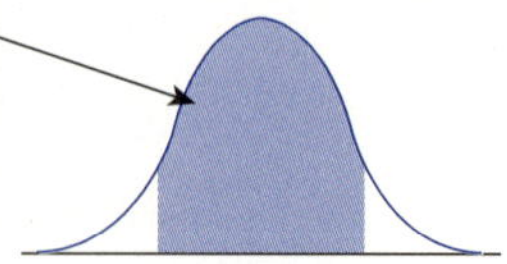


보다 통통한 정규분포곡선이라 할 수 있다. 〈표 7-3〉은 80%에서 99%까지의 신뢰도에서의 $t$값과 $Z$값을 발췌한 것이다.

신뢰도 수준이 일정할 때, 자유도(표본의 크기에서 1을 뺀 값)가 커짐에 따라 $t$값은 작아지게 된다. 또한 표본의 크기가 커질수록 분포의 형태가 중앙 쪽으로 밀집하게 되며 표본의 크기가 100 이상이 되면 $t$값은 $Z$값과 거의 같은 값을 가지게 되어, 이 경우 $t$-분포는 정규분포와 거의 같은 형태를 갖는다.

### $t$-분포의 정의

평균이 $\mu$인 정규분포에서 추출한 크기가 $n$인 표본의 평균을 $\overline{X}$라 하고, 표준편차를 $s$라 하면

$$t = \frac{\overline{X} - \mu}{s / \sqrt{n}}$$

는 자유도 $(n-1)$의 $t$-분포를 따른다.

표본평균을 이용하여 95% 신뢰구간을 설정하고자 할 때, 모집단의 표준편차를 알고 있다면 정규분포 면적표로부터 $Z$값 1.96을 찾아 이용하면 되지만, 모집단의 표준편차를 모른다면 $t$-분포를 이용해야 한다.

표본의 크기가 10인 경우, 표본평균의 분포는 자유도가 9인 $t$분포가 되며 95%에 해당하는 $t$값은 〈표 7-3〉에서 2.262가 됨을 알 수 있다. 따라서 $Z$값을 이용할

때보다 더 큰 오차한계를 설정하게 되며, 이것은 모집단 표준편차($\sigma$)를 알지 못하기 때문에 지불해야 하는 비용이라 할 수 있다.

지금까지 설명한 내용을 요약해 보면, 모집단의 표준편차를 모를 경우 표본의 표준편차를 이용하여 추정해야 하고, 이 경우 $Z$값 대신 $t$값을 사용해야 한다. 모집단평균의 $100(1-\alpha)\%$ 신뢰수준의 신뢰구간은 다음의 일반식으로 나타낼 수 있으며, 이와 같이 설정된 신뢰구간 또는 오차한계는 정규분포곡선을 사용할 때보다 더 넓어지게 된다.

100(1 − α)% 신뢰수준의 신뢰구간(소표본의 경우)

$$\overline{X} \pm (t_{\frac{\alpha}{2}} \times \text{표준오차의 추정치}) \text{ 또는 } \overline{X} \pm \left( t_{\frac{\alpha}{2}} \times \frac{s}{\sqrt{n}} \right) \qquad (7.2)$$

이 식에서 $t_{\frac{\alpha}{2}}$는 $t$-분포에서 오른쪽 끝 부분의 넓이가 $\frac{\alpha}{2}$에 해당하는 $t$값이며, $t_{\frac{\alpha}{2}} \times \frac{s}{\sqrt{n}}$는 오차한계를 나타낸다.

### ▶▶ 신뢰구간 설정절차

① 표본을 추출하여 통계량($\overline{X}$, $s/\sqrt{n}$)을 계산한다.
② 신뢰수준($1-\alpha$)을 결정한다.
③ 신뢰수준과 자유도($n-1$)에 해당하는 $t$값을 $t$-분포표에서 구한다.
④ 식 (7.2)를 이용하여 신뢰구간을 결정한다.

### 예제 | 7-1

서울시내에 직장을 가지고 있는 17명의 자가운전 회사원을 선정하여 출근거리를 조사한 결과 다음과 같은 자료를 얻었다.

| | | | | | | | | |
|---|---|---|---|---|---|---|---|---|
| 13 | 10 | 15 | 13 | 22 | 31 | 6 | 13 | 6 |
| 17 | 15 | 17 | 15 | 15 | 19 | 12 | 16 | |

자가운전 회사원 출근거리의 99% 신뢰수준의 신뢰구간을 구하시오.

**풀이**

우선 표본의 평균과 표준편차부터 구해 보면, $\overline{X}=15$, $s=5.7987$이다.

한편, 표본분포의 표준오차는 $\frac{s}{\sqrt{n}}=\frac{5.7987}{\sqrt{17}}=1.406$이다. 모집단의 분산이 알려져 있지 않고 표본의 크기도 작으므로, 여기서는 $t$분포를 이용하여 신뢰구간을 설정해야 한다. 자유도가 $n-1=17-1=16$이고 신뢰수준이 99%일 때의 $t_{\frac{\alpha}{2}}$값은 2.921이므로, 출근거리($\mu$)의 신뢰구간은

$$15-(2.921\times 1.406)\leq \mu \leq 15+(2.921\times 1.406)$$
$$10.89\leq \mu \leq 19.11$$

여기서 $t$값은 분포의 양쪽 끝의 면적이 각각 0.5%일 때의 값이다.

**그림 7-6 | 출근거리의 99% 신뢰구간**

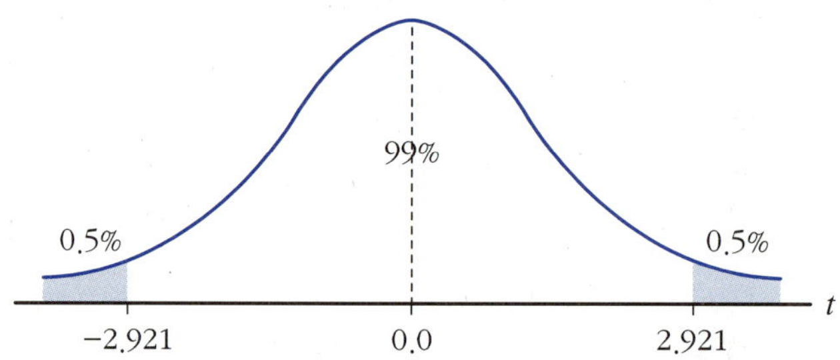


## 예제 | 7-2

수도지역난방회사는 75,000가구에 난방 서비스를 제공하고 있다. 고객들이 열 손실을 방지하기 위해 단열벽을 얼마나 두껍게 설치하고 있는지 알아보기 위해 1,000가구를 임의로 선정하여 조사한 결과, 평균 두께가 25cm이고 표본의 표준편차가 30cm인 것으로 나타났다. 95% 신뢰수준의 신뢰구간을 계산하고 이것이 의미하는 바를 설명하라.

**풀이**

$s=30$이고 $n=1,000$이므로 표준오차의 추정치는 0.9487이 된다. 앞의 예제와는 달리 표본의 크기가 상당히 크므로 정규분포의 $Z$값을 이용해도 무방하다. 표본평균 $\overline{X}=25$이

고 신뢰수준이 95%일 때의 Z값은 1.96(즉, 분포의 양쪽 끝 부분이 각각 2.5%일 때의 Z값)이므로, 신뢰구간은

$$25-(1.96\times 0.9487)\le \mu \le 25+(1.96\times 0.9487)$$
$$23.14\le \mu \le 26.86$$

따라서, 미지의 모집단 모수인 단열벽의 평균두께($\mu$)는 23.14cm와 26.86cm 사이인 것을 95% 정도 확신할 수 있다.

**그림 7-7 | 단열벽 평균두께의 95% 신뢰구간**

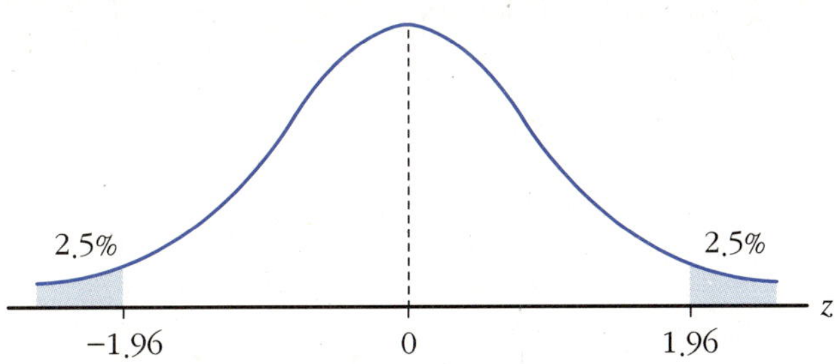


## 7.6 | 모집단비율의 신뢰구간

전체 시청자 중 몇 %가 특정 TV프로그램을 시청하는가 등과 같은 문제는 흔히 부딪치는 통계적 문제인데, 이런 경우에는 다음과 같이 계산하는 표본비율을 많이 이용한다.

표본비율

$$\hat{p}=\frac{Y}{n} \tag{7.3}$$

위에서 $Y$는 특정 프로그램을 시청하는 시청자의 수이며, $n$은 표본조사에 포함

된 시청자의 총수를 나타낸다. 이러한 유형의 문제에서도 모집단 전체를 대상으로 조사하는 것은 비현실적이므로, 일부를 표본으로 추출하여 이들의 시청 여부를 조사한 뒤 귀납적 추론을 이용하여 미지의 모집단비율($p$)을 추정하게 된다.

이 경우 역시 표본분포의 개념이 적용되는데, 시청자 전체의 모집단에서 크기가 $n$인 모든 가능한 표본을 취하여 특정 프로그램을 시청하는 시청자 비율을 계산한다고 가정해 보자. 모집단으로부터 $n$명을 추출하여 시청 여부를 조사하는 실험은 베르누이 과정이 되어 결과적으로 표본분포는 이항분포가 된다. 그러나, 표본의 크기가 커지게 되면 이항분포도 정규분포에 접근하게 되며, 표본의 크기가 100 이상이고 모집단비율이 0.1과 0.9 사이의 값을 취하게 되면 표본분포는 대략 정규분포와 동일한 형태를 취하게 된다. 표본분포의 평균은 이미 기술한 바와 같이 추정하고자 하는 미지의 모집단 비율과 같으며, 표본분포의 표준오차는 다음과 같다.

표본비율의 기대치와 표준오차

$$\text{기대치 } E(\hat{p}) = p$$

$$\text{표준오차 } \sigma_{\hat{p}} = \sqrt{\frac{p \times (1-p)}{n}} \quad \textbf{(7.4)}$$

위 식에서 $p$는 미지의 모집단 비율이며, 평균의 표본분포에서와 같이 표본의 크기 $n$이 커짐에 따라 표준오차의 값은 작아진다. 그러나, $p$값을 알아야 표준오차를 계산할 수 있는데, 이 값을 알 수 있다면 구태여 신뢰구간을 추정할 필요조차 없을 것이다. 따라서, 실제 추정과정에서는 $p$값 대신 표본비율인 $\hat{p}$를 이용하여 표준오차를 추정한다. 즉, 표준오차의 추정치는 다음과 같이 계산한다.

표준오차의 추정치

$$\sigma_{\hat{p}} = \sqrt{\frac{\hat{p} \times (1-\hat{p})}{n}} \quad \textbf{(7.5)}$$

이제 위에서 얻은 추정치를 이용하여 앞에서와 동일한 원리로 신뢰구간을 설정할 수 있다.

100(1 − $\alpha$)%의 신뢰수준에서 모집단비율의 신뢰구간

$$\hat{p} \pm Z_{\frac{\alpha}{2}} \times \sigma_{\hat{p}} \quad \text{또는} \quad \hat{p} \pm Z_{\frac{\alpha}{2}} \times \sqrt{\frac{\hat{p} \times (1-\hat{p})}{n}} \tag{7.6}$$

모 방송국 TV뉴스담당 국장은 자국 뉴스프로그램의 인기도를 조사하기 위해 부설연구소에 시청률 조사를 의뢰한 결과, 무작위로 선정한 1,000명의 시청자 중 570명이 자국 뉴스프로그램을 시청하는 것으로 나타났다. 이 경우 뉴스 시청률의 90%의 신뢰구간을 설정하고 이 조사결과가 의미하는 바를 살펴보기로 하자. 먼저 표본통계량인 표본비율은 전체 조사대상자 중 뉴스를 시청한 사람의 비율이므로 $\hat{p}=0.57$이 된다. 표준오차의 추정치는 이 표본비율을 이용하여 계산하면,

$$s_{\hat{p}} = \sqrt{\frac{(0.57)(1-0.57)}{1,000}} = 0.0157$$

이 된다. 〈표 7-2〉에서 90%에 해당하는 Z값이 1.645이므로 오차한계는 1.645 × 0.0157 = 0.0258이 된다. 따라서, 90% 신뢰구간은 (0.57 − 0.0258)과(0.57 + 0.0258) 사이가 된다. 다시 말해, 90%의 신뢰도로 54.42%와 59.58% 사이의 시청자가 자국 뉴스프로그램을 시청하고 있다고 볼 수 있다.

### 예제 | 7-3

한라자동차는 주력 상품으로 판매하고 있는 스포츠카 S815의 첫 2년간의 고장비율을 조사하고 있다. S815 소유자 400명을 임의로 선정하여 조사한 결과 100명이 한 번도 고장난 적이 없었다고 응답하였다. S815를 소유하고 있는 고객 전체 모집단 중 첫 2년간 한 번도 고장을 경험하지 않은 고객의 비율에 대한 90% 신뢰수준의 신뢰구간을 설정하시오.

**풀이**

표본비율 $\hat{p}$는 0.25이며 $\hat{p}$의 표준오차는 $\sqrt{(0.25)(0.75) \div 400} = 0.0217$이다. 표본의 크기가 400으로 상당히 크므로 $t$-분포 대신 정규분포를 이용해도 무방하다. 정규분포표를 이용하여 신뢰수준 90%에 해당하는 Z값을 찾아보면 1.645임을 알 수 있다. 따라서, 90% 신뢰구간은 다음과 같다.

$$0.25 - (1.645 \times 0.0217) \le p \le 0.25 + (1.645 \times 0.0217)$$

$$0.214 \le p \le 0.286$$

## 7.7 신뢰구간의 오차한계와 표본크기의 결정

지금까지 신뢰구간을 설명할 때 90% 또는 95% 신뢰도의 경우만을 고려하였다. 신뢰수준은 자신이 설정한 신뢰구간을 얼마나 믿을 수 있는가의 정도이다. 그러므로, 신뢰수준만을 생각한다면 높을수록 좋다. 80%의 신뢰도보다 95%의 신뢰도가 더 바람직할 것이다. 그렇다면 왜 95% 대신 100%의 신뢰도를 택하지 않는가?

이 점을 알아보기 위해 $\overline{X}=100$, $n=37$, $s=182.49$라 가정하고 80%, 95%, 99%의 신뢰구간을 설정해 본 뒤, 신뢰도와 오차한계 간의 관계를 알아보자. 〈표 7-3〉에서 80%, 95%, 99%에 해당하는 $t$값은 각각 1.306, 2.030, 2.722가 됨을 알 수 있다. 그러므로, 각 신뢰수준에 해당하는 신뢰구간은 각각

$$80\% : 100 \pm (1.306 \times 30),$$
$$95\% : 100 \pm (2.030 \times 30),$$
$$99\% : 100 \pm (2.722 \times 30)$$

이 된다. 여기서 30은 $182.49 \div \sqrt{37}$ 에서 나온 값이다. 신뢰도를 높게 설정할수록 오차한계가 증가하여 결과적으로 신뢰구간은 점점 더 넓어지게 된다. 그러나 신뢰구간이 넓어지면 넓어질수록 신뢰구간은 점점 더 무의미한 정보만을 제공해 줄 뿐이다.

사　장 : 김부장. 최근 출시한 충치예방치약은 다음 분기에 얼마나 팔릴 것으로 예상합니까?
김부장 : 90% 이상의 확률로 5만 상자 이상 팔릴 것으로 예상됩니다.
사　장 : 5만 상자 미만이 될 가능성도 상당하다는 뜻인데 좀더 확실하게 말해 줄 수 없는가?
김부장 : 네. 10상자 이상 팔릴 것은 100% 확실합니다.

김부장이 100% 확실하다고 한 정보는 90% 가능성을 갖는 정보보다 가치가 없

다. 마치 누가 "다음 시험에서 당신이 받을 점수는 확실히(100%) 0점과 100점 사이일 것이다"고 말하는 것은 별 의미가 없는 것과 마찬가지일 것이다. 일반적으로, 100%에 가까운 신뢰구간을 구하게 되면 그 구간은 너무 넓어져 신뢰구간이 주는 정보는 무의미해진다. $t$-분포 면적표에도 100% 신뢰도의 $t$값은 나와 있지 않다. $t$-분포곡선 아래의 전체 면적은 100%이나 양쪽 끝 값이 무한대이므로 100% 신뢰도의 경우 $t$값 역시 무한대가 된다. 따라서 100%의 신뢰구간은 100 ± (∞)(30), 즉 −∞에서 +∞가 된다. 이러한 신뢰구간은 아무 의미가 없을 것이다.

우리는 신뢰수준은 높고 신뢰구간은 좁기를 원한다. 그러나, 하나의 표본이 주어져 있을 때 이것을 동시에 달성할 수는 없다. 기본적으로 신뢰구간이 좁을수록 신뢰도는 떨어지고, 신뢰구간이 넓을수록 신뢰도는 높아진다. 그러므로, 신뢰구간을 설정할 때 다음 두 가지 중 하나를 선택할 수밖에 없다. 즉, 표본의 크기를 일정하게 둘 때에는 다음 중에서 하나를 선택해야 한다.

① 신뢰도가 낮더라도 신뢰구간을 좁게 할 것인가.

② 신뢰도를 높이기 위해 신뢰구간을 넓게 할 것인가.

일반적으로 90% 또는 95%의 신뢰수준이 많이 쓰이지만, 어느 수준의 신뢰도가 가장 적절한가를 판단할 수 있는 기준은 존재하지 않으며, 다만 정확도와 오차한계 사이의 상충관계에 따라 적정수준을 선정해야 한다.

그러나, 신뢰수준을 낮추지 않고도 신뢰구간의 폭을 줄일 수 있는 방법은 있다. 신뢰구간의 공식을 다시 한 번 써 보면 다음과 같다.

$$\overline{X} \pm \left( Z_{\frac{\alpha}{2}} \times \frac{s}{\sqrt{n}} \right)$$

$$\hat{p} \pm Z_{\frac{\alpha}{2}} \times \sqrt{\frac{\hat{p} \times (1-\hat{p})}{n}}$$

위의 식에서 오차한계를 줄일 수 있는 하나의 방법은 시간과 비용을 투자하여 표본의 크기 $n$을 크게 하는 것이다. 표본의 크기가 커지게 되면 표준오차가 감소하게 되고, 이는 다시 오차한계를 줄여 결과적으로 신뢰구간이 좁아지게 된다. 이제 오차한계 값이 $d$로 결정되어 있을 때 이를 만족시킬 수 있는 표본의 크기 $n$을 구하는 방법을 간략히 살펴보기로 하자.

모집단평균의 $100(1-\alpha)\%$ 신뢰구간에서 오차한계는 $Z_{\frac{\alpha}{2}} \times \frac{s}{\sqrt{n}}$로 정의된다. 만약 모집단 표준편차 $s$를 이미 알고 있다면 바람직한 크기의 신뢰구간을 얻을 수 있는 표본의 크기를 구할 수 있다. 신뢰구간의 크기는 오차한계의 두 배이므로 신뢰구간의 길이를 $2d$라 한다면,

$$d = Z_{\frac{\alpha}{2}} \times \frac{s}{\sqrt{n}} \Rightarrow n = \left( Z_{\frac{\alpha}{2}} \times \frac{s}{d} \right)^2$$

이 된다. 이 관계식을 이용하여 적당한 표본의 크기를 구할 수 있다. 다시 말해 모집단 평균의 $100(1-\alpha)\%$ 신뢰구간의 오차한계가 $d$가 되기 위한 표본의 크기는 다음 식을 만족하는 가장 작은 정수값이다.

오차한계가 $d$가 되기 위한 표본의 크기

$$Z_{\frac{\alpha}{2}} \times \frac{s}{\sqrt{n}} \Rightarrow n = \left( Z_{\frac{\alpha}{2}} \times \frac{s}{d} \right)^2 \tag{7.7}$$

**예제 | 7-4**

200g짜리 생선통조림을 생산하는 하나식품은 공정관리를 위해 통조림 함유량의 신뢰구간을 추정해 보고자 한다.

(a) 현재 생산되고 있는 통조림 함유량의 표준편차가 6g이라 할 때 95% 신뢰구간의 오차한계가 평균 함유량으로부터 2g이상 떨어지지 않도록 하기 위해서는 표본의 크기를 얼마로 해야 하는가?

(b) 통조림 함유량의 표준편차가 알려져 있지 않아 15개의 표본을 추출하여 표본의 표준편차를 구한 결과 $s=7.5$임을 알 수 있었다. 90% 신뢰구간의 오차한계가 평균함유량으로부터 2g 이상 떨어지지 않도록 하기 위해서는 표본의 크기를 얼마로 해야 하는가?

**풀이**

(a) $Z_{\frac{\alpha}{2}} = Z_{0.025} = 1.96$이므로 적정표본의 크기는 다음 식을 이용하여 구할 수 있다.

$$n \geq \left( (1.96)\left( \frac{6}{2} \right) \right)^2 = 34.57$$

따라서 $n=35$이다.

(b) 이 경우에는 $\sigma$ 대신 표본의 표준편차 s를 이용하면 된다. $Z_{\frac{\alpha}{2}} = Z_{0.05} = 1.64$이므로 다음 식을 통해 적정표본의 크기가 38임을 알 수 있다.

$$n \geq \left\{(1.64)\left(\frac{7.5}{2}\right)\right\}^2 = 37.82$$

## ■ 모집단비율 추정에서 표본 크기 결정

모집단비율의 $100(1-\alpha)\%$ 신뢰구간에서 오차한계는 $Z_{\frac{\alpha}{2}} \times \sqrt{\frac{p \times (1-p)}{n}}$ 로 주어진다. 따라서 모집단 평균추정에서와 같이 최대 오차한계를 $d$ 이하로 하기 위해 필요한 적정표본의 크기는 다음 식을 만족해야 한다.

$$d \geq Z_{\frac{\alpha}{2}} \times \sqrt{\frac{p(1-p)}{n}} \Rightarrow n \geq p(1-p)\left(\frac{Z_{\frac{\alpha}{2}}}{d}\right)^2 \qquad \textbf{(7.8)}$$

$p$값은 과거 경험이나 예비조사를 통해 얻은 값을 이용할 수 있다. 그러나, 이러한 자료가 없다면 보수적으로 표본의 크기를 정한다. $p(1-p)$가 최대값을 취할 때의 $p$값을 사용함으로써 보수적 $n$값을 구할 수 있다. 즉, $p(1-p)$는 $p=0.5$일 때 최대가 되므로 $p(1-p)$의 최대값은 0.25가 된다. 따라서, 이 경우 표본의 크기는 다음 식을 통해 결정한다.

$$n \geq (0.25)\left(\frac{Z_{\frac{\alpha}{2}}}{d}\right)^2 \qquad \textbf{(7.9)}$$

**예제 | 7-5**

하나백화점은 지난 달에 개설한 고객 서비스프로그램의 효과를 분석하기 위해 무작위로 고객을 추출하여 서비스 개선 여부를 조사하고자 한다. 서비스가 개선되었다는 의사를 표현하는 고객 비율에 대한 95% 신뢰구간을 구하고 싶다. 오차한계를 10% 미만으로 하기 위해서는 표본의 크기를 얼마로 해야 하는가?

**풀이**

$Z_{\frac{\alpha}{2}} = Z_{0.025} = 1.96$이므로 표본의 크기는 다음 식을 통해 97임을 알 수 있다.

$$n = 0.25\left(\frac{Z_{\frac{\alpha}{2}}}{d}\right)^2 = (0.25)\left(\frac{1.96}{0.1}\right)^2 = 96.04$$

## 7.8 모집단 평균차이의 신뢰구간

(주)성관은 두 개의 공장을 가동하고 있다. 두 공장은 동일한 제품을 생산하고 있으나, 공장 $A$는 품질관리 분임조활동을 활발히 전개하고 있으며 공장 $B$는 아직 분임조 활동을 도입하지 않은 상태이다. 이 회사는 다른 모든 작업여건이 같다고 가정할 때 품질관리 분임조의 도입이 생산성 향상에 기여할 수 있는가를 알아보고 싶다. 두 공장의 노동생산성을 비교하기 위해, 각 공장에서 100명의 근로자를 무작위로 추출하여 월 평균생산성을 측정한 결과 다음과 같은 자료를 얻었다.

| 구분 | 표본의 크기 | 표본평균 | 표본분산 |
|---|---|---|---|
| 공장 $A$ | 100 | 210 | 900 |
| 공장 $B$ | 100 | 190 | 700 |

위의 자료를 보면, 분임조 활동을 도입한 공장 $A$의 평균생산량은 210으로 공장 $B$의 평균생산량보다 20만큼 더 많다. 이러한 차이로 공장 $A$의 생산성이 공장 $B$의 생산성보다 높다고 말할 수 있을까? 물론 다음 제8장에서 논의하게 될 가설의 검정을 통해서도 이 문제를 분석할 수 있지만, 신뢰구간의 개념을 이용하여 이 문제를 분석해 보자.

공장 $A$의 평균생산성을 $\mu_A$라 하고 공장 $B$의 평균생산성을 $\mu_B$라 한다면 두 모집단 평균의 차이에 대한 신뢰구간이란 바로 $\mu_A - \mu_B$가 속해 있을 신뢰구간을 의미한다. 이를 위해서는 두 모집단에서 추출한 표본의 평균값 차이인 $\overline{X}_A - \overline{X}_B$의 표본분포를 설정해야 한다.

이 표본분포의 평균은 모집단 평균의 차이인 $\mu_A - \mu_B$가 되지만, 표준편차 $\sigma_{\overline{X}_A - \overline{X}_B}$는 두 모집단의 분산에 대한 가정에 따라 추정방법이 달라진다. $\overline{X}_A$를 확률변수로 하는 표본분포의 분산(표준오차의 제곱)은 $\frac{\sigma_A^2}{n_A}$이며, $\overline{X}_B$를 확률변수로 하는 표본분포의 분산은 $\frac{\sigma_B^2}{n_B}$이므로, 모집단 분산 $\sigma_A^2$과 $\sigma_B^2$가 알려져 있는 경우 표준오차 $\sigma_{\overline{X}_A - \overline{X}_B}$는 다음과 같이 계산한다.(두 표본이 서로 독립적이라고 가정하고 있다.)

모집단 표준편차를 알고 있을 때의 표준오차

$$\sigma_{\overline{X}_A - \overline{X}_B} = \sqrt{\frac{\sigma_A^2}{n_A} + \frac{\sigma_B^2}{n_B}} \qquad (7.10)$$

그러나, 두 모집단의 분산값을 알 수 없을 경우에는 표본의 표준편차인 $s_A$, $s_B$를 이용하여 계산할 수밖에 없다. 즉, $\sigma_A$와 $\sigma_B$ 대신에 $s_A$와 $s_B$를 이용하여, 평균차이의 표준오차는 다음과 같은 공식으로 구한다.

모집단 표준편차를 알 수 없고 대표본일 때의 표준오차

$$\sigma_{\overline{X}_A - \overline{X}_B} = \sqrt{\frac{s_A^2}{n_A} + \frac{s_B^2}{n_B}} \qquad (7.11)$$

다만, 이 공식은 모집단에서 추출하고자 하는 표본의 크기가 충분히 큰 경우(대표본의 경우, 즉 $n_A \geq 30$, $n_B \geq 30$)에 한정한다.

일단 표본분포의 표준오차가 구해지면 정규분포를 이용하여 다음과 같이 두 모집단평균의 차이의 $100(1-\alpha)\%$ 신뢰구간을 구할 수 있다.

$$(\overline{X}_A - \overline{X}_B) \pm (Z_{\frac{\alpha}{2}} \times \text{표준오차})$$

또는

100(1−α)% 신뢰수준의 신뢰구간

$$(\overline{X}_A - \overline{X}_B) \pm Z_{\frac{\alpha}{2}} \sqrt{\frac{s_A^2}{n_A} + \frac{s_B^2}{n_B}} \tag{7.12}$$

앞에서 예로 든 문제에 이 공식을 적용하여 95% 신뢰구간을 구해 보면 다음과 같다.

$$\overline{X}_A - \overline{X}_B = 210 - 190 = 20$$

$$\sqrt{\frac{s_A^2}{n_A} + \frac{s_B^2}{n_B}} = \sqrt{\frac{900}{100} + \frac{700}{100}} = 4$$

$$\begin{aligned} \therefore\ (\overline{X}_A - \overline{X}_B) \pm Z_{\frac{\alpha}{2}} \sqrt{\frac{s_A^2}{n_A} + \frac{s_B^2}{n_B}} &= 20 \pm (1.96)(4) \\ &= 20 \pm 7.84 \\ &= (12.16,\ 27.84) \end{aligned}$$

**예제 | 7-6**

두 자동차회사 *A*, *B*에서 생산된 동급 차종의 리터당 주행거리에 차이가 있는지 알아보기 위해 *A*, *B* 두 회사제품의 차량을 각각 30대씩 표본으로 하여 조사한 결과 다음과 같은 자료를 얻을 수 있었다. 두 회사제품의 주행거리의 차이에 대한 90% 신뢰수준의 신뢰구간을 구하시오.

| | *A*사 | *B*사 |
|---|---|---|
| 평균주행거리 | 15.3 | 14.6 |
| 표준편차 | 1.1 | 0.9 |

**풀이**

우선 두 평균값의 차이와 표준오차를 구해 보면 다음과 같다.

$$\overline{X}_A - \overline{X}_B = 15.3 - 14.6 = 0.7$$

$$\sqrt{\frac{s_A^2}{n_A} + \frac{s_B^2}{n_B}} = \sqrt{\frac{1.1^2}{30} + \frac{0.9^2}{30}} = 0.26$$

그러므로, 90% 신뢰수준의 신뢰구간은 다음과 같다.

$$(\overline{X}_A - \overline{X}_B) \pm Z_{\frac{\alpha}{2}} \sqrt{\frac{s_A^2}{n_A} + \frac{s_B^2}{n_B}} = 0.7 \pm (1.645)(0.26)$$
$$= 0.7 \pm 0.4277 = (0.2723,\ 1.1277)$$

앞에서의 논의는 표본의 크기가 충분히 큰 경우였다. 그러나, 모집단 분산을 알 수 없으며 표본의 크기도 그리 크지 못할 때, 즉 각 표본의 크기가 30 미만으로 소표본이면($n_A < 30$, $n_B < 30$), 위의 공식을 적용할 수 없다. 이 경우에는 대신에 두 모집단의 표준편차가 동일하다고 가정할 수 있다면, 다음과 같이 정의되는 합동분산(pooled variance)을 이용하여 평균 차이의 표준오차를 추정하게 된다.

모집단 표준편차를 알 수 없고 표본의 크기가 작은 경우

모집단의 분산을 모르는 소표본의 경우 $\sigma_1^2 = \sigma_2^2$의 가정을 도입하였으므로 표본분산 $S_1^2$과 $S_2^2$을 자유도에 따라 가중평균한 값으로 $S_p^2$을 계산한다.

합동분산 $$s_p^2 = \frac{n_A - 1}{n_A + n_B - 2} \cdot S_A^2 + \frac{n_B - 1}{n_A + n_B - 2} \cdot S_B^2 = \frac{(n_A - 1)s_A^2 + (n_B - 1)s_B^2}{n_A + n_B - 2} \quad \textbf{(7.13)}$$

표준오차 $$s_{\overline{X}_A - \overline{X}_B} = s_p \sqrt{\frac{1}{n_A} + \frac{1}{n_B}}$$

이제 표본의 크기가 작아 정규분포를 사용할 수 없으므로, 표준오차가 $s_{\overline{X}_A - \overline{X}_B}$이고 자유도가 $(n_A + n_B - 2)$인 $t$-분포를 이용하여 앞에서와 동일한 원리로 $100(1-\alpha)\%$ 신뢰구간을 구할 수 있다.

$$(\overline{X}_A - \overline{X}_B) \pm t_{\frac{\alpha}{2}} \times s_p \sqrt{\frac{1}{n_A} + \frac{1}{n_B}} \quad \textbf{(7.14)}$$

**예제 | 7-7**

한국교육연구소는 고등학생을 대상으로 새로운 수학 학습프로그램을 개발하였다. 22명의 학생을 임의로 선정하여 그 중 12명은 전통적인 강의 위주의 학습프로그램에 배정하고 나머지 10명은 새로운 학습프로그램에 배정하여 3개월 후 학습효과를 측정하였다. 이들 두 그룹 학생들의 성적을 요약하면 다음과 같다. 이 두 프로그램에 참여한 학생들의 평균성적 차이의 90% 신뢰수준의 신뢰구간을 구하시오.

| | $n$ | 평균성적 | 표준편차 |
|---|---|---|---|
| 전통적인 학습프로그램 | 12 | 85 | 4 |
| 새로운 학습프로그램 | 10 | 81 | 5 |

**풀이**

이 문제에서 모집단 표준편차를 알 수 없으므로 표본에서 구한 값을 이용해야 한다. 각 표본의 크기가 충분히 크지 않지만 두 집단의 표준편차가 동일하다고 가정할 수 있으므로 합동분산을 이용하여 표준오차를 계산한다.

$$(\overline{X}_A - \overline{X}_B) \pm t_{\frac{\alpha}{2}} \times s_p \sqrt{\frac{1}{n_A} + \frac{1}{n_B}} = 4 \pm 1.725 \times \sqrt{\frac{11 \times 4^2 + 9 \times 5^2}{12+10-2}} \times \sqrt{\frac{1}{12} + \frac{1}{10}}$$

$$= 4 \pm (1.725)(4.478)\,0.428$$
$$= 4 \pm 3.307$$
$$= (0.693,\ 7.307)$$

위에서 $t$값 1.725는 자유도가 $(12+10-2)=20$일 때, 양쪽 끝 부분의 확률이 각각 5%가 되는 값이다.

## 7.9 | 모집단 비율차이의 신뢰구간

한국그룹은 그룹 전체의 이미지 개선을 위해 하나광고에 10분 짜리 기업홍보 프로그램 제작을 의뢰하였다. 성별에 따라 시제품 프로그램의 홍보효과가 달라지는지 여부를 알아보기 위해, 무작위로 남녀 각 100명씩을 추출하여 이 프로그램을 시청하도록 하였다.

이 프로그램을 시청하고 호의적인 반응을 보인 남성소비자와 여성소비자의 비율을 각각 $p_1$과 $p_2$라 정의하면 두 모집단비율의 차이의 신뢰구간이란 바로 $(p_1-p_2)$가 속해 있을 신뢰구간을 의미한다. 이 구간을 계산하기 위해서는 두 모집단에서 추출한 표본비율의 차이인 $(\hat{p}_1-\hat{p}_2)$를 변수로 하는 표본분포를 설정해야 한다.

표본비율 $\hat{p}_1$의 분산(표준오차의 제곱)은 $\hat{p}_1(1-\hat{p}_1)/n_1$이며, 표본비율 $\hat{p}_2$의 분산은 $\hat{p}_2(1-\hat{p}_1)/n_2$으로 추정된다. 그러므로, 표본비율의 차이 $\hat{p}_1-\hat{p}_2$의 표준오차는 다음과 같은 형태를 취한다.

$$\sigma_{\hat{p}_1-\hat{p}_2}=\sqrt{\frac{\hat{p}_1(1-\hat{p}_1)}{n_1}+\frac{\hat{p}_2(1-\hat{p}_2)}{n_2}} \qquad (7.15)$$

일단 표본분포의 표준오차가 구해지면 정규분포를 이용하여 다음과 같이 두 모집단비율 차이의 $100(1-\alpha)\%$ 신뢰구간을 구할 수 있다.

$$(\hat{p}_1-\hat{p}_2)\pm Z_{\frac{\alpha}{2}}\times \text{표준오차}$$

또는

$$(\hat{p}_1-\hat{p}_2)\pm Z_{\frac{\alpha}{2}}\sqrt{\frac{\hat{p}_1(1-\hat{p}_1)}{n_1}+\frac{\hat{p}_2(1-\hat{p}_2)}{n_2}} \qquad (7.16)$$

실험을 통하여 조사한 결과 프로그램을 시청한 100명의 남성소비자 중 80명이 호의적인 반응을 보였고, 여성소비자는 100명 중 65명이 호의적인 반응을 보였다고 하자. 즉, $\hat{p}_1=0.8$, $\hat{p}_2=0.65$, $n_1=n_2=100$이므로 표준오차는 다음과 같이 계산된다.

$$s_{\hat{p}_1-\hat{p}_2}=\sqrt{\frac{(0.8)(0.2)}{100}+\frac{(0.65)(0.35)}{100}}=0.0622$$

그러므로, 95% 신뢰구간은 앞의 공식을 이용하면 다음과 같이 된다.

$$(\hat{p}_1 - \hat{p}_2) \pm Z_{\frac{\alpha}{2}} \times \text{표준오차}$$
$$= 0.15 \pm (1.96)(0.622)$$
$$= 0.15 \pm 0.122$$
$$= (0.028,\ 0.272)$$

실험조사 결과에서 시제품 홍보프로그램은 여성보다 남성에게 더 호의적인 것으로 나타났으며, 그 차이는 95%의 신뢰도 수준에서 최소한 2.8%에서 최대 27.2%의 범위에 있다고 말할 수 있다.

### 예제 | 7-8

한국교원연금관리공단은 정년퇴직 후 연금을 일시불로 받을 사람의 비율을 알아보기 위해 사립학교 교직원 1,000명과 국·공립학교 교직원 1,000명을 무작위로 추출하여 조사하였다. 사립학교와 국·공립학교 교직원 중 연금을 일시불로 받을 사람의 비율의 차이에 대한 99% 신뢰수준의 신뢰구간을 구하시오.

| | 일시불 | 매년 일정액 수령 |
|---|---|---|
| 사립학교 | 700 | 300 |
| 국·공립학교 | 750 | 250 |

**풀이**

사립학교와 국·공립학교 교직원 중 연금을 일시불로 받을 사람의 비율을 각각 $p_1$과 $p_2$라 한다면, 이들의 추정치와 그 차이의 표준오차는 다음과 같다.

$$\hat{p}_1 = 0.7,\ \hat{p}_2 = 0.75,\ n_1 = n_2 = 1000$$

$$s_{\hat{p}_1 - \hat{p}_2} = \sqrt{\frac{(0.7)(0.3)}{1000} + \frac{(0.75)(0.25)}{1000}} = 0.02$$

한편 $Z_{\frac{\alpha}{2}} = Z_{0.005} = 2.575$이므로 두 모집단비율 차이의 99% 신뢰구간은 다음과 같다.

$$(0.7 - 0.75) \pm (2.575)(0.02) = -0.05 \pm 0.0515$$
$$= (-0.1015,\ 0.0015)$$

# 7.10 | 예측구간 및 요약

지금까지 논의한 신뢰구간은 일정 확률 이상으로 모집단 평균이 위치할 상한과 하한이다. 관심의 대상이 모집단 전체의 특성(평균과 같은 요약척도)이라면 신뢰구간으로 충분하다. 그러나, 모집단 내의 한 개체에 관심이 있다면, 신뢰구간은 적당하지 않다. 이러한 경우에 사용되는 예측구간(prediction interval)은 모집단에서 새로운 관측치를 얻을 때 그 값에 대한 정보를 제공한다.

## 7.10.1 예측구간

크기가 $n$인 표본에서 계산한 평균이 $\overline{X}$이고 표준편차가 $s$라고 하자. 이 표본집단을 얻은 모집단에서 임의로 하나를 더 뽑을 때 관측값은 어떤 값을 가질가? 이 때 사용하는 불확실성 척도는 표준예측오차(standard error of prediction)이다. 이것은 표본평균과 새로 뽑은 표본값 사이의 거리에 대한 변동성으로 다음과 같다.

$$\text{예측표준오차} = s\sqrt{1+\frac{1}{n}}$$

위의 예측오차는 표본의 표준편차($s$)보다 더 크다. 이것은 예측구간에서는 표본평균의 불확실성($s/\sqrt{n}$)뿐만 아니라 모집단 개체의 변동성을 결합해야 하기 때문이다.

$(1-\alpha)\times 100\%$ 예측구간

$$\overline{X} \pm t_{\frac{\alpha}{2}}\, s\sqrt{1+\frac{1}{n}} \qquad (7.17)$$

**예제 | 7-9**

생산시스템에서 부자재의 주문시기는 중요하다. 너무 일찍 주문하면, 자본비용과 보관비용이 발생하고 너무 늦으면 생산에 차질이 생긴다. 어떤 금형제작업체에 대한 최근 8건의 주문에 대해 납품까지의 시간을 조사한 결과, (10, 9, 7, 10, 3, 9, 12, 5)로 나타났다. 이 업체에 오늘 발송한 한 건의 주문의 납기에 대한 90% 예측구간을 설정하라.

**풀이**

$\overline{X}=8.125$일, $s=2.95$일, 예측오차$=(2.95)\left(\sqrt{1+\frac{1}{8}}\right)=3.13$

90%신뢰도 예측구간 : $8.125\pm(1.895)(3.13)=(2.195,\ 14.055)$

### 7.10.2 신뢰구간 설정공식의 요약

지금까지 평균과 비율의 신뢰구간, 두 모집단의 평균치 차이의 신뢰구간 그리고 두 모집단의 비율차이의 신뢰구간 설정방법에 대해 간략히 살펴보았다. 이제 마지막으로 지금까지 살펴본 신뢰구간 설정방법을 종합하여 정리해 보면 (표 7-4)와 같다.

**표 7-4 | 100(1-$\alpha$)% 신뢰구간의 설정공식**

| 추정하고자 하는 모수 | 표준편차에 관한 가정 | 100(1-$\alpha$)% 신뢰구간 |
|---|---|---|
| 평 균 | $\sigma$가 알려져 있음 | $\overline{X}+Z_{\frac{\alpha}{2}}\frac{\sigma}{\sqrt{n}}<\mu<\overline{X}-Z_{\frac{\alpha}{2}}\frac{\sigma}{\sqrt{n}}$ |
| | $\sigma$가 알려져 있지 않고 $n\geq 30$ | $\overline{X}+Z_{\frac{\alpha}{2}}\frac{s}{\sqrt{n}}<\mu<\overline{X}-Z_{\frac{\alpha}{2}}\frac{s}{\sqrt{n}}$ |
| | $\sigma$가 알려져 있지 않고 $n<30$ | $\overline{X}+t_{\frac{\alpha}{2}}\frac{s}{\sqrt{n}}<\mu<\overline{X}-t_{\frac{\alpha}{2}}\frac{s}{\sqrt{n}}$ |
| 비 율 | | $\hat{p}+Z_{\frac{\alpha}{2}}\sqrt{\frac{\hat{p}(1-\hat{p})}{n}}<p<\hat{p}-Z_{\frac{\alpha}{2}}\sqrt{\frac{\hat{p}(1-\hat{p})}{n}}$ |
| 두 모집단 평균의 차이 | $\sigma_1$과 $\sigma_2$가 알려져 있음 | $(\overline{X}_1-\overline{X}_2)-Z_{\frac{\alpha}{2}}\sqrt{\frac{\sigma_1^2}{n_1}+\frac{\sigma_2^2}{n_2}}<\mu_1-\mu_2$ <br> $<(\overline{X}_1-\overline{X}_2)+Z_{\frac{\alpha}{2}}\sqrt{\frac{\sigma_1^2}{n_1}+\frac{\sigma_2^2}{n_2}}$ |
| | $\sigma_1$과 $\sigma_2$를 알 수 없으나 $n_1\geq 30,\ n_2\geq 30$ | $(\overline{X}_1-\overline{X}_2)-Z_{\frac{\alpha}{2}}\sqrt{\frac{s_1^2}{n_1}+\frac{s_2^2}{n_2}}<\mu_1-\mu_2$ <br> $<(\overline{X}_1-\overline{X}_2)+Z_{\frac{\alpha}{2}}\sqrt{\frac{s_1^2}{n_1}+\frac{s_2^2}{n_2}}$ |
| | $\sigma_1$과 $\sigma_2$를 모르나 $\sigma_1=\sigma_2$이고 $n_1<30,\ n_2<30$ | $(\overline{X}_1-\overline{X}_2)+t_{\frac{\alpha}{2}}\sqrt{\frac{1}{n_1}+\frac{1}{n_2}}\sqrt{\frac{(n_1-1)s_1^2+(n_2-1)s_2^2}{n_1+n_2-2}}$ <br> $<\mu_1-\mu_2<$ <br> $(\overline{X}_1-\overline{X}_2)+t_{\frac{\alpha}{2}}\sqrt{\frac{1}{n_1}+\frac{1}{n_2}}\sqrt{\frac{(n_1-1)s_1^2+(n_2-1)s_2^2}{n_1+n_2-2}}$ |
| 두 모집단 비율의 차이 | | $(\hat{p}_1-\hat{p}_2)-Z_{\frac{\alpha}{2}}\sqrt{\frac{\hat{p}_1(1-\hat{p}_1)}{n_1}+\frac{\hat{p}_2(1-\hat{p}_2)}{n_2}}<p_1-p_2$ <br> $<(\hat{p}_1-\hat{p}_2)+Z_{\frac{\alpha}{2}}\sqrt{\frac{\hat{p}_1(1-\hat{p}_1)}{n_1}+\frac{\hat{p}_2(-\hat{p}_2)}{n_2}}$ |

## A7.1 EXCEL을 이용한 신뢰구간 추정 방법

본절에서는 모집단의 평균에 관한 신뢰구간을 EXCEL을 이용하여 얻는 방법을 설명한다.

(가) 정규분포에 의한 신뢰구간의 추정

본문에서 설명하였듯이, 정규분포를 이용하기 위해서는 모집단의 표준편차($\sigma$)를 알고 있어야 한다. 그렇지 않을 경우에는 곧이어 설명하는 Student-$t$분포를 이용하여야 한다. 아래의 예에서는 모집단의 표준편차가 0.5로 알려져 있다고 가정한 후, 모집단의 평균($\mu$)에 관한 신뢰구간을 추정하였다.

**01** 모집단으로부터 추출한 표본자료를 열A에 입력시킨다.

**02** A3.1에서 설명한 방법에 따라 표본의 기술통계량들(descriptive statistics)을 열C와 열D에 출력시킨다. 이는 신뢰구간의 추정에 필요한 표본평균($\overline{X}$)과 관측수($n$)를 얻기 위해서이다.

**03** [그림 A7-1]에서와 같이 열F와 열G에 제목과 설명문을 입력시킨다.

**04** 열H에 입력시킬 공식들에 열G에서 정한 이름들을 사용하기 위해서는, 먼저 칸 G6:H7, G9:H10, G12:H15, 그리고 G17:H18을 선택해야 한다. (이러한 여러 칸들의 선택을 위해서는 먼저 G6:H7을 선택한 후, Ctrl Key를 누른 채로 다른 칸들을 차례로 선택하면 된다.)

**그림 A7-1** 정규포를 이용한 신뢰구간 추정에 필요한 설명문과 공식들

| | A | B | C | D | E | F | G | H | I | J | K |
|---|---|---|---|---|---|---|---|---|---|---|---|
| 1 | | | | | | | | | | | |
| 2 | 측정치 | | | | | 정규분포를 이용한 | | | | | |
| 3 | 6.0 | | 측정치 | | | 모집단 평균의 신뢰구간 | | | | | |
| 4 | 7.0 | | | | | | | | | | |
| 5 | 7.2 | | 평균 | 6.525 | | 데이터 | | | | | |
| 6 | 7.0 | | 표준오차 | 0.122 | | | 관측수 | 20 | | | |
| 7 | 6.0 | | 중앙값 | 6.45 | | | 평균 | 6.525 | | | |
| 8 | 7.3 | | 최빈값 | 6 | | 사용자 입력 | | | | | |
| 9 | 6.0 | | 표준 편차 | 0.544 | | | 표준편차 | 0.5 | | | |
| 10 | 6.6 | | 분산 | 0.296 | | | 신뢰수준 | 0.95 | | | |
| 11 | 6.3 | | 첨도 | -0.876 | | 계산된 값들 | | | | | |
| 12 | 5.7 | | 왜도 | 0.388 | | | 표준오차 | =표준편차/SQRT(관측수) | | | |
| 13 | 6.5 | | 범위 | 1.9 | | | z | =NORMSINV(0.5+신뢰수준/2) | | | |
| 14 | 6.5 | | 최소값 | 5.7 | | | 신뢰구간의절반 | =z*표준오차 | | | |
| 15 | 7.6 | | 최대값 | 7.6 | | | 엑셀 함수의 사용 | =CONFIDENCE(1-신뢰수준, 표준편차, 관측수) | | | |
| 16 | 6.2 | | 합 | 130.5 | | 신뢰구간 | | | | | |
| 17 | 5.8 | | 관측수 | 20 | | | 하한값 | =평균-신뢰구간의절반 | | | |
| 18 | 6.2 | | 신뢰 수준(95.0%) | 0.254 | | | 상한값 | =평균+신뢰구간의절반 | | | |
| 19 | 6.4 | | | | | | | | | | |
| 20 | 6.2 | | | | | | | | | | |
| 21 | 7.2 | | | | | | | | | | |
| 22 | 6.8 | | | | | | | | | | |

**05** Alt Key를 누른 다음, 메뉴에서 삽입(I), 이름(N), 작성(C)을 차례로 선택한다. 이름 작성 상자에서 왼쪽 열(L)을 선택한 후 확인을 클릭한다.

**06** [그림 A7-1]과 같이 공식들을 칸 H12:H15와 H17:H18에 입력한다.

**07** 관측수와 표본평균의 값을 칸H6:H7에 입력시킨다. 또한, 사용자 입력 사항인 표준편차에는 위에서 가정한 대로 0.5를, 신뢰수준에는 원하는 신뢰수준을 각각 해당 칸에 입력시킨다.

**08** [그림 A7-2]는 정규분포에 의한 신뢰구간 추정의 결과이다.

**그림 A7-2** 정규분포를 이용하여 추정한 신뢰구간

| | A | B | C |
|---|---|---|---|
| 1 | | | |
| 2 | **정규분포를 이용한** | | |
| 3 | **모집단 평균의 신뢰구간** | | |
| 4 | | | |
| 5 | **데이터** | | |
| 6 | | 관측수 | 20 |
| 7 | | 평균 | 6.525 |
| 8 | **사용자 입력** | | |
| 9 | | 표준편차 | 0.5 |
| 10 | | 신뢰수준 | 0.95 |
| 11 | **계산된 값들** | | |
| 12 | | 표준오차 | 0.1118034 |
| 13 | | z | 1.95996108 |
| 14 | | 신뢰구간의절반 | 0.21913031 |
| 15 | | 엑셀함수의 사용 | 0.21913031 |
| 16 | **신뢰구간** | | |
| 17 | | 하한값 | 6.30586969 |
| 18 | | 상한값 | 6.74413031 |
| 19 | | | |

(나) Student-$t$ 분포에 의한 신뢰구간의 추정

본문에서 설명하였듯이, 모집단의 표준편차($\sigma$)를 모를 경우에는 표본표준편차(s)를 대신 사용하는데, 그 결과 $t$분포를 이용하여야 한다.

**01** 모집단으로부터 추출한 표본자료를 열A에 입력시킨다.

**02** A3.1에서 설명한 방법에 따라 표본의 기술통계량들(descriptive statistics)을 열C와 열D에 출력시킨다. 이는 신뢰구간의 추정에 필요한 표본평균($\overline{X}$), 표본표준오차($s$), 그리고 관측수($n$)를 얻기 위해서이다.

**03** [그림 A7-3]에서와 같이 열F와 열G에 제목과 설명문을 입력시킨다.

**04** 열H에 입력시킬 공식들에 열G에서 정한 이름들을 사용하기 위해서는, 먼저 칸 G6:H8, G10:H10, G12:H15, 그리고 G17:H18을 선택해야 한다. (이러한 여러 칸들의 선택을 위해서는 먼저 G6:H8을 선택한 후, Ctrl Key를 누른 채로 다른 칸들을 차례로 선택하면 된다.)

**05** 메뉴에서 Alt Key를 누른 다음, 삽입(I), 이름(N), 작성(C)을 차례로 선택한다. 이름 작성 상자에서 왼쪽 열(L)을 선택한 후 확인을 클릭한다.

**06** [그림 A7-3]과 같이 공식들을 칸 H12:H15와 H17:H18에 입력한다.

**07** 관측수, 표본평균 그리고 표본표준편차의 값을 칸H6:H8에 입력시킨다. 또한, 사용자 입력 사항인 신뢰수준에는 원하는 신뢰수준을 칸H10에 입력시킨다.

**그림 A7-3**

$t$ 분포를 이용한 신뢰구간 추정에 필요한 설명문과 공식들

| | A | B | C | D | E | F | G | H | I | J |
|---|---|---|---|---|---|---|---|---|---|---|
| 1 | | | | | | | | | | |
| 2 | 측정치 | | | | | t 분포를 이용한 | | | | |
| 3 | 6.0 | | 측정치 | | | 모집단 평균의 신뢰구간 추정 | | | | |
| 4 | 7.0 | | | | | | | | | |
| 5 | 7.2 | | 평균 | 6.525 | | 데이터 | | | | |
| 6 | 7.0 | | 표준오차 | 0.122 | | | 관측수 | 20 | | |
| 7 | 6.0 | | 중앙값 | 6.45 | | | 평균 | 6.525 | | |
| 8 | 7.3 | | 최빈값 | 6 | | | 표준편차 | 0.544 | | |
| 9 | 6.0 | | 표준 편차 | 0.544 | | 사용자 입력 | | | | |
| 10 | 6.6 | | 분산 | 0.296 | | | 신뢰수준 | 0.95 | | |
| 11 | 6.3 | | 첨도 | -0.876 | | 계산된 값들 | | | | |
| 12 | 5.7 | | 왜도 | 0.388 | | | 표준오차 | =표준편차/SQRT(관측수) | | |
| 13 | 6.5 | | 범위 | 1.9 | | | 자유도 | =관측수-1 | | |
| 14 | 6.5 | | 최소값 | 5.7 | | | t | =TINV(1-신뢰수준,자유도) | | |
| 15 | 7.6 | | 최대값 | 7.6 | | | 신뢰구간의 절반 | =t *표준오차 | | |
| 16 | 6.2 | | 합 | 130.5 | | 신뢰구간 | | | | |
| 17 | 5.8 | | 관측수 | 20 | | | 하한값 | =평균-신뢰구간의절반 | | |
| 18 | 6.2 | | 신뢰 수준(95.0%) | 0.254 | | | 상한값 | =평균+신뢰구간의절반 | | |
| 19 | 6.4 | | | | | | | | | |
| 20 | 6.2 | | | | | | | | | |
| 21 | 7.2 | | | | | | | | | |

**08** [그림 A7-4]는 $t$분포에 의한 신뢰구간 추정의 결과이다.

Student $t$분포에 의하여 추정되는 신뢰구간을 EXCEL을 이용하여 구하는 또 다른 방법은, A3.1에서 설명한 도구(T), 데이터 분석(D), 기술통계법을 이용하는 것이다. 이때 원하는 신뢰수준을 입력시킬 수 있다. [그림 A7-3]에는 95% 신뢰구간의 오차 한계(즉, 신뢰구간의 절반)가 다른 기술통계량들과 함께 칸D18에 나타나 있다.

**그림 A7-4**

$t$-분포를 이용하여 추정한 신뢰구간

| ***t* 분포를 이용한** | | |
|---|---|---|
| **모집단 평균의 신뢰구간 추정** | | |
| | | |
| **데이터** | | |
| | 관측수 | 20 |
| | 평균 | 6.525 |
| | 표준편차 | 0.544 |
| **사용자 입력** | | |
| | 신뢰수준 | 0.95 |
| **계산된 값들** | | |
| | 표준오차 | 0.121642 |
| | 자유도 | 19 |
| | *t* | 2.093025 |
| | 신뢰구간의 절반 | 0.2546 |
| **신뢰구간** | | |
| | 하한값 | 6.2704 |
| | 상한값 | 6.7796 |

## 연습문제

**01** 새로 설립된 한국정기간행물 총판은 서을 경기지역의 가구당 정기간행물 구독 건수를 조사하고자 한다. 해당 지역에서 401가구를 무작위로 추출하여 조사한 결과 $\sum_{i=1}^{400} X_i = 785$, $\sum_{i=1}^{400} (X_i - \overline{X})^2 = 39,900$인 것으로 나타났다. 앞에서 $X_i$는 $i$번째 가구가 구독하는 정기간행물의 수를 나타낸다. 99%의 신뢰도로 서울 · 경기 지역의 가구당 평균 정기간행물 구독수의 신뢰구간을 추정하시오.

**02** 새로운 통조림 가공기계를 도입한 하나식품은, 본격적인 가동에 들어가기 앞서 가공기계의 공정능력(process capability)을 테스트하고자 한다. 통조림 내용물의 중량 표준은 200g으로 이를 2g 이상 초과해도 곤란하며, 2g 이상 부족해도 문제가 발생한다. 2일간의 시험가동에서 생산된 통조림 3,600개의 평균중량 $\overline{X}$는 201g, 표준편차 $s$는 40g으로 나타났다. 만약 가공기계의 성능이 표준을 벗어나게 되는 경우에는 본격 가동에 앞서 기계설비를 조정해야 한다. 95%의 신뢰수준에서 의사결정을 내리시오.

**03** 하나컴퓨터주식회사는 현재 수학연산을 수행하는 표준컴퓨터 소자를 생산하고 있으나, 연산속도가 비교적 느려 1초에 50개의 제곱근 정도밖에 계산할 수 없다. 최근 10억원의 연구개발비를 투여하여 처리속도가 훨씬 빠르다고 생각되는 컴퓨터 소자 개발에 성공하였으나, 그 빠르기가 어느 정도인지 확실히 알 수 없어 귀납적 추론방법을 통해 분석해 보고자 한다. 생산라인에서 17개의 소자를 임의로 추출하여 초당 제곱근 계산횟수를 측정한 결과 다음과 같은 자료를 수집할 수 있었다. 99% 신뢰수준의 신뢰구간을 구하시오.

| | | | | | |
|---|---|---|---|---|---|
| 3,500 | 3,600 | 3,900 | 4,100 | 3,500 | 3,600 |
| 3,600 | 3,600 | 3,700 | 3,600 | 3,100 | 3,700 |
| 3,600 | 3,600 | 3,300 | 3,600 | 3,600 | |

**04** 정부는 종합복지대책의 일환으로 일정지역 내의 4인 가족 연평균소득이 650만원에 미달할 경우 지역개발지원대책으로 매년 일정액의 개발보조금을 지원해 주고자 한다. 지원계획을 담당하고 있는 공무원은 시간과 비용문제로 인해 모든 가구를 다 조사할 수 없어 귀납적 추론방법을 이용하여 주민들의 평균소득을 추정하고자 한다. 이를 위해 임의로 4인 가족 10가구를 추출하여 이들의 평균소득을 조사한 결과 다음과 같은 자료를 수집할 수 있었다. 이 지역에 개발보조금을

지원해야 하는가?(95% 단측신뢰구간을 이용하시오)

| 540만원 | 600만원 | 660만원 | 650만원 | 630만원 |
|---|---|---|---|---|
| 560만원 | 640만원 | 650만원 | 640만원 | 630만원 |

**05** 카메라용 플래시를 생산하는 금잔디기업은 최근 들어 손쉽게 사용할 수 있는 플래시를 개발하였다. 새로운 타입의 플래시 전구가 적정한 시간에 알맞은 빛을 내는가를 분석하기 위해 1,000개의 표본을 추출하여 직접 실험한 결과, 1,000개 중 제 기능을 발휘하는 전구는 920개인 것으로 나타났다. 제 기능을 발휘하는 전구비율의 90% 신뢰수준의 신뢰구간을 구하시오.

**06** 강의평가위원회에서는 통계학 강의가 재미있다고 생각하는 수강생의 비율을 알아보기 위해 900명을 무작위로 추출하여 조사한 결과 50명만이 재미있다고 응답하였다. 전체 학생 중 통계학에 흥미를 느낀 학생의 비율에 대한 95% 신뢰수준의 신뢰구간을 구하시오.

**07** 소비자협회는 가구당 월 평균저축 금액을 추정하기 위해 표본조사를 계획하고 있다.

① 가구당 저축금액의 표준편차가 대략 12만원이라 할 때, 95% 신뢰구간의 오차한계가 평균저축액에서 3만원 이상 떨어지지 않도록 하기 위해서는 표본의 크기를 얼마로 해야 하나?

② 예비조사를 통해 저축액의 표준편차가 9.5만원이라는 것이 밝혀졌다면, 90% 신뢰구간의 오차한계가 평균저축액에서 3만원 이상 떨어지지 않도록 하기 위해서는 표본의 크기를 얼마로 해야 하나?

**08** 하나백화점은 지난 달에 개설한 고객 서비스프로그램의 효과를 분석하기 위해, 무작위로 고객을 추출하여 서비스 개선 여부를 조사하고자 한다. 서비스가 개선되었다는 의사를 표현하는 고객 비율에 대한 95% 신뢰수준의 신뢰구간을 구하고 싶다. 오차한계를 10% 미만으로 하기 위해서는 표본의 크기를 얼마로 해야 하는가?

**09** CKBS는 상반기 프로그램 개편에 저녁 뉴스프로의 시청률을 조사하고자 한다. 시청률의 95% 신뢰수준의 신뢰구간의 오차한계가 3% 이하가 되도록 하기 위해서는 표본의 크기를 얼마로 해야 하나?

**10** 한국합판은 두 군데의 공장에서 1.2m×2.4m짜리 합판을 생산하고 있다. 제1공장에서 100장의 합판을 추출하여 불량수준을 분석한 결과, 합판 한 장당 평균결점수는 3이며 표준편차는 1.5인 것으로 판명되었다. 한편, 제2공장의 경우 총 144장의 합판을 추출하여 계산한 결과, 합판 한 장당 평균결점수는 2.8이며 표준편차는 1.8개인 것으로 나타났다. 두 공장에서 생산되는 합판 한 장당 평균결점수차이의 99% 신뢰수준의 신뢰구간을 구하시오.

**11** 수원과 부산에 두 개의 공장을 보유하고 있다. 지난 9개월간의 월 평균 재작업시간을 조사한 결과, 다음과 같은 자료를 얻을 수 있었다. 두 공장의 재작업시간 차이의 99% 신뢰구간을 구하시오.

| 기간 | 재작업시간 | |
|---|---|---|
| | 수원 | 부산 |
| 1월 | 32 | 35 |
| 2 | 37 | 31 |
| 3 | 35 | 29 |
| 4 | 28 | 25 |
| 5 | 41 | 34 |
| 6 | 44 | 40 |
| 7 | 35 | 27 |
| 8 | 31 | 32 |
| 9 | 34 | 31 |

**12** 광고의 디자인이 제품의 인식(recognition)에 소요되는 시간에 미치는 영향을 조사하기 위해 두 가지 형태의 디자인을 설계하였다. 16명을 두 그룹으로 나누어 이 두 가지 형태의 디자인을 보여준 결과 제품인식에 소요되는 시간이 다음과 같음을 알 수 있었다. 제품인식에 소요되는 시간차이의 95% 신뢰수준의 신뢰구간을 구하시오.

| 디자인 A | 1 | 3 | 2 | 1 | 2 | 1 | 3 | 3 |
|---|---|---|---|---|---|---|---|---|
| 디자인 B | 4 | 2 | 3 | 3 | 1 | 2 | 3 | 3 |

**13** 카메라용 플래시를 생산하는 금잔디 기업은 최근 들어 손쉽게 사용할 수 있는 플래시를 개발하였다. 새로운 타입의 플래시 전구가 적정한 시간에 알맞은 빛을 내는가를 분석하기 위해 1,000개의 표본을 추출하여 직접 실험한 결과, 1,000개 중 제 기능을 발휘하는 전구는 920개인 것으로 나타났다. 한편 경쟁 제품인 번개플래시 전구는 1,000개 중 910개가 제 기능을 발휘하는 것으로 나타났을

때, 두 회사의 제품 중에서 제 기능을 발휘하는 전구의 비율차이의 99% 신뢰수준의 신뢰구간을 구하시오.

**14** 한국여론연구소에서 최근 도시 주민 600명과 농어촌 주민 400명을 대상으로 오염에 대한 의견조사를 한 결과, 도시 주민의 80%와 농어촌 주민의 65%가 대기오염이 매우 심각한 상태라고 응답하였다. 도시 주민과 농어촌 주민 중 대기오염이 심각하다고 생각하는 주민비율의 차이의 98% 신뢰수준의 신뢰구간을 구하시오.

**15** 한국오염감시협회가 30개 제약회사와 45개의 식품회사를 대상으로 하여, 오염방지를 위한 연간투자액이 매출액 대비 3%를 초과하는 기업체 수를 조사하였다. 30개 제약회사 중 8개 업체와, 45개 식품회사 중 6개 업체만이 오염방지를 위한 연간투자액이 매출액 대비 3%를 초과한다고 한다. 제약회사와 식품회사 중 오염방지를 위한 연간투자액이 매출액대비 3%를 초과하는 기업들의 비율의 차이에 대한 95% 신뢰수준의 신뢰구간을 구하시오.

제 8 장

# 가설의 검정

## 8.1 가설검정의 절차

**| 사례 |**

### 경인화학

경인화학은 도금업체의 공장폐수에 포함된 중금속 처리능력을 획기적으로 높일 수 있는 정화제를 개발하였다. 이 정화제는 중금속 반응시간을 대폭 단축하여 기존의 시설에서도 시간당 폐수처리능력을 최대 두 배까지 높여준다고 한다. 이것이 사실이라면 폐수처리시설에 대한 투자비를 줄일 수 있어 도금업체에게는 매우 유리하다.
경인화학 영업사원의 권유를 받은 도금업체는 일주일간 이 정화제를 사용하여 보았다. 기존의 정화제로는 시간당 평균 15톤을 처리하였으나, 신제품으로는 시간당 23톤을 처리하였다. 신제품의 처리능력은 확실히 우수해 보이나, 과거에도 종종 이 정도를 처리한 경우가 있어 평균처리량의 증가가 신제품의 성능 때문인지, 아니면 우연히 나타난 결과인지 확실하지 않다. 영업사원은 처리량이 크게 증가한 것으로 나타났는데도 왜 제품을 구매하지 않느냐고 독촉하고 있지만, 좀 더 과학적인 평가가 필요하다.

새로 개발한 촉매가 아무 효과가 없을 때에도 단순히 평균수준보다 더 높은 수율을 보일 가능성은 50%이다. 영업사원이 100개의 기업에 시제품을 사용하게 했다면, 그 중 50개 기업에서 평균 이상의 성과가 나타났을 것이다. 구매팀장은 지난 주 처리량 증가를 우연히 나타난 것으로 보아야 할 것인지, 아니면 새로 개발한 정화제의 성능 때문이라고 보아야 할 것인지를 판단해야 한다. 과거에 시간당 23톤의 처리량을 보인 적이 아주 드물었다면, 이번의 결과를 새로 개발한 정화제의 성능 때문이라고 판단해도 좋을 것이다. 이러한 문제에서 의사결정을 도와주는 통계적 기법이 가설검정(test of hypothesis)이다.

가설의 검정은 통계적 추론에 있어 가장 중요한 영역으로, 표본자료에서 얻은 통계량을 이용하여 모집단의 특성인 모수에 대한 정보를 분석하는 과정이라 할 수 있다. 즉, 표본자료를 이용하여 통계적 방법으로 모집단 특성에 대한 주장을 받아들이거나 기각하는 의사결정이 가설검정이다. 검정의 대상이 되는 가설은 모집단의 평균이나 비율 등에 대해 설정할 수 있으며, 어떤 경우이든 가설을 검정하는 과정은 다음의 다섯 단계를 거치게 된다.

1단계 : 가설과 그에 따른 의사결정대안을 설정한다.

2단계 : 의사결정의 오류에 따른 비용을 추정하고, 유의수준(significance level)을 결정한다.

3단계 : 자료를 수집하고 표본통계치를 계산한다.

4단계 : 한계치와 기각영역을 산출한다.

5단계 : 표본통계치에 근거하여 가설의 수용 여부와 이에 따른 최선의 대안을 선택한다.

### 8.1.1 통계적 가설

하나의 가설은 실제 상황이 어떠한지에 관한 설명이다. 즉, 우리가 관심을 가지고 있는 모집단에 대한 미지의 특성에 관한 가정이나 주장(claim)이다. 가설은 우리가 알지 못하는 실상에 대한 정확한 설명일 수도 있고 잘못된 설명일 수도 있다. 그러므로, 표본자료를 이용하여 우리가 설정한 가설이 옳다고 보아야 하는지, 아니면 틀리다고 보아야 하는지를 결정한다.

하나의 가설이 있을 때 표본자료를 이용하여 통계적 분석으로 그 가설의 진위를 평가할 수 있을 때, 우리는 그 가설을 통계적 가설(statistical hypothesis)이라고 한다. 가설검정에서는 항상 귀무가설과 대립가설이라는 한 쌍의 가설을 설정하고, 자료를 통해서 두 가설 중 어느 쪽에 더 가능성이 높은지를 결정한다. 그러므로, 가설검정에서 이들 두 가설은 각각 특별한 역할을 한다.

■ 귀무가설

귀무가설(null hypothesis)은 보통 $H_0$로 표시하는데, 현재 문제가 되고 있는 사안에 대한 확실한 증거가 없을 때 우리가 받아들여야 할 일반적 관념(default possibility)이다. 하나의 새로운 변화가 있을 때 그것의 효과에 대하여 "아무런 차이가 없다" 또는 "전혀 효과가 없다"는 내용의 주장으로, 그것이 틀렸다는 증거가 없는 한 타당한 것으로 받아들여야 하는 가설이다. 연구과정에서 직접 검정대상이 되는 가설이다.

■ 대립가설

대립가설(alternative hypothesis)은 보통 $H_1$으로 표시하고, 연구조사에서 주장하고자 하는 내용이므로 연구가설(research hypothesis)이라고도 한다. 귀무가설이 "아무런 차이가 없다" 또는 "전혀 효과가 없다"는 내용을 담은 주장인데 반해, 대립가설(alternative hypothesis)은 "차이가 있다" 또는 "효과가 있다"는 주장을 담은 것으로 귀무가설과 정반대의 내용을 담고 있다. 이러한 대립가설은 귀무가설이 사실이 아니라는 확신할 만한 통계적 증거가 있을 때에만 타당한 것으로 받아들인다.

사람들은 흔히 대립가설에 관심이 있고 그것을 주장하기 위해 귀무가설을 만든다. 경인화학의 경우, 귀무가설과 대립가설은 다음과 같이 설정할 수 있다.

귀무가설 : 새로 개발한 정화제는 기존의 정화제와 마찬가지로 시간당 평균 15톤을 처리할 수 있다. ($H_0$ : $\mu$=15톤)

의사결정대안(귀무가설에 따른) : 신제품을 구입하지 않는다.

대립가설 : 새로 개발한 정화제의 평균 처리능력은 15톤을 초과한다. ($H_1$ : $\mu$ > 15톤)

의사결정대안(대립가설에 따른) : 신제품을 구입한다.

여기서 가설의 설정과 관련하여 몇 가지 반드시 이해하고 넘어가야 할 사항들이 있다. 첫째, 새로 개발한 정화제의 처리능력은 시간당 15톤을 넘지 못하므로 구입할 필요가 없다는 귀무가설의 주장은, 현재까지 알려져 있는 보편적 사실에 그 근거를 두고 있다는 점이다. 경인화학에서는 이 신제품의 폐수처리능력이 획기적으로 높다고 주장하고 있지만, 구매 여부를 결정하는 도금업체의 구매팀장은 지금까지 기존의 제품이 그렇지 못하였으므로 당연히 이러한 주장에 대해 '회의적'일 수밖에 없다. 귀무가설은 바로 이러한 회의적 태도를 반영하고 있다. 다시 말해, 구매팀장으로서는 충분한 증빙자료에 의해 경인화학의 주장이 최종적으로 증명될 때까지는, 신제품의 수명은 경인화학의 주장과는 달리 15톤을 넘지 않을 것이라고 가정한다는 것이다. 따라서, 가설의 검정과정에서는 증거가 확보되지 않는 한 귀무가설이 모집단의 특성을 제대로 나타내는 올바른 주장이라고 일단 가정하게 된다. 이것이 귀무가설의 특성이다.

둘째, 귀무가설이든 대립가설이든 둘 다 미지의 모집단 특성에 관한 것이다. 따라서, 모집단 전체를 모두 분석할 수 없는 경우에는 귀납적 추론에 의존할 수밖에 없다. 다시 말해, 가설의 검정과정은 기본적으로 신뢰구간의 설정과정과 마찬가지로 표본을 이용한 통계적 분석방법이다.

셋째, 두 가설은 상호 배타적(mutually exclusive)이어서 하나의 가설을 받아들일 경우 다른 가설은 기각하게 된다. 즉, 두 가설 중 어느 하나만이 모집단의 특성을 제대로 나타내며, 둘 다 옳을 수는 없다.

■ 귀무가설과 대립가설의비교

| 귀무가설 | 대립가설 |
|---|---|
| • 직접 검정대상이 되는 가설<br>• 틀렸다는 확신이 없으면 수용<br>• 기존의 보편적 지식<br>• $H_0 : \mu = \mu_0$ | • 귀무가설을 기각할 때 우리가 수용할 수 있는 가설<br>• $H_1 : \mu \neq \mu_0$(양측검정)<br>$\mu > \mu_0$(우측검정)<br>$\mu < \mu_0$(좌측검정) |

범법행위에 대한 용의자를 재판할 때, 그 용의자가 범인이라는 충분한 증거가 확인되지 않는 한 그를 무죄로 인정한다. 이 경우, 귀무가설은 '용의자는 무죄' 가 되며, 대립가설은 '용의자는 유죄' 가 된다.

### 8.1.2 양측검정과 단측검정

가설검정을 통해 모수, 즉 모집단의 특성을 추정하고자 할 때 귀무가설과 대립가설을 세워 검정하게 된다. 연구자가 관심을 갖는 가설은 대립가설인데 대립가설을 직접 검정할 수 없어서 귀무가설을 검정하게 된다. 귀무가설 검정시 기각영역에 따라 검정방법을 양측검정, 단측검정으로 나눌 수 있고 단측검정은 기각영역이 오른쪽이면 우측단측검정, 왼쪽이면 좌측단측검정이라 한다. 구체적인 내용은 다음과 같다.

첫째, 양측검정시 귀무가설은 $\mu = \mu_0$, 대립가설은 $\mu \neq \mu_0$로 세운다. 그래서 귀무가설이 기각되는 영역은 아래 [그림 8-1(a)]에서 보는 바와 같이 검정을 위한 통계량이 $\mu_0$보다 현저히 크거나 작을 때를 의미한다. 즉, 기각영역이 확률분포의 양측 끝에 있게 되는데 이처럼 귀무가설 기각영역이 양쪽에 있는 검정을 양측검정이라 한다. 그런데 유의수준이 $\alpha$이면 이 유의수준이 양쪽으로 갈라지게 되어 한쪽 면적은 $\frac{\alpha}{2}$가 된다.

둘째, 단측 검정 중 우측검정은 귀무가설은 $\mu = \mu_0$ or $\mu \leq \mu_0$, 대립가설은 $\mu > \mu_0$로 세운다. 그래서 귀무가설이 기각되는 영역은 아래 [그림 8-1(c)]에서 보는 바와 같이 검정을 위한 통계량이 $\mu_0$보다 현저히 클 때를 의미한다. 즉, 귀무가설의 기각영역이 확률분포의 오른쪽 끝에 있게 되는데 이러한 검정을 단측검정 중에서도 우측검정이라 한다.

셋째, 단측검정 중 좌측검정은 귀무가설을 $\mu = \mu_0$ or $\mu \geq \mu_0$, 대립가설을 $\mu < \mu_0$로 세운다. 그래서 귀무가설이 기각되는 영역은 아래 [그림 8-1(b)]에서 보는 바와 같이 검정을 위한 통계량이 $\mu_0$보다 현저히 작을 때를 의미한다. 즉, 귀무가설의 기각영역이 확률분포의 왼쪽 끝에 있게 되는데 이러한 검정을 단측검정 중에서도 좌측검정이라 한다.

**그림 8-1 | 양측검정과 단측검정의 기각영역**

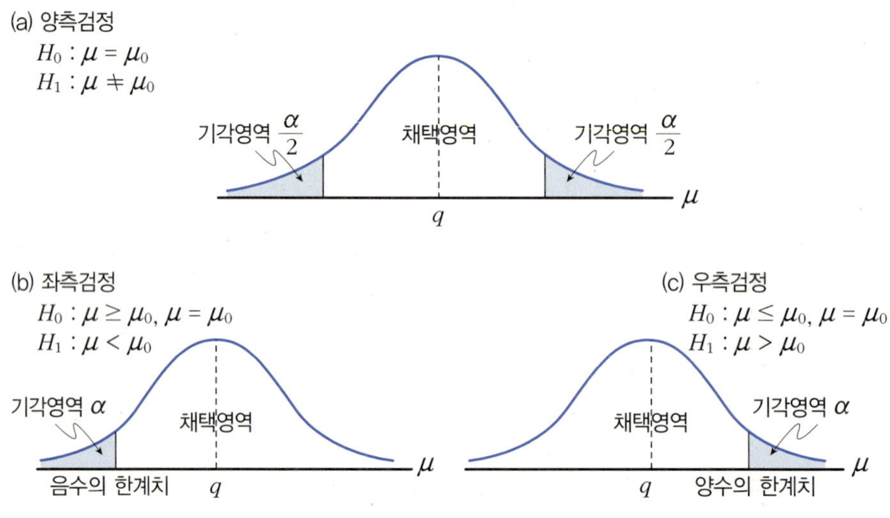

### 8.1.3 가설검정의 결론과 오류

가설검정에서는 항상 한 쌍의 가설 중 하나만을 타당한 것으로 받아들인다. 즉, 가설검정의 최종적 결론은 다음 중 어느 하나를 선택하는 형식을 취한다.

■ 가설검정의 결론

| 선택 A | 선택 B |
|---|---|
| • 귀무가설을 기각하지 못한다.<br>• 귀무가설을 수용한다. | • 귀무가설을 기각한다.<br>• 대립가설을 수용한다.<br>• 대립가설은 통계적으로 유의하다. |

B를 선택하여 대립가설을 합당한 것으로 수용한다고 해서 그것이 맞다고 증명하는 것은 아니다. 단지 가능성이 더 높다는 의미이다. 귀무가설을 기각할 만한 충분한 증거를 찾지 못하였을 때, 우리는 A를 선택한다. 그렇다고 해도 우리는 결코 대립가설을 기각한다고는 말하지 않는다. 이것은 귀무가설을 유리한 위치에 두고, 귀무가설을 반대할 만한 충분한 증거가 없을 때는 그것을 받아들인다는 가설검정의 논리 때문이다.[1)]

통계적 가설에 대한 검정에서는 기본적으로 표본자료를 바탕으로 보다 가능성이 높은 하나의 가설을 선택한다. 그러나, 통계적 가설은 증명이 불가능하기 때문에, 가설검정을 통하여 타당한 것으로 선택된 가설도 실제 상황에 대한 정확한 기술이 아닐 수 있다. 모집단 특성을 잘못 기술하고 있는 귀무가설을 올바른 것으로 수용한다거나, 모집단 특성을 정확히 기술하는 귀무가설을 잘못된 것이라고 기각하는 결론을 내릴 수 있다 이처럼 가설검정의 결론에는 두 종류의 오류가 있을 수 있다.

■ 의사결정 오류

제1종 오류(type I error)란 귀무가설이 모집단의 특성을 제대로 나타내고 있음

---

1) 이 경우 "귀무가설을 기각시킬 수 있는 증거를 찾을 때까지 귀무가설을 잠정적으로 받아들인다"라고 해석할 수 있다.

에도 불구하고 이를 기각하게 되는 오류를 말하며, 제2종 오류(type II error)는 귀무가설이 모집단의 특성을 잘못 설명하고 있음에도 불구하고 이를 받아들이는 오류이다. 이 두 종류의 오류가 동시에 발생할 수는 없다. 그러나, 아무도 이 두 종류의 오류를 동시에 배제할 수도 없다. 경인화학의 신개발 정화제 문제에 적용하면 다음과 같다.

| 표본통계량에 의한 의사결정 | 신제품의 시간당 폐수처리능력 | |
|---|---|---|
| | 15톤 이하 | 15톤 초과 |
| 신제품을 구입하지 않음 | 올바른 결정 | 제2종 오류(type Ⅱ error) |
| 신제품 구입 | 제1종 오류(type Ⅰ error) | 올바른 결정 |

범법행위에 대한 용의자 재판에서 제1종 오류는 용의자가 사실상 무죄인데도 불구하고 유죄를 선고하는 것이고, 제2종 오류는 용의자가 사실상 유죄인데도 무죄를 선고하는 잘못이다.

제1종이든 제2종이든 의사결정에서의 오류는 손실 또는 비용의 발생을 의미한다. 우선 제1종 오류를 범하는 경우를 생각해 보자. 신개발 정화제의 평균처리능력이 실제로는 시간당 15톤을 넘지 못함에도 불구하고 신제품을 구입하기로 결정했다면, 도금업체는 기존의 거래처를 바꾸고 성능이 전과 동일한 제품을 더 높은 가격에 구매하는 데 따른 비용을 지불하게 된다. 또한, 신제품의 처리능력을 믿고 설비를 확장하지 않음으로써 발생하게 될 운영상 어려움의 비용도 고려할 수 있다.

제2종 오류에 따른 비용은 신개발품의 처리능력이 사실상 월등히 우수함에도 불구하고, 이를 사용하지 않고 기존 제품에 의존함에 따라 발생하는 손실이다. 신제품을 사용하게 되면 구입단가는 다소 높지만 시간당 처리능력이 우수하여 처리능력 확충을 위해 시설투자를 하지 않아도 되므로 유리한 점이 많으나, 이러한 기회를 활용하지 못하는 것은 눈에 보이지 않는 큰 손실이다.

### 8.1.4 유의수준의 결정

누구든 잘못된 의사결정을 하고 싶지는 않지만, 귀납적 추론(inductive

inference)에 기초하여 의사결정을 하는 경우 오류를 범할 가능성을 완전히 배제할 수는 없다. 그러므로, 가설검정에서는 결론과 함께 항상 이러한 오류가능성을 동시에 제시한다. 통계적 추론에서 "$\alpha$"(알파라고 읽음)로 표기하는 **유의수준**(significance level)은 **제1종 오류를 범할 확률을 의미한다**. 즉, 유의수준이란 귀무가설을 기각했지만, 사실은 귀무가설이 모집단 특성을 제대로 설명하였을 가능성이다. 용의자가 사실은 무죄이나 유죄로 판결을 내릴 확률이 유의수준이다.

유의수준을 낮게 잡으면 제1종 오류가 작아져, 귀무가설이 옳은데도 그것을 기각함으로써 의사결정이 잘못될 가능성은 낮아진다. 그러므로, 유의수준(제1종 오류의 발생 확률)은 가능한 한 낮게 잡아야 하지만, 유의수준이 낮아질수록 제2종 오류와 이에 따른 비용이 증가한다. 결국 적당한 수준에서 절충하지 않으면 안된다. 제1종 오류에 따른 비용이 크면 클수록 유의수준은 낮게 잡아야 할 것이다. 이처럼 유의수준의 결정은 의사결정자의 주관에 의해 결정되는데, 0.1, 0.05, 그리고 0.01 등이 유의수준으로 흔히 사용된다.

일반적으로, 낮은 유의수준에서 귀무가설을 기각(대립가설을 수용)시킬 수 있는 경우, 우리는 귀무가설에 반대되는 보다 확실한 증거를 갖고 있다고 말할 수 있다. 그러므로, 5% 유의수준에서 귀무가설을 기각시킬 수 있고, 또한 1%에서도 기각시킬 수 있다면 1% 유의수준에서의 결과만 보고해도 된다.

유의수준만 높여준다면 우리는 어떤 상황에서도 귀무가설을 기각할 수 있고, 이와 반대로 유의수준을 매우 작게 한다면 어떠한 귀무가설도 기각시킬 수 없게 된다. 그러므로, 높은 유의수준에서 귀무가설을 기각(대립가설을 수용)한다는 결정은 별로 중요한 발견이 못된다.

### 8.1.5 한계치와 기각영역

가설의 검정은 모집단에서 추출한 표본의 통계량을 기초로 이루어지므로, 표본통계량이 어느 정도의 값을 가져야 귀무가설을 기각할 것인가에 대한 검토가 필요하다. 예를 들어, 경인화학의 정화제 문제에서 1주일간 사용한 결과 평균처리능력이 20톤이었다면, 정화제 신제품의 처리능력이 15톤 이하라는 귀무가설을 받아들여야 할까 아니면 기각해야 할까?

이에 대한 결정은 처리능력이 15톤 이하인 정화제 모집단에서 추출한 하나의 표본평균이 20톤이 될 가능성에 따라 달라진다. 그 가능성이 낮다면 귀무가설을 기각하고, 높다면 기각하지 못한다.

문제는 표본평균이 어느 수준 이상이어야 귀무가설을 기각할 것인가에 있다. 그 수준이 높으면 높을수록, 귀무가설을 기각하는 결정을 했을 때 그 결정이 틀릴 가능성(제1종 오류 또는 유의수준)은 낮아진다. 그러나 앞에서 살펴본 바와 같이, 이 값이 높아지면 제2종 오류의 가능성이 커지게 된다. 결국 적당한 수준에서 하나의 값을 결정하지 않으면 안된다.

하나의 값이 결정되면, 이제 표본에서 계산한 평균값이 이 값보다 크면 귀무가설을 기각하고 작으면 귀무가설을 기각하지 못한다는 결정을 할 수 있다. 바로 이 기각 여부를 결정하는 영역을 기각영역(region of rejection)이라 하고, 기각영역을 결정짓는 값을 한계치(critical value)라 한다. 다시 말해, 표본으로부터 계산한 표본평균이 기각영역에 포함되면 귀무가설을 기각한다. 경인화학의 경우, 대립가설이 기준치보다 크다는 단측검정(one-tailed test)이므로 기각영역은 아래와 같다.

■ 단측검정의 기각영역

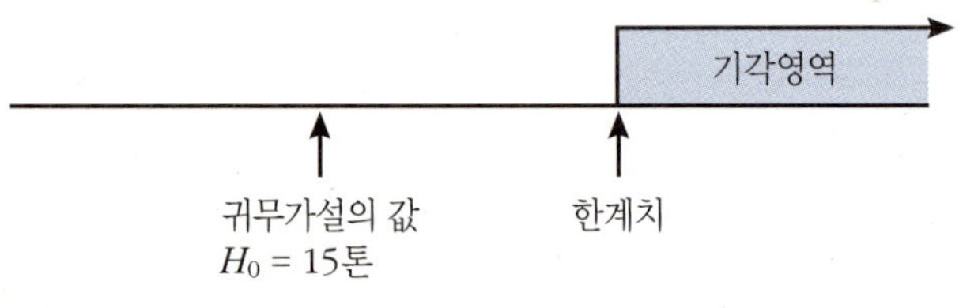


이와는 달리, 귀무가설은 모집단평균이 우리가 가정하는 특정의 기준값과 동일하다는 주장이고($H_0 : \mu = \mu_0$), 대립가설은 모집단 평균이 특정값과 다르다는 주장인($H_1 : \mu \neq \mu_0$) 경우를 살펴 보자. 이 경우는 양측검정(two-tailed test)이라 불리는데, 표본에서 계산한 통계량이 기준값과 크게 차이가 나면 귀무가설을 기각해야 할 것이다. 그러므로, 기각영역은 다음과 같다.

■ 양측검정의 기각영역

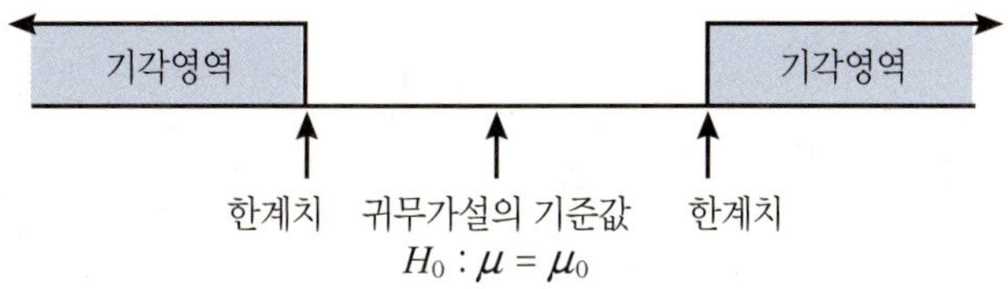


이제 지금까지의 논의를 바탕으로 가설의 검정과정을 요약해 보자.

**가설검정 절차**

① 가설과 그에 따른 의사결정대안을 설정한다.
② 의사결정의 오류에 따른 비용을 추정하고, 유의수준($\alpha$)을 결정한다.
③ 자료를 수집하고 표본통계치를 계산한다.
④ 한계치와 기각영역을 산출한다.
⑤ 표본통계치에 근거하여 가설의 수용 여부와 이에 따른 최선의 대안을 선택한다.

## 8.2 모집단평균의 가설검정

**| 사례 |**

### 하나타이어

하나타이어 제조회사는 신제품을 개발하여 이를 대량생산 판매하려고 한다. 마케팅 부서에서는 이 타이어가 최소한 47,000km 이상 사용할 수 있어야 시장경쟁에서 이겨나갈 수 있다고 주장하고 있다. 설계 및 연구개발부서는 이 제품이 47,000km 이상 사용할 수 있다는 점에 대해서는 전혀 우려하지 않아도 된다고 주장하고 있으나, 기획팀에서는 통계적 분석을 통하여 보다 과학적인 증거를 얻기 위해 최종 의사결정을 보류하기로 했다.

### 8.2.1 가설의 설정

가설검정은 모집단 평균을 특정값으로 보아도 되는지에 대한 검정일 것이다. 특정값은 모집단평균에 대한 가정으로 표본에서 얻은 값이 아니다. 하나타이어 기획팀의 관심사는 신개발품의 수명이 경쟁제품의 수명보다 길다는 신빙성 있는 증거를 확보하고자 한다. 그러므로, 귀무가설과 대립가설, 그리고 의사결정대안은 다음과 같이 설정할 수 있다.

귀무가설 : 타이어의 수명은 47,000km보다 짧거나 같다.($H_0$ : $\mu$ = 47,000km)
의사결정대안 : 귀무가설을 받아들이는 경우 신제품의 생산을 포기한다.
대립가설 : 타이어의 수명은 최소한 47,000km보다 길다.($H_1$ : $\mu$ > 47,000km)
의사결정대안 : 대립가설을 받아들이는 경우 신제품을 생산 · 판매한다.

### 8.2.2 의사결정의 오류에 따른 비용과 유의수준 결정

제1종이든 제2종이든 경영의사결정에 있어서의 오류는 손실을 의미한다. 우선 제1종 오류를 범하는 경우를 가상해 보자. 타이어의 평균수명이 실제로 47,000km를 넘지 못함에도 불구하고 광고 및 판매부서에서 소비자들에게 타이어수명이 47,000km를 넘는다고 했을 때, 이는 본의 아니게 소비자에게 거짓말을 하는 결과가 되어 기업 이미지 추락은 물론, 타이어의 무료교체를 요구하는 사례가 빈번히 발생할 것이다. 따라서, 이 경우 제1종 오류에 따르는 손실은 상당할 것이다.

제2종 오류에 따른 손실은 우수한 품질의 타이어를 생산 · 판매할 수 있는 기회를 포기함으로써, 개발에 따른 비용을 회수하고 시장점유율을 확대할 수 있는 기회를 놓쳐 발생하는 기회비용으로 생각해 볼 수 있다. 이 문제에서 발생하게 될 오류비용을 표로 정리하면 다음과 같다.

| 표본통계량에 의한 의사결정 | 모집단 특성 (타이어의 실제수명) | |
|---|---|---|
| | 47,000km 이하 | 47,000km 초과 |
| 신제품 프로젝트의 포기 | 올바른 결정 | 제2종 오류비용 (수익실현기회의 실기 비용) |
| 신제품 생산 및 판매 | 제1종 오류비용 (이미지 손상, 판매후 서비스 비용) | 올바른 결정 |

위의 예에서 신제품 프로젝트의 경우, 제1종 오류에 따른 비용이 상당히 크다고 판단되면 0.01 정도로 유의수준을 낮게 설정하는 것이 바람직하다고 할 수 있다.

### 8.2.3 자료의 수집과 표본통계량 계산

타이어의 수명을 알아보기 위해 우리는 1,000개의 타이어를 무작위로 추출하여 실제 실험을 해 본 결과, 다음과 같은 표본통계량을 얻을 수 있었다.

표본평균 $\overline{X} = 48{,}050\text{km}$
표본의 표준편차 $s = 3{,}162.27\text{km}$

가설의 검정 및 추론은 실험설계가 제대로 되어 있는 경우에만 의미가 있다. 자료의 선정이 잘못되어 표본이 모집단을 대표한다고 믿기 어려울 때는, 이러한 자료에 근거한 가설검정은 무의미하다. 실험설계에 대한 설명은 제9장에서 하기로 하고, 여기서는 실험설계 및 운영에 아무런 문제점이 없다고 가정하자.

### 8.2.4 표본통계량에 근거한 가설의 검정

하나타이어의 경우 유의수준이 결정되었으면 가설검정을 위한 기각영역을 설정해야 한다. 이를 위해서 1,000개 타이어의 평균의 표본분포, 즉 1,000개로 구

그림 8-2 | 귀무가설이 옳다고 가정할 때의 표본분포

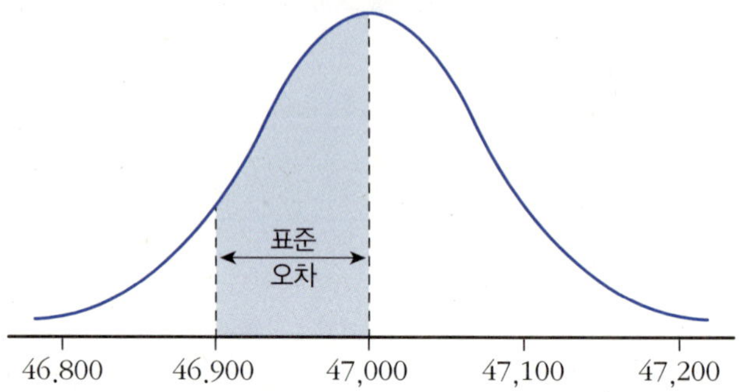


성된 모든 가능한 표본을 추출할 때 얻을 수 있는 표본평균값들의 분포를 알아야 한다. 현실적으로 1,000개로 구성된 모든 표본을 추출하는 것은 불가능하나, 이들 평균의 표본분포가 정규분포를 한다는 것은 이론적으로 알려져 있다. 이것이 바로 제6장에서 설명한 중심극한정리이다.

만약 귀무가설 ($H_0$ : $\mu$=47,000km)이 옳다고 가정한다면 표본분포는 어떠한 형태를 취하게 될까? 이 경우에 표본분포의 평균은 당연히 47,000km가 될 것이며, 표본평균의 표준오차는 100km(=3,162.27 ÷ $\sqrt{1,000}$)가 된다. 따라서, 표본분포는 중심극한정리에 따라 [그림 8-2]와 같은 형태를 가지게 된다.

■ 기각영역

표본평균이 48,050km라면 귀무가설의 주장이 옳다고 인정해 주어야 할까? 이에 대한 답은 다음의 몇 가지 경우를 살펴봄으로써 쉽게 알 수 있다. 만약 표본평균이 35,000km였다면, 귀무가설을 받아들여야 할까? 다시 말해, 모집단의 평균이 47,000km를 넘지 않는다고 할 때 표본평균이 35,000km일 가능성이 얼마나 높은가?

모집단의 평균수명이 47,000km 이하인 경우(귀무가설의 주장), 표본의 평균이 35,000km일 가능성은 모집단의 평균이 47,000krn를 초과할 때(대립가설의 주장)보다 더 크다. 따라서, 이 경우 귀무가설을 받아들여야 한다. 반면에 표본의 평균이 60,000km였다면, 귀무가설의 주장보다 대립가설의 주장이 맞을 가능성이 훨

그림 8-3 | 표본분포와 귀무가설 기각영역

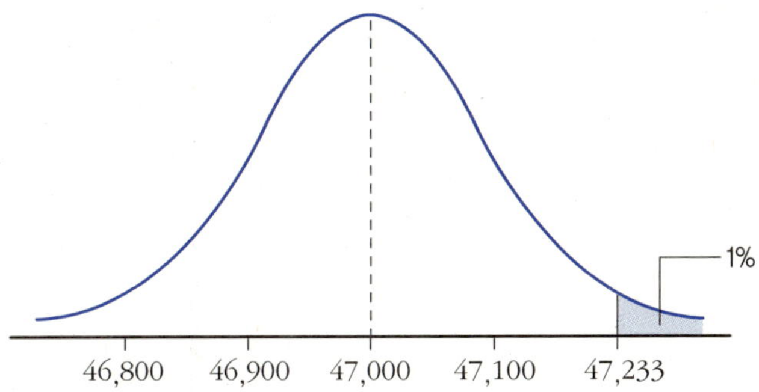


씬 높으므로 귀무가설을 기각해야 할 것이다. 다시 말해, 자료에서 얻은 표본평균값이 증가할수록 귀무가설을 기각하고 대립가설을 받아들일 가능성이 높아진다. 그러므로, 하나타이어 문제에서 기각영역은 $\overline{X}$분포의 오른쪽(대립가설에서 주장하고 있는 방향)에 있다.

문제는 표본평균이 어느 수준 이상이어야 귀무가설을 기각할 것인가에 있다. 이것은 유의수준인 $\alpha$의 값에 따라 결정된다. 하나타이어 신제품의 경우 유의수준을 1%로 설정하였으므로, [그림 8-3]에서 가장 오른쪽의 음영(그림자) 부분이다. 이 영역을 우리는 일반적으로 기각영역(region of rejection)이라 부르며, 표본평균이 이 안에 위치하면 귀무가설을 기각한다.

표본평균치가 기각영역 안에 포함된다면, 이것은 다음의 두 가지 가능성 중의 하나 때문일 것이다.

가능성 1 : 귀무가설은 모집단의 특성을 올바르게 나타내고 있으나, 표본평균이 우연히(1%의 가능성) 기각영역 안에 포함되었다.

가능성 2 : 귀무가설이 올바르지 않다. 즉, 표본평균이 기각영역 내에 포함될 정도로 크다는 것은 결국 귀무가설이 틀렸기 때문이다.

이 두 가지 설명 중 어느 것이 더 타당할까? 첫 번째 경우의 가능성은 1%에 불과하나(제1종 오류를 의미한다), 두번째 경우의 가능성은 높다. 그러므로, 두 번째 설명이 더 타당하며, 이에 따라 귀무가설이 옳지 않다고 결론지어야 할 것이다.

■ 표본평균 한계치

[그림 8-3]에서 귀무가설을 기각하는 영역과 수용하는 영역으로 경계를 결정짓는 값(47,223km)을 한계치(critical value)라 부르며, 그 값은 다음과 같이 계산한다.

$$\text{한계치} = \text{귀무가설에서 가정한 평균값} + t_{\alpha} \times \text{표준오차}$$

여기서 $t_{\alpha}$는 $t$-분포에서 오른쪽 꼬리부분의 확률이 $\alpha$가 되는 값이다. 정규분포의 $Z$값 대신 $t$값을 사용한 것은, 모집단의 표준편차($\sigma$)를 알 수 없어서 표준편차($s$)를 사용하였기 때문이다. $t$값은 유의수준과 자유도에 따라 크기가 달라지나, 하나타이어의 경우 표본의 크기가 1,000으로 매우 크기 때문에 $t$값이나 $Z$값이 전혀 차이가 없을 것이다. 그러므로, $Z_{0.01}=2.33$을 사용하여 한계치를 계산해도 된다.

$$\text{한계치} = 47{,}000\text{km} + 2.33 \times 100\text{km} = 47{,}233\text{km}$$

일단 한계치가 구해지면 다음과 같이 의사결정을 할 수 있다.

① 표본평균이 47,233km 이하인 경우 귀무가설을 받아들임.
② 표본평균이 47,233km를 초과하면 대립가설을 받아들임.

실제로 우리의 표본평균은 48,050km이므로, 귀무가설을 기각(대립가설을 수용)하고 신제품 생산에 돌입해야 한다는 결론에 이르게 된다.

■ $p$값

유의수준만 높여주면 어떤 상황에서도 귀무가설을 기각할 수 있다고 하였다. 그러면, 가설검정에서 귀무가설을 기각할 수 있는 최소 유의수준($\alpha$) 즉, 최소 제1종 오류확률이 있을 것이다. 이것을 $p$값($p$-value)이라고 부른다. [그림 8-4]에 표시된 바와 같이, 표본평균값을 한계치로 삼을 때 제1종 오류를 범할 확률은 최소가 되

그림 8-4 | 표본분포상의 한계치와 p값

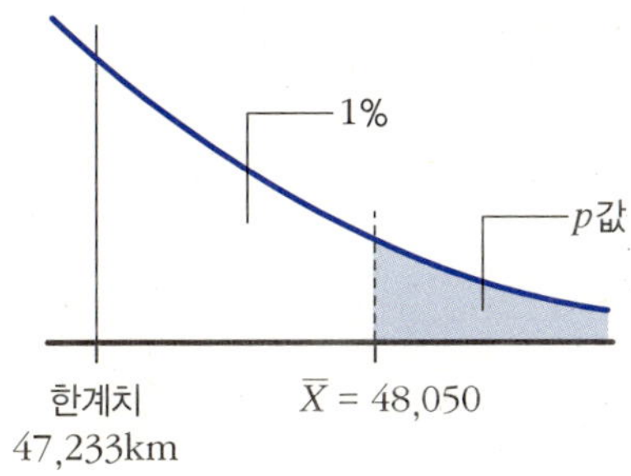


며, 이를 $p$값 혹은 유의확률이라고 한다. 이보다 더 작은 유의수준을 사용하게 되면 한계치는 오른쪽으로 이동하고, 그 결과 우리는 귀무가설을 기각할 수 없다.

EXCEL, SAS, SPSS 등 컴퓨터통계프로그램을 이용하게 되면 $p$값이 출력된다. $p$값이 의사결정자가 정한 유의수준($\alpha$)보다 작은 경우에는 귀무가설을 기각한다. 왜냐하면 $p$값은 귀무가설을 기각할 수 있는 최소 유의수준이므로, 이보다 큰 유의수준에서는 당연히 귀무가설을 기각시킬 수 있다. 예를 들어, $p$값이 0.034일 때 유의수준을 $\alpha=0.05$로 설정하게 되면 귀무가설을 기각할 수 있으나, 유의수준 $\alpha=0.01$에서는 기각할 수 없게 된다.

### ■ $t$-통계량을 이용한 가설검정

모집단 평균에 대한 가설을 검정하기 위한 또 다른 방법은 $t$-통계량을 이용하는 것이다. 이 방법에서는 먼저 $t$-통계량을 계산하고, $t$-분포표를 사용하여 가설의 기각 여부를 결정한다. 이 방법을 Student's $t$-검정 또는 단순히 $t$-검정이라고 한다.

$t$-통계량은 기준치와 $\overline{X}$와 $\mu_0$ 사이의 차이가 표준오차의 몇 배인가를 나타낸다.

$$t = \frac{\overline{X} - \mu_0}{s_{\overline{X}}} \tag{8.1}$$

$t$-통계표에서 유의수준에 해당하는 $t$-임계치($t_\alpha$)를 찾은 다음, 표본으로 계산한 $t$-통계량의 값과 비교하여 가설의 기각 여부를 결정한다. 귀무가설이 사실이라면

$\overline{X}$는 $\mu_0$와 비슷하거나 작아야 할 것이므로, $t$-통계량값은 0에 가깝거나 음의 값을 가져야 할 것이다. 그러므로, $t$-통계량이 양의 큰 값을 갖게 되면 귀무가설이 틀리다는 증거로 해석할 수 있다.

하나타이어의 경우 $t$-통계량은 다음과 같이 계산된다.

$$t = \frac{\overline{X} - \text{귀무가설에서 설정한 모집단평균}}{s/\sqrt{n}}$$

$$= \frac{48{,}050 - 47{,}000}{100} = 10.5$$

표본의 수가 1,000으로 충분히 크므로 $t$-분포 대신에 표준정규분포를 사용하여도 무방하다. 유의수준 $\alpha$가 1%일 때의 Z값($Z_\alpha$)은 2.33이고, $t$-통계량은 10.5로서 더 크므로 우리는 귀무가설을 기각하게 된다. 앞에서 살펴본 표본평균 한계치를 이용한 검정과 비교하면, 다음의 [그림 8-5]와 같다.

그림 8-5 | 표준정규분포상의 기각영역

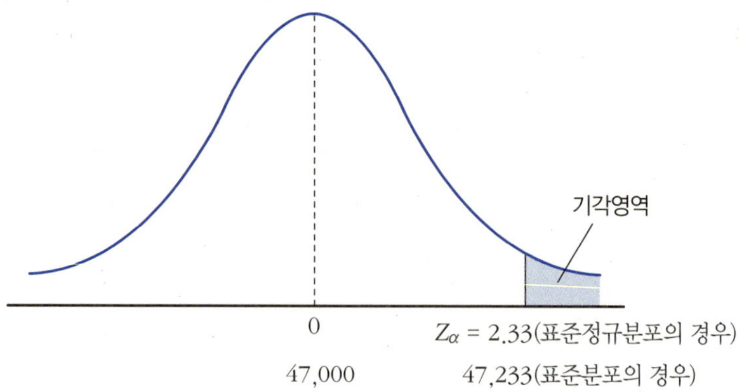


위의 그림에서는 분포의 한쪽에만 기각영역이 존재한다. 이것은 우리의 문제가 단측검정(one-side test or one-tailed test)이기 때문이다. 만약 대립가설이 $H_1$ : $\mu \neq \mu_0$ 형태의 양측검정(two-tailed test)이라면, 기각영역은 분포의 양쪽 끝에 위치한다.

### ▶▶ 양측검정의 기각영역

$-t_{\alpha/2} < t$-통계량 $< t_{\alpha/2}$ ⇒ 귀무가설을 기각하지 못함
$t$-통계량 $< -t_{\alpha/2}$ 또는 $t$-통계량 $> t_{\alpha/2}$ ⇒ 귀무가설을 기각하고 대립가설을 수용

■ 대립가설의 형태와 기각영역의 위치

| 대립가설 | 기각영역 | 비 고 |
|---|---|---|
| $H_1 : \mu \neq \mu_0$ | 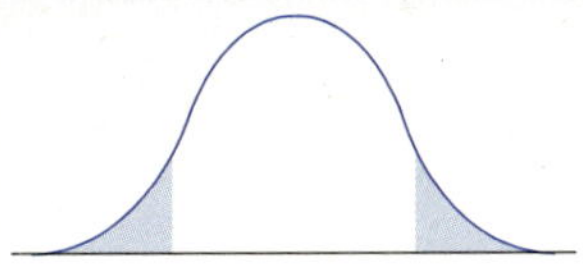 | $\lvert t$-통계량$\rvert > t_{\frac{\alpha}{2}}$이면 귀무가설을 기각 |
| $H_1 : \mu > \mu_0$ | 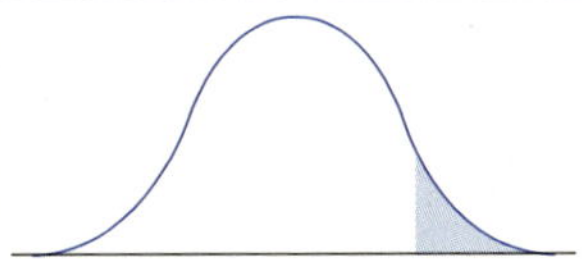 | $t$-통계량 $> t_{\alpha}$이면 귀무가설을 기각 |
| $H_1 : \mu < \mu_0$ | 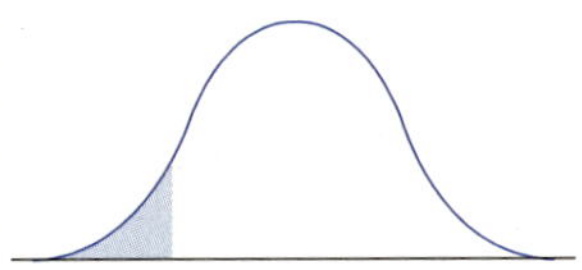 | $t$-통계량 $\leq -t_{\alpha}$이면 귀무가설을 기각 |

### 예제 | 8-1

하나자동차회사의 연구개발팀은 그들이 개발한 새 브레이크시스템이 시속 50km로 가는 차를 18m 이내에서 정지시킬 수 있다고 주장하고 있다. 만약 그들의 주장이 옳다면, 이는 자동차 제동장치에 상당한 개선을 가져올 수 있다. 내년도 모델에 이 새 브레이크시스템을 장착하기에 앞서 시스템의 신뢰도를 분석하고자 한다.

① 귀무가설과 대립가설을 설정하시오.
② 100번의 실험결과 정지거리의 평균이 17m, 표준편차 $s$가 3m였다면, 유의 수준을 10%로 설정할 때 어떤 결정을 내려야 하는가?
③ $p$값을 구하시오.

**풀이**

① 본문에서 논의한 바와 같이 귀무가설은 "아무런 차이가 없다" 또는 "전혀 효과가 없다" 등과 같은 회의적인 내용을 담고 있어야 한다.

귀무가설 : 새 브레이크시스템 사용시 정지거리의 평균은 18m로서, 기존 브레이크 시스템과 다를 바 없다.

대립가설 : 새 브레이크시스템 사용시 정지거리의 평균은 18m 보다 작다.

② 표본의 크기가 100이므로 정규분포를 사용해도 된다. 검정통계량을 계산해 보면

$$Z=\frac{17-18}{3/\sqrt{100}}=-3.33$$

으로 유의수준이 10%일 때의 Z값인 $-Z_{\alpha}=-1.282$보다 작으므로, 귀무가설을 기각하고 대립가설을 수용해야 한다.

**그림 8-6 | 기각영역의 설정**

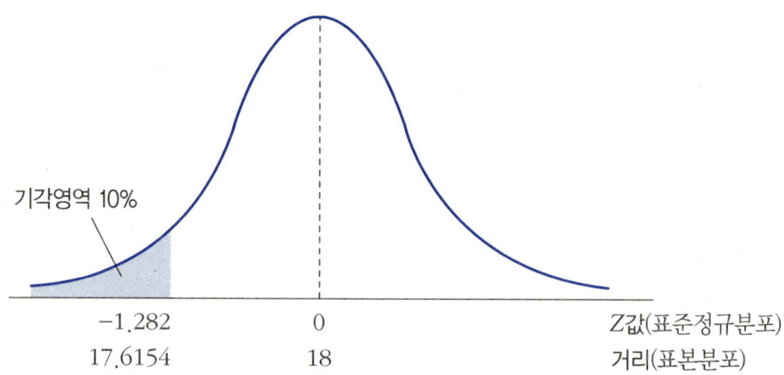


③ $p$값이란 귀무가설을 기각시킬 수 있는 최소의 유의수준이므로, 한계치를 표본평균과 같게 할 때의 기각영역 면적에 해당된다. 다시 말하면, 귀무가설에서 가정한 평균값

**그림 8-7 | $p$값의 계산**

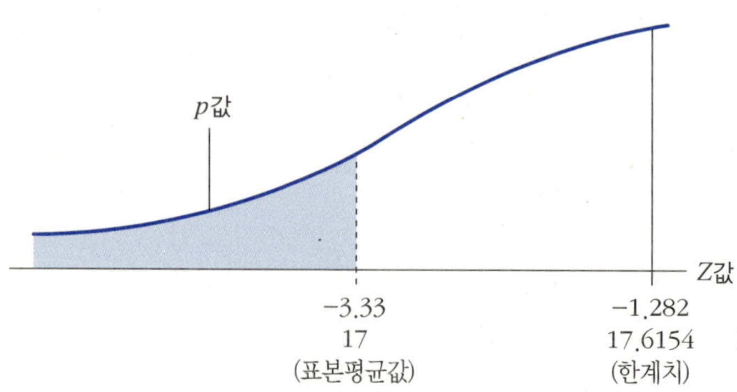

(여기서는 18m)이 옳다고 가정할 때, 표본평균(여기서는 17m)보다 작거나 같은 값이 나올 확률을 의미한다. $p$값을 구하기 위해서는 [그림 8-7]과 같이 17m를 $Z$값으로 바꾼 뒤, 해당 부분의 확률을 구해야 한다. 앞에서 이 $Z$값이 $-3.33$임을 알았으므로, 정규분포표에서 $Z$값이 $-3.33$보다 작거나 같을 확률을 찾아보면 $0.5-0.4996=0.0004$ 또는 0.04%임을 알 수 있다. $p$값이 유의수준(10%)보다 작으므로 귀무가설을 기각한다.

### ■ 신뢰구간을 이용한 가설검정

대립가설이 $H_1 : \mu \neq \mu_0$ 형태를 갖는 경우에는 앞에서 공부한 신뢰구간을 이용하여 가설검정을 할 수 있다. 이 방법에서는 먼저 표본에서 구한 $\overline{X}$와 $s_{\overline{X}}$를 이용하여 $(1-\alpha)\times 100\%$의 신뢰구간을 만든다.

$$\overline{X} - t_{\frac{\alpha}{2}} s_{\overline{X}} < \mu < \overline{X} + t_{\frac{\alpha}{2}} s_{\overline{X}} \qquad (8.2)$$

귀무가설에서 설정한 기준값($\mu_0$)이 이 구간에 포함되지 않는다면, 모집단 평균($\mu$)이 $\mu_0$와 같다는 주장은 비합리적이라 생각하고 귀무가설을 기각한다.

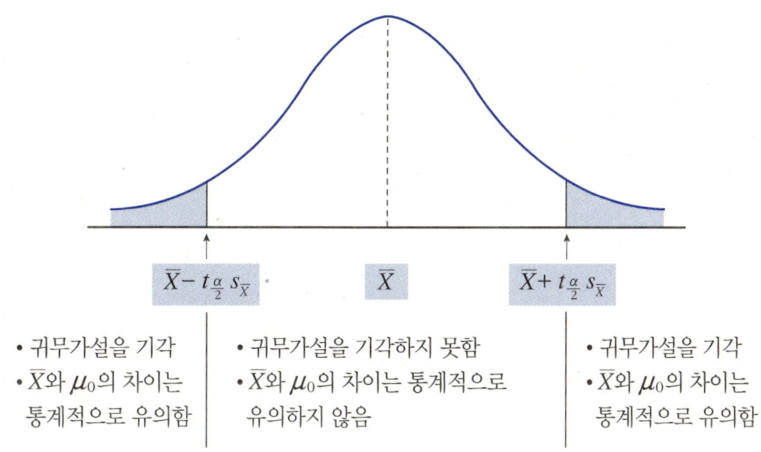


**예제 | 8-2**

경인화학에서 개발한 폐수처리용 정화제 신개발품의 성능을 알아보기 위해, 모 도금업체에서는 이 신개발품을 일주일(7일)간 시험적으로 사용한 결과, 시간당 처리량의 평균은 23톤, 표준편차는 9톤으로 나타났다. 현재 사용 중인 제품으로는 평균적으로 시간당 15톤을 처리할 수 있었다면, 경인화학의 신개발품은 기존 제품보다 처리능력이 우수하다고 할 수 있는가?

① 양측검정을 위한 귀무가설과 대립가설을 설정하시오.
② 유의수준 5%에서 가설을 검정하시오.
③ 유의수준 5%에서 신뢰구간을 설정하고 가설을 검정하시오.

**풀이**

① 귀무가설 : 신개발품의 처리능력은 기존 제품과 다르지 않다.($H_0$ : $\mu$=15톤)
대립가설 : 신개발품의 처리능력은 기존 제품과 다르다.($H_1$ : $\mu \neq$15톤)

② 표본의 크기가 7이므로 $t$-분포표를 사용해야 한다. 유의수준을 5%로 하였으므로 자유도 6의 $t_{0.025}=2.447$이다. 따라서, 기각영역은 다음과 같다.

$$t\text{-통계량} < -2.447 \text{ 또는 } t\text{-통계량} > 2.447$$

자료로부터 계산한 $t$통계량의 값이 $t=\dfrac{23-15}{9\sqrt{7}}=2.3518$으로 기각역에 포함되지 않으므로, 유의수준 5%에서 귀무가설을 기각할 수 없다.

③ 유의수준을 5%로 하였으므로 95% 신뢰구간은 다음과 같이 된다.

$$23-(2.447)\frac{9}{\sqrt{7}} < \mu < 23+(2.447)\frac{9}{\sqrt{7}}$$
$$14.25 < \mu < 31.75$$

기준값 15톤이 신뢰구간에 포함되므로 귀무가설을 기각할 수 없다.

## 예제 | 8-3

하나조선소는 용접용 로보트의 구입을 고려하고 있다. 다만, 이 로보트가 1분에 20군데 보다 많이 용접할 수 있는 성능을 보유해야만 구입원가 이상의 경제성을 발휘할 수 있다고 한다. 100번의 성능실험 결과 1분당 평균용접횟수가 20.2, 표준편차가 7.07로 계산되었다. 하나조선소는 어떤 결정을 내려야 하는가? 제1종 오류에 따른 비용을 감안한 결과, 유의수준은 1%가 적정한 것으로 보여졌다고 가정하시오.

**풀이**

① 귀무가설 : 용접용 로보트의 평균용접횟수는 많아야 20회이다.(로보트 구입을 유보)

대립가설 : 용접용 로보트의 평균용접횟수는 20회보다 많다.(로보트를 구입)

② 검정통계량을 구해보면

$$Z=\frac{20.2-20}{7.07/\sqrt{100}}=0.2829$$

으로 [그림 8-8]에서 알 수 있듯이, 유의수준이 1%일 때의 $Z$값인 2.33보다 작으므로 귀무가설을 기각할 수 없다. 즉, 이 용접용 로보트는 구입하지 말아야 한다.

**그림 8-8 | 기각영역의 설정**

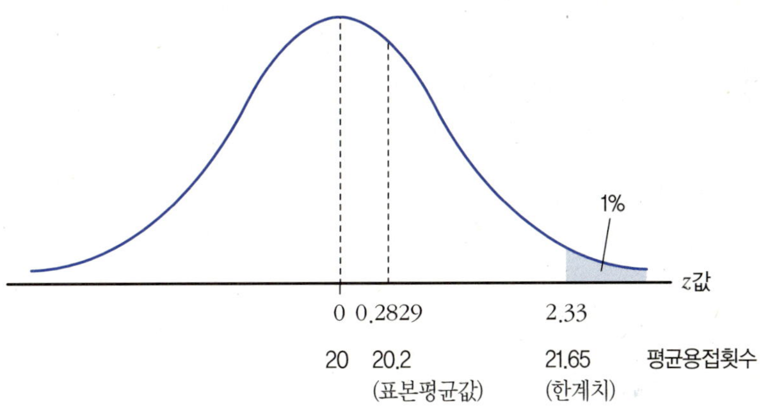


③ 이 경우에도 $p$값은 평균용접횟수가 20.2보다 크거나 같을 확률이다. 앞에서 $Z$값이 0.2829였으므로, 정규분포표에서 $p(0 \le Z \le 0.2829)$을 찾아보면 0.11이다. 그러므로, $p$값은 0.5 − 0.11 = 0.39 또는 39%가 된다. 즉, $p$값이 유의수준인 1%보다 크므로 귀무가설을 기각할 수 없다.

## 8.3 | 모집단비율의 가설검정

퍼스널컴퓨터 판매체인인 하나전자는 그래픽을 이용한 새로운 개인용컴퓨터(PC) 교육시스템의 구입을 고려하고 있다. PC 사용법을 효과적으로 교육할 수 있는 기회를 제공하면 PC 판매수량을 증가시킬 수 있다고 판단되어, 이 교육시스템을 판매하는 회사에게 그 효과를 문의하였다.

그 회사에서는 프로그램의 사용법이 단순하고 초보자를 대상으로 개발한 프로그램이므로, 컴퓨터를 전혀 모르는 사람도 100명 중 70명 이상이 PC 사용법을 단기간에 손쉽게 익힐 수 있도록 제작되어 있다고 한다. 그러나, 하나전자는 이들의 주장을 그대로 받아들일 수 없어, 이 프로그램을 구입하기에 앞서 판매회사가 주장하는 효과에 대한 신빙성을 좀 더 조사해 보기로 하였다.

## 8.3.1 가설의 설정

이 문제의 경우 관심의 대상은 PC 교육프로그램을 이용한 고객 중 몇 퍼센트가 PC사용법을 제대로 익히게 되는가에 관한 것이다. 그러므로, 귀무가설과 대립가설은 아래와 같이 설정할 수 있다.

귀무가설 : PC교육프로그램을 통해 PC 사용법을 제대로 익힐 수 있는 고객의 비율은 많아야 70%이다.($H_0 : p=0.7$)

의사결정대안 : 프로그램을 구입하지 않음.

대립가설 : 이 프로그램을 통해 PC사용법을 제대로 익힐 수 있는 고객의 비율은 70% 보다 크다.($H_1 : p > 0.7$)

의사결정대안 : 프로그램을 구입함.

표본평균에 대한 가설의 설정에서와 같이, 이 경우도 교육프로그램의 효과에 대해 회의적인 태도가 귀무가설이 된다. 귀무가설을 기각할 수 있다면 프로그램 판매회사의 주장을 믿어도 될 것이다.

## 8.3.2 유의수준 및 기각영역의 결정

제1종 오류에 따른 비용은 크게 프로그램의 구입 및 설치비용, 교육 후 PC 사용법을 익히지 못한 고객들의 항의 및 이로 인한 매출액 감소 등을 들 수 있다. 제2종 오류에 따른 비용은 매출액을 증대시킬 수 있는 좋은 기회를 포기함으로써 초래되는 매출액의 감소로 생각해 볼 수 있다.

| 표본통계량에 의한 의사결정 | 모집단 특성 | |
|---|---|---|
| | 70%에 미치지 못함 | 70%를 초과함 |
| 교육프로그램을 구입하지 않음 | 올바른 결정 | 제2종 오류비용 (매출증가 기회상실) |
| 교육프로그램을 구입함 | 제1종 오류비용 (구입 및 설치비용, 신뢰실추) | 올바른 결정 |

모든 비용을 감안해 본 결과, 유의수준은 15% 정도가 적당하다고 가정해 보자. 귀무가설의 검정은 100명 정도의 고객을 임의로 선택하여 이들에게 이 교육프로그램을 사용해 보게 하는 것으로 시작한다. 이 경우 표본의 크기는 100이므로, 표본비율($\hat{p}$)의 표본분포는 정규분포와 거의 동일하게 될 것이다. 귀무가설이 옳다고 가정할 때 이 분포의 평균은 모집단의 비율과 같은 $p=0.7$이 되며, 표준오차는

$$s_{\hat{p}} = \sqrt{\frac{p \times (1-p)}{n}} = \sqrt{\frac{(0.7)(0.3)}{100}} = 0.046$$

이 된다. 이를 이용하여 표본분포를 그려보면 다음의 [그림 8-9]와 같다.

**그림 8-9 | 귀무가설이 옳다고 가정할 때의 표본분포**

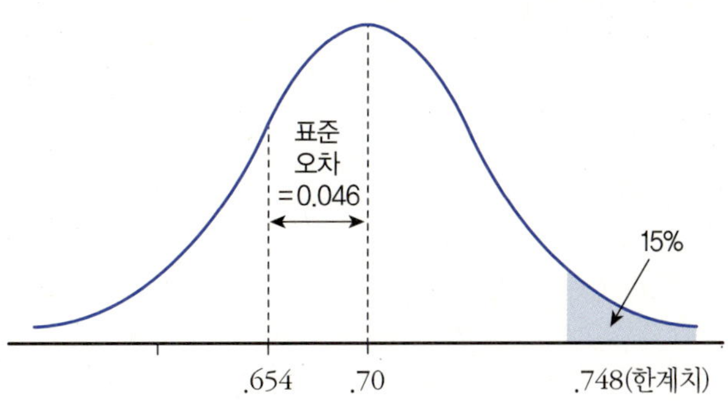

이 분포에서 귀무가설의 기각영역은 오른쪽의 음영(그림자) 부분이다. 이는 귀무가설이 옳다고 가정할 때, 표본비율이 0.7보다 작은 경우에는 이 가설의 정당성이 그대로 뒷받침될 것이고, 표본비율이 0.7보다 훨씬 커야 대립가설을 뒷받침해 줄 것이기 때문이다. 따라서, 한계치는 [그림 8-9]에서와 같이 중심보다 오른쪽에 위치하게 된다. 한계치는 유의수준의 값에 따라 변하게 되는데, 이 문제에서는 유의수준을 15%로 설정하였기 때문에 표본분포에서 오른쪽 끝을 기준으로 하여 그 넓이가 0.15인 값이 바로 한계치가 된다.

$$\begin{aligned}\text{한계치} &= 0.70 + Z_{0.15} \times \text{표준오차}\\ &= 0.70 + (1.038)(0.046) = 0.748\end{aligned}$$

표본으로 선택된 100명의 고객 중 PC를 제대로 사용하게 된 고객의 수가 74.8명 이하일 경우에는 귀무가설을 기각할 수 없으며, 반대로 74.8명보다 많을 때에는 귀무가설을 기각하고 대립가설을 받아들여 이 교육프로그램을 구입하여야 한다.

모집단비율에 관한 가설검정 과정을 정리하면 다음과 같다.

| 단측검정 | 양측검정 |
|---|---|
| $H_0 : p = p_0$<br>$H_1 : p > p_0$ (또는 $p < p_0$) | $H_0 : p = p_0$<br>$H_1 : p \neq p_0$ |
| 표본비율 : $\hat{p} = \dfrac{\text{발생횟수}}{\text{관측횟수}} = \dfrac{Y}{n}$ | 검정통계량 : $Z = \dfrac{\hat{p} - p_0}{\sqrt{\dfrac{p_0(1-p_0)}{n}}}$ |
| 기각역 : $Z > Z_\alpha$ (또는 $Z < -Z_\alpha$) | 기각역: $\lvert Z \rvert > Z_{\frac{\alpha}{2}}$ |

**예제 | 8-4**

하나복사기리스주식회사는 그 회사의 고객 중 최소 10% 정도는 리스한 복사기에 대해 만족하지 않는다는 것을 조사를 통해 알 수 있었다. 최근 이 회사는 고객의 만족도를 향상시키기 위하여 새로운 고객 서비스프로그램을 개설하였다. 일정기간 동안 프로그램을 운영한 후 이 프로그램의 성과를 측정하기 위해, 임의로 200명의 고객을 선택하여 만족도를 조사해 본 결과 200명 중 8명만이 불만족스럽다는 표시를 하였다. 유의수준을 5%로 설정했을 때, 새로운 고객서비스 프로그램은 과연 고객의 만족도를 증진시켰다고 할 수 있는가? $p$값을 계산하시오.

**풀이**

① 새로운 프로그램이 만족도 향상에 기여하지 못하였다는 회의적 관점에서 가설의 검정이 시작되어야 하므로, 다음과 같이 가설을 설정한다.

귀무가설 : 10% 이상의 고객이 불만족스러워 한다. ($H_0 : p=0.1$)

대립가설 : 10% 미만의 고객이 불만족스러워 한다. ($H_1 : p < 0.1$)

② 귀무가설의 기각영역을 계산하기 위해서는, 귀무가설의 가정이 옳다고 가정한 후에 한계치를 계산해야 한다. 따라서, 귀무가설이 옳다고 가정할 때 표본분포의 표준오차는 다음과 같다.

$$\sqrt{\frac{(0.1)(0.9)}{200}} = 0.021$$

실제 불만족스러워 하는 고객의 비율이 $8 \div 200 = 0.04$이므로, 검정통계량 $Z$는 다음과 같이 구할 수 있다.

$$Z = \frac{0.04 - 0.10}{0.021} = -2.857$$

**그림 8-10 | [예제 8-4]의 기각영역**

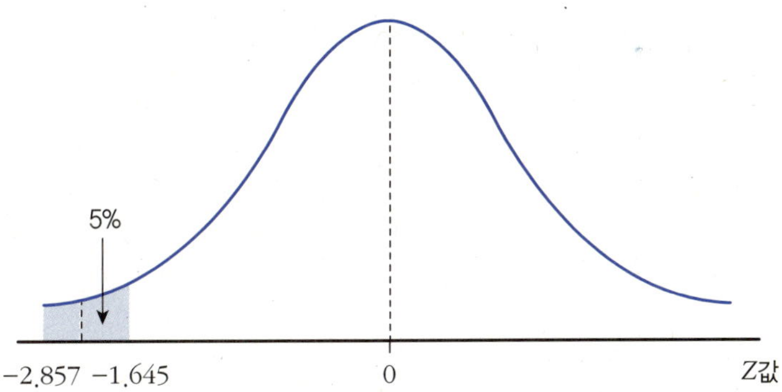


한편, 대립가설은 10% 미만이 불만족스러워 한다는 것이므로, 기각영역은 [그림 8-10]에서와 같이 표준정규분포에서 넓이가 5%(유의수준)인 왼쪽 끝 부분이다. 이에 해당하는 $Z$값은 −1.645이므로 귀무가설은 기각해야 한다. 즉, 새로운 고객서비스프로그램은 만족도를 향상시키는 효과가 있다고 볼 수 있다.

③ $p$값은 실제 관측된 비율의 $Z$값인 −2.857보다 작을 확률이다(단측검정). 그러므로, $P(Z < -2.857) = P(Z > 2.857) = 0.5 - P(0 < Z < 2.857) = 0.0021$ 또는 0.21%이다. 이것은 유의수준 5%보다 작으므로, 귀무가설을 기각할 수 있다.

## 예제 | 8-5

컴퓨터 부품을 제조 · 판매하는 하나전자는, 그들이 생산하는 부품은 95%가 규격에 일치하는 좋은 품질의 부품이라 주장하고 있다. 최근에 납품된 700개 중 48개가 불량품으로 판정되었다면, 하나전자의 주장을 믿어도 되는가? 유의수준 5%에서 양측검정을 이용하여 평가하시오. 또 $p$값은 얼마인가?

### 풀이

① 귀무가설 : 양품의 비율은 95%이다. ($H_0 : p=0.95$)
대립가설 : 양품의 비율은 95%가 아니다. ($H_1 : p \neq 0.95$)

② 귀무가설이 옳다고 할 때 표본분포의 표준오차는

$$\sqrt{\frac{(0.95)(0.05)}{700}}=0.00824$$

이며, 대립가설을 볼 때 양측검정이 적용되어야 하므로 기각영역은 [그림 8-11]에서와 같이 정규분포의 양측 끝 부분에 위치해야 한다. 한편, 유의수준을 5%로 할 때의 $Z_{\frac{\alpha}{2}}$값이 1.96이므로,

$$\text{윗쪽 한계치}=0.95+(1.96)\ (0.00824)=0.966$$
$$\text{아래쪽 한계치}=0.95-(1.96)\ (0.00824)=0.934$$

가 된다. 즉, 표본비율이 0.966보다 크거나 0.934보다 작으면 귀무가설을 기각한다. 표본으로 추출된 700개 중 48개가 불량품이므로, 양품의 표본비율은 $(700-48)/700=0.931$이다. 표본비율값이 기각영역에 포함되므로 귀무가설을 기각시킬 수 있다. 그러므로, 우리는 하나전자의 주장을 받아들일 수 없다는 결론에 도달하게 된다. $t$-검정으로도

그림 8-11 | 기각영역의 설정

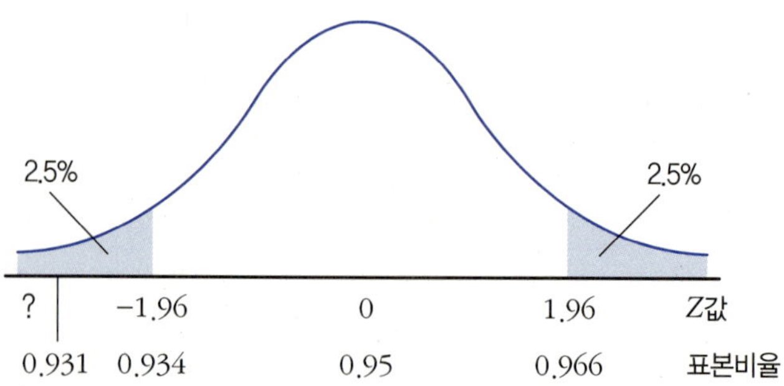

동일한 결론에 이르게 된다.

$$t\ (\text{또는}\ Z) = \frac{0.931-0.95}{0.00824} = -2.306$$

유의수준을 5%로 결정하였으므로 $Z_{\frac{\alpha}{2}}=1.96$이고, $|t|$의 값이 이보다 더 크므로 귀무가설을 기각한다.

③ 양측검정이므로 기각영역은 양쪽 꼬리에 위치하게 된다. 귀무가설을 기각시킬 수 있으면서 유의수준이 최소가 되기 위해서는, 관측된 표본비율($Z=-2.306$)을 한계치로 하는 기각영역을 설정하면 된다. 즉, 정규분포가 좌우대칭이므로 기각영역은 $Z < -2.306$과 $Z > 2.306$이 된다. 따라서, $p$값은 양쪽 꼬리에 위치한 기각영역의 면적이 된다. $p(Z > 2.306)+p(Z < -2.306)=p(Z > 2.306)\times 2=0.0105\times 2=0.021$ 또는 2.1%이다. $p$값이 유의수준 5%보다 작으므로, 귀무가설을 기각할 수 있다.

## 8.4 두 모집단평균의 차이에 관한 가설검정

전자제품 제조업체인 하나기업은 생산성 향상을 위한 교육프로그램을 개설하고자 한다. 프로그램의 개설 및 운영은 외부 전문기관에 의뢰할 계획인데, 현재 한국생산성연구소와 대한경영협의회의 교육프로그램이 가장 우수한 것으로 평가되고 있다.

하나기업 내부에서는 한국생산성연구소의 프로그램이 더 우수하다고 평가하고 있는데, 다만 운영비용이 대한경영협의회의 프로그램보다는 약간 더 드는 것이 문제점으로 지적되었다. 그러나, 하나기업은 프로그램의 운영에 소요되는 비용보다는 교육효과에 더 중점을 두어, 생산성연구소의 교육효과가 경영협의회측보다 확실히 우수하다고만 평가되면 생산성연구소에 교육을 의뢰하고자 한다. 프로그램을 최종적으로 선택하기에 앞서, 통계적 실험을 통해 생산성연구소의 교육효과가 더 우수한가를 확인해 보기 위해 무작위로 50명을 뽑아 각 프로그램에 25명씩 참여시켜 보기로 하였다.

### 8.4.1 가설의 설정

이 문제의 초점은 어느 기관의 프로그램이 더 우수한가, 다시 말해 한국생산성연구소의 교육효과가 더 우수한가를 확인하는 데에 있다고 볼 수 있다. 프로그램의 우수성은 이를 이수한 종업원들의 평균생산량으로 평가한다고 하자. 한국생산성연구소의 프로그램을 이수한 종업원의 평균생산량을 $\mu_1$이라 하고, 대한경영협의회의 프로그램을 이수한 종업원의 평균생산량을 $\mu_2$라 한다면, 귀무가설 및 대립가설, 그리고 그에 따른 의사결정대안은 다음과 같이 될 것이다.

귀무가설 : $\mu_1 - \mu_2 = 0$, 즉 한국생산성연구소 프로그램의 교육효과는 한국경영협의회의 프로그램에 비하여 높지 않다.

의사결정대안 : 비용이 다소 저렴한 한국경영협의회의 프로그램을 선택한다.

대립가설 : $\mu_1 - \mu_2 > 0$, 즉 한국생산성연구소의 프로그램이 한국경영협의회의 프로그램보다 우수하다.

의사결정대안 : 비용이 다소 비싸지만, 장기적인 안목으로 한국생산성연구소의 프로그램을 채택하기로 한다.

위에서 대립가설은 분석을 통해 확인해 보고자 하는 내용을 담고 있으며, 앞에서도 설명한 바와 같이 이것이 귀무가설과 대립가설을 설정하는 일반적인 방법이다.

### 8.4.2 유의수준의 결정

이 문제에서 제1종 오류에 따른 비용은 비싼 프로그램을 선택함으로써 발생하는 비용이다. 제2종 오류에 따른 비용은 프로그램 선택오류로 인한 생산성 저하이지만, 프로그램 운영비용이 상대적으로 적게 소요되므로 이를 차감해야 할 것이다. 이상을 요약하면 다음 표와 같다.

유의수준은 제1종 오류를 범할 확률이라 하였으므로, 제1종 오류로 인한 비용이 크다면 유의수준을 낮게 잡아야 하며, 그렇지 않다면 어느 정도 높게 잡아 제2종 오류로 인한 비용을 줄여야 한다. 이들 비용을 감안하여 하나기업은 10% 정도가 적당한 유의수준이라고 결정하였다.

| 오류 | 오류로 인한 결과 |
|---|---|
| 제1종 오류 : 귀무가설이 옳음에도 불구하고 가설 기각 | 두 프로그램이 같음에도 불구하고, 더 비싼 한국생산성연구소의 프로그램 선택 |
| 제2종 오류 : 귀무가설이 틀림에도 불구하고 귀무가설 수용 | 한국생산성연구소의 프로그램이 우수함에도 불구하고, 비용이 싼 대한경영협의회의 프로그램 선택 |

### 8.4.3 표본통계량

가설을 검정하기 위해서는 두 모집단에서 추출한 표본평균들의 차이인 $(\overline{X}_1-\overline{X}_2)$의 표본분포를 설정해야 한다. 이 표본분포의 평균은 귀무가설이 옳다고 할 때에 모집단평균의 차이인 $0(\mu_1-\mu_2=0)$이 될 것이나, 표준편차$(\sigma_{\overline{X}_1-\overline{X}_2})$는 제6장에서 이미 설명한 바와 같이 두 모집단의 분산값에 대한 가정에 따라 추정방법이 달라진다.

두 모집단의 표준편차 $\sigma_1$과 $\sigma_2$가 알려져 있는 경우, 표본분포의 평균값 차이의 표준오차 $(\sigma_{\overline{X}_1-\overline{X}_2})$는 다음과 같다.

$$\sigma_{\overline{X}_1-\overline{X}_2}=\sqrt{\frac{\sigma_1^2}{n_1}+\frac{\sigma_2^2}{n_2}} \tag{8.3}$$

그러나, 두 모집단의 분산값이 알려져 있지 않은 경우에는 표본에서 구한 표준편차 $s_1$, $s_2$를 이용하여 다음과 같이 구한다.

$$s_{\overline{X}_1-\overline{X}_2}=\sqrt{\frac{s_1^2}{n_1}+\frac{s_2^2}{n_2}} \tag{8.4}$$

그러면, 검정통계량 $Z=\frac{\overline{X}_1-\overline{X}_2}{s_{\overline{X}_1-\overline{X}_2}}$는 표준정규분포, 즉 $N(0,\ 1)$를 따른다.

다만, 이러한 공식을 사용하고자 하는 경우는 두 표본의 관측치가 큰 경우에 한정한다. 만약, 표본의 크기가 작은 경우에는, 두 모집단의 표준편차인 $\sigma_1$과 $\sigma_2$가 같은 값을 갖는다고 가정하는데 무리가 없다면 합동분산(pooled variance)을 이용하여 $s_{\overline{X}_1-\overline{X}_2}$를 추정한다.

$$\text{합동분산 } s_p^2=\frac{(n_1-1)\,s_1^2+(n_2-1)\,s_2^2}{n_1+n_2-2}$$

$$s_{\overline{X}_1-\overline{X}_2}=\sqrt{\frac{s_p^2}{n_1}+\frac{s_p^2}{n_2}}=s_p\sqrt{\frac{1}{n_1}+\frac{1}{n_2}} \qquad \textbf{(8.5)}$$

이때에는 평균치 차이에 대한 가설을 자유도 $(n_1+n_2-2)$의 $t$-분포를 이용하여 검정할 수 있다.

표본의 크기도 작으며 두 표준편차가 같다고 가정할 수 도 없다면 식(8.4)를 이용할 수밖에 없다. 이 경우에는 검정통계량 $t=\frac{\overline{X}_1-\overline{X}_2}{s_{\overline{X}_1-\overline{X}_2}}$는 자유도가 $\nu$인 $t$-분포를 따른다.

여기서

$$\nu=\frac{(s_1^2/n_1+s_2^2/n_2)^2}{\frac{(s_1^2/n_1)^2}{n_1-1}+\frac{(s_2^2/n_2)^2}{n_2-1}}$$

을 계산하여, 소숫점 이하는 버린다. 본 장 끝에서 설명한 EXCEL을 이용하여 자료분석을 하게 되면, 위의 복잡한 공식을 사용하여 자유도를 계산하지 않아도 된다.

위의 문제에서는 두 교육프로그램 이수자들의 생산량에 대한 분산이 같다고 가정하고, 표본분포의 표준오차 $s_{\overline{X}_1-\overline{X}_2}$를 합동분산을 이용하여 추정하기로 하자.

### 8.4.4 자료의 선정과 의사결정

두 교육기관의 프로그램을 수료한 종업원들의 생산성을 측정한 결과, 다음과 같은 자료를 얻을 수 있었다.

| | 한국생산성연구소 | 대한경영협의회 |
|---|---|---|
| 수료 종업원수 | $n_1=25$ | $n_2=25$ |
| 시간당 평균생산량 | $\overline{X}_1=80$ | $\overline{X}_2=75$ |
| 표준편차 | $s_1=10$ | $s_2=12.5$ |

우선 표본분포의 표준오차부터 계산해 보면

$$s_p^2=\frac{(25-1)10^2+(25-1)(12.5)^2}{25+25-2}=128.125$$

$$s_{\overline{X}_1-\overline{X}_2}=\sqrt{128.125}\sqrt{\frac{1}{25}+\frac{1}{25}}=3.20$$

이 된다. 그러므로 귀무가설이 옳다고 가정하면, 평균치 차이는 평균값이 0이고 표준오차가 3.20인 [그림 8-12]와 같은 좌우대칭의 $t$-분포를 이룰 것이다.

귀무가설의 기각영역은 [그림 8-12]에서 가장 오른쪽의 음영(그림자) 부분이다. 즉, 귀무가설이 옳다고 할 때 $\overline{X}_1-\overline{X}_2$의 값이 0보다 작은 경우에는 귀무가설의 정

그림 8-12 | 귀무가설이 옳다고 가정할 때의 표본분포와 기각영역

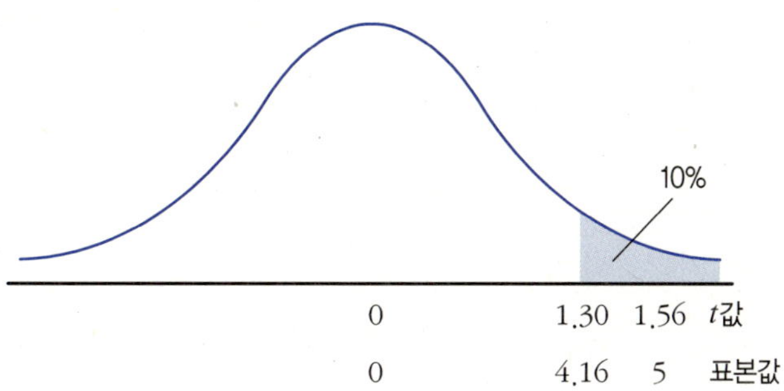

당성을 인정할 수 있으나, $\overline{X}_1-\overline{X}_2$ 값이 0보다 훨씬 커지면 귀무가설보다는 대립가설의 가능성이 높아지기 때문이다.

한계치는 유의수준의 값에 따라 변하게 되는데, 이 문제에서는 유의수준을 10%로 설정하였으므로 표본분포에서 오른쪽 끝을 기준으로 하여 그 넓이가 0.1(10%)인 값이 바로 한계치가 된다. 따라서,

$$\text{한계치} = 0 + t_{0.1} \times \text{표준오차}$$
$$= 0 + (1.30)(3.20) = 4.16$$

이 된다. 이 식에서 $t$값 1.30은 자유도가 (25+25−2)=48이고 오른쪽 끝 부분의 확률이 10%일 때의 값이다. 이것은 분석을 위해 추출한 표본의 수가 모두 25+25=50이며, 표본을 이용하여 합동분산을 계산하였으므로 자유도는 2가 줄어들었기 때문이다.

한계치가 결정되면 이를 이용하여 귀무가설을 검정할 수 있다. 즉, 평균치 차이 $\overline{X}_1-\overline{X}_2$가 4.16보다 작으면 귀무가설을 기각하지 못하며, 4.16보다 크면 귀무가설을 기각하고 대립가설을 수용하게 된다. 이 문제에서는 평균치의 차이가 80−75=5로서 기각영역 내에 포함되므로, 귀무가설을 기각하고 비용이 다소 비싸더라도 보다 우수한 한국생산성연구소의 프로그램을 구입해야 할 것이다.

$t$-검정통계량을 계산해 보자.

$$t = \frac{\overline{X}_1-\overline{X}_2-0}{s_{\overline{X}_1-\overline{X}_2}}$$
$$= \frac{(80-75)-0}{3.20} = 1.56$$

기각영역은 자유도가 48인 $t$-분포에서 오른쪽 끝 부분의 넓이가 10%되어야 하므로, 기각영역을 결정하는 한계치 $t$값은 1.30이다. 검정통계량 1.56은 이 한계치보다 크므로 귀무가설을 기각한다.

## 예제 | 8-6

두 자동차 회사 A, B에서 생산된 동급 차종의 $l$당 주행거리에 차이가 있는지를 알아보기 위해, A, B 두 회사 제품의 차량을 각각 15대씩 표본으로 추출하여 실험한 결과 다음과 같은 자료를 얻었다. 두 회사에서 생산한 차량의 주행거리가 서로 다른지를 5% 유의수준에서 검정하여라.

| | A | B |
|---|---|---|
| 평균주행거리(km/$l$) | 15.3 | 14.6 |
| 표준편차 | 1.1 | 0.9 |

### 풀이

① 가설의 설정 : 두 회사 생산제품의 주행거리에 차이가 있는가 만을 평가하므로, 귀무가설과 대립가설은 다음과 같다.

$H_0$ : $\mu_1 = \mu_2$

$H_1$ : $\mu_1 \neq \mu_2$

② 한계치의 계산

$$s_p^2 = \frac{(15-1)1.1^2 + (15-1)0.9^2}{15+15-2} = 1.01$$

$$s_{\overline{X}_1 - \overline{X}_2} = \sqrt{1.01}\sqrt{\frac{1}{15} + \frac{1}{15}} = 0.367$$

이 문제에서와 같이 대립가설이 $\mu_1 \neq \mu_2$의 형태를 가질 때에는 양측검정이라 하여 기각영역이 양쪽 끝 부분에 위치하게 된다. 그러므로, 한계치는 자유도가 28인 $t$-분포표에서 한쪽 꼬리 부분의 확률이 2.5%(양측검정이므로)인 $t$값(±2.048)을 이용하여 계산한다. 즉,

$$\text{한계치} = 0 \pm (2.048)\ (0.367)$$
$$= \pm 0.7516$$

③ 결론 : 본 예제는 양측검정의 문제이므로 기각영역은 양쪽 끝 부분이 된다. 즉, 평균치 차이의 절대값이 위에서 계산한 한계치의 절대값보다 크면 귀무가설을 기각한다. 두 표본의 평균치 차이는 15.3−14.6=0.7로 이 값은 한계치보다 작다. 따라서, 이 자료만 가지고는 두 회사 차량의 주행거리가 서로 다르다고 말할 수 없다. 다시 말해, 귀무가설을 기각할 수 없다.

참고로 $t$-검정통계량을 이용해서도 동일한 결론을 얻을 수 있다.

$$t = \frac{(15.3-14.6)-0}{0.367} = 1.907$$

$t$-분포표에서 기각영역을 결정짓는 $t$값인 ±2.048의 절대값보다 작으므로, 귀무가설을 기각할 수 없음을 확인할 수 있다.

## 8.5 두 모집단평균의 차이에 관한 대응비교 검정

■ 대응비교

앞에서 살펴본 두 모집단평균의 차이에 관한 가설검정방법은 두 개의 표본이 서로 독립적으로 추출되는 경우에만 적용될 수 있다. 만약 두 표본이 서로 연관관계에 있다면, 본 절에서 설명하고자 하는 대응비교(paired comparison)의 검정방법을 채택해야 한다. 대응비교는 광고, 의약품, 교육프로그램, 생산공정 등의 효과를 알아보기 위해, 하나의 관측대상을 실험 전과 후에 각각 측정하여 그 차이를 평가하는 방법이다. 대응비교에서도 표본은 무작위적 방법으로 추출되어야 한다.

기업구조조정과 더불어 보수적 기업으로 알려진 H기업은 TV를 통하여 새로운 기업이미지 광고를 실시하려고 한다. 새로 제작한 광고프로그램의 효과를 알아보기 위해, 36명의 실험대상을 선정하여 광고를 보기 전과 후의 기업 이미지를 조사하였다. 이 경우 광고를 보기 전 36명의 기업이미지와 광고를 본 후 36명의 기업이미지는 각각 하나의 표본을 구성하나, 앞 절에서와는 달리 이들 두 표본은 서로 독립적일 수 없다. 광고효과를 추정하기 위해서는 36명 개개인에 대해 광고 전과 후의 이미지 차이를 구하고, 그 차이가 통계적으로 의미가 있는지 여부를 분석해야 한다. 대응비교는 이러한 경우에 사용되는 통계적 분석기법이다. 이제 H기업의 문제를 가지고 대응비교 검정방법을 알아보자.

### 8.5.1 가설의 설정

이 문제도 귀무가설의 형태는 두 모집단 평균차이의 검정방법과 같다. 광고 실시 전의 기업이미지를 $\mu_1$이라 하고 프로그램 실시 후의 기업이미지를 $\mu_2$라 한다면, 귀무가설 및 대립가설은 다음과 같이 될 것이다.

귀무가설 : 광고프로그램은 기업이미지 개선에 효과가 없다. 즉 $\mu_2 - \mu_1 = 0$
대립가설 : 광고프로그램은 기업이미지 개선에 효과가 있다. 즉 $\mu_2 - \mu_1 > 0$

## 8.5.2 표본차이의 평균의 표준오차

우선 실험에 참가한 개개인에 대해 광고 프로그램을 보기 전과 후의 기업 이미지 차이를 구하고, 그 값을 $d_1, d_2, \cdots, d_n$이라 하자. 가설을 검정하기 위해서는 이들의 평균값 $\bar{d}$의 표본분포를 설정해야 한다. 이 표본분포의 평균은 귀무가설이 옳다고 할 때 0이 되지만, 표준오차는 다음의 계산과정을 거쳐 추정해야 한다.

차이의 평균 : $\bar{d} = \dfrac{\sum d_i}{n}$

표준편차 : $s_d = \sqrt{\dfrac{\sum (d_i - \bar{d})^2}{n-1}}$ **(8.6)**

표준오차 : $s_{\bar{d}} = \dfrac{s_d}{\sqrt{n}}$

따라서 평균치 차이에 대한 가설은 자유도 $(n-1)$의 $t$-분포를 이용하여 검정할 수 있다. 물론 표본의 크기 $n$이 30 이상이면 정규분포를 이용해도 무방하다.

## 8.5.3 자료의 수집과 표본통계량 계산

실험에 참가한 36명에 대해 광고프로그램을 보기 전과 후의 기업 이미지를 조사한 결과, 다음과 같은 자료를 얻을 수 있었다고 하자. 각 실험 참가자는 기업이미지를 0점(매우 보수적)에서 5점(매우 진취적)까지의 척도로 평가하였다.

우선 $d_i$의 평균값과 표준편차를 구해 보면 다음과 같다.

$$차이의\ 평균 : \bar{d} = \frac{\sum d_i}{n} = 0.278$$

$$표준편차 : s_d = \sqrt{\frac{\sum(d_i - \bar{d})^2}{n-1}} = 1.137$$

$$표준오차 : s_{\bar{d}} = \frac{s_d}{\sqrt{n}} = 0.189$$

| 표본 | 전 | 후 | 차이 | 표본 | 전 | 후 | 차이 | 표본 | 전 | 후 | 차이 |
|---|---|---|---|---|---|---|---|---|---|---|---|
| 1 | 2 | 3 | 1 | 13 | 2 | 1 | −1 | 25 | 1 | 2 | 1 |
| 2 | 1 | 2 | 1 | 14 | 3 | 2 | −1 | 26 | 3 | 2 | −1 |
| 3 | 3 | 2 | −1 | 15 | 1 | 3 | 2 | 27 | 2 | 3 | 1 |
| 4 | 0 | 1 | 1 | 16 | 4 | 2 | −2 | 28 | 2 | 3 | 1 |
| 5 | 4 | 2 | −2 | 17 | 2 | 3 | 1 | 29 | 1 | 4 | 3 |
| 6 | 2 | 3 | 1 | 18 | 3 | 3 | 0 | 30 | 2 | 2 | 0 |
| 7 | 1 | 1 | 0 | 19 | 1 | 3 | 2 | 31 | 3 | 2 | −1 |
| 8 | 1 | 2 | 1 | 23 | 2 | 2 | 0 | 32 | 2 | 3 | 1 |
| 9 | 2 | 3 | 1 | 21 | 1 | 1 | 0 | 33 | 2 | 3 | 1 |
| 10 | 1 | 1 | 0 | 22 | 3 | 2 | −1 | 34 | 1 | 2 | 1 |
| 11 | 2 | 1 | −1 | 23 | 0 | 1 | 1 | 35 | 3 | 2 | −1 |
| 12 | 1 | 1 | 0 | 24 | 2 | 2 | 0 | 36 | 2 | 3 | 1 |

## 8.5.4 가설의 검정

귀무가설의 기각 여부를 결정하는 표본평균 한계치는 유의수준의 값에 따라 달라진다. 이 문제에서는 이미지 개선에 아무런 효과가 없는 광고프로그램을 효과가 있다고 생각하여 광고활동을 전개하는 오류비용이 클 것이므로, 유의수준을 1%로 설정하자. 또한, 대립가설을 볼 때 기각영역은 오른쪽에 있어야 하는 단측검정이다. [그림 8-13]과 같이 표본분포에서 오른쪽 끝을 기준으로 하여 그 넓이가 0.01(1%)인 값이 바로 한계치가 된다. $z$-분포표에서 $z_{0.01}=2.34$이다. 따라서,

$$\begin{aligned}한계치 &= 0 + z_{0.01} \times 표준오차\\ &= 0 + (2.33)(0.189) = 0.44\end{aligned}$$

그림 8-13 | 귀무가설이 옳다고 가정할 때의 $t$-분포

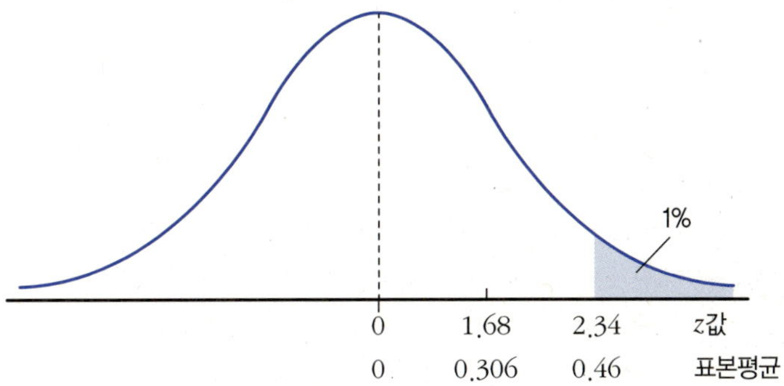


한계치가 결정되면 이를 이용하여 귀무가설을 검정할 수 있다. 즉, 광고 전과 후의 이미지 차이의 평균치 $\bar{d}$가 0.46보다 작으면 귀무가설을 기각하지 못하며, 0.46보다 크면 귀무가설을 기각하고 대립가설을 수용하게 된다. 이 문제에서는 차이의 평균이 0.306로 기각영역에 포함되지 않으므로 귀무가설을 기각할 수 없다. 즉, 광고프로그램의 효과가 확실하지 않으므로 취소하는 것이 합당하다.

이제 표본에서 구한 통계치를 이용하여 $z$-검정통계량을 계산해 보자.

$$z = \frac{\bar{d} - d_0}{s_{\bar{d}}} = \frac{0.278 - 0}{0.189} = 1.47$$

이 값은 기각영역의 한계치인 $z_{0.01} = 2.34$보다 작으므로, 1%의 유의수준에서 귀무가설을 기각할 수 없다. 즉, 광고프로그램은 기업이미지 개선에 도움이 된다고 할 수 없다.

예제 | 8-7

지능지수가 비슷한 2명의 고등학생을 한 조로 하여 모두 8조 16명을 선발하였다. 각 조에서 한 명을 무작위로 추출하여 새로 개발한 영어학습프로그램에 배정하고, 나머지 한 학생은 통상적인 강의 위주의 수업을 받도록 하였다. 6개월 뒤 이들 16명 학생의 성적을 평가한 결과 다음과 같은 자료를 얻을 수 있었다.

| 조번호 | 1 | 2 | 3 | 4 | 5 | 6 | 7 | 8 |
|---|---|---|---|---|---|---|---|---|
| 강의식 수업참여<br>새로 개발한 프로그램에 참여 | 29<br>80 | 76<br>84 | 76<br>78 | 96<br>92 | 98<br>96 | 53<br>64 | 43<br>72 | 80<br>84 |
| $X_1 - X_2$ | −51 | −8 | −2 | 4 | 2 | −11 | −29 | −4 |

이 두 학습방법의 효과에 차이가 있는지를 유의수준 5%로 검정하여라.

**풀이**

① 가설의 설정 : 강의식수업에 참여한 학생들의 평균성적을 $\mu_1$이라 하고, 새로 개발한 프로그램에 참여한 학생들의 평균성적을 $\mu_2$라 한다면, 귀무가설과 대립가설은 다음과 같다.

귀무가설 : 두 교육방법의 차이는 없다. 즉, $\mu_1 - \mu_2 = 0$

대립가설 : 새로운 교육방법이 우수하다. 즉, $\mu_1 - \mu_2 < 0$

② 한계치의 계산 : 통상적인 수업과 새로 개발한 프로그램을 서로 다른 고등학생들에게 실시하였기 때문에, 대응비교가 아닌 것처럼 보인다. 그러나, 조를 구성할 때 성적의 결정적 요인인 지능지수가 비슷한 학생을 선발하여 양쪽 교육방법에 한 명씩 배치하였으므로, 대응비교에 해당된다고 볼 수 있다. 즉, 각 조의 두 명의 학생은 지능지수가 비슷하기 때문에, 성적에 관한 한 똑같은 사람으로 취급되는 것이다. 따라서, 각 조의 성적 차이인 $d_i$의 평균값과 표준편차를 구해야 한다.

$$\text{차이의 평균} : \bar{d} = \frac{\Sigma d_i}{n} = -12.375$$

$$\text{표준편차} : s_d = \sqrt{\frac{\Sigma(d_i - \bar{d})^2}{n-1}} = 18.68$$

$$\text{한계치} = d_0 - t_{0.05} \times \frac{s_d}{\sqrt{n}}$$

$$= 0 - 1.895 \times \frac{18.68}{\sqrt{8}} = -12.515$$

③ 결론 : 대립가설이 $\mu_1 - \mu_2 < 0$이므로 기각영역은 표본분포의 왼쪽 끝에 있어야 하고, 한계치가 −12.515이므로 표본평균이 이 값보다 더 작으면 귀무가설을 기각한다. 그러나, 우리의 표본평균은 −12.375로 이 값보다 더 크므로 귀무가설을 기각할 수 없다. $t$-검정으로도 동일한 결론에 이른다. 유의수준을 5%로 설정하고 있으므로 귀무가설의 기각영역은 $-t_{0.05} = -1.895$의 좌측에 해당하는 영역이 된다. 이제 표본에서 구한 통계량으로 $t$-검정통계량을 계산해 보자.

$$t = \frac{\bar{d} - d_0}{s_d / \sqrt{n}} = \frac{-12.375 - 0}{18.68/\sqrt{8}} = -1.874$$

$t$-통계량이 기각영역의 $t$-한계치 $-t_{0.05} = -1.895$보다 크므로 귀무가설을 기각할 수 없다. 따라서, 새 교육프로그램은 기존의 강의식 방법보다 우수하다고 볼 수 없다.

## 8.6 두 모집단비율의 차이에 관한 가설검정

한국그룹은 그룹 전체의 이미지 개선을 위해, $A$, $B$ 두 광고회사에 10분짜리 기업홍보 프로그램 제작을 각각 의뢰하였다. 최종선택에 앞서 무작위로 소비자 100명씩을 추출하여 $A$ 회사와 $B$ 회사가 각각 제작한 홍보프로그램을 시청하도록 하여, 어느 프로그램이 더 호의적인 반응을 주는지 통계적 분석을 통해 알아보기로 하였다.

### 8.6.1 가설의 설정

한국그룹의 경우, 분석의 목적은 두 회사에서 제작한 두 홍보 프로그램 중 어느 것이 소비자에게 보다 높은 호의적인 반응을 주는가를 파악하여, 그 중 나은 것을 채택하는 데 있다. 프로그램 $A$를 통해 호의적인 반응을 보인 소비자의 비율을 $p_1$이라 하고, 프로그램 $B$를 통해 호의적인 반응을 보인 소비자의 비율을 $p_2$라 정의하면, 귀무가설 및 대립가설, 그리고 그에 따른 의사결정 대안은 다음과 같다.

귀무가설 : 두 프로그램의 효과는 동일하다. ($H_0$ : $p_1-p_2=0$)
의사결정대안 : 홍보효과 이외의 관점에서 유리한 프로그램을 채택한다.
대립가설 : 두 프로그램의 효과는 서로 다르다. ($H_1$ : $p_1-p_2\neq0$)
의사결정대안 : 효과가 높은 프로그램을 채택한다.

위의 대립가설에서는 두 프로그램의 홍보효과에 단순히 차이가 난다고만 하고, 어느 프로그램이 어느 것보다 높다고는 말하지 않고 있다. 이런 경우의 가설검정에는 양측검정방법이 사용되어야 하며, 대립가설을 수용할 때의 의사결정은 실험결과의 효과가 높은 대안을 채택한다.

### 8.6.2 표본비율 차이의 표준오차

유의수준은 의사결정오류에 따른 비용을 감안하여 10% 정도가 적절한 것으로 판단되었다고 가정하자. 가설의 검정을 위해서는 표본분포의 표준오차를 알아야 한다. 프로그램 $A$에 대하여 호의적인 반응을 보인 소비자의 비율을, $\hat{p}_1 = \frac{Y_1}{n_1}$ 이라 하고, 프로그램 $B$를 보고 호의적인 반응을 보인 소비자의 비율을 $\hat{p}_2 = \frac{Y_2}{n_2}$ 라 한다면, 모집단비율 차이의 표준오차는 다음과 같이 계산한다.

$$s_{\hat{p}_1 - \hat{p}_2} = \sqrt{\frac{\hat{p}_1(1-\hat{p}_1)}{n_1} + \frac{\hat{p}_2(1-\hat{p}_2)}{n_2}} \quad \textbf{(8.7)}$$

### 8.6.3 자료의 수집과 표본통계량 계산

실제 실험을 수행한 결과 프로그램 $A$를 시청한 100명의 소비자 중 80명이 호의적인 반응을 보였고, 프로그램 $B$는 100명 중 65명이 호의적인 반응을 보인 것으로 나타났다. 즉, $\hat{p}_1 = 0.8$, $\hat{p}_2 = 0.65$, $n_1 = n_2 = 100$이므로, 표준오차는 위의 공식 (8.7)를 이용하여 다음과 같이 계산한다.

$$s_{\hat{p}_1 - \hat{p}_2} = \sqrt{\frac{0.8 \times 0.2 + 0.65 \times 0.35}{100}} = 0.062 \quad \textbf{(8.8)}$$

### 8.6.4 가설의 검정

본 문제에서는 양측검정이 적용되어야 하므로, [그림 8-14]에서와 같이 귀무가설을 기각하는 영역이 확률분포의 양쪽 끝에 있게 된다. 귀무가설이 옳다고 가정하는 경우에 표본분포의 평균은 귀무가설에서 설정한 값 0이 되어야 하므로, 10%의 유의수준에서 표본비율 차이의 한계치는 다음과 같이 계산할 수 있다.

$$\text{한계치} = \pm Z_{0.05} \times \text{표준오차}$$
$$= \pm(1.645)(0.062) = \pm 0.102 \qquad (8.9)$$

위 식에서 $t$값 대신 $Z$값을 이용하였는데, 이는 표본의 크기가 충분히 커서 $t$값이나 $Z$값이나 거의 차이가 없기 때문이다. 표본조사에서 얻은 비율의 차이($\hat{p}_1 - \hat{p}_2$)가 0.15로 한계치인 0.102를 초과하므로, 제1종 오류를 범할 확률이 10%인 상태에서 귀무가설을 기각할 수 있다. 즉, 프로그램 $A$가 프로그램 $B$보다 소비자 태도 반응에 있어서 더 우수하다고 결론지을 수 있으며, 이에 따라 프로그램 $A$를 선택하는 것이 바람직하다.

**그림 8-14 | 귀무가설이 옳다고 가정할 때의 표본분포와 한계치**

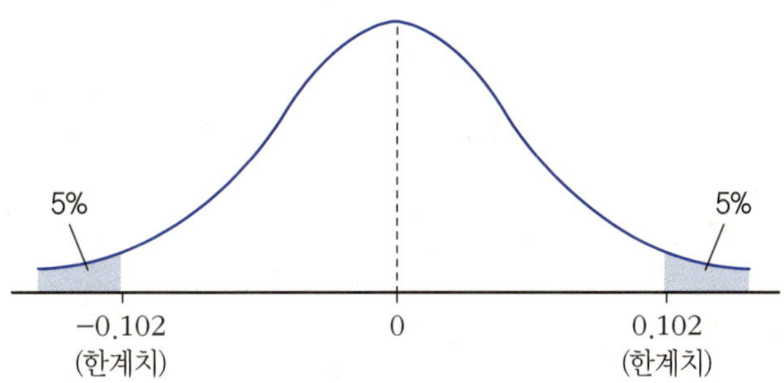


표본에서 구한 통계치를 이용하여 $t$-검정통계량을 계산해 보자. 표본의 수가 충분히 크므로 $Z$-통계량을 사용하여도 무방하다.

$$Z = \frac{(\hat{p}_1 - \hat{p}_2) - 0}{s_{\hat{p}_1 - \hat{p}_2}}$$
$$= \frac{(0.8 - 0.65) - 0}{0.062} = 2.419 \qquad (8.10)$$

이 값은 기각영역의 임계치인 $Z_{0.05} = 1.645$보다 크므로, 10%의 유의수준에서 귀무가설을 기각할 수 있다. 즉, 프로그램 $A$의 효과가 더 좋다.

| 단측검정 | 양측검정 |
|---|---|
| $H_0 : p_1 - p_2 = 0$<br>$H_1 : p_1 - p_2 > 0$ (또는 $p_1 - p_2 < 0$) | $H_0 : p_1 - p_2 = 0$<br>$H_0 : p_1 - p_2 \neq 0$ |
| 검정통계량 : $t = \frac{(\hat{p}_1 - \hat{p}_2) - 0}{s_{\hat{p}_1 - \hat{p}_2}}$ | $s_{\hat{p}_1 - \hat{p}_2} = \sqrt{\frac{\hat{p}_1(1-\hat{p}_1)}{n_1} + \frac{\hat{p}_2(1-\hat{p}_2)}{n_2}}$ |
| 기각역 : $t > t_\alpha$ (또는 $t < -t_\alpha$) | 기각역: $\lvert t \rvert > t_{\frac{\alpha}{2}}$ |

■ 신뢰구간

대립가설이 $p_1 - p_2 \neq 0$형태의 양측검정이므로, (양측)신뢰구간을 이용하여 가설을 검정할 수 있다. 신뢰수준 90%의 신뢰구간은 아래와 같이 된다.

$$(\hat{p}_1 - \hat{p}_2) - Z_{\frac{\alpha}{2}} S_{\hat{p}_1 - \hat{p}_2} < p_1 - p_2 < (\hat{p}_1 - \hat{p}_2) + Z_{\frac{\alpha}{2}} S_{\hat{p}_1 - \hat{p}_2}$$
$$0.15 - 1.645 \times 0.062 < p_1 - p_2 < 0.15 + 1.645 \times 0.062$$
$$0.048 < p_1 - p_2 < 0.252$$

귀무가설에서의 기준차이 0은 위의 신뢰구간에 포함되지 않는다. 그러므로, 우리는 두 프로그램의 효과가 동일한다는 귀무가설을 기각한다.

**예제 | 8-8**

어떤 공장에서 2교대 작업라인과 3교대 작업라인의 불량품 발생에 차이가 있는가를 알아보기 위해, 2교대 생산라인에서 200개를 추출하여 조사한 결과 25개의 불량품이 발견되었고, 3교대 생산라인에서 300개를 추출하여 조사한 결과 24개의 불량품이 발견되었다. 두 생산라인의 불량률에 차이가 있는가를 10%의 유의수준으로 검정하시오. 또, $p$ 값을 계산하시오.

**풀이**

① 가설의 설정

2교대 작업라인의 불량률을 $p_1$, 3교대 작업라인의 불량률을 $p_2$라 하면, 이 문제의 귀무가설과 대립가설은 다음과 같다.

$$H_0 : p_1 - p_2 = 0$$
$$H_1 : p_1 - p_2 \neq 0$$

② 통계량의 계산

2교대 생산라인의 불량률 : $\hat{p}_1 = \dfrac{25}{200} = 0.125$

3교대 생산라인의 불량률 : $\hat{p}_2 = \dfrac{24}{300} = 0.08$

합동비율 : $\hat{p} = \dfrac{25+24}{500} = 0.092$

$$s_{\hat{p}_1 - \hat{p}_2} = \sqrt{\frac{0.125 \times 0.875}{200} + \frac{0.08 \times 0.92}{300}} = 0.0283$$

③ 가설의 검정

표본의 크기가 충분히 크므로 정규분포를 이용할 수 있다. 유의수준이 10%이고 양측 검정이므로, 정규분포에서 [그림 8-15]에서와 같이 양 끝 부분의 넓이가 각각 5%가 되는 Z값을 찾아야 한다. 통계표에서 이 값을 찾아보면 ±1.645이다. 귀무가설이 옳다고 가정하는 경우에 표본분포의 평균은 귀무가설에서 설정한 값 0이 되어야 하므로, 10%의 유의수준에서 표본비율 차이의 한계치는 다음과 같이 계산할 수 있다.

$$\text{한계치} = \pm Z_{0.05} \times \text{표준오차}$$
$$= \pm(1.645)(0.283) = \pm 0.0466$$

위 식에서 $t$값 대신 $Z$값을 이용하였는데, 이는 표본의 크기가 충분히 커서 $t$값이나 $Z$값이나 거의 차이가 없기 때문이다. 표본조사에서 얻은 비율의 차이($\hat{p}_1 - \hat{p}_2$)가 0.045로 한계치인 0.0466보다 작으므로, 10%의 유의수준에서 우리는 귀무가설을 기각할 수 없다. 즉, 두 생산라인의 불량률 차이는 통계적으로 유의하지 않는다.

그림 8-15 | [예제 8-8]의 기각영역

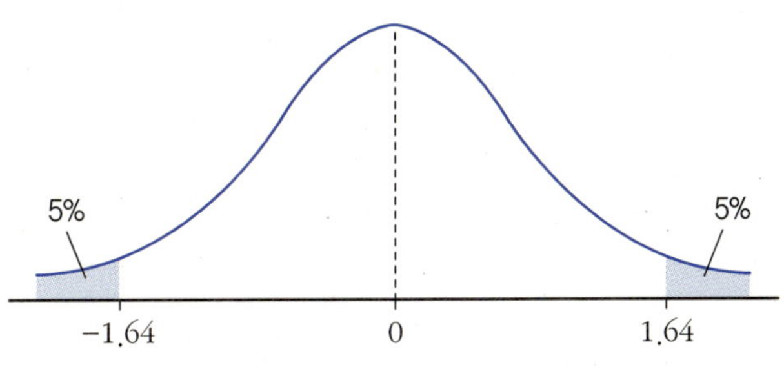


표본에서 구한 통계치를 이용하여 $t$-검정통계량을 계산해 보자. 표본의 수가 충분히 크므로 $Z$-통계량을 사용하여도 무방하다.

$$Z=\frac{(0.125-0.08)-0}{0.0283}=1.59$$

이 값은 기각영역의 임계치인 $Z_{0.05}=1.645$보다 작으므로, 10%의 유의수준에서 귀무가설을 기각할 수 없다.

④ $p$값

양측검정이므로 기각영역은 양쪽 꼬리에 위치하게 된다. 귀무가설을 기각시킬 수 있으면서 유의수준이 최소가 되기 위해서는, 관측된 표본비율의 차이, 즉 $Z=1.59$를 한계치로 하는 기각영역을 설정하면 된다. 정규분포가 좌우대칭이므로 기각영역은 $Z<-1.59$과 $Z>1.59$가 된다. 따라서, $p$값은 양쪽 꼬리에 위치한 기각영역의 면적이 된다.

$$P(Z>1.59)+P(Z<-1.59)=2\times P(Z>1.59)$$
$$=2\times(0.5-P(0<1.59))=2\times(0.5-0.4441)=0.1118$$

귀무가설을 기각시키기 위해서는 유의수준이 11.18%($p$값) 보다 커야 되므로, 위에서 설정한 유의수준 10%에서는 기각시킬 수 없다.

## 8.7 가설검정의 해석 및 유효성 조건

지금까지 모집단평균, 모집단비율, 두 모집단평균 차이와 비율차이 등 모집단 모수에 관한 가설 검정방법을 살펴보았다. 신뢰구간에서와 같이 가설검정에서도 100% 정확한 검정은 불가능하다. 가설검정에서는 표본에서 얻은 불완전한 정보를 바탕으로 결정하므로, 결론이 맞을 수도 있고 틀릴 수도 있다.

실제로 우리는 귀무가설이 맞는지, 대립가설이 맞는지 알지 못한다. 귀무가설을 기각하는 결정을 했다면, 유의수준만큼 제1종 오류를 범했을 가능성이 있다. 또한, 귀무가설을 기각하지 못하는 결정을 했다면, 제2종 오류를 범했을 가능성이 있다.

### ■ 유효성 조건

가설검정의 결과가 유효하기 위해서는 최소한 다음의 조건이 만족되어야 한다.

① 검정에 사용된 조사표본은 모집단에서 무작위적 방법으로 추출되어야 한다.
② 측정변수가 근사적으로 정규분포를 따르든가, 아니면 중심극한정리를 적용할 수 있을 정도로 표본의 크기가 충분히 커야 한다.

이들 가정이 충족되지 않으면 어떻게 될까? 제1종 오류확률이 사전에 설정한 수준(1%, 5%, 10% 등)만큼 낮지 않게 된다. 그 보다 더 높은 수준일 경우가 많으므로 해석에 주의해야 한다. ①의 조건이 충족되지 않으면, 통계적 처리는 아무런 의미가 없게 된다. 우리가 얻은 표본정보가 모집단을 대표할 수 없으므로, 어떤 통계적 처리가 이루어진다 하여도 모집단 모수에 대한 추론은 불가능하다. ②의 조건이 만족되지 않으면, 표본자료를 정규분포가 되도록 log 변환 등의 변수변환이 가능한지를 살펴보아야 한다. 변수변환을 통하여 근사적으로 정규분포를 가정할 수 있다면 가설검정이 가능하나, 이것은 모집단 평균이나 비율의 log 변환에 대한 검정이라는 점을 이해해야 한다.

## 8.8 요 약

본 장에서는 모집단 상수에 관한 가설을 설정하고 표본자료의 분석을 통해 이 가설을 검정하는 과정을 살펴보았다. 통계적 가설검정으로부터 내려진 결론에는 항상 오류가 있게 마련이다. 따라서, 그러한 오류로 인한 비용을 최소화하도록 유의수준을 설정하여야 한다는 것을 강조하였다.

또한, $p$값에 근거하여 가설검정의 결론을 내릴 수 있다는 것을 알았다. 즉, $p$값이 의사결정자가 선택한 유의수준보다 작다면, 귀무가설을 기각시킬 수 있다. EXCEL 등 컴퓨터통계프로그램을 이용하는 경우에 $p$값을 얻을 수 있으므로, 이러한 관계를 이용한다면 가설검정을 쉽게 할 수 있을 것이다.

**표 8-1 | 가설검정방법의 요약**

| 모수의 종류 | 귀무가설($H_0$) | 검정통계량 | 대립가설($H_1$) | 기각영역 |
|---|---|---|---|---|
| 평균 | $\mu=\mu_0$ | $Z=\frac{\overline{X}-\mu_0}{\sigma/\sqrt{n}}$ ($\sigma$가 알려져 있거나 $n \geq 30$) | $\mu < \mu_0$ | $Z < Z_\alpha$ |
| | | | $\mu > \mu_0$ | $Z > Z_\alpha$ |
| | | | $\mu \neq \mu_0$ | $Z < Z_{\frac{\alpha}{2}}$ 와 $Z > Z_{\frac{\alpha}{2}}$ |
| | | $t=\frac{\overline{X}-\mu_0}{s/\sqrt{n}}$ ($\sigma$가 알려져 있거나 $n < 30$) | $\mu < \mu_0$ | $t < -t_\alpha$ |
| | | | $\mu > \mu_0$ | $t > t_\alpha$ |
| | | | $\mu \neq \mu_0$ | $t < -t_{\frac{\alpha}{2}}$ 와 $t > t_{\frac{\alpha}{2}}$ |
| 평균의 차이 ($\sigma_1$과 $\sigma_2$가 알려져 있음) | $\mu_1-\mu_2=d_0$ | $Z=\frac{\overline{X}_1-\overline{X}_2-d_0}{\sqrt{\frac{\sigma_1^2}{n_1}+\frac{\sigma_2^2}{n_2}}}$ | $\mu_1-\mu_2 < d_0$ | $Z < -Z_\alpha$ |
| | | | $\mu_1-\mu_2 > d_0$ | $Z > Z_\alpha$ |
| | | | $\mu_1-\mu_2 \neq d_0$ | $Z < -Z_{\frac{\alpha}{2}}$ 와 $Z > Z_{\frac{\alpha}{2}}$ |
| 평균의 차이 ($\sigma_1=\sigma_2$이나 $\sigma_1$과 $\sigma_2$가 알려져 있지 않음) | $\mu_1-\mu_2=d_0$ | $t=\frac{\overline{X}_1-\overline{X}_2-d_0}{s_p\sqrt{\frac{1}{n_1}+\frac{1}{n_2}}}$ $s_p^2=\frac{(n_1-1)s_1^2+(n_2-1)s_2^2}{n_1+n_2-2}$ | $\mu_1-\mu_2 < d_0$ | $t < -t_\alpha$ |
| | | | $\mu_1-\mu_2 > d_0$ | $t > t_\alpha$ |
| | | | $\mu_1-\mu_2 \neq d_0$ | $t > -t_{\frac{\alpha}{2}}$ 와 $t > t_{\frac{\alpha}{2}}$ |
| 평균의 차이 (대응비교) | $\mu_d=d_0$ | $t=\frac{(\bar{d}-d_0)}{s_d/\sqrt{n}}$ | $\mu_d < d_0$ | $t < -t_\alpha$ |
| | | | $\mu_d > d_0$ | $t > t_\alpha$ |
| | | | $\mu_d \neq d_0$ | $t > -t_{\frac{\alpha}{2}}$ 와 $t > t_{\frac{\alpha}{2}}$ |
| 비율 | $p=p_0$ | $Z=\frac{\hat{p}-p_0}{\sqrt{\frac{p_0(1-p_0)}{n}}}$ | $p < p_0$ | $Z < -Z_\alpha$ |
| | | | $p > p_0$ | $Z > Z_\alpha$ |
| | | | $p \neq p_0$ | $Z < -Z_{\frac{\alpha}{2}}$ 와 $Z > Z_{\frac{\alpha}{2}}$ |
| 비율의 차이 | $p_1-p_2=p_0$ | $Z=\frac{(\hat{p}_1-\hat{p}_2)-p_0}{\sqrt{\frac{\hat{p}_1(1-\hat{p}_1)}{n_1}+\frac{\hat{p}_2(1-\hat{p}_2)}{n_2}}}$ | $p_1-p_2 < p_0$ | $Z < -Z_\alpha$ |
| | | | $p_1-p_2 > p_0$ | $Z > Z_\alpha$ |
| | | | $p_1-p_2 \neq p_0$ | $Z < -Z_{\frac{\alpha}{2}}$ 와 $Z > Z_{\frac{\alpha}{2}}$ |

## A8.1 EXCEL을 이용한 모집단평균 가설검정

본 절에서는 한 모집단의 평균에 관한 가설을 검정하는데 필요한 정보를 얻는 방법을 설명한다. 신뢰구간추정과의 상호연관성을 보이기 위하여 제7장 A7에서의 예를 사용하여 설명하고자 한다.

(가) 정규분포를 이용한 가설검정

본문에서 설명하였듯이, 정규분포를 이용하기 위해서는 모집단의 표준편차($\sigma$)를 알고 있어야 한다. 그렇지 않을 경우에는 곧 이어 설명하는 $t$-분포를 이용하여야 한다. 아래의 예에서는 모집단의 표준편차가 0.5로 알려져 있다고 가정하였다. 그리고, 유의수준(significance level, $\alpha$)과 귀무가설에서 가정한 평균값($\mu_0$)을 정하여야 하는데, 여기서는 유의수준 $\alpha=0.05$와 $\mu_0=7$을 사용하였다.

**01** 모집단으로부터 추출한 표본자료를 열A에 입력시킨다.

**02** A3.1에서 설명한 방법에 따라 표본의 기술통계량들(descriptive statistics)을 열C와 열D에 출력시킨다. 이는 가설검정에 필요한 표본평균($\overline{X}$)과 관측수($n$)를 얻기 위해서이다.

**03** [그림 A8-1]에서와 같이 열F에 제목과 설명문을 입력시킨다.

**그림 A8-1** 정규분포를 이용한 가설검정에 필요한 설명문과 공식들

| | A | B | C | D | E | F | G |
|---|---|---|---|---|---|---|---|
| 1 | Ch 7 #17 | (p.276) | | | | | |
| 2 | 측정치 | | | | | 정규분포를 이용한 모평균에 관한 가설 검정 | |
| 3 | 6.0 | | 측정치 | | | (표준편차는 0.5로 가정함) | |
| 4 | 7.0 | | | | | | |
| 5 | 7.2 | | 평균 | 6.525 | | 데이터 | |
| 6 | 7.0 | | 표준오차 | 0.122 | | 관측수 | 20 |
| 7 | 6.0 | | 중앙값 | 6.45 | | 평균 | 6.525 |
| 8 | 7.3 | | 최빈값 | 6 | | 사용자 입력 | |
| 9 | 6.0 | | 표준 편차 | 0.544 | | 표준편차 | 0.5 |
| 10 | 6.6 | | 분산 | 0.296 | | 귀무가설의평균값 | 7 |
| 11 | 6.3 | | 첨도 | -0.876 | | 유의수준 | 0.05 |
| 12 | 5.7 | | 왜도 | 0.388 | | 계산된 값 | |
| 13 | 6.5 | | 범위 | 1.9 | | 표준오차 | =표준편차/SQRT(관측수) |
| 14 | 6.5 | | 최소값 | 5.7 | | z | =(평균-귀무가설의평균값)/표준오차 |
| 15 | 7.6 | | 최대값 | 7.6 | | 좌측 검정 | |
| 16 | 6.2 | | 합 | 130.5 | | 좌측기각치 | =NORMSINV(유의수준) |
| 17 | 5.8 | | 관측수 | 20 | | 의사결정 | =IF(z<좌측기각치, "Reject H0","Accept H0") |
| 18 | 6.2 | | 신뢰 수준(95.0%) | 0.254 | | p 값 | =NORMSDIST(z) |
| 19 | 6.4 | | | | | 우측 검정 | |
| 20 | 6.2 | | | | | 우측기각치 | =-NORMSNV(유의수준) |
| 21 | 7.2 | | | | | 의사결정 | =IF(z>우측기각치, "Reject H0","Accept H0") |
| 22 | 6.8 | | | | | p 값 | =1-NORMSDZST(z) |
| 23 | | | | | | 양측 검정 | |
| 24 | | | | | | 양측기각치 | =ABS(NORMSINV(유의수준/2)) |
| 25 | | | | | | 의사결정 | =IF(OR(z<양측기각치,z>양측기각치), "Reject H0","Accept H0") |
| 26 | | | | | | p 값 | =IF(z>0,2*(1-NORMSDIST(z)),2*NORMSDIST(z)) |
| 27 | | | | | | | |

**04** 열G에 입력시킬 공식들에 열F에서 정한 이름들을 사용하기 위해서는, 먼저 칸 F6:G7, F9:G11, F13:G14, F16:G18, F20:G22, 그리고 F24:G26를 선택해야 한다. (이처럼 여러 칸들을 선택하기 위해서는 먼저 F6:G7를 선택한 후, Ctrl Key를 누른 채로 다른 칸들을 차례로 선택하면 된다.)

**05** Alt Ket를 누른 다음, 메뉴에서 삽입(I), 이름(N), 작성(C)을 차례로 선택한다. 이름 작성 상자에서 왼쪽 열(L)을 선택한 후 확인을 클릭한다.

**06** [그림 A8-1]의 열G에 나타난 공식들을 칸 G13:G14, G16:G18, G20:G22, 그리고 G24:G26에 입력한다.

**07** 관측수와 표본평균의 값을 칸 G6:G7에 입력시킨다. 또한, 사용자 입력 사항인 표준편차에는 위에서 가정한 대로 0.5를, 귀무가설의 평균($\mu_0$)에는 7을, 그리고 유의수준에는 $\alpha$ = 0.05를 각각 해당 칸에 입력시킨다.

**08** [그림 A8-2]는 정규분포에 의한 가설검정의 결과이다.

**그림 A8-2**
정규분포를 이용한 가설검정의 결과

| F | G |
|---|---|
| **정규분포를 이용한 모평균에 관한 가설 검정** | |
| (표준편차는 0.5로 가정함) | |
| | |
| **데이터** | |
| 관측수 | 20 |
| 평균 | 6.525 |
| **사용자 입력** | |
| 표준편차 | 0.5 |
| 귀무가설의 평균값 | 7 |
| 유의수준 | 0.05 |
| **계산된 값** | |
| 표준오차 | 0.1118034 |
| z | -4.2485292 |
| **좌측 검정** | |
| 좌측 기각치 | -1.644853 |
| 의사결정 | Reject H0 |
| *p* 값 | 1.0766E-05 |
| **우측 검정** | |
| 우측 기각치 | 1.644853 |
| 의사결정 | Accept H0 |
| *p* 값 | 0.99998923 |
| **양측 검정** | |
| 양측 기각치 | 1.95996108 |
| 의사결정 | Reject H0 |
| *p* 값 | 2.1532E-05 |

본 예에서는 설명의 일반성을 위하여 좌측검정, 우측검정 그리고 양측검정을 모두 설명하였으나, 여러분들은 검정하고자 하는 가설들에 따라 필요한 검정만을 포함시켜도 된다.

(나) $t$-분포에 의한 가설검정

본문에서 설명하였듯이 모집단의 표준편차($\sigma$)를 모를 경우에는 표본표준편차($s$)를 대신 사용하는데, 그 결과 $t$-분포를 이용하여야 한다. 정규분포에 의한 가설검정에서와 같이, 유의수준 $\alpha=0.05$와 $\mu_0=7$을 사용하였다.

**01** 모집단으로부터 추출한 표본자료를 열A에 입력시킨다.

**02** A3에서 설명한 방법에 따라 표본의 기술통계량들(descriptive statistics)을 열C와 열D에 출력시킨다. 이는 가설검정에 필요한 표본평균($\overline{X}$), 표본표준오차($s$), 그리고 관측수($n$)를 얻기 위해서이다.

**03** [그림 A8-3]에서와 같이 행F에 제목과 설명문을 입력시킨다.

**04** 열G에 입력시킬 공식들에 열F에서 정한 이름들을 사용하기 위해서는, 먼저 칸 F5:G7, F9:G10, F12:G14, F16:G18, F20:G22, 그리고 F24:G26를 선택해야 한다. (이처럼 여러 칸들을 선택하기 위해서는 먼저 F5:G7을 선택한 후, Ctrl Key를 누른 채로 다른 칸들을 차례로 선택하면 된다.)

**05** Alt Key를누른 다음, 메뉴에서 삽입(I), 이름(N), 작성(C)을 차례로 선택한다. 이름 작성 상자에서 왼쪽 열(L)을 선택한 후 확인을 클릭한다.

**06** [그림 A8-3]의 열G에 나타난 공식들을 칸 G12:G14, G16:G18, G20:G22, 그리고 G24:G26에 입력한다.

**07** 관측수, 표본평균 그리고 표본표준편차의 값을 칸 G5:G7에 입력시킨다. 또한, 사용자 입력 사항인 귀무가설의 평균($\mu_0$)에는 7을, 유의수준에는 $\alpha=0.05$를 각각 해당 칸에 입력시킨다.

**그림 A8-3**

$t$-분포를 이용한 가설검정에 필요한 설명문과 공식들

| | A | B | C | D | E | F | G | H | I | J | K |
|---|---|---|---|---|---|---|---|---|---|---|---|
| 2 | 측정치 | | | | | *t* 분포를 이용한 모평균에 관한 가설 검정 | | | | | |
| 3 | 6.0 | | 측정치 | | | | | | | | |
| 4 | 7.0 | | | | | 데이터 | | | | | |
| 5 | 7.2 | | 평균 | 6.525 | | 관측수 | 20 | | | | |
| 6 | 7.0 | | 표준오차 | 0.122 | | 평균 | 6.525 | | | | |
| 7 | 6.0 | | 중앙값 | 6.45 | | 표준편차 | 0.544 | | | | |
| 8 | 7.3 | | 최빈값 | 6 | | 사용자 입력 | | | | | |
| 9 | 6.0 | | 표준 편차 | 0.544 | | 귀무가설의평균값 | 7 | | | | |
| 10 | 6.6 | | 분산 | 0.296 | | 유의수준 | 0.05 | | | | |
| 11 | 6.3 | | 첨도 | -0.876 | | 계산된 값 | | | | | |
| 12 | 5.7 | | 왜도 | 0.388 | | 표준오차 | =표준편차/SQRT(관측수) | | | | |
| 13 | 6.5 | | 범위 | 1.9 | | 자유도 | =관측수-1 | | | | |
| 14 | 6.5 | | 최소값 | 5.7 | | *t* | =(평균-귀무가설의평균값)/표준오차 | | | | |
| 15 | 7.6 | | 최대값 | 7.6 | | 좌측 검정 | | | | | |
| 16 | 6.2 | | 합 | 130.5 | | 좌측기각치 | =-TINV(2*유의수준, 자유도) | | | | |
| 17 | 5.8 | | 관측수 | 20 | | 의사결정 | =IF(t<좌측기각치, "Reject H0","Accept H0")) | | | | |
| 18 | 6.2 | | 신뢰 수준(95.0%) | 0.254 | | *p* 값 | =IF(t<0,T.DIST(ABS(t),자유도,1),1-T.DIST(t,자유도,1)) | | | | |
| 19 | 6.4 | | | | | 우측 검정 | | | | | |
| 20 | 6.2 | | | | | 우측기각치 | =TINV(2*유의수준, 자유도) | | | | |
| 21 | 7.2 | | | | | 의사결정 | =IF(t>우측기각치, "Reject H0","Accept H0") | | | | |
| 22 | 6.8 | | | | | *p* 값 | =IF(t>0,TDIST(t,자유도,1),1-T.DIST(ABS(t),자유도,1)) | | | | |
| 23 | | | | | | 양측 검정 | | | | | |
| 24 | | | | | | 양측기각치 | =TINV(유의수준, 자유도) | | | | |
| 25 | | | | | | 의사결정 | =IF(OR(t<-양측기각치,t>양측기각치),"Reject H0","Accept H0") | | | | |
| 26 | | | | | | *p* 값 | =T.DIST(ABS(t),자유도,2) | | | | |

[그림 A8-4]는 $t$-분포에 의한 가설검정의 결과이다.

**그림 A8-4**

$t$-분포를 이용한 가설검정의 결과

| F | G |
|---|---|
| **$t$ 분포를 이용한 모평균에 관한 가설 검정** | |
| | |
| **데이터** | |
| 관측수 | 20 |
| 평균 | 6.525 |
| 표준편차 | 0.544 |
| **사용자 입력** | |
| 귀무가설의 평균값 | 7 |
| 유의수준 | 0.05 |
| **계산된 값** | |
| 표준오차 | 0.121642098 |
| 자유도 | 19 |
| $t$ | -3.904898122 |
| **좌측 검정** | |
| 좌측 기각치 | -1.729131327 |
| 의사결정 | Reject H0 |
| $p$ 값 | 0.000476049 |
| **우측 검정** | |
| 우측 기각치 | 1.729131327 |
| 의사결정 | Accept H0 |
| $p$ 값 | 0.999523951 |
| **양측 검정** | |
| 양측 기각치 | 2.093024705 |
| 의사결정 | Reject H0 |
| $p$ 값 | 0.000952099 |

## A8.2 EXCEL을 이용한 두 모집단평균의 차이에 관한 가설검정

두 모집단의 평균에 관한 가설을 검정하는데 필요한 정보를 얻는 방법을 세 가지 경우로 나누어 설명한다. 즉, (가) 두 모집단의 분산이 서로 다른 경우, (나) 두 모집단의 분산이 같은 경우, (다) 짝을 이룬 자료(paired samples)의 경우 각각에 대하여 설명한다. 여기에서 모집단의 표준편차들을 모른다고 가정하여 표본표준편차를 대신 사용하였으며, 따라서 $t$-분포에 의한 가설검정을 하였다. EXCEL을 이용한 가설검정을 위하여 입력시켜야 할 자료는, 두 개의 표본으로부터 얻은 관측치들, 유의수준($\alpha$), 그리고 두 모집단 평균의 차이에 관하여 귀무가설에서 가정한 값 등이다.

(가) 두 모집단의 분산이 서로 다른 경우의 가설검정

**01** 모집단으로부터 추출한 표본자료를 열A와 열B에 입력시킨다. (그림 A8-6)

**02** 메뉴에서 도구(T), 데이터 분석(D), $t$-검정 : 이분산 가정 두 집단을 차례로 선택하면, [그림 A8-5]과 같은 선택사항들이 나타난다.

**그림 A8-5**
분산이 서로 다른 경우의 가설 검정

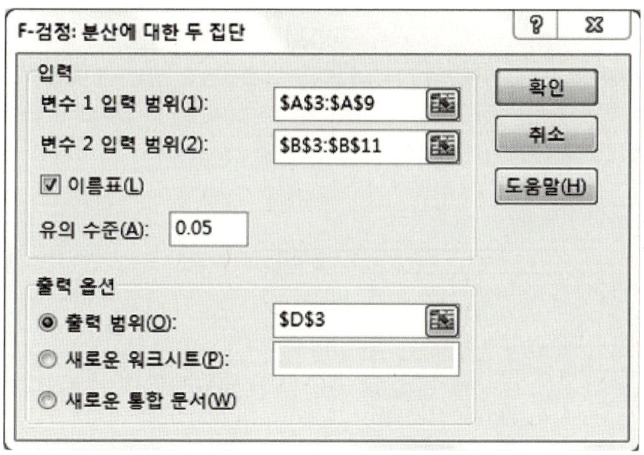


**03** [그림 A8-5]에서와 같이 자료의 입력 범위를 정하여 준다.

**04** 가설 평균차(E)의 항목에는 0을 입력시킨다. 이는 귀무가설이 $H_0 : \mu_1 - \mu_2 = 0$임을 의미한다.

**05** 유의수준(A)과 출력 범위(O)에 원하는 값을 입력시킨 후 확인을 클릭하면, [그림 A8-6]와 같은 출력을 얻게 된다.

**06** [그림 A8-6]는 두 모집단의 평균의 차이에 관한 가설검정에 필요한 정보들을 포함하고 있다.

a) 자유도 : 검정통계량의 자유도

b) $t$ 통계량 : 검정통계량의 관측값

c) $P(T <= t)$ 단측 검정 : 단측 검정(one-sided test)인 경우의 $p$값

d) $t$ 기각치 단측 검정 : 주어진 유의수준 $\alpha$에 해당하는 $t$-분포에서의 한계치. 여기서 $\alpha=0.05$ 이고 자유도($df$)가 7이므로, 단측 검정인 경우의 한계치는 1.894578이다.

e) $P(T<=t)$ 양측 검정과 $t$기각치 양측 검정 : 양측 검정(two-sided test)인 경우의 $p$ 값과 한계치

여기에서 검정되는 가설들이 $H_0$ : $\mu_1-\mu_2=0$와 $H_1$ : $\mu_1-\mu_2 < 0$이라고 하자. 좌측 검정에 해당하므로 기각역은 $t < -1.894578$이 된다 ($t$-분포가 대칭임을 이용함). 검정통계량의 관측치가 −1.49063으로 기각역에 포함되지 않으므로 귀무가설 $H_0$은 기각되지 않는다. $p$값이 0.089839로서 주어진 유의수준 0.05보다 크다는 사실로부터, 귀무가설 $H_0$이 기각되지 않는다는 결론을 얻을 수도 있다.

**그림 A8-6**
분산이 서로 다른 경우의 설정 예

| | A | B | C | D | E | F | G | H | I | J | K |
|---|---|---|---|---|---|---|---|---|---|---|---|
| 1 | | | | | | | | | | | |
| 2 | | | | | | | | | | | |
| 3 | 기존 방식 | 새로운 방식 | | t-검정: 이분산 가정 두 집단 | | | | | | | |
| 4 | 8.2 | 9.5 | | | | | | | | | |
| 5 | 5.3 | 8.3 | | | 기존 방식 | 새로운 방식 | | | | | |
| 6 | 6.5 | 7.5 | | 평균 | 7.6 | 9.2 | | | | | |
| 7 | 5.1 | 10.9 | | 분산 | 5.552 | 1.814285714 | | | | | |
| 8 | 9.7 | 11.3 | | 관측수 | 6 | 8 | | | | | |
| 9 | 10.8 | 9.3 | | 가설 평균차 | 0 | | | | | | |
| 10 | | 8.8 | | 자유도 | 7 | | | | | | |
| 11 | | 8.0 | | t 통계량 | -1.49063 | | | | | | |
| 12 | | | | P(T<=t) 단측 검정 | 0.089839 | | | | | | |
| 13 | | | | t 기각치 단측 검정 | 1.894579 | | | | | | |
| 14 | | | | P(T<=t) 양측 검정 | 0.179678 | | | | | | |
| 15 | | | | t 기각치 양측 검정 | 2.364624 | | | | | | |
| 16 | | | | | | | | | | | |

(나) 두 모집단의 분산들이 같은 경우의 가설검정

이 경우는 앞의 (가)에서 설명한 방법과 똑같다. 다만, 데이터 분석(D)의 선택상자에서 '$t$-검정 : 등분산 가정 두 집단'을 선택하는 것만이 다를 뿐이다. 가설검정 결과의 예가 [그림 A8-7]에 나타나 있다. 여기서, 공동(pooled) 분산은 두 표본의 자료들을 합쳐서 공통의 분산을 추정한 값으로, 검정통계량의 관측치를 계산하는 데 사용된다.

그림 A8-7

분산이 같은 경우의 가설검정 결과

| 기존 방식 | 새로운 방식 | t-검정: 등분산 가정 두 집단 | | |
|---|---|---|---|---|
| 8.2 | 9.5 | | | |
| 5.3 | 8.3 | | 기존 방식 | 새로운 방식 |
| 6.5 | 7.5 | 평균 | 7.6 | 9.2 |
| 5.1 | 10.9 | 분산 | 5.552 | 1.814285714 |
| 9.7 | 11.3 | 관측수 | 6 | 8 |
| 10.8 | 9.3 | 공동(Pooled) 분산 | 3.371667 | |
| | 8.8 | 가설 평균차 | 0 | |
| | 8.0 | 자유도 | 12 | |
| | | t 통계량 | -1.61345 | |
| | | P(T<=t) 단측 검정 | 0.06631 | |
| | | t 기각치 단측 검정 | 1.782288 | |
| | | P(T<=t) 양측 검정 | 0.13262 | |
| | | t 기각치 양측 검정 | 2.178813 | |

(다) 짝을 이룬 자료의 가설검정(대응비교)

짝을 이룬 자료의 가설검정은, 모집단으로부터 추출된 표본의 각 구성원들이 두 번씩 관측되는 경우에 사용된다. 예를 들어, 추출된 학생들의 집단에 새로운 수업방법을 실시하기 이전과 이후에 학업성과를 측정한 후, 그 차이를 비교할 때 사용된다. 이 경우도 앞의 (가)에서 설명한 방법을 따르면 된다. 다만, 데이터 분석(D)의 선택상자에서 '*t*-검정: 쌍체 비교'를 선택하는 것만이 다를 뿐이다.

그림 A8-8

짝을 이룬 자료의 가설 검정을 위한 설정

| 학번 | 기존 수업 방식 | 새로운 수업 방식 | 차이 |
|---|---|---|---|
| 130111 | 29 | 80 | -51 |
| 130112 | 76 | 84 | -8 |
| 130113 | 76 | 78 | -2 |
| 130114 | 96 | 92 | 4 |
| 130115 | 98 | 96 | 2 |
| 130116 | 53 | 64 | -11 |
| 130117 | 43 | 72 | -29 |
| 130118 | 80 | 84 | -4 |

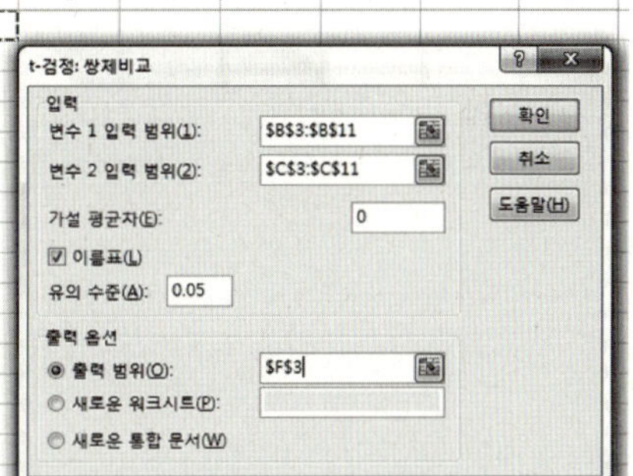


[그림 A8-8] 열B와 열C에는 가설검정에 필요한 자료가 입력되어 있는데, 이는 새로운 수업방법을 실시하기 이전(즉, 기존 수업 방식)과 이후(즉, 새로운 수업 방식)에 관측된 학업성과를 의미한다. 각 학생별 두 관측치들의 차이가 열D에 계산되어 있다. 그러나, 가설검정을 하는 데 있어서는 열B와 열C의 자료만이 사용되므로, 관측치들의 차이를 계산하지 않아도 된다. [그림 A8-8]과 [그림 A8-9]는 가설검정을 위한 설정 예와 그 결과를 보여주고 있다.

**그림 A8-9**
짝을 이룬 표본의 가설 검정 결과

| F | G | H |
|---|---|---|
| t-검정: 쌍체 비교 | | |
| | | |
| | 기존 수업 방식 | 새로운 수업 방식 |
| 평균 | 68.875 | 81.25 |
| 분산 | 617.2678571 | 106.2142857 |
| 관측수 | 8 | 8 |
| 피어슨 상관 계수 | 0.731575518 | |
| 가설 평균차 | 0 | |
| 자유도 | 7 | |
| t 통계량 | -1.874034177 | |
| P(T<=t) 단측 검정 | 0.051532642 | |
| t 기각치 단측 검정 | 1.894578605 | |
| P(T<=t) 양측 검정 | 0.103065283 | |
| t 기각치 양측 검정 | 2.364624252 | |

## 연습문제

**01** 유의수준과 $p$값(유의확률)의 차이, 그리고 이 둘의 관계를 설명하시오.

**02** 가설의 검정을 통해 의사결정을 했을 때, 제1종과 제2종 오류를 동시에 범할 가능성이 있는가?

**03** 새로 개발한 자동차 M815의 리터당 주행거리가 14km라고 광고를 하고 있다. 이에 한국소비자연구원은 실제 주행시험을 통해 리터당 주행거리를 검정해 보기로 하였다. 64대의 M815를 무작위로 추출하여 테스트한 결과, 평균이 12km, 표준편차는 1.6km로 나타났다. 과연, M815의 리터당 주행거리가 14km라 할 수 있는가? 5%의 유의수준을 이용하고 $p$값도 구하시오.

**04** 한국화학은 일일 평균 1,100톤의 제품을 생산할 수 있도록 설비가 갖추어져 있다. 작년 자료에서 무작위로 뽑은 260일간의 일일 평균생산량은 1,040톤, 표준편차는 360톤으로 나타났다. 이 자료를 이용하여 일일 평균생산량이 1,100톤 미만으로 떨어졌는가를 분석하고자 한다.

① 귀무가설과 대립가설을 제시하시오.

② 유의수준을 5%로 설정할 경우의 한계치를 계산하시오.

③ 이 자료를 통해 일일평균생산량이 1,100톤보다 낮아졌다고 볼 수 있는가?

**05** 세탁기 제조업체인 한국전자는 A, B, C, 세 가지 신 모델을 개발하였다. 첫 달에 팔린 1,000대의 세탁기 중 400대가 A모델이었다. 소비자의 30% 이상이 A모델을 선호한다고 볼 수 있는가? $p$값을 계산하고 그 의미를 해석하시오.

**06** 한국보험주식회사는 자사보험 가입자들의 가입패턴을 알아보기 위해, 지난 1년간 연금보험 및 생명보험에 가입한 사람들의 보험가입내역을 조사하였다.

| | 보험료는 적으나 배당금이 없는 보험 | 보험료는 많으나 배당금이 있는 보험 | 합 계 |
|---|---|---|---|
| 연금보험 | 50 | 250 | 300 |
| 생명보험 | 100 | 200 | 300 |
| 합 계 | 150 | 450 | 600 |

이때 신규보험가입자들이 배당금제도가 있는 보험을 선호한다고 말할 수 있는가?

**07** 생산성 향상을 도모하기 위해 한국기계주식회사는 종업원의 연수 및 훈련 프로그램을 수립하였다. 프로그램의 효과를 측정키 위해 4,320명의 종업원 중 851명을 훈련에 참여시켰다. 훈련에 참여한 종업원 중 30명과 참여하지 않은 종업원 중 30명을 선정하여 생산성을 측정한 결과, 훈련에 참가한 30명의 평균 생산성이 55이고, 표준편차는 5, 훈련에 참가하지 않은 30명의 평균생산성이 50이고, 표준편차는 10으로 판명되었다. 훈련에 효과가 있다고 보아야 하는가?

**08** 수퍼마켓과 같은 소매점에서는 선반의 위치에 따라 매출액이 상당히 증감할 수 있다. 따라서, 선반공간의 배치와 위치는 재고회전율과 제품 한 단위당 이익률과 같은 자료를 근거로 하여 결정하게 된다. 한국수퍼의 책임자는 선반 위치가 제품의 매출에 얼마만한 영향을 미치는가를 알아보기 위해 다음과 같은 실험을 수행하였다. 우선 4개의 서로 다른 판매부서를 선정한 뒤, 첫 주에는 선반의 위치를 눈 높이로 하였고, 그 다음 주에는 눈 아래의 높이에 선반을 배치하였다. 이 실험의 결과가 다음 표와 같을 때 5%의 유의수준에서 선반의 위치가 매출액에 미치는 효과에 대한 가설을 검정하시오.

| 판매부서 | 매출액(단위: 백만원) | |
|---|---|---|
| | 낮은 선반 | 높은 선반 |
| 1 | 27 | 33 |
| 2 | 22 | 23 |
| 3 | 32 | 38 |
| 4 | 32 | 33 |

**09** 품질개선활동에 대한 장려금의 효과를 알아보기 위해 장려금제도를 도입한 기업에서 10개의 분임조를 추출하고, 도입하지 않고 있는 기업에서 5개의 분임조를 표본으로 추출하여, 각 분임조의 지난 2개월간의 제안건수를 조사하여 다음과 같은 결과를 얻었다.

| | 장려금제도를 도입하였음(A) | 장려금제도를 도입하지 않았음(B) |
|---|---|---|
| 표본수 | 10 | 5 |
| 평 균 | 18.2 | 13.7 |
| 표준편차 | 4.5 | 3.6 |

이 자료를 보고 장려금을 지급할 때 품질관리 분임조의 제안건수가 더 많아진다고 말할 수 있는지를 5% 유의수준에서 검정하시오.

**10** 생산관리나 인사관리 분야에서 자주 거론되는 품질관리 분임조는, 동일 직장 내에서 품질과 그와 관련이 있는 문제점을 인식하고 분석하기 위해 정기적으로 모임을 갖는 자주적인 소집단 모임이다. 품질관리 분임조를 도입함으로써 얼마만한 효과를 기대할 수 있는가를 평가하기 위해, 품질관리 분임조가 운영되고 있는 공장 A와, 아직 품질관리 분임조가 도입되지 않는 유사한 공장 B를 조사한 결과 다음과 같은 자료를 얻을 수 있었다.

| | 불량률(%) | |
|---|---|---|
| | 공장 A | 공장 B |
| 1월 | 2.18 | 2.16 |
| 2 | 2.09 | 2.12 |
| 3 | 2 14 | 2.22 |
| 4 | 2.02 | 2.47 |
| 5 | 2.09 | 2.31 |
| 6 | 2.13 | 2.52 |
| 7 | 2.17 | 2.39 |
| 8 | 2.05 | 2.43 |
| 9 | 2.00 | 2.50 |
| 10 | 2.19 | 2.54 |
| 11 | 2.20 | 2.35 |
| 12 | 2.16 | 2.46 |

공장 A의 불량률이 공장 B의 불량률보다 낮다고 할 수 있는가? 5%의 유의수준에서 검정하시오.

**11** 섬유산업에 종사하고 있는 종업원들을 노조가입 여부에 따라 월 급여액을 조사한 결과 다음과 같은 자료를 얻을 수 있었다. $p$값을 구하고 이 결과를 해석하시오.

| | 노 조 원 | 비노조원 |
|---|---|---|
| 월평균급여(만원) | 52.64 | 37.80 |
| 표준편차(만원) | 4.75 | 9.26 |
| 표본의크기(명) | 50 | 35 |

**12** 생산성 향상을 도모하기 위해, 한국기계주식회사는 종업원의 연수 및 훈련 프로그램을 수립하였다. 프로그램의 효과를 측정키 위해 320명의 종업원 중 7명을

훈련에 참여시켰다. 훈련에 참여한 종업원의 훈련 전과 훈련 후의 월 평균생산성을 조사한 결과 다음과 같은 자료를 얻었을 때, 이 훈련프로그램의 효과가 있다고 볼 수 있는가? 유의수준은 1%로 하시오.

| | 1 | 2 | 3 | 4 | 5 | 6 | 7 |
|---|---|---|---|---|---|---|---|
| 훈련전 | 18 | 22 | 24 | 19 | 20 | 25 | 16 |
| 훈련후 | 20 | 22 | 25 | 21 | 20 | 25 | 18 |

**13** 농업개발연구원은 최근 병충해에 강한 신품종 볍씨 '통일'을 개발하였다. 그러나, 신품종의 수확량에 대한 정보가 없어 현재 대량 보급 중인 '성왕'의 수확고와 비교 평가하기 위하여, 6개의 시험농장에 두 품종을 파종하여 수확량을 비교하였다. 각 시험농장의 비옥도는 상이하나, 한 시험장에서는 이 두 볍씨를 비옥도가 동일한 논에 파종하도록 통제하였다. 시험결과 평당 수확량은 다음과 같았다. 두 종류의 볍씨의 수확량에 차이가 있는지 분석하시오. 단, 유의수준은 10%로 하여라.

| 구분 | 1 | 2 | 3 | 4 | 5 | 6 |
|---|---|---|---|---|---|---|
| 통일 | 10.6 | 9.2 | 12.5 | 9.7 | 8.8 | 11.2 |
| 성왕 | 10.0 | 9.4 | 11.8 | 9.1 | 8.3 | 10.5 |
| 차이 | 0.6 | −0.2 | 0.7 | 0.6 | 0.6 | 0.7 |

**14** 자동차 구입자의 성별과 선호 색깔간의 관계를 알아보기 위해 지난 6개월 간의 판매실적을 정리한 결과, 다음과 같은 표를 작성할 수 있었다.

| 자동차 색깔 | 성 별 | |
|---|---|---|
| | 남 | 여 |
| 어두운 색 | 825 | 760 |
| 밝은 색 | 175 | 240 |
| 합 계 | 1,000 | 1,000 |

남성이 여성보다 어두운 색 계통를 더 선호한다고 볼 수 있는가? $p$값을 구하고 그 결과를 해석하시오.

제 Ⅴ부

# 변수간의 관계분석

제Ⅰ부 통계학 입문

제1장 통계학이란

제Ⅱ부 기술통계

제2장 자료의 종류와 도시
제3장 중심경향치와 분산도

제Ⅲ부 확률론

제4장 확률개념
제5장 확률분포

제Ⅳ부 추론통계

제6장 표본추출과 표본분포
제7장 통계적 추정과 신뢰구간
제8장 가설의 검정

제Ⅴ부 변수간의 관계분석

제 9 장 분산분석
제10장 상관분석
제11장 단순선형회귀분석
제12장 다중회귀모형
제13장 카이제곱검정
제14장 비모수 통계분석방법

제 9 장

# 분산분석

지금까지 우리는 정규분포에 기반을 둔 가설검정의 일반이론을 알아보았다. 모집단에서 일부를 표본으로 뽑아, 여기서 계산한 표본평균이 가설적 모집단에서 왔다고 볼 수 있는지를 검정하거나, 두 개의 표본평균을 보고서 이들 두 표본이 동일한 모집단에 속한다고 말할 수 있는지를 알기 위해 z-분포나 t-분포를 이용하였다.

이제 자료의 범주를 확장시켜 가설검정에 대해 계속 알아보기로 하자. 먼저 분산에 대한 검정으로 $F$-검정을 설명하고, 3 또는 그 이상의 평균들이 동일 모집단에서 왔는지를 검정하는 방법을 알아보자.

## 9.1 왜 분산분석인가?

8장에서는 두 모집단의 평균을 비교하기 위해 $t$-검정과 $z$-검정을 사용하였고 이에 대한 검정을 t-test라고 한다. 분산분석은 3개 이상의 집단 간의 평균의 차이를 분석하기 위한 방법인데, 세 집단 이상의 평균을 비교하기 위해서는 t-test방법은 이용하면 여러 번 반복해야 하는 번거로움이 있다. 예를 들어 3집단의 평균의 차이를 검정하기 위해선 ${}_3C_2=3$번의 검정을 해야 하고, 4집단의 평균의 차이를 검정하기 위해선 ${}_4C_2=6$번의 검정을 해야 한다. 그러나 분산분석(Analysis of Variance : ANOVA) 방법을 이용하면 세 집단 이상의 평균을 한 번에 할 수 있게 된다. 그러면 어떻게 분산을 이용하면 집단 간의 평균을 비교할 수 있는지 알아보자.

그림 9-1 | 왜 분산분석인가?

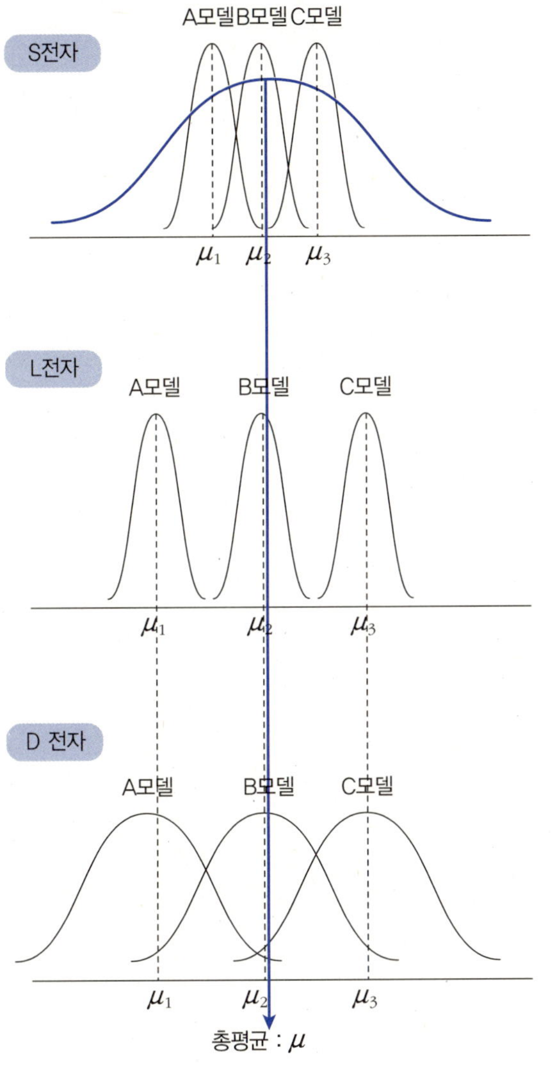


① S전자와 L전자의 김치냉장고 모델별 전국 100개 지점의 판매량의 분산은 서로 같음.
② L전자와 D전자의 김치냉장고 모델별 전국 100개 지점의 판매량의 평균은 서로 같음.
③ S전자 L전자 D전자 중 어느 전자의 김치냉장고 모델별 100개 지점의 판매량 평균은 서로 다르다고 할 수 있는가?
- 평균들간의 차이 즉, 집단간의 분산과 집단에 속한 집단 내 분산이 집단 간 평균의 차이에 영향을 주고 있음을 알 수 있다. 즉, 집단 간 분산이 크면 클수록 집단 내 분산이 작으면 작을수록 집단 간 평균의 차이가 분명함을 알 수 있다.
- S전자와 L전자를 비교하면 집단 내 분산은 같지만 집단 간 분산이 작은 S전자는 모델 간의 겹치는 부분이 많은 것을 알 수 있다.
- L전자와 D전자를 비교하면 집단 간 분산은 같지만 집단 내 분산이 큰 D전자가 역시 모델 간의 겹치는 부분이 많은 것을 알 수 있다.
- 그래서 집단 간의 분산과 집단 내 분산의 상대적 비율이 큰 L전자가 모델별 판매량의 평균의 차이가 있을 것으로 보인다.

위의 그림을 통해 3집단 간에는 집단들 간의 평균들의 차이, 즉 집단 간 분산과 같은 집단 내의 분산 등 2종류의 분산이 있는 것으로 보인다.

[그림 9-1]의 예를 통해 분산분석을 하는 데 있어서 왜 분산을 이용하는지 구체적으로 설명해 보기로 하자.

[그림 9-1]은 S전자 L전자 D전자가 김치냉장고의 대표 3가지 모델별 판매량에

서 차이가 있는지를 알아보기 위해 전국 100개의 지점에서 판매량을 조사한 결과를 분포로 나타낸 그래프이다. S전자와 L전자의 김치냉장고 모델별 판매량에 대한 분산이 같고, L전자와 D전자의 모델별 평균 판매량이 같은 것으로 조사되었다. 그렇다면 세 전자회사 중 어느 기업의 모델별 판매량이 차이가 있는 것으로 나타났을까?

일단 그래프상으로 볼 때 S전자와 D전자는 3모델의 판매량이 서로 겹쳐 있는 것으로 보이고 L전자의 경우는 세 모델들 간의 판매량이 겹치는 부분이 없는 것으로 보인다. 그래서 L전자가 세 모델 간의 평균의 차이가 있는 것으로 나타날 가능성이 높다.

그렇다면 평균의 차이를 판단할 수 있는 근거는 무엇일까?

먼저 모델 간의 평균의 차이에 영향을 주는 것을 집단 간의 평균 간의 차이, 즉 집단 간의 분산이 있고 다음으로 집단에 속한 집단 내 분산이 집단 간 평균의 차이가 있음을 알 수 있다. 즉, 집단 간 분산이 크면 클수록 집단 내 분산이 작으면 작을수록 집단 간 평균의 차이가 분명함을 알 수 있다. 그래서 집단 간 분산과 집단 내 분산의 비율을 통해서 집단 간의 평균의 차이를 알 수 있을 것이다.

S전자와 L전자를 비교하면 집단 내 분산은 같지만 집단 간 분산이 작은 S전자는 모델 간의 겹치는 부분이 많은 것을 알 수 있다. L전자와 D전자를 비교하면 집단간 분산은 같지만 집단 내 분산이 큰 D전자가 역시 모델 간의 겹치는 부분이 많은 것을 알 수 있다.

그래서 집단 간의 분산과 집단 내 분산의 상대적 비율이 큰 L전자가 모델별 판매량의 평균의 차이가 있을 것으로 보인다.

즉, 집단 간 평균들의 분산과 집단 내 관측치들의 분산을 비교함으로써 집단 간 평균의 차이를 검정할 수 있다는 것이다. 이렇게 분산값들을 이용하여 집단 간의 평균의 차이를 검정하는 것을 분산분석이라고 한다.

## 9.2 분산차이 검정

### 9.2.1 *F*-분포

분산을 검정하기 위해 사용하는 확률분포는 *F*-분포(F-distribution)이다. *F*-분포는 현대 통계학의 개척자 중의 한 사람으로 이 분포를 개발한 Ronald Fisher를 기리기 위해 붙인 이름으로, 다음과 같이 두 개의 분산의 비율로 정의한다.

$$\text{분산비율 } F = \frac{s_1^2}{s_2^2} \tag{9.1}$$

분산비율(*F*-통계량)은 분산을 분산으로 나눈 값이므로 0보다 작을 수는 없다. 즉, *F*-통계량은 0에서 무한대(∞)까지 임의의 값을 가질 수 있다. *F*-분포는 분자와 분모의 자유도에 따라 분포형태가 달라진다. 참고로 분자의 자유도가 2이고, 분모의 자유도는 12인 피셔분포를 그려보면 [그림 9-2]와 같으며, 〈표 9-1〉은 부록의 *F*-분포표를 발췌 요약한 것이다.

〈표 9-1〉에서 분자의 자유도가 2이고 분모의 자유도가 12, 그리고 신뢰수준이 99%일 때의 *F*값, *F*(2, 12, 99%)는 6.93이다. 이미 앞에서도 보았으나, 분산분석에서는 자유도라는 말이 많이 나온다. 그러므로 자유도(degree of freedom)의 개념을 알아둘 필요가 있다.

그림 9-2 | 분자의 자유도 = 2, 분모의 자유도 = 12인 *F*-분포

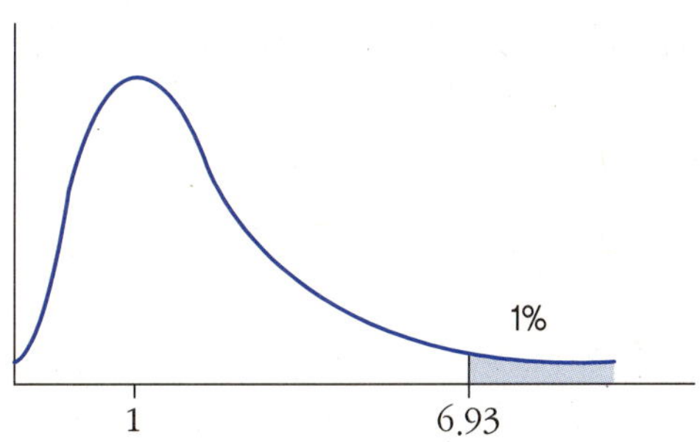

세 개의 관측치의 평균이 2라고 하자. 그리고 이들 세 관측치 중 둘이 각각 1과 3이라면 나머지 한 숫자는 2가 되어야 한다. 하나의 제약으로 평균이나 분산이 주어질 때, 세 관측치 중 두 개 $(n-1)$은 임의의 값을 취할 수 있으나, 일단 $(n-1)$ 개의 값이 확정되면 나머지 하나는 등식에 의해 결정된다. 처음 두 관측치는 어떤 수치라도 사용할 수 있지만(선택의 자유), 일단 이 두 관측치가 결정되면 세 번째 관측치는 자동적으로 결정된다. 즉, 선택의 자유가 없다. 자유도는 이처럼 적절한 표본 크기에서 1을 뺀 값으로 계산한다.

**표 9-1 | *F*분포 확률**

| 분모의 자유도 | 신뢰도 | 분자의 자유도 | | |
|---|---|---|---|---|
| | | 1 | 2 | 3 |
| 4 | 90% | 4.54 | 4.32 | 4.19 |
| | 95% | 7.71 | 6.94 | 6.59 |
| | 99% | 21.20 | 18.00 | 16.69 |
| 6 | 90% | 3.78 | 3.46 | 3.29 |
| | 95% | 5.99 | 5.14 | 4.76 |
| | 99% | 13.74 | 10.92 | 9.78 |
| 9 | 90% | 3.36 | 3.01 | 2.81 |
| | 95% | 5.12 | 4.26 | 3.86 |
| | 99% | 10.56 | 8.02 | 6.99 |
| 12 | 90% | 3.18 | 2.81 | 2.61 |
| | 95% | 4.75 | 3.29 | 3.49 |
| | 99% | 9.33 | **6.93** | 5.95 |

*F*값은 *F*(분자의 자유도, 분모의 자유도, 신뢰도)의 형태로 나타낸다. 즉, 분자의 자유도가 2, 분모의 자유도가 4, 신뢰수준이 90%일 때의 *F*값은 $F(2, 4, 90\%)=4.32$로 표시한다.

### *F*분포의 특징

1. *F*-분포는 자유도에 따라 분포형태가 달라진다. *t*-분포는 하나의 자유도로 결정되었으나 *F*-분포는 두 개의 자유도를 갖는다. 자유도가 커지면 정규분포처럼 좌우 대칭에 가까워진다.
2. *F*-분포는 항상 양의 값을 가지며, 연속분포이다. *F*값이 커질수록 확률은 0에 근접한다.
3. *F*-분포는 오른쪽으로 기울어진 형태를 취한다.

$F$-분포를 이용한 검정이 적용될 수 있는 하나의 상황은 두 개의 표본이 동일한 분산을 갖는 모집단에서 왔는지를 검정하는 경우이다. 그러나 가장 대표적인 상황은 여러 모집단 평균을 동시에 비교할 때이다. 특히 이 경우를 우리는 분산분석(analysis of variance)이라고 한다. 어느 상황에서나 $F$-분포를 이용한 검정을 적용하기 위해서는 모집단 분포가 정규분포를 따라야 하고, 자료는 정량적 척도를 가져야 한다. 먼저 분산차이 검정을 설명하고 분산분석에 대해 알아보기로 하자.

### 9.2.2 모집단 분산차이 검정

하나의 초코파이 생산라인에서 생산된 초코파이는 모두 무게가 동일해야 할 것이다. 그러나 실제 생산된 제품의 무게는 상이하다. 생산라인이 잘 관리된 상태라면 생산라인을 설계할 때의 변동기준이 지켜져야 할 것이다. 그러므로 라인 관리 책임자는 매 시간 100개의 생산품을 추출하여 이들의 무게를 재서 평균과 분산을 계산하여 생산라인이 정상상태인지의 여부를 판단한다.

펀드매니저의 투자성과를 측정할 때 우리는 두 가지 기준을 사용한다. 일정기간 동안의 평균수익률과 변동으로, 수익률은 높을수록 좋으나 변동은 낮을수록 좋다. 두 사람의 평균수익률은 비슷하였으나 주간수익률의 변동에는 약간의 차이가 있었다. 그러나, 이 차이가 통계적으로 유의한 차이인지는 알 수 없다.

이와 같은 경우 우리는 분산차이 검정을 적용한다. $F$-검정은 또한 통계적 검정의 전제조건인 가정을 확인하기 위하여 사용되기도 한다. 예를 들어 두 모집단 평균치차이를 검정하기 위해 $t$-분포를 적용하기 위해서는 두 모집단 분산이 동일해야 한다. 이 경우 $F$-검정을 적용할 수 있다.

한 모집단이 다른 모집단보다 더 큰 분산을 가지고 있는지를 알고 싶다거나, 또는 통계적 검정을 실행하기 전에 필요한 가정을 확인하거나 간에, $F$-검정을 적용하기 위해서 우리는 먼저 가설을 설정해야 한다. 귀무가설은 두 모집단 분산이 동일하다는 것이고, 대립가설은 이들이 동일하지 않다는 것이 될 것이다.

$$H_0 : \sigma_1^2 = \sigma_2^2$$
$$H_1 : \sigma_1^2 \neq \sigma_2^2$$

$F$-검정을 실행하기 위해서는 먼저 하나의 모집단에서 $n_1$개의 무작위 표본을 취하고, 또 다른 모집단에서 $n_2$개의 표본을 취한다. 두 표본에서 계산한 표본분산이

### 예제 | 9-1

국민연금관리공단에서는 최근 조성된 3,000억원의 자금을 관리할 위탁기관을 찾고 있다. 마지막 결정과정에 남아 있는 두 기관의 과거 월평균 수익률은 비슷하였으나 변동에는 약간의 차이가 있었다. 이 차이가 유의수준 10%에서 통계적으로 유의한 차이인지를 평가하라.

| 기관 | 평균수익률(%/월) | 표준편차(%/월) | 표본 크기 |
|---|---|---|---|
| 기관 $A$ | 0.85 | 0.12 | 8개월 |
| 기관 $B$ | 0.87 | 0.18 | 9개월 |

#### 풀이

기관 $B$의 평균수익률이 약간 높으나 그 차이는 유의해 보이지 않는다. 그러나, 표준편차는 0.06%가 높아 기관 $B$의 포트폴리오는 위험성이 더 높아 보인다. 이 차이가 통계적으로 유의한 차이인지를 알아보기 위해서는 통계적 검정과정이 필요하다.

단계 1 : (가설설정) 여기서 우리의 관심은 두 기관 포트폴리오의 표준편차에 차이가 있는지를 밝히는 것이므로, 양측검정이 되어야 한다. 기관 $B$의 표준편차가 더 크다는 것을 밝히는 것이 아니다.

$$H_0 : \sigma_A^2 = \sigma_B^2$$
$$H_1 : \sigma_A^2 \neq \sigma_B^2$$

단계 2 : (유의수준) 10%

단계 3 : (검정통계량) 이 경우 검정통계량은 두 표본분산의 비율이 된다. 상대적으로 분산 값이 더 큰 기관 $B$의 분산을 분자에 넣어 검정통계량을 계산한다.

$$F = \frac{s_B^2}{s_A^2} = 2.25$$

단계 4 : (임계치) 임계치를 찾기 위해 부록의 $F$통계표를 이용한다. 통계표에서 분자의 자유도 8과 분모의 자유도 7, 그리고 꼬리 부분 면적이 0.05되는 $F$값을 찾아보면 3.73이다.

단계 5 : (결정) 표본분산비율이 한계치보다 작으면 귀무가설을 기각하지 못한다. 우리의 경우 분산비율이 한계치보다 작으므로 귀무가설을 기각하지 못한다. 즉, 두 기관의 분산 차이는 통계적으로 유의하지 않다고 보아야 한다.

$s_1^2$과 $s_2^2$이라면 검정통계량은 $F = s_1^2/s_2^2$이다. 귀무가설이 옳다면, 통계량 $F$는 자유도가 $(n_1-1,\ n_2-2)$인 $F$-분포를 따를 것이다.

$F$-검정을 위한 통계표를 간단히 하기 위해, 표본분산값이 더 큰 쪽을 첫 번째 집단으로 가정한다. 그러면 검정통계량은 항상 1보다 큰 값을 갖게 되므로, $F$-검정에서는 오른쪽 꼬리부분 한계치만 있으면 된다. 유의수준 $\alpha$에 해당하는 한계치는 통계표에서 자유도 $(n_1-1,\ n_2-2)$와 꼬리부분 면적 $\alpha/2$에 해당하는 $F$값이다.

## 9.3 분산분석의 가정

모집단 평균치 차이를 검정하는 방법은 크게 두 가지가 있다. 하나는 앞에서 우리가 검토한 $z$-검정이나 $t$-검정으로 표본에서 계산한 평균치를 직접 비교하는 방법이고, 다른 하나는 간접적으로 분산 차이를 보고 검정하는 방법이다. 전자의 방법은 이해하기 쉬우나, 분석대상 모집단이 셋 이상인 경우에는 적용이 곤란하다는 단점이 있다. 이 경우에는 후자의 방법을 적용할 수밖에 없다.

이 경우 왜 분산분석을 사용해야 하는가? 여러 표본평균의 차이를 조사하기 위하여, 우리는 한 번에 두 개씩 짝지어 $t$-검정을 반복적으로 사용할 수도 있을 것이다. 즉, 3집단의 평균의 차이를 검정하기 위해선 $t$-검정을 ${}_3C_2=3$번의 검정을 해야 하고, 4집단의 평균의 차이를 검정하기 위해선 ${}_4C_2=6$번의 검정을 해야 한다. 그래서 여러 번 반복 실행하는 번거로움 뿐 아니라 제1종 오류 $(\alpha)$가 누적되어, 처음에 생각했던 허용 유의수준보다 커진다. 예를 들어 4집단에 대한 평균을 비교하기 위해 $t$-검정을 한다면 6번을 비교해야 하므로 $\alpha=0.05$의 유의수준에서 오류를 범할 확률은 $\alpha=1-(1-\alpha)^6=1-(1-0.05)^6=0.265$로 26.5%가 된다.

**분산분석의 가정**

1. 각 모집단들은 정규분포를 따라야 한다.
2. 각 모집단의 분산은 동일해야 한다.
3. 각 표본은 독립적으로 추출되어야 한다.

분산분석(analysis of variance)의 논리는 간단하다. 서로 다른 모집단에서 얻은 셋 이상의 표본이 있을 때 이들 표본으로 구성된 전체 집단의 변동은, 각 모집단의 평균이 다르거나 평균은 유사할지라도 각 개별 관측치의 무작위적 변동으로 발생한다. 후자에 비하여 전자로 인한 변동이 충분히 크다면 우리는 모집단들의 평균이 다르다고 추정할 수 있다. 이것이 분산분석이다.

분산분석은 분산의 차이를 검정하여 평균치 차이의 유의성을 알아보는 것으로, 검정통계량으로 분산비율($F$값)을 이용한다. 그러므로 분산분석을 적용하기 위해서는 자료가 최소한 $F$-분포를 정의할 때 필요한 가정을 만족시켜야 한다.

이상은 분산분석의 가정들이다. 이들 조건이 만족되어야 $F$값을 검정통계량으로 사용할 수 있다. 만약 표본의 크기가 작고 정규분포와 분산에 대한 가정이 충족되지 않으면 13장에서 설명할 비모수통계분석방법을 사용해야 한다. ANOVA를 적용할 수 있는 상황으로 다음의 두 경우를 생각해 보자.

**상황 1** 한국소비자 연구원은 A, B, C 세 종류 승용차의 휘발유 1리터당 평균 주행거리에 차이가 있는가를 조사하려고 한다.

**상황 2** 시장조사를 전문으로 하는 어떤 기관에서는 신문, TV, 라디오 등 세 종류 광고매체의 광고효과를 알아보려고 한다. 또한 이러한 광고효과가 직접광고와 간접광고 등 광고방식에 따라서는 어떻게 달라지는가도 확인하려고 한다.

상황 1에서는 관심변수가 승용차 종류이고 종속변수는 주행거리이다. 여러 종류의 승용차를 실험하지만 독립변수가 하나이므로 일원분산분석(one-way analysis of variance)라고 한다. 상황 2에서는 관심변수(독립변수)가 두 개이므로 실험은 각 광고매체와 광고방식의 결합에 대해 반복적으로 진행하여야 한다. 이러한 경우를 이원분산분석(two-way analysis of variance)이라고 하며, 분석을 통하여 매체 간 광고효과 차이, 광고유형별 효과차이, 이들의 교호작용을 알아볼 수 있다.

## 9.4 | 일원분산분석

일원 무작위 분산분석은 위의 상황 1에서와 같이 하나의 실험 요인만이 검토의 대상일 때, 혹시 있을지도 모를 여타 요인의 효과를 배제하기 위해 실험이 무작위적으로 진행되도록 하는 방법이다. 하나의 보기를 통하여 분석과정을 알아보자.

### 9.4.1 가설의 설정

한국소비자연구원은 A, B, C 세 종류 승용차의 휘발유 1리터당 주행거리 사이에 차이가 있는가를 조사하려고 한다. 이 경우 관심의 대상이 되는 변수(실험요인 또는 처리요인)는 승용차이고, 종속변수는 주행거리이다. 차이를 조사하기 위한 첫 단계는 가설의 검정과정과 마찬가지로 귀무가설과 대립가설을 명확히 기술하는 것이다. 한국소비자연구원의 경우 귀무가설 및 대립가설은 각각 아래와 같이 설정할 수 있다.

**귀무가설** : 세 가지 상표의 승용차는 리터당 주행거리에 차이가 없다.

$$\mu_A = \mu_B = \mu_C$$

**대립가설** : 세 승용차의 리터당 주행거리에 차이가 있다.

일원분산분석에서 귀무가설은 다수의 모집단이 동일한 평균값을 갖는다는 것이고, 보통 비교의 대상이 셋 또는 그 이상이므로, 대립가설은 귀무가설에서 주장하는 것 이외의 모든 경우를 포함하도록 "최소한 하나는 다른 것과 차이가 있다"는 형태가 된다.

### 9.4.2 자료 수집과 검토

한국소비자연구원은 귀무가설을 평가하기 위해 1명의 운전사로 하여금 동일한

표 9-2 | 주행거리 실험자료

| | 자료 1 | | | 자료 2 | | |
|---|---|---|---|---|---|---|
| | 자동차 A | 자동차 B | 자동차 C | 자동차 A | 자동차 B | 자동차 C |
| 1 | 20 | 26 | 28 | 18 | 27 | 17 |
| 2 | 22 | 27 | 28 | 24 | 20 | 37 |
| 3 | 21 | 26 | 27 | 19 | 29 | 29 |
| 4 | 22 | 26 | 29 | 22 | 31 | 21 |
| 5 | 20 | 25 | 28 | 24 | 23 | 30 |
| 평균 | 21 | 26 | 28 | 21 | 26 | 28 |

휘발유를 사용하여 세 자동차를 동일한 도로조건에서 5회씩 주행실험을 하도록 하였다. 자동차가 정상적으로 유지되고 있는지를 확인하기 위하여 계속적으로 자동차를 점검하였으며 실험주행을 하는 동안 운전자가 피곤하지 않도록 적절한 휴식을 취하게 하였다. 각 상표의 승용차마다 실험을 다섯 번씩 반복 실시하였는데, 이는 각 자동차의 휘발유 1리터당 평균주행거리를 추정하기 위해 필요하다. 이 실험을 통해 〈표 9-2〉의 자료가 수집되었다.

분산분석의 목표는 가설검정이므로, 다른 경우와 마찬가지로 자료의 적정성을 평가해야 한다. 먼저, 요약통계량(평균, 분산), 히스토그램, 박스도표 등을 이용하여 각 변수의 개략적 모습을 조사해야 한다. 두 자료 모두 리터당 평균주행거리(상표 $A=21$, 상표 $B=26$, 상표 $C=28$)는 같은 것으로 나타나 있으나 주행거리의 분산을 살펴보면 자료 1이 훨씬 작음을 알 수 있다.

## 9.4.3 총변동의 분해

다수의 표본으로 구성된 표본자료에서의 변동은 두 가지 원인으로 발생한다. 하나의 원인은 표본이 얻어진 모집단의 평균이 상이하기 때문이다. 예를 들어, 상표 $A$ 자동차의 주행거리가 특히 짧다면, 상표 $A$의 관측치는 다른 것보다 전반적으로 더 낮은 값을 보일 것이다. 우리는 이것을 실험요인간 변동(between-sample variation)라 한다. 이 변동은 모집단 간의 차이가 크면 클수록 더 크게 나타난다.

### ▶▶ 변동의 원천

- 집단 간 변동 : 표본자료들의 평균치 간의 변동정도
- 집단 내 변동 : 표본 내에서 관측치들 간의 변동정도

또 하나의 원인은 하나의 표본 내에서 관측치의 무작위적 다양성에 의한 변동이다. 몇 개의 관측치가 동일한 표본 B에 속하여도 우리는 이들 자료들이 동일한 값으로 나타날 것이라고 기대하지 않는다. 통제할 수 없는 여러 가지 원인들로 인하여 관측값은 동일한 값으로 나타나지 않는다. 이러한 변동을 우리는 실험요인 내 변동(within-sample variation)이라고 하는데, 이것은 실험상황이 불안정하고, 무작위적일수록 더 크다.

실험요인이 종속요인에 영향을 미치는지를 알아보기 위한 기본적인 분석방법은, 자료의 총변동을 위의 첫번째 실험요인이 설명해 주는 부분과 두 번째 기타요인에 의해 유발된 부분으로 나눈 후, 전자가 후자에 비하여 얼마나 더 큰가를 검사하는 것이다. 일반적으로 변동은 다음과 같은 방법으로 계산하는데, 이 공식에서 관측치와 평균 간의 차이를 제곱한 후 합했다고 해서 제곱합(sum of squares)또는 변동(variation)이라고 부른다.

$$변동=(X_1-X의\ 평균)^2+(X_2-X의\ 평균)^2+\cdots+(X_n-X의\ 평균)^2 \qquad (9.2)$$

〈표 9-3〉의 자동차 주행실험 자료 1을 이용하여 변동을 분해하는 과정을 알아보자. 다음의 자료는 앞에 있는 자료를 다시 정리한 것이다.

**표 9-3 | 자동차 메이커별 주행거리**

| | 자동차 A | 자동차 B | 자동차 C | 합 계 |
|---|---|---|---|---|
| | 20<br>22<br>21<br>22<br>20 | 25<br>27<br>26<br>26<br>26 | 28<br>28<br>27<br>29<br>28 | |
| 합 계 | 105 | 130 | 140 | 375 |
| 평 균 | 21 | 26 | 28 | 25 |
| 관측치 수 | 5 | 5 | 5 | 15 |

## ■ 총변동

위의 〈표 9-3〉 자료에서 총변동(sum of squares total : *SST*)은 15개 관측치에 대하여 각 관측치와 전체 평균 간의 차이를 제곱하여 합한 것이다. 즉,

총변동

$$SST = \sum\sum(X_{ij} - \overline{X})^2$$

$$SST = (20-25)^2 + (22-25)^2 + \cdots + (28-25)^2$$

$$= 138\text{변동단위}$$

여기서 138 변동단위가 얻어진 원인, 즉 15개의 수치가 모두 동일하지 않은 이유는 이미 설명한 바와 같이 승용차의 특성이 메이커별로 상이하기 때문이거나 아니면 실험과정에 개입된 잡다한 외생요인(extraneous factors)의 효과 때문이다. 표본자료들의 평균치 간의 변동을 집단 간 변동(sum of squares between groups : *SSB*)이라 부르고 표본 내에서 관측치들 간의 변동을 집단 내 변동(sum of squares within group : *SSW*)이라 부른다.

$$\text{총변동} = \text{집단 간 변동} + \text{집단 내 변동}$$

$$SST = SSB + SSW$$

## ■ 집단 간 변동

세 메이커의 리터당 주행거리를 가장 잘 대표하는 것은 각 상표의 표본평균이다. 따라서 집단 간 변동 *SSB*를 계산하기 위해 사용되는 관측치는 바로 이 표본평균이 되며, 변동의 계산에 필요한 평균값은 이들 세 표본평균의 평균이 된다(물론 각 개별처리에 대한 관측치 개수가 같을 경우에만 성립하며 그렇지 못할 경우에는 총평균이 사용되어야 한다). 이상에서 설명한 방법으로 *SSB*를 계산해 보면 다음과 같다.

집단 간 변동

$$SSB = \sum n_i(X_j - \overline{X})^2$$

$$SSB = 5 \times [(21-25)^2 + (26-25)^2 + (28-25)^2]$$

$$= 130\text{단위}$$

여기서 5는 승용차 메이커로 실험한 실험횟수로 실험처리에 의한 제곱 합을 계산할 때 반드시 포함되어야 하는 가중치이다. 만약 각 상표마다. 5,000회의 실험으로 5,000개의 관측치를 얻었다면 가중치는 5,000이 된다.

운전사에게 휴식을 취하게 하고 또 자동차를 계속 정비함으로써 운전사의 피로와 실험용 자동차의 유지상태 등 외부요인의 일부는 통제할 수 있다 하여도 아무리 잘 계획된 실험에서도 외부요인을 모두 통제하기는 불가능하다. 예를 들어 자동차 주행실험이 실시되는 시점에 따라서 바람 상태나 도로 상태도 리터당 주행거리에 영향을 미칠 수 있으나 이들 요인을 통제할 수는 없다. 이처럼 통제 불가능한 요인들을 외생요인이라고 통칭한다.

### ■ 집단내 변동

외생요인 변동($SSW$)은 개별관측치와 표본평균 사이의 차이를 제곱하여 더한 것이다. 메이커 A의 휘발유 주행거리가 모두 똑같지 않고 20에서 22까지 변한 이유는 무엇이겠는가? 이는 아마 실험에서 무시한 통제 불가능한 외생요인의 영향 때문일 것이다. 메이커 A의 $SSW$는 다섯 개의 관측치와 이들의 평균 간의 차이를 제곱하여 합한 것이며, 메이커 B와 메이커 C에 대해서도 이 과정을 적용하면 외생요인에 의한 변동 $SSW$는 다음과 같다.

집단내 변동

$$SSW = \Sigma\Sigma(X_{ij} - \overline{X}_j)^2$$

$$SSW = (20-21)^2 + \cdots + (20-21)^2 \text{ : 메이커 A에 대한 계산}$$

$$+ (25-26)^2 + \cdots + (26-26)^2 \text{ : 메이커 B에 대한 계산}$$

$$+ (28-28)^2 + \cdots + (28-28)^2 \text{ : 메이커 C에 대한 계산}$$

$$= 8 \text{ 변동단위}$$

### ■ 변동 계산공식

주행거리의 자료를 이용하여 분산분석에 필요한 계산과정을 체계적으로 정리하여 보자. 〈표 9-4〉는 〈표 9-3〉을 단순히 기호로 나타낸 것이다.

표 9-4 | 일원분산분석 자료의 수학적 기호

| 관찰번호 \ 집단 | 집단 1 | 집단 2 | …… | 집단 $j$ | |
|---|---|---|---|---|---|
| 1 | $X_{11}$ | $X_{12}$ | …… | $X_{1j}$ | |
| 2 | $X_{21}$ | $X_{22}$ | …… | $X_{2j}$ | |
| 3 | $X_{31}$ | $X_{32}$ | …… | $X_{3j}$ | |
| 4 | $X_{41}$ | $X_{42}$ | …… | $X_{4j}$ | |
| ⋮ | ⋮ | ⋮ | | ⋮ | |
| $i$ | $X_{i1}$ | $X_{i2}$ | …… | $X_{ij}$ | |
| | $\overline{X}_1$ | $\overline{X}_2$ | | $\overline{X}_j$ | $X$ |

($\overline{X}$ : 전체평균, $\overline{X}_j$ : $j$번째 집단의 평균, $X_{ij}$ : $j$번째 집단의 $i$번째 관찰치)

예를 들면 $X_{11}$는 상표 $A$에 대한 첫 번째 관찰치, 즉 20을 나타낸다. 마찬가지로 상표 $C$의 두 번째 관찰치는 $X=28$이다.

이미 언급한 바와 같이 총변동($SST$)은 개별 관찰치와 전체 평균 간의 차이를 제곱하여 합한 것이므로 다음과 같다.

### ■ 총변동의 분할

변수 $Y$의 변동(total deviation)은 모든 관찰치의 평균 $\overline{Y}..$와 개별관찰치 $Y_{ij}$의 차이 즉, $Y_{ij}-\overline{Y}..$을 나타낸다. 그러나 이 값은 양수가 될 수도 있으며, 음수가 될 수도 있어, 이들 차이를 단순히 합하는 것은 총변동량을 나타내지 못한다. 그러므로, 총변동은 이들 차이의 자승합으로 측정하였다. 즉,

$$SST = \sum_i \sum_j (Y_{ij} - \overline{Y}_.)^2$$

요인수준에서 자료의 불확실성은 요인평균 $\overline{Y}_{.j}$와 요인 내 개별관찰치 $Y_{ij}$ 사이의 차이, 즉 $Y_{ij}-\overline{Y}_{.j}$이다. 또한 총변동에서 요인수준 내 변동을 제거하면 총평균과 요인평균 간의 이탈의 정도를 나타낸다. 즉,

$$(Y_{ij} - \overline{Y}..) - (Y_{ij} - \overline{Y}_{.j}) = \overline{Y}_{.j} - \overline{Y}..$$

따라서, 총변동 $Y_{ij}=\overline{Y}..$은 다음과 같이 두 부분으로 나누어진다.

$$\underset{\text{총변동}}{X_{ij}-\overline{X}_{..}} = \underset{\text{총평균에서 집단평균의 차이}}{(\overline{X}_{.j}-\overline{X}_{..})} + \underset{\text{집단평균으로부터 각 관찰값의 차이}}{(X_{ij}-\overline{X}_{.j})}$$

위식을 제곱하여 더하면 다음과 같은 결과를 얻을 수 있다.

$$\Sigma\Sigma\,(X_{ij}-\overline{X}_{..})^2=\Sigma n_j(\overline{X}_{.j}-\overline{X}_{..})^2+\Sigma\Sigma\,(X_{ij}-\overline{X}_{.j})^2 \quad (9.3)$$

위식의 왼쪽 항은 $SST$를 나타내며 등식의 오른쪽 첫번째 항은 $SSB$, 그리고 두 번째 항은 $SSW$를 나타냄을 알 수 있다. 따라서 우리는 $SST=SSB+SSW$가 됨을 알 수 있다.

분산분석을 하기 위해서는 제곱합을 자유도로 나눈 평균제곱(mean squares)를 구해야 하는데 이는 분산과 같은 개념이다. 집단 간 제곱합($SSB$)을 그의 자유도로 나누면 집단간 평균제곱(mean squares between groups : $MSB$)이 되고 집단 내 제곱합을 그의 자유도로 나누면 집단 내 평균제곱(mean squares within group : $MSW$)이 된다. 집단의 수를 $J$개라 하고 자료에 포함된 전체 관측값의 수를 $N$이라 하면 평균제곱을 구하는 식은 다음과 같다.

평균제곱

$$\text{집단 간} \quad MSB=\frac{SSB}{J-1}$$

$$\text{집단 내} \quad MSW=\frac{SSW}{N-J}$$

## 9.3.4 분산분석표

분산비율

$$\text{분산비율}(F)=\frac{\text{집단 간 평균제곱}}{\text{집단 내 평균제곱}}=\frac{MSB}{MSW}$$

$$=\frac{\dfrac{SSB}{(J-1)}}{\dfrac{SSW}{(N-J)}} \quad (9.4)$$

표 9-5 | 분산분석표

| 변동의 원인 | 변동(제곱합) | 자유도 | 평균제곱(분산) | $F$의 비(분산비율) |
|---|---|---|---|---|
| 집단 간 요인<br>집단 내 요인 | $SSB=130$<br>$SSW=8$ | $(J-1)=2$<br>$(N-J)=12$ | $MSB=65.0$<br>$MSW=0.666$ | $MSB/MSW=$<br>97.59 |
| 총 계 | $SST=138$ | $(N-1)=14$ | | |

위에서 $J$는 집단의 수이고, $N$은 자료에 포함된 전체 관측값의 수이다. 자동차 연비실험에서 세 종류의 자동차를 비교하고 있으므로 $J$는 3이고, 모두 15회의 실험을 하였으므로 $N$은 15이다. $(J-1)$과 $(N-J)$는 각각 $SSB$과 $SSW$의 자유도이다.

연비실험에서 집단 간 요인에 의한 변동($SSB$)이 130이고, 집단 내 요인에 의한 변동($SSW$)이 8이었다. 집단 간 요인에 의한 변동은 승용차 상표별 차이를 포착하고자 하는 것이므로 표본 크기는 3이고 자유도는 2가 된다. 집단내 요인에 대한 자유도는 각 종류별로 하나의 자동차에 다섯 개의 관측치가 있으므로 자유도는 4가 되고, 모두 세 종류이므로 총 자유도는 12가 된다.

이제 우리는 분산비율을 계산할 수 있다. 분산비율의 계산은 다음과 같은 표를 이용하는 것이 편리하다. 이것을 분산분석표라고 한다.

〈표 9-5〉에서 분산은 변동을 자유도로 나누어 얻은 값이다. 실험처리, 즉 승용차 상표에 기인한 분산(65.0)은 실험에서 통제되지 않는 모든 집단내 요인에 의한 분산(0.666)보다 훨씬 크다는 것을 알 수 있다. 얼마나 더 큰지를 알기 위하여 두 분산의 비율을 계산해 보면 $65 \div 0.666$, 즉 97.59가 된다. 이는 승용차 상표에 기인한 관측치의 분산이 모든 집단변수에 기인한 분산의 약 98배가 된다는 것을 의미한다.

■ 의사결정

지금까지 검토해 온 자동차 주행실험에서의 분산비율 97.59는 매우 큰 편에 속한다. 이러한 표본분산비율이 얻어졌을 때 우리는 귀무가설을 기각해야 하는가? 이러한 결정은 이미 앞에서 공부한 대로 그러한 결정이 잘못될 가능성(유의수준)의 크기에 따라 달라진다. 분산비율의 표본분포가 피셔분포를 따르므로, $F$-통계표에서 유의수준에 해당하는 값을 찾아 비교해야 한다. 분자의 자유도가 2이고 분모의 자유도가 12인 $F$-분포에서 오른쪽 끝 부분의 면적이 1%가 되는 값은

6.93이다. 그러므로, 표본비율 97.59가 나타날 가능성은 1%보다 훨씬 낮다. 이렇게 큰 값의 분산비율로부터 우리는 다음과 같은 두 가지 결론 중 어느 하나를 택해야 한다.

① 귀무가설이 옳다. 비록 가능성이 낮지만 우연히 이처럼 큰 값의 분산비율이 나왔다. 분산비율이 6.93이상일 가능성은 1%이지만 본 실험결과가 바로 이 1%에 해당한다.

② 자동차들의 주행거리가 동일하다는 귀무가설이 옳지 못하기 때문에 이처럼 큰값의 분산비율이 나왔다.

이러한 두 가지 가능성 중에서 두 번째 설명이 보다 합리적이라고 보아야 할 것이다. 두 번째의 추론이 옳지 않을 수도 있으나 그럴 확률은 1%보다 작으므로 무시할 수 있다.

**분산분석에서의 결정 규칙**

▶ 표본에서 구한 분산비율($F$)이 $F$-통계표의 임계치($F_\alpha$)보다 작으면
- 귀무가설을 기각하지 못한다.
- 대립가설을 수용할 수 없다.
- 표본평균 관측치 간의 차이는 통계적으로 유의하지 않다.

▶ 표본에서 구한 분산비율($F$)이 $F$-통계표의 임계치($F_\alpha$)보다 크면
- 대립가설을 수용한다.
- 귀무가설을 기각한다.
- 표본평균들 간의 차이는 통계적으로 유의하다.

지금까지의 설명을 요약해 보면 일원 무작위 분산분석은 다음과 같은 네 단계의 과정을 거친다.

**분산분석 실행순서**

① 가설의 설정
② 총변동($SST$)을 집단 간 변동($SSB$)과 집단 내 변동($SSW$)으로 분해
③ 집단 간 분산($MSB$)과 집단 내 분산($MSW$) 계산 및 자유도 찾기
④ 분산분석표를 이용하여 분산비율 계산
⑤ 자유도와 유의수준에 해당하는 임계치와 비교

## 예제 | 9-2

교육방법에 따른 생산성 향상의 차이를 알아보기 위해서, 종업원을 4집단으로 나누어 서로 다른 방법으로 교육시킨 후 무작위적 방법으로 여러 생산라인에 투입하여 그들의 생산성을 측정한 결과 다음과 같은 자료를 얻었다. 이 자료로부터 4가지 교육방법의 효과가 서로 다르다고 말할 수 있는지를 유의수준 5%에서 평가하라.

| 교육방법 | | | |
|---|---|---|---|
| 1 | 2 | 3 | 4 |
| 65 | 75 | 59 | 94 |
| 87 | 69 | 78 | 89 |
| 73 | 83 | 67 | 80 |
| 79 | 81 | 62 | 88 |
| 81 | 72 | 83 | |
| 69 | 79 | 76 | |
| | 90 | | |

**풀이**

① 가설의 설정

귀무가설 : $\mu_1 = \mu_2 = \mu_3 = \mu_4$

대립가설 : 최소한 하나의 평균은 다르다.

② 변동의 분해

총평균 : $(65+87+73+\cdots+89+80+88) \div 23 = 77.35$

집단별 평균 집단 1 = 75.67

집단 2 = 78.43

집단 3 = 70.83

집단 4 = 87.75

$SST = (65-77.35)^2 + (87-77.35)^2 + \cdots + (88-77.35)^2 = 1909.2$

$SSW = (65-75.67)^2 + \cdots + (69-75.67)^2 + (75-78.43)^2 + \cdots + (88-87.75)^2$
$= 1196.6$

$SSB = 6 \times (75.67-77.35)^2 + 7 \times (78.43-77.35)^2 + 6 \times (70.83-77.35)^2 + 4 \times$
$(87.75-77.35)^2 = 712.6$

③ 분산분석표 : 분산분석표를 작성하기 위해서는 먼저 자유도를 알아야 한다. 처리에 의한 변동의 자유도는 처리집단이 4이므로 여기서 1을 뺀 3이 되고, 외생요인에 의한 변동의 자유도는 총표본의 수가 23이고 처리집단이 4이므로 19가 된다.

| 변동의 원인 | 제곱합 | 자유도 | 평균제곱(분산) | $F$의 비(분산비율) |
|---|---|---|---|---|
| 집단 간 요인<br>집단 내 요인 | 712.6<br>1196.6 | 3<br>19 | 237.53<br>62.98 | 3.77 |
| 총 계 | 1909.2 | 22 | | |

④ 결 과 : 위의 분산분석표에서 계산된 두 분산의 비율은 3.77이고, 이 값은 분자의 자유도 3, 분모의 자유도 19인 피셔분포의 우측 끝 부분의 확률이 5%인 $F$값 3.13보다 크므로, 4집단의 생산성이 모두 동일하다는 귀무가설을 기각할 수 있다. 네 가지 교육방법의 평균적 성과는 서로 다르다고 말할 수 있다. 그러나 유의수준이 5%이므로, 이런 결론도 5%의 틀릴 확률을 가지고 있다.

## 9.5 개별집단 평균차에 대한 사후검정

귀무가설을 기각했다면, 어떤 자동차의 리터당 주행거리가 가장 길다고 할 수 있을까? 분산분석을 통해 내릴 수 있는 결론은 다만 세 종류 승용차의 리터당 주행거리에 차이가 있다는 것이므로 구체적으로 어떤 상표의 승용차가 가장 우수한지의 문제는 추가적 분석 없이 말하기 어렵다. 그러나 평균값을 볼 때 대략적으로 상표 3이 가장 우수한 승용차로 보인다.

$F$-검정으로 여러 표본평균들 사이에 유의한 차이가 있다는 것이 밝혀진 다음, 여러 표본평균 중 어느 것이 다른 것과 유의하게 차이가 나는지를 알기 위한 방법의 하나가 최소유의차검정(least-significant-difference test)이다. 최소유의차검정은 평균치 차이에 대한 $t$-검정에 기초하고 있다. 다수의 표본평균이 있으므로, 모든 가능한 쌍에 대해 $t$-검정을 실시해 보아야 한다.

개별 $t$-검정에서 유의수준은 5%라 할지라도 모든 쌍을 포함한 전체에 대해서는 유의수준이 훨씬 높아진다. 즉, 하나를 잘못 결정할 확률이 5%이어도 하나 이상을 잘못 결정할 확률은 5% 이상이 된다. $F$-검정에서 유의한 결과를 얻지 못하였다면, $t$-검정은 더 이상 필요하지 않다. $F$-검정이 유의하지 않을 때에도 $t$-검정은 유의할 수 있으나, $F$-검정의 결과를 채택해야 한다. $F$-검정이 유의하다면, $t$-

검정으로 어떤 특정 쌍이 유의한지 검정할 수 있다.

처리수준 $i$와 $j$의 평균치 차이의 유의성을 검정하기 위한 $t$-검정을 위한 통계량은 다음과 같이 계산한다.

$t$-검정을 위한 통계량

$$t=\frac{\overline{X}_i-\overline{X}_j}{\sqrt{\left(\frac{SSW}{N-J}\right)\left(\frac{1}{n_i}+\frac{1}{n_j}\right)}} \qquad (9.5)$$

위의 표본통계량은 자유도 $(N-J)$의 $t$-분포를 하므로, 통상적인 $t$-검정법을 적용할 수 있다.

### 예제 | 9-3

한국소비자연구원은 세 종류 승용차의 연비를 실험한 결과 이들의 연비가 동일하지 않다는 결과를 얻었다. 어느 상표 자동차의 연비가 더 높다고 할 수 있는가? 또 어느 상표 자동차의 연비가 더 낮다고 할 수 있는가?

**풀이**

$n_1=n_2=n_3=5$

$$\text{표준오차}=\sqrt{\frac{8}{12}\left(\frac{1}{5}+\frac{1}{5}\right)}=0.517$$

자유도 $=n-k=12$

① 자동차 $A$와 자동차 $B$

평균치 차이 $=21-26=-5$

그러므로, $t=\frac{-5}{0.517}=-9.67$

② 자동차 $B$와 자동차 $C$

평균치 차이 $=26-28=-2$

그러므로, $t=\frac{-2}{0.517}=-3.87$

③ 자동차 $A$와 자동차 $C$

평균치 차이 $=21-28=-7$

그러므로, $t=\frac{-7}{0.517}=-13.5$

자유도 12인 $t$-분포에서 유의수준 1%에 해당하는 $t$값이 3.055이므로 위의 세 검정통계량은 모두 유의하다. 즉, 세 자동차의 연비는 모두 상이하고, 자동차 $C$의 주행거리가 가장 길고, 주행거리가 가장 짧은 것은 자동차 $A$이다.

## 9.6 이원분산분석

### 9.6.1 기본개념

이원분산분석에서는 두 개의 독립변수에 의해 나누어진 집단들 간의 평균차가 있는지를 알아보는 주효과에 대한 분석과 두 개의 독립변수가 동시에 종속변수에 영향을 미치는 교호작용효과(interaction effect)가 있는지에 대해 분석하게 된다.

(a)와 같이 숙련도에 따라 훈련방법에 대한 효과의 차이가 없으면 교호작용이 없는 것이고 (b)와 같이 숙련도에 따라 훈련방법에 대한 효과의 차이가 있으면 교호작용이 있다고 할 수 있다. 즉, (a)의 경우처럼 기술숙련도에 따라 훈련방법의

그림 9-2 | 훈련방법–숙련도 자료에 대한 프로필

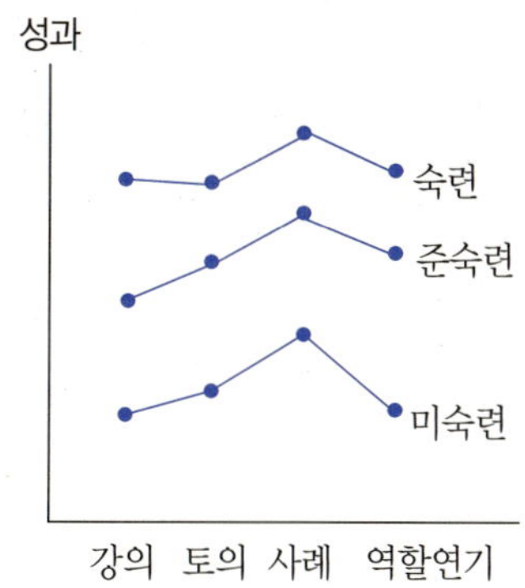


(a) 교호작용 없음

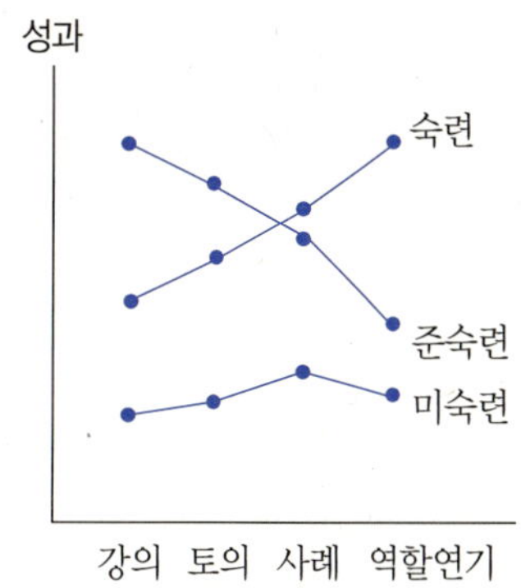


(b) 교호작용 있음

효과가 비슷하여 사례연구방식을 통한 교육이 가장 효과가 좋은 것으로 보이면 훈련방법과 기술숙련도 간에는 교호작용이 없다고 할 수 있다. 그러나 (b)의 경우처럼 최적의 훈련방법이 종업원의 숙련도에 따라 다르게 나타나면, 즉 숙련공의 경우에는 역할연기방식이 최선이고 준숙련공의 경우는 강의식, 미숙련공의 경우는 교육방법에 관계없이 거의 유사한 효과를 나타내고 있으면, 훈련방법과 기술숙련도 간에는 교호작용이 있는 것으로 볼 수 있다.

그러나 이와 같이 육안분석만으로 최종결론을 내리기는 어렵고 통계적인 추론을 위한 이원분산분석이 필요하다.

## 9.6.2 자료의 구성과 총변동의 분해

독립변수 $A$의 $j$번째 수준, 독립변수 $B$의 $k$번째 수준의 영향을 받은 $I$번째 관찰치를 $X_{ijk}$라하면 이원분산분석의 데이터 배열은 다음 〈표 9-6〉과 같다. 예를 들어 $X_{123}$은 독립변수 $A$의 두 번째 수준과 독립변수 $B$의 세 번째 수준에 해당되는 집단에서 첫 번째 관찰값을 나타낸다.

이원분산분석에서 관찰값 $X_{ijk}$와 모든 데이터의 총평균 $\overline{X}$와의 차이인 총변동은 다음과 같은 네 가지 부분으로 표현할 수 있다. 총변동은 역시 제곱합으로 표현할 수 있고 이원분산분석을 위해 각 제곱합의 자유도가 필요하다.

**표 9-6 | 이원분산분석의 자료 구성**

| $B$ \ $A$ | $A_1$ | $A_2$ | $A_3$ | $\overline{X}_{.k}$ |
|---|---|---|---|---|
| $B_1$ | $X_{111}$<br>$X_{211}$<br>$X_{311}$ | $X_{121}$<br>$X_{221}$<br>$X_{321}$ | $X_{131}$<br>$X_{231}$<br>$X_{331}$ | $\overline{X}_{.1}$ |
| $\overline{X}_{jk}$ | $\overline{X}_{11}$ | $\overline{X}_{21}$ | $\overline{X}_{31}$ | |
| $B_2$ | $X_{112}$<br>$X_{212}$<br>$X_{312}$ | $X_{122}$<br>$X_{222}$<br>$X_{322}$ | $X_{132}$<br>$X_{232}$<br>$X_{332}$ | $\overline{X}_{.2}$ |
| $\overline{X}_{jk}$ | $\overline{X}_{12}$ | $\overline{X}_{22}$ | $\overline{X}_{32}$ | |
| $\overline{X}_{j.}$ | $\overline{X}_{1.}$ | $\overline{X}_{2.}$ | $\overline{X}_{3.}$ | $\overline{X}$ |

$\overline{X}$ : 전체평균

$\overline{X}_j$ : 독립변수 $A$의 $j$수준에 있는 관찰값들의 평균

$\overline{X}_k$ : 독립변수 $B$의 $k$수준에 있는 관찰값들의 평균

$\overline{X}_{jk}$ : 독립변수 $A$의 $j$수준과 독립변수 $B$의 $k$수준에 있는 관찰값들의 평균

총변동 = 독립변수 A의 영향변동 + 독립변수 $B$의 영향변동 + $A$와 B의 교호작용 + 오차변동

$$X_{ijk}-\overline{X}=(\overline{X}_{j.}-\overline{X})+(\overline{X}_{.k}-\overline{X})+(\overline{X}_{jk}-\overline{X}_{j.}-\overline{X}_{.k}+\overline{X})+(X_{ijk}-\overline{X}_{jk})$$

$$SST \;=\; SSB_A \;+\; SSB_B \;+\; SSB_{AB} \;+\; SSW \quad \cdots\cdots \text{제곱합}$$

$$JKn-1 \;=\; (J-1) \;+\; (K-1) \;+\; (J-1)(K-1) \;+\; JK(n-1) \quad \cdots\cdots \text{자유도}$$

각 제곱합의 계산은 다음과 같다.

$$SST=\sum\sum\sum(X_{ijk}-\overline{X})^2=\sum\sum\sum X_{ijk}^2-\frac{(\sum\sum\sum X_{ijk})^2}{JKn}$$

$$SSB_A=\sum\sum\sum(\overline{X}_{j.}-\overline{X})^2=\sum Kn(\overline{X}_{j.}-\overline{X})^2$$

$$SSB_B=\sum\sum\sum(\overline{X}_{.k}-\overline{X})^2=\sum Jn(\overline{X}_{.k}-\overline{X})^2$$

$$SSB_{AB}=\sum\sum n(\overline{X}_{jk}-\overline{X}_{j.}-\overline{X}_{.k}+\overline{X})^2$$

$$SSW=\sum\sum\sum(X_{ijk}-\overline{X}_{jk})^2$$

독립변수 $A$와 $B$의 주효과와 교호작용효과를 분석하기 위해서는 제곱합을 자유도로 나누어 평균제곱을 구해야 한다.

평균제곱을 구하면 다음과 같다.

$$MSB_A=SSB_A/(J-1)$$

$$MSB_B=SSB_B/(K-1)$$

$$MSB_{AB}=SSB_{AB}/(J-1)(K-1)$$

$$MSW=SSW/JK(n-1)$$

각 효과의 유의도를 검정하기 위해 각 변수들의 집단 간 평균제곱을 집단 내 평

균제곱, 즉 오차의 평균제곱 $MSW$로 나누어 $F$-검정을 한다. 이를 위한 이원분산분석표는 다음과 같다.

**표 9-7 | 이원분산분석표**

| 분산원 | 제곱합 | 자유도 | 평균제곱(분산) | $F$의 비 | 임계치 $F$ |
|---|---|---|---|---|---|
| 독립변수 $A$효과 | $SSB_A$ | $J-1$ | $MSB_A=SSB_A/(J-1)$ | $MSB_A/MSW$ | $F_{J-1,N-JK,\alpha}$ |
| 독립변수 $B$효과 | $SSB_B$ | $K-1$ | $MSB_B=SSB_B/(K-1)$ | $MSB_B/MSW$ | $F_{k-1,N-JK,\alpha}$ |
| $AB$상호작용 | $SSB_{AB}$ | $(J-1)(K-1)$ | $MSB_{AB}=SSB_{AB}/(J-1)(K-1)$ | $MSB_{AB}/MSW$ | $F_{(J-1)(K-1),N-JK,\alpha}$ |
| 집단 내(오차) | $SSW$ | $N-JK$ | $MSW=SSW/(N-JK)$ | | |
| 합계 | $SST$ | $N-1$ | | | |

위와 같은 분산분석표를 작성하여 $F$의 비가 임계치 $F$값보다 크면 귀무가설 $H_0$를 기각하고 대립가설 $H_1$를 채택하게 된다.

## 9.6.3 이원분산분석의 예

[그림 9-2]에서 (b)는 〈표 9-8〉의 자료에 근거하여 작성되었는데 육안분석에 의해 교호작용이 있을 것으로 결론내렸는데 과연 통계적으로도 그러한지 분석해 보기로 하자.

**예제 | 9-4**

L 화학사는 종업원 교육훈련별 훈련성과를 알아보기 위해 24명의 근로자를 선발하여 조사하였다. 그리고 또한 훈련방법은 근로자의 숙련도에 따라 효과가 달라지는가도 알아보기로 하였다. 훈련방법은 강의, 토의, 사례, 역할연기 등 4종류로 구분되었고, 숙련도는 미숙련공, 준숙련공, 숙련공 등 세 수준으로 구분되었다. 훈련방법을 독립변수 $A$, 숙련도를 독립변수 $B$라 하였다.

독립변수 $A$와 $B$의 주효과가 있는지, $A$와 $B$의 교호작용효과가 있는지 유의수준 5%에서 검정해 보기로 하자.

**표 9-8 | 훈련방법과 숙련도에 따른 생산성**

| | 강의($A_1$) | 토의($A_2$) | 사례($A_3$) | 역할연기($A_4$) |
|---|---|---|---|---|
| 미숙련공($B_1$) | 58<br>62 | 60<br>60 | 64<br>66 | 59<br>61 |
| 준숙련공($B_2$) | 99<br>99 | 89<br>91 | 80<br>80 | 75<br>75 |
| 숙련공($B_3$) | 74<br>76 | 80<br>80 | 85<br>85 | 94<br>96 |

**풀이**

**표 9-9 | 검정통계량 계산**

| | 강의($A_1$) | 토의($A_2$) | 사례($A_3$) | 역할연기($A_4$) | $\overline{X}$ |
|---|---|---|---|---|---|
| 미숙련공($B_1$) | 58<br>62 | 60<br>60 | 64<br>66 | 59<br>61 | 61.25 |
| $\overline{X}_{jk}$ | 60 | 60 | 65 | 60 | |
| 준숙련공($B_2$) | 99<br>99 | 89<br>91 | 80<br>80 | 75<br>75 | 86 |
| $\overline{X}_{jk}$ | 99 | 90 | 80 | 75 | |
| 숙련공($B_3$) | 74<br>76 | 80<br>80 | 85<br>85 | 94<br>96 | 83.75 |
| $\overline{X}_{jk}$ | 75 | 80 | 85 | 95 | |
| $\overline{X}_{j.}$ | 78 | 76.67 | 76.67 | 76.67 | $\overline{X}=77$ |

제곱합

$SST=(58-77)^2+(62-77)^2+\cdots(94-77)^2+(96-77)^2=4,174$

$SSB_A=6(78-77)^2+6(76.67-77)^2+6(76.67-77)^2+6(76.67-77)=7.96$

$SSB_B=8(61.25-77)^2+8(86-77)^2+8(83.75-77)^2=2,997$

$SSB_{AB}=2(60-78-61.25+77)^2+2(60-76.67-61.25+77)^2+\cdots 2(85-76.67-83.75+77)^2+(95-76.67-83.75+77)=1,151.04$

$SSW=SST-SSB_A-SSB_B-SSB_{AB}=18.0$

평균제곱

$MSB_A=SSB_A/(J-1)=7.96/3=2.65$

$MSB_B=SSB_B/(K-1)=2,997/2=1,498.50$

$MSB_{AB} = SSB_{AB}/(J-1)(K-1) = 1,151.04/6 = 191.8$

$MSW = SSW/N-JK = 18/12 = 1.5$

**표 9-10 | 분산분석표의 작성**

| 분산원 | 제곱합 | 자유도 | 평균제곱 | $F$의 비 | 임계치 $F$ |
|---|---|---|---|---|---|
| 독립변수 $A$효과 | 7.96 | 3 | 2.65 | 1.78 | 3.49 |
| 독립변수 $B$효과 | 2,997 | 2 | 1,498.5 | 999 | 3.89 |
| $AB$상호작용 | 1,151.04 | 6 | 191.8 | 127.9 | 3.00 |
| 집단내(오차) | 18 | 12 | 1.5 | | |
| 전체 | 4,174 | 23 | | | |

독립변수 $A$효과에 관한 가설검정

1. $H_0$ : $\mu(A_1) = \mu(A_2) = \mu(A_3)$ 또는 훈련방법은 차이가 없다.
   $H_1$ : 적어도 하나는 나머지와 같지 않다.
2. $\alpha = 0.05$
3. $F_{3,12,\ 0.05} = 3.49$, 즉 $H_0$ 채택영역 : $F_{3,12,\ 0.05} \leq 3.49$, $H_0$ 기각영역 : $F_{3,12,\ 0.05} > 3.49$
4. 계산된 $F$의 비는 1.78이므로 $H_0$를 채택한다. 즉, 훈련방법에 따라 생산성에 차이가 없다.

독립변수 $B$효과에 관한 가설검정

1. $H_0$ : $\mu(B_1) = \mu(B_2) = \mu(B_3)$ 또는 숙련도에 따라 생산성에 차이가 없다.
   $H_1$ : 적어도 하나는 나머지와 같지 않다.
2. $\alpha = 0.05$
3. $F_{2,12,\ 0.05} = 3.89$, 즉 $H_0$ 채택영역 : $F_{2,12,\ 0.05} \leq 3.89$, $H_0$ 기각영역 : $F_{2,12,\ 0.05} > 3.89$
4. 계산된 $F$의 비는 999이므로 $H_0$를 기각한다. 즉, 숙련도에 따라 생산성에 차이가 있다.

독립변수 $A$, $B$의 상호작용효과에 관한 가설검정

1. $H_0$ : 두 변수 간에 상호작용이 없다.
   $H_1$ : 두 변수 간에 상호작용이 있다.
2. $\alpha = 0.05$
3. $F_{6,12,\ 0.05} = 3.00$, 즉 $H_0$ 채택영역 : $F_{6,12,\ 0.05} \leq 3.00$, $H_0$ 기각영역 : $F_{6,12,\ 0.05} > 3.00$
4. 계산된 $F$의 비는 127.9이므로 $H_0$를 기각한다. 즉, 훈련방법과 숙련도 두 변수 간의 상호작용이 있다.

## A9.1 EXCEL을 이용한 분산분석 : 일원 배치법

본문 제4절에서 설명한 일원 무작위 실험설계법을 EXCEL에서는 일원배치법에 의한 분산분석이라고 부른다. 이는 두 개 이상 모집단들의 평균이 서로 같은가를 검정하는 것이다.

교육방법의 개선을 연구하고 있는 어느 연구원이 네 가지의 프로그램을 실시하여 얻은 결과가 [그림 A9-1]의 열 A, B, C, D에 정리되어 있다. 이는 각 프로그램을 임의로 지정된 6명의 학생들에게 실시한 후 얻은 점수들이다. 이제, 프로그램들간에 학습효과의 차이가 있는지의 여부를 검정해 보자.

(가) 관측치와 평균의 그래프 그리기

**01** 수집된 자료를 [그림 A9-1]과 같이 칸 A1:D7에 입력한다.

**02** 수집칸 A8에 공식 '=AVERAGE(A2:A7)'을 입력한다. 이를 칸 B8, C8 그리고 D8에 복사한다.

**그림 A9-1** 분산분석을 위한 자료

| | A | B | C | D | E | F | G | H |
|---|---|---|---|---|---|---|---|---|
| 1 | 프로그램 1 | 프로그램 2 | 프로그램 3 | 프로그램 4 | | 프로그램 | 점수 | 평균 |
| 2 | 78 | 86 | 77 | 86 | | 1 | 78 | |
| 3 | 82 | 81 | 79 | 93 | | 1 | 82 | |
| 4 | 78 | 82 | 75 | 81 | | 1 | 78 | |
| 5 | 79 | 87 | 76 | 78 | | 1 | 79 | |
| 6 | 77 | 84 | 78 | 86 | | 1 | 77 | |
| 7 | 77 | 87 | 80 | 77 | | 1 | 77 | |
| 8 | 78.5 | 84.5 | 77.5 | 83.5 | | 2 | 86 | |
| 9 | | | | | | 2 | 81 | |
| 10 | | | | | | 2 | 82 | |
| 11 | | | | | | 2 | 87 | |
| 12 | | | 02-3145-2147 | | | 2 | 84 | |
| 13 | | | | | | 2 | 87 | |
| 14 | | | | | | 3 | 77 | |
| 15 | | | | | | 3 | 79 | |
| 16 | | | | | | 3 | 75 | |
| 17 | | | | | | 3 | 76 | |
| 18 | | | | | | 3 | 78 | |
| 19 | | | | | | 3 | 80 | |
| 20 | | | | | | 4 | 86 | |
| 21 | | | | | | 4 | 93 | |
| 22 | | | | | | 4 | 81 | |
| 23 | | | | | | 4 | 78 | |
| 24 | | | | | | 4 | 86 | |
| 25 | | | | | | 4 | 77 | |
| 26 | | | | | | 1 | | 78.5 |
| 27 | | | | | | 2 | | 84.5 |
| 28 | | | | | | 3 | | 77.5 |
| 29 | | | | | | 4 | | 83.5 |
| 30 | | | | | | | | |

**03** 수집칸 F1에 '프로그램', 칸 G1에 '점수', 그리고 칸 H1에 '평균'이라는 이름을 입력한다.

**04** 수집칸 F1:F7에 프로그램1을 의미하는 숫자 '1'을 입력한다. 마찬가지로, 칸 F8:F13에는 '2'를, 칸 F14:F19에는 '3'을, 그리고 칸 F20:F25에는 '4'를 입력한다.

**05** 수집칸 F26:F29에는 1, 2, 3, 4를 각각 입력한다.

**06** 프로그램1로부터 얻은 자료 A2:A7를 칸 G2:G7에 복사한다. 마찬가지로, 자료 B2:B7은 칸 G8:G13에, 자료 C2:C7은 칸 G14:G19에, 그리고 자료 D2:D7은 칸 G20:G25에 각각 복사한다.

**07** 프로그램의 평균값들을 칸 H26:H29의 해당 칸에 각각 입력한다.

**08** 수집그래프를 그리기 위하여, 칸 F1:H29를 선택한 후, 추천차트 클릭한다.

**09** 차트 마법사에서 선이 있는 분산형을 [그림 A9-2]와 같이 선택한 후, 확인을 누른다.

**그림 A9-2**
차트 마법사의 1단계

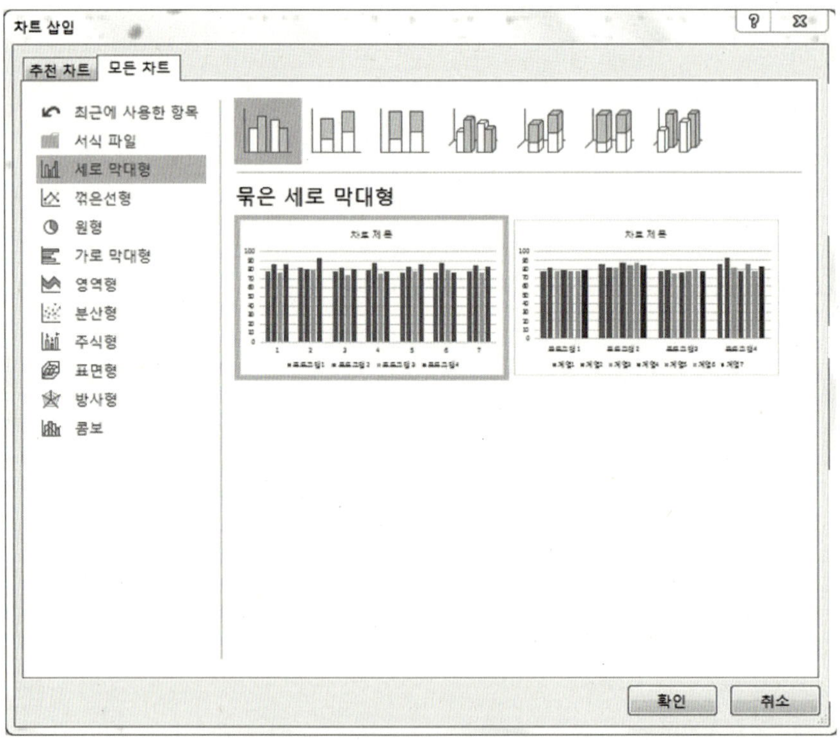

**10** 차트를 더블클릭하면 차트영역서식이 화면에 나타난다.

**11** 그림 [그림 A9-3]에서와 같이 오른쪽 서식변경화면에서 차트축, 제목, 눈금선 등을 더블클릭하여 각 서식에 원하는 내용을 입력한다.

**그림 A9-3**

**차트 마법사의 3단계**

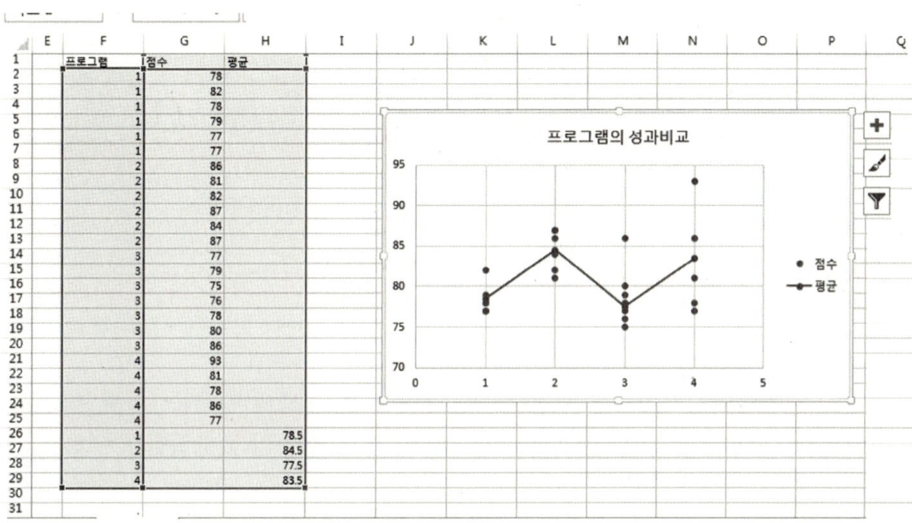


**12** 그래프가 나타나면 Y축을 두 번 클릭한다. 축 서식에서 축옵션의 세로축을 클릭한다. [그림 A9-4]와 같이, 최소값은 70으로, 최대값은 95로 고치고 그 이외의 항목들도 원하는 대로 고친다.

**그림 A9-4** *Y*축의 서식 고치기

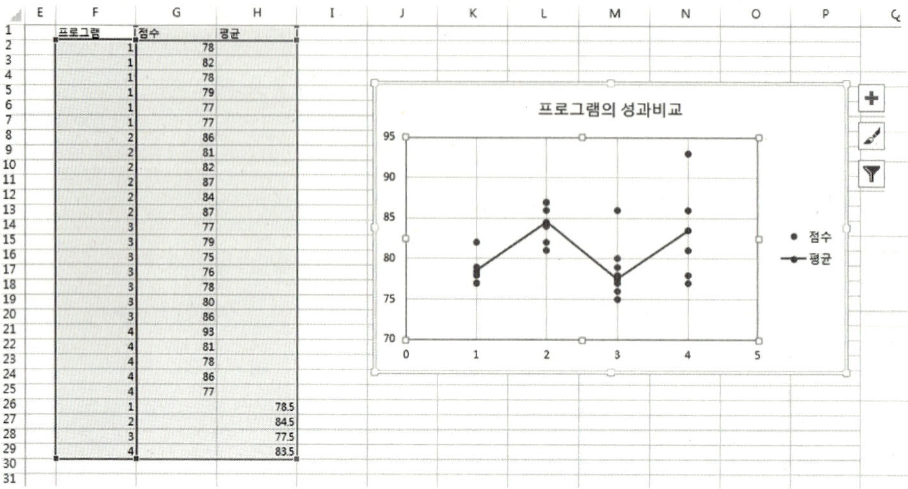


**13** 마찬가지로, X축을 두 번 클릭한 후, X축의 눈금을 [그림 A9-5]와 같이 최대값은 5로, 주 단위(A)는 1로 수정한다. 그 이외의 항목들도 원하는 대로 고친다.

**그림 A9-5** *X*축의 서식 고치기

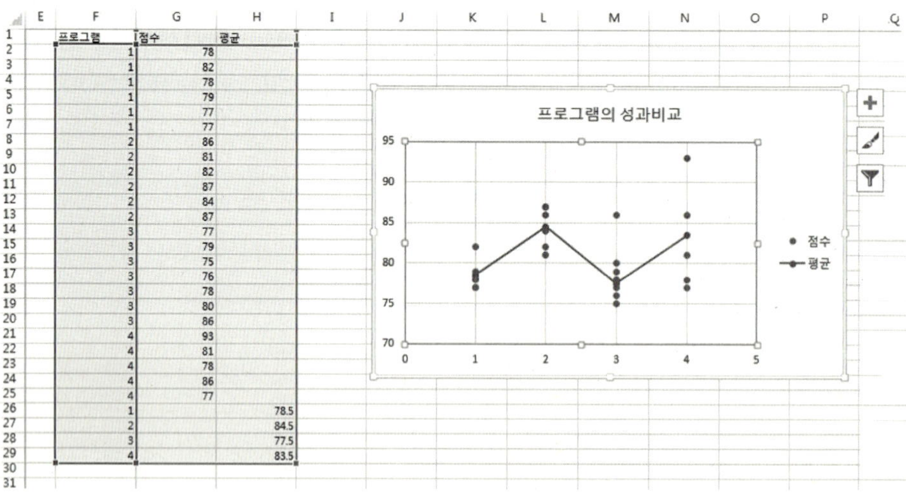

14 다른 점들로부터 떨어져 있는 점들 주의 하나를 클릭하여, 점수를 표시하는 점들을 선택한다. 선택된 점 중의 하나를 두 번 클릭하면 데이터 계열 서식 화면이 나타난다. 채우기 및 선을 선택한 후 '선' 옵션 창에서 '선없음'을 선택하고 '표식' 옵션창에서 '표식옵션' 기본제공을 선택 후 [그림 A9-6]과 같이 선택하면 [그림 A9-7]과 같은 그래프를 얻게된다.

그림 A9-6

데이터 계열 서식 고치기

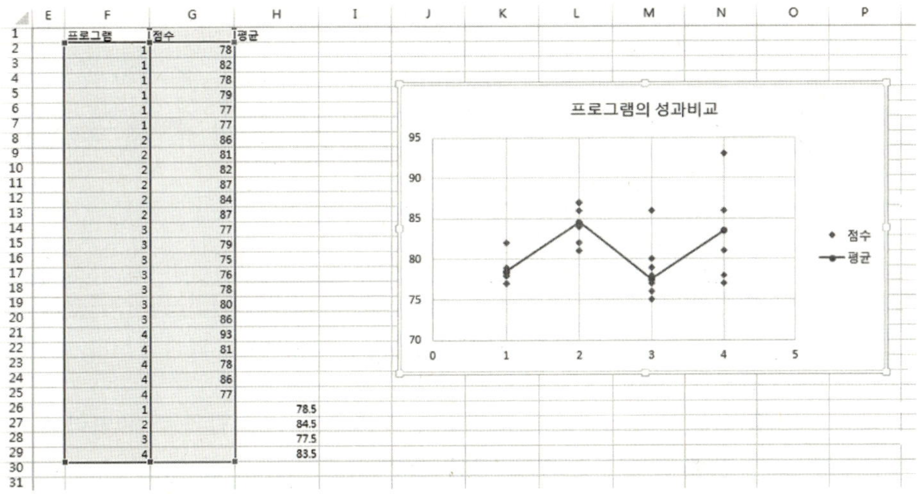


그림 A9-7

점수와 평균의 그래프

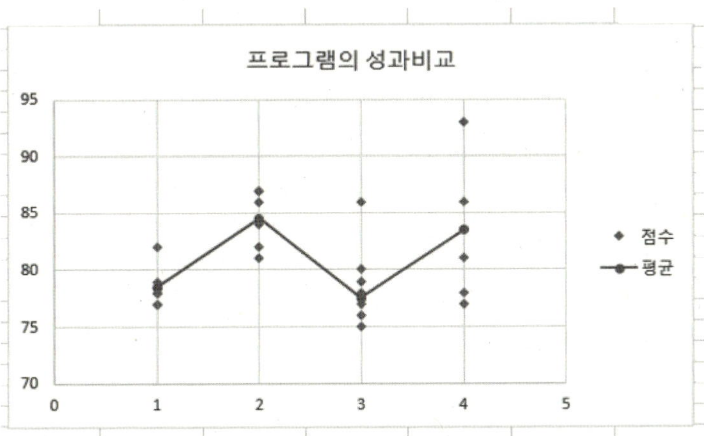

(나) 분산분석(ANOVA)

**01** 데이터, 데이터 분석을 차례로 선택 후 [그림 A9-8]처럼 '분산 분석 : 일원배치법' 을 선택하고 확인을 클릭한다.

**그림 A9-8**
분석도구의 예

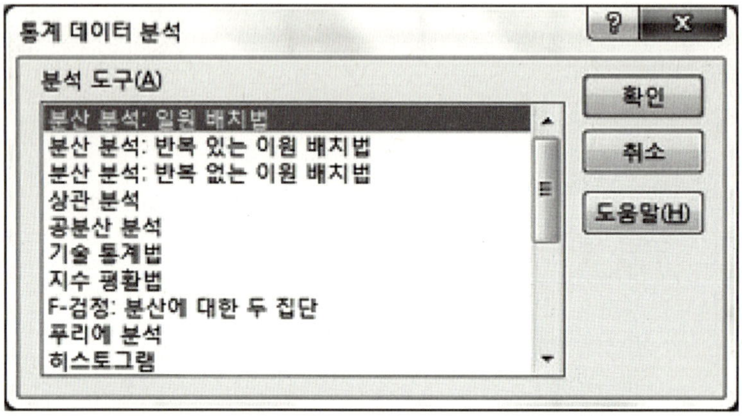


**02** [그림 A9-9]와 같이 입력범위, 유의수준, 출력범위 등을 입력한 후, 확인을 클릭하면 [그림 A9-10]과 같은 결과를 얻게 된다. 칸 P13의 F기각치는 [그림 A9-9]에서 입력한 유의수준 0.05에 해당하는 F의 임계치이다.

**그림 A9-9**
분산분석을 위한 정보 입력

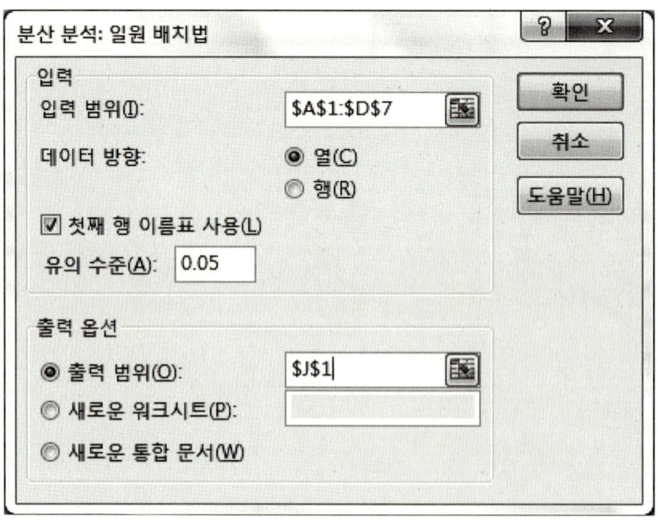

**그림 A9-10**
분산분석의 결과

분산 분석: 일원 배치법

요약표

| 인자의 수준 | 관측수 | 합 | 평균 | 분산 |
|---|---|---|---|---|
| 프로그램1 | 6 | 471 | 78.5 | 3.5 |
| 프로그램2 | 6 | 507 | 84.5 | 6.7 |
| 프로그램3 | 6 | 465 | 77.5 | 3.5 |
| 프로그램4 | 6 | 501 | 83.5 | 36.3 |

분산 분석

| 변동의 요인 | 제곱합 | 자유도 | 제곱 평균 | F비 | P-값 | F기각치 |
|---|---|---|---|---|---|---|
| 처리 | 222 | 3 | 74 | 5.92 | 0.004626 | 3.098393 |
| 잔차 | 250 | 20 | 12.5 | | | |
| | | | | | | |
| 계 | 472 | 23 | | | | |

## A9.2 EXCEL을 이용한 분산분석 : 반복없는 이원 배치법

본문 제6절에서의 〈표 9-6〉과 같이 각 블록과 요인마다 하나의 관측치가 있는 경우를 EXCEL은 반복없는 이원 배치법이라 부른다. 이제 EXCEL을 이용하여 〈표 9-11〉의 자료를 분석하여 보자.

**01** 자료를 [그림 A9-11]과 같이 칸 A1:D5에 입력한다.

**02** 메뉴에서 데이터, 데이터 분석(D)을 차례로 선택한 후, '분산분석: 반복없는 이원 배치법'을 선택하고 확인을 클릭한다.

**03** 분산분석의 대화상자에서 입력범위, 유의수준, 출력범위 등을 입력한 후, 확인을 클릭하면 [그림 A9-11]과 같은 결과를 얻게 된다.

**04** 실험요인의 영향을 분석하는 것이므로, 분산분석의 결과에서 인자B(열)에 해당하는 *F*비, *P*값, *F*기각치에 근거하여 가설을 검정하면 된다. 여기서 칸 L16의 *F* 기각치는 분산분석의 대화상자에서 입력한 유의수준 0.05에 해당하는 F의 임계치이다.

**그림 A9-11** 반복없는 이원 배치법의 결과

| 블록 | 실험요인 상표 A | 상표 B | 상표 C |
|---|---|---|---|
| H | 13 | 17 | 12 |
| K | 10 | 13 | 7 |
| S | 19 | 21 | 14 |

분산 분석: 반복 없는 이원 배치법

| 요약표 | 관측수 | 합 | 평균 | 분산 |
|---|---|---|---|---|
| H | 3 | 42 | 14 | 7 |
| K | 3 | 30 | 10 | 9 |
| S | 3 | 54 | 18 | 13 |
| 상표 A | 3 | 42 | 14 | 21 |
| 상표 B | 3 | 51 | 17 | 16 |
| 상표 C | 3 | 33 | 11 | 13 |

분산 분석

| 변동의 요인 | 제곱합 | 자유도 | 제곱 평균 | F 비 | P-값 | F 기각치 |
|---|---|---|---|---|---|---|
| 인자 A(행) | 96 | 2 | 48 | 48 | 0.0016 | 6.944272 |
| 인자 B(열) | 54 | 2 | 27 | 27 | 0.004756 | 6.944272 |
| 잔차 | 4 | 4 | 1 | | | |
| 계 | 154 | 8 | | | | |

## A9.3 EXCEL을 이용한 분산분석 : 반복있는 이원 배치법

본문 제6절에서 설명한 다원 실험설계법의 특수한 형태로 요인이 둘인 경우이다. EXCEL을 이용하여 〈그림 A9-13〉의 자료를 분석하여 보자.

**01** 자료를 [그림 A9-12]와 같이 칸 A1:E7에 입력한다.

**그림 A9-12**
자료의 입력

| | A | B | C | D | E | F |
|---|---|---|---|---|---|---|
| 1 | | 강의 | 토의 | 사례 | 역할연기 | |
| 2 | 미숙련 공 | 58 | 60 | 64 | 59 | |
| 3 | | 62 | 60 | 66 | 61 | |
| 4 | 준숙련 공 | 99 | 89 | 80 | 75 | |
| 5 | | 99 | 91 | 80 | 75 | |
| 6 | 숙련 공 | 74 | 80 | 85 | 94 | |
| 7 | | 76 | 80 | 85 | 96 | |
| 8 | | | | | | |

**02** 메뉴에서 데이터, 데이터 분석(D)을 차례로 선택한 후, [그림 A9-13]처럼 '분산분석 : 반복있는 이원 배치법' 을 선택하고 확인을 클릭한다.

**03** [그림 A9-13]과 같이 입력범위, 유의수준, 출력범위 등을 입력한 후, 확인을 클릭하면 [그림 A9-14]와 같은 결과를 얻게 된다.

**04** 칸 M31:M33에 나타난 *F*기각치는 분산분석의 대화상자에서 입력한 유의수준 0.05에 해당하는 *F*의 임계치들이다.

**그림 A9-13**
분산분석을 위한 정보 입력

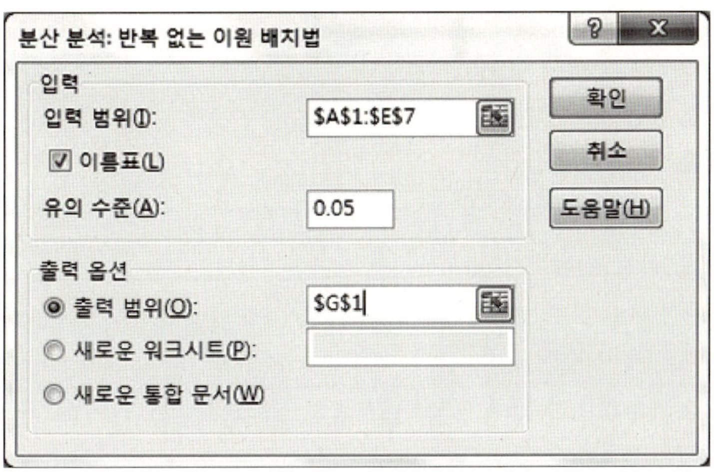

그림 A9-14

반복있는 이원 배치법의 결과

| 강의 | 토의 | 사례 | 역할연기 |
|---|---|---|---|
| 58 | 60 | 64 | 59 |
| 62 | 60 | 66 | 61 |
| 99 | 89 | 80 | 75 |
| 99 | 91 | 80 | 75 |
| 74 | 80 | 85 | 94 |
| 76 | 80 | 85 | 96 |

분산 분석: 반복 있는 이원 배치법

| 요약표 | 강의 | 토의 | 사례 | 역할연기 | 계 |
|---|---|---|---|---|---|
| 미숙련 공 | | | | | |
| 관측수 | 2 | 2 | 2 | 2 | 8 |
| 합 | 120 | 120 | 130 | 120 | 490 |
| 평균 | 60 | 60 | 65 | 60 | 61.25 |
| 분산 | 8 | 0 | 2 | 2 | 7.071428571 |
| 준숙련 공 | | | | | |
| 관측수 | 2 | 2 | 2 | 2 | 8 |
| 합 | 198 | 180 | 160 | 150 | 688 |
| 평균 | 99 | 90 | 80 | 75 | 86 |
| 분산 | 0 | 2 | 0 | 0 | 98 |
| 숙련 공 | | | | | |
| 관측수 | 2 | 2 | 2 | 2 | 8 |
| 합 | 150 | 160 | 170 | 190 | 670 |
| 평균 | 75 | 80 | 85 | 95 | 83.75 |
| 분산 | 2 | 0 | 0 | 2 | 63.07142857 |
| 계 | | | | | |
| 관측수 | 6 | 6 | 6 | 6 | |
| 합 | 468 | 460 | 460 | 460 | |
| 평균 | 78 | 76.66666667 | 76.66666667 | 76.66666667 | |
| 분산 | 311.6 | 187.0666667 | 87.06666667 | 247.4666667 | |

분산 분석

| 변동의 요인 | 제곱합 | 자유도 | 제곱 평균 | F 비 | P-값 | F 기각치 |
|---|---|---|---|---|---|---|
| 인자 A(행) | 2997 | 2 | 1498.5 | 999 | 4.52805E-14 | 3.885293835 |
| 인자 B(열) | 8 | 3 | 2.666666667 | 1.777777778 | 0.204847098 | 3.490294819 |
| 교호작용 | 1151 | 6 | 191.8333333 | 127.8888889 | 3.63385E-10 | 2.996120378 |
| 잔차 | 18 | 12 | 1.5 | | | |
| 계 | 4174 | 23 | | | | |

## 연습문제

**01** 세 가지 상품 전시법이 판매액에 미치는 영향을 조사하고자 서울, 부산, 광주에서 자료를 수집하였다. 어떤 방법으로 전시를 하던지 판매액에는 차이가 없다는 것을 분산분석을 통해 검정하고자 한다.

(단위 : 천만원)

| 지역 | 상품전시 1 | 상품전시 2 | 상품전시 3 |
|---|---|---|---|
| 서울 | 4 | 6 | 7 |
| 부산 | 2 | 5 | 7 |
| 광주 | 3 | 4 | 7 |

① 분산분석표를 작성하라.

② 세 가지 상품 전시법이 판매액에 영향을 주지 않는다는 것을 $\alpha=0.05$ 수준에서 검정하라.

**02** 세 가지 다이어트 약의 효과에 대하여 네 사람에 대한 조사한 자료가 아래와 같이 주어져 있다. 모든 자료는 한 달 동안의 체중감소치이다. 어떤 약을 쓰든 장기적으로 체중 감소량에는 차이가 없다는 것을 분산분석을 통해 검정하고자 한다.

(단위 : 200g)

| 약복용자 | 약 1 | 약 2 | 약 3 |
|---|---|---|---|
| A | 6 | 3 | 7 |
| B | 6 | 4 | 7 |
| C | 8 | 5 | 7 |
| D | 8 | 4 | 7 |

① 분산분석표를 작성하라.

② 세 가지 다이어트 약의 효과가 체중감량에 영향을 주지 않는다는 것을 $\alpha=0.01$ 수준에서 검정하라.

**03** 어떤 소프트웨어 기업은 그 기업의 새로운 컴퓨터 프로그램이 경쟁기업의 프로그램보다 빠르다고 주장하고 있다. 이를 검정하기 위해 다양한 마이크로 컴퓨터를 블록화하고 실제실험을 수행하였다. 컴퓨터 작동시간에 차이가 없다는 것을 $\alpha=0.05$와 $\alpha=0.01$의 수준에서 검정하라.

(단위 : 초)

| 컴퓨터 \ 프로그램 | 프로그램1 | 프로그램2 | 프로그램3 | 프로그램4 |
|---|---|---|---|---|
| 컴퓨터A | 8 | 10 | 6 | 8.00 |
| 컴퓨터B | 7 | 9 | 6 | 7.33 |
| 컴퓨터C | 6 | 8 | 3 | 5.67 |
| | 7 | 9 | 5 | 7.00 |

**04** 휘발유의 주행거리를 개선하기 위해 사용할 수 있는 세 가지 휘발유 첨가물의 효과를 시험하고자 한다. 자동차 시험주행이 실시되는 시간대를 블록으로 구성하여 실험한 결과 아래와 같은 자료를 구할 수 있었다. 이 세 가지 첨가물의 효과에 차이가 없다는 것을 $\alpha=0.05$ 수준에서 검정하라.

| 시간대 \ 첨가물 | 첨가물 1 | 첨가물 2 | 첨가물 3 |
|---|---|---|---|
| 오 전 | 4 | 4 | 7 |
| 정 오 | 7 | 6 | 8 |
| 오 후 | 7 | 5 | 6 |

**05** 5개 집단의 평균들을 비교하기 위해 다음과 같은 분산분석표를 작성하였다.

| 분산원 | 제곱합 | 자유도 | 평균제곱(분산) | 분산비율 |
|---|---|---|---|---|
| 집단간 | | | 40 | |
| 집단내 | | 30 | | |
| 합계 | 400 | | | |

① 이 검정을 위해 추출한 표본의 개수는 몇 개인가?

② 위의 분산분석표를 완성시키시오.

③ 각 집단들의 평균이 같은지 $\alpha=0.01$ 수준에서 검정하라.

**06** 새로 입사한 타이피스트에 대한 교육효과를 증진시키기 위해 두 가지 서로 다른 교육방법과 세 가지 한글워드프로세싱 패키지를 테스트하여 이 중 가장 우수한 교육시스템을 채택하고자 한다. 각각의 조합에 두 명씩 배정하여 교육을 받게 한 뒤 교육종료와 함께 타이핑시험을 보게 하였다. 그 결과가 다음 표와 같을 때, 분산분석을 이용하여 교육방법, 워드프로세싱 패키지, 그리고 이들 두 요소 간의 교호작용에 대해 분석하시오.

| 워드프로세싱 패키지 | 교육방법 | |
|---|---|---|
| | A | B |
| 1 | 38 | 28 |
| | 42 | 25 |
| 2 | 33 | 13 |
| | 37 | 16 |
| 3 | 31 | 4 |
| | 29 | 7 |

**07** 포장의 효과와 가격이 매출액에 미치는 영향을 알아보기 위해 세가지 포장 방법과 두 수준의 가격을 변수로 하여 실험을 행하였다. 그 결과 다음과 같은 표의 자료를 얻었다. 다음 자료를 이용하여 분산분석을 통해 포장방법의 효과, 가격 그리고 이들 두 요소 간의 교호작용에 대해 분석하시오($\alpha=0.05$ 수준에서).

| 가격수준 | 포장방법 | | |
|---|---|---|---|
| | 1 | 2 | 3 |
| 높음 | 4.1 | 3.1 | 3.5 |
| | 3.9 | 2.8 | 3.2 |
| | 4.3 | 3.3 | 3.6 |
| 낮음 | 2.7 | 1.9 | 2.7 |
| | 3.1 | 2.2 | 2.3 |
| | 2.6 | 2.3 | 2.5 |

제 **10** 장

# 상관분석

## 10.1 상관분석이란

상관분석은 두 개의 수치적 변수들(numerical variables) 간 선형관계의 방향과 밀접한 정도를 분석하는 기법이다. 예를 들어, 컴퓨터 판매점의 종업원에 대한 교육훈련시간과 월매출액 간의 관계를 알아보기 위한 연구를 수행한다고 가정하자. 물론 많은 교육시간을 투입할수록 월매출액이 증가할 것으로 기대된다.[1] 두 변수 간에 이러한 양의 관계가 실제로 수집된 자료에 의하여 확인될 경우, 우리는 또 다른 의문점들을 갖게 된다. 두 변수 간의 밀접한 정도를 어떻게 측정할 수 있을까? 두 변수 간의 관계가 강한가, 아니면 약한가? 교육훈련시간이 먼저 정해질 경우에 월매출액이 얼마가 될 것인지를 예측할 수 있을까? 제10장, 제11장에서는 이러한 질문들에 대한 해답을 줄 수 있는 분석방법들에 관하여 설명한다.[2]

## 10.2 도시적 측정방법(산포도)

산포도(scatter diagram)는 구체적인 통계적 분석을 실시하기에 앞서 작성하는 표로서, 두 개의 수치적 변수들 간의 개략적인 상관관계를 알아보기 위하여 사용된다. 〈표 10-1〉에 정리되어 있듯이, 상관분석에서 사용되는 자료는 두 변수에 관하여 짝을 이룬 관측치들(paired observations)이다. 즉, 각 컴퓨터 판매점마다 두 변수 훈련시간과 월판매액에 관한 관측치를 갖게 된다. [그림 10-1]은 〈표 10-1〉에 있는 두 변수의 관계를 산포도로 표시한 것이다. 이 그림에서 훈련시간은 횡축에, 월판매액은 종축에 표시하였고, 각 점은 하나의 판매점에서의 관측치를 나타낸다. [그림 10-1]에서 점 A는 네 번째 점포의 훈련시간과 판매액을 나타낸다.

---

1) 또한 지능지수와 통계학 점수 간에 어떠한 관계가 있는가를 알아본다거나 제품의 가격과 제품의 수요가 어떤 관계가 있는가를 알아보고자 할 때 상관분석을 이용할 수 있다.

2) 상관관계분석을 위해 두 변수 간의 관계를 알아보는 방법은 산포도를 이용하여 개략적으로 알아보는 방법이 있고, 두 변수 간의 선형관계에 대하여 수치적 측정방법인 상관계수를 통해 알아보는 방법이 있다. 아래에서 구체적으로 산포도와 상관계수를 이용한 상관관계분석에 대해 알아보도록 하겠다.

표 10-1 | 컴퓨터 판매점 자료

| | $x$ (훈련시간) | $y$ (판매액 : 단위 백만원) |
|---|---|---|
| 1 | 4 | 10 |
| 2 | 8 | 12 |
| 3 | 12 | 15 |
| 4 | 16 | 15 |
| 5 | 20 | 19 |
| 6 | 24 | 18 |
| 7 | 28 | 23 |
| 8 | 32 | 24 |

그림 10-1 | 컴퓨터 판매점 자료의 산포도

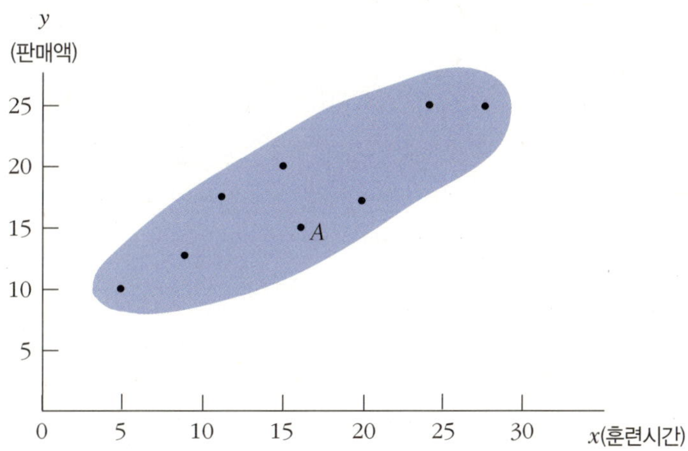


산포도상의 모든 점을 얇은 타원으로 감싸 표시할 수 있다면 두 변수는 밀접한 관련이 있다고 볼 수 있다. [그림 10-2]의 (a)에서와 같이 타원형이 왼쪽에서 오른쪽으로 올라간다면 두 변수는 양의 관계를 가지며, 이와 반대로 (b)와 같이 왼쪽에서 오른쪽으로 내려간다면 두 변수가 음의 상관관계를 가지고 있음을 의미한다. 만약, (c)와 같이 산포도상의 점이 원형으로 표시된다면 두 변수는 거의 상관관계가 없다고 판단된다. [그림 10-1]의 컴퓨터 판매점 자료에서는 훈련시간과 판매액이 왼쪽에서 오른쪽으로 올라가는 타원형에 의해 표시되므로 이들 두 변수

그림 10-2 | 산포도의 유형

(a) 양의 관계 (b) 음의 관계 (c) 상관관계가 없음

그림 10-3 | 비선형관계의 산포도

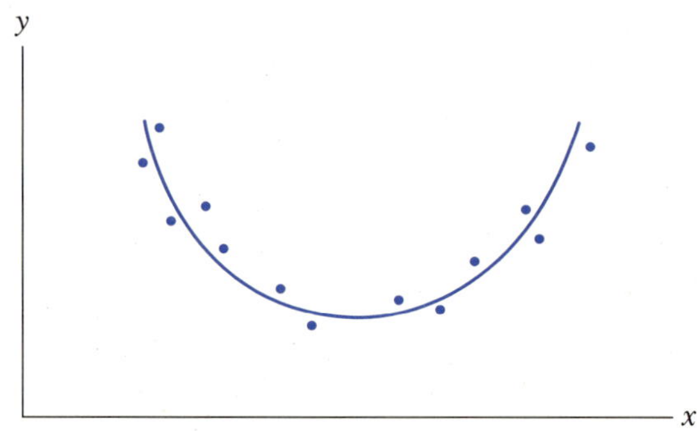


간에는 양의 관계가 있고, 타원이 비교적 얇으므로 그 관계는 강하다고 일단 결론지을 수 있다.

상관계수에 의한 분석에 앞서 산포도를 그려야 하는 또 하나의 이유는, [그림 10-3]에 제시된 자료에서와 같이, 변수간에 존재할 수 있는 비선형(nonlinear) 관계를 관찰하기 위해서이다. 이러한 관계에서도 산포도를 그리지 않고 이 두 변수 간의 선형관계를 상관계수만으로 판단한다면, 두 변수 간에는 전혀 관계가 없는 것으로 결론지을 위험이 있기 때문이다.[3)]

3) 상관계수는 두 변수의 선형관계만을 측정할 수 있다는 한계점에 관해서는 아래의 10.1.3에서 설명하고 있다.

## 10.3 수치적 측정방법(상관계수)

위에서 살펴본 바와 같이 두 변수가 어떤 형태로 서로 연관되어 있는지를 알아보기 위해서 우리는 흔히 산포도를 그려본다. 그러나, 산포도에 나타난 변수 간의 관계가 강한지 또는 약한지에 관한 해석은 주관적일 수 있으므로, 두 변수 간 선형관계의 방향뿐만 아니라 밀접한 정도까지도 객관적으로 나타낼 수 있는 측정치가 필요하다. 이는 자료의 분포를 제2장에서 설명한 도시적 방법으로 정리할 경우에 생기는 객관성 결여를 보완하기 위하여, 제3장에서 설명한 평균과 분산 등의 수치적 측정치를 통계분석에서 많이 사용하는 것과 같은 맥락이다. 따라서, 여기서는 두 변수 간의 선형관계에 관한 수치적 측정방법으로 널리 이용되고 있는 상관계수(correlation coefficient)의 정의와 특성에 관하여 설명하고자 한다.

이미 앞에서 설명한 바와 같이 산포도는 [그림 10-4]와 같이 좌표상의 관측점들을 그려 놓은 그림이다. 각 변수의 평균치($\bar{x}$, $\bar{y}$)를 원점으로 하고 기존의 좌표축에 평행한 새로운 좌표축을 그리면, 산포도상의 점들은 이제 새로운 원점을 중심으로 좌, 우, 상, 하에 분포될 것이다.

[그림 10-5]는 $(x-\bar{x})$와 $(y-\bar{y})$곱의 부호를 보여 준다. 즉, $(x-\bar{x})(y-\bar{y})$의 부호는 I과 III사분면에서는 양(+)인 반면, II와 IV사분면에서는 음(−)이 된다. [그림 10-

**그림 10-4 | 산포도**

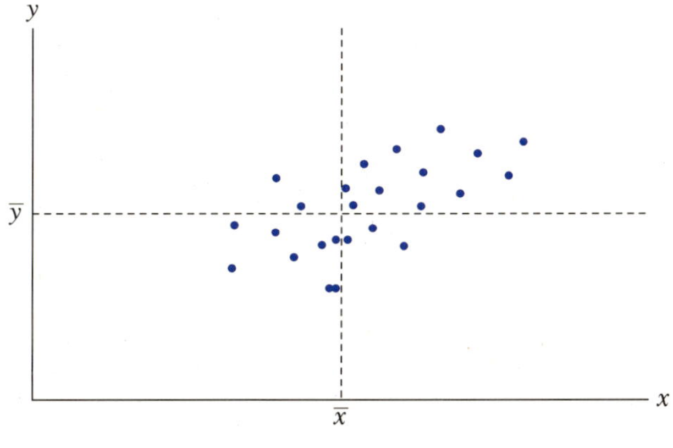

그림 10-5 | $(x-\bar{x})$와 $(y-\bar{y})$의 곱의 부호

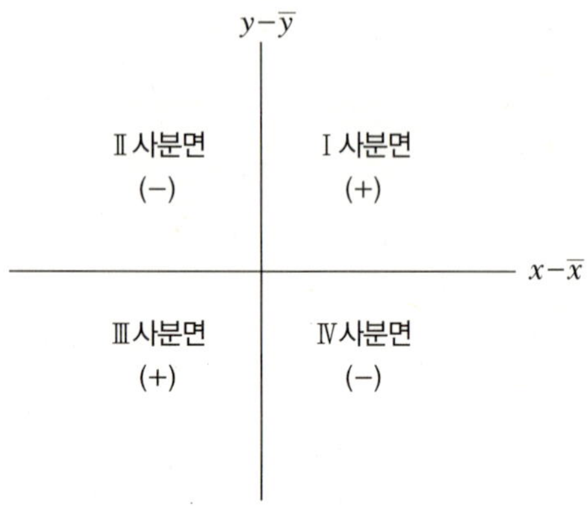


2] (a)에서와 같이 I과 III사분면에 위치한 점들이 II와 IV사분면에 위치한 점들보다 많다면, 곱의 합인 $\Sigma(x-\bar{x})(y-\bar{y})$은 양수값을 가질 것이다. 반면에 (b)와 같이 II와 IV사분면에 위치한 점들이 상대적으로 많다면 $\Sigma(x-\bar{x})(y-\bar{y})$은 음수값을 가질 것이다. 그러나, (c)에서와 같이 산포도의 점들이 사분면 각각에 대략 비슷하게 흩어져 있다면, $\Sigma(x-\bar{x})(y-\bar{y})$은 0에 가까운 값을 가질 것이며, 이것은 두 변수 사이에 상관관계가 없음을 의미한다. 이와 같이, $\Sigma(x-\bar{x})(y-\bar{y})$ 은 두 변수 사이에 양 또는 음의 선형관계가 존재하는지 혹은 선형관계가 없는지를 나타내는 척도로 사용될 수 있다.

두 변수 $x$, $y$가 각각의 평균값 $\bar{x}$, $\bar{y}$에서 떨어져 있는 정도를 나타내는 $\Sigma(x-\bar{x})(y-\bar{y})$을 $(n-1)$로 나눈 것을 공분산(covariance)이라고 하며, $s_{xy}$로 표기된다. 즉 $n$쌍의 $(x, y)$값이 있을 때 두 변수의 공분산 $s_{xy}$은 다음과 같이 계산된다.

공분산

$$s_{xy}=\frac{1}{n-1}\sum_{i=1}^{n}(x_i-\bar{x})(y_i-\bar{y}) \qquad \textbf{(10.1)}$$

그러나, 공분산 $s_{xy}$는 $x$와 $y$를 재는 측정단위에 따라 그 값의 크기가 달라진다. 예를 들어 변수들이 센티미터(cm)로 표시하면 미터(m)로 표시하는 경우보다 공분산의 절대값이 훨씬 커진다. 즉, 같은 자료라 할지라도 사용단위에 따라 $s_{xy}$는

달라질 수 있게 된다. 따라서, 자료의 측정단위와는 무관하도록 $s_{xy}$를 변형할 필요가 있는데, 이를 위하여 $x$의 표준편차($s_x$)와 $y$의 표준편차($s_y$)의 곱으로 $s_{xy}$을 나누어주면, 분자의 단위와 분모의 단위가 서로 상쇄되어 단위가 없어지게 된다. 이를 수식적으로 표현하면,

상관계수

$$r = \frac{\Sigma(x-\bar{x})(y-\bar{y})}{\sqrt{\Sigma(x-\bar{x})^2 \Sigma(y-\bar{y})^2}} \qquad \textbf{(10.2)}$$

이것이 두 변수 간의 상관정도를 나타내는 척도로 널리 사용되는 상관계수(correlation coefficient)이며, 이는 자료의 사용단위와는 무관하다. $x$와 $y$의 표준편차는 각각 $s_x = \sqrt{\Sigma(x-\bar{x})^2/(n-1)}$ 와 $s_y = \sqrt{\Sigma(y-\bar{y})^2/(n-1)}$ 이므로, 상관계수는 공분산을 표준편차의 곱으로 나눈 것과 같다.

$$r = \frac{s_{xy}}{s_x s_y}$$

이제 위에서 정의한 상관계수가 어떠한 특성을 갖고 있는지를 산포도와 관련하여 살펴보자. 정의에 의하면 상관계수 $r$은 $-1$과 1 사이의 값을 가지며, $r > 0$ 은 두 변수가 양의 관계에 있다는 것을, 그리고 $r < 0$ 은 두 변수가 음의 관계에 있다는 것을 의미한다. 변수 간의 밀접한 정도는 $r$의 절대값으로 측정하는데, $|r|$이 1에 가까울수록 그 밀접도는 강하고, $|r|$이 0에 가까울수록 두 변수 간의 선형관계는 약하다.[4] [그림 10-6]은 여러 형태의 산포도와 그에 해당되는 상관계수를 보여 주고 있다.

다음과 같이 정의된 상관계수($r$)는 자료를 측정하는 데 사용된 단위와는 무관하면서 두 변수 간 선형관계의 밀접한 정도를 나타낸다. 따라서, 여러 변수들 간의 상관계수를 비교하여 봄으로써, 어느 변수 간의 관계가 보다 밀접한가를 판단하는 데 이용할 수 있다. 예를 들어, 컴퓨터 판매액과 판매원 훈련시간, 커미션 지

4) 상관계수($r$)가 1이라는 것은 두 변수 사이에 완전한 양의 선형관계가 있다는 것을 의미하는 것으로서, 모든 점들이 기울기가 양인 직선상에 위치한다. 마찬가지로, $r=-1$는 모든 점들이 기울기가 음인 직선상에 위치한다는 것을 의미한다.

그림 10-6 | 여러 형태의 산포도와 상관계수

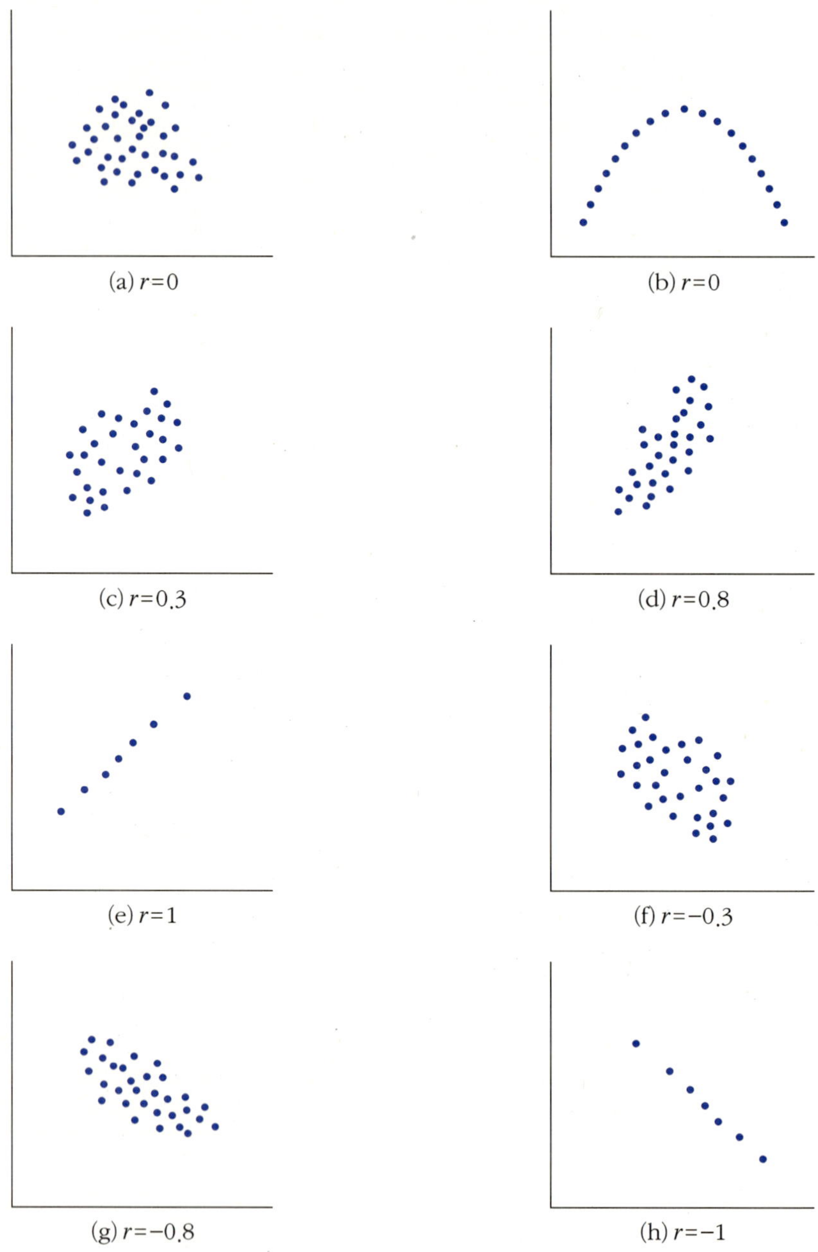

## 예제 | 10-1

두 변수 $x$와 $y$의 관측치가 아래와 같을 때 두 변수 간의 상관계수를 구하라.

| $x$ | 1 | 3 | 4 | 6 | 8 | 9 | 11 | 14 |
|---|---|---|---|---|---|---|---|---|
| $y$ | 1 | 2 | 4 | 4 | 5 | 7 | 8 | 9 |

### 풀이

$$\bar{x} = \sum x/8 = 56/8 = 7$$
$$\bar{y} = \sum y/8 = 40/8 = 5$$

| | $x-\bar{x}$ | $y-\bar{y}$ | $(x-\bar{x})^2$ | $(x-\bar{x})(y-\bar{y})$ | $(y-\bar{y})^2$ |
|---|---|---|---|---|---|
| | −6 | −4 | 36 | 24 | 16 |
| | −4 | −3 | 16 | 12 | 9 |
| | −3 | −1 | 9 | 3 | 1 |
| | −1 | −1 | 1 | 1 | 1 |
| | 1 | 0 | 1 | 0 | 0 |
| | 2 | 2 | 4 | 4 | 4 |
| | 4 | 3 | 16 | 12 | 9 |
| | 7 | 4 | 49 | 28 | 16 |
| 합계 | 0 | 0 | 132 | 84 | 56 |

$$r = \frac{\sum(x-\bar{x})(y-\bar{y})}{\sqrt{\sum(x-\bar{x})^2 \sum(y-\bar{y})^2}} = \frac{84}{\sqrt{(132)(56)}} = 0.977$$

앞에서 정의한 계산식에 따라 상관계수를 계산하는 데에는 어려움이 없으나 시간 소모적이다. 대신에 우리는 컴퓨터나 계산기를 이용하여 쉽게 상관계수를 계산할 수가 있다. [그림 10-7]은 EXCEL을 이용하여 얻은 공분산과 상관계수의 결과이다. EXCEL의 사용방법은 부록에 설명되어 있다.

**그림 10-7 | EXCEL을 이용한 분산과 상관계수**

| | A | B | C | D | E | F |
|---|---|---|---|---|---|---|
| 3 | x | y | | **Covariance** | | |
| 4 | 1 | 1 | | | x | y |
| 5 | 3 | 2 | | x | 18.857 | |
| 6 | 4 | 4 | | y | 12 | 8 |
| 7 | 6 | 4 | | | | |
| 8 | 8 | 5 | | **Correlation Coefficient** | | |
| 9 | 9 | 7 | | | x | y |
| 10 | 11 | 8 | | x | 1 | |
| 11 | 14 | 9 | | y | 0.977 | 1 |

급률, 광고비 등의 상관계수를 비교하게 되면, 변수들의 측정단위는 서로 다르더라도 컴퓨터판매액과 어느 변수 간의 상관관계가 가장 밀접한가를 알 수 있다. 이러한 특성을 가진 상관계수는 컴퓨터판매액의 결정요인들을 이해할 수 있는 회귀모형에 어떠한 변수들을 포함시키는 것이 좋은가를 예비분석에서 흔히 사용된다.

## 10.4 상관계수의 한계

두 변수 간 관계의 측정치인 상관계수가 지니고 있는 한계점들을 이해하게 되면, 상관계수를 보고 잘못된 결론을 내릴 위험을 줄일 수가 있다. 첫째, 상관계수는 두 변수 간의 밀접한 정도만을 측정할 뿐, 그 관계가 어떠한 형태인지에 관한 정보는 주지 못한다는 점이 있다. [그림 10-6]에서 보듯이 $r=0.8$에 해당하는 산포도가 여러 개 있을 수 있다. 계산식에 의하면 상관계수는 관측치에서 각 변수의 평균치를 빼서 정의한 변수, 즉 $(x-\bar{x})$와 $(y-\bar{y})$에 의하여 결정되므로 점들의 분포위치와는 무관하게 결정된다. 다시 말하면, 분포의 모양만 같다면 좌표면상에서 어디에 위치하건 상관없이 상관계수의 값은 같게 된다. 따라서, 상관계수는 변수들간의 밀접한 정도만을 나타낼 뿐, 한 변수의 변화에 따른 다른 변수의 변화정도에 관한 정보는 주지 못한다. 만일, 두 변수의 관계가 $y=2x+1$과 같은 관계식으로 표시될 수 있다면, $x$값이 1만큼 증가할 때 $y$값은 2만큼 증가한다는 것을 알 수 있을 것이다. [그림 10-6]에서도 상관계수뿐만 아니라 분포의 위치를 나타내는 관계식을 이용한다면, 두 변수 간의 관계에 관한 보다 많은 정보를 얻을 수 있을 것이다. 제11장에서 설명될 회귀분석은 이러한 관계식을 이용하여 변수들 간의 상관관계를 분석하는 기법이다.

상관계수와 관련하여 주의하여야 할 또 다른 점은, 상관계수는 두 변수 간의 선형관계(linear relationship)에만 의미가 있을 뿐 비선형관계(nonlinear relationship)에는 사용될 수 없다는 사실이다. [그림 10-3]에 나타난 두 변수 간에는 매우 밀접한 비선형관계를 나타내고 있으나, 상관계수를 계산해보면 0에 가까운 값을 갖는다. 그러나, 상관계수의 값이 0에 가깝다는 이유로 두 변수 간에는 아무런 관계가 없다고 결론을 내린다면 이는 잘못되었다는 것을 우리는 쉽게 알 수 있다. 이러한 비선형 관계는 산포도를 살펴봄으로써 쉽게 알아낼 수 있다. 선형관계뿐만 아니라 비선형관계의 경우에도 적용할 수 있는 분석방법으로 널리 사용되는 회귀분석은 제11장에서 설명한다.

## 10.5 요 약

본장에서 설명한 상관분석은 두 수치변수들(numerical variables) 사이의 선형관계의 밀접한 정도를 분석하는 기법이다. 이러한 선형관계의 측정방법으로 널리 이용되고 있는 상관계수의 정의와 특성에 관하여 설명하였다. 그러나, 상관계수는 두 변수 간의 관계가 어떠한 형태인지에 관한 정보는 주지 못하며, 또한 비선형관계에는 사용될 수 없다는 단점을 지적하였다.

## A10 EXCEL을 이용한 상관관계 분석

EXCEL은 수치변수들(numerical variables)의 상관관계를 분석하는 데 유용하게 사용될 수 있다. 여기서는 두 변수 간의 산포도(scatter plot), 공분산(covariance), 그리고 상관계수(correlation coefficient)를 구하는 방법을 차례로 설명한다.

(가) 산포도 (Scatter Plot)

**01** [그림 A10-1]에서와 같이 자료를 열 A와 B에 입력한다. 이때 산포도의 $x$축에 해당하는 변수를 왼쪽 열(즉 열A)에 입력한다.

**그림 A10-1**

표준종류에서 분산형을 선택

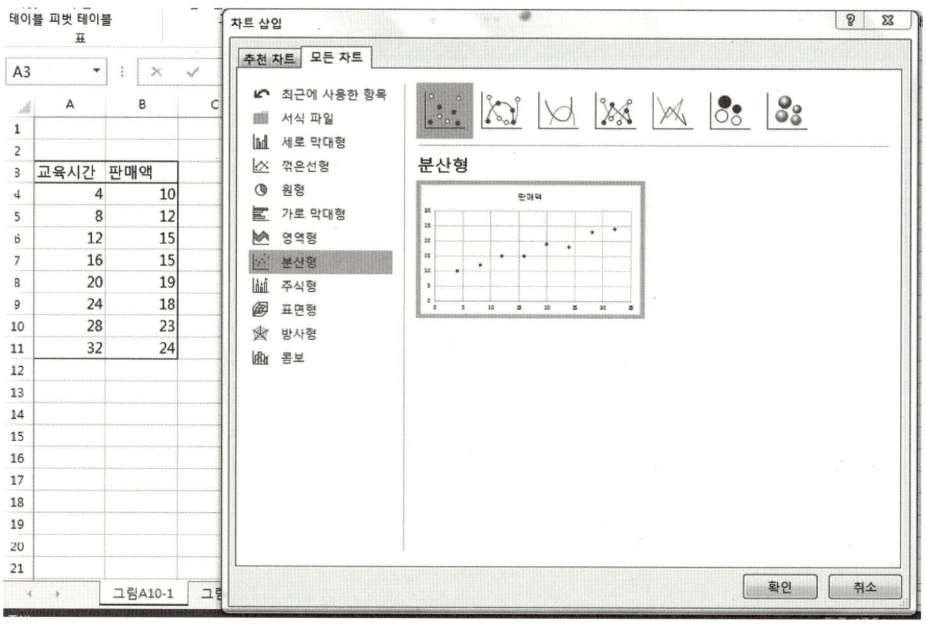


**02** 그래프를 그리기 위해 데이터 범위를 선택한 후 삽입, 추천차트를 선택한다.

**03** 추천차트에서, 모든 차트 중에서 분산형을 선택한 후 확인을 클릭한다.

그림 A10-2

데이터 범위의 입력

| 교육시간 | 판매액 |
|---|---|
| 4 | 10 |
| 8 | 12 |
| 12 | 15 |
| 16 | 15 |
| 20 | 19 |
| 24 | 18 |
| 28 | 23 |
| 32 | 24 |

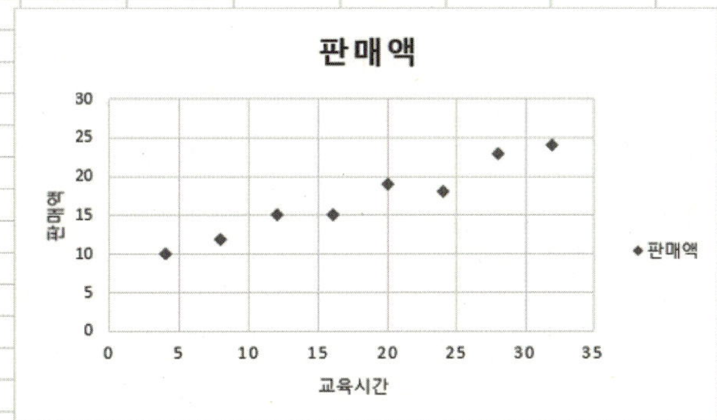


**04** A2.1에서와 같은 방법으로 제목(title), 축이름(axes), 변수이름(legend) 등을 원하는 대로 정할 수 있다.

그림 A10-3

산포도의 출력

| 교육시간 | 판매액 |
|---|---|
| 4 | 10 |
| 8 | 12 |
| 12 | 15 |
| 16 | 15 |
| 20 | 19 |
| 24 | 18 |
| 28 | 23 |
| 32 | 24 |

**공분산**

| | 교육시간 | 판매액 |
|---|---|---|
| 교육시간 | 84 | |
| 판매액 | 41.5 | 21.5 |

**상관계수**

| | 교육시간 | 판매액 |
|---|---|---|
| 교육시간 | 1 | |
| 판매액 | 0.976538171 | 1 |

(나) 공분산 (Covariance)

**01** 자료를 열A와 열B에 입력한 후, [그림 A10-4]에서와 같이 칸 D3에 '공분산'을 제목으로 기입한다.

**02** 메뉴에서 데이터, 데이터 분석(D), 공분산 분석을 차례로 선택하면 [그림 A10-4]와 같은 공분산 분석 선택상자가 나타난다. 입력 범위(I)와 출력 범위(O)를 정한 후 확인을 클릭하면, [그림 A10-3]와 같은 결과를 얻게 된다.

**그림 A10-4**
공분산 분석의 선택상자

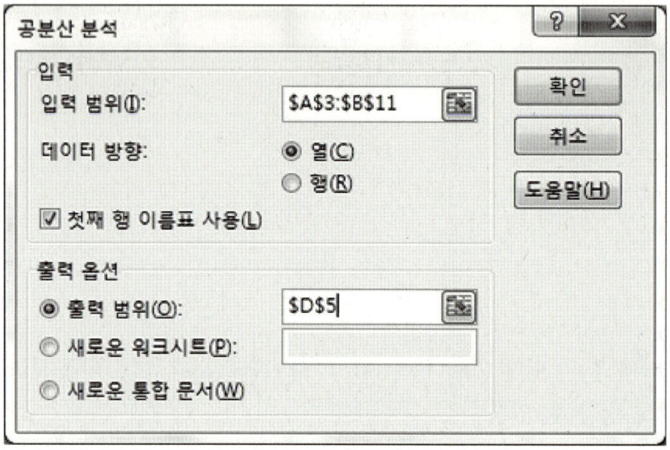

(다) 상관계수 (Correlation Coefficient)

**01** [그림 A10-5]에서와 같이 칸 D10에 '상관계수'를 제목으로 기입한다.

**02** 메뉴에서 데이터, 데이터 분석(D), 상관 분석을 차례로 선택하면 [그림 A10-5]와 같은 상관 분석 선택상자가 나타난다. 입력 범위(I)와 출력 범위(O)를 정한 후 확인을 클릭하면, [그림 A10-3]와 같은 결과를 얻게 된다.

**그림 A10-5** 상관 분석의 선택상자

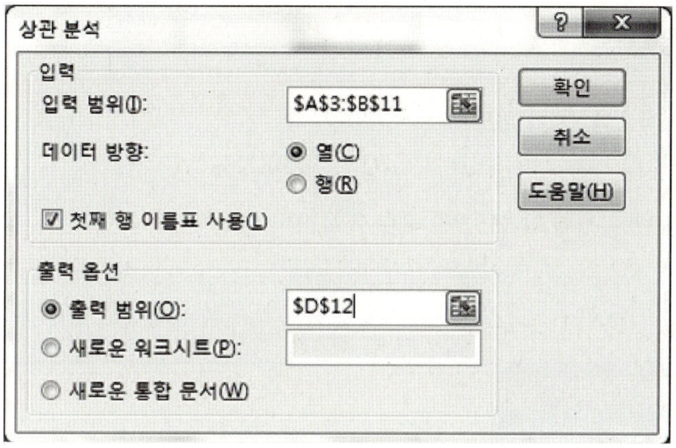

## 연습문제

**01** 공분산도 두 변수가 동시에 변화하는 정도를 설명할 수 있다. 공분산이 상관분석에 이용되지 못하는 이유는 무엇인가?

**02** 상관계수는 상관분석을 위해 공분산의 문제를 어떻게 해결하였는가?

**03** 상관계수의 한계점을 설명하시오.

**04** 상관분석과 회귀분석의 차이를 설명하시오.

**05** 6개 도시의 인구와 그 도시의 평균 부동산가격에 관한 자료가 다음과 같다.

| 인구수(백만명) | 4 | 6 | 5 | 5 | 6 | 4 |
|---|---|---|---|---|---|---|
| 부동산가격(백만원/평) | 1 | 5 | 4 | 4 | 7 | 3 |

a) 공분산($s_{xy}$)과 상관계수($r$)를 계산하시오. 두 변수 간의 상관관계에 관하여 설명하시오.

b) 측정단위를 아래와 같이 바꿀 경우 공분산($s_{xy}$)과 상관계수($r$)가 어떻게 변하는지를 설명하시오.

| 인구수(천명) | 4,000 | 6,000 | 5,000 | 5,000 | 6,000 | 4,000 |
|---|---|---|---|---|---|---|
| 부동산가격(천원/평) | 1,000 | 5,000 | 4,000 | 4,000 | 7,000 | 3,000 |

**06** 아래의 자료를 이용하여 물음에 답하시오.

| $x$ | 5 | 6 | 8 | 9 | 10 | 13 | 14 |
|---|---|---|---|---|---|---|---|
| $y$ | 6 | 1 | 25 | 28 | 32 | 19 | 13 |

a) 산포도를 그리시오.

b) 공분산($s_{xy}$)과 상관계수($r$)를 계산하시오.

c) 두 변수 간의 상관관계에 관하여 어떻게 생각하는가?

제 **11** 장

# 단순선형회귀분석

## 11.1 단순선형회귀모형의 기초

단순선형회귀모형(simple linear regression models)은 한 변수가 다른 변수와 어떻게, 그리고 얼마나 밀접하게 관련되어 있는지를 직선식을 이용하여 분석함으로써, 한 변수의 값이 알려질 경우 다른 변수의 값에 대한 정보를 얻을 수 있게 해준다. 앞의 컴퓨터 판매점의 예에서 종업원에 대한 교육훈련시간과 월매출액간의 관계를 알 수 있다면, 일정 시간의 훈련을 받은 판매원의 월매출액이 얼마나 될 것인지를 알 수 있을 것이다. 이러한 예측은 $Y=b_1+b_2X$와 같은 직선식을 사용하여 계산하는데, 직선식을 얻기 위해서는 관심변수 $Y$와 다른 변수들($X$)간의 관계를 표본자료(data)에 근거하여 추정할 필요가 있다.

회귀모형은 또한 관심변수의 값을 결정하는 요인들을 분석하는 데 사용된다. 컴퓨터 판매점의 예에서 보면 여러 판매점들의 매출액이 서로 다를 수 있는데, 과연 무엇 때문에 판매점들 사이에 매출액이 차이가 나는지를 분석하는 것을 도와준다.

여기서 예측 또는 결정요인분석의 대상이 되는 변수 $Y$를 종속변수(dependent variable)라고 부르며, 다른 변수 $X$를 독립변수(independent variable)라고 부른다. 위의 컴퓨터 판매점의 예에서는 어느 변수를 종속변수로 하며 어느 변수를 독립변수로 정할 것인가가 분명해 보인다. 이는 두 변수 간의 인과관계(cause-and-effect relationship)가 명확하기 때문이다. 그러나, 우리가 당면하게 되는 문제에서 인과관계가 분명하지 않을 때가 많으며, 때로는 두 변수 간에 실제로 상관관계가 있는지 조차 의심스러울 때도 있다.

여하튼 두 변수 간의 상관관계를 검정하려고 한다면 우리는 두 변수 중에서 종속변수와 독립변수를 정해야 한다.

## 11.2 가상 모집단의 예

회귀모형이 무엇이며 이를 사용하여 어떠한 분석을 할 수 있는지를 이해하기 위하여 하나의 모집단을 상상해 보자. 즉, 전체 가구 수가 74개인 조그만 마을이

표 11-1 | 마을 전체 74 가구들의 소비와 소득

(단위 : 백만원)

| 소 득($X$) | 50 | 60 | 70 | 80 | 90 | 100 | 110 | 120 |
|---|---|---|---|---|---|---|---|---|
| 소 비($Y$) | 36 | 46 | 52 | 60 | 67 | 78 | 83 | 94 |
| | 37 | 47 | 52 | 61 | 68 | 78 | 86 | 95 |
| | 38 | 47 | 53 | 63 | 70 | 80 | 87 | 95 |
| | 39 | 48 | 53 | 64 | 72 | 80 | 87 | 95 |
| | 40 | 48 | 55 | 64 | 72 | 80 | 88 | 96 |
| | 40 | 49 | 56 | 65 | 72 | 81 | 88 | 96 |
| | 40 | 49 | 56 | 65 | 73 | 83 | 88 | 96 |
| | 42 | 50 | 56 | 66 | 74 | | 90 | 98 |
| | 43 | | 60 | 68 | 75 | | 91 | 99 |
| | 45 | | 61 | | 77 | | 92 | |
| | | | 62 | | | | | |
| 가 구 수 | 10 | 8 | 11 | 9 | 10 | 7 | 10 | 9 |
| 조건평균 $E(Y\|X)$ | 40 | 48 | 56 | 64 | 72 | 80 | 88 | 96 |

있다고 가정하자. 마을의 모든 가구의 소득과 소비가 관측가능하므로, 〈표 11-1〉은 모집단(population)에 관한 자료라 할 수 있다. 물론 현실에서는 모집단 전체를 관측하는 것이 불가능하므로, 그로부터 일부를 추출한 표본(sample)의 관측에 근거하여 모집단의 특성을 분석하는 것이 통계학의 역할임을 우리는 알고 있다. 그러나 여기서는 통계분석 방법들 중의 하나인 회귀모형이 어떠한 분석결과를 제공하는지를 이해하기 위하여 모집단의 관측이 가능하다고 가정했을 뿐이다.

〈표 11-1〉에 의하면 마을 내의 가구들의 소비수준이 매우 다양하다는 것을 알 수 있다. 가장 적게 소비한 가정이 36,000,000원을 소비한 반면에, 가장 많은 소비액은 99,000,000원이었으며, 전체 평균소비는 67,568,000원이었다.

우리의 관심은 왜 소비액이 이처럼 차이가 나는지, 다시 말하면 무슨 요인들에 의하여 소비액이 결정되는지에 관한 것이다. 경제학 이론에 의하면, 소비에 영향을 미치는 다른 요인들이 같은 경우에 소비는 소득에 비례한다는 것을 알 수 있다. 여기에서 소비에 영향을 미치는 다른 요인들에는 가족 수, 가구주의 나이, 자녀의 나이 등이 있을 수 있다. 본 장에서의 단순회귀모형에서는 이들 다른 요인들을 잠시 무시하고 소득에만 초점을 맞추고자 한다.

이제 각 가구의 소득과 소비를 살펴보자. 〈표 11-1〉에 의하면 소득수준이 높은

그림 11-1 | 소득($X$)과 소비의 조건평균 $E(Y \mid X)$

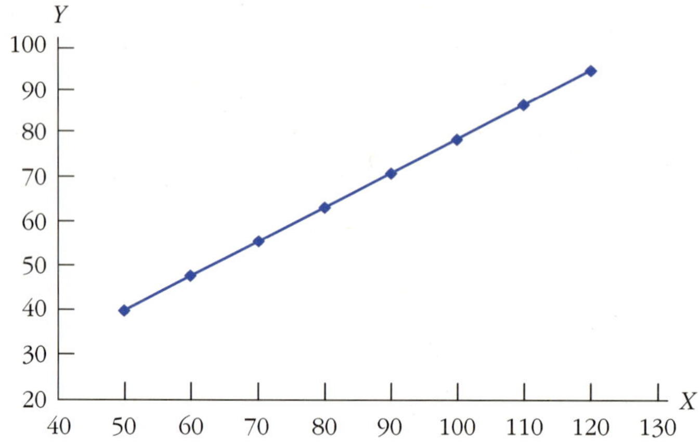


가정들이 소비도 많이 하는 경향이 있는 것으로 나타났다. 이러한 관계를 보다 명확히 하기 위해서 각 소득수준에서의 평균, 즉 조건평균 $E(Y|X)$을 계산하였다. [그림 11-1]은 소득($X$)과 소비의 조건평균 $E(Y|X)$ 사이에 선형관계가 있음을 보여 주고 있다.

### 11.2.1 모집단 회귀선

[그림 11-1]에서의 관측에 근거하여 소비의 조건평균을 소득의 선형함수로 다음과 같이 표현하여 보자. 즉, 가구 $i$의 경우

$$E(Y|X_i) = \alpha_1 + \beta X_i \tag{11.1}$$

이는 모집단회귀선(population regression line)이라 불리며, 각각의 $X$값에 상응하는 $Y$의 조건평균을 나타낸다. 여기서 $Y$를 종속변수(dependent variable), $X$를 독립변수(independent variable)라 부른다. 식(11.1)에서의 $\alpha$과 $\beta$는 상수(parameters)로서 회귀계수(regression coefficients)라 불린다. 회귀선의 기울기

인 $\beta$는 독립변수 $X$값이 1단위 변할 때, 종속변수 $Y$의 조건평균이 얼마나 변하는지를 나타낸다. 즉, $\beta = \Delta Y / \Delta X$.

### 11.2.2 확률 회귀모형

〈표 11-1〉이 보여 주듯이, 각 가구의 소비액은 해당 조건평균과 반드시 일치하는 것은 아니다. 다시 말하면, 소득수준이 같다고 하더라도 그러한 가구들의 소비액은 다를 수 있다는 것이다. 예를 들어, 소득수준이 70,000,000원인 가구들의 평균소비액은 56,000,000원이지만, 이에 해당하는 11가구들의 개별 소비액은 52,000,000원에서 62,000,000원까지 다양하게 관측되어 있다. 이처럼 소득수준이 같더라도 소비액이 다른 이유는, 소비가 소득 이외의 다른 요인들에 의하여 영향을 받으며 이들 가구들이 다른 요인들의 측면에서 차이가 있기 때문이다.

이처럼 종속변수의 개별 값들에 차이가 있을 가능성을 표현하기 위하여 앞에서의 모집단 회귀선에 잔차항(error term)이라 불리는 새로운 항을 더한다.

잔차항

$$Y_i = \alpha + \beta X_i + u_i \tag{11.2}$$

잔차항 $u_i$는 $Y$에 영향을 미치는 요인들 중에서 독립변수에 포함되지 않고 제외된 요인들을 대변하게 된다. 그리하여 식(11.2)가 의미하는 것은, 개별 가구의 소비액($Y_i$)은 그 가구의 소득수준($X_i$)에 해당하는 조건평균과 잔차항의 합으로 표현될 수 있다는 것이다.

모든 경우에 있어서 회귀모형에서 제외된 요인들(omitted factors)은 항상 존재하게 된다. 위의 소비함수의 예에서도 소비에 영향을 미치는 요인들에는 소득뿐만 아니라, 가족 수, 가구주의 나이, 자녀의 나이 등 전부 헤아릴 수 없을 정도로 많이 있을 것으로 짐작되므로, 회귀모형에 이들 모든 요인들을 포함시키는 것은 불가능할 것이다. 그렇다면 어차피 제외된 요인들이 있을 수밖에 없는 상황에서 최선의 회귀모형은 어떠한 것인지를 살펴보아야 할 것이다. 다시 말하면, 소비와 소득과의 관계를 분석하는 데 있어서 제외된 요인들로 인하여 분석결과가 엉

망이 되지는 않는지를 살펴보아야 한다.

이를 위해서는 식(11.2)의 잔차항을 중심으로 살펴보아야 하는데, 그 이유는 잔차항이 제외된 요인들을 대변하고 있기 때문이다. 주어진 회귀모형이 적절한지 아닌지를 판단하는 기준들 중의 하나는, 잔차항들이 규칙적 패턴을 보이지 않게 되어 더 이상의 새로운 정보를 얻을 수 없어야 한다는 것을 기본 아이디어로 삼는다. 만일 잔차항에서 규칙적인 모습이 발견된다면, 이러한 정보에 근거하여 회귀모형을 더 발전시킬 수 있다는 것을 의미하기 때문이다. 이러한 기준들을 구체적으로 표현한 것이 "회귀모형을 위한 가정들(assumptions)"이며, 본 장의 끝에 소개되어 있다. 물론 잔차항이 아무런 규칙적 모습을 보이지 않는다고 하여, 즉 가정들을 모두  만족한다고 하여 그 회귀모형이 가장 좋다고 말할 수는 없다. 그러한 의미에서 이러한 가정들은 좋은 모형이기 위한 필요조건(necessary conditions)에 해당된다.

## 11.3 | 최소자승추정법

모집단 전체가 관측되는 경우에는 모집단회귀선을 쉽게 찾을 수 있다. 〈표 11-1〉의 관측치들을 사용하여 조건평균을 계산한 후, 이들을 연결하는 직선을 구하면 $E(Y|X_i)=0+0.8X_i$이 된다.[1)]

그러나 대부분의 경우에 있어서 모집단 전체를 관측하는 것은 비용이 많이 들 뿐 아니라 불가능하게 된다. 어느 지역의 총 가구 수는 위의 가상적 예에서와 같이 단지 74개가 아니라, 수백만 또는 수천만 개인 경우가 일반적이기 때문이다. 따라서 모집단으로부터 일부를 추출한 표본(sample)에 의존해야만 한다. 〈표 11-2〉는 모집단으로부터 임의로 추출한 20가구들의 소득과 소비를 기록한 자료이며, [그림 11-2]는 이 두 변수들의 산포도를 보여 주고 있다.

1) 소비함수에서 절편은 생존소비액(subsistence level), 즉 소득이 0일 때 생존을 위하여 필요한 최소의 소비액을 나타낸다. 따라서 절편이 당연히 양수이어야 하지만, 뒤 부분에서 가설검정을 설명하는데 예시하기 위해서 절편을 0으로 정하였다.

**표 11-2 | 표본에 포함된 20가구들의 소비와 소득**

(단위 : 백만원)(cons-sample.xls)

| 번호($i$) | 소득($X$) | 소비($Y$) | 번호($i$) | 소득($X$) | 소비($Y$) |
|---|---|---|---|---|---|
| 1 | 50 | 39 | 11 | 90 | 67 |
| 2 | 50 | 42 | 12 | 90 | 70 |
| 3 | 60 | 47 | 13 | 90 | 72 |
| 4 | 70 | 53 | 14 | 90 | 75 |
| 5 | 70 | 55 | 15 | 100 | 78 |
| 6 | 70 | 56 | 16 | 100 | 81 |
| 7 | 70 | 61 | 17 | 110 | 87 |
| 8 | 80 | 61 | 18 | 110 | 88 |
| 9 | 80 | 64 | 19 | 110 | 91 |
| 10 | 80 | 68 | 20 | 120 | 95 |

**그림 11-2 | 표본가구들의 소비와 소득의 산포도**

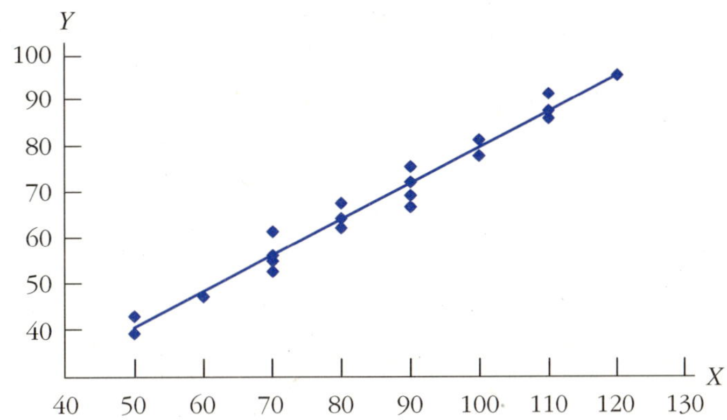


## 11.3.1 최소자승추정법(Least Squares Estimation Method)

[그림 11-2]에 표시된 모든 점들을 하나의 직선으로 연결하는 것은 불가능하다. 대신에 우리는 '모든 점들에 가장 가까이 위치하는' 직선, 즉 최적합직선(best fitting line)을 찾고자 한다. 좀 더 구체적으로 말하면, 각 점과 직선과의 수직거리의 제곱합을 최소로 하는 직선을 최적합직선으로 정의할 수 있는데, 이러한

**그림 11-3 | 최소자승선**

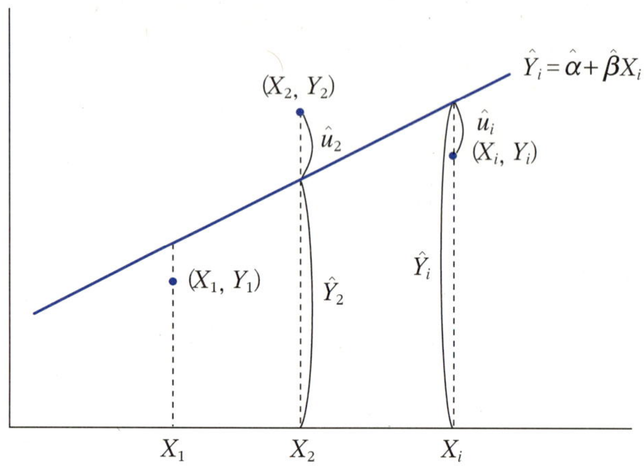


기준에 의하여 정해지는 직선을 최소자승선(least squares line)이라고 부른다. [그림 11-3]에서 최소자승선 $\hat{Y}_i = \alpha + \beta X_i$은 각 점과의 수직거리인 잔차 $\hat{u}_i$의 제곱합을 최소로 한다.

결국 최소자승추정법은 아래의 목적함수 식(11.3)을 최소로 하는 $\alpha$와 $\beta$을 찾는 것이다.

$$\sum_{i=1}^{n}\hat{u}_i^2 = \sum_{i=1}^{n}(Y_i - \hat{Y}_i)^2 = \sum_{i=1}^{n}\left\{Y_i - (\hat{\alpha} + \hat{\beta}X_i)\right\}^2 \quad (11.3)$$

식(11.3)을 $\alpha$과 $\beta$에 대하여 미분하여 0과 일치하는 해를 찾게 되면, 다음과 같은 식을 얻을 수 있다.

$$\hat{\beta} = \frac{n\sum X_i Y_i - \sum X_i \sum Y_i}{n\sum X_i^2 - (\sum X_i)^2}$$
$$\hat{\alpha} = \overline{Y} - \hat{\beta}\overline{X} \quad (11.4)$$

그러나 최소자승선을 찾는 모든 계산은 EXCEL 등의 컴퓨터프로그램을 이용하면 되므로, 식(11.4)을 도출하는 과정이나 공식 자체를 암기할 필요는 없다. 다만 최소자승선이 어떠한 기준에 의하여 얻어지는 것인지를 이해하는 것이 중요하다.

〈표 11-1〉에서의 조건평균들을 연결하는 모집단회귀선을 앞에서 이미 찾은 바 있다.

$$E(Y|X_i)=\alpha+\beta X_i=0+0.8X_i \tag{11.5}$$

그러나 모집단이 관측되지 않는 경우에는 〈표 11-2〉에 수록된 표본자료에 최소자승추정법을 적용하여 최소자승선을 얻어야 하는데, [그림 11-4]는 EXCEL을 사용하여 얻은 추정결과이다.[2)]

**그림 11-4 | EXCEL을 이용한 추정결과**

| 회귀분석 통계량 | | | | | |
|---|---|---|---|---|---|
| 다중 상관계수 | 0.987891 | | | | |
| 결정계수 | 0.975929 | | | | |
| 조정된 결정계수 | 0.974592 | | | | |
| 표준 오차 | 2.576194 | | | | |
| 관측수 | 20 | | | | |
| | | | | | |
| 분산 분석 | | | | | |
| | 자유도 | 제곱합 | 제곱 평균 | F 비 | 유의한 F |
| 회귀 | 1 | 4843.538 | 4843.538 | 729.8027 | 5.09E-16 |
| 잔차 | 18 | 119.462 | 6.636777 | | |
| 계 | 19 | 4963 | | | |
| | | | | | |
| | 계수 | 표준 오차 | t 통계량 | P-값 | |
| Y 절편 | 0.460039 | 2.547578 | 0.180579 | 0.858716 | |
| X (소득) | 0.793372 | 0.029368 | 27.01486 | 5.09E-16 | |

위 EXCEL 결과로부터 최소자승선은 다음과 같음을 알 수 있다.

$$\hat{Y}_i=0.460039+0.793372X_i \tag{11.6}$$

2) EXCEL 사용방법은 본 장의 부록에 설명되어 있다.

## 11.4 표본회귀선의 적합도 검정

주어진 독립변수와 종속변수에 대한 데이터를 이용하면 최소제곱법에 의해 표본회귀식은 무조건 구할 수 있다. 그러나 그 식이 회귀분석을 하는 목적에 적합한 표본회귀식인가는 평가할 필요가 있는 것이다. 관찰된 데이터들이 독립변수와 종속변수 간의 선형관계를 잘 나타내고 있는지 혹은 회귀선을 중심으로 데이터들이 밀집되어 있는지  회귀선과 떨어져 있는지 등을 확인해야 한다. 왜냐하면 회귀식에서 종속변수의 예측에 대한 정확도는 두 변수의 밀접성이 결정하는게 두 변수의 관찰치들이 표본회귀선 주위에 몰려 있으면 종속변수의 관찰치와 예측치의 차이인 잔차가 크지 않아 예측의 정확성은 높게 된다.

따라서 표본회귀선이 구해지면 관찰치에 적합하도록 회귀선이 구해졌는지, 즉 종속변수를 얼마나 잘 설명해 주는지에 대한 통계적 검정방법인 적합도 검정(goodness-of-fit test)를 실시해야 한다. 이러한 적합도를 검정하는 방법은 추정의 표준오차와 결정계수를 통해 검정하는 방법이 있다.

### 11.4.1 추정의 표준오차에 의한 적합도 검정

표본자료를 이용하여 구하게 된 표본회귀선을 통해 예측된 $\hat{Y}_i$은 실제의 $Y_i$가 아닌 대표값이다. 그래서 실제 종속변수값($Y_i$)와 예측된 종속변수값($\hat{Y}_i$)은 차이가 있게 된다. 이렇게 실제치와 예측치의 차이를 예측값을 추정하는 데 생기는 오차라 하여 추정의 표준오차(standard error of estimate)라 하며 $S_e$로 표시한다. 이는 표본들의 실제 관찰값이 표본회귀식으로부터 얼마나 흩어져 있는가를 나타낸다. 즉, 표본자료를 이용하여 구하게 된 표본회귀선이 종속변수 $Y$의 값을 예측하는 데 어느 정도의 정확성을 갖는가를 알아보기 위한 방법이 추정의 표준오차(standard error of estimate)이다.

추정의 표준오차는 실제치($Y_i$)와 회귀식으로부터 예측된 추정치($\hat{Y}_i$)의 차이를 제곱하여 모두 더한 오차제곱합(sum of squared error: $SSE$)을 자유도로 나누어 구한 평균의 제곱근으로 구한다. 공식은 아래와 같다. 자유도를 $(n-2)$로 사용하는 이유는 회귀식을 추정하는 과정에서 추정량 $\alpha$와 $\beta$ 2개만큼 자유도가 줄었기 때문이다.

추정의 표준오차

$$S_e = \sqrt{\frac{\Sigma(Y_i - \hat{Y}_i)^2}{n-2}} = \sqrt{\frac{SSE}{n-2}} \qquad (11.6)$$

최소자승법을 이용하여 모든 자료에 적합한 회귀선을 찾아낸다 하더라도 모든 실제관찰치들이 예측선 위에 있지 않는 한 그 예측선은 완전할 수 없다. 그래서 추정의 표준오차가 클수록 관찰치들은 표본회귀선 주위에 멀리 흩어져 있다는 뜻이다. 그래서 추정의 표준오차가 작을수록 회귀선을 이용한 종속변수 값에 대한 예측의 정확도가 높다고 할 수 있고 독립변수와 종속변수의 통계적 관계를 적절하게 설명할 수 있다고 할 수 있다. 그러나 추정의 표준오차가 어느정도 작아야 하는지에 대한 객관적 기준이 없어서 연구자가 주관적으로 판단할 수밖에 없다. 또한 변수의 크기, $Y_i$값을 측정한 단위에 따라 추정의 표준오차가 영향을 받는다. 예를 들어 다른 조건이 같다면 $Y$의 값을 cm, m로 나타내는 경우 m로 나타냈을 때 $S_e$가 훨씬 커진다.

### 예제 | 11-1

다음 자료는 10가구의 연소득과 소비의 관계를 나타내는 자료이다.

(1) 소득과 소비에 대한 회귀식을 구하라.

(2) 모집단에 대한 회귀식의 추정오차 $S_e$를 구하라.

(단위 : 1,000,000)

| 가구 | 1 | 2 | 3 | 4 | 5 | 6 | 7 | 8 | 9 | 10 |
|---|---|---|---|---|---|---|---|---|---|---|
| 소득($X$) | 50 | 60 | 70 | 80 | 90 | 100 | 110 | 120 | 130 | 140 |
| 소비($Y$) | 39 | 42 | 47 | 53 | 67 | 69 | 85 | 89 | 94 | 96 |

**풀이**

아래 표는 회귀식과 추정오차를 구하기 위한 표이다. (7), (8)은 다음에 계산될 결정계수를 구하기 위해 계산된 것이다.

| 가구 | 소득 $(X_i)$ | 소비 $(Y_i)$ | (1) $X_i^2$ | (2) $Y_i^2$ | (3) $X_i Y_i$ | (4) $\hat{Y}_i$ | (5) $Y_i-\hat{Y}_i$ | (6) $(Y_i-\hat{Y}_i)^2$ | (7) $(\hat{Y}_i-\overline{Y})^2$ | (8) $(Y_i-\overline{Y})^2$ |
|---|---|---|---|---|---|---|---|---|---|---|
| 1 | 50 | 39 | 2500 | 1521 | 1950 | 35.87 | 3.13 | 9.78 | 1038.60 | 846.81 |
| 2 | 60 | 42 | 3600 | 1764 | 2520 | 43.2 | −1.2 | 1.44 | 620.01 | 681.21 |
| 3 | 70 | 47 | 4900 | 2209 | 3290 | 50.4 | −3.4 | 11.56 | 313.29 | 445.21 |
| 4 | 80 | 53 | 6400 | 2809 | 4240 | 57.6 | −4.6 | 21.16 | 110.25 | 228.01 |
| 5 | 90 | 67 | 8100 | 4489 | 6030 | 64.8 | 2.2 | 4.84 | 10.89 | 1.21 |
| 6 | 100 | 69 | 10000 | 4761 | 6900 | 72 | −3 | 9 | 15.21 | 0.81 |
| 7 | 110 | 85 | 12100 | 7225 | 9350 | 79.2 | 5.8 | 33.64 | 123.21 | 285.61 |
| 8 | 120 | 89 | 14400 | 7921 | 10680 | 86.4 | 2.6 | 6.76 | 334.89 | 436.81 |
| 9 | 130 | 94 | 16900 | 8836 | 12220 | 93.6 | 0.4 | 0.16 | 650.25 | 670.81 |
| 10 | 140 | 96 | 19600 | 9216 | 13440 | 100.8 | −4.8 | 23.04 | 1069.29 | 778.41 |
| 합계 | 950 | 681 | 98500 | 50751 | 70620 | 683.87 | −2.87 | 121.38 | 4285.89 | 4407.27 |

(1) 회귀식을 구하기 위해서는 아래의 공식을 이용해야 한다.

$$\beta=\frac{n\sum X_iY_i-\sum X_i\sum Y_i}{n\sum X_i^2-(\sum X_i)^2}=\frac{10\times 70,602-950\times 681}{10\times 98,500-(950)^2}=0.716$$

$$\alpha=\overline{Y}-b\overline{X}=68.1-0.716\times 95=0.08$$

따라서 표준회귀식은 다음과 같다.

$$\hat{Y}_i=0.08+0.716X_i$$

(2) 추정오차를 구하기 위해서는 위의 표 (6)항인 $\Sigma(Y_i-\hat{Y}_i)^2$을 이용한다.

$$S_e=\sqrt{\frac{\Sigma(Y_i-\hat{Y}_i)^2}{n-2}}=\sqrt{\frac{121.38}{10-2}}=3.895$$

### 11.4.2 결정계수에 의한 적합도 검정

추정의 표준오차에 의한 적합도 검정이 가지는 문제를 위에서 언급했는데 이러한 문제를 해결하기 위해 여러 개의 적합도를 비교할 수 있는 결정계수(coefficient of determination)를 적합도의 평가기준으로 더 많이 이용한다.

추정의 표준오차가 표본회귀선의 오차를 이용하여 독립변수가 종속변수를 얼마나 정확하게 예측하는가를 평가했다면, 결정계수는 독립변수에 의해 종속변수가 어느정도 설명될 수 있는가를 평가하는 방법이다. 결정계수를 이용하면 여러 회귀분석의 적합도를 상대적으로 비교할 수 있는 장점이 있다.

회귀분석에서 종속변수의 실제 관찰값 $Y_i$과 이들의 평균 $\overline{Y}$의 차이를 총편차라고 한다. 이 총편차는 다시 두 가지 편차, 회귀선에 의해 설명 안 된 편차 $(Y_i - \hat{Y}_i)$와 회귀선에 의해 설명된 편차 $(\hat{Y}_i - \overline{Y})$로 구분할 수 있다. 이를 식으로 나타내면 (11. 7)과 같다.

그림 11-5 | 총편차의 구성과 세편차의 관계

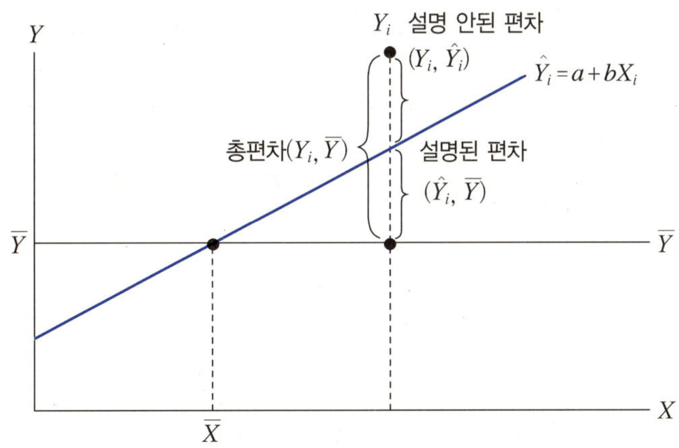

$$
\begin{aligned}
&\text{총편차} &&= \text{설명 안 된 편차} &&+ \text{설명된 편차}\\
&(Y_i - \bar{Y}) &&= (Y_i - \hat{Y}_i) &&+ (\hat{Y}_i - \bar{Y})\\
&\text{총제곱합} &&= \text{오차제곱합} &&+ \text{회귀제곱합}\\
&SST &&= SSE &&+ SSR\\
&\sum(Y_i - \bar{Y})^2 &&= \sum(Y_i - \hat{Y}_i)^2 &&+ \sum(\hat{Y}_i - \bar{Y}_i)^2
\end{aligned}
\qquad (11.7)
$$

이식의 좌변은 총제곱합(sum of squares total: $SST$)은 총변동이라고도 하는데 독립변수를 고려하지 않았을 경우 $Y_i$들의 흩어진 정도를 나타내는 것이다. 우변의 오차제곱합(sum of squares of error: $SSE$)은 회귀식으로 설명되지 않는 제곱합으로 $\sum e_i^2$과 같은 것이다. 또한 회귀제곱합(sum of squares regression: $SSR$)은 독립변수를 고려함으로써 회귀식이 설명되는 제곱합을 의미한다.

결정계수

$$
\text{결정계수}(r^2) = \frac{\text{회귀제곱합}}{\text{총제곱합}} = \frac{SSR}{SST} = 1 - \frac{SSE}{SST} \qquad (11.8)
$$

결정계수($r^2$)는 종속변수 $Y$의 관측치들이 서로 다른 정도를 나타내는 총변동($SST$) 중 회귀선에 의해 얼마나 설명되는지의 정도로 계산된다. 식은 (11.8)과 같다.

만일 종속변수의 모든 관측치들이 회귀선상에 위치한다면, 잔차가 모두 0이 되어 결정계수($r^2$)는 1이 될 것이다. 이는 예측한 회귀식이 총변동을 100%설명 하고 있다는 의미이다. 그리고 독립변수가 종속변수의 변동을 설명해 주는 정도가 작으면 작을수록 결정계수($r^2$)값은 0에 가까워진다. 결정계수($r^2$)가 0이라는 것은 예측한 회귀식에 의해 종속변수를 전혀 설명할 수 없다는 의미이다. 따라서 결정계수($r^2$)는 0과 1사이의 값을 갖는다.

**예제 | 11-2**

위의 예제에서 이용된 자료를 이용하여 소득수준과 소비수준에 대한 결정계수($r^2$)를 구하라.

**풀이**

$$결정계수(r^2) = \frac{SSR}{SST} = \frac{4285.89}{4407.27} = 0.9725$$

결정계수는 0.9725로 계산되었는데, 이는 소득수준이 소비수준을 97.25% 설명한다는 의미이다.

## 11.5 | 표본회귀선의 유의성 검정(회귀계수에 대한 가설검정)

독립변수와 종속변수 간에 선형관계가 성립하지 않는다면, 즉 독립변수와 종속변수가 관계가 없다면 회귀분석을 통해 찾아낸 표준회귀선은 아무 의미가 없게 된다. 그래서 회귀모형의 두 변수가 선형관계가 있는가를 알아 보아야 한다. 이러한 검증을 표본회귀선에 대한 유의성 검정이라고 하고 이는 회귀계수($\beta$)에 대한 가설검정을 통해 할 수 있다.

회귀계수($\beta$)가 0이라는 의미는 $Y_i$는 상수값이므로 독립변수 $X_i$의 값이 어떻게 변화되든지 $Y_i$는 일정하므로 독립변수 $X_i$에 의해서 $Y_i$를 전혀 설명할 수 없다는 것이다.

그래서 회귀계수($\beta$)가 0인지를 검정하여 회귀식의 두 변수 간의 선형관계가 성립하는지(회귀선의 유의성)를 검정함으로써 회귀선의 사용유무를 검정하기 위해 회귀선에 대한 유의성 검정(significance test)이 필요하다.

### 11.5.1 회귀선 기울기 $\beta$에 대한 $t$-검정

회귀선 기울기 $\beta$에 대한 유의성 검정을 하기 위해서는 귀무가설과 대립가설을 다음과 같이 설정한다.

$$H_0 : \beta=0, \qquad H_1 : \beta \neq 0 \tag{11.9}$$

모수 $\beta$에 대한 가설검정을 하기 위해서는 표본회귀식의 회귀계수인 $\hat{\beta}$의 확률분포를 알아야 한다. $\hat{\beta}$의 확률분포는 정규분포를 이루고 평균이 $\beta$이고 표준오차가 $S_\beta$이다.

회귀계수 $\beta$의 표준오차

$$S_\beta = \frac{S_e}{\sqrt{\Sigma(X_i - \overline{X})^2}} \tag{11.10}$$

$S_e$ : 추정의 표준오차

$\beta$=0에 대한 가설검정을 위한 검정통계량 $t$값은 다음과 같이 구한다.

$t$ 통계량

$$t = \frac{\beta - 0}{S_\beta} = \frac{\beta}{S_\beta} \tag{11.11}$$

이때 자유도는 $(n-2)$이다. 이는 통계량 $t$를 추정할 때 각각 자유도를 잃었기 때문이다.

모수 $\beta$에 대한 $t$검정의 결정 방법은 아래 (11.12)와 같다.

$$\text{검정통계량: } t_C = \frac{b}{S_b}$$

| 양측검정 | 좌측검정 | 우측검정 |
|---|---|---|
| $H_0 : \beta = 0$ | $H_0 : \beta \geq 0$ | $H_0 : \beta \leq 0$ |
| $H_1 : \beta \neq 0$ | $H_1 : \beta < 0$ | $H_1 : \beta > 0$ |

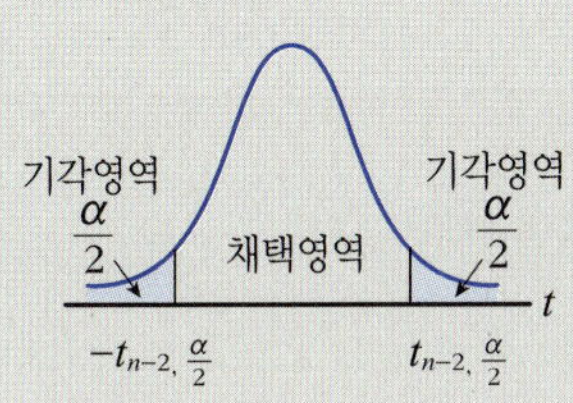


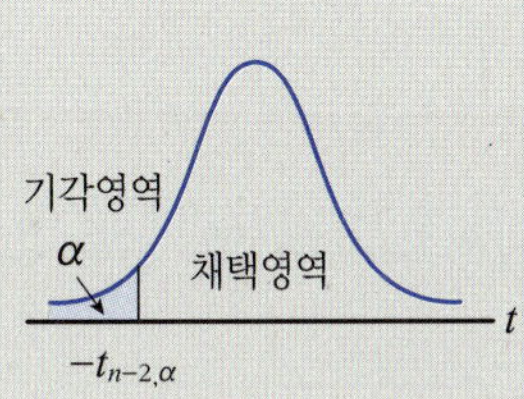


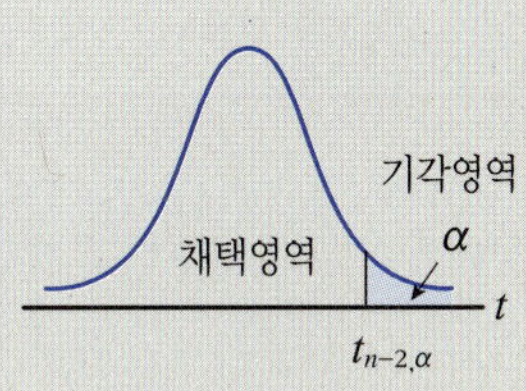


| 양측검정 | 좌측검정 | 우측검정 |
|---|---|---|
| 만일 $t_C > t_{n-2,\frac{\alpha}{2}}$ 또는 $t_C < -t_{n-2,\frac{\alpha}{2}}$이면 $H_0$을 기각 | 만일 $t_C < -t_{n-2,\alpha}$이면 $H_0$을 기각 | 만일 $t_C > t_{n-2,\alpha}$이면 $H_0$을 기각 |

**(11.12)**

## 예제 | 11-3

앞에서 소득과 소비수준에 대한 회귀식을 이용하여 소득수준이 소비수준을 예측할 수 있는 변수인지를 $\alpha = 0.05$에서 $t$검정하시오.(양측검정을 이용)

### 풀이

(1) $H_0 : \beta = 0$, $\quad H_1 : \beta \neq 0$

(2) $\alpha = 0.05$

(3) $t$의 자유도 $10-2=8$이고, $\alpha = 0.05$에서 양측검정을 할 때 $t_{n-2,\frac{\alpha}{2}} = t_{8,\,0.025} = 2.306$이다. 그래서 채택영역과 기각영역은 다음과 같다.

채택영역 : $-2.306 \leq t \leq 2.306$

기각영역 : $t > 2.306$ 또는 $t < -2.306$

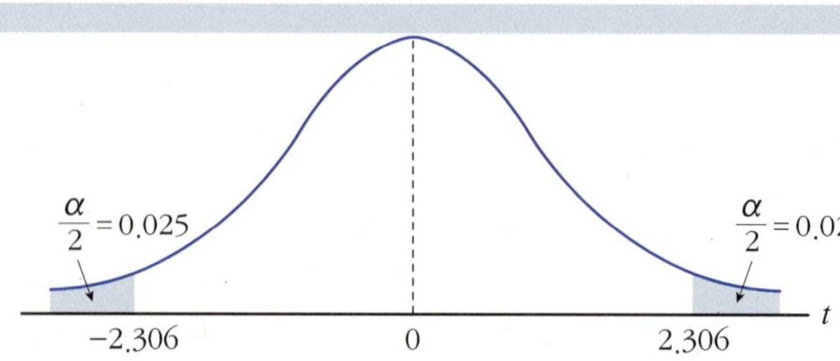


(4) 앞의 예제에서 $S_e=3.895$ $\beta=0.716$로 계산되었다.

$$\Sigma(X_i-\overline{X})^2=8250$$

$$S_b=\frac{S_e}{\sqrt{\Sigma(X_i-\overline{X})^2}}=\frac{3.895}{\sqrt{8250}}=0.04288$$

$$t=\frac{b}{S_b}=\frac{0.716}{0.04288}=16.698$$

(5) 통계량 $t$값은 16.698이므로 기각영역에 속하므로 귀무가설을 기각한다. 즉, 소득수준은 소비수준을 설명할 수 있는 독립변수로서 의미가 있다고 할 수 있다.

## 11.5.2 회귀선 기울기 $\beta$에 대한 $F$-검정

설명된 변동인 회귀제곱합과 설명 안된 변동인 오차제곱합의 비율을 이용하여 회귀선 기울기 $\beta$에 대한 유의성 검정하는 방법이 $F$-검정이다. 즉, 회귀제곱합($SSR$)이 오차제곱합($SSE$)에 비해 상대적으로 크면 그 회귀식의 독립변수가 종속변수를 잘 설명한다고 할 수 있기 때문에 통계적으로 유의하다고 귀무가설을 기각한다.

이러한 개념을 이용하여 $SSR$을 자유도로 나눈 설명된 평균제곱(mean square regression: $MSR$)과 $SSE$를 자유도로 나눈 설명 안된 평균제곱(mean square erroe: $MSE$) 간의 비율을 이용하여 $F$-검정을 한다. 제곱합을 자유도로 나누는 것은 독립변수의 수나 관찰값의 수에 따라 $SSR$과 $SSE$가 달라지기 때문에 표준화를 시키기 위해서이다. $SSR$의 자유도는 독립변수의 수와 같기 때문에 1이고 $SSE$의 자유도는 $a$와 $b$를 추정할 때 자유도가 하나씩 빠져 $(n-2)$이며, $SST$의 자유도는 두 자유도의 합 $(n-1)$이다.

$$\begin{aligned}
&\text{제곱합} : SST = SSE + SSR \\
&\text{자유도} : n-1 = (n-2) + (1) \\
&\text{설명된 평균제곱} : MSR = \frac{SSR}{1} = \sum(\hat{Y}_i - \overline{Y})^2 \\
&\text{설명 안된 평균제곱} : MSE = \frac{SSE}{n-2} = \frac{\sum(Y_i - \hat{Y}_i)^2}{n-2} = S_e^2
\end{aligned} \tag{11.13}$$

$MSR$과 $MSE$는 분산과 같은 개념이다. 분산분석에서 분산의 비율을 이용하여 가설을 검정한 것과 같이 $F$-검정을 한다. 두 평균제곱의 비율 $MSR/MSE$은 자유도 1과 $n-2$를 가진 $F$-분포를 따른다.

$$F\text{-검정식} : F\text{비} = \frac{MSR}{MSE} > F_{1,\,n-2}\text{이면 귀무가설}(H_0)\text{을 기각} \tag{11.14}$$

따라서 아래와 같은 회귀식의 유의성 검정을 위한 분산분석표를 이용하여 검정할 수 있다.

| 분산원 | 제곱합 | 자유도 | 평균제곱 | F비 | 임계치 F값 |
|---|---|---|---|---|---|
| 회귀변수<br>오차 | $SSR$<br>$SSE$ | $1$<br>$n-2$ | $MSR$<br>$MSE$ | $\frac{MSR}{MSE}$ | $F_{(1,n-2)}$ |
| 합계 | $SST$ | $n-1$ | | | |

$F$-검정 결과는 $t$-검정의 결과와 같다. 그런데 $t$-검정은 양측검정과 단측검정 모두 가능하나 $F$-검정은 양측검정만 할 수 있다.

### 예제 | 11-4

앞에서 소득과 소비수준에 대한 회귀식을 이용하여 소득수준이 소비수준을 예측할 수 있는 변수인지를 $\alpha=0.05$에서 $F$-검정하시오.

**풀이**

(1) $H_0 : \beta = 0$,  $H_1 : \beta \neq 0$

(2) $\alpha = 0.05$

(3) 임계치 $F_{1,8} = 5.32$ 이다. 그래서 채택영역과 기각영역은 다음과 같다.
채택영역 : $F \leq 5.32$, 기각영역 : $F > 5.32$

(4) 분산분석표를 작성하면 아래와 같다.

| 분산원 | 제곱합 | 자유도 | 평균제곱 | F비 | 임계치 F값 |
|---|---|---|---|---|---|
| 회귀변수 | 4285.89 | 1 | 4285.89 | 282.49 | 5.32 |
| 오차 | 121.38 | 8 | 15.173 | | |
| 합계 | 4407.27 | 9 | | | |

$F$비 = 282.49 > 임계치 $F$값 = 5.32이므로 귀무가설을 기각한다. 즉, 소득수준을 이용하여 소비수준을 예측한 회귀모형은 통계적으로 유의하다고 결론내릴 수 있다.

## 11.6 특이치와 영향력이 큰 관측치

여기서는 회귀분석에 바람직하지 않은 영향을 미칠 수 있는 특이치와 영향력이 큰 관측치에 관하여 설명하고자 한다. [그림 11-6]에서 볼 수 있듯이, 회귀선으로부터 멀리 위치하고 있는 관측치를 특이치(outlier)라고 부르는데, 이들을 주의 깊게 조사하여 그 발생 원인을 알아볼 필요가 있다. 만일 자료의 수집과정에서 생긴 오류 때문이라면 그 오류를 수정하여야 할 것이고, 특이치가 회귀모형의 부적합성을 의미한다면 새로운 모형이 고려되어야 할 것이다. 그러나 자료가 오류 없이 수집되었으며 회귀모형도 적합하다고 판단된다면, 그 특이치로 의심되는 관측치들도 포함시켜 다른 자료와 똑같이 분석되어야 할 것이다. 특이치의 처리와 관련하여서는 통일된 분석방법이 있지 않으므로, 상당 부분은 주관적인 판단에 의존할 수밖에 없다.

그림 11-6 | 특이치가 있는 경우의 산포도와 회귀선

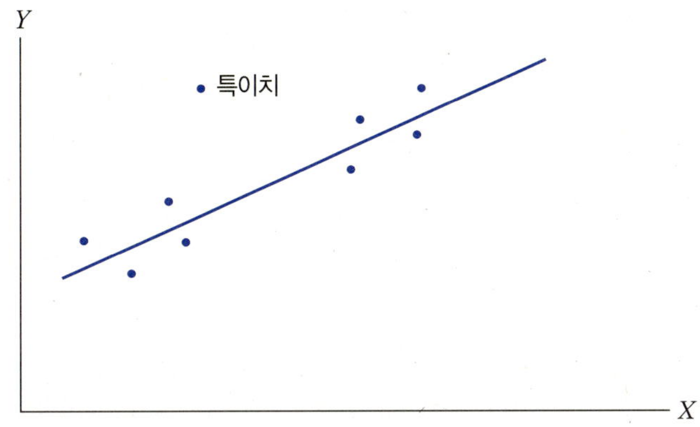


[그림 11-7]에서와 같이 한 개의 관측치가 최소자승선의 추정에 큰 영향을 미치는 경우가 있는데, 이러한 관측치를 영향력이 큰 관측치(influential observation)라고 부른다. [그림 11-7]에서 볼 수 있듯이 모든 관측치들로 추정된 회귀선은 0에 가까운 기울기를 가지나, 점 $A$를 제외하는 경우에는 회귀선의 기울기가 커지게 된다. 이처럼 하나의 관측치에 의하여 회귀분석의 결과가 상당한 영향을 받게 되므로, 이처럼 영향력 있는 관측치들에 대해서는 세심한 주의를 기울일 필요가 있다. 위에서 설명한 특이치는 $X$의 값이 다른 관측치들의 영역 내에 포함되

그림 11-7 | 영향력있는 관측치가 있는 경우

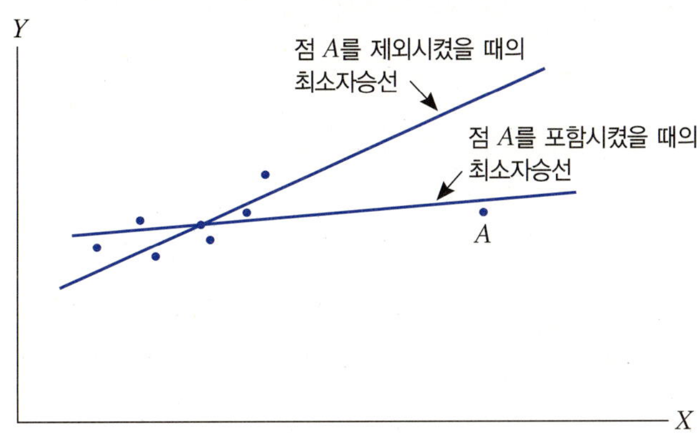

어 있는 반면, 영향력이 큰 관측치들의 경우는 $X$의 값이 다른 관측치들의 영역에서 멀리 떨어져 있는 점이 다르다. 따라서 특이치보다는 영향력이 큰 관측치가 회귀분석의 결과에 보다 큰 영향을 미친다.

이에 대한 대응방안은 우선 자료의 수집과정에서 오류가 없었는지를 확인하여야 한다. 그런 다음 [그림 11-7]의 점 $A$와 다른 관측치들의 사이의 $X$값을 갖는 관측치들을 추가로 수집하여, $Y$와 $X$의 관계를 보다 정확히 이해하여야 할 것이다.

## 11.7 | 요 약

본 장에서는 한 변수가 다른 변수와 어떻게 그리고 얼마나 밀접하게 관련되어 있는지를 분석함으로써, 관심변수의 값을 결정하는 요인들을 분석할 수 있다는 것을 알았다. 또한 회귀식을 이용하게 되면 한 변수의 값이 알려질 경우에 다른 변수의 값에 대한 정보를 얻을 수 있다는 것을 보았다. 회귀모형은 최소자승법으로 추정되며, 모형의 적합성을 판단하기 위하여 추정의 표준오차와 결정계수를 계산한다. 또한 독립변수의 유의성에 관한 가설검정을 통하여 종속변수와의 상관관계를 객관적으로 분석할 수 있다.

## 부 록 | 회귀모형의 주요 가정들

여기서는 회귀계수를 추정하는 최소자승추정법이 BLUE가 되기 위해서 필요한 가정들을 소개하고자 한다. 본문에서 간략히 언급하였듯이, 아래의 회귀모형이 적절한지 아닌지를 판단하는 기준들 중의 하나는, 잔차항들이 규칙적 패턴을 보이지 않게 되어 더 이상의 새로운 정보를 얻을 수 없어야 한다는 것을 기본 아이디어로 삼는다. 이제 잔차항들이 규칙적인 패턴을 보이지 않는 것이 무엇을 의미하는지를 요약한 네 가지 주요 가정들을 소개하고자 한다.

$$Y_i = \beta_1 + \beta_2 X_i + u_i$$

Ⅰ) $E(u_i | X_i) = 0$

$Y_i$값들은 각 $X_i$값에 해당되는 조건평균을 중심으로 골고루 분포되어 있다. 따라서 각 $Y_i$와 조건평균과의 차이를 나타내는 잔차 $u_i$들의 평균은 0이 되어야 한다.

Ⅱ) $\mathrm{Var}(u_i | X_i) = \sigma^2$

[그림 11-8]과 같이 잔차들의 분산은 모든 $X_i$값에서 똑같다는 가정으로, homoscedasticity라 부른다. 이러한 경우에는 어느 $X_i$값에서든 $Y_i$값이 조건평균에서 떨어져 있을 가능성이 똑같기 때문에 모든 관측치들을 똑같이 취급하는 것이 당연하다.

이에 반하여 [그림 11-9]에서와 같이 잔차들의 분산이 서로 다른 경우를 heteroscedasticity라 부른다. 만일 $\mathrm{Var}(u | X_1) < \mathrm{Var}(u | X_2) < \cdots < \mathrm{Var}(u | X_k)$인 경우라면, 독립변수의 값이 $X_1$인 경우의 $Y$값들이 조건평균에 더 가깝게 분포되어 있다. 따라서 독립변수의 값이 $X_1$인 관측치들이 독립변수의 값이 $X_k$인 관측치들보다 조건평균에 관한 좀 더 정확한 정보를 갖고 있을 것으로 기대된다. 따라서 잔차들의 분산에 따라 관측치들의 중요도를 달리하여야 할 것이다.

앞에서 설명한 최소자승추정법은 모든 관측치들을 똑같이 취급하는 분석방법

**그림 11-8 | 동분산인 잔차항**

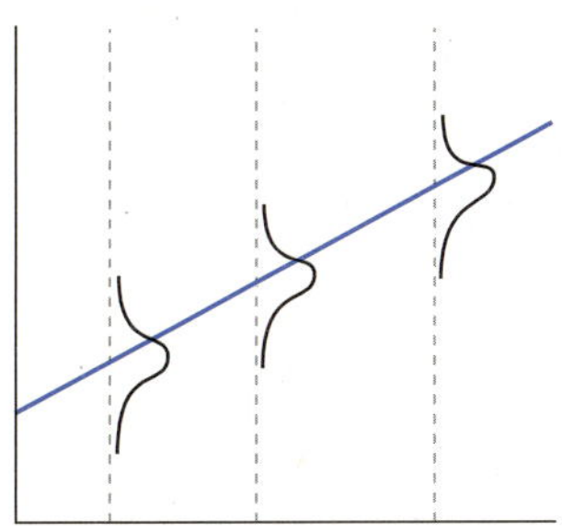

**그림 11-9 | 이분산인 잔차항**

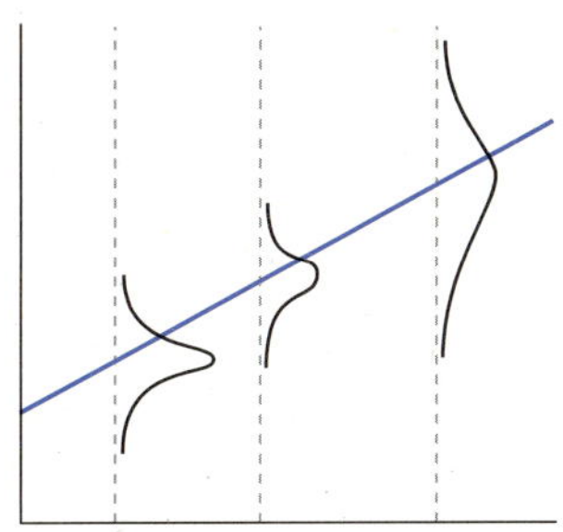

이다. 따라서 최소자승추정법이 가장 좋기 위해서는, 즉 BLUE이기 위해서는 잔차들의 분산이 같아야 한다는 가정이 만족되어야 한다.

Ⅲ) 잔차들 사이에는 상관관계가 없어야 한다.

$$\mathrm{Cov}(u_i,\ u_j)=0 \quad \text{for} \quad \text{any} \quad i \neq j.$$

Ⅳ) 잔차와 독립변수들 사이에는 상관관계가 없어야 한다.

$$\mathrm{Cov}(u_i,\ X_i)=0 \quad \text{for} \quad \text{all} \quad i$$

만일 잔차와 독립변수들 사이에 상관관계가 있게 되면 최소자승법에 의한 추정결과는 편의(biased)되어 사용할 수 없다.

## A11.1 산포도에 회귀선을 그리는 방법

본문의 〈표 11-1〉의 자료를 이용하여 회귀선(regression line)을 그리는 방법을 설명하고자 한다. 우선 A10에서 설명하였듯이 추천차트를 이용하여 모든차트에서 분산형을 선택한 후 확인을 클릭하여 그린 후, 아래의 설명을 따라서 하면 된다.

**01** 차트화면에서 차트를 클릭 후 오른쪽 버튼을 누르면 추세선 추가메뉴가 나타난다. 추세선 추가 선택 후 추세선 서식화면에서 '선형'을 선택하고 추세선이름에서 자동(A): 선형(y)의 버튼을 클릭하여 선택한다.

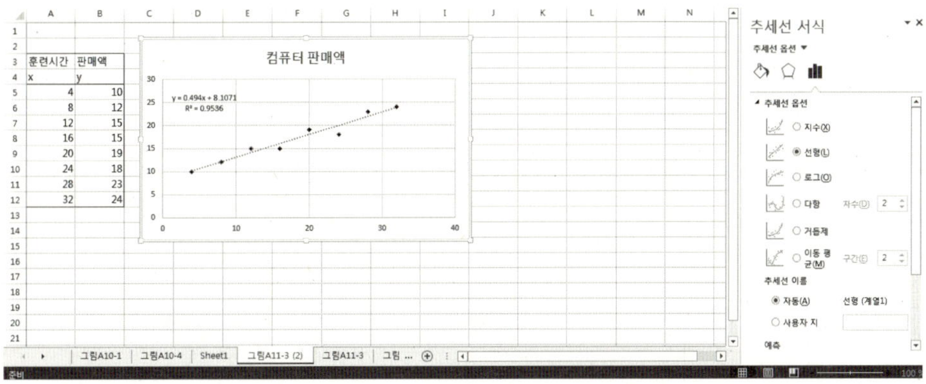


**그림 A11-1** 추세선 종류의 설정

**02** 회귀선을 자료의 범위 밖까지 연장하여 그리고 싶으면, 예측에서 앞쪽으로(F)와 뒤쪽으로(B)를 각각 늘려준다. 여기서는 각각을 2단위 증가시켰다. '절편(S) = '이 선택되지 않았음을 확인한다. 회귀식을 포함시키고 싶으면 '수식을 차트에 표시(E)'를, 결정계수(R-square)값을 포함시키고 싶으면 'R-제곱 값을 차트에 표시(R)'를 클릭하여 선택한다.

그림 A11-2

추세선 옵션의 설정

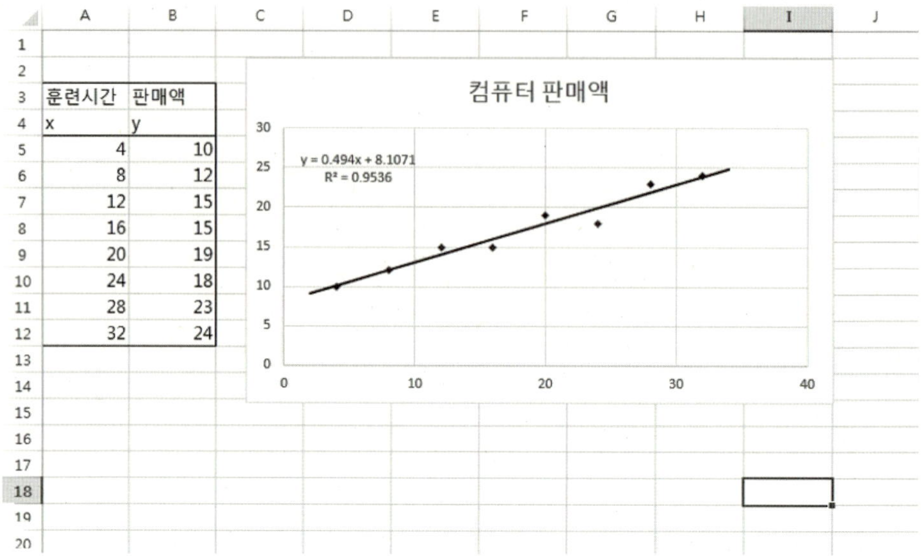


그림 A11-3

산포도에 그려진 회귀선

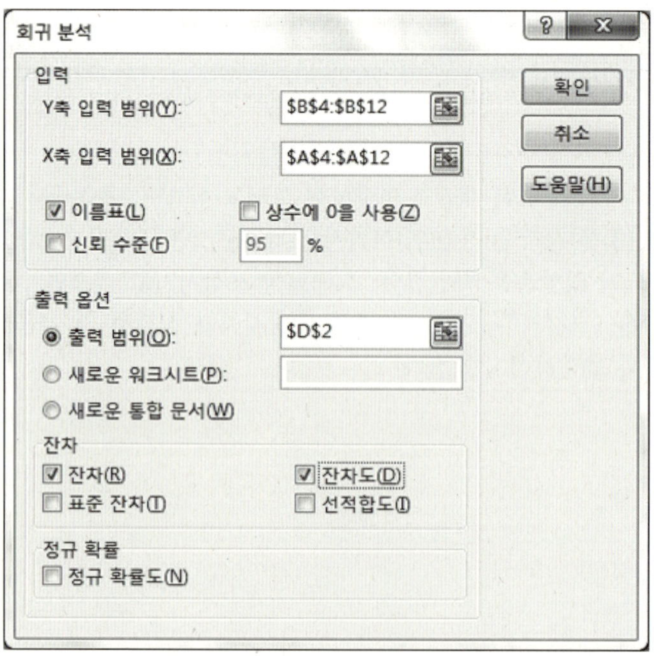

## A11.2 EXCEL을 이용한 단순회귀분석

A11.1에서는 차트(C)와 추세선 추가(R)의 기능으로 회귀선 그리기와 더불어 회귀식과 결정계수(R2)를 얻는 방법을 설명하였다. 이제 회귀분석에 필요한 보다 많은 정보를 얻는 방법을 설명하고자 한다.

**01** A11.1에서와 같이 독립변수($x$)와 종속변수($y$)의 자료를 입력한다. 회귀분석의 결과를 입력시킬 수 있는 공간을 오른쪽 부분에 충분히 남겨두는 것이 좋다. 적어도 16열이 필요하다.

**02** 메뉴에서 데이터, 데이터 분석(D)을 순서대로 선택한 후, 분석 도구(A)의 목록에서 회귀분석을 선택하면 회귀분석 상자가 화면에 나타나게 된다.[1)]

**03** 회귀분석 상자에서 마우스를 움직이거나 탭을 누르면서 필요한 정보를 입력시키거나 선택하면 된다.

a) Y축 입력 범위 : 종속변수(y)의 자료가 입력되어 있는 칸들의 주소를 입력시킨다.

b) X축 입력 범위 : 독립변수(x)의 자료가 입력되어 있는 칸들의 주소를 입력시킨다.

c) 이름표(L) : 위에서 입력한 자료 범위의 첫 번째 열에 이름이 포함되어 있으면, 이 상자를 클릭하여 선택한다.

d) 상수에 0을 사용(Z) : 회귀모형에 상수항을 포함시키지 않을 경우에만 선택한다.

e) 신뢰수준(F) : EXCEL은 자동적으로 회귀계수의 95% 신뢰구간을 계산해낸다. 만일 95%이외의 신뢰구간이 필요한 경우에만 이를 선택하고, 원하는 신뢰수준을 입력한다.

f) 출력 범위(O) : 회귀분석 결과를 나타내고 싶은 곳의 왼쪽 위 모서리에 해당되는 칸의 주소를 입력시킨다. 만일 새로운 워크시트나 통합문서에 나타내고 싶으면 해당 사항을 선택하면 된다.

g) 잔차(R) : 추정된 회귀선상의 값인 $\hat{y}_i$과 잔차($ei = y_i - \hat{y}_i$)들을 얻기 위해서는 이를 선택한다.

h) 잔차도(D) : 잔차들과 독립변수($x$)의 산포도를 얻을 수 있다.

i) 표준 잔차(T) : 표준화된 잔차들(즉, 잔차들을 각각의 표준편차로 나눈 것)을 얻을 수 있다.

j) 선적합도(I) : 이를 선택하면 회귀선을 포함한 산포도를 얻을 수 있는데, 이는

1) 만일 데이터 분석(D)이 도구(T) 메뉴 중에 나타나지 않을 경우에는, 도구(T) 메뉴 중에서 추가 기능(I)을 선택한다. 그리고, 추가 기능 사용(A) 목록 중에서 분석도구를 선택한다.

A10.1에서와 비슷한 결과를 얻게 된다.

k) 정규 확률도(N) : 이는 잔차들이 정규분포를 하는지를 검정하는 데 필요한 정보를 제공해 준다.

**그림 A11-4**
회귀분석 상자의 설정 예

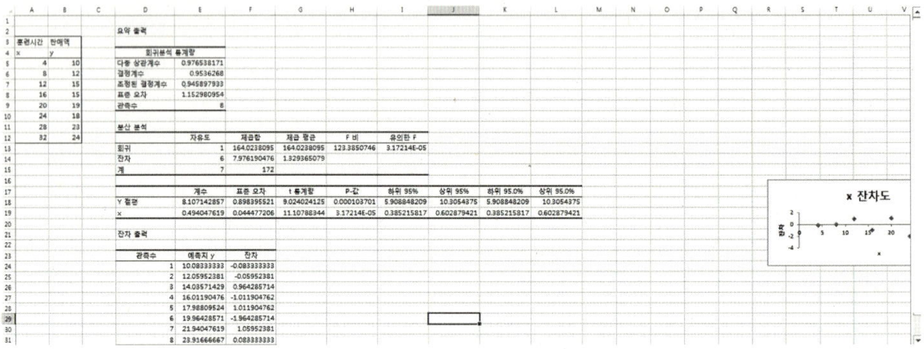

**04** EXCEL에 의한 회귀분석의 결과가 [그림 A11-4]에 나타나 있다. 필요에 따라 열의 간격을 조절하게 되면 결과 내용을 보기가 더 쉬워진다.

**그림 A11-5**
회귀분석의 결과

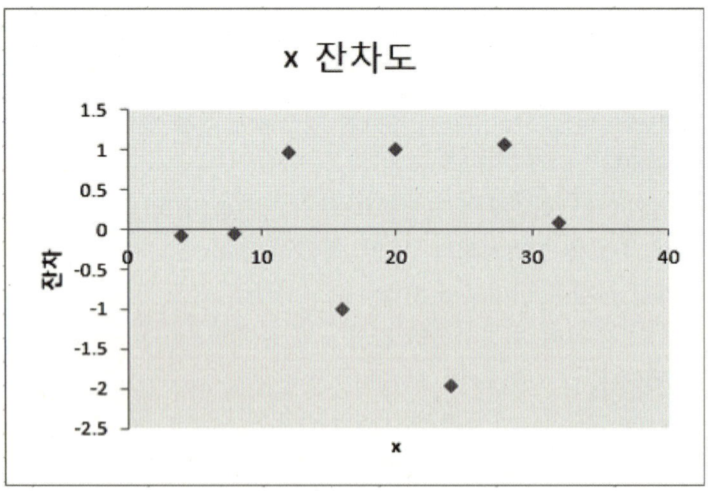

05 [그림 A11-4]의 회귀분석 상자에서 잔차도(D)를 택하면, [그림 A11-5]과 같은 잔차도를 얻을 수 있다. 이는 회귀모형의 적합성을 판단하는 잔차분석에 사용된다.

# 연습문제

**01** 회귀분석의 목적에 대하여 설명하시오.

**02** 최소제곱법은 무엇인가 설명하시오.

**03** 결정계수($R^2$)가 큰 값을 갖는다는 사실에 근거하여 두 변수 간에 인과관계가 존재한다고 말할 수 있는가?

**04** 회귀모형 $Y=\beta_1+\beta_2X+u$에서 가설 $\beta_2=0$이 기각되었다면, 이는 $X$와 $Y$의 참관계(true relation)가 선형관계라는 것을 의미하는가? 설명하시오.

**05** 어느 경제학자가 주장하기를, 개인소득 ($X$, 만원)은 개인소비 ($Y$, 만원)와 $\hat{Y}=10+0.8X$의 관계가 있으므로 개인소비를 예측할 수 있다고 한다. 다음에 주어진 각각의 개인소득에 대한 개인소비의 점예측치를 구해 보시오.

(a) 300만원 (b) 500만원 (c) 1,000만원

**06** 두 변수 $X$와 $Y$에 관한 아래의 5개 관측치들에 대한 물음에 답하시오(EXCEL을 이용할 수도 있음).

| $X$ | 1 | 2 | 3 | 4 | 5 |
|---|---|---|---|---|---|
| $Y$ | 3 | 7 | 5 | 11 | 14 |

a) 산포도를 그리시오.
b) 산포도에 의하면 $X$와 $Y$ 사이에 어떠한 관계가 있다고 판단되는가?
c) 최소자승선을 구하시오.
d) $SST$, $SSE$, 그리고 $SSR$은 얼마인가?
e) 결정계수($R^2$)는 얼마인가? 추정된 회귀모형의 적합도에 관하여 논하시오.
f) '추정의 표준오차'를 이용하여 회귀모형의 적합도검정을 하시오.
g) 최소자승선에 의하면, $X$값이 1만큼 증가할 때 $Y$값은 얼마만큼 변할 것으로 생각되는가?
h) $X$의 계수($\beta_2$)에 관한 아래의 가설을 이용하여 검정하시오.(유의수준 $\alpha=0.05$). ($F$-검정, $t$-검정 두 가지 방법 이용)

**07** 대학과정의 평점(Grade Point Average: GPA)과 취직 후의 첫 월급에 관하여 작년 졸업생 중 6명으로부터 수집한 자료가 아래의 표에 정리되어 있다.(EXCEL을 이용할 수도 있음)

| $X$(평점) | $Y$(첫월급, 원) | $YNEW$(첫월급, 천원) |
|---|---|---|
| 2.6 | 1,300,000 | 1,300 |
| 3.4 | 1,700,000 | 1,700 |
| 3.6 | 1,900,000 | 1,900 |
| 3.2 | 1,800,000 | 1,800 |
| 3.5 | 2,000,000 | 2,000 |
| 2.9 | 1,500,000 | 1,500 |

a) $X$와 $Y$의 관계를 보여주는 산포도를 그리시오.

b) 산포도에 의하면 $X$와 $Y$ 사이에 어떠한 관계가 있다고 판단되는가?

c) 최소자승선을 구하시오.　　$Y_i = \beta_1 + \beta_2 X_i + u_i$

d) $SST$, $SSE$, 그리고 $SSR$은 얼마인가?

e) 결정계수($R^2$)는 얼마인가? 추정된 회귀모형의 적합도에 관하여 논하시오.

f) '추정의 표준오차'를 이용하여 회귀모형의 적합도검정을 하시오.

g) 최소자승선에 의하면, $X$값이 1만큼 증가할 때 $Y$값은 얼마만큼 변할 것으로 생각되는가?

h) $X$의 계수($\beta_2$)에 관한 아래의 가설을 이용하여 검정하시오(유의수준 $\alpha$ = 0.05). ($F$-검정, $t$-검정 두 가지 방법이용).
$H_0 : \beta_2 = 0 \quad H_a : \beta_2 \neq 0$

**08** 다음은 가계총소득과 생명보험가입액에 관한 자료이다.(EXCEL을 이용할 수 있음)

| $Y$<br>(보험가입액, 백만원) | $X$<br>(총 가계소득, 천원) | $XNEW$<br>(총 가계소득, 원) |
|---|---|---|
| 10 | 43 | 43,000 |
| 20 | 74 | 74,000 |
| 50 | 80 | 80,000 |
| 90 | 95 | 95,000 |
| 125 | 110 | 110,000 |
| 135 | 130 | 130,000 |

a) $X$와 $Y$의 관계를 보여주는 산포도를 그리시오.

b) 산포도에 의하면 $X$와 $Y$ 사이에 어떠한 관계가 있다고 판단되는가?

c) 최소자승선을 구하시오. $Y_i = \beta_1 + \beta_2 X_i + u_i$

d) $SST$, $SSE$, 그리고 $SSR$는 얼마인가?

e) 결정계수($R_2$)는 얼마인가? 추정된 회귀모형의 적합도에 관하여 논하시오.

f) '추정의 표준오차' 를 이용하여 회귀모형의 적합도를 검정하시오.

g) 최소자승선에 의하면, $X$값이 1만큼 증가할 때 $Y$값은 얼마만큼 변할 것으로 생각되는가?

h) $X$의 계수($\beta_2$)에 관한 아래의 가설을 이용하여 검정하시오(유의수준 $\alpha = 0.05$). ($F$-검정, $t$-검정 두가지 방법이용)

$H_0 : \beta_2 = 0 \quad H_a : \beta_2 \neq 0$

제 12 장

# 다중회귀분석

제11장에서는 단순회귀모형이 무엇이며, 회귀계수는 어떻게 추정되고 가설검정은 어떻게 하는지를 설명하였다. 소비함수의 예에서는 소비를 소득에만 연결시키면서, 모든 관측치들에 있어서 소비에 영향을 미치는 다는 요인들은 똑 같다는 조건에서 분석하였다. 그러나 세대주 나이, 가족 수 등과 같은 요인들이 관측치들마다 서로 다른 경우에는 소득의 차이만으로 소비의 차이를 이해하는 것에는 오류가 있을 수 있다.

우리의 관심이 소비와 소득과의 관계에만 있을지라도, 즉 두 변수 $Y$와 $X$사이의 관계를 알고 싶은 경우에도 종속변수 $Y$에 영향을 미치는 다른 요인들을 같이 고려하여야 한다는 것이다. 본 장에서는 독립변수가 1개인 단순회귀모형에 의한 분석결과가 왜 잘못 될 수 있으며, 여러 개의 독립변수를 포함하는 다중회귀모형은 어떻게 이러한 문제를 해결하는지를 설명하고자 한다.

## 12.1 다중회귀모형의 기초

다중회귀모형은 종속변수 $Y$의 조건평균을 여러 개의 독립변수들 $X2, X3, \cdots,$ $Xk$와 선형관계로 연결시킨다.

$$E(Y \mid X2, X3, \cdots, Xk) = \beta_1 + \beta_2 X2 + \beta_3 X3 + \cdots + \beta_k Xk \qquad \textbf{(12.1)}$$

이것을 모집단 회귀함수(population regression function)라고 부르며,[1] 상수 $\beta_1, \cdots, \beta_k$를 회귀계수(regression coefficients)라 한다. 그리고 독립변수들의 값이 같더라도 여기에서 제외된 다른 요인들에 의하여 개별 $Y$값이 다를 수 있는 것을 고려하기 위하여 잔차항을 더하면 다음과 같은 다중회귀모형이 된다. 즉, 개별 관측단위 $i$의 독립변수 $Y_i$의 값은 조건평균과 잔차항($u_i$)의 합이다.

1) 독립변수의 수가 2개 이상인 경우에는 조건평균과 독립변수들 사이의 관계가 직선이 아닌 고차원의 평면이 되므로, 11장에서의 회귀선(regression line)과는 달리 회귀함수(regression function)라 부른다. 또한 잔차들을 2차원 평면에 그림으로 표시할 수 없으므로, 최소자승추정법이 어떻게 작용하는지 등을 이해하기 위해서는 11장의 그림을 이용하여야 한다.

$$Y_i = \beta_1 + \beta_2 X2_i + \beta_3 X3_i + \cdots + \beta_k Xk_i + u_i \tag{12.2}$$

모집단의 일부인 표본이 주어지는 경우에 이들 회귀계수를 추정하여야 하는데, 이때 사용하는 최소자승추정법은 잔차들의 제곱합을 최소로 하는 $\hat{\beta}_1, \hat{\beta}_2, \cdots, \hat{\beta}_k$을 찾는 것이다.

$$\begin{aligned}\sum_{i=1}^{n} \hat{u}_i^2 &= \sum_{i=1}^{n} (Y_i - \hat{Y}_i)^2 \\ &= \sum_{i=1}^{n} \left\{ Y_i - (\hat{\beta}_1 + \hat{\beta}_2 X2_i + \cdots + \hat{\beta}_k Xk_i) \right\}^2 \end{aligned} \tag{12.13}$$

최소자승추정치 $\hat{\beta}_1, \hat{\beta}_2, \cdots, \hat{\beta}_k$에 대한 공식은 미분을 적용하여 도출할 수 있으나 우리에게 이러한 공식은 중요하지 않고, 최소자승추정치가 어떻게 구해지는 것인지를 이해하는 것으로 충분하다. 이와 관련한 모든 계산들은 EXCEL을 이용하면 되기 때문이다.

앞 장에서의 소비함수의 예를 다시 살펴보자. 소득($X2$) 이외의 요인들을 고려하기 위해서 가구원 수($X3$)와 세대주의 나이($X4$)의 자료를 추가로 수집하였다[그림 12-1].

**그림 12-1** | 다중회귀모형의 자료(consumption.xls)

| | A | B | C | D | E |
|---|---|---|---|---|---|
| 1 | No | Y (소비) | X2 (소득) | X3 (가족 수) | X4 (나이) |
| 2 | 1 | 39 | 50 | 1 | 29 |
| 3 | 2 | 42 | 50 | 1 | 31 |
| 4 | 3 | 47 | 60 | 2 | 30 |
| 5 | 4 | 53 | 70 | 2 | 42 |
| 6 | 5 | 55 | 70 | 3 | 38 |
| 7 | 6 | 56 | 70 | 3 | 42 |
| 8 | 7 | 61 | 70 | 4 | 51 |
| 9 | 8 | 61 | 80 | 3 | 50 |
| 10 | 9 | 64 | 80 | 4 | 39 |
| 11 | 10 | 68 | 80 | 4 | 46 |
| 12 | 11 | 67 | 90 | 3 | 39 |
| 13 | 12 | 70 | 90 | 4 | 57 |
| 14 | 13 | 72 | 90 | 4 | 51 |
| 15 | 14 | 75 | 90 | 4 | 49 |
| 16 | 15 | 78 | 100 | 4 | 49 |
| 17 | 16 | 81 | 100 | 3 | 41 |
| 18 | 17 | 87 | 110 | 4 | 35 |
| 19 | 18 | 88 | 110 | 4 | 46 |
| 20 | 19 | 91 | 110 | 4 | 40 |
| 21 | 20 | 95 | 120 | 5 | 51 |

그림 12-2 | EXCEL에 의한 추정결과

| 회귀분석 통계량 | | | | | |
|---|---|---|---|---|---|
| 다중 상관계수 | 0.990512 | | | | |
| 결정계수 | 0.981115 | | | | |
| 조정된 결정계수 | 0.977574 | | | | |
| 표준 오차 | 2.420325 | | | | |
| 관측수 | 20 | | | | |
| | | | | | |
| 분산 분석 | | | | | |
| | 자유도 | 제곱합 | 제곱 평균 | F 비 | 유의한 F |
| 회귀 | 3 | 4869.272 | 1623.091 | 277.0738 | 5.36E-14 |
| 잔차 | 16 | 93.72757 | 5.857973 | | |
| 계 | 19 | 4963 | | | |
| | | | | | |
| | 계수 | 표준 오차 | t 통계량 | P-값 | |
| Y 절편 | 3.802054 | 3.915689 | 0.97098 | 0.346009 | |
| X2 (소득) | 0.711965 | 0.047973 | 14.84105 | 8.96E-11 | |
| X3 (가족 수) | 2.289399 | 1.128464 | 2.028775 | 0.059462 | |
| X4 (나이) | -0.09388 | 0.105058 | -0.89361 | 0.384774 | |

[그림 12-2]는 세 개의 독립변수들이 포함된 경우의 추정결과를 보여 주고 있다.[2] 최소자승함수는

$$\hat{Y}_i = 3.802 + 0.712X2_i + 2.289X3_i - 0.094X4_i \qquad (12.4)$$

이다.

## 12.2 | 회귀계수의 가설검정 및 해석

다중회귀모형 $Y = \beta_1 + \beta_2 X2 + \cdots + \beta_k Xk + u$에서 회귀계수에 관한 다음과 같은 가설을 어떻게 검정하는지를 살펴보자.

2) 다중회귀모형을 추정하는 EXCEL 사용법은 본 장 끝에 설명되어 있다.

$$H_0: \beta_j = 0 \quad vs. \quad H_1: \beta_j \neq 0 \tag{12.5}$$

귀무가설 $H_0: \beta_j = 0$이 의미하는 바는, $Y$의 변동을 설명하는데 있어서 다른 독립변수들이 있는 상태에서 특정 변수 $Xj$는 전혀 도움이 안된다는 것이다. 다시 말하면, $Xj$의 $Y$에 대한 순영향은 없다는 것이다.

이제 p-값을 이용한 가설검점을 설명하고자 한다.[3] $p$-값은 귀무가설을 기각시킬 수 있는 최소의 유의수준이다. 따라서 $p$-값보다 큰 유의수준에서는 귀무가설을 기각시킬 수 있게 된다. 반대로, $p$-값보다 작은 유의수준에서는 귀무가설을 기각할 수 없을 것이다. 예를 들어, $p$-값이 0.034일 때 유의수준을 $\alpha = 0.05$로 설정하게 되면 귀무가설을 기각할 수 있으나, 유의수준 $\alpha = 0.01$에서는 기각할 수 없게 된다.

$p$-값은 귀무가설을 기각하는 경우에 제1종 오류(type I error)를 범하는 확률로 해석될 수 있을 것이다. 예를 들어, $p$-값이 0.034인 경우에 귀무가설을 기각하게 되면, 제1종 오류를 범할 확률이 0.034라는 의미이다. 이때 유의수준을 $\alpha = 0.05$로 설정하다는 것은 제1종 오류를 범할 확률이 0.05를 넘지 않는 범위에서 기각여부를 결정한다는 것이므로, $p$-값이 0.034인 경우는 이 범위에 해당되어 기각할 수 있는 것이다.

여기서 우리가 알 수 있는 사실은, 유의수준을 $p$-값보다 크게 설정하기만 하면 어떠한 귀무가설도 기각시킬 수 있다는 것이다. 그러나 우리는 기각결정이 잘못될 확률, 즉 제1종 오류를 범할 확률이 적정수준을 넘지 않는 범위에서 결정하여야 하므로, 흔히 0.1, 0.05 또는 0.01을 유의수준으로 설정하여 기각결정을 하게 된다.

EXCEL을 포함한 모든 통계프로그램은 양측검정에 해당되는 $p$-값을 계산해 낸다. 즉, $H_0: \beta_2 = 0$ vs. $H_1: \beta_2 \neq 0$에 대한 $p$-값이다. 만일 $\beta_2$의 한쪽 방향을 제외할 수 있다면, 예를 들어 $H_0: \beta_2 = 0$ vs. $H_1: \beta_2 > 0$와 같은 단측검정을 적용하게 되면 $p$-값이 양측검정의 경우보다 절반으로 줄어들게 되므로, 보다 강력하게 기각할 수 있을 것이다.

[그림 12-2]에 의하면 독립변수 소득($X2$)의 계수에 대한 가설 $H_0: \beta_2 = 0$ vs.

3) 최소자승추정량 $\hat{\beta}$의 표본분포와 $t$ 분포를 이용한 가설검정에 관하여는 제11장을 참고하면 된다.

$H_1: \beta_2 \neq 0$의 $p$-값이 0.01보다 작으므로 매우 유의적(significant)이라고 결론내릴 수 있다. 가족 수($X3$)의 계수에 대한 $p$-값은 0.059로서 유의수준이 0.1인 경우에는 유의적이라고 말할 수 있으나, 0.05 또는 0.01에서는 유의하지 않으므로 귀무가설 $H_0: \beta_3 = 0$을 기각시키지 못한다. 세대주 나이($X4$)의 $p$-값은 0.384774로 흔히 사용하는 유의수준보다 훨씬 크므로, $X4$의 소비에 대한 순영향은 없다고 결론내릴 수 있다.

### 예제 | 12-1

아래의 추정결과에 근거하여 어느 분석자가 결론내리기를, 독립변수들 $X2$, $X6$, $X7$, $X8$ 그리고 $X9$의 $p$-값이 유의수준 0.1보다 크기 때문에 종속변수 $Y$와의 상관 관계가 유의하지 않으므로 모두 제외시켜도 된다고 한다. 따라서 $X3$, $X4$ 그리고 $X5$ 만을 포함하는 회귀모형을 사용하여야 한다고 주장한다. 이러한 주장이 옳은가?

| Variable | Coefficient | Std.Error | t-Statistic | P-value |
|---|---|---|---|---|
| C | −1507.8 | 778.6 | −1.94 | 0.071 |
| X2 | 2.010 | 1.931 | 1.04 | 0.313 |
| X3 | 0.037 | 0.008 | 4.54 | 0.000 |
| X4 | 0.151 | 0.047 | 3.21 | 0.006 |
| X5 | 199.1 | 67.03 | 2.97 | 0.009 |
| X6 | 290.9 | 186.8 | 1.56 | 0.139 |
| X7 | 5.549 | 4.775 | 1.16 | 0.262 |
| X8 | 19.79 | 33.68 | 0.59 | 0.565 |
| X9 | 8.2 | 128.5 | 0.06 | 0.950 |

#### 풀이

이러한 주장은 옳지 않다. 분석결과에 나타난 $p$-값은 해당 변수의 계수에 대한 가설, 예를 들어 $H_0: \beta_9 = 0$ vs. $H_1: \beta_9 \neq 0$을 검정하는 $p$-값이다. 이 경우 $p$-값이 0.950으로 귀무가설 $H_0: \beta_9 = 0$을 받아들이게 되는데, 이것이 의미하는 것은 위 분석에 포함된 모든 변수들이 있는 상태에서 $X9$ 하나는 제외해도 된다는 것이다. 또는 $X8$의 $p$-값도 크므로 $X9$ 대신 $X8$ 하나만 제외할 수도 있다는 의미이다. 이처럼 하나의 변수만을 제외하는 경우에 어느 것을 제외시킬 수 있는지를 알려 주는 것이다.

이에 반하여, 위에서의 주장은 여러 변수들을 한꺼번에 제외시킬 수 있다는 것으로 이에 맞는 가설은 $H_0: \beta_2 = \beta_6 = \beta_7 = \beta_8 = 0$이다. 그러나 위 분석결과에는 이러한 가설검정에 해당되는 $p$-값은 제시되어 있지 않다.[4]

---

4) 여러 개의 회귀계수를 한꺼번에 검정하는 이러한 가설을 결합가설(joint hypothesis)이라 한다. 그러

위 추정결과에서 유의하지 않은, 즉 $p$-값이 큰 변수들 $X2$, $X6$, $X7$, $X8$, $X9$ 중에서 하나를 먼저 제외시킨 후에 나머지 변수들만을 포함한 모형을 다시 추정하여야 한다. 그런 다음 유의하지 않은 변수들이 아직 더 있으면 그 중에서 하나만을 제외시킨 후 다시 모형을 추정한다. 이러한 추정과 가설검정의 과정을 유의한 변수들만 남을 때까지 반복하면 되는데, 이는 다음 절에서 설명하는 모형선정 방법의 기초이다.

회귀계수 $\beta$들을 흔히 편회귀계수(partial regression coefficients)라 부르는데, 이는 수학에서 편미분(partial differentiation)과 같은 개념이다. 좀 더 쉽게 설명하면, $\beta_2$는 다른 변수들 $X2$, $X3$, ⋯, $X$k가 변하지 않는 상태에서 $X2$의 값만 1단위 변화할 때 $Y$의 조건평균이 얼마나 변하는지를 나타낸다. $\beta_2$에 대한 또 다른 해석은 $X2$, $X3$, ⋯, $Xk$가 $Y$에 미치는 모든 영향을 제거한 상태에서 $X2$만의 순영향(net effect)이 얼마인지를 나타낸다는 것이다. 일반적으로, $\beta_p$ $(p = 2, \cdots, k)$는 $Xp$ 이외의 다른 변수들을 일정하게 유지한 상태에서 $Xp$만의 변화에 의한 Y에의 순영향을 측정하는 것이다.

이러한 계수의 해석과 관련하여, 중요한 변수들을 일부 제외하는 경우에 왜 추정이 잘못될 수 있는지를 살펴보자. 아래의 회귀모형에서 변수 $X3$는 종속변수 $Y$와 상관관계가 있을 뿐 아니라(즉 $\beta_3 \neq 0$), 또한 $X2$와도 상관관계가 있다고 하자.

$$Y = \beta_1 + \beta_2 X2 + \beta_3 X3 + u \tag{12.6}$$

만일 $X2$가 종속변수 $Y$에 얼마나 영향을 미치는지를 분석하는 경우에 $X3$를 고려하지 않는다면 어떠한 결과가 발생할까? 다시 말하면, $X3$를 포함한 다중회귀모형 (12.6)에서의 계수 $\beta_2$와 $X3$를 제외한 회귀모형 (12.7)에서의 계수 $\alpha_2$가 일치하는지에 관한 질문과 같다.

$$Y = \alpha_1 + \alpha_2 X2 + \varepsilon \tag{12.7}$$

$X3$를 제외한 회귀모형 (12.7)에서의 잔차항 $\varepsilon$은 제외된 변수 $X3$를 포함하고

---

나 이러한 가설검정에 해당되는 $p$-값을 계산하는 기능이 EXCEL에는 없으므로, 통계전문 프로그램을 사용하여야 한다.

있다.[5] 이제 왜 추정의 편의(bias)가 생기는지를 아래 그림을 이용하여 살펴보자.

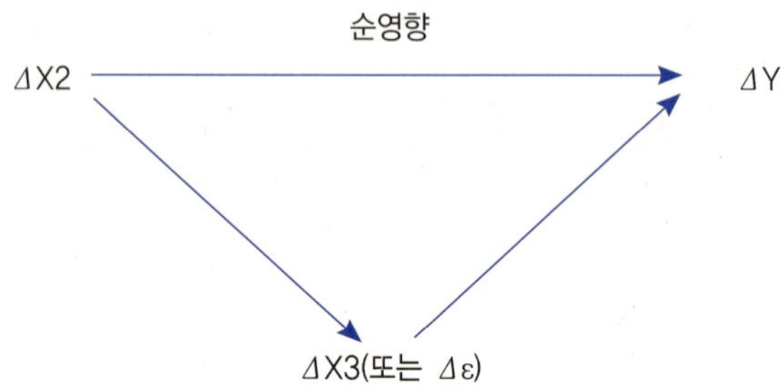


$X2$가 변하는 경우에 $X3$를 거치지 않고 직접 $Y$에 미치는 영향이 바로 우리가 알고자 하는 순영향(net effect)이다. 그런데 $X2$와 $X3$가 서로 상관관계에 있다고 하였으므로, $X2$가 변하면 $X3$도 같이 변하게 된다. 또한 $X3$의 계수 $\beta_3$가 0이 아니므로, 이러한 변화는 $Y$에까지 영향을 미치게 된다. 따라서 $X2$의 변화가 $Y$에 영향을 미치는 경로에는 두 가지가 있다. 하나는 순영향이고 다른 하나는 $X3$의 변화를 통하는 것이다.

그러나 우리가 분석하고자 하는 것은 다른 요인들(여기서는 $X3$)이 일정한 상태에서 $X2$만 변하면 $Y$가 얼마나 달라지는가, 즉 $X2$의 순영향이 얼마큼인가이다. 이것이 바로 $X3$도 함께 포함된 다중회귀모형 (12.6)에서의 회귀계수 $\beta_2$가 의미하는 것이다. 그러나 $X3$를 제외시킨 모형 (12.7)에서는 $X3$를 일정하게 할 수 없으므로, $X3$를 통한 영향을 제거할 수 없다. 그 결과 회귀계수 $\alpha_2$는 $X2$의 순영향뿐만 아니라, $X3$의 변화를 통한 영향까지도 포함하게 되어 추정결과가 편의되게 된다.

$$\begin{aligned}\alpha_2 &= \frac{dY}{dX2} = \frac{\partial Y}{\partial X2} + \frac{\partial Y}{\partial X3} \times \frac{dX3}{dX2} \\ &= \beta_2 + \beta_3 \times \frac{dX3}{dX2}\end{aligned} \qquad (12.8)$$

그런데 만일 제외된 변수 $X3$가 $X2$와 상관관계가 없다면, 즉 $dX3/dX2=0$이라면 식(12.8)에서의 두번째 항이 사라지게 되어 추정의 편의가 생기지 않게 된다.

5) $X2$와 $X3$가 서로 상관관계에 있다고 하였으므로, 이 경우에 독립변수 $X2$는 잔차항 $\varepsilon$과 상관관계에 있게 된다. 그리하여 11장 부록에서 설명한 네번째 가정을 위반하므로 최소자승추정법이 BLUE가 되지 못한다. 구체적으로 추정이 편의(biased)되게 되며, 이를 상관관계가 있는 변수의 제외로 인하여 생기는 문제(correlated-omitted-variable problem)라 한다.

[그림 12-3]과 [그림 12-4]는 변수를 제외시킬 때 추정에 어떠한 영향이 있는지를 그림으로 보여 주고 있다. X3를 제외시킨 채 최소자승선을 찾는 것은, 그림에서 *X*3=0인 경우와 *X*3=1인 경우를 구분하지 않고 모든 점들에 가장 가까이 있는 직선을 찾는 것이다(A로 표시함). *X*3를 포함한 다중회귀모형을 추정하는 것은, 그림에서 *X*3=0인 경우와 *X*3=1인 경우를 구분하여 각각의 경우에 해당하는 점들에 가장 가까이 있는 직선을 찾는 것이다(*B*로 표시함).

**그림 12-3** | X3가 X2와 상관관계가 없는 경우

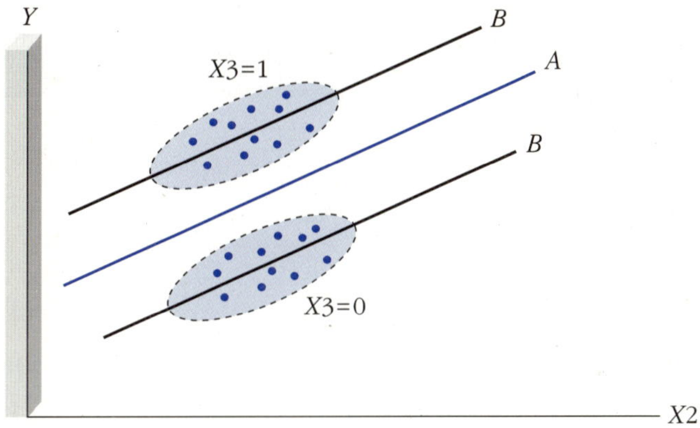


**그림 12-4** | X3와 X2 사이에 상관관계가 있는 경우

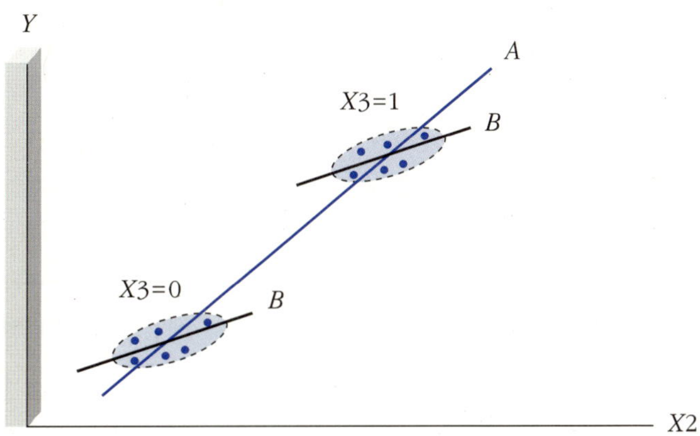

[그림 12-3]은 $X3$와 $X2$ 사이에 상관관계가 없는 경우로 최소자승선 A의 기울기와 $B$의 기울기가 일치한다. 즉, 회귀모형 (12.6)에서의 $\beta_2$와 회귀모형 (12.7)에서의 $\alpha_2$가 일치하므로, $X3$를 제외시키더라도 추정이 잘못되지 않는다.

이에 반하여, $X3$와 $X2$ 사이에 상관관계가 있는 경우인 [그림 12-4]에서는 최소자승선 $A$의 기울기와 B의 기울기가 서로 다르다. 즉, $X3$를 제외시킨 회귀모형 (12.7)을 사용하게 되면 우리가 알고 싶은 순영향 $\beta_2$와는 다른, 즉 편의된 $\alpha_2$(A의 기울기)를 얻게 된다.

## 12.3 결정계수($R^2$)와 조정된 결정계수

### 12.3.1 $R^2$의 정의와 해석

종속변수의 값 $Y_i$는 두 부분으로 분리할 수 있다. 하나는 최소자승함수로 결정되는 값($\hat{Y}_i$)이고, 다른 하나는 $Y_i$와 $\hat{Y}_i$의 차이인 잔차이다($Y_i - \hat{Y}_i = \hat{u}_i$). 각각을 제곱한 후 모든 관측치들의 합을 구하면 다음과 같은 관계식을 얻을 수 있다.

$$\begin{aligned} Y_i &= \hat{Y}_i + (Y_i - \hat{Y}_i) \\ \Rightarrow \quad Y_i - \overline{Y} &= (\hat{Y}_i - \overline{Y}) + \hat{u}_i \\ \Rightarrow \Sigma(Y_i - \overline{Y})^2 &= \Sigma(\hat{Y}_i - \overline{Y})^2 + \Sigma\hat{u}_i^2 \\ \Rightarrow \quad TSS &= RSS + ESS \end{aligned} \tag{12.9}$$

여기서 $TSS$(total sum of squares, 총변동)는 $Y_i$값들이 서로 얼마나 다른지, 즉 총변동량을 측정하고, $RSS$(regression sum of squares, 회귀변동)는 이러한 총변동량을 최소자승함수가 어느 정도 설명하는지를 측정하며, $ESS$(error sum of squares, 잔차변동)는 총변동량 중에서 아직 설명 안 된 부분을 측정한다.

종속변수 $Y_i$의 값들이 왜 서로 다른지를 이해하는 데 최소자승함수가 도움을 줄 수 있기 위해서는 위에서의 $RSS$가 충분히 커야 할 것이다. 따라서 모형의 적합도를 측정할 수 있는 결정계수($R^2$)를 다음과 같이 정의한다.

결정계수

$$R^2 = \frac{RSS}{TSS} \tag{12.10}$$

$R^2$는 종속변수 $Y$의 관측치들이 서로 다른 정도를 나타내는 총변동($TSS$) 중 얼마만큼이 최소자승함수에 의하여 설명되는지를 계산하는 것이다. 그리고 제11장의 단순회귀모형에서 이미 설명하였듯이, $R^2$는 0과 1 사이의 값을 가지며 종속변수의 측정단위와는 무관하다.

$R^2$의 표본분포는 정규분포나 $t$분포와 같은 정형화된 확률분포로 나타내기 어렵기 때문에 일반적으로 $R^2$의 분포를 사용하여 회귀계수의 유의성을 검정하지는 않는다. 그리고 종속변수가 서로 다른 두 회귀모형들의 $R^2$를 비교하는 것은 의미가 없다는 것을 앞 장에서 설명하였다.

## 12.3.2 조정된 결정계수

많은 분석자들은 회귀모형에 포함된 독립변수의 수에 따라 $R^2$를 조정할 것을 제안한다. 그 이유는 독립변수의 수가 증가할수록 $R^2$는 항상 증가하기 때문에, 독립변수의 수가 가장 많은 회귀모형이 마치 제일 좋은 모형인 것으로 여겨질 우려가 있기 때문이다. 이러한 단점을 보완하기 위하여, 독립변수의 수가 늘어남에 따라 벌칙을 부과하도록 고안한 것이 조정된 결정계수(adjusted coefficient of determination, $R^2_{adj}$)이며, 다음과 같이 정의한다.

조정된 결정계수

$$R^2_{adj} = 1 - (1 - R^2)\frac{n-1}{n-k} \tag{12.11}$$

여기서 $n$은 표본 크기를, $k$는 절편을 포함한 회귀계수의 수를 나타낸다. 위의 식에서 보듯이, $R^2_{adj}$는 독립변수의 수와 표본 크기를 고려하였다는 점이 $R^2$와 다르다. 만일 추가된 독립변수가 설명할 수 있는 $Y$의 변동량이 벌칙으로 부과되는 양보다 작게 되면, 독립변수의 수가 늘더라도 $R^2_{adj}$는 줄어들 수 있고 또한 음수가 될 수도 있다. $R^2_{adj}$는 $R^2$와 마찬가지로 표본분포가 알려져 있지 않기 때문에, 모형의 적합성 또는 회귀계수에 관한 가설검정에는 사용될 수가 없는 한계점이 있다. [그림 12-2]의 추정결과에 의하면, 결정계수는 0.981115이고 조정된 결정계수는 0.977574임을 알 수 있다.

## 12.4 다중공선성

다중공선성(multicollinearity)이란 독립변수들 사이에 밀접한 상관관계가 존재하는 것을 일컫는 것으로, 그러한 경우에는 독립변수들의 계수가 정확히 추정되지 못하는 문제가 발생한다. 회귀모형에서 종속변수의 변동을 설명하거나 예측하기 위하여 사용된 독립변수들(independent variables)은 대부분 서로 독립이 아니다. 실제로 많은 경우에 있어서 독립변수들은 상당히 높은 상관관계를 보인다.

극단적인 예를 들면, $Y = 1 + 2X$ 의 회귀모형에 $X$와 똑같은 변수인 $Z$를 포함시킨 후 추정하게 되면,

$$
\begin{aligned}
y &= 1 + 2X \\
&= 1 + 2Z \\
&= 1 - 1.5X + 3.5Z
\end{aligned}
\qquad (12.13)
$$

와 같이, $X$와 $Z$의 계수의 합이 2가 되는 식은 모두 추정회귀선으로 사용될 수 있다. 왜냐하면, $X$와 $Z$는 실제로 똑같은 변수이기 때문이다. 이처럼 극단적인 경우는 아니더라도, 서로 밀접한 상관관계에 있는 변수들의 계수는 정확히 추정할 수 없을 것으로 짐작된다. 심지어 계수의 부호가 우리의 예상과는 반대가 될 수도 있다. 앞의 〈예제 12-2〉의 모형1에서 LOGS2의 계수는 양수가 되는 것이 정상이나 −0.624인 음수로 추정된 것은 바로 다중공선성에 의한 영향으로 해석된다.

이러한 추정의 부정확성 정도를 나타내는 것이 바로 표준오차(standard error)

라는 것을 제11장에서 설명한 바 있다. 따라서 다중공선성이 있게 되면 상관관계가 큰 변수들의 표준오차는 크게 된다.

앞의 소비함수 예에서 소득($X$)과 상관계수가 0.999인 변수 $Z$를 함께 포함하여 보자[그림 12-5].

$$Y_i = \beta_1 + \beta_2 X_i + \beta_3 Z_i + u_i \tag{12.14}$$

**그림 12-5 | 다중공선성이 있는 자료**

| | A | B | C | D |
|---|---|---|---|---|
| 1 | No | Y (소비) | X (소득) | Z |
| 2 | 1 | 39 | 50 | 51 |
| 3 | 2 | 42 | 50 | 51 |
| 4 | 3 | 47 | 60 | 61 |
| 5 | 4 | 53 | 70 | 71 |
| 6 | 5 | 55 | 70 | 71 |
| 7 | 6 | 56 | 70 | 72 |
| 8 | 7 | 61 | 70 | 70 |
| 9 | 8 | 61 | 80 | 80 |
| 10 | 9 | 64 | 80 | 80 |
| 11 | 10 | 68 | 80 | 80 |
| 12 | 11 | 67 | 90 | 90 |
| 13 | 12 | 70 | 90 | 90 |
| 14 | 13 | 72 | 90 | 90 |
| 15 | 14 | 75 | 90 | 90 |
| 16 | 15 | 78 | 100 | 100 |
| 17 | 16 | 81 | 100 | 100 |
| 18 | 17 | 87 | 110 | 110 |
| 19 | 18 | 88 | 110 | 110 |
| 20 | 19 | 91 | 110 | 112 |
| 21 | 20 | 95 | 120 | 124 |

[그림 12-6]의 추정결과에 의하면, $X$와 $Z$가 서로 비슷한 변수임에도 불구하고 $Z$의 계수는 음수로 추정되었다($\hat{\beta}_3 = -0.02091$). 그리고 $\hat{\beta}_2$과 $\hat{\beta}_3$의 표준오차는 각각 se($\hat{\beta}_2$)=0.591901과 se($\hat{\beta}_2$)=0.587958로 큰 편이며, 그 결과 각각의 $t$값은 1.375892와 −0.03556으로 작아졌다. 그로 인하여 $H_0: \beta_2 = 0$의 $p$-값은 0.186712이고 $H_0: \beta_3 = 0$의 $p$-값은 0.972049로 모두 유의하지 않음을 알 수 있다(유의수준 0.1에서). 제11장에서 $X$만을 포함한 회귀모형의 추정결과 [그림 11-4]에서는 $X$의

그림 12-6 | 다중공선성이 있는 자료

| 회귀분석 통계량 | | | | | |
|---|---|---|---|---|---|
| 다중 상관계수 | 0.987892 | | | | |
| 결정계수 | 0.975931 | | | | |
| 조정된 결정계수 | 0.9731 | | | | |
| 표준 오차 | 2.650784 | | | | |
| 관측수 | 20 | | | | |
| | | | | | |
| 분산 분석 | | | | | |
| | 자유도 | 제곱합 | 제곱 평균 | F 비 | 유의한 F |
| 회귀 | 2 | 4843.547 | 2421.773 | 344.6553 | 1.75E-14 |
| 잔차 | 17 | 119.4531 | 7.026653 | | |
| 계 | 19 | 4963 | | | |
| | | | | | |
| | 계수 | 표준 오차 | t 통계량 | P-값 | |
| Y 절편 | 0.464101 | 2.623827 | 0.176879 | 0.861693 | |
| X (소득) | 0.814392 | 0.591901 | 1.375892 | 0.186712 | |
| Z | -0.02091 | 0.587958 | -0.03556 | 0.972049 | |

표준오차가 0.029368, $t$값이 27.01486, 그리고 $p$-값이 $5.09 \times 10^{-16}$으로 매우 유의한 것과 대조를 이룬다. 이러한 현상이 나타나는 이유는 $X$와 $Z$가 서로 상관관계가 크기 때문에 다중공선성으로 인하여 계수의 추정이 부정확해지기 때문이다. 또한 비슷한 변수 $Z$가 모형에 같이 포함된 상태에서는 $X$의 순영향이 거의 없으므로 제외시켜도 되기 때문에, 위에서 $X$의 계수가 유의하지 않게 된 것이다.

이상의 논의로부터 다시 한 번 강조하고 싶은 것은, 여러 계수의 $p$-값이 유의수준보다 크다고 하여 그러한 변수들을 한꺼번에 모두 제외시킬 수는 없다는 것이다. 어느 $p$-값이 크다는 것이 의미하는 것은, 해당 변수 이외의 다른 변수들이 회귀모형에 포함되어 있다면 그 변수 하나만을 제외시킬 수 있다는 것이다. 그 변수를 제외시킨 후에 새로운 회귀모형을 추정한 후, 남아 있는 변수들의 계수에 대하여 다시 가설검정을 하여야 한다.

다중공선성의 현상은 설명변수들 사이에 상관관계가 있을 때 나타나는 것으로, 서로 독립적인 변수들을 포함시켰을 때에는 그러한 문제가 나타나지 않는다. 그러나 완전히 독립적인 변수들은 찾기 힘들며, 모든 변수들 사이에는 어느 정도의 상관관계가 존재하는 것이 일반적인 현상이다.

그렇다면 설명변수들의 상관관계로 인한 다중공선성의 문제가 심한지 아닌지에 관한 판단은 어떻게 해야 하는 것인가? 이러한 결정은 분석목적을 고려한 주관적 판단에 상당 부분 의존할 수밖에 없다. 대부분의 경우 설명변수들 사이에는 상관관계가 존재하기 때문에, 그로 인한 다중공선성의 문제도 정도의 차이는 있겠지만 항상 존재하기 마련이다. 따라서 우리가 결정해야 하는 문제는 설명변수들 사이의 상관관계와 다중공선성이 있는지의 여부가 아니라, 일반적으로 존재하는 다중공선성이 분석결과에 어떠한 영향을 미치는지를 살펴보고 그에 맞는 해결책을 적용하는 것이다.

만일 설명변수들 사이에 상관관계가 높은데도 불구하고, 분석자의 관심대상인 변수들의 회귀계수가 기대하는 값으로 추정되고 가설검정 결과 유의하다고 (significant) 결론 내려지는 경우에는, 다중공선성이 전혀 문제가 되지 않는다. 다중공선성으로 인하여 커진 표준오차를 갖고 가설검정을 했음에도 불구하고 유의하다면, 다중공선성이 보다 작은 경우에는 그 회귀계수의 유의성이 더 커지게 되어 똑같은 결론이 내려질 것이기 때문이다.

그리고 분석목적이 회귀계수의 값을 추정하거나 그 유의성을 검정하는 것이 아니라 종속변수의 값을 예측하는 것이라면, 다중공선성은 전혀 신경 쓸 필요가 없다. 위 식(12.13)에서 보듯이 설명변수 $X$와 $Z$의 계수들은 정확히 추정되지는 않지만, 계산된 $Y$값은 어떠한 계수를 사용하건 간에 똑같게 된다.

그러나 분석목적이 회귀계수에 대한 유의성을 검정하는 것인데 기대와 많이 어긋나는 추정결과를 얻는 경우에는 다중공선성에 대한 적절한 조치를 취할 필요가 있다. 다중공선성에 대한 해결방안들에 관하여는 본 교재의 범위를 벗어나는 것으로, 관심 있는 독자는 계량경제학 교재를 참고하기 바란다. 본 교재의 수준에서 권할 수 있는 방법은 다중공선성이 있는 변수들 중에서 분석자의 판단에 따라 일부 변수들을 제외시키는 것이다. 예를 들어, [그림 12-6]의 결과에서와 같이 두 설명변수 $X$와 $Z$의 계수가 유의하지 않게 나타났으며 Z의 계수는 심지어 반대 부호를 갖고 있다면, 이들 중 한 변수를 제외시킬 필요가 있다. 이때 어느 변수를 제외시키느냐는 분석자의 주관적 판단에 따라, 분석목적과 관련성이 가장 약한 변수들부터 차례로 제외시키는 것이 한 방법이다.

## 12.5 범주자료의 회귀분석

지금까지 설명한 회귀분석에서의 독립변수는 값의 크기를 측정할 수 있는 정량변수들(quantitative variables)에 한정되었다. 그러나 종속변수의 값은 개별 관측대상이 속하는 집단의 특성에 의해서도 영향을 받을 수 있다. 예를 들어, 도시 또는 농촌 중 어느 지역에서 살고 있는지에 따라 소비액이 다를 수 있다. 또한 남자와 여자들 사이에 임금의 차이가 있는지를 조사할 필요가 있는 경우도 있다. 이러한 분석을 하기 위해서는 두 집단을 구분하는 변수를 포함해야 한다. 그러나 관측대상이 도시 또는 농촌 지역에서 살고 있는지, 그리고 남자인가 여자인가를 나타내는 범주변수들(categorical variables)은 이제까지 독립변수로 사용된 정량변수와는 달리 그 크기를 측정할 수 없다. 본 절에서는 이러한 범주변수들을 회귀분석에서 어떻게 다루는가를 설명하고자 한다.

### 12.5.1 더미변수를 포함한 회귀모형

회귀분석에서 범주변수를 다루는 일반적인 방법은 더미변수(dummy variable)를 이용하는 것이다. 더미변수는 두 개의 값만을 취하는 변수로 관측대상이 해당 범주에 속하면 1, 속하지 않으면 0의 값을 갖는다. 앞에서 사용하였던 소비함수의 예에서, 해당 가구가 도시 지역에 살고 있는지를 나타내는 더미변수 $D$를 다음과 같이 정의할 수 있으며, [그림 12-7]은 더미변수를 포함한 자료를 보여주고 있다.

더미변수

$$\begin{aligned} D &= 1 \text{ if 도시} \\ &= 0 \text{ if 농촌} \end{aligned} \tag{12.15}$$

**그림 12-7** | **더미변수를 포함한 EXCEL 파일**(cons-dummy.xls)

| | A | B | C | D | E |
|---|---|---|---|---|---|
| 1 | No | Y (소비) | X (소득) | Dummy | 지역 |
| 2 | 1 | 39 | 50 | 0 | 농촌 |
| 3 | 2 | 42 | 50 | 0 | 농촌 |
| 4 | 3 | 47 | 60 | 1 | 도시 |
| 5 | 4 | 53 | 70 | 0 | 농촌 |
| 6 | 5 | 55 | 70 | 1 | 도시 |
| 7 | 6 | 56 | 70 | 0 | 농촌 |
| 8 | 7 | 61 | 70 | 1 | 도시 |
| 9 | 8 | 61 | 80 | 0 | 농촌 |
| 10 | 9 | 64 | 80 | 1 | 도시 |
| 11 | 10 | 68 | 80 | 1 | 도시 |
| 12 | 11 | 67 | 90 | 0 | 농촌 |
| 13 | 12 | 70 | 90 | 0 | 농촌 |
| 14 | 13 | 72 | 90 | 0 | 농촌 |
| 15 | 14 | 75 | 90 | 0 | 농촌 |
| 16 | 15 | 78 | 100 | 0 | 농촌 |
| 17 | 16 | 81 | 100 | 1 | 도시 |
| 18 | 17 | 87 | 110 | 0 | 농촌 |
| 19 | 18 | 88 | 110 | 0 | 농촌 |
| 20 | 19 | 91 | 110 | 1 | 도시 |
| 21 | 20 | 95 | 120 | 1 | 도시 |

소득($X$)과 각 가구의 위치를 나타내는 더미변수 $D$를 포함시키게 되면, 각 가구($i$)의 소비수준을 설명할 수 있는 회귀모형을 얻게 된다.

$$Y_i = \beta_0 + \beta_1 D_1 + \beta_2 X_i + u_i \tag{12.16}$$

여기서 가구의 위치에 관한 범주변수 대신에 0과 1의 수치 값을 갖는 더미변수 $D$로 대체하였기에, 최소자승법을 사용하여 회귀계수를 추정할 수 있다. [그림 12-8]은 EXCEL을 이용하여 추정한 결과이며, 최소자승선이 $\hat{Y} = -0.1018 + 2.281D_i + 0.789X_i$임을 보여주고 있다. 그리고 결정계수 $R^2 = 0.980937$이라는 결과로부터 최소자승선이 $Y$의 변동을 잘 설명한다는 것을 알 수 있다.

[그림 12-8]의 결과에 의하면, 표본에 포함된 가구들의 소비가 왜 서로 다른지를 이해하는데 있어서 소득($X$)이 매우 유의한 변수($p$값<0.001)임과 동시에, 도시에 사는지를 나타내는 더미변수도 $p$값이 0.049679로서 유의수준 0.05에서 유의

함을 알 수 있다.

**그림 12-8 | EXCEL에 의한 추정 결과**

| 회귀분석 통계량 | | | | | |
|---|---|---|---|---|---|
| 다중 상관계수 | 0.990423 | | | | |
| 결정계수 | 0.980937 | | | | |
| 조정된 결정계수 | 0.978694 | | | | |
| 표준 오차 | 2.359097 | | | | |
| 관측수 | 20 | | | | |
| | | | | | |
| 분산 분석 | | | | | |
| | 자유도 | 제곱합 | 제곱 평균 | F 비 | 유의한 F |
| 회귀 | 2 | 4868.389 | 2434.195 | 437.3847 | 2.41E-15 |
| 잔차 | 17 | 94.61078 | 5.56534 | | |
| 계 | 19 | 4963 | | | |
| | | | | | |
| | 계수 | 표준 오차 | t 통계량 | P-값 | |
| Y 절편 | -0.1018 | 2.347995 | -0.04335 | 0.965924 | |
| X (소득) | 0.789222 | 0.026965 | 29.26861 | 5.52E-16 | |
| Dummy | 2.281437 | 1.079644 | 2.113138 | 0.049679 | |

## 12.5.2 더미변수 계수의 해석

더미변수의 계수를 해석하기 위해서 식(12.16)의 조건평균값을 각 범주별로 계산하면 다음과 같다.

$$E(Y_i | X_i, D_i = 0) = \beta_0 + \beta_2 X_i$$
$$E(Y_i | X_i, D_i = 1) = \beta_0 + \beta_1 + \beta_2 X_i \qquad (12.17)$$

첫번째 식은 농촌에 사는 가구들의 소득($X$)과 조건평균소비액의 관계를 보여주는 회귀식이며, 두번째 식은 도시에 사는 가구들의 회귀식이다. 여기서 더미변수의 계수 $\beta_1$은 두 그룹간의 조건평균소비액의 차이를 나타낸다. 좀 더 자세히 말하면, 소득수준이 같더라도 도시에 사는 가구들의 평균소비액이 농촌에 사는 가구들의 평균소비액보다 $\beta_1$만큼 많다는 의미이다. 이를 그림으로 보이면 [그림 12-9]와 같다.

**그림 12-9 | 각 범주별 회귀선**

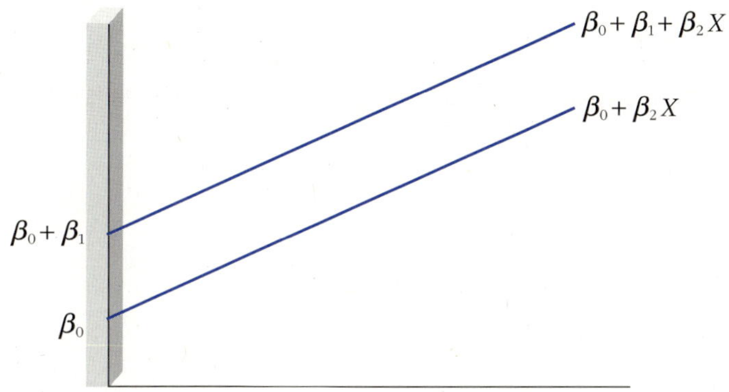


[그림 12-8]의 추정결과에 의하면, 더미변수의 계수추정치는 $\hat{\beta}_1=2.281437$으로 소득수준이 같은 가구들 중에서도 도시에 사는 가구들의 소비가 농촌지역의 가구들보다 평균적으로 2.281437만큼 많다는 것을 알 수 있다. 그러나 이 추정치는 표본에 포함된 20가구의 관측에 근거한 것이므로, 모집단의 모든 가구들에 일반화시키기 위해서는 표본과 관련한 불확실성을 고려하여야 하는데 표준오차(s.e.=1.079644)가 이를 반영하고 있다. 이러한 불확성을 고려하면서 도시와 농촌 지역 사이에 소비 차이가 있는지를 분석하기 위해서는 다음의 가설을 검정하여야 한다.

$$H_0: \beta_1=0 \quad vs. \quad H_1: \beta_1\neq 0 \tag{12.18}$$

[그림 12-8]에 의하면 위 가설검정의 $p$-값이 0.049679이므로, 도시와 농촌간 소비수준의 차이가 유의수준 0.05에서 유의하다고 말할 수 있다. 그런데 이 경우에는 도시의 소비가 농촌의 소비보다 높을 것이라고 사전에 예상할 수 있으므로 단측검정을 실시할 수도 있다. 즉, 대립가설을 아래와 같이 정하면 $p$-값이 위에서 양측검정의 경우보다 절반으로 줄어들어 ($p$-값 = 0.024839), 도시 지역이 농촌

지역보다 소비수준이 높다는 것을 보다 강력하게 주장할 수 있다.

$$H_0: \beta_1 = 0 \quad vs. \quad H_1: \beta_1 > 0 \tag{12.19}$$

**예제 | 12-2**

회귀모형에 다른 독립변수는 없이 더미변수만을 포함시킬 수도 있다. 위 [그림 12-7]의 자료에서 도시 또는 농촌을 구분하는 더미변수만을 사용하여 소비액을 분석하여 보자.

**풀이**

$$Y_i = \beta_0 + \beta_1 D_i + u_i \tag{12.20}$$

이 경우에 각 범주에 해당하는 평균값은 다음과 같다.

$$\begin{aligned} E(Y_i \mid D_i = 0) &= \beta_0 \\ E(Y_i \mid D_i = 1) &= \beta_0 + \beta_1 \end{aligned} \tag{12.21}$$

결국 $\beta_0$는 $D=0$인 그룹, 즉 농촌에 거주하는 전체 가구들의 평균소비를 의미하며, $\beta_0 + \beta_1$은 $D=1$인 그룹, 즉 도시에 거주하는 전체 가구들의 평균소비를 의미한다. 따라서 $\beta_1$은 두 그룹간 평균소비의 차이를 나타낸다. 가설 $H_0: \beta_1 = 0$을 검정함으로써 두 그룹의 평균소비에 차이가 있는지 여부를 검정할 수 있다. 이와 같이 회귀모형에 더미변수만을 포함함으로써, 제8장에서 설명한 두 모집단 평균에 관한 가설검정과 같은 분석을 할 수 있다.

[그림 12-10]의 추정결과에 의하면, 더미변수 계수의 $p$-값이 0.548855로 매우 크므로, 도시와 농촌에 거주하는 가구들 사이의 평균소비가 다르지 않다는 분석결과를 얻었다. 그러나 여기에서 주의할 점은, 소득도 소비에 영향을 미칠 수 있으며 도시와 농촌에 거주하는 가구들의 소득이 똑같지 않다는 것이다. 이처럼 두 그룹 간에 지역적 차이뿐만 아니라 소득면에서도 차이가 있음에도 불구하고, 그 중 지역적 차이만을 분석하게 되면 오류가 발생할 수 있다. 실제로 소득과 더미변수를 모두 포함하였을 경우에는 더미변수의 계수가 유의하게 추정되었다[그림 12-8].[6]

---

6) 앞에서도 설명하였듯이, 우리의 관심변수가 종속변수에 미치는 순영향을 올바로 분석하기 위해서는 종속변수에 유의한 영향을 미치는 다른 변수들도 함께 포함하는 다중회귀모형을 사용하여야 한다는 것을 다시 한 번 강조하고자 한다.

그림 12-10 | 더미변수를 이용한 두 그룹간의 평균비교

| 회귀분석 통계량 | | | | | |
|---|---|---|---|---|---|
| 다중 상관계수 | 0.142538 | | | | |
| 결정계수 | 0.020317 | | | | |
| 조정된 결정계수 | -0.03411 | | | | |
| 표준 오차 | 16.43534 | | | | |
| 관측수 | 20 | | | | |
| | | | | | |
| 분산 분석 | | | | | |
| | 자유도 | 제곱합 | 제곱 평균 | F 비 | 유의한 F |
| 회귀 | 1 | 100.8333 | 100.8333 | 0.37329 | 0.548855 |
| 잔차 | 18 | 4862.167 | 270.1204 | | |
| 계 | 19 | 4963 | | | |
| | | | | | |
| | 계수 | 표준 오차 | t 통계량 | P-값 | |
| Y 절편 | 65.66667 | 4.744474 | 13.84066 | 4.91E-11 | |
| Dummy | 4.583333 | 7.501672 | 0.610975 | 0.548855 | |

## 12.5.3 여러 개의 더미변수가 필요한 회귀모형

위에서 설명한 소비함수의 분석에서는 범주변수(categorical variable)의 범주가 도시와 농촌 2개인 경우로서 1개의 더미변수를 사용하여 분석할 수 있었다. 즉, 도시 지역에 거주하면 1의 값을 그렇지 않으면 0의 값을 부여함으로써, 각 가구들을 주거 위치에 따라 구분할 수 있었다.

그러나 만일 변수의 범주가 3개 이상이라면 하나의 더미변수로는 모두를 구분할 수 없을 것이다. 예를 들어, 주식수익률의 분석에서 계절에 따른 차이를 고려한다고 하자. 계절이라는 범주변수에는 봄, 여름, 가을, 겨울의 네 범주가 있다. 이들을 구분하기 위하여 더미변수들을 정의하여야 하는데, 우선 여름과 다른 계절들을 구분하기 위한 더미변수 $D1$은 주식수익률이 여름에 관측된 것이라면 1의 값을, 아니면 0의 값을 부여한다. 또한, 가을의 주식수익률과 다른 계절들을 구분하기 위한 더미변수 $D2$와, 겨울을 나타내는 더미변수 $D3$도 필요하다.

$D1$ = 여름에 해당하면 1, 아니면 0
$D2$ = 가을에 해당하면 1, 아니면 0
$D3$ = 겨울에 해당하면 1, 아니면 0

여기서 봄의 주식수익률은 $D1=0$, $D2=0$, $D3=0$으로 표시할 수 있으므로, 봄을 의미하는 더미변수는 필요하지 않다. 이러한 의미에서 봄이 기준(basis) 역할을 한다고 볼 수 있으며, 따라서 범주 수보다 하나 적은 수만큼의 더미변수로 모든 범주들의 구분이 가능하다. 이와 같은 더미변수의 정의에 따르면 각 계절은 다음과 같이 표시될 수 있다.

| 계절 | $D1$ | $D2$ | $D3$ |
|---|---|---|---|
| 봄 | 0 | 0 | 0 |
| 여름 | 1 | 0 | 0 |
| 가을 | 0 | 1 | 0 |
| 겨울 | 0 | 0 | 1 |

위의 세 더미변수들을 사용하여 주식수익률을 분석하는 회귀모형은 다음과 같다.

$$Y = \beta_0 + \beta_1 D1 + \beta_2 D2 + \beta_3 D3 + \beta_4 X + u \quad (12.22)$$

여기서 $X$는 기업 규모 또는 영업이익률 등과 같이 주식수익률에 영향을 미칠 수 있는 요인을 나타낸다. 이 모형에서 봄의 주식수익률의 조건평균을 나타내는 회귀식은 $D1 = 0$, $D2 = 0$, $D3 = 0$을 대입한 결과인

$$E(Y \mid D1 = 0, D2 = 0, D3 = 0, X) = \beta_0 + \beta_4 X \quad (12.23)$$

가 된다.[7] 같은 방법으로 다른 계절들에서의 조건평균을 계산하면 다음과 같다.

---

7) 표현을 간단히 하기 위하여 개별 관측치를 의미하는 첨자 $i$를 생략한다.

$$\begin{aligned} &\text{여름} \quad E(Y \mid D1=1, D2=0, D3=0, X) = (\beta_0+\beta_1) + \beta_4 X \\ &\text{가을} \quad E(Y \mid D1=0, D2=1, D3=0, X) = (\beta_0+\beta_2) + \beta_4 X \\ &\text{겨울} \quad E(Y \mid D1=0, D2=0, D3=1, X) = (\beta_0+\beta_3) + \beta_4 X \end{aligned} \tag{12.24}$$

이제 더미변수들의 계수를 해석하기 위해서 각 계절에서의 조건평균들을 기준계절인 봄의 조건평균인 식(12.23)과 비교하여 보자. 여름 더미변수의 계수 $\beta_1$은 여름의 평균값이 기준계절인 봄에 비하여 얼마나 큰지를 의미한다는 것을 알 수 있다. 마찬가지로, 가을 더미변수의 계수 $\beta_2$와 겨울 더미변수의 계수 $\beta_3$는 각각의 해당 계절의 평균값이 기준계절인 봄에 비하여 얼마나 큰지를 의미한다.

위에서 더미변수를 정의할 때, 봄을 기준계절로 삼고 여름, 가을 그리고 겨울의 더미변수를 선정하였다. 그러나 어떠한 계절을 기준계절로 선정하는가는 분석결과에 영향을 미치지 않는다는 것을 지적하고 싶다. 가령, 겨울을 기준계절로 삼게 되면 우리는 봄, 여름 그리고 가을을 나타내는 세 개의 더미변수가 필요할 것이다. 그리고 각 더미변수의 계수는 기준계절인 겨울에 비하여 해당 계절의 평균값이 얼마나 큰지를 의미하게 될 것이다.

### 예제 | 12-3

어느 소비자단체에서 컴퓨터모니터의 올바른 선택을 돕기 위하여 아래와 같은 자료를 수집하였다.

a) 회귀모형에 모니터 크기를 포함시킬 수 있도록 더미변수를 정의하시오.

b) 선명도를 예측할 수 있는 다중회귀모형을 추정하시오.

c) 모니터 크기가 선명도에 통계적으로 유의한 영향을 미치는지 유의수준 0.05에서 검정하시오.

d) 판매원이 제의하기를 100,000원을 더 지불하면 모니터 크기가 '소'에서 '대'로 바꿀 수 있다고 한다. 합리적인 제의인지를 설명하시오.

| 칼러모니터 | 선명도 평가치($Y$) | 가격($X1$) | 모니터 크기 |
|---|---|---|---|
| AAA | 51.5 | 132,900 | 소 |
| AAB | 49.5 | 115,500 | 소 |
| ABS | 52.5 | 125,000 | 소 |
| ACC | 48.0 | 194,900 | 대 |

| | | | |
|---|---|---|---|
| ADD | 55.0 | 269,500 | 대 |
| DAA | 43.0 | 116,900 | 중 |
| DCC | 54.0 | 289,900 | 대 |
| SAA | 57.5 | 285,900 | 대 |
| SAC | 52.5 | 139,900 | 중 |
| SBB | 47.5 | 124,900 | 중 |
| XYZ | 47.0 | 219,900 | 대 |

**풀이**

a) 모니터 크기의 종류가 세 가지이므로 두 개의 더미변수($X2$, $X3$)가 필요하며, 다음과 같이 정의할 수 있다.

$X2$=1 (크기가 '중' 인 경우), 0 (그 이외의 경우)

$X3$=1 (크기가 '대' 인 경우), 0 (그 이외의 경우)

| 칼러모니터 | 모니터 크기 | $X1$ | $X2$ |
|---|---|---|---|
| AAA | 소 | 0 | 0 |
| AAB | 소 | 0 | 0 |
| ASS | 소 | 0 | 0 |
| ACC | 대 | 0 | 1 |
| ADD | 대 | 0 | 1 |
| DAA | 중 | 1 | 0 |
| DCC | 대 | 0 | 1 |
| SAA | 대 | 0 | 1 |
| SAC | 중 | 1 | 0 |
| SBB | 중 | 1 | 0 |
| XYZ | 대 | 0 | 1 |

b) [그림 12-8]에 나타난 결과에 의하면, 최소자승회귀선은 $\hat{Y} = 37.555 + 0.00011X1 - 3.803X2 - 12.816X3$이다. 모니터의 크기가 일정할 때, 가격이 1원 증가하면 선명도는 0.00011만큼 증가한다고 기대할 수 있다. $\hat{\beta}_2 = -3.803$이 의미하는 바는, 같은 가격인 경우 크기가 '중' 인 것은 '소' 인 것보다 선명도가 3.803 만큼 작다는 것이다. 마찬가지로, $\hat{\beta}_3 = -12.816$이 의미하는 바는, 같은 가격인 경우 크기가 '대' 인 것은 '소' 인 것보다 선명도가 12.816 만큼 작다는 것이다. 따라서, 크기가 '대' 인 것은 '중' 인 것보다 9.013(=12.816−3.803) 만큼 선명도가 작아진다는 것을 알 수 있다. 결정계수 $R^2$는 0.756으로 세 개의 독립변수가 $Y$의 변동을 상당히 설명한다는 것을 의미한다.

**그림 12-11** | **EXCEL을 이용한 분석결과**

| 회귀분석 통계량 | |
|---|---|
| 다중상관계수 | 0.869 |
| 결정계수 | 0.756 |
| 조정된 결정계수 | 0.651 |
| 표준오차 | 2.469 |
| 관측수 | 11 |

**분산분석**

| | 자유도 | 제곱합 | 제곱평균 | *F* 비 | 유의한 *F* |
|---|---|---|---|---|---|
| 회귀 | 3 | 132.027 | 44.009 | 7.222 | 0.015 |
| 잔차 | 7 | 42.654 | 6.093 | | |
| 계 | 10 | 174.682 | | | |

| | | 계 수 | 표준오차 | *t* 통계량 | *p*-값 |
|---|---|---|---|---|---|
| *Y* 절편 | | 37.555 | 3.800 | 9.883 | 0.000 |
| *X*1 | 0.00011 | 0.00003 | 3.864 | 0.006 | |
| *X*2 | −3.803 | 2.017 | −1.885 | 0.101 | |
| *X*3 | −12.816 | 4.035 | −3.176 | 0.016 | |

c) 모니터 크기를 나타내는 더미변수의 계수 $\beta_2$의 $p$-값은 0.101이므로 유의수준 0.05에서 $H_0$: $\beta_2=0$을 기각시킬 수 없다. 비록 위에서 사용한 11개의 관측치에 의하여 $\hat{\beta}_2=-3.803$으로 추정되었지만, 이 추정치에 근거하여 크기가 '소'와 '중'인 모든 모니터들의 선명도에 차이가 존재한다고 결론짓기에는 증거가 불충분하다는 의미이다. 또 다른 더미변수의 계수 $\beta_3$의 $p$-값은 0.016이므로 유의수준 0.05에서 $H_0$: $\beta_3=0$을 기각시킬 수 있다. 이는 크기가 '소'와 '대'인 모든 모니터들의 선명도에 차이가 존재한다고 결론지을 수 있는 충분한 증거가 있다는 의미이다.

d) 모니터 크기가 '소'에서 '대'로 바뀌게 되면 선명도는 12.816만큼 감소하게 된다 ($\hat{\beta}_3=-12.816$). 가격이 1,000원 증가하면 선명도가 0.11 증가하므로 ($\hat{\beta}_1=0.00011$), 선명도를 12.816만큼 증가시켜 본래 수준의 선명도를 유지하기 위하여는 가격이 116,510(=12.816÷0.11)원 증가하여야 한다. 따라서, 판매원의 제의는 받아들일 가치가 있다고 말할 수 있다.

## 12.5.4 더미변수를 이용한 기울기 차이의 분석

앞 절에서는 더미변수가 회귀식의 절편을 바꿈으로써 범주별 평균값이 차이가 있는지를 분석하였다. 범주별로 회귀식의 기울기가 다를 수 있는 가능성을 고려하기 위해서는 다음과 같이 독립변수 $X$를 더미변수 $D$와 곱한 항을 포함시키면 된다.

$$y_i = \beta_0 + \beta_1 D_1 + \beta_2 X_i + \beta_3 (D_i \times X_i) + u_i \quad \textbf{(12.25)}$$

위 모형은 각 범주별로 다음과 같은 조건평균식을 의미한다.

$$\begin{aligned} E(Y_i \mid X_i, D_i = 0) &= \beta_0 + \beta_2 X_i \\ E(Y_i \mid X_i, D_i = 1) &= \beta_0 + \beta_1 + (\beta_2 + \beta_3) X_i \end{aligned} \quad \textbf{(12.25)}$$

곱의 항 $D_i \times X_i$의 계수 $\beta_3$는 $D_i = 1$인의 기울기가 $D_i = 0$인 경우에 비하여 얼마나 더 큰지를 나타낸다. 따라서 귀무가설 $H_0$: $\beta_3 = 0$이 기각된다는 것은 두 범주 사이의 기울기가 다르다는 것을, 다시 말하면 $X$가 $Y$에 미치는 영향의 정도가 다르다는 의미이다. 그리고 만일 $H_0$: $\beta_1 = \beta_3 = 0$이 채택된다면, 두 범주 사이에 절편과 기울기가 똑같다는 의미로서 두 범주를 구분할 필요가 없다는 의미이다. 그러나 식(12.25)에서 더미변수의 계수 $\beta_1$은 두 범주 사이에 절편, 즉 $X_i = 0$일 때 종속변수의 평균이 얼마나 차이가 나는지를 나타내는 것이지만, 우리의 관심은 독립변수 $X_i$의 값이 0인 경우에 한정되지 않기 때문에 $\beta_1$ 하나만은 별 의미가 없다.

[그림 12-12]는 각 범주에 해당되는 회귀선을 보여 주고 있다.

[그림 12-7]의 자료를 사용하여 도시와 농촌 지역 사이에 한계소비성향(즉, $X$의 기울기)의 차이가 있는지를 검정하여 보자. 이를 위해서는 먼저 더미변수(Dummy)와 독립변수($X$, 소득)를 곱한 항($DX$)을 [그림 12-13]에서와 같이 만들어야 한다.[8)]

8) EXCEL에서 회귀분석을 하기 위해서는 독립변수들을 서로 붙여 배열해야 하므로, 곱한 값들을 행E에 끼워 넣었다.

**그림 12-12** | X와 더미변수를 곱한 항이 포함된 경우의 회귀선

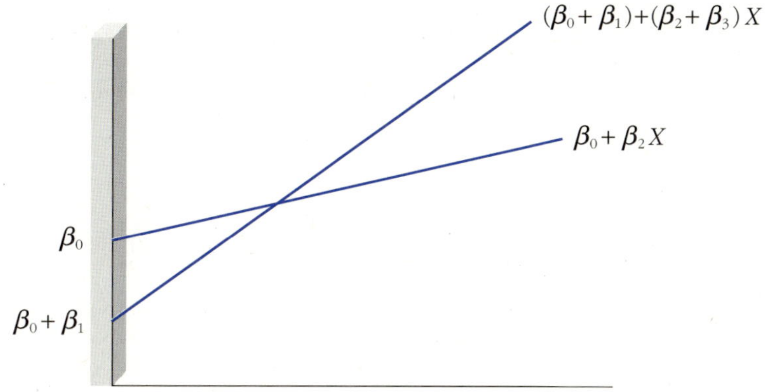


**그림 12-13** | 기울기 차이의 분석을 위한 자료

E3 = =C3*D3

| | A | B | C | D | E | F |
|---|---|---|---|---|---|---|
| 1 | No | Y (소비) | X (소득) | Dummy | DX | 지역 |
| 2 | 1 | 39 | 50 | 0 | 0 | 농촌 |
| 3 | 2 | 42 | 50 | 0 | 0 | 농촌 |
| 4 | 3 | 47 | 60 | 1 | 60 | 도시 |
| 5 | 4 | 53 | 70 | 0 | 0 | 농촌 |
| 6 | 5 | 55 | 70 | 1 | 70 | 도시 |
| 7 | 6 | 56 | 70 | 0 | 0 | 농촌 |
| 8 | 7 | 61 | 70 | 1 | 70 | 도시 |
| 9 | 8 | 61 | 80 | 0 | 0 | 농촌 |
| 10 | 9 | 64 | 80 | 1 | 80 | 도시 |
| 11 | 10 | 68 | 80 | 1 | 80 | 도시 |
| 12 | 11 | 67 | 90 | 0 | 0 | 농촌 |
| 13 | 12 | 70 | 90 | 0 | 0 | 농촌 |
| 14 | 13 | 72 | 90 | 0 | 0 | 농촌 |
| 15 | 14 | 75 | 90 | 0 | 0 | 농촌 |
| 16 | 15 | 78 | 100 | 0 | 0 | 농촌 |
| 17 | 16 | 81 | 100 | 1 | 100 | 도시 |
| 18 | 17 | 87 | 110 | 0 | 0 | 농촌 |
| 19 | 18 | 88 | 110 | 0 | 0 | 농촌 |
| 20 | 19 | 91 | 110 | 1 | 110 | 도시 |
| 21 | 20 | 95 | 120 | 1 | 120 | 도시 |

[그림 12-14]의 추정결과에 의하면, 최소자승추정식은

$$\hat{Y}_i = 0.306 + 0.784D_i + 1.282X_i + 0.01175\,(D_i \times X_i)$$

이 된다. $D_iX_i$의 계수가 0.01175이므로 도시 지역의 한계소비성향이 농촌 지역보다 0.01175만큼 큰 것으로 추정되었다. 그러나 표본을 사용함으로써 생기는 불확실성인 표준오차(0.05606)와 비교하여 보면, $t$값이 0.208684로 작으며 $p$값은 0.837329로 유의수준 0.1보다 크므로, 두 지역 간 한계소비성향에는 유의한 차이가 없다고 결론 내릴 수 있다.

**그림 12-14 | 기울기 차이의 분석 결과**

| 회귀분석 통계량 | | | | | |
|---|---|---|---|---|---|
| 다중 상관계수 | 0.990449 | | | | |
| 결정계수 | 0.980989 | | | | |
| 조정된 결정계수 | 0.977424 | | | | |
| 표준 오차 | 2.428399 | | | | |
| 관측수 | 20 | | | | |
| | | | | | |
| 분산 분석 | | | | | |
| | 자유도 | 제곱합 | 제곱 평균 | F 비 | 유의한 F |
| 회귀 | 3 | 4868.646 | 1622.882 | 275.1989 | 5.65E-14 |
| 잔차 | 16 | 94.35397 | 5.897123 | | |
| 계 | 19 | 4963 | | | |
| | | | | | |
| | 계수 | 표준 오차 | t 통계량 | P-값 | |
| Y 절편 | 0.30597 | 3.108028 | 0.098445 | 0.922802 | |
| X (소득) | 0.784328 | 0.036335 | 21.58587 | 2.94E-13 | |
| Dummy | 1.282265 | 4.915264 | 0.260874 | 0.797518 | |
| DX | 0.01175 | 0.056306 | 0.208684 | 0.837329 | |

## 12.6 | 요 약

본장에서는 다수의 독립변수가 포함된 다중회귀모형에 관하여 다음 사항들을 설명하였다.

(1) 여러개의 독립변수들이 포함된 다중회귀모형에서 회귀계수의 추정방법을 설명하고 회귀계수에 대한 유의성을 검정하는 방법을 설명하였다.

(2) 모형의 적합도를 측정할 수 있는 결정계수($R^2$)는 총변동($TSS$)에서 종속변

수 $Y$의 관측치들이 최소자승함수에 의해 설명되는지를 나타내는 것이다. 독립변수의 수가 증가함에 따라 $R^2$가 항상 증가하기 때문에 $R^2$의 단점을 보완한 조정된 결정계수($R^2_{adj}$)를 설명하였다.

(3) 밀접한 상관관계가 있는 독립변수들이 동시에 포함될 경우에는 정화학 추정치를 얻기 어려운데 이것이 다중공선성의 문제이다.

(4) 예측변수들이 범주변수일 때 더미변수로 변화하여 추정함으로써 범주들 사이의 차이를 분석할 수 있다.

## A12 EXCEL을 이용한 다중회귀분석

EXCEL의 다중회귀분석기능을 이용하여 〈표 12-1〉의 지료를 분석하는 방법은 다음과 같다.

**01** 독립변수들($x_1$, $x_2$)과 종속변수($y$)의 자료를 각각의 열에 입력한다. 이때 독립변수들을 서로 인접하도록 입력시켜야 한다. 회귀분석의 결과를 입력시킬 수 있는 공간을 오른쪽 부분에 충분히 남겨두는 것이 좋다. 적어도 16열이 필요하다.

**02** 메뉴에서 도구(T), 데이터 분석(D)을 순서대로 선택한 후, 분석 도구(A)의 목록에서 회귀분석을 선택하면 [그림 A12-1]과 같은 회귀분석 상자가 화면에 나타나게 된다.

**03** 회귀분석 상자에서 마우스를 움직이거나 탭을 누르면서 필요한 정보를 입력시키거나 선택을 하면 된다.

a) $Y$축 입력 범위 : 종속변수($y$)의 자료가 입력되어 있는 칸들의 주소를 입력시킨다.

b) $X$축 입력 범위 : 독립변수들($x_1$, $x_2$)의 자료가 입력되어 있는 칸들의 주소를 입력시킨다.

c) 이름표(L) : 위에서 입력한 자료 범위의 첫번째 열에 이름이 포함되어 있으면, 이 상자를 클릭하여 선택한다.

d) 그 이외의 선택사양들에 대한 설명은 A11.2를 참조하라

**그림 A12-1**

회귀분석 상자의 설정

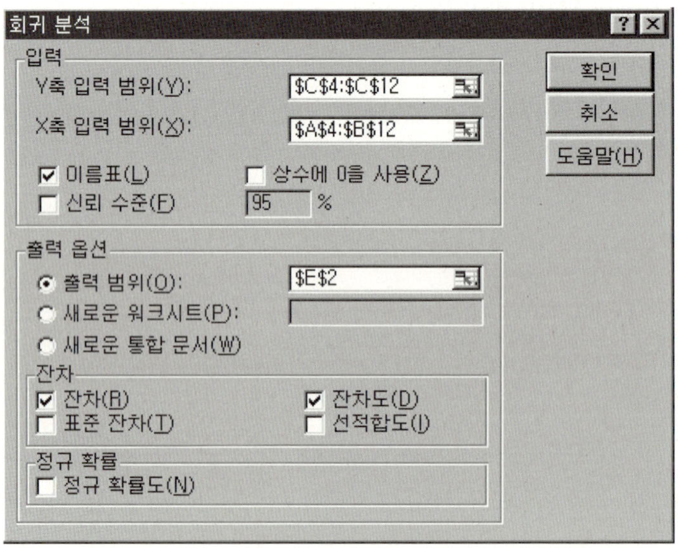

**04** EXCEL에 의한 회귀분석의 결과가 [그림 A12-2]에 나타나 있다. 필요에 따라 열의 간격을 조절하게 되면 결과 내용을 보기가 더 쉬워진다.

**그림 A12-2**
다중회귀분석의 결과

| | E | F | G | H | I | J | K |
|---|---|---|---|---|---|---|---|
| 2 | 요약 출력 | | | | | | |
| 3 | | | | | | | |
| 4 | 회귀분석 통계량 | | | | | | |
| 5 | 다중 상관계수 | 0.97672 | | | | | |
| 6 | 결정계수 | 0.95397 | | | | | |
| 7 | 조정된 결정계수 | 0.93556 | | | | | |
| 8 | 표준 오차 | 1.25829 | | | | | |
| 9 | 관측수 | 8 | | | | | |
| 10 | | | | | | | |
| 11 | 분산 분석 | | | | | | |
| 12 | | 자유도 | 제곱합 | 제곱 평균 | F 비 | 유의한 F | |
| 13 | 회귀 | 2 | 164.084 | 82.0418 | 51.8175 | 0.00045 | |
| 14 | 잔차 | 5 | 7.91642 | 1.58328 | | | |
| 15 | 계 | 7 | 172 | | | | |
| 16 | | | | | | | |
| 17 | | 계수 | 표준 오차 | t 통계량 | P-값 | 하위 95% | 상위 95% |
| 18 | Y 절편 | 7.94328 | 1.29325 | 6.14212 | 0.00166 | 4.61889 | 11.2677 |
| 19 | x1 | 0.4791 | 0.09094 | 5.2681 | 0.00328 | 0.24532 | 0.71288 |
| 20 | x2 | 0.08657 | 0.44553 | 0.1943 | 0.85359 | -1.05871 | 1.23185 |
| 21 | | | | | | | |
| 22 | 잔차 출력 | | | | | | |
| 23 | 관측수 | 예측치 y | 잔차 | | | | |
| 24 | 1 | 10.206 | -0.20597 | | | | |
| 25 | 2 | 12.0358 | -0.03582 | | | | |
| 26 | 3 | 14.0388 | 0.96119 | | | | |
| 27 | 4 | 15.8687 | -0.86866 | | | | |
| 28 | 5 | 17.9582 | 1.04179 | | | | |
| 29 | 6 | 19.9612 | -1.96119 | | | | |
| 30 | 7 | 21.8776 | 1.12239 | | | | |
| 31 | 8 | 24.0537 | -0.05373 | | | | |

**05** [그림 A12-1]의 회귀분석 상자에서 잔차도(D)를 택하면, [그림 A12-3]과 같은 잔차도를 얻을 수 있다. 이는 회귀모형의 적합성을 판단하는 잔차분석에 사용된다.

**그림 A12-3**
잔차도

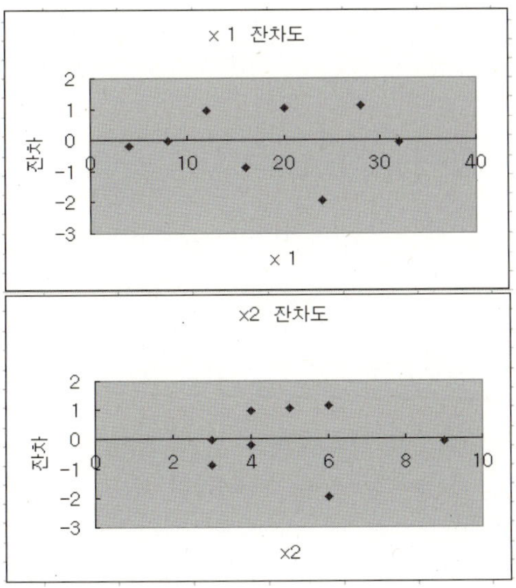

## 연습문제

**01** 10개의 관측치($T = 10$)를 이용하여 최소자승법으로 추정한 결과가 다음과 같다.

$$\hat{Y} = 29.1 + 0.59X2 - 2.13X3$$
$$SST = 5500,\ SSR = 5100$$

a) 추정된 회귀계수 $\hat{\beta}_2$와 $\hat{\beta}_3$의 의미를 해석하시오.

b) $X2 = 100$이고 $X3 = 30$일 때, $Y$값의 예측치는 얼마인가?

c) $SSE$는 얼마인가?

d) $R^2$를 계산하시오. 회귀모형의 적합도(goodness of fit)에 관하여 어떻게 생각하는가?

**02** 두 개의 독립변수를 포함한 회귀모형을 추정한 결과가 다음과 같다.

$$\hat{Y} = 40.7 + 8.63X2 + 2.71X3, \quad R^2 = 0.821, \quad R^2_{adj} = 0.799$$

$X3$를 제외시킨 후 다시 추정한 회귀모형은 다음과 같다.

$$\hat{Y} = 42.0 + 9.01X2, \quad R^2 = 0.819, \quad R^2_{adj} = 0.813$$

a) 위의 두 모형에서의 $X2$ 계수의 의미를 각각 설명하시오.

b) 두 모형에서 $X2$계수의 추정치가 서로 다른 이유를 설명하시오.

c) 두 모형에서의 $R^2$와 $R^2_{adj}$에 근거하면, 어느 모형이 더 좋다고 생각되는가?

**03** 최소자승법으로 추정된 회귀모형이 다음과 같다.

$$\hat{Y} = 16.4 + 2.02X2 + 5.43X3$$

a) $X2 = 150$이고 $X3 = 300$일 때, $Y$의 조건평균의 점추정치를 계산하시오.

b) $X2 = 150$이고 $X3 = 300$일 때, 개별 $Y$의 점추정치를 계산하시오.

**04** 수퍼마켓들의 월판매액($Y$)을 결정하는 요인을 이해하기 위하여 아래의 두 독립변수를 사용하고자 한다.

$X2$ = 광고비 지출액

$D$ = 1(크레딧카드를 취급하는 경우), = 0(크레딧카드를 취급하지 않는 경우)

a) 두 개의 독립변수를 포함하는 회귀모형을 쓰시오.

b) 크레딧카드를 취급하는 수퍼마켓들의 경우, 월판매액($Y$)의 기대값은 무엇인가?

c) 크레딧카드를 취급하지 않는 수퍼마켓들의 경우, 월판매액($Y$)의 기대값은 무엇인가?

d) 회귀모형의 계수들의 의미를 설명하시오.

**05** 어느 백화점의 영업담당자가 TV광고비($X2$)와 신문광고비($X3$)가 주당 판매액($Y$)에 어떠한 영향을 미치는지를 추정하고 싶어 한다. 이를 위하여 과거 8주 동안 수집한 자료를 정리한 것이 다음과 같다.(Q12-5.xls)

| 주당 판매액 (억원) Y | TV 광고비 (백만원) X2 | 신문광고비 (백만원) X3 |
|---|---|---|
| 82 | 1.8 | 1.5 |
| 90 | 2.0 | 2.0 |
| 93 | 3.0 | 1.5 |
| 92 | 2.5 | 2.5 |
| 95 | 3.0 | 3.3 |
| 97 | 3.5 | 2.3 |
| 94 | 2.5 | 4.2 |
| 100 | 4.0 | 2.5 |

a) TV광고비만을 독립변수로 포함한 단순회귀모형을 추정하시오.

b) TV광고비와 신문광고비를 함께 독립변수로 포함한 다중회귀모형을 추정하시오.

c) TV광고비 계수의 추정치가 a)와 b)의 경우에 서로 다른가? 각각의 경우에 계수의 의미를 해석하시오.

d) 단순회귀모형에서 X2의 계수는 유의한가?($\alpha = 0.05$)

e) 다중회귀모형에서 X2의 계수는 유의한가?($\alpha = 0.05$)

f) 다중회귀모형에서 X3의 계수는 유의한가?($\alpha = 0.05$)

g) TV광고비만을 독립변수로 포함한 단순회귀모형에서 $R^2$와 $R^2_{adj}$는 얼마인가?

h) TV광고비와 신문광고비를 함께 독립변수로 포함한 다중회귀모형에서 $R^2$와 $R^2_{adj}$는 얼마인가?

i) 단순회귀모형과 다중회귀모형 중에서 어느 것이 더 좋다고 생각하는가? 그 이유는?

j) 주당판매액($Y$)에 영향을 미치는 요인으로 $X2$와 $X3$ 이외에 어떠한 변수들을 고려하는 것이 좋다고 생각하는가?

**06** 크레딧카드의 월사용액을 예측하기 위하여, 그 결정요인으로 생각되는 각 가구의 특성들에 관한 자료를 수집하였다.(Q12-6.xls)

| 카드사용액 Y | 가구소득 X2 | 가구원 수 X3 |
|---|---|---|
| 401 | 3400 | 2 |
| 510 | 4000 | 3 |
| 186 | 2500 | 4 |
| 407 | 3800 | 5 |
| 273 | 4100 | 2 |
| 334 | 3500 | 2 |
| 476 | 3600 | 1 |
| 411 | 3000 | 2 |
| 420 | 5600 | 4 |
| 421 | 4100 | 3 |
| 247 | 2700 | 3 |
| 251 | 3000 | 4 |
| 421 | 3500 | 1 |
| 496 | 3600 | 2 |

a) 각 변수들의 평균, 분산 등의 요약통계량을 구한 후, 자료의 특성에 관하여 설명하시오.

b) 가구소득을 독립변수로 사용한 단순회귀모형을 추정하시오. 또한, 가구원 수만을 독립변수로 포함한 단순회귀모형을 추정하시오. 어느 변수가 카드사용액을 추정하는데 더 적합하다고 생각하는지를 설명하시오.

c) 가구소득과 가구원 수를 함께 포함한 다중회귀모형을 추정하시오. 두 변수 모두 필요하다고 생각하는가? 그 이유를 설명하시오.

d) 위에서 추정한 세 모형 중에서 어느 것이 카드사용액을 예측하는 데 가장 적합하다고 생각하는가? 그 이유를 설명하시오.

e) 위에서 고려되지 않은 요인들 중에서 어느 것이 카드사용액을 예측하는 데 유용하다고 생각하는지를 설명하시오.

**07** 어느 소비자보호를 위한 단체에서는 각 가구의 월소비액($Y$)을 예측하기 위하여 가구당 월소득($X$)과 가구주의 성별에 관한 자료를 다음과 같이 수집하였다.(Q12-7.xls)

A. 더미변수($D$)만을 포함하는 아래의 단순회귀모형에 대하여 답하시오.

$$Y = \beta_0 + \beta_1 D + u$$

(a) 여기서 $\beta_0$과 $\beta_1$의 의미는 무엇인가?

(b) 각각의 추정치는 얼마인가?

(c) 가설 $H_0$: $\beta_1 = 0$이 기각되는가(유의수준 0.05)? 그 의미는 무엇인가?

B. 소득($X$)과 더미변수($D$)를 함께 포함하는 아래의 다중회귀모형에 대하여 답하시오.

$$Y = \beta_0 + \beta_1 D + \beta_2 X + u$$

(d) 여기서 $\beta_1$과 $\beta_2$의 의미는 무엇인가?
(e) 각각의 추정치는 얼마인가?
(f) 가설 $H_0$: $\beta_1 = 0$이 기각되는가(유의수준 0.05)? 그 의미는 무엇인가?

C. 소득($X$)과 더미변수($D$), 그리고 이 둘의 곱($XD$)을 포함하는 아래의 다중회귀모형에 대하여 답하시오.

$$Y = \beta_0 + \beta_1 D + \beta_2 X + \beta_3 X \cdot D + u$$

(g) 여기서 $\beta_1$ , $\beta_2$, $\beta_3$의 의미는 무엇인가?
(h) 각각의 추정치는 얼마인가?
(i) 가설 $H_0$: $\beta_3 = 0$이 기각되는가(유의수준 0.05)? 그 의미는 무엇인가?

| | | | |
|---|---|---|---|
| 1380 | 남 | 1 | 1950 |
| 1260 | 여 | 0 | 1790 |
| 1090 | 여 | 0 | 1660 |
| 1120 | 여 | 0 | 1520 |
| 1460 | 남 | 1 | 2090 |
| 1330 | 여 | 0 | 1390 |
| 1460 | 여 | 0 | 2180 |
| 1700 | 남 | 1 | 2600 |
| 1670 | 남 | 1 | 2500 |
| 1160 | 여 | 0 | 1780 |
| 1030 | 여 | 0 | 1730 |
| 1430 | 남 | 1 | 2120 |
| 1480 | 남 | 1 | 2400 |
| 1000 | 여 | 0 | 1480 |
| 1610 | 남 | 1 | 2590 |
| 1540 | 남 | 1 | 2500 |
| 1260 | 여 | 0 | 1580 |
| 1090 | 남 | 1 | 1870 |
| 1520 | 남 | 1 | 2360 |

**08** Blackburn and Neumark(1992)[9]는 산업간 그리고 직업에 따라 평균임금이 왜 지속적으로 차이가 나는지에 관한 여러 이론적 설명들의 타당성을 분석한다. 그 중 하나는 경쟁적 노동시장의 입장에서 설명하는 것으로, 산업과 직업 사이의 임금차이는 근로자의 능력(ability or quality)의 차이 때문에 임금 차이가 존재한다는 것이다. 여기서 근로자의 능력은 당사자들은 알고 있지만, 이를 분석하는 경제학자들에게는 관측이 안되는 것이 일반적이다. 본 논문에서는 근로자의 능력을 대변할 수 있는 측정가능 변수를 대리변수 (proxy variable)로 사용하여 분석하였다.

여기서는 다중회귀모형의 이해를 돕기 위하여 도시와 농촌 지역 사이에 임금 차별이 있는지를 분석하는 문제로 바꾸어 보자. 우선 도시 지역 직장에서의 임금이 농촌 지역보다 유의적으로 높은지를 단순회귀모형으로 분석한 후, 임금에 영향을 미치는 요인들을 함께 포함한 다중회귀모형을 사용하여 분석한다. 근로자들의 능력(ability or quality)도 임금결정에 영향을 미칠 것으로 보이므로, 이에 대한 고려 없이는 올바른 분석이 안될 수 있다. 따라서 Blackburn and Neumark(1992)에서와 같이 근로자들 능력의 대리변수(proxy variable)인 KWW(knowledge of world work score)도 포함하여 분석하고자 한다.

EXCEL 파일 Q12-8.xls은 Blackburn and Neumark(1992)의 연구에서 사용된 자료 중 아래의 변수들만을 추출한 것이다. 935 개의 관측치가 저장되어 있으며, 변수들의 정의는 아래와 같다.

EXCEL 파일: Q12-8.xls

| | A | B | C | D | E | F | G |
|---|---|---|---|---|---|---|---|
| 1 | **LWAGE** | **URBAN** | **EDUC** | **EXPER** | **TENURE** | **MARRIED** | **KWW** |
| 2 | 6.645 | 1 | 12 | 11 | 2 | 1 | 35 |
| 3 | 6.695 | 1 | 18 | 11 | 16 | 1 | 41 |
| 4 | 6.715 | 1 | 14 | 11 | 9 | 1 | 46 |
| 5 | 6.477 | 1 | 12 | 13 | 7 | 1 | 32 |
| 6 | 6.332 | 1 | 11 | 14 | 5 | 1 | 27 |
| 7 | 7.244 | 1 | 16 | 14 | 2 | 1 | 43 |
| 8 | 6.397 | 1 | 10 | 13 | 0 | 0 | 24 |
| 9 | 6.986 | 1 | 18 | 8 | 14 | 1 | 50 |

LWAGE = (로그) 임금

URBAN = 1 (도시 소재 직장), 0 (직장이 도시에 있지 않음)

EDUC = 교육받은 연 수

9) Blackburn and Neumark(1992), "Unobserved Ability, Efficiency Wages, and Interindustry Wage Differentials," *The Quarterly Journal of Economics*, 107, November, 1421-1436.

EXPER = 직장 경력
TENURE = 현 직장에서의 근무 연 수
MARRIED = 1 (기혼), 0 (그 이외)
KWW = 업무지식 수준의 측정치

A. 아래의 단순회귀모형에 대하여 답하시오.

$$KWW = \alpha_0 + \alpha_1 URBAN + u$$
$$LWAGE = \beta_0 + \beta_1 URBAN + u$$

(a) 여기서 $\alpha_0$, $\alpha_1$, $\beta_0$, $\beta_1$의 의미는 무엇인가?
(b) 각각의 추정치는 얼마인가?
(c) 가설 $H_0$: $\alpha_1 = 0$이 기각되는가 (유의수준 0.05)? 그 의미는 무엇인가?
(d) 가설 $H_0$: $\beta_1 = 1$이 기각되는가 (유의수준 0.05)? 그 의미는 무엇인가?

B. 아래의 다중회귀모형에 대하여 답하시오.

$$LWAGE = \beta_0 + \beta_1 URBAN + \beta_2 EDUC + \beta_3 EXPER + \beta_4 TENURE + \beta_5 MARRIED + u$$

(e) 여기서 $\beta_1$의 의미는 무엇인가? 그 추정치는 얼마인가?
(f) 가설 $H_0$: $\beta_1 = 1$이 기각되는가(유의수준 0.05)? 그 의미는 무엇인가?

C. 아래의 모형에는 근로자의 능력(ablility)을 대신하는 변수 *KWW*가 포함되었다.

$$LWAGE = \beta_0 + \beta_1 URBAN + \beta_2 EDUC + \beta_3 EXPER + \beta_4 TENURE + \beta_5 MARRIED + \beta_6 KWW + u$$

(g) 여기서 $\beta_1$의 의미는 무엇인가? 그 추정치는 얼마인가?
(h) 가설 $H_0$: $\beta_1 = 1$이 기각되는가(유의수준 0.05)? 그 의미는 무엇인가?
(i) 가설 $H_0$: $\beta_6 = 0$이 기각되는가(유의수준 0.05)? 그 의미는 무엇인가?
(j) *KWW*를 포함시킴으로써 다른 독립변수들의 계수추정치가 위 *B*에서의 추정치들와 달라지게 된다. 그 이유는 무엇인가?

# 제 13 장

# 카이제곱검정 : 정성적 자료의 통계분석

## 13.1 | 정성적 자료의 요약 : 통계분할표

정성적 자료에서 변수들의 유관성을 분석하기 위해서는, 우선 몇 개의 수준으로 구분된 속성별로 자료를 분류하여 관찰치의 빈도를 요약한 도수표(frequency table)를 작성해야 한다. 이렇게 만들어진 표를 통계분할표(contingency table)라고 하며, 이 표를 근거로 하여 범주적 변수들 사이에 어떤 연관(association)이 존재하는지를 파악할 수 있다. 이러한 둘 또는 그 이상의 집단을 어떤 공통적 속성에 따라 분류한 자료에서 변수들을 비교하는 문제는 우리가 자주 접하는 통계적 문제이다.

어떤 회사의 입사시험에서 남자와 여자의 합격률이 동일한지를 알아보고 싶다고 하자. 이를 위하여 이 회사의 입사시험에 지원한 응시자 중 25명을 뽑아 두 개의 범주적 변수, 즉 성별과 합격 여부를 조사하였다. 〈표 13-1〉을 근거로 하여 통계분할표를 만들어 보자.

**표 13-1 | 입사시험 응시자의 성별 및 합격 여부**

| 번호 | 성별 | 합격 여부 | 번호 | 성별 | 합격 여부 |
|---|---|---|---|---|---|
| 1 | 여 | 불합격 | 14 | 여 | 합격 |
| 2 | 남 | 합격 | 15 | 남 | 불합격 |
| 3 | 남 | 불합격 | 16 | 남 | 불합격 |
| 4 | 남 | 불합격 | 17 | 남 | 합격 |
| 5 | 남 | 합격 | 18 | 여 | 불합격 |
| 6 | 여 | 불합격 | 19 | 남 | 합격 |
| 7 | 여 | 불합격 | 20 | 여 | 불합격 |
| 8 | 여 | 합격 | 21 | 남 | 합격 |
| 9 | 남 | 합격 | 22 | 여 | 합격 |
| 10 | 남 | 불합격 | 23 | 남 | 합격 |
| 11 | 여 | 합격 | 24 | 남 | 불합격 |
| 12 | 남 | 합격 | 25 | 여 | 합격 |
| 13 | 남 | 합격 | | | |

이 자료에는 두 개의 변수가 사용되고 있으며, 두 변수 모두 두 종류의 속성만을 가지고 있다. 표본집단을 성(性)이라는 변수의 두 속성인 남자와 여자에 따라 둘로 나누고, 또 합격 여부에 따라 이들 두 집단을 각각 합격한 집단과 불합격한

집단으로 구분한다. 이와 같이 두 변수를 기준으로 표본집단을 4개의 소집단으로 나누어, 다음에서 보는 바와 같이 네 개의 칸(cells)을 갖는 표를 만든다.

| 합격 여부<br>성별 | 합격 | 불합격 |
|---|---|---|
| 남 | | |
| 여 | | |

다음 단계는 25명의 응시자 각각을 그들이 남자인가 여자인가에 따라, 또 합격했는지 불합격했는지에 따라 위에서 만들어진 네 개의 빈 칸 중 해당하는 곳에 할당하여 집계하면 〈표 13-2〉와 같은 분할표가 얻어진다. 이 통계분할표에 의하면 15명의 남자와 10명의 여자가 입사시험에 응시하였으며, 또한 15명의 합격자 중 10명이 남자 그리고 5명은 여자임을 알 수 있다.

표 13-2 | 성별과 합격 여부에 의한 2×2 통계분할표

| 합격 여부<br>성별 | 합격 | 불합격 | 합계 |
|---|---|---|---|
| 남 | 10 | 5 | 15 |
| 여 | 5 | 5 | 10 |
| 합계 | 15 | 10 | 25 |

각 범주적 변수가 두 개의 속성만을 가질 때 만들어지는 표를 2×2 통계분할표라고 부르며, 일반적으로 한 변수가 $r$개의 속성을 가지고 또 하나의 변수가 $c$개의 속성을 가질 때 만들어지는 표를 $r \times c$통계분할표라고 부른다.

## 13.2 | 2×2 범주변수의 독립성 분석

앞에서 작성한 통계분할표를 이용하여 남자와 여자의 입사시험 합격률이 같다

고 볼 수 있는지, 다시 말해 이 회사의 인력채용에 성적 차별이 없다고 판단할 수 있는가를 분석해 보자.

남자 응시자는 15명 중 10명이 합격했으므로 남자의 합격률은

$$\hat{p}_1 = \frac{10}{15} = 0.667$$

이며, 마찬가지로 여자는 10명이 응시하여 5명이 합격했으므로 여자의 합격률은 $\hat{p}_2 = 0.5$임을 알 수 있다. 이 두 비율만을 비교하면 남자의 합격률이 여자의 합격률보다 더 높아 성별변수와 합격 여부 변수 사이에는 어떤 연관이 있는 것처럼 보인다.

그러나, 이들 두 합격률은 표본값이므로 가설검정의 절차를 거쳐 연관관계를 평가해 보아야 한다. 이러한 연관관계를 검정히기 위해 사용할 수 있는 방법에는 두 비율의 차이가 통계적으로 유의한지를 평가하여 유의하다면 두 변수가 서로 연관되어 있다고 판단하는 방법과, 통계분할표의 관찰도수의 분포를 직접 조사하여 평가하는 방법이 있다.

본절에서는 비율차이의 검정으로 연관성을 분석하는 방법을 먼저 설명한 후, 보다 일반적이라 할 수 있는 관찰도수와 이론도수의 차이를 검사하여 연관성을 분석하는 카이제곱 검정법을 설명하고자 한다.

### 13.2.1 표본비율의 차이에 의한 검정

표본비율의 차이를 검정하여 연관성을 분석하는 방법은, 두 변수 성별과 합격 여부 사이에 유관성이 없다면 남자의 합격률과 여자의 합격률 사이에는 기본적으로 차이가 없어야 한다는 점에 바탕을 두고 있다. 그러므로, "두 변수 사이에 연관성이 없다"는 귀무가설과, "서로 연관되어 있다"는 대립가설을 평가하기 위해 표본비율차이의 검정과정을 이용할 수 있다. 입사시험자료에서 성별합격률 차이를 알아보기 위한 귀무가설과 대립가설은 각각 다음과 같이 설정하게 된다.

귀무가설 : 남자의 합격률과 여자의 합격률은 동일하다. $p_1 = p_2$

대립가설 : 남자의 합격률과 여자의 합격률은 다르다. $p_1 \neq p_2$

남자 응시자수를 $n_1$, 여자 응시자수를 $n_2$, 남자의 합격률을 $p_1$, 그리고, 여자의 합격률을 $p_2$라고 표시하면, 이미 제7장의 가설검정에서 논의한 바와 같이, 관찰된 합격률의 차이 $\hat{p}_1 - \hat{p}_2$는 평균이 $p_1 - p_2$이고, 표준편차가

$$\sqrt{\frac{\hat{p}_1(1-\hat{p}_1)}{n_1} + \frac{\hat{p}_2(1-\hat{p}_2)}{n_2}}$$

인 분포를 따른다.

만약, 귀무가설이 옳다면, 즉 $p_1 = p_2$라면 모집단 합격률의 추정치는,

$$\hat{p} = \frac{\text{합격자의 수}}{n_1 + n_2}$$

가 되어, 위의 $p_1 - p_2$의 표준편차 계산식에서 $p_1$과 $p_2$ 대신에 위의 $\hat{p}$를 넣어 다음과 같이 표준편차의 추정치를 계산한다.

$$\sqrt{\hat{p} \times (1-\hat{p})\left(\frac{1}{n_1} + \frac{1}{n_2}\right)}$$

두 표본비율의 차이($p_1 - p_2$)가 영이라는 귀무가설은 〈표 13-1〉의 자료와 같이 표본의 수가 어느 정도 클 경우 근사적으로 정규분포를 이용하여 검정할 수 있다. 즉, $Z$를 아래와 같이 정의하면, $Z$는 평균이 0이고 분산이 1인 정규분포를 따른다.

$$Z = \frac{\hat{p} - \hat{p}_2}{\sqrt{\hat{p} \times (1-\hat{p})\left(\frac{1}{n_1} + \frac{1}{n_2}\right)}} \qquad \textbf{(13.1)}$$

위의 입사시험 자료에서 $Z$값은 0.8333으로 계산된다.

이제 이 값이 귀무가설을 기각할 수 있는 영역에 포함되는지를 알아보자. 이 문제에서 대립가설은 '두 합격률이 다르다($p_1 \neq p_2$)' 는 것이므로 기각영역은 양쪽 끝에 있고 유의수준을 5%로 한다면 한쪽 끝 부분의 확률이 2.5%가 되는 값을

정규분포함수표에서 찾아야 한다. 정규분포함수표에서 이 값은 1.96이고, 위에서 계산한 $Z$값 0.8333은 이 값보다 작으므로 남자의 합격률과 여자의 합격률이 동일하다는 귀무가설을 기각할 수 없다. 즉, 표본조사에서 나타난 남자 합격률과 여자 합격률의 차이는 우연이라 할 수 있어 이 회사의 인력 채용에 성적인 차별은 없다고 할 수 없다.

### 예제 | 13-1

비타민 C의 감기 면역효과를 알아보기 위하여 279명의 스키어를 대상으로 실험을 하였다. 139명의 스키어에게는 5일간 매일 1g씩 비타민 C를 복용시켰으며, 나머지 140명에게는 복용시키지 않는 실험으로 〈표 13-3〉과 같은 2×2 통계분할표를 얻었다. 비타민 C의 복용이 감기예방에 효과가 있다고 할 수 있는지 판단하시오.

**표 13-3 | 비타민 C와 감기에 의한 2×2 통계분할표**

| | 감기에 걸림 | 감기에 안걸림 | 합계 |
|---|---|---|---|
| 비복용 | 31 | 109 | 140 |
| 복 용 | 17 | 122 | 139 |
| 합 계 | 48 | 231 | 279 |

#### 풀이

① 가설의 설정 .검정하고자 하는 가설은 다음과 같다.
　귀무가설 : 비타민 C는 감기면역효과가 없다.
　대립가설 : 비타민 C는 감기면역효과가 있다.

② 통계량 계산 : 비타민 C를 복용하지 않은 스키어 중 감기에 걸린 비율 $\hat{p}_1$과 비타민 C를 복용한 스키어 중 감기에 걸린 비율 $\hat{p}_2$는 각각 0.221, 0.122이고, 귀무가설하에서 감기에 걸릴 확률의 추정치는

$$\hat{p} = \frac{31+17}{140+139} = 0.172$$

가 된다. 그러므로, $\hat{p}_1 - \hat{p}_2$의 표준편차 추정치는

$$\begin{aligned} s_{\hat{p}_1-\hat{p}_2} &= \sqrt{\hat{p} \times (1-\hat{p})\left(\frac{1}{n_1}+\frac{1}{n_2}\right)} \\ &= \sqrt{(0.172)(1-0.172) \times \left(\frac{1}{140}+\frac{1}{139}\right)} \\ &= 0.045 \end{aligned}$$

가 되고, Z는

$$Z = \frac{0.221 - 0.122}{0.045} = 2.2$$

③ 결론 : 대립가설이 '비타민 C에 감기 면역효과가 있어 $p_1 - p_2 > 0$이다' 라는 것이므로 5%의 유의수준을 가정하면 기각영역은 오른쪽 끝 부분의 확률이 5%인 부분이다. 이 경우 Z값은 1.64이고 위에서 계산한 Z값 2.2보다 작으므로 귀무가설을 기각해야 한다. 즉, 비타민 C에는 감기에 대한 면역효과가 있다고 결론을 내릴 수 있다.

## 13.2.2 카이제곱($\chi^2$) 검정

지금까지 범주적 변수가 2개의 속성을 가지고 있을 때 이들 변수 간의 연관성을 검정하기 위해 근사적으로 정규분포를 이용하는 방법을 알아보았다. 그러나, 통계분할표에서 변수 간의 연관성을 검정하기 위해서는 $\chi^2$-검정이 보다 일반적으로 사용된다. $\chi^2$는 "카이 제곱"이라 읽으며 1900년경 피어슨(Karl Pearson)에 의해 개발되어 통계학에서 다양한 문제에 적용되고 있다.

통계분할표 분석에서 $\chi^2$은 관찰도수와 기대도수의 차이를 평가하기 위한 검정 통계량으로, 관찰치와 기대치의 차이에 대한 제곱을 기대도수로 나눈 수치들의 합이다. 즉,

$$\chi^2 = \Sigma\left(\frac{(\text{관찰도수} - \text{기대도수})^2}{\text{기대도수}}\right) \qquad \textbf{(13.2)}$$

여기서 $\Sigma$는 모든 격자(cells)에 대하여 관찰도수와 기대도수의 차이를 제곱하여 기대도수로 나눈 값들을 더한다는 의미이다. 이렇게 계산된 $\chi^2$은 자유도가 (행의 수 − 1)×(열의 수 − 1)인 $\chi^2$-분포를 따른다.

### ■ $\chi^2$-분포

$\chi^2$-분포는 0보다 큰 값을 갖는 범위에서만 정의된다. 이 분포는 [그림 13-1]에

서 볼 수 있는 바와 같이 좌우대칭이 아니며, 또 자유도에 따라 그 분포형태가 달라진다. 이 그림에서 자유도가 점점 커짐에 따라 분포형태는 비대칭에서 대칭으로 바뀌어 감을 알 수 있다.

〈표 13-4〉는 부록의 $\chi^2$-분포표에서 일부를 발췌한 것이다. 이 표에서 유의수준은 오른쪽 꼬리부분의 확률을 의미한다. 따라서 자유도가 1인 경우 $\chi^2$이 3.84 또는 그 이상의 값을 취할 확률은 5%가 됨을 알 수 있다.

### $\chi^2$검정의 가정

1. 표본자료는 관심대상 모집단에서 무작위적 방법으로 뽑은 표본이다.
2. 모든 격자 칸에 최소한 5개의 빈도를 예상할 수 있어야 한다.

**그림 13-1 | 자유도 1, 5, 10일 때의 $\chi^2$-분포**

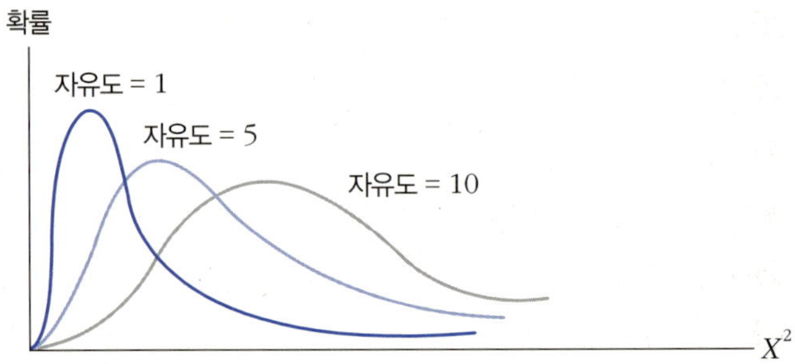


**표 13-4 | $\chi^2$-분포도**

| 자유도 | 유의수준 | | | |
|---|---|---|---|---|
| | 0.1 | 0.05 | 0.025 | 0.01 |
| 1 | 2.71 | 3.84 | 5.02 | 6.63 |
| 2 | 4.61 | 5.99 | 7.38 | 9.21 |
| 3 | 6.25 | 7.81 | 9.35 | 11.34 |
| 4 | 7.78 | 9.49 | 11.14 | 13.28 |
| 5 | 9.24 | 11.07 | 12.83 | 15.09 |
| 6 | 10.64 | 12.59 | 14.55 | 86.81 |

$\chi^2$-검정으로 통계분할표를 분석할 경우의 귀무가설 및 대립가설은 아래와 같다.

귀무가설 : 성과 합격률은 무관하다.
대립가설 : 성과 합격률은 서로 연관되어 있다.

$\chi^2$-검정의 첫 단계는 성별과 합격률은 무관하다는 귀무가설이 옳다고 가정하여 기대도수를 계산하고 이 값과 실제로 관측한 빈도를 이용하여 위에서 정의한 $\chi^2$을 계산한다. 만약 귀무가설대로 통계분할표의 두 변수 사이에 연관이 없다면, 관찰도수와 기대도수는 서로 비슷할 것이고, 결과적으로 $\chi^2$은 0에 가까운 값을 가질 것이다. 따라서, $\chi^2$의 값이 작으면 귀무가설을 기각하지 못하고, 반대로 클 경우에는 귀무가설을 기각하게 된다.

이제 앞에서 예로 든 어떤 회사의 입사시험의 성차별 여부 문제에서 합격률과 성별변수가 서로 연관되어 있는가, 즉 성별 합격률이 서로 다른가를 $\chi^2$-검정으로 평가해 보기로 하자.

귀무가설이 옳다면 남녀 간의 합격률이 동일하므로 남자든 여자든 간에 응시자의 합격가능성은 같아야 한다. 총 25명 중 15명이 합격하였으므로 합격률의 기대치는 $\hat{p}=0.6$이다. 따라서 불합격률은 $1-\hat{p}=0.4$가 된다. 그러므로, 각 격자의 기대빈도는 이와 같이 추정된 합격률과 불합격률에 남녀 각각의 응시자수를 곱하여 계산한다. 즉,

남자 합격자수의 기대치 = 남자 응시자수 × 합격률 = 15명 × 0.6 = 9명
여자 합격자수의 기대치 = 여자 응시자수 × 합격률 = 10명 × 0.6 = 6명
남자 불합격자수의 기대치 = 남자 응시자수 × 불합격률 = 15명 × 0.4 = 6명
여자 불합격자수의 기대치 = 여자 응시자수 × 불합격률 = 10명 × 0.4 = 4명
위의 기대도수를 통계분할표로 정리하면 〈표 13-5〉와 같다.

귀무가설이 옳다고 가정할 때 기대할 수 있는 이론적 기대도수와 〈표 13-2〉의 관찰빈도를 이용하여 $\chi^2$-통계량을 구하면 다음과 같다.

표 13-5 | 귀무가설하에서 기대빈도

| | 합 격 | 불합격 | 합 계 |
|---|---|---|---|
| 남 | 9 | 6 | 15 |
| 여 | 6 | 4 | 10 |
| 합 계 | 15 | 10 | 25 |

$$\chi^2 = \frac{(10-9)^2}{9} + \frac{(5-6)^2}{6} + \frac{(5-6)^2}{6} + \frac{(5-4)^2}{4}$$
$$= 0.694$$

2×2 통계분할표에서는 행과 열의 수가 각각 2이므로, (2−1)(2−1)=1이 되어 자유도는 항상 1이다. 〈표 13-4〉에서 5%의 유의수준에 해당하는 자유도가 1인 $\chi^2$값은 3.84이다. 위에서 계산한 검정통계량 $\chi^2$값은 0.694로 임계치보다 훨씬 작아 귀무가설을 기각할 수 없다. 이를 그림으로 표시하면 [그림 13-2]와 같다.

그림 13-2 | 남녀 합격률 차이의 $\chi^2$-검정

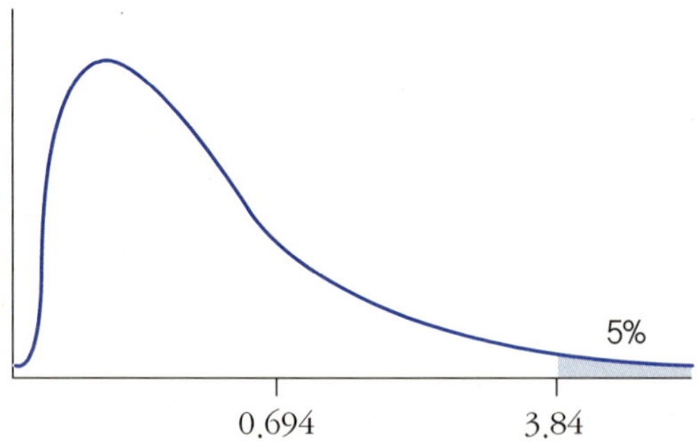


$\chi^2$-통계량은 다음과 같은 간단한 절차를 통해 계산할 수도 있다. $a$, $b$, $c$, $d$를 각각 남자 합격자, 남자 불합격자, 여자 합격자, 여자 불합격자의 수라 하고, $p_a$, $p_b$, $p_c$, $p_d$를 임의의 한 응시자를 뽑았을 때 그가 남자 합격자일 확률, 남자 불합격자일 확률, 여자 합격자일 확률, 여자 불합격자일 확률이라고 하자. 이들을 2×2 통계분할표로 나타내면 아래와 같다.

표 13-6 | 통계분할표 변수의 정의

| | 합 격 | 불합격 | 합 계 |
|---|---|---|---|
| 남 | $a(p_a)$ | $b(p_b)$ | $a+b(p_a+p_b)$ |
| 여 | $c(p_c)$ | $d(p_d)$ | $c+d(p_c+p_d)$ |
| 합 계 | $a+c(p_a+p_c)$ | $b+d(p_b+p_d)$ | $n=a+b+c+d(1.0)$ |

확률로 표시할 경우, 어떤 한 응시자는 네 칸 중 어느 하나에 반드시 포함되어야 하므로 모든 확률의 합, 즉 $p_a+p_b+p_c+p_d=1$이 된다. 만약 두 변수가 서로 관련이 없다면(상호독립이라면) 각 격자칸의 결합확률은 해당 격자가 속한 행과 열의 주변확률의 곱으로 얻어진다. 즉,

$$p_a = (\text{남자일 확률}) \times (\text{합격자일 확률}) = \frac{(a+b)}{n} \times \frac{(a+c)}{n}$$

따라서, 두 변수가 서로 무관하다는 또는 독립적이라는 가정하에서 각 격자칸에 이론적으로 기대되는 도수는, 해당 격자가 속한 행의 확률과 열의 확률의 곱에 총 표본수 $n$을 곱한 것이 된다. 예를 들어, 첫 번째 격자칸의 이론적 기대도수는 다음과 같다.

$$n \times p_a = n \times \frac{(a+b)(a+c)}{n^2} = \frac{(a+b)(a+c)}{n}$$

$\chi^2$-통계량은 관측도수와 기대도수의 차이의 제곱을 기대도수로 나눈 수치들의 합으로 계산되므로, 위의 결과를 이용하여 이를 정리하면 $\chi^2$-검정통계량은 다음과 같은 계산식으로 계산할 수 있다.

2×2 통계분할표에서 $\chi^2$ 간편 계산식

$$\chi^2 = \frac{n(ad-bc)^2}{(a+b)(c+d)(a+c)(b+d)} \quad \textbf{(13.3)}$$

입사시험자료에서 $a$, $b$, $c$, $d$가 각각 10, 5, 5, 5로 주어졌으므로, 이들 값을 위 식에 넣어보면

$$\chi^2 = \frac{25\,(10\times5-5\times5)^2}{15\times10\times15\times10} = 0.694$$

가 되어 앞에서 얻은 값과 동일함을 알 수 있다.

**예제 | 13-2**

〈예제 13-1〉에서 살펴본 비타민 C의 감기 면역효과 분석을 위한 실험자료를 $\chi^2$-검정을 이용하여 유의수준 5%에서 분석하시오.

**풀이**

이미 언급한 바와 같이 귀무가설이 옳다고 하면 임의의 어떤 스키어가 감기에 걸릴 확률은 $\hat{p}=48/279=0.172$이며, 감기에 걸리지 않을 확률은 $1-\hat{p}=0.828$이다. 따라서 각 격자의 기대도수는,

비타민 C 비복용시 감기에 걸릴 기대도수 $=140\times0.172=24.1$
비타민 C 복용시 감기에 걸릴 기대도수 $=139\times0.172=23.9$
비타민 C 비복용시 감기에 걸리지 않을 기대도수 $=140\times0.828=115.9$
비타민 C 복용시 감기에 걸리지 않을 기대도수 $=139\times0.828=115.1$

이 된다. 이것을 통계분할표로 정리하면 다음과 같다.

| | 감기에 걸림 | 감기에 안걸림 | 합계 |
|---|---|---|---|
| 비복용 | 24.1 | 115.9 | 140 |
| 복 용 | 23.9 | 115.1 | 139 |
| 합 계 | 48 | 231 | 279 |

그러므로, $\chi^2$-통계량을 계산하면 4.81이 된다.

$$\chi^2 = \frac{(31-24.1)^2}{24.1} + \frac{(109-115.9)^2}{115.9} + \frac{(17-23.9)^2}{23.9} + \frac{(122-115.1)^2}{115.1} = 4.81$$

또는 간편식을 이용하여 계산해도 동일한 결과를 얻는다.

$$\chi^2 = (279)\frac{(31\times122-109\times17)^2}{140\times139\times48\times231} = 4.81$$

이렇게 계산된 수치는 〈표 13-4〉의 $\chi^2$-분포표에서 자유도가 1이고 유의수준이 5%일 때의 임계치 3.84보다 크므로 귀무가설을 기각한다. 따라서, 비타민 C에는 감기에 대한 면역효과가 있다고 할 수 있다.

## 13.2.3 연관성 계수

2×2통계분할표에서 두 범주변수가 서로 독립적이지 않고 연관되어 있을 때 그 연관성의 정도가 얼마인가를 나타내는 지표가 있다면 편리할 것이다. 앞의 예제에서 비타민 C의 감기 예방효과는 분명히 통계적으로 유의하다고 하였으나, 통계적 유의성 검증이 변수간의 연관정도를 나타내 주지는 못한다.

두 변수가 모두 크기와 방향을 가지는 연속적 변수일 경우에는 상관정도를 나타내는 표준화된 측정치로 상관계수(correlation coefficient)가 사용되나, 비서열적 범주변수 간의 연관성은 다양한 방법으로 측정되고 있다. 여기에서는 2×2 통계분할표에 적용될 수 있는 연관성계수로 율의 $Q$(Yule's $Q$)와 $\varphi$(화이)계수에 대해 설명하고자 한다. 이들 계수는 상관계수와 같이 두 변수가 전혀 무관할 때는 0을, 완전히 연관되어 있으면 +1이나 −1을 갖는다.

■ 율의 Q

입사시험 자료에서 성별 및 합격 여부의 연관성을 알아보기 위하여 작성한 통계분할표에서 실제 관찰된 도수가 〈표 13-6〉과 같다고 하자. 즉, 표본의 총수는 $n=a+b+c+d$명이고, 남자 응시자는 $(a+b)$명, 합격자의 총수는 $(a+c)$명이다. 관심대상의 두 변수 성별 및 합격 여부가 서로 아무런 연관이 없다면, 조건부확률이 같아야 하므로 다음과 같은 조건이 만족되어야 한다.

$$\text{남자합격률}\left(\frac{a}{(a+b)}\right)=\text{여자합격률}\left(\frac{c}{(c+d)}\right)$$

$$\text{합격자 중 남자비율}\left(\frac{a}{(a+c)}\right)=\text{불합격자 중 남자비율}\left(\frac{b}{(b+d)}\right)$$

이 두 식을 살펴보면 모두 아래와 같은 동일한 조건을 나타내고 있음을 알 수 있다.

$$ad - bc = 0$$

즉, 2×2 통계분할표에 있어서 두 변수가 서로 독립적이기 위해서는 $ad = bc$ 또는 $(ad/bc) = 1$이라는 조건이 충족되어야 한다. 따라서 2×2 통계분할표에서 두 변수간의 연관을 측정하기 위한 지표로서 다음과 같은 교차곱비율(cross-product ratio) 또는 승산비율(odds ratio), $\alpha$(알파)를 정의해 볼 수 있다.

$$\alpha = \frac{ad}{bc}$$

만약 $\alpha$가 1이라면 두 변수는 서로 독립적이며 $\alpha$가 1이 아니라면 두 변수는 서로 연관되어 있음을 나타내고 1로부터 멀어질수록 연관성은 높다고 할 수 있다. 그러나, 교차곱비율 $\alpha$는 0에서 무한대까지의 값을 가질 수 있다. 연속변수의 연관정도를 나타내기 위해 사용하는 상관계수와 비교할 수 있는 측정치를 얻기 위해서 $\alpha$를 이용하여 다음과 같이 $Q$값을 정의해 볼 수 있다.

$$Q = \frac{\alpha - 1}{\alpha + 1} = \frac{ad - bc}{ad + bc} \qquad \textbf{(13.4)}$$

이것은 율의 $Q$(Yule's $Q$)라 부르는 연관성 계수로, 상관계수와 마찬가지로 $-1$과 1 사이의 값을 갖는다. 두 변수가 서로 독립적이라면 율의 $Q$는 0의 값을 가지며, 두 변수가 완전히 연관되어 있으면 +1 또는 −1의 값을 갖는다. 완전 연관이 아닐지라도 네 칸 중 어느 하나의 빈도가 0이면 율의 $Q$는 +1 또는 −1의 값을 갖게 되는 오류가 발생하므로 표본의 수가 많지 않을 때는 주의하여 사용해야 한다.

■ 율의 Q유의성 검정

범주변수의 연관성 척도인 율의 $Q$는 두 변수가 서로 독립적일 때 0의 값을 갖는다. 그러므로, 두 변수의 연관성을 주장하기 위해서는 $Q$가 0과 유의하게 다르다는 것을 보여야 한다.

귀무가설 : $Q=0$(두 변수는 연관이 없다.)

대립가설 : $Q \neq 0$(두 변수는 관련이 있다.)

위의 가설을 검정하기 위해서는 $Q$의 분포를 알아야 한다. $Q$의 분산 추정치는 다음과 같이 계산한다.

$$\frac{1}{4}(1-Q^2)^2\left(\frac{1}{a}+\frac{1}{b}+\frac{1}{c}+\frac{1}{d}\right)$$

따라서 두 범주변수가 독립적이라는, 즉 $Q$가 0이라는 귀무가설은 아래와 같이 $Z$값을 계산하여 검정할 수 있다.

$$Z=\frac{Q}{\sqrt{\frac{1}{4}(1-Q^2)^2\left(\frac{1}{a}+\frac{1}{b}+\frac{1}{c}+\frac{1}{d}\right)}}$$

입사시험의 예에서 $a$, $b$, $c$, $d$가 각각 10, 5, 5, 5였으므로, 율의 $Q$는,

$$Q=\frac{10\times5-5\times5}{10\times5+5\times5}=0.333$$

이고, 위의 식을 사용하여 분산을 계산하면 0.138이 된다. 따라서 $Z$값은 0.897이 된다.

$$Z=\frac{0.333}{\sqrt{0.138}}=0.897$$

이 값은 5% 유의수준의 정규분포 임계치 1.96(양측검정의 경우)보다 작으므로 $Q$가 0이라는 귀무가설을 기각할 수 없다. 즉, 두 변수 사이의 연관성은 통계적으로 유의하지 않다.

■ $\varphi$(화이)계수

비서열적인 두 변수 간의 연관성을 나타내는 또 하나의 계수 $\varphi$(화이)도 율의 $Q$와 비슷하게 정의한다.

$$\varphi = \frac{ad - bc}{\sqrt{(a+b)(c+d)(a+c)(b+d)}} \qquad \textbf{(13.5)}$$

$\varphi$계수도 −1과 1 사이의 값을 가지며, 율의 $Q$와 같이 두 변수가 서로 독립적이라면 0의 값을, 두 변수가 완전히 연관되어 있으면 +1 또는 −1의 값을 갖는다.

위의 공식을 자세히 살펴보면 $\chi^2$-검정통계량을 계산하는 간편식과 상당히 유사함을 알 수 있다. 실제 $\chi^2$-검정통계량은 $n\varphi$와 같다. 이 관계로부터 $\varphi$가 0이면 $\chi^2$도 0이고, 표본의 수가 커짐에 따라 $\chi^2$-통계값이 커진다는 점도 이해할 수 있을 것이다.

입사시험 자료를 기초로 작성한 통계분할표에 대한 $\varphi$계수를 계산해 보면,

$$\varphi = \frac{10\times5-5\times5}{\sqrt{15\times10\times15\times10}} = 0.167$$

이 된다. 이 값은 0에 비교적 가까워 두 변수간의 연관성이 약하다고 할 수 있다.

## 13.3 다범주 변수의 독립성 분석

지금까지는 두 범주만을 갖는 두 개의 범주변수의 연관성을 평가하는 방법을 알아보았다. 각 변수들이 셋 이상의  범주로 구분된다면 〈표 13-7〉과 같이 $r\times c$ 통계분할표를 만들어 $\chi^2$-검정을 해야 한다.

여기서 $X_{ij}$는 $(A_i, B_j)$가 동시에 일어나는 결합사상의 도수를 나타내며, $X_{i.}$와 $X_{.j}$는 각각 $A_i$와 $B_j$가 일어나는 사상의 도수를 나타낸다. 이를 확률로 표시하면 다음과 같다.

**표 13-7** | $r \times c$ 통계분할표

| | $B_1$ | $B_2$ | …… | $B_c$ | 합 계 |
|---|---|---|---|---|---|
| $A_1$ | $X_{11}$ | $X_{12}$ | …… | $X_{1c}$ | $X_{1.}$ |
| $A_2$ | $X_{21}$ | $X_{22}$ | …… | $X_{2c}$ | $X_{2.}$ |
| ⋮ | ⋮ | ⋮ | …… | ⋮ | ⋮ |
| $A_r$ | $X_{r1}$ | $X_{r2}$ | …… | $X_{rc}$ | $X_{r.}$ |
| 합 계 | $X_{.1}$ | $X_{.2}$ | …… | $X_{.c}$ | $X_{..}$ |

$p_{ij}$ = 범주 $A_i$와 $B_j$가 동시에 일어날 확률

$p_{i.}$ = 범주 $A_i$에 속할 확률

$p_{.j}$ = 범주 $B_j$에 속할 확률

여기서 검정하여야 할 귀무가설은 변수 $A$와 $B$가 독립적이라는 것으로, 두 변수 사이에는 아무런 연관이 없다는 주장이다. 만약 귀무가설이 옳다면 앞에서 설명한 바와 같이

$$p_{ij} = p_{i.} \times p_{.j}$$

가 된다. 따라서, 예상되는 기대도수($E_{ij}$)는

$$\begin{aligned} E_{ij} &= p_{ij} \times X_{..} \\ &= p_{i.} \times p_{.j} \times X_{..} \\ &= \frac{X_{i.}}{X_{..}} \times \frac{X_{.j}}{X_{..}} \times X_{..} \\ &= \frac{X_{i.} \times X_{.j}}{X_{..}} \end{aligned}$$

이 된다. 이것은 $A$와 $B$ 두 변수가 독립적이라는 가정하에서 $i$번째 행과 $j$번째 열의 격자에 해당되는 기대도수이다. 일단 $E_{ij}$가 계산되면 각 격자에 대해 관찰도수와 기대도수를 비교함으로써 귀무가설을 검정해 볼 수 있다.

$$\chi^2 = \sum_{i=1}^{r}\sum_{j=1}^{c}\frac{(X_{ij}-E_{ij})^2}{E_{ij}} \quad (13.6)$$

이미 언급한 바와 같이 검정에는 $\chi^2$-분포가 적용되며 자유도는 $(r-1)(c-1)$이 된다. 즉, 두 변수 간에 연관이 있다면 $\chi^2$-통계량의 수치가 커지므로 여기서는 우측검정이 이용된다.

### ▶▶ 독립성 평가를 위한 $\chi^2$-검정

자료 : 두 범주변수의 각 범주 결합에 대한 발생횟수 자료
귀무가설 : 두 변수는 서로 독립적이다.
대립가설 : 두 변수는 서로 연관이 있다.

$$\text{검정통계량}(\chi^2) = \frac{(\text{관찰도수}-\text{기대도수})^2}{\text{기대도수}} \text{의 합}$$

$$\text{기대도수} = \frac{(\text{한 변수의 주변도수}) \times (\text{다른 변수의 주변도수})}{\text{총 표본의 크기}}$$

자유도 : (한 변수 범주의 수−1) × (다른 변수 범주의 수−1)
검정결과 : 검정통계량이 $\chi^2$-통계표의 유의수준에 해당하는 값보다 더 크면 귀무가설을 기각

### 예제 | 13-3

어떤 회사에서 종업원의 교육수준과 작업성과 사이에 관련이 있는지를 알아보기 위하여 200명의 종업원을 표본집단으로 선발하였다. 이들을 그들의 교육수준에 따라 중졸 이하, 고졸, 고졸 이상 등의 세 범주로 구분하고, 작업성과에 따라 우수, 양호, 보통으로 구분하여 빈도수를 조사하여, 아래와 같은 $3 \times 3$ 통계분할표를 얻었다. 작업성과가 교육수준에 영향을 받는지 분석하시오.

**표 13-8 | 교육수준과 작업성과**

| 작업성과 | 교육수준 | | | 합 계 |
|---|---|---|---|---|
| | 중졸 이하 | 고졸 | 고졸 이상 | |
| 우 수 | 10 | 40 | 10 | 60 |
| 양 호 | 30 | 30 | 20 | 80 |
| 보 통 | 10 | 30 | 20 | 60 |
| 합 계 | 50 | 100 | 50 | 200 |

**풀이**

먼저 아홉 개의 격자 칸에 대한 기대도수를 계산하면 다음과 같다.

$$E_{11} = \frac{50 \times 60}{200} = 15, \qquad E_{12} = \frac{100 \times 60}{200} = 30,$$

$$E_{13} = \frac{50 \times 60}{200} = 15, \qquad E_{21} = \frac{50 \times 80}{200} = 20,$$

$$E_{22} = \frac{100 \times 80}{200} = 40, \qquad E_{23} = \frac{50 \times 80}{200} = 20,$$

$$E_{31} = \frac{50 \times 60}{200} = 15, \qquad E_{32} = \frac{100 \times 60}{200} = 30,$$

$$E_{33} = \frac{50 \times 60}{200} = 15$$

위의 결과를 통계분할표 형식으로 정리하면 아래와 같다.

| 작업성과 | 교육수준 | | | 합 계 |
|---|---|---|---|---|
| | 중졸 이하 | 고졸 | 고졸 이상 | |
| 우 수 | 15 | 30 | 15 | 60 |
| 양 호 | 20 | 40 | 20 | 80 |
| 보 통 | 15 | 30 | 15 | 60 |
| 합 계 | 50 | 100 | 50 | 200 |

이제 통계량을 구하면 다음과 같다.

$$\chi^2 = \frac{(10-15)^2}{15} + \frac{(40-30)^2}{30} + \cdots + \frac{(20-15)^2}{15} = 17.5$$

이 문제에서 $r=c=3$이므로 자유도는 $(3-1)\times(3-1)=4$이다. 〈표 13-4〉의 $\chi^2$-분포표에서 자유도가 4일 때 5%의 유의수준에서 $\chi^2$값이 9.49이며, 유의수준이 1%일 경우에는 $\chi^2$값이 13.28이다. 위에서 계산한 수치 17.5는 이들 수치보다 훨씬 크므로, 1%의 유의수준에서도 교육수준과 작업성과 사이에는 아무런 관련이 없다는 귀무가설을 기각한다. 종업원의 교육수준이 작업성과에 영향을 미친다고 결론지었을 때 이것이 틀릴 확률은 1% 미만이다.

## 13.4 적합성 검정

$\chi^2$분포는 지금까지 논의한 내용과 같은 통계분할표의 분석에 중요할 뿐만 아니라 모형의 적합도(goodness of fit)를 검정하는 데에도 유용하게 사용될 수 있다. 적합도 검정은 표본에서 관찰된 관찰도수와 이론적 모형에 근거한 기대도수를 비교하여, 표본이 추출된 모집단의 분포를 평가한다. 만약 관찰도수와 기대도수의 차이가 크다면 이것은 우연적으로 발생했다고 보기 어려우므로 표본은 이론적으로 가정한 모형에서 도출되었다고 판단하기 어려울 것이다.

예를 들어, 어떤 주사위가 완전한 정육면체인지를 알고 싶어, 주사위를 150번 던져 나온 수치를 기록하여 아래와 같은 결과를 얻었다고 가정하자.

여기서 표본영역은 주사위 눈의 수(1, 2, 3, 4, 5, 6)이며 이들 값들은 상호배타

**표 13-9 | 주사위의 나온 눈금 출현횟수에 대한 도수표**

| 주사위 눈의 수 | 관찰도수 |
|---|---|
| 1 | 24 |
| 2 | 20 |
| 3 | 20 |
| 4 | 22 |
| 5 | 33 |
| 6 | 31 |
| 합 계 | 150 |

**표 13-10 | 관찰도수와 기대도수를 비교하기 위한 $\chi^2$ 검정**

| 사건 (범주) | 관찰도수 | 기대확률 | 기대도수 | (관찰도수 − 기대도수)$^2$ | $\frac{(\text{관찰도수}-\text{기대도수})^2}{\text{기대도수}}$ |
|---|---|---|---|---|---|
| 1 | 24 | 1/6 | 25 | 1 | 0.04 |
| 2 | 20 | 1/6 | 25 | 25 | 1.00 |
| 3 | 20 | 1/6 | 25 | 25 | 1.00 |
| 4 | 22 | 1/6 | 25 | 9 | 0.36 |
| 5 | 33 | 1/6 | 25 | 64 | 2.56 |
| 6 | 31 | 1/6 | 25 | 36 | 1.44 |
| 계 | 150 | 1.0 | 150 | | 6.40 |

적(mutually exclusive)이며 모든 가능성을 포함하고 있으므로 각각의 주사위 눈의 수를 하나의 범주로 사용할 수 있다.(물론 주사위 눈금에 따라 둘 또는 그 이상의 범주로 나눌 수도 있다) 1부터 6까지의 주사위 눈의 수를 각각 범주로 생각할 때 주사위가 정육면체라면 이 주사위를 던져서 각 범주에 속하는 값들이 나타날 확률은 1/6이 되어야 한다.

이 확률을 이용하여 $\chi^2$-통계량을 구할 수 있으며, 〈표 13-10〉은 $\chi^2$-통계량의 계산과정을 보여주고 있다. $\chi^2$-통계량은 관찰도수와 기대도수의 차이를 제곱하여 계산하므로, 계산결과가 작을 때 관찰도수는 이론적 모형에 적합하다고 판단한다. 관찰도수가 이론적 모형과 적합하지 않을 때에는 $\chi^2$-통계량의 수치가 크게 되

### ▶▶ 적합성 평가를 위한 $\chi^2$-검정

자료 : 단일 범주변수에 대하여 각 범주별 발생횟수 자료
귀무가설 : 모집단 비율은 이론비율(또는 기준비율)과 동일하다.
대립가설 : 모집단 비율은 최소한 한 범주에서 이론비율과 상이하다.

$$\text{검정통계량}(\chi^2) = \frac{(\text{관찰도수}-\text{기대도수})^2}{\text{기대도수}}\text{의 합}$$

기대도수 = 이론비율 × 표본의 크기($n$)
자유도 : 범주의 수 − 1
검정결과 : 검정통계량이 $t$-통계표의 유의수준에 해당하는 값보다 더 크면 귀무가설을 기각

고, 이 경우에 귀무가설을 기각하므로 기각영역이 우측에 있는 우측검정을 실시하여야 한다.

$\chi^2$-분포는 자유도에 따라 달라진다. 적합도 검정에서 자유도는 범주의 수에서 1을 뺀 값이다. 우리의 경우 자유도는 5가 된다. 〈표 13-4〉에 의하면 자유도가 5일 때 5%의 유의수준에 해당하는 임계치 $\chi^2$값은 11.07이다. 관찰된 수치 6.40은 11.07보다 작으므로 주사위의 각 눈금이 나올 확률이 1/6로 동일하다는 귀무가설을 5% 유의수준에서 기각할 수 없다. 주사위는 정육면체로 보아도 된다.

### 예제 | 13-4

난수표(random digit table)로부터 200개의 숫자를 추출하여 다음과 같은 도수분포표를 얻었다. 이들 200개의 난수가 진정한 난수인지 검정하시오.

| 숫자 | 도수 |
|---|---|
| 0 | 18 |
| 1 | 23 |
| 2 | 22 |
| 3 | 17 |
| 4 | 20 |
| 5 | 25 |
| 6 | 14 |
| 7 | 19 |
| 8 | 22 |
| 9 | 20 |

**풀이**

0에서부터 9까지의 숫자가 무작위적으로 추출되었다면 각 숫자가 나올 확률은 1/10이다. 여기서 문제의 촛점은 관찰된 도수가 각 숫자가 나올 확률이 1/10인 분포를 따르는가를 알고자 하는 데 있다. $\chi^2$-검정을 위하여 아래와 같은 표를 만들 수 있다.

| 사건 (범주) | 관찰 도수 | 기대확률 | 기대도수 | (관찰도수−기대도수)$^2$ | $\frac{(관찰도수-기대도수)^2}{기대도수}$ |
|---|---|---|---|---|---|
| 0 | 18 | 1/10 | 20 | 4 | 0.20 |
| 1 | 23 | 1/10 | 20 | 9 | 0.45 |
| 2 | 22 | 1/10 | 20 | 4 | 0.20 |
| 3 | 17 | 1/10 | 20 | 9 | 0.45 |
| 4 | 20 | 1/10 | 20 | 0 | 0.00 |
| 5 | 25 | 1/10 | 20 | 25 | 1.25 |
| 6 | 14 | 1/10 | 20 | 36 | 1.80 |
| 7 | 19 | 1/10 | 20 | 1 | 0.05 |
| 8 | 22 | 1/10 | 20 | 4 | 0.20 |
| 9 | 20 | 1/10 | 20 | 0 | 0.00 |
| 계 | 200 | | 200 | | 4.60 |

$$\chi^2 = \frac{(관찰도수-기대도수)^2}{기대도수}$$
$$=4.6$$

부록에 의하면 자유도가 9일 때 유의수준 1%에 해당하는 임계치 $\chi^2$의 값은 21.67이다. 관찰된 수치는 4.6으로 21.67보다 작으므로 각 숫자가 나올 확률이 동일하게 1/10이라는 귀무가설을 유의수준 1%에서 기각할 수 없다. 즉, 이들 숫자는 난수라고 볼 수 있다.

## 13.5 요 약

본장에서는 정성적 변수(qualitative variables)의 상호 연관성을 알아보기 위한 통계기법에 관하여 설명하였다. 정성적 변수의 범주가 셋 또는 그 이상인 경우에는 카이제곱($\chi^2$)검정을 적용하는데, 이를 위하여 통계분할표를 만들고 $\chi^2$-통계량을 계산하는 과정을 설명하였다.

## A13 EXCEL을 이용한 범주변수들의 유관성 분석

EXCEL을 이용하여 범주변수들의 유관성을 분석하는 과정을 본문의 〈예제 13-3〉을 예로 들어 설명하고자 한다. 〈예제 13-3〉의 경우에는 변수들의 범주 수가 각각 3개로서 3×3통계분할표가 만들어지지만, 여기서 설명하는 분석방법은 범주 수가 다른 경우에도 똑같이 적용될 수 있다.

(가) 자료의 통계분할표 만들기

**01** [그림 A13-1]과 같이 제목(통계분할표)과 변수들의 범주 이름들(중졸이하, 고졸, 고졸이상 ; 우수, 양호, 보통)을 입력한다. 그리고, 해당 칸에는 관측된 도수를 입력한다.

**02** 행의 합을 구하기 위하여, 칸 E5에 합을 구하는 함수 '= SUM(B5:D5)' 을 입력한다. 이것을 행의 합을 구하는 다른 칸들, 즉 E6와 E7에 복사한다.

**03** 열의 합을 구하기 위하여, 칸 B8에 합을 구하는 함수 '= SUM(B5:B7)' 을 입력한다. 이것을 열의 합을 구하는 다른 칸들, 즉 C8과 D8에 복사한다.

**04** 전체 합을 구하기 위하여, 칸 E8에 '= SUM(B5:D7)' 을 입력한다.

**그림 A13-1**

EXCEL을 이용한 범주자료의 유의성 분석

| | A | B | C | D | E | F | G | H |
|---|---|---|---|---|---|---|---|---|
| 1 | 다범주변수의 유관성 분석 | | | | | | | |
| 2 | | | | | | | | |
| 3 | 통계분할표 | | | | | | | |
| 4 | | 중졸이하 | 고졸 | 고졸이상 | 행의 합 | | | |
| 5 | 우수 | 10 | 40 | 10 | 60 | | | |
| 6 | 양호 | 30 | 30 | 20 | 80 | | | |
| 7 | 보통 | 10 | 30 | 20 | 60 | | | |
| 8 | 열의 합 | 50 | 100 | 50 | 200 | | | |
| 9 | | | | | | | | |
| 10 | 기대도수 분할표 | | | | | | | |
| 11 | | 중졸이하 | 고졸 | 고졸이상 | 행의 합 | | | |
| 12 | 우수 | 15 | 30 | 15 | 60 | | | |
| 13 | 양호 | 20 | 40 | 20 | 80 | | | |
| 14 | 보통 | 15 | 30 | 15 | 60 | | | |
| 15 | 열의 합 | 50 | 100 | 50 | 200 | | | |
| 16 | | | | | | | | |
| 17 | p-value: | 0.001545 | | | | | | |

(나) 기대도수의 분할표 만들기

**01** 위에서 만든 통계분할표 전체(A3:E8)를 칸 A10에 복사한 후, 칸 A10의 제목을 '기대도수의 분할표'로 바꾼다.

**02** 기대도수를 구하는 공식은 (행의 합)×(열의 합)/(전체 합)이다. 따라서, 칸 B12에 ' = B$8*$E5/$E$8'을 입력시킨다. 이처럼 절대주소와 상대주소를 사용하게 되면, 공식을 한 칸에만 입력시킨 후 이를 나머지 칸에 복사하면 되므로 편리하다.

**03** 칸 B12의 공식을 나머지 칸들(B12:D14)에 복사한다.

(다) p값 계산하기

**01** 칸 A17에 'p value' 라는 이름을 입력한다.

**02** 커서를 B17로 옮긴 후, 메뉴에서 수식, 함수삽입을 차례로 선택하면, [그림 A13-2]와 같은 함수마법사의 1단계가 나타난다.

**03** 함수마법사의 1단계에서, 함수종류(C)에서는 통계를, 함수이름(N)에서 CHISQ.TEST를 선택한 후 확인을 클릭한다.

**그림 A13-2**

함수마법사의 1단계

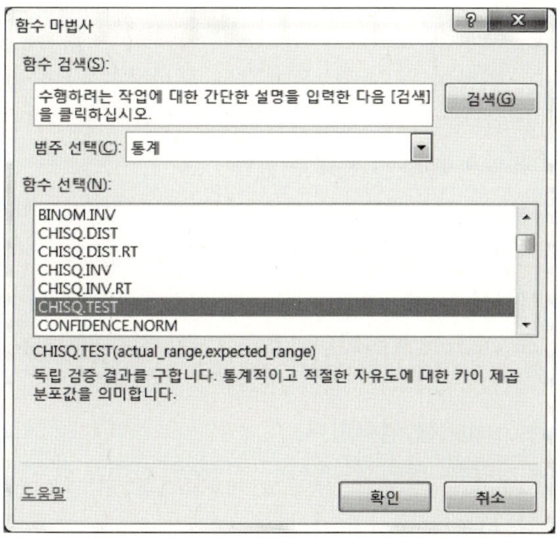


**04** 함수마법사의 2단계에서는 실제도수가 들어 있는 칸들의 주소(여기서는 B5:D7)를 [그림 A13-3]와 같이 Actual_range 항목에 입력한다. 마찬가지로, 기대도수가 있는 칸들의 주소(여기서는 B12:D14)를 Expected_range 항목에 입력한다.

**05** 그런 다음 확인을 클릭하면, [그림 A13-1]에서와 같이 칸 B17에 $p$값이 나타난다.

이제까지 설명한 범주변수들의 유관성 검정에서는 귀무가설 '$H_0$ : 두 범주변수는 확률적으로 독립이다'를 검정한다. 위의 예에서 $p$값은 0.001545로서 유의수준이 이보다 큰 경우에는 귀무가설이 기각되므로, 흔히 사용되는 유의수준 0.01에서 귀무가설을 기각시킬 수 있다. 따라서, 두 범주변수 간에는 상관관계가 있다고 결론 내릴 수 있다. 다시 말하면, 교육수준에 따라 작업성과가 달라진다고 해석할 수 있다.

그림 A13-3 함수마법사의 2단계

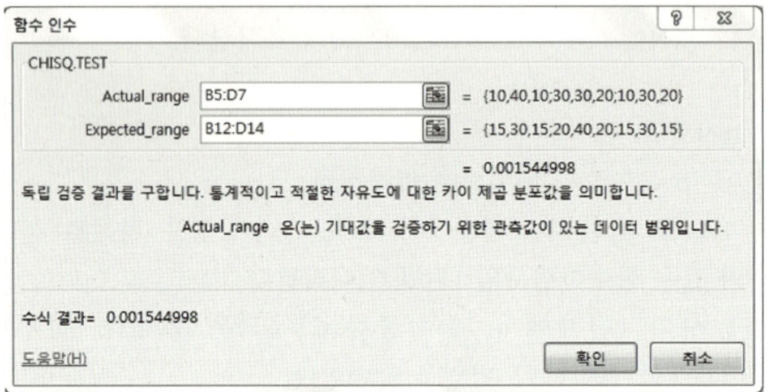


(라) $\chi^2$-통계량 계산하기

**01** $\chi^2$-통계량을 계산하기 위하여, 먼저 $\chi^2$-통계량을 구성하는 각 항들을 계산하여야 한다. 따라서, 자료의 통계분할표(A3:D7)를 칸 A19에 복사한다. 이때 행과 열의 합을 나타내는 칸들은 복사할 필요가 없다.

**02** [그림 A13-4]와 같이 칸 A19의 제목을 'Chi-square 항들'로 바꾼다.

**03** $\chi^2$-통계량을 구성하는 각 항들을 계산하는 공식은 '(실제도수 − 기대도수)$^2$/기대도수' 이므로, 칸 B21에 공식 ' = (B5−B12)$^2$/B12'를 입력한다. 칸 B21의 공식을 나머지 칸들(B21:D23)에 복사한다. 소수점이하 자리 수는 원하는 대로 조절한다.

**04** 칸 A25에 제목 'Chi-square'를 입력한다.

**05** 구하고자 하는 $\chi^2$-통계량은 위에서 계산한 항들의 합이므로, 칸 B25에 ' = SUM(B21:D23)'을 입력한다.

그림 A13-4 $\chi^2$-통계량 계산하기

| | | | | | |
|---|---|---|---|---|---|
| 19 | **Chi-square 항들** | | | | |
| 20 | | 중졸이하 | 고졸 | 고졸이상 | |
| 21 | 우수 | 1.667 | 3.333 | 1.667 | |
| 22 | 양호 | 5.000 | 2.500 | 0.000 | |
| 23 | 보통 | 1.667 | 0.000 | 1.667 | |
| 24 | | | | | |
| 25 | Chi-square: | 17.5 | | | |
| 26 | | | | | |
| 27 | | | | | |
| 28 | | | | | |

## 연 습 문 제

**01** 유권자 1,000명을 무작위로 추출하여 소속정당과 특정 정치적 문제에 대한 찬성과 반대에 대한 자료를 얻어 다음과 같이 2×2통계분할표를 작성하였다.

| | 연합당 | 독립당 |
|---|---|---|
| 찬성 | 400 | 150 |
| 반대 | 250 | 200 |

소속정당과 투표성향 사이에 연관이 있는지를 정규분포를 이용하여 유의수준 1%에서 검정하시오.

**02** 신흥회사는 결근과 연령 사이에 어떤 관계가 있는지를 분석하기 위해 종업원 200명을 무작위로 추출하여 연령과 결근원인에 대하여 다음과 같은 자료를 얻었다.

| 결근원인 | 연령 | | |
|---|---|---|---|
| | 30세 이하 | 30~50 | 50 이상 |
| 질 병 | 40 | 28 | 52 |
| 기 타 | 20 | 36 | 24 |

유의수준 1%에서 연령과 결근에는 연관이 있는가?

**03** 어느 자동차회사는 고객의 성별과 자동차모델 선호도 사이에 관계가 있는지를 알고 싶어한다. 2,000명의 잠재적 고객을 추출하여 다음과 같은 자료를 얻었다.

| 성 | 모델 | | |
|---|---|---|---|
| | Ⅰ | Ⅱ | Ⅲ |
| 남성 | 350 | 270 | 380 |
| 여성 | 340 | 400 | 260 |

유의수준 1%에서 성별과 모델선호도 사이의 독립성을 검정하시오.

**04** 어느 회사의 경영진은 종업원 유형과 보험정책에 대한 선호도 사이에 관계가 있는지를 결정하기 위하여 조사를 실시하였다. 무작위로 추출된 300명의 종업원에게 면접을 실시하여 다음과 같은 자료를 얻었다.

| 종업원 유형 | 보험정책 | | |
|---|---|---|---|
| | Ⅰ | Ⅱ | Ⅲ |
| 관리직 | 18 | 6 | 12 |
| 사무직 | 42 | 24 | 30 |
| 생산직 | 36 | 72 | 60 |

종업원 유형과 보험정책에 대한 선호도 사이에 연관이 있는지를 유의수준1 %에서 검정하시오.

**05** 지난 4주일 간에 발생한 사고의 요일별 분포가 다음과 같았다.

| 요 일 | 사고건수 |
|---|---|
| 일요일 | 19 |
| 월요일 | 14 |
| 화요일 | 12 |
| 수요일 | 12 |
| 목요일 | 15 |
| 금요일 | 20 |
| 토요일 | 13 |
| 합 계 | 105 |

유의수준 1%에서 요일별 사고율이 동일하다는 가정을 검정하시오.

**06** 6개의 동전을 동시에 640번 던져서 다음과 같은 빈도분포를 얻었다고 가정하자.

| 앞면의 수 | 0 | 1 | 2 | 3 | 4 | 5 | 6 | 합 계 |
|---|---|---|---|---|---|---|---|---|
| 관찰도수 | 13 | 70 | 137 | 210 | 145 | 56 | 9 | 640 |

동전의 앞면이 나올 확률이 1/2이라는 귀무가설을 유의수준 1%에서 검정하시오.

**07** 무작위로 추출된 1,000명의 유권자에 대하여 특정 국회의원에 대한 지지도를 조사하였다. 1,000명 중 450명은 찬성표를 나머지 550명은 반대표를 던지겠다고 응답하였다. 유권자의 50%가 해당 국회의원 출마자에게 찬성투표를 할 것이라는 가설을 기각할 수 있는가?

**08** 주사위를 300번 던져 다음과 같은 빈도분포를 얻었다. 5%의 유의수준에서 주사위가 정육면체라는 가설을 검정하시오.

| 앞면의 수 | 1 | 2 | 3 | 4 | 5 | 6 | 합 계 |
|---|---|---|---|---|---|---|---|
| 관찰도수 | 46 | 51 | 44 | 57 | 38 | 64 | 300 |

**09** 많은 보험회사들은 소형자동차의 값이 대형자동차에 비해 싸기 때문에 보험료를 낮게 설정하는 경향이 있다. 그러나 실제 사고가 발생했을 때 부상을 당하거나 사망할 가능성은 소형자동차가 대형자동차보다 높기 때문에 오히려 소형자동차에 대해 높은 보험료를 부과해야 한다는 주장도 있다. 이 문제를 분석하기 위해 지난 6개월 동안 발생한 346건의 교통사고 내역을 차의 크기별로 정리한 결과가 다음과 같다.

| | 소형 자동차 | 중형 자동차 | 대형 자동차 |
|---|---|---|---|
| 심한 부상 또는 사망 | 67 | 26 | 16 |
| 경미한 부상 | 128 | 63 | 46 |

이 자료로 부상의 정도가 자동차 크기에 영향을 받는다고 결론지을 수 있는가? 유의수준은 10%로 설정하시오.

**10** 다음은 총 1,000가구를 대상으로 하여 가구당 소득과 구독하는 정기간행물 건수의 관계를 정리한 표이다. 이 자료를 이용하여 가구당 정기간행물 구독 건수와 소득수준 간의 관계를 분석하시오.

| 정기간행물 구독 건수 | 600만원 미만 | 600만원 이상 1,200만원 미만 | 1,200만원 이상 1,600만원 미만 | 1,600만원 이상 |
|---|---|---|---|---|
| 0 | 28 | 54 | 78 | 23 |
| 1 | 29 | 151 | 301 | 73 |
| 2 | 10 | 31 | 69 | 57 |
| 3old | 5 | 19 | 40 | 32 |

**11** 국내 경기가 침체 국면에 접어들자, 경기회복을 위한 많은 제안이 쏟아져 나오고 있다. 한국여론조사연구소는 100명의 기업경영인, 100명의 학자, 100명의 정부관리를 대상으로 하여 경기회복대책에 관한 설문조사를 실시하였다. 그 결과가 다음 표와 같을 때 기업경영인, 학자, 정부관리 간의 의견이 서로 다르다고 볼 수 있는가?

| 경기회복대책 | 기업경영인 | 학 자 | 정부관리 |
|---|---|---|---|
| 정부지출증대 | 0 | 15 | 39 |
| 소득세 감면 | 37 | 37 | 22 |
| 이자율 하향조정 | 24 | 34 | 15 |
| 기업에 대한 세금 감면제도설치 | 29 | 14 | 13 |

**12** 자동차 3사에서 생산한 소형자동차의 출고 후 1년 이내에 발생하는 불량원인을 조사한 결과가 다음과 같다. 이 자료를 근거로 하여 불량원인의 패턴이 자동차 회사에 따라 달라지는가를 분석하시오.

| 메이커 | 불량의 원인 | | |
|---|---|---|---|
| | 전기적 불량 | 연료계통 불량 | 기 타 |
| A | 17 | 19 | 7 |
| B | 14 | 7 | 9 |
| C | 6 | 21 | 12 |

제 14 장

# 비모수통계분석방법

## 14.1 모수와 비모수통계분석방법

### 14.1.1 모수통계분석방법

제8장의 가설검정에서 설명하였듯이, 올바른 가설검정을 하기 위해서는 귀무가설과 대립가설의 차이에 민감하게 반응하는 검정통계량(test statistic)을 선택하여야 하며, 동시에 귀무가설이 맞는다고 가정할 경우에 이 검정통계량의 표본분포를 알고 있어야 한다. 예를 들어, 모집단의 평균($\mu$)에 관한 가설검정에 있어서는 표본평균($\overline{X}$)을 검정통계량으로 사용한다. 왜냐하면, 표본평균($\overline{X}$)은 모집단 평균 $\mu$의 값에 민감하게 반응하며, 모집단이 정규분포를 하는 경우에는 $\overline{X}$의 표본분포도 정규분포를 하기 때문이다. 대부분의 경우에는 모집단의 확률분포를 알지 못하는데, 그렇더라도 표본이 큰 경우에는 중심극한정리에 의하여 $\overline{X}$의 표본분포는 정규분포에 접근한다는 것을 알 수 있다.

이와 같이, 모집단의 분포 또는 검정통계량의 표본분포를 안다는 가정에서 그 적합성이 성립되는 분석방법들을 모수통계분석(parametric statistics)방법이라 부르며, 이제까지 설명한 분석방법들이 이에 해당한다. 그러나, 검정통계량의 표본분포를 알 수 없는 상황에서는 이러한 분석방법들을 사용할 수가 없게 된다.

### 14.1.2 비모수통계분석방법

비모수통계분석(non parametric statistics)방법은 모집단의 확률분포나 검정통계량의 표본분포에 관하여 어떠한 가정을 하지 않으므로, 모집단분포와 표본크기에 상관없이 적합하게 적용할 수 있는 분석방법이다. 이러한 의미에서 분포와 무관한(distribution-free) 분석방법이라고도 하며, 모수통계분석방법보다 더 광범위하게 적용할 수 있다.

비모수통계분석방법이 갖는 장점은 다음과 같다.

1. 모든 종류의 자료에 적용할 수 있다. 정량적 자료(quantitative data)는 물론

이고, 정성적 자료(qualitative data)에 속하는 서수자료(ordinal data)와 범주자료(categorical data)에도 적용할 수 있다. 그러나, 모수통계분석방법은 정량적 자료에만 적용 가능하다.

2. 표본크기가 작을 경우에는 쉽게 계산할 수 있다. 그러나, SAS, SPSS, Minitab 등 컴퓨터통계프로그램을 이용할 경우에는 표본크기가 크더라도 별 문제가 되지 않는다.
3. 모집단의 분포나 검정통계량의 표본분포에 관한 가정이 맞지 않는 경우에는, 비모수통계분석방법의 가설분별력(power)이 모수통계분석방법보다 크게 된다. 만일, 그 가정이 맞는 경우에 비모수통계분석방법을 사용하게 되면, 자료에 포함된 정보의 일부를 이용하지 않게 되므로 모수통계분석방법보다 가설분별력이 작게 된다. 그러나, 적절한 비모수통계분석방법을 선택하게 되면 그 차이는 무시할 만큼 작아질 수 있다.
4. 비모수통계분석방법은 특이치(outlier)의 영향을 별로 안 받는다.

모수통계분석방법을 이용한 가설검정의 경우에는, 검정통계량의 표본분포가 정규분포, $t$-분포, $\chi^2$-분포 등의 정형화된 분포를 하며 이들의 확률분포표는 쉽게 구할 수 있다. 이에 반하여, 비모수통계분석방법은 검정통계량의 표본분포가 정형화되어 있지 않기 때문에, 문제에 따라 필요한 확률분포표를 구하는 것이 어려운 경우가 있다. 그러나, 현재까지 개발되어 있는 많은 컴퓨터통계프로그램을 이용하여 쉽게 $p$값을 얻을 수 있기 때문에, 이는 문제가 되지 않는다.

## 14.2 부호검정

한 모집단분포의 중앙값(median)에 관한 가설을 검정하기 위하여 부호검정(sign test)을 사용하려면, 확률표본 $X_1$, $X_2$, $\cdots$, $X_n$은 다음 가정들을 만족시켜야 한다.

가정 1 : $X_i$들은 서로 독립이다.

가정 2 : 각 $X_i$는 중앙값이 $\theta$이고 연속적인 분포를 갖는 동일 모집단으로부터 추출되므로, $P(X_i < \theta) = P(X_i > \theta) = 1/2(i = 1, \cdots, n)$이 성립된다.

$\theta_0$를 어느 특정값이라 할 때 모집단분포의 중앙값에 관한 아래의 귀무가설과 대립가설을 검정하여 보자.[1)]

$$H_0 : \theta \le \theta_0 \qquad \text{vs.} \qquad H_1 : \theta > \theta_0$$

만일 귀무가설($H_0$)이 사실이라면 $\theta_0$가 중앙값이므로, 표본 관측치의 절반은 $\theta_0$보다 크고 나머지 절반은 작을 것이다. 그러나, 대립가설($H_1$)이 맞다면 중앙값이 $\theta_0$보다 큰 모집단으로부터 추출되었으므로, 절반 이상의 관측치가 $\theta_0$보다 클 것이고 따라서 $X_i - \theta_0$이 양(+)인 관측수가 훨씬 많을 것이다. 이처럼 $X_i - \theta_0$의 부호에 근거하여 가설을 검정하므로 부호검정(sign test)이라 불리며, 다음의 검정통계량을 사용한다.

검정통계량

$$T^{sign} = X_i - \theta_0 \text{이 양(+)인 관측수} \qquad \textbf{(14.1)}$$

이제 $p$값을 계산하는 방법을 살펴보면, 표본크기가 작을($n \le 20$) 경우에는 이항분포를 이용한다. 귀무가설($H_0$)이 사실이라면 $\theta_0$가 중앙값이므로, $X_i - \theta_0$이 양(+)일 확률은 $p = 0.5$이다. 따라서, 검정통계량 $T^{sign}$는 표본크기가 $n$이고 발생확률이 $p = 0.5$인 이항분포를 따르게 되므로, $p$값은 이항분포표에서 발생횟수가 $T^{sign}$ 이상인 확률을 구하면 된다. 또는, 제5장의 부록에 설명되어 있는 EXCEL의 BINOMDIST 기능을 이용하면 $p$값을 쉽게 구할 수 있다.

1) 왼쪽검정인 $H_0 : \theta \ge \theta_0$ vs. $H_1 : \theta < \theta_0$의 경우에는 본문에서 설명한 오른쪽 검정과 같은 절차를 따르되, 기각역을 왼쪽 꼬리 부분에 설정하여야 한다. 그리고, 양측검정인 $H_0 : \theta = \theta_0$ vs. $H_1 : \theta \ne \theta_0$의 경우에는 양쪽 꼬리 부분에 기각역을 설정한다.

### 예제 | 14-1

ABC 보험회사는 자동차사고를 가장하여 보험금을 과다하게 청구하는 사례들을 적발하고자 최근 10건의 보험청구액을 조사하여, 다음과 같은 자료를 얻었다.

(단위 : 1,000원)

| 144 | 99 | 75 | 157 | 120 | 127 | 126 | 140 | 200 | 154 |
|---|---|---|---|---|---|---|---|---|---|

과거 자료에 의하면 보험청구액의 중앙값은 125,000원이었을 때, 중앙값이 증가하였는지를 유의수준 0.05에서 검정하시오.

**풀이**

여기서 검정하고자 하는 가설들은 $H_0 : \theta \leq 125$(천원) vs. $H_1 : \theta > 125$(천원)이다. 자료에서 $\theta_0 = 125$보다 큰 관측수는 7이므로, 검정통계량의 값은 $T^{sign} = 7$이다. 부록에 수록된 이항분포표에서 $n = 10$, $p = 0.5$일 때, $p$값은 $P_r(k \geq 7) = 1 - Pr(k < 6) = 1 - 0.828 = 0.172$이다. 따라서, 유의수준 0.05보다 크므로 귀무가설을 채택한다. 다시 말하면, 중앙값이 증가하였다는 증거가 없다고 결론내릴 수 있다.

표본크기가 클($n > 20$) 경우에는 검정통계량 $T^{sign}$의 분포는 정규분포에 근접한다는 사실을 이용하여 기각역을 설정하고 $p$값을 계산하면 된다. 귀무가설($H_0$)이 사실이라면 $\theta_0$가 중앙값이므로, $X_i - \theta_0$이 양(+)일 확률은 $p = 0.5$이다. 따라서, 관측수가 $n$일 때 $T^{sign}$의 분포는 평균이 $\mu = 0.5n$이고, 표준편차가 $\sigma = \sqrt{0.25n}$인 정규분포가 된다. 즉,

**$T^{sign}$의 표본분포**

$$T^{sign} \sim N(0.5n, \sqrt{0.25n}) \qquad \textbf{(14.2)}$$

오른쪽검정이므로 기각역은 $Z = \dfrac{T^{sign} - 0.5n}{\sqrt{0.25n}} > Z_a$이 된다.

**예제 | 14-2**

위의 [예제 14-1]에서 자료를 더 수집한 결과, 아래와 같이 22개의 관측치를 얻었다.

(단위 : 1,000원)

| | | | | | | | | | |
|---|---|---|---|---|---|---|---|---|---|
| 144 | 99 | 75 | 157 | 120 | 127 | 126 | 140 | 200 | 154 |
| 108 | 40 | 133 | 156 | 111 | 147 | 87 | 165 | 94 | 143 |
| 146 | 174 | 102 | 128 | 149 | | | | | |

가설 $H_0 : \theta \leq 125$(천원) vs. $H_1 : \theta > 125$을 유의수준 0.05에서 검정하시오.

**풀이**

관측수가 25(> 20)이므로 검정통계량 $T^{sign}$는 평균이 12.5(=0.5×25)이고 표준편차가 2.5(=$\sqrt{0.25 \times 25}$)인 정규분포에 근접한다고 볼 수 있다. 정규분포표에 의하면 ($Z_{0.05}$=1.645이므로, 기각역은 $Z = \frac{T^{sign} - 12.5}{2.5} > 1.645$이다. 자료에서 $\theta_0 = 125$보다 큰 관측수는 16이므로, 검정통계량의 값은 $T^{sign} = 16$이다. 따라서, $Z = \frac{16 - 12.5}{2.5} = 1.4$이 기각역에 속하지 않으므로, 귀무가설을 유의수준 0.05에서 기각할 수 없다. $p$값은 $P_r(Z > 1.4) = 0.0808$이어서 유의수준 0.05보다 크므로, 귀무가설이 기각되지 않음을 알 수 있다.

## 14.3 | Wilcoxon 부호순위검정(Signed Rank Test)

제8장 5절에서 설명하였듯이, 광고, 의약품, 교육프로그램, 생산공정 등의 효과를 알아보기 위해 하나의 관측대상을 실험 전과 후에 각각 측정하여 그 차이를 평가하는 경우에는 두 표본이 서로 독립적이지 않고 짝을 이루게 되며(paired sample), 이를 대응비교(paired comparison)라고 한다. 실험 전과 후의 관측치를 각각 $X_i$와 $Y_i$로 표시하면, 그 차이는 $D_i = Y_i - X_i$로서 확률표본 $D_1, D_2, \cdots, D_n$을 얻게 된다. Wilcoxon 부호순위검정(signed rand test)을 적용하여 실험효과를 검정하기 위해서는 다음 가정들을 만족시켜야 한다.

가정 1 : $D_i$들은 서로 독립이다.

가정 2 : 각 $D_i$는 $\theta$를 중심으로 좌우대칭인 연속적 분포를 한다. 따라서, $\theta$는 중앙값이며 평균이 된다.

실험 후의 성과가 실험 전보다 더 좋은지, 아니면 차이가 없는지를 검정하기 위하여 Wilcoxon 부호순위검정을 적용할 경우의 가설은 다음과 같다.

$$H_0 : \theta = 0 \quad \text{vs.} \quad H_1 : \theta > 0$$

만일 귀무가설($H_0$)이 사실이라면 $D_i$들은 중앙값인 0을 중심으로 좌우대칭이므로, 0으로부터 어느 크기의 편차가 양이 될 확률과 음이 될 확률은 같게 된다. 이제 검정통계량을 정의하기 위하여 관측치 $D_i$들을 절대값 크기 순으로 나열한 후, 각 관측치에 순위를 할당하여 보자.(가장 작은 관측치에는 순위 1을, 그리고 가장 큰 관측치에는 순위 $n$을 할당한다.) 그런 다음 0보다 작은 관측치의 순위에는 음의 부호(−)를, 0보다 큰 관측치의 순위에는 양의 부호(+)를 붙이게 되면, 음의 순위와 양의 순위가 골고루 분포되어 있을 것으로 기대된다. 따라서, 좌우대칭인 분포의 중앙값이 0이라면, 양의 순위들과 음의 순위들이 서로 상쇄되어 순위들의 총합은 0에 가까운 값을 갖게 될 것이다. 그러나, 대립가설($H_1$)이 맞다면 양의 순위들의 합이 음의 순위들의 합(절대값)보다 훨씬 클 것이므로, 순위들의 총합은 양의 값이 될 것이다. 이처럼 $D_i$의 부호뿐만 아니라 크기까지도 고려하기 때문에 부호순위검정(signed rank test)이라 불리며, 다음의 검정통계량을 사용한다.

검정통계량

$$T^{s-rank} = \text{부호순위의 합} \tag{14.3}$$

표본크기($n$)가 10 이상인 경우에는 검정통계량 $T^{s-rank}$의 표본분포가 아래의 정규분포에 접근한다고 보고, 기각역과 $p$값을 계산할 수 있다.

$T^{s-rank}$의 표본분포

$$T^{s-rank} \sim N\left(0, \frac{n(n+1)(2n+1)}{6}\right) \qquad (14.4)$$

## 예제 | 14-3

명경세무법인이 주장하기를 자기 회사에 세무업무를 위탁하게 되면 세금납부액이 줄어 들 수 있다고 주장한다. 소비자보호원은 이러한 주장이 사실인지를 확인하기 위하여 조사를 하기로 하였다. 이미 명경세무법인에 세무업무를 위탁한 사람들이 지불한 세금액과, 그들이 만일 위탁하지 않고 직접 세금처리를 하였다면 지불해야 했을 세금액은 다음과 같다.

| 세무법인이 계산한 세금액 (1) | 본인 직접 계산한 세금액 (2) | 절약액 $D_i$ =(2)-(1) | 부호순위 |
|---|---|---|---|
| 1,459 | 1,510 | 51 | 4 |
| 3,250 | 2,900 | −350 | −8 |
| 1,190 | 1,200 | 10 | 1 |
| 8,100 | 7,650 | −450 | −9 |
| 13,200 | 15,390 | 2,190 | 11 |
| 9,120 | 9,300 | 180 | 6 |
| 5,597 | 5,312 | −285 | −7 |
| 210 | 240 | 30 | 2 |
| 1,290 | 1,330 | 40 | 3 |
| 130 | 10 | −120 | −5 |
| 3,123 | 5,190 | 2,067 | 10 |

### 풀이

세무법인에 위탁할 경우의 절약효과를 검정하는 것으로, 세금절약액($D_i$)의 중앙값을 $\theta$라 한다면 귀무가설과 대립가설은 다음과 같다.

$$H_0 : \theta = 0 \quad \text{vs.} \quad H_1 : \theta > 0$$

표의 세 번째와 네 번째 칸에는 세무법인에 위탁함으로써 얻은 절약액($D_i$)과 부호순위가 각각 계산되어 있다. 따라서, 검정통계량 $T^{s-rank}$의 표본분포는 평균이 $\mu=0$이고 표준편차가 $\sigma = \sqrt{(11)(12)(23)/6} = 22.5$인 정규분포를 한다.

$$T^{s-rank} \sim N(0,\ 22.5^2)$$

오른쪽꼬리 검정이므로, 유의수준이 0.05일 때 기각역은 $z = \frac{T^{s-rank} - 0}{22.5} > Z_{0.05} =$ 1.645이다. 부호순위의 총합은 $T^{s-rank} = 8$이고, $Z = \frac{8-0}{22.5} = 0.36$이 기각역에 속하지 않으므로 귀무가설을 유의수준 0.05에서 기각할 수 없다. 또한 $p$값은 $P_r(Z > 0.36) = 0.3594$로 유의수준 0.05보다 크므로, 귀무가설이 기각되지 않음을 알 수 있다.

이제까지 Wilcoxon 부호순위검정을 짝을 이룬 표본(paired sample)의 대응비교에 적용하였으나, 한 표본의 중앙값에 관한 검정에도 적용할 수 있다. 앞 절에서 설명한 부호검정(sign test)에서는 한 표본의 중앙값에 관한 가설을 검정하기 위하여 관측치와 중앙값의 차이의 부호만을 이용하였다. 그러나, 모집단의 분포가 좌우대칭일 경우에는(가정 2), 부호뿐만 아니라 그 차이의 크기까지도 가설검정에 이용한다면 보다 분별력 있는 검정이 될 수 있을 것이다.

### 예제 | 14-2

[예제 14-2]의 가설 $H_0 : \theta \leq 125$ vs. $H_1 : \theta > 125$을 Wilcoxon 부호순위검정법을 적용하여 검정하시오.

**풀이**

관측치($X_i$)와 중앙값($\theta = 125$)의 차이, 즉 $D_i = X_i - 125$의 부호순위를 계산한 결과가 다음의 표에 정리되어 있다. 여기에서 관측치 156과 94는 차이값이 각각 31과 − 31로서 절대값이 같으므로, 해당 순위 17과 18의 평균값 17.5를 배정하였다.

검정통계량 $T^{s-rank}$의 표본분포는 평균이 $\mu = 0$이고 표준편차가 $\sigma = \sqrt{(25)(26)(51)/6} = 74.3$인 정규분포를 한다.

$$T^{s-rank} \sim N(0,\ 74.3)^2$$

오른쪽꼬리 검정이므로, 유의수준이 0.05일 때 기각역은 $Z = \frac{T^{s-rank} - 0}{22.5} > Z_{0.05} =$ 1.645이다. 부호순위의 총합은 $T^{s-rank} = 62$이고, $Z = \frac{62-0}{74.3} = 0.83$이 기각역에 속하지 않으므로 귀무가설을 유의수준 0.05에서 기각할 수 없다. $p$값은 $P_r(Z > 0.83) = 0.2033$으로 유의수준 0.05보다 크므로, 귀무가설이 기각되지 않음을 알 수 있다.

| $X_i$ | $D_i$ | 부호순위 | $X_i$ | $D_i$ | 부호순위 | $X_i$ | $D_i$ | 부호순위 |
|---|---|---|---|---|---|---|---|---|
| 144 | 19 | 10 | 154 | 29 | 16 | 94 | −31 | −17.5 |
| 99 | −26 | −15 | 108 | −17 | −8 | 143 | 18 | 9 |
| 75 | −50 | −23 | 40 | −85 | −25 | 146 | 21 | 11 |
| 157 | 32 | 19 | 133 | 8 | 5 | 174 | 49 | 22 |
| 120 | −5 | −4 | 156 | 31 | 17.5 | 102 | −23 | −13 |
| 127 | 2 | 2 | 111 | −14 | −6 | 128 | 3 | 3 |
| 126 | 1 | 1 | 147 | 22 | 12 | 149 | 24 | 14 |
| 140 | 15 | 7 | 87 | −38 | −20 | | | |
| 200 | 75 | 24 | 165 | 40 | 21 | | | |

## 14.4 Mann-Whitney-Wilcoxon 검정

Mann-Whitney-Wilcoxon(MWW) 검정은 서로 독립적인 두 모집단의 중앙값이 같은지를 검정하는 데 사용되는 것으로, 모집단이 정규분포를 해야 한다는 등의 가정이 필요하지 않다는 점에서 제8장에서 설명한 $t$-분포를 이용한 검정방법과 다르다. 이 검정방법은 Wilcoxon 순위합검정(rank sum test)이라고도 알려져 있다.

$X_1, X_2, \cdots, X_n$은 첫번째 모집단으로부터 추출된 크기가 $n$인 확률표본을 나타내며, $Y_1, Y_2, \cdots, Y_m$은 또 다른 모집단으로부터 추출된 크기가 $m$인 확률표본을 나타낸다고 하자. 이제 MWW 검정을 적용하기 위해서는 다음의 가정들을 만족시켜야 한다.

가정 1 : 확률표본 $X_i$들과 $Y_i$들은 각각의 모집단으로부터 독립적으로 추출된다.

가정 2 : 각 표본 내의 관측치들 간에 독립일 뿐만 아니라, 두 확률표본 간에도 서로 독립이다.

가정 3 : 관측치는 최소한 서수적으로 비교할 수 있어야 한다

가정 4 : 각 확률표본의 모집단은 연속적 분포를 하지만 대칭일 필요는 없다.

두 모집단의 중앙값을 각각 $M_X$와 $M_Y$로 나타낼 때, 두 중앙값을 비교하는 다음의 가설을 검정하여 보자.

$$H_0 : M_X = M_Y \quad \text{vs.} \quad H_1 : M_X \neq M_Y$$

두 표본을 통합하였을 때의 순위를 정한 후, 한 표본만의 순위들을 합하는 경우를 생각하여 보자. 만일 두 모집단들의 중앙값이 같다면, 순위가 두 표본에 골고루 분포되어 있을 것이므로 어느 한 표본의 순위에는 작은 순위와 큰 순위가 골고루 섞여 있을 것이다. 그러나, 두 모집단들의 중앙값이 서로 다르다면 어느 한 표본에는 작은 순위가, 그리고 또 다른 표본에는 큰 순위가 압도적으로 많을 것이다. 이러한 논리에 근거하여 MWW검정에 사용되는 검정통계량을 다음과 같이 정의한다.

검정통계량

$$S = \text{확률표본 } X\text{들의 순위합 또는 확률표본 } Y\text{들의 순위합} \tag{14.5}$$

두 표본의 크기가 모두 10 이상일 경우에는 검정통계량 $S$의 표본분포가 아래의 정규분포와 비슷하게 되므로, 기각역과 $p$값을 정규분포를 이용하여 계산할 수 있다.[2)]

$S$의 표본분포

$$S \sim N\left(\frac{n(n+m+1)}{2}, \frac{nm(n+m+1)}{12}\right) \tag{14.6}$$

2) 본 교재는 통계학의 기본개념을 설명하는 것이 목적이므로, 표본크기가 큰 경우에 정규본포를 이용하는 방법만을 설명한다. 표본크기가 작을 경우에는 보다 전문적인 통계학 책에 수록된 표를 이용하여 기각역을 구할 수 있다. 또는, *SAS*, *SPSS* 등과 같은 컴퓨터 통계프로그램을 이용하면 쉽게 가설검정을 할 수 있다.

## 예제 | 14-5

가나다은행은 서울의 한 지점에서 저축예금계좌 12개를 선정하여 잔고를 조사하였다(단위 : 1,000원). 또한 부산의 한 지점에서 10개의 저축예금계좌를 선정하여 잔고를 조사하였다. 이 자료에 의하면 서울과 부산의 지점간에 저축예금잔고에 차이가 있다고 할 수 있는가?

| 서울 지점 | | 부산 지점 | |
|---|---|---|---|
| 예금계좌번호 | 잔고 | 예금계좌번호 | 잔고 |
| 1 | 109 | 1 | 88 |
| 2 | 96 | 2 | 85 |
| 3 | 120 | 3 | 91 |
| 4 | 119 | 4 | 95 |
| 5 | 92 | 5 | 80 |
| 6 | 95 | 6 | 75 |
| 7 | 81 | 7 | 86 |
| 8 | 94 | 8 | 100 |
| 9 | 87 | 9 | 105 |
| 10 | 106 | 10 | 93 |
| 11 | 102 | | |
| 12 | 97 | | |

### 풀이

$M_X$와 $M_Y$를 각각 서울과 부산지점의 저축예금잔고의 중앙값이라 한다면, 여기서의 가설을 다음과 같이 표현할 수 있다.

$$H_0 : M_X = M_Y \quad \text{vs.} \quad H_1 : M_X \neq M_Y$$

이제 MMW검정을 적용하여 위의 가설을 검정하기 위한 첫 번째 작업은 자료를 통합하여 순위를 정하는 것이다. 서울지점의 예금계좌번호 6과 부산지점의 4는 잔고가 95천원으로 같기 때문에, 해당 순위 12와 13의 평균인 12.5를 배정한다. 검정통계량인 통합순위의 합은 서울지점이 169.9이고 부산지점이 83.5이며, 이 중 어느 것을 사용하여도 무관하다.

검정통계량 $S$의 표본분포는 평균이 $\mu = 12(12+10+1)/2 = 138$이고, 표준편차가 $\sigma = \sqrt{(12)(10)(12+10+1)/12} = 15.17$인 정규분포를 한다.

$$S \sim N(138,\ 15.17^2)$$

양쪽꼬리 검정이므로, 유의수준이 0.05일 때 기각역은 $Z=\frac{S-138}{15.17}>1.96$ 또는 $Z<-1.96$)이다. 서울지점의 부호순위의 총합은 $S=169.5$이고, $Z=\frac{169.5-138}{15.17}=2.08$이 기각역에 포함되므로 귀무가설을 유의수준 0.05에서 기각할 수 있다. $p$값은 양측검정이므로 $P_r(Z>2.08)$의 2배가 된다. 따라서, $p$값$=2\times P_r(Z>2.08)=2\times 0.0188=0.0376$으로 유의수준 0.05보다 작으므로, 귀무가설을 기각할 수 있음을 알 수 있다.

| 서울 지점 | | | 부산 지점 | | |
|---|---|---|---|---|---|
| 예금계좌번호 | 잔고 | 통합순위 | 예금계좌번호 | 잔고 | 통합순위 |
| 1 | 109 | 20 | 1 | 88 | 7 |
| 2 | 96 | 14 | 2 | 85 | 4 |
| 3 | 120 | 22 | 3 | 91 | 8 |
| 4 | 119 | 21 | 4 | 95 | 12.5 |
| 5 | 92 | 9 | 5 | 80 | 2 |
| 6 | 95 | 12.5 | 6 | 75 | 1 |
| 7 | 81 | 3 | 7 | 86 | 5 |
| 8 | 94 | 11 | 8 | 100 | 16 |
| 9 | 87 | 6 | 9 | 105 | 18 |
| 10 | 106 | 19 | 10 | 93 | 10 |
| 11 | 102 | 17 | | | |
| 12 | 97 | 15 | | | |
| 통합순위의 합 | | 169.5 | 통합순위의 합 | | 83.5 |

## 14.5 Kruskal-Wallis 검정

앞의 14.4에서 설명한 MWW 검정은 두 모집단의 비교에 사용되는 검정방법이다. Kruskal과 Wallis는 셋 이상의 모집단 비교에도 적용할 수 있도록 이를 확장하였다. $k$개의 모집단이 있는 경우에 Kruskal-Wallis 검정법은 다음의 가설을 검정한다.

$H_0$ : 모든 모집단이 똑 같다.

$H_1$ : 모든 모집단이 똑 같지는 않다.

9장에서는 분산분석(ANOVA)법을 이용하여 셋 이상 모집단의 평균이 같은지에 관한 가설을 검정하였다. 분산분석법은 자료가 수치적 자료(numeriacal data)이어야 하며, 모든 모집단은 정규분포를 하여야 하고, 각각의 분산은 같아야 한다는 가정이 필요하다. 그러나, 여기에서 설명하는 Kruskal-Wallis 검정은 수치적 자료뿐만 아니라 서수적 자료(ordinal data)에도 적용할 수 있으며, 모집단이 정규분포를 하지 않거나 각각의 분산이 달라도 적용될 수 있다.

Kruskal-Wallis 검정통계량은 모든 표본을 통합하여 얻은 순위에 근거하여 아래와 같이 정의된다.

Kruskal-Wallis 검정통계량

$$W=\left[\left(\frac{12}{n_T(n_T+1)}\right)\times\sum_{i=1}^{k}\frac{R_i^2}{n_i}\right]-3(n_T+1) \tag{14.7}$$

여기서 $k$ = 모집단의 수
$n_i$ = 표본 $i$의 관측 수
$n_T=\sum n_i$ = 모든 표본의 총 관측 수
$R_i$ = 표본 $i$의 순위 합

귀무가설이 맞을 때, 검정통계량 $W$의 표본분포는 자유도가 $k-1$인 $\chi^2$분포와 비슷하다는 것을 Kruskal과 Wallis가 증명하였다. 특히 각 표본의 크기가 5이상이라면 이러한 근사법을 적용하는 데 무리가 없다고 알려져 있다. 따라서, $\chi^2$-분포를 이용하여 가설검정에 필요한 기각역과 $p$값을 계산할 수 있다.

**예제 | 14-6**

어느 종합병원의 인사관리실장이 수납부서의 책임자를 채용하기 위하여 20명의 후보에 대해 필기시험을 실시하였다. 각 후보의 점수와 출신학교에 관한 자료는 다음과 같다. 이 자료에 근거하여 출신학교 간에 차이가 있다고 할 수 있는가?

| A 대학 | B 대학 | C 대학 |
|---|---|---|
| 25 | 60 | 50 |
| 70 | 20 | 70 |
| 60 | 30 | 60 |
| 85 | 15 | 80 |
| 95 | 40 | 90 |
| 90 | 35 | 70 |
| 80 | | 75 |

**풀이**

Kruskal-Wallis 검정을 위한 첫 번째 작업은 자료를 통합하여 순위를 정하는 것이다. 검정통계량의 계산에 필요한 변수들의 값은 다음과 같다.

$$n_1 = 7 \quad n_2 = 6 \quad n_3 = 7 \quad n_T = 7+6+7 = 20$$
$$R_1 = 95 \quad R_2 = 27 \quad R_3 = 88$$

따라서,

$$W = \frac{12}{20(21)}\left[\frac{(95)^2}{7} + \frac{(27)^2}{6} + \frac{(88)^2}{7}\right] - 3(20+1) = 8.92$$

부록에 수록된 카이제곱분포표에 의하면, 자유도가 $k-1=2$이고 유의수준이 0.05일 때의 기각역은 $W > \chi^2_{0.050} = 5.99147$이다. 위에서 계산한 검정통계량 $W$의 값이 기각역에 포함되므로, 귀무가설을 유의수준 0.05에서 기각할 수 있다.

| A 대학 | | B 대학 | | C 대학 | |
|---|---|---|---|---|---|
| 점수 | 통합순위 | 점수 | 통합순위 | 점수 | 통합순위 |
| 25 | 3 | 60 | 9 | 50 | 7 |
| 70 | 12 | 20 | 2 | 70 | 12 |
| 60 | 9 | 30 | 4 | 60 | 9 |
| 85 | 17 | 15 | 1 | 80 | 15.5 |
| 95 | 20 | 40 | 6 | 90 | 18.5 |
| 90 | 18.5 | 35 | 5 | 70 | 12 |
| 80 | 15.5 | | | 75 | 14 |
| 순위 합 | 95 | 순위 합 | 27 | 순위 합 | 88 |

## 14.6 순위상관계수

순위상관계수(coefficient of rank correlation)는 널리 사용되지는 않으나, 서수적 변수들(ordered variables)간의 상관관계를 측정하는 데 유용하다. 이것은 변수들의 정확한 값을 관측할 수는 없으나 크기의 순서는 알 수 있을 때, 또는 정확한 값을 사용하는 것이 별 의미가 없다고 판단될 때, 두 변수에 관한 관측치들의 순위(rank) 간에 얼마나 밀접한 상관관계가 있는가를 알아보기 위한 척도이다. 즉, 관측자료가 크기나 중요도에 따른 1, 2, 3, ... 등의 순서로 주어질 때 사용한다.

확률표본 $(X_1, Y_1)$, ⋯, $(X_n, Y_n)$이 주어졌을 때, $R(X_i)$는 $X$들만 비교하였을 때의 $X_i$의 순위라 하자. 즉, $X_i$가 $X_1$, ⋯, $X_n$들 중에서 가장 작다면 $R(X_i) = 1$이 될 것이고, 두 번째로 작다면 $R(X_i)=2$가 될 것이다. 마찬가지로, $R(Y_i)$는 $Y$들만 비교하였을 때의 $Y_i$의 순위로 정의하자. 만일 두 변수 간의 상관성이 높다면 두 변수의 순위 $R(X_i)$와 $R(Y_i)$가 비슷해야 할 것이다. 그러므로, $n$쌍의 관측치가 있을 때 두 변수의 상관계수는 순위의 차이$=D_i$ $R(X_i)-R(X_i)$에 근거하여 다음과 같이 정의할 수 있는데, 이를 스피어만(Spearman) 순위상관계수라 한다.

스피어만 순위상관계수

$$r_{rank} = 1 - \frac{6\sum D_i^2}{n(n^2-1)} \qquad \textbf{(14.8)}$$

이제 순위상관계수의 유의성에 관한 다음 가설을 검정하여 보자. $\rho_{rank}$를 모집단의 순위상관계수라 하면,

$$H_0 : \rho_{rank}=0$$
$$H_0 : \rho_{rank} \fallingdotseq 0$$

만일 귀무가설이 맞다면 각 변수의 순위는 서로 독립적이 되므로, 스피어만순위상관계수 $r_{rank}$의 값은 0에 가까울 것이다. 그리고, 표본크기가 10 이상인 경우

에는 표준편차가 $\sqrt{\dfrac{1}{n-1}}$ 인 정규분포에 근접한다는 사실이 알려져 있다.

스피어만 순위상관계수의 표본분포

$$r_{rank} \sim N\left(0,\ \frac{1}{n-1}\right) \tag{14.9}$$

### 예제 | 14-7

11개 도시에 소재한 대학 1학년생의 키와 몸무게를 알아보았다. 키와 몸무게를 기준으로 할 때 각 도시의 순위가 다음과 같을 때, 키와 몸무게의 순위상관계수를 구하고, 그 유의성을 검정하시오.

| 도시 | 키 순위 | 몸무게 순위 | 차이 $D_i$ | $D_i^2$ |
|---|---|---|---|---|
| 1 | 2 | 3 | −1 | 1 |
| 2 | 4 | 4 | 0 | 0 |
| 3 | 8 | 6 | 2 | 4 |
| 4 | 1 | 2 | −1 | 1 |
| 5 | 7 | 5 | 2 | 4 |
| 6 | 5 | 8 | −3 | 9 |
| 7 | 10 | 9 | 1 | 1 |
| 8 | 3 | 1 | 2 | 4 |
| 9 | 6 | 7 | −1 | 1 |
| 10 | 9 | 10 | −1 | 1 |
| | | | 합 | 26 |

**풀이**

$\Sigma D_i^2 = 26$이므로, $r_{rank} = 1 - \dfrac{(6)(26)}{(10)(100-1)} = 0.8424$이다. 순위상관계수의 유의성에 관한 가설검정에 필요한 표본분포는 $r_{rank} \sim N\left(0,\ \dfrac{1}{9}\right)$이므로, 유의수준 0.05인 경우의 기각역은 $Z = \dfrac{r_{rank} - 0}{\sqrt{1/10}} > 1.96$ 또는 $Z < -1.96$이 된다. 관측된 순위상관계수 0.882를 대입하면 $Z = \dfrac{0.8424 - 0}{\sqrt{1/10}} = 2.5272$이고, 이는 기각역에 포함되므로 귀무가설을 유의수준 0.05에서 기각할 수 있다. $p$값은 양측검정이므로 $P_r(Z > 2.5272)$의 2배가 된다. 따라서, $p$값 $= 2 \times P_r(Z > 2.5272) = 2 \times 0.0057 = 0.0104$로서 유의수준 0.05보다 작으므로, 귀무가설을 기각할 수 있음을 알 수 있다.

## 연 습 문 제

**01** 모수와 비모수통계분석방법의 차이를 설명하시오.

**02** 부호검정(sign test)을 적용하기 위해서는 어떠한 가정을 만족시켜야 하는가? 적용할 수 있는 예를 들어 보시오.

**03** Wilcoxon 부호순위검정(signed rank test)을 적용하기 위해서는 어떠한 가정을 만족시켜야 하는가? 적용할 수 있는 예를 들어 보시오.

**04** Mann-Whitney-Wilcoxon 검정을 적용하기 위해서는 어떠한 가정을 만족시켜야 하는가? 적용할 수 있는 예를 들어 보시오.

**05** 분산분석(ANOVA)과 Kruskal-Wallis 검정의 차이를 설명하시오.

**06** 10명의 소비자에게 A회사 제품과 B회사 제품의 선호도를 조사하여 다음과 같은 자료를 수집하였다.

| 소비자 | A회사제품을 더 선호하는가? | 소비자 | A회사제품을 더 선호하는가? |
|---|---|---|---|
| 1 | ○ | 6 | × |
| 2 | ○ | 7 | ○ |
| 3 | ○ | 8 | × |
| 4 | ○ | 9 | ○ |
| 5 | × | 10 | ○ |

소비자들이 A회사제품을 더 선호한다고 말할 수 있는가? 유의수준 0.1에서 검정하시오.

**07** 아래와 같은 가설을 검정하고자 한다.

$$H_0 : \text{중앙값} \geq 100 \quad \text{vs.} \quad H_1 : \text{중앙값} < 100$$

자료를 수집한 결과, 24개의 관측치는 100보다 작고 6개의 관측치는 100보다 크다는 것을 알았다. 유의수준 0.05에서 위의 가설을 검정하시오.

**08** 아래의 자료는 각 회사의 1998년과 1999년의 1주당 순이익을 나타낸다.

(단위: 원)

| 회사 | 1998년 순이익 | 1999년 순이익 |
|---|---|---|
| A | 2,600 | 14,600 |
| B | 1,100 | 2,500 |
| C | 9,600 | 8,850 |
| D | 1,950 | 2,350 |
| E | 200 | 9,500 |
| F | 500 | 1,300 |
| G | 9,500 | 15,100 |
| H | 200 | 3,500 |
| I | 3,100 | 4,200 |
| J | 5,900 | 3,700 |
| K | 12,500 | 14,900 |
| L | 10,000 | 11,000 |

1999년의 1주당 수익이 1998년보다 증가하였다고 할 수 있는가? 유의수준 0.01에서 검정하시오.

**09** 어느 택배회사는 배달시간을 줄이기 위하여 새로운 시스템을 개발하여 시험을 하였다. 다음은 같은 배달구간에 대하여 기존 시스템과 새로운 시스템을 각각 사용하였을 때 소요되는 배달시간을 수집한 것이다.(단위: 분) 새로운 시스템을 도입할 가치가 있는지를 검정하시오.(유의수준은 0.05를 사용하시오)

(단위 : 분)

| 배달구간 | 기존시스템 | 새로운 시스템 |
|---|---|---|
| 1 | 29 | 25 |
| 2 | 25 | 23 |
| 3 | 53 | 40 |
| 4 | 60 | 75 |
| 5 | 35 | 30 |
| 6 | 42 | 45 |
| 7 | 68 | 60 |
| 8 | 92 | 75 |
| 9 | 39 | 30 |
| 10 | 62 | 58 |
| 11 | 25 | 24 |

**10** 어느 종합병원의 인사관리실장이 수납부서의 책임자를 채용하기 위하여 22명의 후보에 대해 서류전형과 면접을 실시하였다. 각 후보의 점수와 최종학위(MBA 또는 MPH)에 관한 자료는 다음과 같다.

| MBA 학위자들의 점수 | MPH 학위자들의 점수 |
|---|---|
| 10 | 9.5 |
| 9.8 | 8.3 |
| 9.1 | 8.0 |
| 8.6 | 6.2 |
| 7.8 | 4.9 |
| 7.3 | 4.8 |
| 5.6 | 4.1 |
| 5.1 | 3.8 |
| 4.5 | 3.6 |
| 4.0 | 3.1 |
| | 2.9 |
| | 2.2 |

22명 후보들의 점수에 근거하여, MBA학위 취득자들이 얻은 점수의 중앙값 ($M_{MBA}$)과 MPH학위 취득자들의 중앙값 ($M_{MPH}$)이 같다고 할 수 있는가? 유의수준 0.1에서 검정하시오.

**11** 세 자동차회사에서 생산되는 자동차의 연비를 측정한 결과 다음과 같은 자료를 얻었다.

(단위 : 리터당 주행거리 km)

| A 회사 | B 회사 | C 회사 |
|---|---|---|
| 8 | 10.2 | 11.1 |
| 9 | 11 | 9.3 |
| 8.5 | 8.6 | 8.4 |
| 10 | 9 | 8.9 |
| 7 | 9.5 | 10.6 |
| 7.8 | 10.9 | |

세 자동차회사 간에 자동차 연비면에서 차이가 있다고 말할 수 있는가? 유의수준 0.1에서 검정하시오.

**12** 국내 대학들의 교수 1인당 학생수($X_i$)와 학생 1인당 예산($Y_i$)에 관한 자료가 다음과 같다.

| 대학 | $X_i$ | $Y_i$ (단위 : 천원) | 대학 | $X_i$ | $Y_i$ |
|---|---|---|---|---|---|
| 1 | 25 | 3,000 | 7 | 29 | 2,800 |
| 2 | 30 | 2,400 | 8 | 38 | 1,900 |
| 3 | 56 | 1,500 | 9 | 46 | 1,000 |
| 4 | 45 | 1,600 | 10 | 57 | 900 |
| 5 | 63 | 1,000 | 11 | 58 | 1,050 |
| 6 | 32 | 3,100 | 12 | 61 | 850 |

교수 1인당 학생수와 학생 1인당 예산 간에 어떠한 상관관계가 있는가? 스피어만 순위상관계수를 계산하고, 그 유의성을 유의수준 0.05에서 검정하시오.

# 부록(통계표)

1. 이항분포표
2. 포아송분포표
3. 표준 정규분포표
4. $t$-분포표
5. $F$-분포표($\alpha = 0.05$)
6. $F$-분포표($\alpha = 0.01$)
7. 카이제곱분포표
8. 더빈 왓슨 임계치($\alpha = 0.05$)
9. 더빈 왓슨 임계치($\alpha = 0.01$)
10. 스피어만 순위상관계수 임계치

## 1. 이항분포표

$$\sum_{x=0}^{k} p(x),\ p(x)=\binom{n}{x}p^{x}(1-p)^{n-x}$$

$n = 5$

| k \ p | .01 | .05 | .10 | .20 | .30 | .40 | .50 | .60 | .70 | .80 | .90 | .95 | .99 |
|---|---|---|---|---|---|---|---|---|---|---|---|---|---|
| 0 | .951 | .774 | .590 | .328 | .168 | .078 | .031 | .010 | .002 | .000 | .000 | .000 | .000 |
| 1 | .999 | .977 | .919 | .737 | .528 | .337 | .188 | .087 | .031 | .007 | .000 | .000 | .000 |
| 2 | 1.000 | .999 | .991 | .942 | .837 | .683 | .500 | .317 | .163 | .058 | .009 | .001 | .000 |
| 3 | 1.000 | 1.000 | 1.000 | .993 | .969 | .913 | .812 | .663 | .472 | .263 | .081 | .023 | .001 |
| 4 | 1.000 | 1.000 | 1.000 | 1.000 | .998 | .990 | .969 | .922 | .832 | .672 | .410 | .226 | .049 |

$n = 6$

| k \ p | .01 | .05 | .10 | .20 | .30 | .40 | .50 | .60 | .70 | .80 | .90 | .95 | .99 |
|---|---|---|---|---|---|---|---|---|---|---|---|---|---|
| 0 | .941 | .735 | .531 | .262 | .118 | .047 | .016 | .004 | .001 | .000 | .000 | .000 | .000 |
| 1 | .999 | .967 | .886 | .655 | .420 | .233 | .109 | .041 | .011 | .002 | .000 | .000 | .000 |
| 2 | 1.000 | .998 | .984 | .901 | .744 | .544 | .344 | .179 | .070 | .017 | .001 | .000 | .000 |
| 3 | 1.000 | 1.000 | .999 | .983 | .930 | .821 | .656 | .456 | .256 | .099 | .016 | .002 | .000 |
| 4 | 1.000 | 1.000 | 1.000 | .998 | .989 | .959 | .891 | .767 | .580 | .345 | .114 | .033 | .001 |
| 5 | 1.000 | 1.000 | 1.000 | 1.000 | .999 | .996 | .984 | .953 | .882 | .738 | .469 | .265 | .059 |

$n = 7$

| k \ p | .01 | .05 | .10 | .20 | .30 | .40 | .50 | .60 | .70 | .80 | .90 | .95 | .99 |
|---|---|---|---|---|---|---|---|---|---|---|---|---|---|
| 0 | .932 | .698 | .478 | .210 | .082 | .028 | .008 | .002 | .000 | .000 | .000 | .000 | .000 |
| 1 | .998 | .956 | .850 | .557 | .329 | .159 | .063 | .019 | .004 | .000 | .000 | .000 | .000 |
| 2 | 1.000 | .996 | .974 | .852 | .647 | .420 | .227 | .096 | .029 | .005 | .000 | .000 | .000 |
| 3 | 1.000 | 1.000 | .997 | .967 | .874 | .710 | .500 | .290 | .126 | .033 | .003 | .000 | .000 |
| 4 | 1.000 | 1.000 | 1.000 | .995 | .971 | .904 | .773 | .580 | .353 | .148 | .026 | .004 | .000 |
| 5 | 1.000 | 1.000 | 1.000 | 1.000 | .996 | .981 | .937 | .841 | .671 | .423 | .015 | .044 | .002 |
| 6 | 1.000 | 1.000 | 1.000 | 1.000 | 1.000 | .998 | .992 | .972 | .918 | .790 | .522 | .302 | .068 |

## 계속

$n = 8$

| k \ p | .01 | .05 | .10 | .20 | .30 | .40 | .50 | .60 | .70 | .80 | .90 | .95 | .99 |
|---|---|---|---|---|---|---|---|---|---|---|---|---|---|
| **0** | .923 | .663 | .430 | .168 | .058 | .017 | .004 | .001 | .000 | .000 | .000 | .000 | .000 |
| **1** | .997 | .943 | .813 | .503 | .255 | .106 | .035 | .009 | .001 | .000 | .000 | .000 | .000 |
| **2** | 1.000 | .994 | .962 | .797 | .552 | .315 | .145 | .050 | .011 | .001 | .000 | .000 | .000 |
| **3** | 1.000 | 1.000 | .995 | .944 | .806 | .594 | .363 | .174 | .058 | .010 | .000 | .000 | .000 |
| **4** | 1.000 | 1.000 | 1.000 | .999 | .942 | .826 | .637 | .406 | .194 | .056 | .005 | .000 | .000 |
| **5** | 1.000 | 1.000 | 1.000 | .999 | .989 | .950 | .855 | .685 | .448 | .203 | .038 | .006 | .000 |
| **6** | 1.000 | 1.000 | 1.000 | 1.000 | .999 | .991 | .965 | .894 | .745 | .497 | .187 | .057 | .003 |
| **7** | 1.000 | 1.000 | 1.000 | 1.000 | 1.000 | .999 | .996 | .983 | .942 | .832 | .570 | .337 | .077 |

$n = 9$

| k \ p | .01 | .05 | .10 | .20 | .30 | .40 | .50 | .60 | .70 | .80 | .90 | .95 | .99 |
|---|---|---|---|---|---|---|---|---|---|---|---|---|---|
| **0** | .914 | .630 | .387 | .134 | .040 | .010 | .002 | .000 | .000 | .000 | .000 | .000 | .000 |
| **1** | .997 | .929 | .775 | .436 | .196 | .071 | .020 | .004 | .000 | .000 | .000 | .000 | .000 |
| **2** | 1.000 | .992 | .947 | .738 | .463 | .232 | 090 | .025 | .004 | .000 | .000 | .000 | .000 |
| **3** | 1.000 | .999 | .992 | .914 | .730 | .483 | .254 | .099 | .025 | .003 | .000 | .000 | .000 |
| **4** | 1.000 | 1.000 | .999 | .980 | .901 | .733 | .500 | .267 | .099 | 020 | .001 | .000 | .000 |
| **5** | 1.000 | 1.000 | 1.000 | .997 | .975 | .901 | .746 | .517 | .270 | .086 | .008 | .001 | .000 |
| **6** | 1.000 | 1.000 | 1.000 | 1.000 | .996 | .975 | .910 | .768 | .537 | .262 | .053 | .008 | .000 |
| **7** | 1.000 | 1.000 | 1.000 | 1.000 | 1.000 | .996 | .980 | .929 | .804 | .564 | .225 | .071 | .003 |
| **8** | 1.000 | 1.000 | 1.000 | 1.000 | 1.000 | 1.000 | .998 | .990 | .960 | .866 | .613 | .370 | .086 |

$n = 10$

| k \ p | .01 | .05 | .10 | .20 | .30 | .40 | .50 | .60 | .70 | .80 | .90 | .95 | .99 |
|---|---|---|---|---|---|---|---|---|---|---|---|---|---|
| **0** | .904 | .599 | .349 | .107 | .028 | .006 | .001 | .000 | .000 | .000 | .000 | .000 | .000 |
| **1** | .996 | .914 | .736 | .376 | .149 | .046 | .011 | .002 | .000 | .000 | .000 | .000 | .000 |
| **2** | 1.000 | .988 | .930 | .678 | .383 | .167 | .055 | .012 | .002 | .000 | .000 | .000 | .000 |
| **3** | 1.000 | .999 | .987 | .879 | .650 | .382 | .172 | .055 | .011 | .001 | .000 | .000 | .000 |
| **4** | 1.000 | 1.000 | .998 | .967 | .850 | .633 | .377 | .166 | .047 | .006 | .000 | .000 | .000 |
| **5** | 1.000 | 1.000 | 1.000 | .994 | .953 | .834 | .623 | .367 | .150 | .033 | .002 | .000 | 000 |
| **6** | 1.000 | 1.000 | 1.000 | .999 | .989 | .945 | .828 | .618 | .350 | .121 | .013 | .001 | .000 |
| **7** | 1.000 | 1.000 | 1.000 | 1.000 | .998 | .989 | .945 | .833 | .617 | .322 | .070 | .012 | .000 |
| **8** | 1.000 | 1.000 | 1.000 | 1.000 | 1.000 | .998 | .989 | .954 | .851 | .624 | .264 | .086 | .004 |
| **9** | 1.000 | 1.000 | 1.000 | 1.000 | 1.000 | 1.000 | .999 | .994 | .972 | .893 | .651 | .401 | .096 |

## 계속

$n = 15$

| k \ p | .01 | .05 | .10 | .20 | .30 | .40 | .50 | .60 | .70 | .80 | .90 | .95 | .99 |
|---|---|---|---|---|---|---|---|---|---|---|---|---|---|
| 0 | .860 | .463 | .206 | .035 | .005 | .000 | .000 | .000 | .000 | .000 | .000 | .000 | .000 |
| 1 | .090 | .829 | .549 | .167 | .035 | .005 | .000 | .000 | .000 | .000 | .000 | .000 | .000 |
| 2 | 1.000 | .964 | .816 | .398 | .127 | .027 | .004 | .000 | .000 | .000 | .000 | .000 | .000 |
| 3 | 1.000 | .995 | .944 | .648 | .297 | .091 | .018 | .002 | .000 | .000 | .000 | .000 | .000 |
| 4 | 1.000 | .999 | .987 | .838 | .515 | .217 | .059 | .009 | .001 | .000 | .000 | .000 | .000 |
| 5 | 1.000 | 1.000 | .998 | .939 | .722 | .403 | .151 | .034 | .004 | .000 | .000 | .000 | .000 |
| 6 | 1.000 | 1.000 | 1.000 | .982 | .869 | .610 | .304 | .095 | .015 | .001 | .000 | .000 | .000 |
| 7 | 1.000 | 1.000 | 1.000 | .996 | .950 | .787 | .500 | .213 | .050 | .004 | .000 | .000 | .000 |
| 8 | 1.000 | 1.000 | 1.000 | 1.000 | .985 | .905 | .696 | .390 | .131 | .018 | .000 | .000 | .000 |
| 9 | 1.000 | 1.000 | 1.000 | 1.000 | .996 | .966 | .849 | .597 | .278 | .061 | .002 | .000 | .000 |
| 10 | 1.000 | 1.000 | 1.000 | 1.000 | .999 | .991 | .941 | .783 | .485 | .164 | .013 | .001 | .000 |
| 11 | 1.000 | 1.000 | 1.000 | 1.000 | 1.000 | .998 | .982 | .909 | .703 | .352 | .056 | .005 | .000 |
| 12 | 1.000 | 1.000 | 1.000 | 1.000 | 1.000 | 1.000 | .996 | .973 | .873 | .602 | .184 | .036 | .000 |
| 13 | 1.000 | 1.000 | 1.000 | 1.000 | 1.000 | 1.000 | 1.000 | .995 | .965 | .833 | .451 | .171 | .010 |
| 14 | 1.000 | 1.000 | 1.000 | 1.000 | 1.000 | 1.000 | 1.000 | 1.000 | .995 | .965 | .794 | .537 | .140 |

$n = 20$

| k \ p | .01 | .05 | .10 | .20 | .30 | .40 | .50 | .60 | .70 | .80 | .90 | .95 | .99 |
|---|---|---|---|---|---|---|---|---|---|---|---|---|---|
| 0 | .818 | .358 | .122 | .012 | .001 | .000 | .000 | .000 | .000 | .000 | .000 | .000 | .000 |
| 1 | .983 | .736 | .392 | .069 | .008 | .001 | .000 | .000 | .000 | .000 | .000 | .000 | .000 |
| 2 | .999 | .925 | .677 | .206 | .035 | .004 | .000 | .000 | .000 | .000 | .000 | .000 | .000 |
|  | 1.000 | .984 | .867 | .411 | .107 | .016 | .001 | .000 | .000 | .000 | .000 | .000 | .000 |
| 3 | 1.000 | .997 | .957 | .630 | .238 | .051 | .006 | .000 | .000 | .000 | .000 | .000 | .000 |
| 4 | 1.000 | 1.000 | .989 | .804 | .416 | .126 | .021 | .002 | .000 | .000 | .000 | .000 | .000 |
| 5 | 1.000 | 1.000 | .998 | .913 | .608 | .250 | .058 | .006 | .000 | .000 | .000 | .000 | .000 |
| 6 | 1.000 | 1.000 | 1.000 | .968 | .772 | .416 | .132 | .021 | .001 | .000 | .000 | .000 | .000 |
| 7 | 1.000 | 1.000 | 1.000 | .990 | .887 | .596 | .252 | .057 | .005 | .000 | .000 | .000 | .000 |
| 8 | 1.000 | 1.000 | 1.000 | .997 | .952 | .755 | .412 | .128 | .017 | .001 | .000 | .000 | .000 |
|  | 1.000 | 1.000 | 1.000 | .999 | .983 | .872 | .588 | .245 | .048 | .003 | .000 | .000 | .000 |
| 9 | 1.000 | 1.000 | 1.000 | 1.000 | .995 | .943 | .748 | .404 | .113 | .010 | .000 | .000 | .000 |
| 10 | 1.000 | 1.000 | 1.000 | 1.000 | .999 | .979 | .868 | .584 | .228 | .032 | .000 | .000 | .000 |
| 11 | 1.000 | 1.000 | 1.000 | 1.000 | 1.000 | .994 | .942 | .750 | .392 | .087 | .002 | .000 | .000 |
| 12 | 1.000 | 1.000 | 1.000 | 1.000 | 1.000 | .998 | .979 | .874 | .584 | .196 | .011 | .000 | .000 |
| 13 | 1.000 | 1.000 | 1.000 | 1.000 | 1.000 | 1.000 | .994 | .949 | .762 | .370 | .043 | .003 | .000 |
|  | 1.000 | 1.000 | 1.000 | 1.000 | 1.000 | 1.000 | .999 | .984 | .893 | .589 | .133 | .016 | .000 |
| 14 | 1.000 | 1.000 | 1.000 | 1.000 | 1.000 | 1.000 | 1.000 | .996 | .965 | .794 | .323 | .075 | .001 |
| 15 | 1.000 | 1.000 | 1.000 | 1.000 | 1.000 | 1.000 | 1.000 | .999 | .992 | .931 | .608 | .264 | .017 |
| 16 | 1.000 | 1.000 | 1.000 | 1.000 | 1.000 | 1.000 | 1.000 | 1.000 | .999 | .988 | .878 | .642 | .182 |

## 2. 포아송분포표

$$\sum_{x=0}^{k} p(x),\ p(x) = \frac{e^{-\lambda}\lambda^{x}}{x!}$$

| $\lambda$ \ $x$ | 0 | 1 | 2 | 3 | 4 | 5 | 6 | 7 | 8 | 9 |
|---|---|---|---|---|---|---|---|---|---|---|
| .02 | .980 | 1.000 | | | | | | | | |
| .04 | .961 | .999 | 1.000 | | | | | | | |
| .06 | .942 | .998 | 1.000 | | | | | | | |
| .08 | .923 | .997 | 1.000 | | | | | | | |
| .10 | .905 | .995 | 1.000 | | | | | | | |
| .15 | .861 | .990 | .999 | 1.000 | | | | | | |
| .20 | .819 | .982 | .999 | 1.000 | | | | | | |
| .25 | .779 | .974 | .998 | 1.000 | | | | | | |
| .30 | .741 | .963 | .996 | 1.000 | | | | | | |
| .35 | .705 | .951 | .994 | 1.000 | | | | | | |
| .40 | .670 | .938 | .992 | .999 | 1.000 | | | | | |
| .45 | .638 | .925 | .989 | .999 | 1.000 | | | | | |
| .50 | .607 | .910 | .986 | .998 | 1.000 | | | | | |
| .55 | .577 | .894 | .982 | .998 | 1.000 | | | | | |
| .60 | .549 | .878 | .977 | .997 | 1.000 | | | | | |
| .65 | .522 | .861 | .972 | .996 | .999 | 1.000 | | | | |
| .70 | .497 | .844 | .966 | .994 | .999 | 1.000 | | | | |
| .75 | .472 | .827 | .959 | .993 | .999 | 1.000 | | | | |
| .80 | .449 | .809 | .953 | .991 | .999 | 1.000 | | | | |
| .85 | .427 | .791 | .945 | .989 | .998 | 1.000 | | | | |
| .90 | .407 | .772 | .937 | .987 | .998 | 1.000 | | | | |
| .95 | .387 | .754 | .929 | .981 | .997 | 1.000 | | | | |
| 1.00 | .368 | .736 | .920 | .981 | .996 | .999 | 1.000 | | | |
| 1.1 | .333 | .699 | .900 | .974 | .995 | .999 | 1.000 | | | |
| 1.2 | .301 | .663 | .879 | .966 | .992 | .998 | 1.000 | | | |
| 1.3 | .273 | .627 | .857 | .957 | .989 | .998 | 1.000 | | | |
| 1.4 | .247 | .592 | .833 | .946 | .986 | .997 | .999 | 1.000 | | |
| 1.5 | .223 | .558 | .809 | .934 | .981 | .996 | .999 | 1.000 | | |

계속

| λ \ x | 0 | 1 | 2 | 3 | 4 | 5 | 6 | 7 | 8 | 9 |
|---|---|---|---|---|---|---|---|---|---|---|
| 1.6 | .202 | .525 | .783 | .921 | .976 | .994 | .999 | 1.000 | | |
| 1.7 | .183 | .493 | .757 | .907 | .970 | .992 | .998 | 1.000 | | |
| 1.8 | .165 | .463 | .731 | .891 | .964 | .990 | .997 | .999 | 1.000 | |
| 1.9 | .150 | .434 | .704 | .875 | .956 | .987 | .997 | .999 | 1.000 | |
| 2.0 | .135 | .406 | .677 | .857 | .947 | .983 | .995 | .999 | 1.000 | |
| 2.2 | .111 | .355 | .623 | .819 | .928 | .975 | .993 | .998 | 1.000 | |
| 2.4 | .091 | .308 | .570 | .779 | .904 | .964 | .988 | .997 | .999 | 1.000 |
| 2.6 | .074 | .267 | .518 | .736 | .877 | .951 | .983 | .995 | .999 | 1.000 |
| 2.8 | .061 | .231 | .469 | .692 | .848 | .935 | .976 | .992 | .998 | .999 |
| 3.0 | .050 | .199 | .423 | .647 | .815 | .916 | .966 | .988 | .996 | .999 |
| 3.2 | .041 | .171 | .380 | .603 | .781 | .895 | .955 | .983 | .994 | .998 |
| 3.4 | .033 | .147 | .340 | .558 | .744 | .871 | .942 | .977 | .992 | .997 |
| 3.6 | .027 | .126 | .303 | .515 | .706 | .844 | .927 | .969 | .988 | .996 |
| 3.8 | .022 | .107 | .269 | .473 | .668 | .816 | .909 | .960 | .984 | .994 |
| 4.0 | .018 | .092 | .238 | .433 | .629 | .785 | .889 | .949 | .979 | .992 |
| 4.2 | .015 | .078 | .210 | .395 | .590 | .753 | .867 | .936 | .972 | .989 |
| 4.4 | .012 | .066 | .185 | .359 | .551 | .720 | .844 | .921 | .964 | .985 |
| 4.6 | .010 | .056 | .163 | .326 | .513 | .686 | .818 | .905 | .955 | .980 |
| 4.8 | .008 | .048 | .143 | .294 | .476 | .651 | .791 | .887 | .944 | .975 |
| 5.0 | .007 | .040 | .125 | .265 | .440 | .616 | .762 | .867 | .932 | .968 |
| 5.2 | .006 | .034 | .109 | .238 | .406 | .581 | .732 | .845 | .918 | .960 |
| 5.4 | .005 | .029 | .095 | .213 | .373 | .546 | .702 | .822 | .903 | .951 |
| 5.6 | .004 | .024 | .082 | .191 | .342 | .512 | .670 | .797 | .886 | .941 |
| 5.8 | .003 | .021 | .072 | .170 | .313 | .478 | .638 | .771 | .867 | .929 |
| 6.0 | .002 | .017 | .062 | .151 | .285 | .446 | .606 | .744 | .847 | .916 |
| | 10 | 11 | 12 | 13 | 14 | 15 | 16 | | | |
| 2.8 | 1.000 | | | | | | | | | |
| 3.0 | 1.000 | | | | | | | | | |
| 3.2 | 1.000 | | | | | | | | | |
| 3.4 | .999 | 1.000 | | | | | | | | |
| 3.6 | .999 | 1.000 | | | | | | | | |
| 3.8 | .998 | .999 | 1.000 | | | | | | | |
| 4.0 | .997 | .999 | 1.000 | | | | | | | |
| 4.2 | .996 | .999 | 1.000 | | | | | | | |
| 4.4 | .994 | .998 | .999 | 1.000 | | | | | | |
| 4.6 | .992 | .997 | .999 | 1.000 | | | | | | |
| 4.8 | .990 | .996 | .999 | 1.000 | | | | | | |
| 5.0 | .986 | .995 | .998 | .999 | 1.000 | | | | | |
| 5.2 | .982 | .993 | .997 | .999 | 1.000 | | | | | |
| 5.4 | .977 | .990 | .996 | .999 | 1.000 | | | | | |
| 5.6 | .972 | .988 | .995 | .998 | .999 | 1.000 | | | | |
| 5.8 | .965 | .984 | .993 | .997 | .999 | 1.000 | | | | |
| 6.0 | .957 | .980 | .991 | .996 | .999 | .999 | 1.000 | | | |

**계속**

| λ \ x | 0 | 1 | 2 | 3 | 4 | 5 | 6 | 7 | 8 | 9 |
|---|---|---|---|---|---|---|---|---|---|---|
| 6.2 | .002 | .015 | .054 | .134 | .259 | .414 | .574 | .716 | .826 | .902 |
| 6.4 | .002 | .012 | .046 | .119 | .235 | .384 | .542 | .687 | .803 | .886 |
| 6.6 | .001 | .010 | .040 | .105 | .213 | .355 | .511 | .658 | .780 | .869 |
| 6.8 | .001 | .009 | .034 | .093 | .192 | .327 | .480 | .628 | .755 | .850 |
| 7.0 | .001 | .007 | .030 | .082 | .173 | .301 | .450 | .599 | .729 | .830 |
| 7.2 | .001 | .006 | .025 | .072 | .156 | .276 | .420 | .569 | .703 | .810 |
| 7.4 | .001 | .005 | .022 | .063 | .140 | .253 | .392 | .539 | .676 | .788 |
| 7.6 | .001 | .004 | .019 | .055 | .125 | .231 | .365 | .510 | .648 | .765 |
| 7.8 | .000 | .004 | .016 | .048 | .112 | .210 | .338 | .481 | .620 | .741 |
| 8.0 | .000 | .003 | .014 | .042 | .100 | .191 | .313 | .453 | .593 | .717 |
| 8.5 | .000 | .002 | .009 | .030 | .074 | .150 | .256 | .386 | .523 | .653 |
| 9.0 | .000 | .001 | .006 | .021 | .055 | .116 | .207 | .324 | .456 | .587 |
| 9.5 | .000 | .001 | .004 | .015 | .040 | .089 | .165 | .269 | .392 | .522 |
| 10.0 | .000 | .000 | .003 | .010 | .029 | .067 | .130 | .220 | .333 | .458 |

| λ \ x | 10 | 11 | 12 | 13 | 14 | 15 | 16 | 17 | 18 | 19 |
|---|---|---|---|---|---|---|---|---|---|---|
| 6.2 | .949 | .975 | .989 | .995 | .998 | .999 | 1.000 | | | |
| 6.4 | .939 | .969 | .986 | .994 | .997 | .999 | 1.000 | | | |
| 6.6 | .927 | .963 | .982 | .992 | .997 | .999 | .999 | 1.000 | | |
| 6.8 | .915 | .955 | .978 | .990 | .996 | .998 | .999 | 1.000 | | |
| 7.0 | .901 | .947 | .973 | .987 | .994 | .998 | .999 | 1.000 | | |
| 7.2 | .887 | .937 | .967 | .984 | .993 | .997 | .999 | .999 | 1.000 | |
| 7.4 | .871 | .926 | .961 | .980 | .991 | .996 | .998 | .999 | 1.000 | |
| 7.6 | .854 | .915 | .954 | .976 | .989 | .995 | .998 | .999 | 1.000 | |
| 7.8 | .835 | .902 | .945 | .971 | .986 | .993 | .997 | .999 | 1.000 | |
| 8.0 | .816 | .888 | .936 | .966 | .983 | .992 | .996 | .998 | .999 | 1.000 |
| 8.5 | .763 | .849 | .909 | .949 | .973 | .986 | .993 | .997 | .999 | .999 |
| 9.0 | .706 | .803 | .876 | .926 | .959 | .978 | .989 | .995 | .998 | .999 |
| 9.5 | .645 | .752 | .836 | .898 | .940 | .967 | .982 | .991 | .996 | .998 |
| 10.0 | .583 | .697 | .762 | .864 | .917 | .951 | .973 | .986 | .993 | .997 |

| λ \ x | 20 | 21 | 22 |
|---|---|---|---|
| 8.5 | 1.000 | | |
| 9.0 | 1.000 | | |
| 9.5 | .999 | 1.000 | |
| 10.0 | .998 | .999 | 1.000 |

## 3. 표준 정규분포표

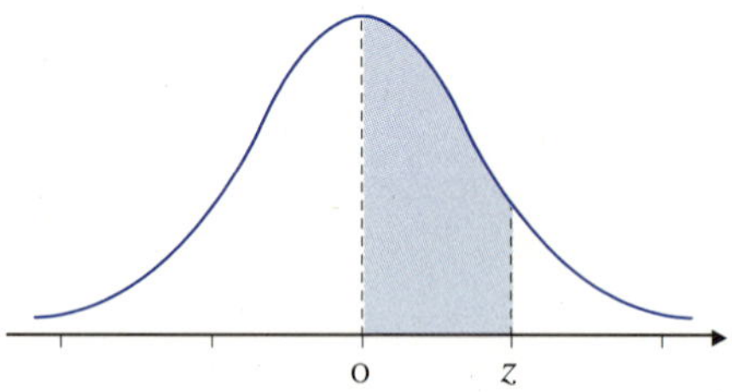


| z | .00 | .01 | .02 | .03 | .04 | .05 | .06 | .07 | .08 | .09 |
|---|---|---|---|---|---|---|---|---|---|---|
| .0 | .0000 | .0040 | .0080 | .0120 | .0160 | .0199 | .0239 | .0279 | .0319 | .0359 |
| .1 | .0398 | .0438 | .0478 | .0517 | .0557 | .0596 | .0636 | .0675 | .0714 | .0753 |
| .2 | .0793 | .0832 | .0871 | .0910 | .0948 | .0987 | .1026 | .1064 | .1103 | .1141 |
| .3 | .1179 | .1217 | .1255 | .1293 | .1331 | .1368 | .1406 | .1443 | .1480 | .1517 |
| .4 | .1554 | .1591 | .1628 | .1664 | .1700 | .1736 | .1772 | .1808 | .1844 | .1879 |
| .5 | .1915 | .1950 | .1985 | .2019 | .2054 | .2088 | .2123 | .2157 | .2190 | .2224 |
| .6 | .2257 | .2291 | .2324 | .2357 | .2389 | .2422 | .2454 | .2486 | .2517 | .2549 |
| .7 | .2580 | .2611 | .2642 | .2673 | .2704 | .2734 | .2764 | .2794 | .2823 | .2852 |
| .8 | .2881 | .2910 | .2939 | .2967 | .2995 | .3023 | .3051 | .3078 | .3106 | .3133 |
| .9 | .3159 | .3186 | .3212 | .3238 | .3264 | .3289 | .3315 | .3340 | .3365 | .3389 |
| 1.0 | .3413 | .3438 | .3461 | .3485 | .3508 | .3531 | .3554 | .3577 | .3599 | .3621 |
| 1.1 | .3643 | .3665 | .3686 | .3708 | .3729 | .3749 | .3770 | .3790 | .3810 | .3830 |
| 1.2 | .3849 | .3869 | .3888 | .3907 | .3925 | .3944 | .3962 | .3980 | .3997 | .4015 |
| 1.3 | .4032 | .4049 | .4066 | .4082 | .4099 | .4115 | .4131 | .4147 | .4162 | .4177 |
| 1.4 | .4192 | .4207 | .4222 | .4236 | .4251 | .4265 | .4729 | .4292 | .4306 | .4319 |
| 1.5 | .4332 | .4345 | .4357 | .4370 | .4382 | .4394 | .4406 | .4418 | .4429 | .4441 |
| 1.6 | .4452 | .4463 | .4474 | .4484 | .4495 | .4505 | .4515 | .4525 | .4535 | .4545 |
| 1.7 | .4554 | .4564 | .4573 | .4582 | .4591 | .4599 | .4608 | .4616 | .4625 | .4633 |
| 1.8 | .4641 | .4649 | .4656 | .4664 | .4671 | .4678 | .4686 | .4693 | .4699 | .4706 |
| 1.9 | .4713 | .4719 | .4726 | .4732 | .4738 | .4744 | .4750 | .4756 | .4761 | .4767 |
| 2.0 | .4772 | .4778 | .4783 | .4788 | .4793 | .4798 | .4803 | .4808 | .4812 | .4817 |
| 2.1 | .4821 | .4826 | .4830 | .4834 | .4838 | .4842 | .4846 | .4850 | .4854 | .4857 |
| 2.2 | .4861 | .4864 | .4868 | .4871 | .4875 | .4878 | .4881 | .4884 | .4887 | .4890 |
| 2.3 | .4893 | .4896 | .4898 | .4901 | .4904 | .4906 | .4909 | .4911 | .4913 | .4916 |
| 2.4 | .4918 | .4920 | .4922 | .4925 | .4927 | .4929 | .4931 | .4932 | .4934 | .4936 |
| 2.5 | .4938 | .4940 | .4941 | .4943 | .4945 | .4946 | .4948 | .4949 | .4951 | .4952 |
| 2.6 | .4953 | .4955 | .4956 | .4957 | .4959 | .4960 | .4961 | .4962 | .4963 | .4964 |
| 2.7 | .4965 | .4966 | .4967 | .4968 | .4969 | .4970 | .4971 | .4972 | .4973 | .4974 |
| 2.8 | .4974 | .4975 | .4976 | .4977 | .4977 | .4978 | .4979 | .4979 | .4980 | .4981 |
| 2.9 | .4981 | .4982 | .4982 | .4983 | .4984 | .4984 | .4985 | .4985 | .4986 | .4986 |
| 3.0 | .4987 | .4987 | .4987 | .4988 | .4988 | .4989 | .4989 | .4989 | .4990 | .4990 |

# 4. $t$-분포표

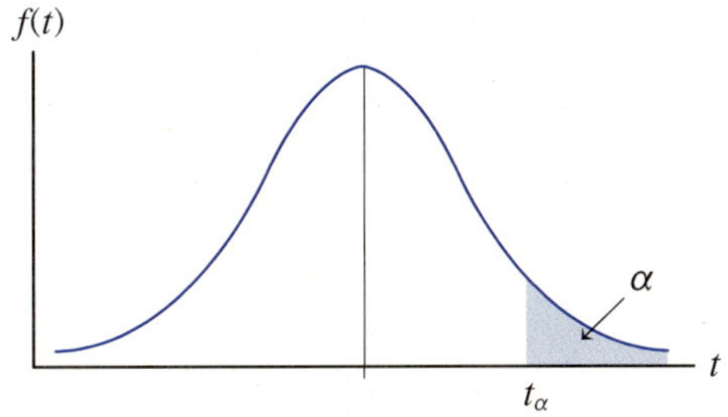


| $\nu$ | $t_{.100}$ | $t_{.050}$ | $t_{.025}$ | $t_{.010}$ | $t_{.005}$ | $t_{.001}$ | $t_{.0005}$ |
|---|---|---|---|---|---|---|---|
| 1 | 3.078 | 6.314 | 12.706 | 31.821 | 63.657 | 318.31 | 636.62 |
| 2 | 1.886 | 2.920 | 4.303 | 6.965 | 9.925 | 22.326 | 31.598 |
| 3 | 1.638 | 2.353 | 3.182 | 4.541 | 5.841 | 10.213 | 12.924 |
| 4 | 1.533 | 2.132 | 2.776 | 3.747 | 4.604 | 7.173 | 8.610 |
| 5 | 1.476 | 2.015 | 2.571 | 3.365 | 4.032 | 5.893 | 6.869 |
| 6 | 1.440 | 1.943 | 2.447 | 3.143 | 3.707 | 5.208 | 5.959 |
| 7 | 1.415 | 1.895 | 2.365 | 2.998 | 3.499 | 4.785 | 5.408 |
| 8 | 1.397 | 1.860 | 2.306 | 2.896 | 3.355 | 4.501 | 5.041 |
| 9 | 1.383 | 1.833 | 2.262 | 2.821 | 3.250 | 4.297 | 4.781 |
| 10 | 1.372 | 1.812 | 2.228 | 2.764 | 3.169 | 4.144 | 4.587 |
| 11 | 1.363 | 1.796 | 2.201 | 2.718 | 3.106 | 4.025 | 4.437 |
| 12 | 1.356 | 1.782 | 2.179 | 2.681 | 3.055 | 3.930 | 4.318 |
| 13 | 1.350 | 1.771 | 2.160 | 2.650 | 3.012 | 3.852 | 4.221 |
| 14 | 1.345 | 1.761 | 2.145 | 2.624 | 2.977 | 3.787 | 4.140 |
| 15 | 1.341 | 1.753 | 2.131 | 2.602 | 2.947 | 3.733 | 4.073 |
| 16 | 1.337 | 1.746 | 2.120 | 2.583 | 2.921 | 3.686 | 4.015 |
| 17 | 1.333 | 1.740 | 2.110 | 2.567 | 2.898 | 3.646 | 3.965 |
| 18 | 1.330 | 1.734 | 2.101 | 2.552 | 2.878 | 3.610 | 3.922 |
| 19 | 1.328 | 1.729 | 2.093 | 2.539 | 2.861 | 3.579 | 3.883 |
| 20 | 1.325 | 1.725 | 2.086 | 2.528 | 2.845 | 3.552 | 3.850 |
| 21 | 1.323 | 1.721 | 2.080 | 2.518 | 2.831 | 3.527 | 3.819 |
| 22 | 1.321 | 1.717 | 2.074 | 2.508 | 2.819 | 3.505 | 3.792 |
| 23 | 1.319 | 1.714 | 2.069 | 2.500 | 2.807 | 3.485 | 3.767 |
| 24 | 1.318 | 1.711 | 2.064 | 2.492 | 2.797 | 3.467 | 3.745 |
| 25 | 1.316 | 1.708 | 2.060 | 2.485 | 2.787 | 3.450 | 3.725 |
| 26 | 1.315 | 1.706 | 2.056 | 2.479 | 2.779 | 3.435 | 3.707 |
| 27 | 1.314 | 1.703 | 2.052 | 2.473 | 2.771 | 3.421 | 3.690 |
| 28 | 1.313 | 1.701 | 2.048 | 2.467 | 2.763 | 3.408 | 3.674 |
| 29 | 1.311 | 1.699 | 2.045 | 2.462 | 2.756 | 3.396 | 3.659 |
| 30 | 1.310 | 1.697 | 2.042 | 2.457 | 2.750 | 3.385 | 3.646 |
| 40 | 1.303 | 1.684 | 2.021 | 2.423 | 2.704 | 3.307 | 3.551 |
| 60 | 1.296 | 1.671 | 2.000 | 2.390 | 2.660 | 3.232 | 3.460 |
| 120 | 1.289 | 1.658 | 1.980 | 2.358 | 2.617 | 3.160 | 3.373 |
| ∞ | 1.282 | 1.645 | 1.960 | 2.326 | 2.576 | 3.090 | 3.291 |

## 5. $F$-분포도($\alpha = 0.05$)

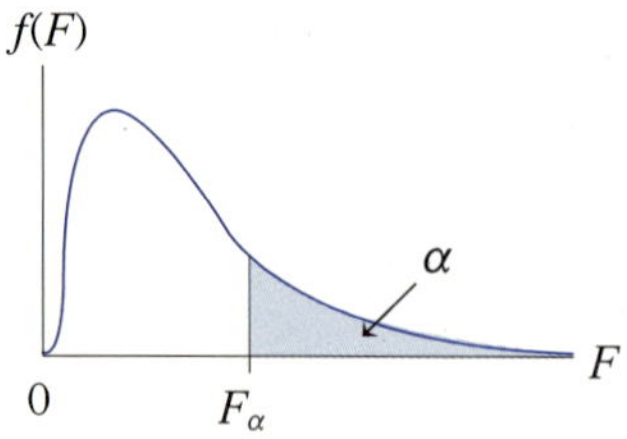


| $\nu_2$ \ $\nu_1$ (분자의 자유도) | 1 | 2 | 3 | 4 | 5 | 6 | 7 | 8 | 9 |
|---|---|---|---|---|---|---|---|---|---|
| 1 | 161.4 | 199.5 | 215.7 | 224.6 | 230.2 | 234.0 | 236.8 | 238.9 | 240.5 |
| 2 | 18.51 | 19.00 | 19.16 | 19.25 | 19.30 | 19.33 | 19.35 | 19.37 | 19.38 |
| 3 | 10.13 | 9.55 | 9.28 | 9.12 | 9.01 | 8.94 | 8.89 | 8.85 | 8.81 |
| 4 | 7.71 | 6.94 | 6.59 | 6.39 | 6.26 | 6.16 | 6.09 | 6.04 | 6.00 |
| 5 | 6.61 | 5.79 | 5.41 | 5.19 | 5.05 | 4.95 | 4.88 | 4.82 | 4.77 |
| 6 | 5.99 | 5.14 | 4.76 | 4.53 | 4.39 | 4.28 | 4.21 | 4.15 | 4.10 |
| 7 | 5.59 | 4.74 | 4.35 | 4.12 | 3.97 | 3.87 | 3.79 | 3.73 | 3.68 |
| 8 | 5.32 | 4.46 | 4.07 | 3.84 | 3.69 | 3.58 | 3.50 | 3.44 | 3.39 |
| 9 | 5.12 | 4.26 | 3.86 | 3.63 | 3.48 | 3.37 | 3.29 | 3.23 | 3.18 |
| 10 | 4.96 | 4.10 | 3.71 | 3.48 | 3.33 | 3.22 | 3.14 | 3.07 | 3.02 |
| 11 | 4.84 | 3.98 | 3.59 | 3.36 | 3.20 | 3.09 | 3.01 | 2.95 | 2.90 |
| 12 | 4.75 | 3.89 | 3.49 | 3.26 | 3.11 | 3.00 | 2.91 | 2.85 | 2.80 |
| 13 | 4.67 | 3.81 | 3.41 | 3.18 | 3.03 | 2.92 | 2.83 | 2.77 | 2.71 |
| 14 | 4.60 | 3.74 | 3.34 | 3.11 | 2.96 | 2.85 | 2.76 | 2.70 | 2.65 |
| 15 | 4.54 | 3.68 | 3.29 | 3.06 | 2.90 | 2.79 | 2.71 | 2.64 | 2.59 |
| 16 | 4.49 | 3.63 | 3.24 | 3.01 | 2.85 | 2.74 | 2.66 | 2.59 | 2.54 |
| 17 | 4.45 | 3.59 | 3.20 | 2.96 | 2.81 | 2.70 | 2.61 | 2.55 | 2.49 |
| 18 | 4.41 | 3.55 | 3.16 | 2.93 | 2.77 | 2.66 | 2.58 | 2.51 | 2.46 |
| 19 | 4.38 | 3.52 | 3.13 | 2.90 | 2.74 | 2.63 | 2.54 | 2.48 | 2.42 |
| 20 | 4.35 | 3.49 | 3.10 | 2.87 | 2.71 | 2.60 | 2.51 | 2.45 | 2.39 |
| 21 | 4.32 | 3.47 | 3.07 | 2.84 | 2.68 | 2.57 | 2.49 | 2.42 | 2.37 |
| 22 | 4.30 | 3.44 | 3.05 | 2.82 | 2.66 | 2.55 | 2.46 | 2.40 | 2.34 |
| 23 | 4.28 | 3.42 | 3.03 | 2.80 | 2.64 | 2.53 | 2.44 | 2.37 | 2.32 |
| 24 | 4.26 | 3.40 | 3.04 | 2.78 | 2.62 | 2.51 | 2.42 | 2.36 | 2.30 |
| 25 | 4.24 | 3.39 | 2.99 | 2.76 | 2.60 | 2.49 | 2.40 | 2.34 | 2.28 |
| 26 | 4.23 | 3.37 | 2.98 | 2.74 | 2.59 | 2.47 | 2.39 | 2.32 | 2.27 |
| 27 | 4.21 | 3.35 | 2.96 | 2.73 | 2.57 | 2.46 | 2.37 | 2.31 | 2.25 |
| 28 | 4.20 | 3.34 | 2.95 | 2.71 | 2.56 | 2.45 | 2.36 | 2.29 | 2.24 |
| 29 | 4.18 | 3.33 | 2.93 | 2.70 | 2.55 | 2.43 | 2.35 | 2.28 | 2.22 |
| 30 | 4.17 | 3.32 | 2.92 | 2.69 | 2.53 | 2.42 | 2.33 | 2.27 | 2.21 |
| 40 | 4.08 | 3.23 | 2.84 | 2.61 | 2.45 | 2.34 | 2.25 | 2.18 | 2.12 |
| 60 | 4.00 | 3.15 | 2.76 | 2.53 | 2.37 | 2.25 | 2.17 | 2.10 | 2.04 |
| 120 | 3.92 | 3.07 | 2.68 | 2.45 | 2.29 | 2.17 | 2.09 | 2.02 | 1.96 |
| ∞ | 3.84 | 3.00 | 2.60 | 2.37 | 2.21 | 2.10 | 2.01 | 1.94 | 1.88 |

(행: 분모의 자유도)

계속

| $\nu_2$ \ $\nu_1$ | 분자의 자유도 | | | | | | | | | |
|---|---|---|---|---|---|---|---|---|---|---|
| | 10 | 12 | 15 | 20 | 24 | 30 | 40 | 60 | 120 | ∞ |
| 1 | 241.9 | 243.9 | 245.9 | 248.0 | 249.1 | 250.1 | 251.1 | 252.2 | 253.3 | 254.3 |
| 2 | 19.40 | 19.41 | 19.43 | 19.45 | 19.45 | 19.46 | 19.47 | 19.48 | 19.49 | 19.50 |
| 3 | 8.79 | 8.74 | 8.70 | 8.66 | 8.64 | 8.62 | 8.59 | 8.57 | 8.55 | 8.53 |
| 4 | 5.96 | 5.91 | 5.86 | 5.80 | 5.77 | 5.75 | 5.72 | 5.69 | 5.66 | 5.63 |
| 5 | 4.74 | 4.68 | 4.62 | 4.56 | 4.53 | 4.50 | 4.46 | 4.43 | 4.40 | 4.36 |
| 6 | 4.06 | 4.00 | 3.94 | 3.87 | 3.84 | 3.81 | 3.77 | 3.74 | 3.70 | 3.67 |
| 7 | 3.64 | 3.57 | 3.51 | 3.44 | 3.41 | 3.38 | 3.34 | 3.30 | 3.27 | 3.23 |
| 8 | 3.35 | 3.28 | 3.22 | 3.15 | 3.12 | 3.08 | 3.04 | 3.01 | 2.97 | 2.93 |
| 9 | 3.14 | 3.07 | 3.01 | 2.94 | 2.90 | 2.86 | 2.83 | 2.79 | 2.75 | 2.71 |
| 10 | 2.98 | 2.91 | 2.85 | 2.77 | 2.74 | 2.70 | 2.66 | 2.62 | 2.58 | 2.54 |
| 11 | 2.85 | 2.79 | 2.72 | 2.65 | 2.61 | 2.57 | 2.53 | 2.49 | 2.45 | 2.40 |
| 12 | 2.75 | 2.69 | 2.62 | 2.54 | 2.51 | 2.47 | 2.43 | 2.38 | 2.34 | 2.30 |
| 13 | 2.67 | 2.60 | 2.53 | 2.46 | 2.42 | 2.38 | 2.34 | 2.30 | 2.25 | 2.21 |
| 14 | 2.60 | 2.53 | 2.46 | 2.39 | 2.35 | 2.31 | 2.27 | 2.22 | 2.18 | 2.13 |
| 분모의 자유도 15 | 2.54 | 2.48 | 2.40 | 2.33 | 2.29 | 2.25 | 2.20 | 2.16 | 2.11 | 2.07 |
| 16 | 2.49 | 2.42 | 2.35 | 2.28 | 2.24 | 2.19 | 2.15 | 2.11 | 2.06 | 2.01 |
| 17 | 2.45 | 2.38 | 2.31 | 2.23 | 2.19 | 2.15 | 2.10 | 2.06 | 2.01 | 1.96 |
| 18 | 2.41 | 2.34 | 2.27 | 2.19 | 2.15 | 2.11 | 2.06 | 2.02 | 1.97 | 1.92 |
| 19 | 2.38 | 2.31 | 2.23 | 2.16 | 2.11 | 2.07 | 2.03 | 1.98 | 1.93 | 1.88 |
| 20 | 2.35 | 2.28 | 2.20 | 2.12 | 2.08 | 2.04 | 1.99 | 1.95 | 1.90 | 1.84 |
| 21 | 2.32 | 2.25 | 2.18 | 2.10 | 2.05 | 2.01 | 1.96 | 1.92 | 1.87 | 1.81 |
| 22 | 2.30 | 2.23 | 2.15 | 2.07 | 2.03 | 1.98 | 1.94 | 1.89 | 1.84 | 1.78 |
| 23 | 2.27 | 2.20 | 2.13 | 2.05 | 2.01 | 1.96 | 1.91 | 1.86 | 1.81 | 1.76 |
| 24 | 2.25 | 2.18 | 2.11 | 2.03 | 1.98 | 1.94 | 1.89 | 1.84 | 1.79 | 1.73 |
| 25 | 2.24 | 2.16 | 2.09 | 2.01 | 1.96 | 1.92 | 1.87 | 1.82 | 1.77 | 1.71 |
| 26 | 2.22 | 2.15 | 2.07 | 1.99 | 1.95 | 1.90 | 1.85 | 1.80 | 1.75 | 1.69 |
| 27 | 2.20 | 2.15 | 2.06 | 1.97 | 1.93 | 1.88 | 1.84 | 1.79 | 1.73 | 1.67 |
| 28 | 2.19 | 2.12 | 2.04 | 1.96 | 1.91 | 1.87 | 1.82 | 1.77 | 1.71 | 1.65 |
| 29 | 2.18 | 2.10 | 2.03 | 1.94 | 1.90 | 1.85 | 1.81 | 1.75 | 1.70 | 1.64 |
| 30 | 2.16 | 2.09 | 2.01 | 1.93 | 1.89 | 1.84 | 1.79 | 1.74 | 1.68 | 1.62 |
| 40 | 2.08 | 2.00 | 1.92 | 1.84 | 1.79 | 1.74 | 1.69 | 1.64 | 1.58 | 1.51 |
| 60 | 1.99 | 1.92 | 1.84 | 1.75 | 1.70 | 1.65 | 1.59 | 1.53 | 1.47 | 1.39 |
| 120 | 1.91 | 1.83 | 1.75 | 1.66 | 1.61 | 1.55 | 1.50 | 1.43 | 1.35 | 1.25 |
| ∞ | 1.83 | 1.75 | 1.67 | 1.57 | 1.52 | 1.46 | 1.39 | 1.32 | 1.22 | 1.00 |

## 6. $F$-분포도($\alpha$=0.01)

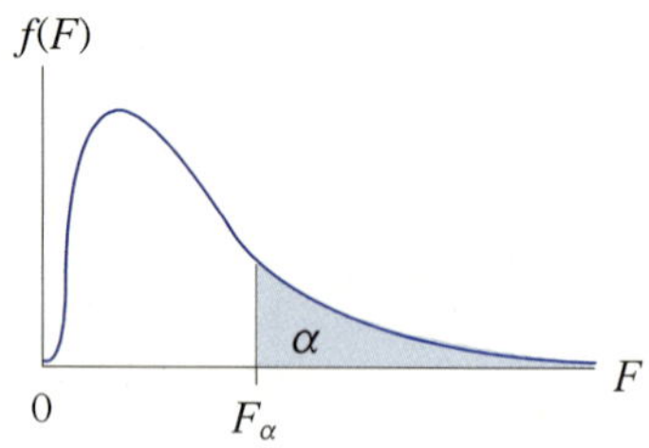


| $\nu_2$ \ $\nu_1$ (분모의 자유도 \ 분자의 자유도) | 1 | 2 | 3 | 4 | 5 | 6 | 7 | 8 | 9 |
|---|---|---|---|---|---|---|---|---|---|
| 1 | 4,052 | 4,999.5 | 5,403 | 5,625 | 5,764 | 5,859 | 5,928 | 5,982 | 6,022 |
| 2 | 98.50 | 99.00 | 99.17 | 99.25 | 99.30 | 99.33 | 99.36 | 99.37 | 99.39 |
| 3 | 34.12 | 30.82 | 29.46 | 28.71 | 28.24 | 27.91 | 27.67 | 27.49 | 27.35 |
| 4 | 21.20 | 18.00 | 16.69 | 15.98 | 15.52 | 15.21 | 14.98 | 14.80 | 14.66 |
| 5 | 16.26 | 13.27 | 12.06 | 11.39 | 10.97 | 10.67 | 10.46 | 10.29 | 10.16 |
| 6 | 13.75 | 10.92 | 9.78 | 9.15 | 8.75 | 8.47 | 8.26 | 8.10 | 7.98 |
| 7 | 12.25 | 9.55 | 8.45 | 7.85 | 7.46 | 7.19 | 6.99 | 6.84 | 6.72 |
| 8 | 11.26 | 8.65 | 7.59 | 7.01 | 6.63 | 6.37 | 6.18 | 6.03 | 5.91 |
| 9 | 10.56 | 8.02 | 6.99 | 6.42 | 6.06 | 5.80 | 5.61 | 5.47 | 5.35 |
| 10 | 10.04 | 7.56 | 6.55 | 5.99 | 5.64 | 5.39 | 5.20 | 5.06 | 4.94 |
| 11 | 9.65 | 7.21 | 6.22 | 5.67 | 5.32 | 5.07 | 4.89 | 4.74 | 4.63 |
| 12 | 9.33 | 6.93 | 5.95 | 5.41 | 5.06 | 4.82 | 4.64 | 4.50 | 4.39 |
| 13 | 9.07 | 6.70 | 5.74 | 5.21 | 4.86 | 4.62 | 4.44 | 4.30 | 4.19 |
| 14 | 8.86 | 6.51 | 5.56 | 5.04 | 4.69 | 4.46 | 4.28 | 4.14 | 4.03 |
| 15 | 8.68 | 6.36 | 5.42 | 4.89 | 4.56 | 4.32 | 4.14 | 4.00 | 3.89 |
| 16 | 8.53 | 6.23 | 5.29 | 4.77 | 4.44 | 4.20 | 4.03 | 3.89 | 3.78 |
| 17 | 8.40 | 6.11 | 5.18 | 4.67 | 4.34 | 4.10 | 3.93 | 3.79 | 3.68 |
| 18 | 8.29 | 6.01 | 5.09 | 4.58 | 4.25 | 4.01 | 3.84 | 3.71 | 3.60 |
| 19 | 8.18 | 5.93 | 5.01 | 4.50 | 4.17 | 3.94 | 3.77 | 3.63 | 3.52 |
| 20 | 8.10 | 5.85 | 4.94 | 4.43 | 4.10 | 3.87 | 3.70 | 3.56 | 3.46 |
| 21 | 8.02 | 5.78 | 4.87 | 4.37 | 4.04 | 3.81 | 3.64 | 3.51 | 3.40 |
| 22 | 7.95 | 5.72 | 4.82 | 4.31 | 3.99 | 3.76 | 3.59 | 3.45 | 3.35 |
| 23 | 7.88 | 5.66 | 4.76 | 4.26 | 3.94 | 3.71 | 3.54 | 3.41 | 3.30 |
| 24 | 7.82 | 5.61 | 4.72 | 4.22 | 3.90 | 3.67 | 3.50 | 3.36 | 3.26 |
| 25 | 7.77 | 5.57 | 4.68 | 4.18 | 3.85 | 3.63 | 3.46 | 3.32 | 3.22 |
| 26 | 7.72 | 5.53 | 4.64 | 4.14 | 3.82 | 3.59 | 3.42 | 3.29 | 3.18 |
| 27 | 7.68 | 5.49 | 4.60 | 4.11 | 3.78 | 3.56 | 3.39 | 3.26 | 3.15 |
| 28 | 7.64 | 5.45 | 4.57 | 4.07 | 3.75 | 3.53 | 3.36 | 3.23 | 3.12 |
| 29 | 7.60 | 5.42 | 4.54 | 4.04 | 3.73 | 3.50 | 3.33 | 3.20 | 3.09 |
| 30 | 7.56 | 5.39 | 4.51 | 4.02 | 3.70 | 3.47 | 3.30 | 3.17 | 3.07 |
| 40 | 7.31 | 5.18 | 4.31 | 3.83 | 3.51 | 3.29 | 3.12 | 2.99 | 2.89 |
| 60 | 7.08 | 4.98 | 4.13 | 3.65 | 3.34 | 3.12 | 2.95 | 2.82 | 2.72 |
| 120 | 6.85 | 4.79 | 3.95 | 3.48 | 3.17 | 2.96 | 2.79 | 2.66 | 2.56 |
| ∞ | 6.63 | 4.61 | 3.78 | 3.32 | 3.02 | 2.80 | 2.64 | 2.51 | 2.41 |

계속

| $\nu_2$ \ $\nu_1$ | 10 | 12 | 15 | 20 | 24 | 30 | 40 | 60 | 120 | ∞ |
|---|---|---|---|---|---|---|---|---|---|---|
| 1 | 6,056 | 6,106 | 6,157 | 6,209 | 6,235 | 6,261 | 6,287 | 6,313 | 6,339 | 6,366 |
| 2 | 99.40 | 99.42 | 99.43 | 99.45 | 99.46 | 99.47 | 99.47 | 99.48 | 99.49 | 99.50 |
| 3 | 27.23 | 27.05 | 26.87 | 26.69 | 26.60 | 26.50 | 26.41 | 26.32 | 26.22 | 26.13 |
| 4 | 14.55 | 14.37 | 14.20 | 14.02 | 13.93 | 13.84 | 13.75 | 13.65 | 13.56 | 13.46 |
| 5 | 10.05 | 9.89 | 9.72 | 9.55 | 9.47 | 9.38 | 9.29 | 9.20 | 9.11 | 9.02 |
| 6 | 7.87 | 7.72 | 7.56 | 7.40 | 7.31 | 7.23 | 7.14 | 7.06 | 6.97 | 6.88 |
| 7 | 6.62 | 6.47 | 6.31 | 6.16 | 6.07 | 5.99 | 5.91 | 5.82 | 5.74 | 5.65 |
| 8 | 5.81 | 5.67 | 5.52 | 5.36 | 5.28 | 5.20 | 5.12 | 5.03 | 4.95 | 4.86 |
| 9 | 5.26 | 5.11 | 4.96 | 4.81 | 4.73 | 4.65 | 4.57 | 4.48 | 4.40 | 4.31 |
| 10 | 4.85 | 4.71 | 4.56 | 4.41 | 4.33 | 4.25 | 4.17 | 4.08 | 4.00 | 3.91 |
| 11 | 4.54 | 4.40 | 4.25 | 4.10 | 4.02 | 3.94 | 3.86 | 3.78 | 3.69 | 3.60 |
| 12 | 4.30 | 4.16 | 4.01 | 3.86 | 3.78 | 3.70 | 3.62 | 3.54 | 3.45 | 3.36 |
| 13 | 4.10 | 3.96 | 3.82 | 3.66 | 3.59 | 3.51 | 3.43 | 3.34 | 3.25 | 3.17 |
| 14 | 3.94 | 3.80 | 3.66 | 3.51 | 3.43 | 3.35 | 3.27 | 3.18 | 3.09 | 3.00 |
| 15 | 3.80 | 3.67 | 3.52 | 3.37 | 3.29 | 3.21 | 3.13 | 3.05 | 2.96 | 2.87 |
| 16 | 3.69 | 3.55 | 3.41 | 3.26 | 3.18 | 3.10 | 3.02 | 2.93 | 2.84 | 2.75 |
| 17 | 3.59 | 3.46 | 3.31 | 3.16 | 3.08 | 3.00 | 2.92 | 2.83 | 2.75 | 2.65 |
| 18 | 3.51 | 3.37 | 3.23 | 3.08 | 3.00 | 2.92 | 2.84 | 2.75 | 2.66 | 2.57 |
| 19 | 3.43 | 3.30 | 3.15 | 3.00 | 2.92 | 2.84 | 2.76 | 2.67 | 2.58 | 2.49 |
| 20 | 3.37 | 3.23 | 3.09 | 2.94 | 2.86 | 2.78 | 2.69 | 2.61 | 2.52 | 2.42 |
| 21 | 3.31 | 3.17 | 3.03 | 2.88 | 2.80 | 2.72 | 2.64 | 2.55 | 2.46 | 2.36 |
| 22 | 3.26 | 3.12 | 2.98 | 2.83 | 2.75 | 2.67 | 2.58 | 2.50 | 2.40 | 2.31 |
| 23 | 3.21 | 3.07 | 2.93 | 2.78 | 2.70 | 2.62 | 2.54 | 2.45 | 2.35 | 2.26 |
| 24 | 3.17 | 3.03 | 2.89 | 2.74 | 2.66 | 2.58 | 2.49 | 2.40 | 2.31 | 2.21 |
| 25 | 3.13 | 2.99 | 2.85 | 2.70 | 2.62 | 2.54 | 2.45 | 2.36 | 2.27 | 2.17 |
| 26 | 3.09 | 2.96 | 2.81 | 2.66 | 2.58 | 2.50 | 2.42 | 2.33 | 2.23 | 2.13 |
| 27 | 3.06 | 2.93 | 2.78 | 2.63 | 2.55 | 2.47 | 2.38 | 2.29 | 2.20 | 2.10 |
| 28 | 3.03 | 2.90 | 2.75 | 2.60 | 2.52 | 2.44 | 2.35 | 2.26 | 2.17 | 2.06 |
| 29 | 3.00 | 2.87 | 2.73 | 2.57 | 2.49 | 2.41 | 2.33 | 2.23 | 2.14 | 2.03 |
| 30 | 2.98 | 2.84 | 2.70 | 2.55 | 2.47 | 2.39 | 2.30 | 2.21 | 2.11 | 2.01 |
| 40 | 2.80 | 2.66 | 2.52 | 2.37 | 2.29 | 2.20 | 2.11 | 2.02 | 1.92 | 1.80 |
| 60 | 2.63 | 2.50 | 2.35 | 2.20 | 2.12 | 2.03 | 1.94 | 1.84 | 1.73 | 1.60 |
| 120 | 2.47 | 2.34 | 2.19 | 2.03 | 1.95 | 1.86 | 1.76 | 1.66 | 1.53 | 1.38 |
| ∞ | 2.32 | 2.18 | 2.04 | 1.88 | 1.79 | 1.70 | 1.59 | 1.47 | 1.32 | 1.00 |

## 7. 카이제곱분포표

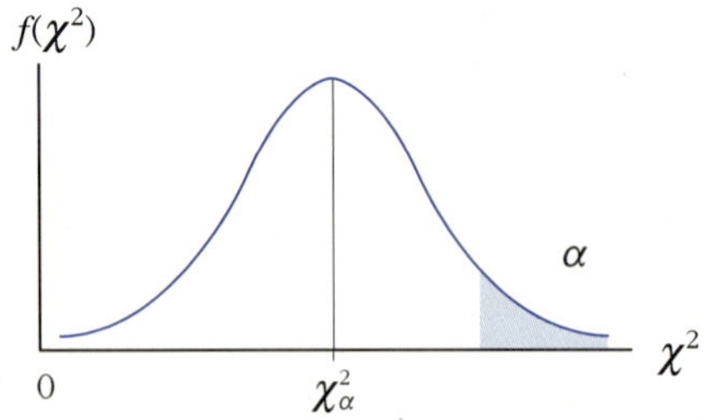


| 자유도 | $\chi^2_{.995}$ | $\chi^2_{.990}$ | $\chi^2_{.975}$ | $\chi^2_{.950}$ | $\chi^2_{.900}$ |
|---|---|---|---|---|---|
| 1 | .0000393 | .0001571 | .0009821 | .0039321 | .0157908 |
| 2 | .0100251 | .0201007 | .0506356 | .102587 | .210720 |
| 3 | .0717212 | .114832 | .215795 | .351846 | .584375 |
| 4 | .206990 | .297110 | .484419 | .710721 | 1.063623 |
| 5 | .411740 | .554300 | .831211 | 1.145476 | 1.61031 |
| 6 | .675727 | .872085 | 1.237347 | 1.63539 | 2.20413 |
| 7 | .989265 | 1.239043 | 1.68987 | 2.16735 | 2.83311 |
| 8 | 1.344419 | 1.646482 | 2.17973 | 2.73264 | 3.48954 |
| 9 | 1.734926 | 2.087912 | 2.70039 | 3.32511 | 4.16816 |
| 10 | 2.15585 | 2.55821 | 3.24697 | 3.94030 | 4.86518 |
| 11 | 2.60321 | 3.05347 | 3.81575 | 4.57481 | 5.57779 |
| 12 | 3.07382 | 3.57056 | 4.40379 | 5.22603 | 6.30380 |
| 13 | 3.56503 | 4.10691 | 5.00874 | 5.89186 | 7.04150 |
| 14 | 4.07468 | 4.66043 | 5.62872 | 6.57063 | 7.78953 |
| 15 | 4.60094 | 5.22935 | 6.26214 | 7.26094 | 8.54675 |
| 16 | 5.14224 | 5.81221 | 6.90766 | 7.96164 | 9.31223 |
| 17 | 5.69724 | 6.40776 | 7.56418 | 8.67176 | 10.0852 |
| 18 | 6.26481 | 7.01491 | 8.23075 | 9.39046 | 10.8649 |
| 19 | 6.84398 | 7.63273 | 8.90655 | 10.1170 | 11.6509 |
| 20 | 7.43386 | 8.26040 | 9.59083 | 10.8508 | 12.4426 |
| 21 | 8.03366 | 8.89720 | 10.28293 | 11.5913 | 13.2396 |
| 22 | 8.64272 | 9.54249 | 10.9823 | 12.3380 | 14.0415 |
| 23 | 9.26042 | 10.19567 | 11.6885 | 13.0905 | 14.8479 |
| 24 | 9.88623 | 10.8564 | 12.4011 | 13.8484 | 15.6587 |
| 25 | 10.5197 | 11.5240 | 13.1197 | 14.6114 | 16.4734 |
| 26 | 11.1603 | 12.1981 | 13.8439 | 15.3791 | 17.2919 |
| 27 | 11.8076 | 12.8786 | 14.5733 | 16.1513 | 18.1138 |
| 28 | 12.4613 | 13.5648 | 15.3079 | 16.9279 | 18.9392 |
| 29 | 13.1211 | 14.2565 | 16.0471 | 17.7083 | 19.7677 |
| 30 | 13.7867 | 14.9535 | 16.7908 | 18.4926 | 20.5992 |
| 40 | 20.7065 | 22.1643 | 24.4331 | 26.5093 | 29.0505 |
| 50 | 27.9907 | 29.7067 | 32.3574 | 34.7642 | 37.6886 |
| 60 | 35.5346 | 37.4848 | 40.4817 | 43.1879 | 46.4589 |
| 70 | 43.2752 | 45.4418 | 48.7576 | 51.7393 | 55.3290 |
| 80 | 51.1720 | 53.5400 | 57.1532 | 60.3915 | 64.2778 |
| 90 | 59.1963 | 61.7541 | 65.6466 | 69.1260 | 73.2912 |
| 100 | 67.3276 | 70.0648 | 74.2219 | 77.9295 | 82.3581 |

계속

| 자유도 | $\chi^2_{.100}$ | $\chi^2_{.050}$ | $\chi^2_{.025}$ | $\chi^2_{.010}$ | $\chi^2_{.005}$ |
|---|---|---|---|---|---|
| 1 | 2.70554 | 3.84146 | 5.02389 | 6.63490 | 7.87944 |
| 2 | 4.60517 | 5.99147 | 7.37776 | 9.21034 | 10.5966 |
| 3 | 6.25139 | 7.81473 | 9.34840 | 11.3449 | 12.8381 |
| 4 | 7.77944 | 9.48773 | 11.1433 | 13.2767 | 14.8602 |
| 5 | 9.23635 | 11.0705 | 12.8325 | 15.0863 | 16.7496 |
| 6 | 10.6446 | 12.5916 | 14.4494 | 16.8119 | 18.5476 |
| 7 | 12.0170 | 14.0671 | 16.0128 | 18.4753 | 20.2777 |
| 8 | 13.3616 | 15.5073 | 17.5346 | 20.0902 | 21.9550 |
| 9 | 14.6837 | 16.9190 | 19.0228 | 21.6660 | 23.5893 |
| 10 | 15.9871 | 18.3070 | 20.4831 | 23.2093 | 25.1882 |
| 11 | 17.2750 | 19.6751 | 21.9200 | 24.7250 | 26.7569 |
| 12 | 18.5494 | 21.0261 | 23.3367 | 26.2170 | 28.2995 |
| 13 | 19.8119 | 22.3621 | 24.7356 | 27.6883 | 29.8194 |
| 14 | 21.0642 | 23.6848 | 26.1190 | 29.1413 | 31.3193 |
| 15 | 22.3072 | 24.9958 | 27.4884 | 30.5779 | 32.8013 |
| 16 | 23.5418 | 26.2962 | 28.8454 | 31.9999 | 34.2672 |
| 17 | 24.7690 | 27.5871 | 30.1910 | 33.4087 | 35.7185 |
| 18 | 25.9894 | 28.8693 | 31.5264 | 34.8053 | 37.1564 |
| 19 | 27.2036 | 30.1435 | 32.8523 | 36.1908 | 38.5822 |
| 20 | 28.4120 | 31.4104 | 34.1696 | 37.5662 | 39.9968 |
| 21 | 29.6151 | 32.6705 | 35.4789 | 38.9321 | 41.4010 |
| 22 | 30.8133 | 33.9244 | 36.7807 | 40.2894 | 42.7956 |
| 23 | 32.0069 | 35.1725 | 38.0757 | 41.6384 | 44.1813 |
| 24 | 33.1963 | 36.4151 | 39.3641 | 42.9798 | 45.5585 |
| 25 | 34.3816 | 37.6525 | 40.6465 | 44.3141 | 46.9278 |
| 26 | 35.5631 | 38.8852 | 41.9232 | 45.6417 | 48.2899 |
| 27 | 36.7412 | 40.1133 | 43.1944 | 46.9630 | 49.6449 |
| 28 | 37.9159 | 41.3372 | 44.4607 | 48.2782 | 50.9933 |
| 29 | 39.0875 | 42.5569 | 45.7222 | 49.5879 | 52.3356 |
| 30 | 40.2560 | 43.7729 | 46.9792 | 50.8922 | 53.6720 |
| 40 | 51.8050 | 55.7585 | 59.3417 | 63.6907 | 66.7659 |
| 50 | 63.1671 | 67.5048 | 71.4202 | 76.1539 | 79.4900 |
| 60 | 74.3970 | 79.0819 | 83.2976 | 88.3794 | 91.9517 |
| 70 | 85.5271 | 90.5312 | 95.0231 | 100.425 | 104.215 |
| 80 | 96.5782 | 101.879 | 106.629 | 112.116 | 116.321 |
| 90 | 107.565 | 113.145 | 118.136 | 124.116 | 128.299 |
| 100 | 118.498 | 124.342 | 129.561 | 135.807 | 140.169 |

## 8. 더빈 왓슨 임계치($\alpha$=0.05, 여기서 $k$는 독립변수의 개수이다)

| $n$ | $k$=1 | | $k$=2 | | $k$=3 | | $k$=4 | | $k$=5 | |
|---|---|---|---|---|---|---|---|---|---|---|
| | $d_L$ | $d_U$ | $d_L$ | $d_U$ | $d_L$ | $d_U$ | $d_L$ | $d_U$ | $d_L$ | $d_U$ |
| **15** | 1.08 | 1.36 | .95 | 1.54 | .82 | 1.75 | .69 | 1.97 | .56 | 2.21 |
| **16** | 1.10 | 1.37 | .98 | 1.54 | .86 | 1.73 | .74 | 1.93 | .62 | 2.15 |
| **17** | 1.13 | 1.38 | 1.02 | 1.54 | .90 | 1.71 | .78 | 1.90 | .67 | 2.10 |
| **18** | 1.16 | 1.39 | 1.05 | 1.53 | .93 | 1.69 | .92 | 1.87 | .71 | 2.06 |
| **19** | 1.18 | 1.40 | 1.08 | 1.53 | .97 | 1.68 | .86 | 1.85 | .75 | 2.02 |
| **20** | 1.20 | 1.41 | 1.10 | 1.54 | 1.00 | 1.68 | .90 | 1.83 | .79 | 1.99 |
| **21** | 1.22 | 1.42 | 1.13 | 1.54 | 1.03 | 1.67 | .93 | 1.81 | .83 | 1.96 |
| **22** | 1.24 | 1.43 | 1.15 | 1.54 | 1.05 | 1.66 | .96 | 1.80 | .96 | 1.94 |
| **23** | 1.26 | 1.44 | 1.17 | 1.54 | 1.08 | 1.66 | .99 | 1.79 | .90 | 1.92 |
| **24** | 1.27 | 1.45 | 1.19 | 1.55 | 1.10 | 1.66 | 1.01 | 1.78 | .93 | 1.90 |
| **25** | 1.29 | 1.45 | 1.21 | 1.55 | 1.12 | 1.66 | 1.04 | 1.77 | .95 | 1.89 |
| **26** | 1.30 | 1.46 | 1.22 | 1.55 | 1.14 | 1.65 | 1.06 | 1.76 | .98 | 1.88 |
| **27** | 1.32 | 1.47 | 1.24 | 1.56 | 1.16 | 1.65 | 1.08 | 1.76 | 1.01 | 1.86 |
| **28** | 1.33 | 1.48 | 1.26 | 1.56 | 1.18 | 1.65 | 1.10 | 1.75 | 1.03 | 1.85 |
| **29** | 1.34 | 1.48 | 1.27 | 1.56 | 1.20 | 1.65 | 1.12 | 1.74 | 1.05 | 1.84 |
| **30** | 1.35 | 1.49 | 1.28 | 1.57 | 1.21 | 1.65 | 1.14 | 1.74 | 1.07 | 1.83 |
| **31** | 1.36 | 1.50 | 1.30 | 1.57 | 1.23 | 1.65 | 1.16 | 1.74 | 1.09 | 1.83 |
| **32** | 1.37 | 1.50 | 1.31 | 1.57 | 1.24 | 1.65 | 1.18 | 1.73 | 1.11 | 1.82 |
| **33** | 1.38 | 1.51 | 1.32 | 1.58 | 1.26 | 1.65 | 1.19 | 1.73 | 1.13 | 1.81 |
| **34** | 1.39 | 1.51 | 1.33 | 1.58 | 1.27 | 1.65 | 1.21 | 1.73 | 1.15 | 1.81 |
| **35** | 1.40 | 1.52 | 1.34 | 1.58 | 1.28 | 1.65 | 1.22 | 1.73 | 1.16 | 1.80 |
| **36** | 1.41 | 1.52 | 1.35 | 1.59 | 1.29 | 1.65 | 1.24 | 1.73 | 1.18 | 1.80 |
| **37** | 1.42 | 1.53 | 1.36 | 1.59 | 1.31 | 1.66 | 1.25 | 1.72 | 1.19 | 1.80 |
| **38** | 1.43 | 1.54 | 1.37 | 1.59 | 1.32 | 1.66 | 1.26 | 1.72 | 1.21 | 1.79 |
| **39** | 1.43 | 1.54 | 1.38 | 1.60 | 1.33 | 1.66 | 1.27 | 1.72 | 1.22 | 1.79 |
| **40** | 1.44 | 1.54 | 1.39 | 1.60 | 1.34 | 1.66 | 1.29 | 1.72 | 1.23 | 1.79 |
| **45** | 1.48 | 1.57 | 1.43 | 1.62 | 1.38 | 1.67 | 1.34 | 1.72 | 1.29 | 1.78 |
| **50** | 1.50 | 1.59 | 1.46 | 1.63 | 1.42 | 1.67 | 1.38 | 1.72 | 1.34 | 1.77 |
| **55** | 1.53 | 1.60 | 1.49 | 1.64 | 1.45 | 1.68 | 1.41 | 1.72 | 1.38 | 1.77 |
| **60** | 1.55 | 1.62 | 1.51 | 1.65 | 1.48 | 1.69 | 1.44 | 1.73 | 1.41 | 1.77 |
| **65** | 1.57 | 1.63 | 1.54 | 1.66 | 1.50 | 1.70 | 1.47 | 1.73 | 1.44 | 1.77 |
| **70** | 1.58 | 1.64 | 1.55 | 1.67 | 1.52 | 1.70 | 1.49 | 1.74 | 1.46 | 1.77 |
| **75** | 1.60 | 1.65 | 1.57 | 1.68 | 1.54 | 1.71 | 1.51 | 1.74 | 1.49 | 1.77 |
| **80** | 1.61 | 1.66 | 1.59 | 1.69 | 1.56 | 1.72 | 1.53 | 1.74 | 1.51 | 1.77 |
| **85** | 1.62 | 1.67 | 1.60 | 1.70 | 1.57 | 1.72 | 1.55 | 1.75 | 1.52 | 1.77 |
| **90** | 1.63 | 1.68 | 1.61 | 1.70 | 1.59 | 1.73 | 1.57 | 1.75 | 1.4 | 1.78 |
| **95** | 1.64 | 1.69 | 1.62 | 1.71 | 1.60 | 1.73 | 1.58 | 1.75 | 1.56 | 1.78 |
| **100** | 1.65 | 1.69 | 1.63 | 1.72 | 1.61 | 1.74 | 1.59 | 1.76 | 1.57 | 1.78 |

## 9. 더빈 왓슨 임계치($\alpha$=0.01, 여기서 $k$는 독립변수의 개수이다)

| $n$ | $k$=1 | | $k$=2 | | $k$=3 | | $k$=4 | | $k$=5 | |
|---|---|---|---|---|---|---|---|---|---|---|
| | $d_L$ | $d_U$ | $d_L$ | $d_U$ | $d_L$ | $d_U$ | $d_L$ | $d_U$ | $d_L$ | $d_U$ |
| **15** | .81 | 1.07 | .70 | 1.25 | .59 | 1.46 | .49 | 1.70 | .39 | 1.96 |
| **16** | .84 | 1.09 | .74 | 1.25 | .63 | 1.44 | .53 | 1.66 | .44 | 1.90 |
| **17** | .87 | 1.10 | .77 | 1.25 | .67 | 1.43 | .57 | 1.3 | .48 | 1.85 |
| **18** | .90 | 1.12 | .80 | 1.26 | .71 | 1.42 | .61 | 1.60 | .52 | 1.80 |
| **19** | .93 | 1.13 | .83 | 1.26 | .74 | 1.41 | .65 | 1.58 | .56 | 1.77 |
| **20** | .95 | 1.15 | .86 | 1.27 | .77 | 1.41 | .68 | 1.57 | .60 | 1.74 |
| **21** | .97 | 1.16 | .89 | 1.27 | .80 | 1.41 | .72 | 1.55 | .63 | 1.71 |
| **22** | 1.00 | 1.17 | .91 | 1.28 | .83 | 1.40 | .75 | 1.54 | .66 | 1.69 |
| **23** | 1.02 | 1.19 | .94 | 1.29 | .86 | 1.40 | .77 | 1.53 | .70 | 1.67 |
| **24** | 1.04 | 1.20 | .96 | 1.30 | .88 | 1.41 | .80 | 1.53 | .72 | 1.66 |
| **25** | 1.05 | 1.21 | .98 | 1.30 | .90 | 1.41 | .83 | 1.52 | .75 | 1.65 |
| **26** | 1.07 | 1.22 | 1.00 | 1.31 | .93 | 1.41 | .85 | 1.52 | .78 | 1.64 |
| **27** | 1.09 | 1.23 | 1.02 | 1.32 | .95 | 1.41 | .88 | 1.51 | .81 | 1.63 |
| **28** | 1.10 | 1.24 | 1.04 | 1.32 | .97 | 1.41 | .90 | 1.51 | .83 | 1.62 |
| **29** | 1.12 | 1.25 | 1.05 | 1.33 | .99 | 1.42 | .92 | 1.51 | .85 | 1.61 |
| **30** | 1.13 | 1.26 | 1.07 | 1.34 | 1.01 | 1.42 | .94 | 1.51 | .88 | 1.61 |
| **31** | 1.15 | 1.27 | 1.08 | 1.34 | 1.02 | 1.42 | .96 | 1.51 | .90 | 1.60 |
| **32** | 1.16 | 1.28 | 1.10 | 1.35 | 1.04 | 1.43 | .98 | 1.51 | .92 | 1.60 |
| **33** | 1.17 | 1.29 | 1.11 | 1.36 | 1.05 | 1.43 | 1.00 | 1.51 | .94 | 1.59 |
| **34** | 1.18 | 1.30 | 1.13 | 1.36 | 1.07 | 1.43 | 1.01 | 1.51 | .95 | 1.59 |
| **35** | 1.19 | 1.31 | 1.14 | 1.27 | 1.08 | 1.44 | 1.03 | 1.51 | .97 | 1.59 |
| **36** | 1.21 | 1.32 | 1.15 | 1.38 | 1.10 | 1.44 | 1.04 | 1.51 | .99 | 1.59 |
| **37** | 1.22 | 1.32 | 1.16 | 1.38 | 1.11 | 1.45 | 1.06 | 1.51 | 1.00 | 1.59 |
| **38** | 1.23 | 1.33 | 1.18 | 1.39 | 1.12 | 1.45 | 1.07 | 1.52 | 1.02 | 1.58 |
| **39** | 1.24 | 1.34 | 1.19 | 1.39 | 1.14 | 1.45 | 1.09 | 1.52 | 1.03 | 1.58 |
| **40** | 1.25 | 1.34 | 1.20 | 1.40 | 1.15 | 1.46 | 1.10 | 1.52 | 1.05 | 1.58 |
| **45** | 1.29 | 1.38 | 1.24 | 1.42 | 1.20 | 1.48 | 1.16 | 1.53 | 1.11 | 1.58 |
| **50** | 1.32 | 1.40 | 1.28 | 1.45 | 1.24 | 1.49 | 1.20 | 1.54 | 1.16 | 1.59 |
| **55** | 1.36 | 1.43 | 1.32 | 1.47 | 1.28 | 1.51 | 1.25 | 1.55 | 1.21 | 1.59 |
| **60** | 1.38 | 1.45 | 1.35 | 1.48 | 1.32 | 1.52 | 1.28 | 1.56 | 1.25 | 1.60 |
| **65** | 1.41 | 1.47 | 1.38 | 1.50 | 1.35 | 1.53 | 1.31 | 1.57 | 1.28 | 1.61 |
| **70** | 1.43 | 1.49 | 1.40 | 1.52 | 1.37 | 1.55 | 1.34 | 1.58 | 1.31 | 1.61 |
| **75** | 1.45 | 1.50 | 1.42 | 1.53 | 1.39 | 1.56 | 1.37 | 1.59 | 1.34 | 1.62 |
| **80** | 1.47 | 1.52 | 1.44 | 1.54 | 1.42 | 1.57 | 1.39 | 1.60 | 1.36 | 1.62 |
| **85** | 1.48 | 1.53 | 1.46 | 1.55 | 1.43 | 1.58 | 1.41 | 1.60 | 1.39 | 1.63 |
| **90** | 1.50 | 1.54 | 1.47 | 1.56 | 1.45 | 1.59 | 1.43 | 1.61 | 1.41 | 1.64 |
| **95** | 1.51 | 1.55 | 1.49 | 1.57 | 1.47 | 1.60 | 1.45 | 1.62 | 1.42 | 1.64 |
| **100** | 1.52 | 1.56 | 1.50 | 1.58 | 1.48 | 1.60 | 1.46 | 1.63 | 1.44 | 1.64 |

## 10. 스피어만 순위상관계수 임계치

| $n$ | 유 의 수 준 | | | |
|---|---|---|---|---|
| | $\alpha$=.05 | $\alpha$=.025 | $\alpha$=.01 | $\alpha$=.005 |
| **5** | .900 | — | — | — |
| **6** | .829 | .886 | .943 | — |
| **7** | .714 | .786 | .893 | — |
| **8** | .643 | .738 | .833 | .881 |
| **9** | .600 | .683 | .783 | .833 |
| **10** | .564 | .648 | .745 | .794 |
| **11** | .523 | .623 | .736 | .818 |
| **12** | .497 | .591 | .703 | .780 |
| **13** | .475 | .566 | .673 | .745 |
| **14** | .457 | .545 | .646 | .716 |
| **15** | .441 | .525 | .623 | .689 |
| **16** | .425 | .507 | .601 | .666 |
| **17** | .412 | .490 | .582 | .645 |
| **18** | .399 | .476 | .564 | .625 |
| **19** | .388 | .462 | .549 | .608 |
| **20** | .377 | .450 | .534 | .591 |
| **21** | .368 | .438 | .521 | .576 |
| **22** | .359 | .428 | .508 | .562 |
| **23** | .351 | .418 | .496 | .549 |
| **24** | .343 | .409 | .485 | .537 |
| **25** | .336 | .400 | .475 | .526 |
| **26** | .329 | .392 | .465 | .515 |
| **27** | .323 | .385 | .456 | .505 |
| **28** | .317 | .377 | .448 | .496 |
| **29** | .311 | .370 | .440 | .487 |
| **30** | .305 | .364 | .432 | .478 |

* 위의 유의수준은 단측검정시의 값이다.($H_0 : \rho=0$)

# 연습문제해답

## 제2장 자료의 종류와 도시

**02** 생략

**04** (1) 비율자료
(2) 명목자료
(3) 등간자료
(4) 서열자료

**06** (a) 4 (b) 정량적 (c) 시계열

**08** 최대값이 6.3, 최소값은 0.2이므로 8개의 구간으로 나누면 한 구간의 폭은 (6.3 - 0.2)/8 = 0.7625가 된다. 그러나 편의상 구간의 폭을 0.8로 설정한다면 다음과 같은 도수분포표를 구할 수 있다.

| 번 호 | 잔존생명기간 | 도 수 | 상대도수 |
|---|---|---|---|
| 1 | 0.0−0.79 | 5 | 0.1 |
| 2 | 0.8−1.59 | 8 | 0.16 |
| 3 | 1.6−2.39 | 14 | 0.28 |
| 4 | 2.4−3.19 | 11 | 0.22 |
| 5 | 3.2−3.99 | 7 | 0.14 |
| 6 | 4.0−4.79 | 2 | 0.04 |
| 7 | 4.8−5.59 | 1 | 0.02 |
| 8 | 5.6−6.39 | 2 | 0.04 |
| | 계 | 50 | 1.00 |

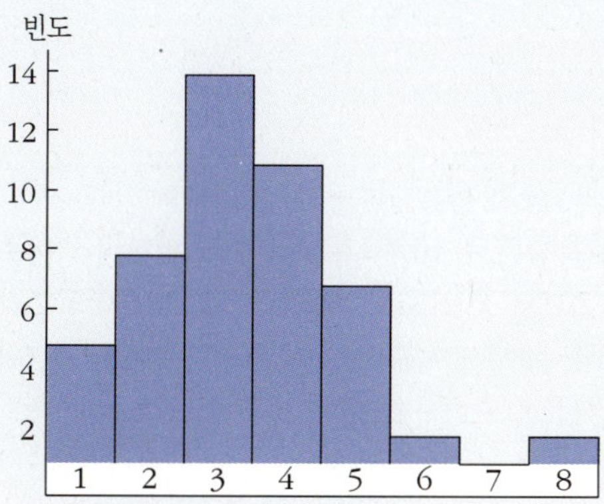


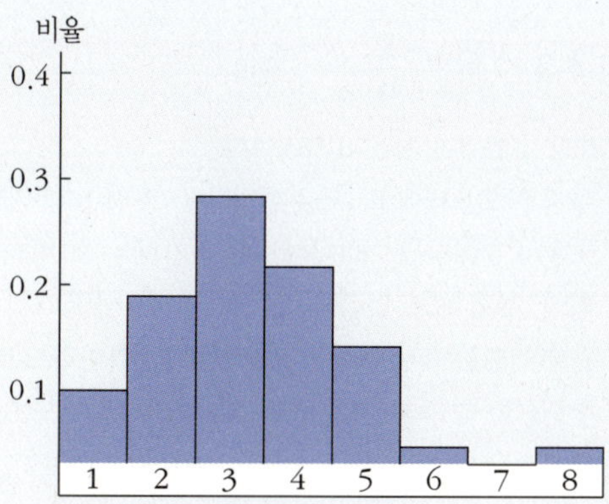

**10** 생략

**12** (a) 정량적.

(b) 생략

(c) 생략

**14** 생략

## 제3장 중심경향치와 분산도

**02** 왼쪽의 히스토그램이 더 큰 분산값을 가진다. 각 히스토그램에서 평균은 가운데 막대(구간)의 중앙에 위치한다. 왼쪽 히스토그램에서 아홉개의 관측치 중 6개가 평균 밖의 구간에 속해 있다. 오른쪽 히스토그램에서는 평균 밖의 구간에 속한 관측치가 9개 중 2개이다. 따라서 왼쪽 히스토그램의 분산이 더 크다.

**04** (a) 평균 = 2.4, (b) 중앙치 = 2 (c) 최빈치 = 3

**06** $X_1 = \frac{1}{5}(3 + 6 + 2 + 1 + 7 + 5) = 4$

$$S_1^2 = \frac{1}{5}[(3 - 4)^4 + (6 - 4)^2 + \cdots + (5 - 4)^2] = \frac{28}{5}$$

$$\overline{X}_2 = \frac{1}{5}[(3 + 5) + (6 + 5) + \cdots + (5 + 5)] = \overline{X}_1 + 5 = 9$$

$$S_2^2 = \frac{1}{5}[(8 - 9)^2 + (11 - 9)^2 + \cdots + (10 - 9)^2] = \frac{28}{5}$$

일반적으로 $Y_i = X_i + \alpha$라면

$$\overline{Y} = \frac{1}{n}\Sigma(X_i + \alpha) = \frac{1}{n}[\Sigma X_i + \Sigma\alpha] = \overline{X} + \alpha$$

$$S_Y^2 = \frac{1}{n-1}\Sigma(Y_i - \overline{Y})^2 = \frac{1}{n}\Sigma\left[(X_i + \alpha) - (\overline{X} + \alpha)\right]^2 = S_X^2$$

**08** (a) 분산은 $\frac{\Sigma(X_i - \overline{X})^2}{(n-1)} = 0.342$

따라서 표준편차는 0.585이다.

(b) 평균은 2.665이고, 표준편차는 0.585이다. 따라서 $\overline{X} \pm 2s$는 $2.665 \pm (2)(0.585) = 2.665 \pm 1.1170$ 또는 1.548과 3.782이다. 이 구간에는 20명의 평균 학점 중 19개, 즉 95%가 속해 있어 적어도 3/4 이상 포함하고 있음을 알 수 있다. 마찬가지 방법으로 $\overline{X} \pm 3s$는 $2.665 \pm (3)(0.585) = 2.665 \pm 1.755$ 또는 0.910과 4.420 사이를 의미하므로 모든 학생의 평균학점이 이 구간 사이에 있음을 알 수 있다. 따라서 이 구간은 관측치의 적어도 8/9 이상을 포함하고 있다.

## 제4장 확률 개념

**02** (a) 각 확률의 합이 1이 아니다.
(b) 각 확률의 합이 1이 아니다.
(c) 확률값은 음수값이 될 수 없다.

**04** ① ${}_6C_4\left(\frac{1}{2}\right)^4\left(\frac{1}{2}\right)^2 = \frac{6!}{4!2!}\left(\frac{1}{2}\right)^6 = 0.234$

② $({}_6C_0 + {}_6C_1 + {}_6C_2 + {}_6C_3 + {}_6C_4)\left(\frac{1}{2}\right)^6 = 0.8$

**06** ① 총 349명 중 품질만을 이유로 구매하는 고객의 수는 모두 42+51+54=147명이다. 따라서 147÷349=0.4212
② 이 확률은 조건부확률이므로 우선 가격만을 이유로 하여 구매하는 고객의 수를 계산해 보면 45+38+21=104명이다. 이 중 고소득층은 21명이므로 확률은 21 ÷ 104 = 0.2019가 된다.
③ 총 349명 중 저소득층에 속하며 품목의 다양성을 구매이유로 든 고객의 수는 8명뿐이다. 따라서 확률은 8÷349=0.0229이다.
④ 총 349명 중 고소득층에 속하며 품질 또는 가격 때문에 이 백화점에서 구매하는 고객의 수는 54+21=75명이다. 따라서 확률은 75÷349=0.2149이다.

**08**

| 학 년 | 1 | 2 | 3 | 계 |
|---|---|---|---|---|
| A학점 | 3 | 5 | 2 | 10 |
| A가 아닌 학점 | 12 | 25 | 3 | 40 |
| 합 계 | 15 | 30 | 5 | 50 |

$P(1학년 \mid A학점) = \frac{3}{10} = 0.3$

**10** $\left(\frac{6}{9}\right)\left(\frac{7}{11}\right)\left(\frac{5}{8}\right)+\left(\frac{6}{9}\right)\left(\frac{4}{11}\right)\left(\frac{4}{8}\right)+\left(\frac{3}{9}\right)\left(\frac{7}{11}\right)\left(\frac{4}{8}\right)+\left(\frac{3}{9}\right)\left(\frac{4}{11}\right)\left(\frac{3}{8}\right)$

$= 0.265 + 0.121 + 0.106 + 0.045$

$= 0.537$

**11** 이 문제를 통계분할표를 이용하여 요약해 보면 다음과 같다. 편의상 100명이 이 테스트를 치렀다고 하자. 그러면, 이들 100명 중 10명은 창조적 능력을 가지고 있다고 볼 수 있으며 나머지 90명은 창조적 능력을 가지고 있지 못하다고 할 수 있다. 창조적 능력을 가진 10명 중 이 테스트에서 70점 이상을 맞을 수 있는 사람은 60%, 즉, (10)(0.6)=6명이며 창조적 능력을 갖지 못한 90명 중 (90)(0.05)=4.5명만이 70점 이상을 맞을 수 있다.

| | 테스트 결과 70점 이상 | 70점 미만 | |
|---|---|---|---|
| 창조적 능력을 가진 사람 | 6 | 4 | 10 |
| 창조적 능력이 없는 사람 | 4.5 | 85.5 | 90 |
| | 10.5 | 89.5 | 100 |

임의의 피조사자가 이 테스트에서 70점 이상을 맞았을 때 그 사람이 창조적인 능력을 가졌을 확률을 계산하기 위해서는 70점 이상 맞은 사람의 수와 그 중 창조적인 능력을 가진 사람의 수의 비율을 계산하면 된다. 즉, $6 \div 0.5 = 0.5714$ 또는 57.14%이다.

## 제5장 확률분포

**02** (a) $E(x) = 2.2$

$E(x^2) = 0.2 + 1.2 + 2.25 + 1.6 + 1.25 = 6.5$

$V(x) = 6.5 - (2.2)^2 = 1.66$

(b) $E(3 + 0.8x) = 3 + (0.8)(2.2) = 4.7$

$V(3 + 0.8x) = (0.64)(1.66) = 1.0624$

**04** (a) $E(Z) = (2)(6) - (3)(4) + 4 = 4$

$V(Z) = (4)(1) + (9)(4) = 40$

(b) $E(Z) = (6)(4) = 24$

**06** (a) $E(W) = (2)(2.5) - (3)(1.5) + (4)(2) = 8.5$

(b) $V(W) = (4)(0.2) + (9)(0.1) + (16)(0.3) = 6.5$

(c) $E(W) = (2.5)(1.5)(2.0) = 7.5$

**08** $P(\text{하트} \cdot \text{하트} \cdot \text{하트가 아닌 카드}) = \frac{13}{52} \times \frac{13}{52} \times \frac{39}{52} = 0.0468$

**10** $P(R, R, R, R, R, R, B, B, B, B)$

$$= \frac{70}{100} \times \frac{69}{99} \times \frac{68}{98} \times \frac{67}{97} \times \frac{66}{96} \times \frac{65}{95} \times \frac{30}{94} \times \frac{29}{93} \times \frac{28}{92} \times \frac{27}{91} = 0.000988$$

**12** 임의의 제품 1개를 추출했을 때 그 제품이 불량일 확률은 10%이다. 주어진 랏을 합격으로 받아들이기 위해서는 표본으로 추출된 10개의 제품 중 불량품이 0개, 1개 또는 2개이어야 한다. 따라서 이 문제에서 구하고자 하는 확률은 다음과 같다.

$$\frac{10!}{10!10!}(0.1)^0(0.9)^{10} + \frac{10!}{9!1!}(0.1)^1(0.9)^9 + \frac{10!}{8!2!}(0.1)^2(0.9)^8 = 0.9298$$

**14** ① 11명 또는 12명이 나타날 확률이므로 답은

$_{12}C_{11}(0.95)^{11}(0.05)^1 + {}_{12}C_{12}(0.95)^{12}(0.05)^0 = 0.881$

② 10명을 초과하는 고객의 기대치는 기대치의 정의에 의해

$_{12}C_{11}(0.95)^{11}(0.05)^1(1) + {}_{12}C_{12}(0.95)^{12}(0.05)^0(2)$

+ (10명 이하가 나타날 확률)(0) = 1.421이 된다.

③ 기대치의 정의에 의해 구할 수도 있으나 계산이 너무 복잡하므로 다음의 관계식에 의해 쉽게 답을 구할 수 있다.

비행기를 타기 위해 나타나는 손님수의 평균 [$np = (12)(0.95) = 11.4$]

= (실제 비행기에 타는 손님수의 평균) + (실제 비행기를 타지 못하는 손님수의 평균 = 1.421)

(좌석수) = (실제 비행기에 타는 손님수의 평균) + (빈자리 수의 평균)

따라서 좌석수 = 10 = 11.4 − 1.421 + 빈자리 수의 평균

빈자리 수의 평균 = 10 = 1.421 − 11.4 = 0.021

**16** 10명 중 3명 이상이 주문할 확률이 90% 이상이기 위해서는 다음 식을 만족해야 한다.

$$1 - [{}_{10}C_0(p)^0(1-p)^{10} + {}_{10}C_1(p)^1(1-p)^9 + {}_{10}C_2(p)^2(1-p)^8] \geq 0.90$$

그러나 $p$값이 커질수록 위 식의 왼쪽항값이 커지므로 = 이 성립할 $p$값을 구하면 된다.

$$_{10}C_0(p)^0(1-p)^{10} + {}_{10}C_1(p)^1(1-p)^9 + {}_{10}C_2(p)^2(1-p)^8 = 0.10$$

$p$값을 변화시켜 찾아볼 수도 있으나 부록의 누적이항확률표를 이용하면 근사값이지만 쉽게 구할 수 있다. 부록표를 이용하면 $p$는 대략 0.4와 0.5 사이임을 알 수 있다.

**18** 우선 65점과 75점 사이의 성적을 받은 학생의 수를 %로 나타내 보자. 65점과 75점을 $Z$값으로 각각 나타내면

$$Z_1 = \frac{65-70}{10} = -0.5, \qquad Z_2 = \frac{75-70}{10} = 0.5$$

가 된다. 정규분포표에서 $Z$값이 −0.5와 0.5 사이에 있을 확률은 (2)(0.1915) = 0.383이다. 38.3%에 해당하는 학생수가 60명이므로 총 수강학생수는 다음과 같이 계산된다.

$60 \div 0.383 \div 157$명

**20** (a) 포아송분포 : 평균 = (100)(0.5) = 53이므로

$$P(X \leq 4) = \sum_{k=0}^{4} \frac{e^{-(5)}(5)^k}{k!} = 0.440$$

정규분포 : 평균 = 5, 분산 = (100)(0.05)(0.95) = 4.75

$$Z = \frac{4.5-5}{\sqrt{4.75}} = -0.2294$$

$$P(X \leq 4) = 0.5 = -0.091 = 0.409$$

(b) 포아송분포 :

$$P(3 \leq x \leq 6) = p(x \leq 6) - p(x \leq 2)$$

$$= \sum_{k=0}^{6} \frac{e^{-(5)}(5)^k}{k!} - \sum_{k=0}^{2} \frac{e^{-(5)}(5)^k}{k!}$$

$$= 0.762 - 0.124 = 0.638$$

정규분포 :

$$Z_1 = \frac{2.5-5}{\sqrt{4.75}} = -1.147$$

$$Z_2 = \frac{6.5-5}{\sqrt{4.75}} = 0.6882$$

$$P(-1.147 \le Z \le 0.682) = 0.3749 + 0.4463 = 0.8212$$

**22** 게임A는 결과와 상관없이 확실하게 1억원을 받는다. 게임B의 경우, 동전의 앞면이 나올 확률이 0.5이므로 기대값은 1억원이 된다. 두 게임의 기대값이 1억원으로 같기 때문에 두 게임 간에는 차별이 없다고 결론을 내린다면 이는 잘못된 것이다. 게임B의 경우에는 결과가 불확실하여 정상적인 사람이라면 확실하게 1억원을 받을 수 있는 게임A를 택할 것이다. 왜냐하면, 게임B에서 앞면이 나올 경우에 2억원을 받더라도 그 효용은 1억원을 받을 때의 효용의 2배가 되지 않기 때문이다.

## 제6장 표본추출과 표본분포

**02** ① $_4C_2 = 4!/(2!2!) = 6$

②

| 표 본 | 표본값 | 표본평균 | 확 률 |
|---|---|---|---|
| 1 | 4,7 | 5.5 | 1/6 |
| 2 | 4,9 | 6.5 | 1/6 |
| 3 | 4,12 | 8 | 1/6 |
| 4 | 7,9 | 8 | 1/6 |
| 5 | 7,12 | 9.5 | 1/6 |
| 6 | 9,12 | 10.5 | 1/6 |

표본평균 = (5.5 + 6.5 + 8 + 8 + 9.5 + 10.5)/6 = 8

표본오차 = $\sqrt{[(5.5-8)^2 + (6.5-8)^2 + (8-8)^2 + (8-8)^2 + (9.5-8)^2 + (10.5-8)^2]/6}$

$= \sqrt{[6.25 + 2.25 + 0 + 0 + 2.25 + 6.25]/6} = 1.68$

③ 모집단평균 = (4 + 7 + 9 + 12)/4 = 8

**04** (1) 백화점 이용객은 주로 여자들이 많으므로 유권자집단을 잘 대표한다고 볼 수 없다.

(2) 유명 사립대 동창회는 소수의 특정 그룹이므로 유권자집단을 잘 대표한다고 볼 수 없다.

(3) 전화가 거의 모든 집에 보급되어 있으므로 유권자집단을 잘 대표한다고 볼 수 있다.

(4) 교회에 다니는 사람으로 한정되므로 유권자집단을 잘 대표한다고 볼 수 없다.

**06** ① 36개 참치통조림의 평균은 모집단 평균인 120g과 같을 것이므로 표준오차만 계산하면, 예제에서 구하고자 하는 확률값은 정규분포를 이용하여 계산할 수 있다.

$$표준오차 = \frac{\sigma}{\sqrt{n}} = \frac{3}{\sqrt{36}} = 0.5$$

이제 121g을 표준정규분포변수로 나타낸다.

$$Z = \frac{121 - 120}{0.5} = 2$$

그러므로, 구하고자 하는 확률은 0.5 − 0.4772 = 0.0228, 또는 2.28%이다.

② 위에서 계산한 표준오차를 이용하여 $Z = \frac{119.5 - 120}{0.5} = -1$이므로 구하고자 하는 확률은 0.5 − 0.3413 = 0.1587, 또는 15.87%이다.

③ $Z_1 = \frac{119 - 120}{0.5} = -2, \quad Z_2 = \frac{120.5 - 120}{0.5} = 1,$

$P(Z_1 \le Z \le Z_2) = 0.4772 + 0.3412 = 0.8185, \quad 81.85\%$

**08** (1) 평균의 표준오차 $\frac{16,500}{\sqrt{50}} = 2333.5$

50명의 표본을 여러 번 추출하여 각 표본의 평균진료비를 계산할 경우에, 계산된 평균진료비들의 표준편차를 의미한다.

(2) 분모가 2배가 되어야 하므로, 표본 수는 4배가 되어야 한다. 따라서, 표본크기는 200이어야 한다.

**10** 모집단에서의 흰바둑알의 비율은 $p = \frac{200}{200 + 800} = 0.2$로 알려져 있다.

표본비율 $\hat{p}$의 기대값(또는 평균)은 $p$와 같으므로 0.2가 된다. 그리고 $\hat{p}$의 표준편차는 $\sigma_{\hat{p}} = \sqrt{\frac{(0.2)(0.8)}{100}} = 0.04$이다. 따라서, 중심극한정리에 의하면, $\hat{p}$는 정규분포를 따른다.

즉, $\hat{p} \sim N(0.2, 0.04^2)$.

(1) $P(\hat{p} = 0.3) = P\left(Z \ge \frac{0.3 - 0.2}{0.04}\right) = 0.5 - P(0 \le = Z \le 2.5) = 0.5 - 0.4938 = 0.0062.$

(2) $P(\hat{p} \le 0.15) = P\left(Z \le \frac{0.15 - 0.2}{0.04}\right) = P(Z \ge 1.25) = 0.5 - P(0 \le Z \le 1.25) = 0.5 - 0.3944$
$= 0.1056.$

## 제7장 통계적 추정과 신뢰구간

**02** 우선 평균중량 $\overline{X}$의 신뢰구간부터 설정해 보자. 신뢰수준을 95%로 설정하면 신뢰구간은 다음과 같다.

$$201 - \left(1.96 \times \frac{40}{\sqrt{3600}}\right) \le \mu \le 201 + \left(1.96 \times \frac{40}{\sqrt{3600}}\right)$$

$$199.69 \le \mu \le 202.31$$

즉, 95%의 확신을 가지고 모집단의 평균중량이 199.7g과 202.3g 사이에 있다고 말할 수 있다. 따라서 현재 공정의 능력은 표준을 벗어나고 있으며, 기계설비의 재조정이 필요하다.

**04** 먼저 10개의 관측치를 이용하여 표본평균과 표준편차를 계산해 보자.

$\overline{X}$ = (540 + 560 + ⋯ + 630) ÷ 10 = 620만원

$s^2 = [(540-620)^2 + (560-620)^2 + \cdots + (630-620)^2] \times (10-1)$

= 1,644.4만원

$\therefore s =$ 40.55만원

여기서 $s = 40.55$는 표본의 표준편차로 모집단의 표준편차 $\sigma$의 추정치가 되며, 이는 표본분포의 추정표준오차와는 구별되어야 한다. 표본분포의 추정표준오차는 $\frac{s}{\sqrt{n}}$ = 12.83만원이 된다. 따라서 4인 가족 평균소득에 대한 95% 신뢰구간은

620만원 + (1.883 × 12.83)만원

이 된다. 즉, 95%의 신뢰도로 미지의 모집단 평균소득이 644.2만원 미만이라고 추정할 수 있다. 이 식에서 1.883은 〈표 6-5〉에서 자유도 9, 신뢰도 90%에 해당하는 값이며, 1.883 × 12.83= 24.2는 오차한계이다.

이러한 신뢰구간을 이용하여 담당공무원은 어떤 결정을 내릴 수 있을 것인가? 그는 지역개발 지원금을 지급하기로 결정하게 될 것인가 아니면 반대의 결정을 하게 될 것인가? 이 지역은 지원대상이 될 수 있다는 결론을 내릴 것이다. 95%의 신뢰도로 이 지역의 평균소득은 지원기준인 650만원에 미달하기 때문이다.

**06** 표본비율 : $p = 0.0556$

$p$의 표준오차 : $s_p = 0.0076$

〈예제 6-16〉에서와 같이 표본의 크기가 크므로 $t$-분포 대신 정규분포를 이용하자. 95% 신뢰수준일 때의 Z값이 1.96이므로, 신뢰구간은 다음과 같다.

$$0.0556 - (1.96 \times 0.0076) \le p \le 0.0556 + (1.96 \times 0.0076)$$

$$0.0407 \le p \le 0.0705$$

**08** $z = z_{0.025} = 1.96$이므로 표본의 크기는 다음 식을 통해 97임을 알 수 있다.

$$n = 0.25\left(\frac{Z_{\frac{\alpha}{2}}}{d}\right)^2 = (0.25)\left(\frac{1.96}{0.1}\right)^2 = 96.04$$

**10** $n_1 = 100,\quad \bar{x}_1 = 3,\quad s_1 = 1.5$

$n_2 = 144,\quad \bar{x}_2 = 2.8,\quad s_2 = 1.8$

$$(\overline{X}_1 - \overline{X}_2) \pm Z_{\frac{\alpha}{2}}.\sqrt{\frac{S_1^2}{n_1} + \frac{S_z^2}{n_2}}$$

$$(3 - 2.8) \pm (2.58)\sqrt{\frac{(1.5)^2}{100} + \frac{(1.8)^2}{144}}$$

$$= 0.2 \pm (2.58)(0.212)$$

$$= 0.2 \pm 0.547$$

**12** 우선 각 표본의 평균과 표준편차를 구해 보면 다음과 같다.

| 디자인 A | 1 3 2 1 2 1 3 3 |
|---|---|
| 디자인 B | 4 2 3 3 1 2 3 3 |

$\overline{X}_A = 2,\quad s_A = 0.926$

$\overline{X}_B = 2.625,\quad s_B = 0.916$

따라서 이들 두 표본의 합동분산은 다음과 같다.

$$s_p^2 = \frac{(8-1)(0.926)^2 + (8-1)(0.916)^2}{(8+8-2)} = 0.848$$

$\alpha = 5\%$이므로 자유도가 14인 $t_{0.025}$값은 2.145이다. 이를 이용하면 95% 신뢰구간은 다음과 같다.

$$(\overline{X}_A - \overline{X}_B) \pm t_{\frac{\alpha}{2}} \times s_p \sqrt{\frac{1}{n_A} + \frac{1}{n_B}}$$

$$= (2 - 2.625) \pm (2.145)(0.92)\sqrt{\frac{1}{8} + \frac{1}{8}}$$

$$= -0.625 \pm 0.9867$$

**14** $n_1 = 600,\quad p_1 = 0.8$

$n_2 = 400,\quad p_2 = 0.65\quad Z_{\frac{\alpha}{2}} = 2.33$

$$S_{\hat{p}_1 - p_2} = \sqrt{\frac{(0.8)(0.2)}{600} + \frac{(0.65)(0.35)}{600}} = 0.0129$$

따라서, 신뢰구간은

$(0.8 - 0.65) \pm (2.33)(0.029)$

$= 0.15 \pm 0.06757$

## 제8장 가설의 검정

**02** 제1종 오류란 귀무가설이 모집단의 특성을 제대로 나타내고 있음에도 불구하고 이를 기각하게 되는 오류를 말하며, 제2종 오류는 귀무가설이 모집단의 특성을 반영하지 못함에도 불구하고 이를 받아들이는 오류이다. 따라서 이 두 종류의 오류가 동시에 발생할 수는 없다.

**04** ① $H_o : u = 1100,\ H_a : u < 1100$

② $1100 - (1.645)(360/\sqrt{260}) = 1063.27$

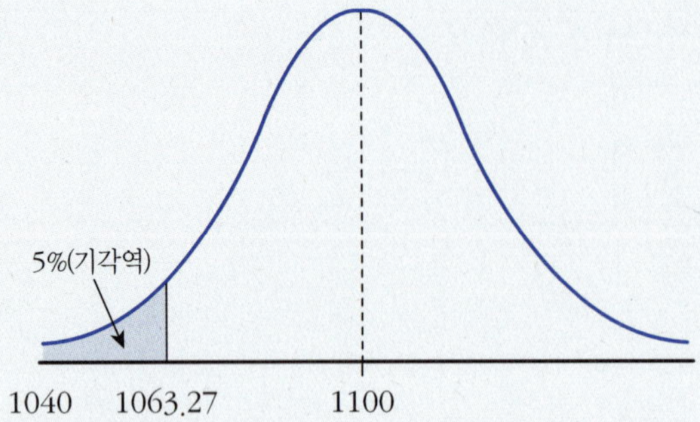


③ 평균이 1040이므로 1063.27보다 작으므로 귀무가설을 기각해야 한다.

$$\text{또는 } Z = \frac{y-u}{\sigma\sqrt{n}} \cong \frac{y-u}{s\sqrt{n}} = \frac{1040-1100}{360\sqrt{260}} = -2.69$$

Z값이 Z의 한계치 −1.645보다 작다.

**06** 배당금이 있는 제도를 선호할 비율 = $p$

귀무가설 : $p \le 0.5$, 대립가설 : $p > 0.5$

$$Z = \frac{450/600 - 0.5}{\sqrt{\frac{(0.5)(0.5)}{600}}} = 12.35$$

따라서 귀무가설을 기각해야 한다.

**08** 각 판매부서에서 낮은 선반과 눈높이 선반을 차례로 실시한 후, 매출액을 기록한 자료이다. 따라서, 이는 짝을 이룬 자료로서 두 모집단평균의 차이에 대한 대응비교(paired comparison)에 해당한다. 다음은 EXCEL의 분석결과이다.

| A | B | C | D | E | F | G |
|---|---|---|---|---|---|---|
| 판매부서 | 낮은 선반 | 눈높이선반 | | t-검정: 쌍체 비교 | | |
| 1 | 27 | 33 | | | | |
| 2 | 22 | 23 | | | 변수 1 | 변수 2 |
| 3 | 32 | 38 | | 평균 | 28.25 | 31.75 |
| 4 | 32 | 33 | | 분산 | 22.9167 | 39.58333 |
| | | | | 관측수 | 4 | 4 |
| | | | | 피어슨 상관 계수 | 0.89923 | |
| | | | | 가설 평균차 | 0 | |
| | | | | 자유도 | 3 | |
| | | | | t 통계량 | -2.42487 | |
| | | | | P(T<=t) 단측 검정 | 0.04688 | |
| | | | | t 기각치 단측 검정 | 2.35336 | |
| | | | | P(T<=t) 양측 검정 | 0.09376 | |
| | | | | t 기각치 양측 검정 | 3.18245 | |

**10**

| I | J | K |
|---|---|---|
| t-검정: 이분산 가정 두 집단 | | |
| | | |
| | 변수 1 | 변수 2 |
| 평균 | 2.118333 | 2.3725 |
| 분산 | 0.004597 | 0.020311 |
| 관측수 | 12 | 12 |
| 가설 평균차 | 0 | |
| 자유도 | 16 | |
| t 통계량 | -5.57875 | |
| P(T<=t) 단측 검정 | 2.08E-05 | |
| t 기각치 단측 검정 | 1.745884 | |
| P(T<=t) 양측 검정 | 4.16E-05 | |
| t 기각치 양측 검정 | 2.119905 | |

**12** $d$ = 훈련후 − 훈련전

| *i* | 1 | 2 | 3 | 4 | 5 | 6 | 7 |
|---|---|---|---|---|---|---|---|
| *di* | 2 | 0 | 1 | 2 | 0 | 0 | 2 |

$$\bar{d} = 1,\ \ S_d = \sqrt{\frac{6}{6}} = 1,\ \ t = \frac{1-0}{1/\sqrt{7}} = 2.646$$

$t_{0.01} = 3.143$이므로 훈련의 효과가 있다고 볼 수 없다.

**14** 남성의 어두운 색 선호비율 = $p_1 = 0.825$

여성의 어두운 색 선호비율 = $p_2 = 0.760$

귀무가설 : $p_1 = p_2$　　　대립가설 : $p_1 > p_2$

$$Z = \frac{(0.825-0.760)-0}{\sqrt{\frac{(0.825)(0.175)}{1000}+\frac{(0.76)(0.24)}{1000}}} = 3.577$$

유의수준 5%일 때의 Z값이 1.645이므로 위의 Z값은 기각영역에 속한다. 따라서 귀무가설을 기각해야 한다. p값은 $p(Z > 3.577) = 0.0\%$로 유의수준 5%보다는 작다.

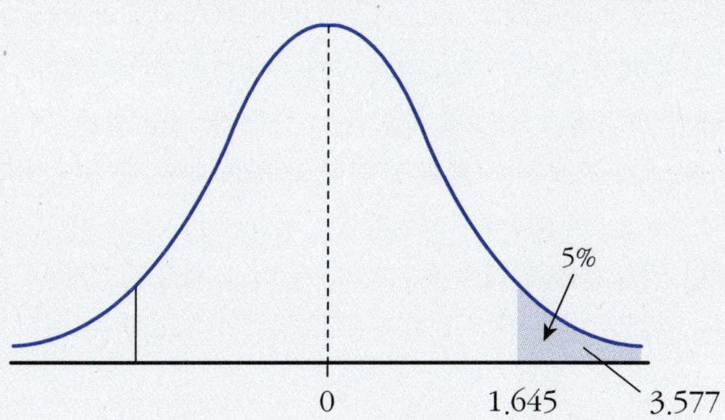

## 제9장 분산분석

**02**

분산분석표

| 분산원 | 제곱합 | 자유도 | 평균제곱(분산) | *F*의비 ( 분산비율) |
|---|---|---|---|---|
| 집단간요인 | 24 | 2 | 12 | 18 |
| 집단내요인 | 6 | 9 | 0.67 | |
| 합 계 | 30 | 11 | | |

주어진 분산비율은 18이다. 그러므로 1%의 유의수준 ($F_{0.01(2,9)}$ = 8.02)에서 귀무가설은 기각해야 한다. 즉 약물의 차이는 체중감소에 영향을 미친다.

**04**

분산분석표

| 분산원 | 제곱합 | 자유도 | 평균제곱(분산) | *F*의 비(분산비율) |
|---|---|---|---|---|
| 집단간요인 | 6 | 2 | 3 | 1.796 |
| 집단내요인 | 10 | 6 | 1.67 | |
| 합 계 | 21.898 | 8 | | |

$\alpha$ = 0.05 수준에서 임계치 $F_{0.05(2,6)}$ = 5.14가 계산된 *F*의 비 = 1.796보다 크므로 즉, $F_{0.05(2,6)} = 5.14 >$ *F*의 비 = 0.5988이므로 역시 귀무가설을 기각할 수 없다. 즉, 세 가지 휘발유 첨가물의 효과는 다르지 않다고 할 수 있다.

**06**

분산분석표

| 분산원 | 제곱합 | 자유도 | 평균제곱(분산) | F의 비(분산비율) | 임계치 F |
|---|---|---|---|---|---|
| 독립변수 A (교육방법) | 1140.75 | 1 | 1140.75 | 217.3 | 5.99 |
| 독립변수 B (워드패키지) | 482 | 2 | 241 | 45.9 | 5.14 |
| AB 교호작용 | 62 | 2 | 31 | 5.9 | 5.14 |
| 집단내요인 | 31.5 | 6 | 5.25 | | |
| 합 계 | 1716.25 | 11 | | | |

- 독립변수 A(교육방법)의 효과에 대한 검정결과 임계치 $F_{0.05(1,6)}$ = 5.99가 계산된 *F*의 비 = 217.3보다 작으므로 귀무가설을 기각한다. 즉, 교육방법 간의 교육효과의 차이는 있다고 할 수 있다.
- 독립변수 B(워드패키지)의 효과에 대한 검정결과 임계치 $F_{0.05(2,6)}$ = 5.14가 계산된 *F*의 비 = 45.9보다 작으므로 귀무가설을 기각한다. 즉, 워드프로세스 패키지 간의 교육효과의 차이는 있다고 할 수 있다.
- 두 변수 간의 교호작용의 효과에 대한 검정결과 임계치 $F_{0.05(2,6)}$ = 5.14가 계산된 *F*의 비 = 5.9보다 작으므로 귀무가설을 기각할 수 있다. 즉, 두 변수 간의 교호작용효과는 있다고 할 수 있다.

## 제10장 상관분석

**02, 04** 생략

**06** (a) 생략 (b)

(c) 상관계수가 0.230272로, 미약한 양의 상관관계가 존재.

| A | B | C | D | E | F |
|---|---|---|---|---|---|
| 인구 | 부동산 | | 공분산 | | |
| 4 | 1 | | | Column 1 | Column 2 |
| 6 | 5 | | Column 1 | 0.8 | |
| 5 | 4 | | Column 2 | 1.6 | 4 |
| 5 | 4 | | | | |
| 6 | 7 | | 상관계수 | | |
| 4 | 3 | | | Column 1 | Column 2 |
| | | | Column 1 | 1 | |
| | | | Column 2 | 0.894427 | 1 |

## 제11장 단순선형회귀분석

**02** 생략

**04** 반드시 그렇지는 않다. 우리는 $x$와 $y$의 참관계가 선형인지, 아니면 어떠한 형태인지 알 수 없는 경우가 많다. 그러나 두 변수의 관계를 대략적으로 간단히 묘사하기 위해서 선형회귀모형을 사용하는 경우가 많다. 그리고 선형회귀모형에서 가설이 기각되었다는 사실은 $x$와 $y$의 관계를 선형관계로 표시할 경우, 그 계수가 유의하다는 의미이다. 그러나 선형회귀모형으로 두 변수 간의 관계를 묘사하는 데 큰 무리가 없는지에 관한 분석이 반드시 필요하다.

**06**

| 회귀분석 통계량 | |
|---|---|
| 다중 상관계수 | 0.919239 |
| 결정계수 | 0.845 |
| 조정된 결정계수 | 0.793333 |
| 표준 오차 | 2.03306 |
| 관측수 | 5 |

분산 분석

| | 자유도 | 제곱합 | 제곱 평균 | F 비 | 유의한 F |
|---|---|---|---|---|---|
| 회귀 | 1 | 67.6 | 67.6 | 16.35484 | 0.027215 |
| 잔차 | 3 | 12.4 | 4.133333 | | |
| 계 | 4 | 80 | | | |

| | 계수 | 표준 오차 | t 통계량 | P-값 | 하위 95% | 상위 95% | 하위 95.0% | 상위 95.0% |
|---|---|---|---|---|---|---|---|---|
| Y 절편 | 0.2 | 2.132291 | 0.093796 | 0.931185 | -6.58591 | 6.985909 | -6.58591 | 6.985909 |
| X 1 | 2.6 | 0.64291 | 4.044112 | 0.027215 | 0.553971 | 4.646029 | 0.553971 | 4.646029 |

잔차 출력

| 관측수 | Y 예측치 | 잔차 |
|---|---|---|
| 1 | 2.8 | 0.2 |
| 2 | 5.4 | 1.6 |
| 3 | 8 | -3 |
| 4 | 10.6 | 0.4 |
| 5 | 13.2 | 0.8 |

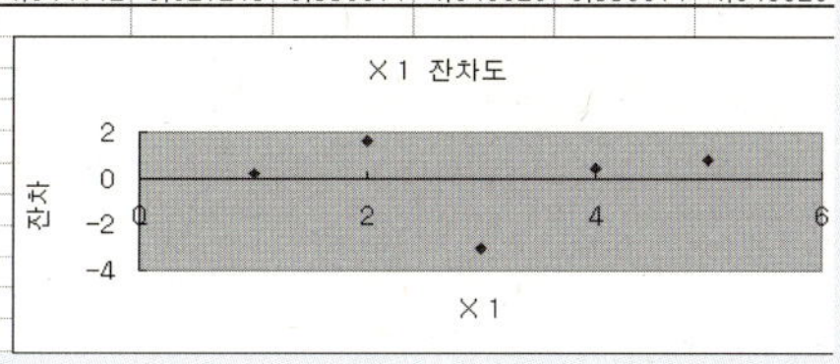

| 번호 | 소득 $(X_i)$ | 소비 $(Y_i)$ | (1) $X_i^2$ | (2) $Y_i^2$ | (3) $X_iY_i$ | (4) $\hat{Y}_i$ | (5) $Y_i-\hat{Y}_i$ | (6) $(Y_i-\hat{Y}_i)^2$ | (7) $(\hat{Y}_i-\overline{Y})^2$ | (8) $(Y_i-\overline{Y})^2$ |
|---|---|---|---|---|---|---|---|---|---|---|
| 1 | 1 | 3 | 1 | 9 | 3 | 2.8 | 0.2 | 0.04 | 27.04 | 25 |
| 2 | 2 | 7 | 4 | 49 | 14 | 5.4 | 1.6 | 2.56 | 6.76 | 1 |
| 3 | 3 | 5 | 9 | 25 | 15 | 8 | −3 | 9 | 0 | 9 |
| 4 | 4 | 11 | 16 | 121 | 44 | 10.6 | 0.4 | 0.16 | 6.76 | 9 |
| 5 | 5 | 14 | 25 | 196 | 70 | 13.2 | 0.8 | 0.64 | 27.04 | 36 |
| 합계 | 15 | 40 | 55 | 400 | 146 | 39.2 | 0 | 12.4 | 67.6 | 80 |

(a) 생략 (b) 선형관계 (c) $\hat{Y} = 0.2 + 2.6X$

(d) $SST = 80$, SSE = 12.4, SSR = 67.6

(e) 0.845, $Y$의 총변동 중 84.5%가 $X$의 변화로 설명되므로 비교적 높다고 볼 수 있다.

(f) 추정오차를 구하기 위해서는 위의 표 (6)항인 $\sum(Y_i - \hat{Y}_i)^2$을 이용한다.

$$S_e = \sqrt{\frac{\sum(Y_i - \hat{Y}_i)^2}{n-2}} = \sqrt{\frac{12.4}{5-2}} = 2.03$$

(g) 2.6

(h) $F$-검정을 위해 분산분석표를 작성하면 아래와 같다.

| 분산원 | 제곱합 | 자유도 | 평균제곱 | F비 | 임계치 $F$값 |
|---|---|---|---|---|---|
| 회귀변수<br>오차 | 67.6<br>12.4 | 1<br>3 | 67.6<br>4.13 | 16.37 | 10.13 |
| 합계 | 80 | 4 | | | |

$F$비 = 16.37 > 임계치 $F$값 = 10.13이므로 귀무가설을 기각한다. 즉, $X$을 이용하여 $Y$을 예측한 회귀모형은 통계적으로 유의하다고 결론 내릴 수 있다.

**08**

| Regression Statistics | |
|---|---|
| Multiple R | 0.9488352 |
| R Square | 0.9002883 |
| Adjusted R Square | 0.8753603 |
| Standard Error | 18.770049 |
| Observations | 6 |

ANOVA

| | df | SS | MS | F | Significance F |
|---|---|---|---|---|---|
| Regression | 1 | 12724.07434 | 12724.07 | 36.11564499 | 0.00385978 |
| Residual | 4 | 1409.25899 | 352.3147 | | |
| Total | 5 | 14133.33333 | | | |

| | Coefficients | Standard Error | t Stat | P-value |
|---|---|---|---|---|
| Intercept | -76.13262 | 25.75987994 | -2.95547 | 0.041741683 |
| X | 1.6669093 | 0.277373063 | 6.009629 | 0.003859781 |

(a) 생략 (b) 선형관계 (c) $\hat{Y} = -76.13 + 1.667X$

(d) $SST = 14133.3$, $ESS = 1409.3$, $RSS = 12724.1$

(e) 0.9003, $Y$의 총변동 중 90%가 $X$의 변화로 설명되므로 비교적 높다고 볼 수 있다.

(f) 생략

(g) 1.667

(h) 6.01

(i) $p$값이 0.00386으로 유의수준보다 작으므로 귀무가설을 기각한다.

## 제12장 다중회귀모형

**01** (a) $X_3$가 일정한 상태에서 $X_2$의 값만 1만큼 증가하는 경우에 $Y$값은 평균적으로 0.59 증가한다. 마찬가지로, $X_2$가 일정한 상태에서 $\overline{X}_3$의 값만 1만큼 증가하는 경우에 $Y$값은 평균적으로 2.13 만큼 감소한다.

(b) $29.1 + 59 - 63.9 = 24.2$

(c) $SSE = 5500 - 5100 = 400$

(d) $R_2 = 5100/5500 = 0.927$ 적합도가 높은 편이다.

**03** (a)와 (b) 똑같음. $16.4 + (2.02)(150) + (5.43)(300) = 1948.4$

**05** (a)

| 회귀분석 통계량 | | | | | |
|---|---|---|---|---|---|
| 다중 상관계수 | 0.901014 | | | | |
| 결정계수 | 0.811826 | | | | |
| 조정된 결정계수 | 0.780463 | | | | |
| 표준 오차 | 2.509965 | | | | |
| 관측수 | 8 | | | | |
| | | | | | |
| 분산 분석 | | | | | |
| | 자유도 | 제곱합 | 제곱 평균 | F 비 | 유의한 F |
| 회귀 | 1 | 163.0755 | 163.0755 | 25.88530618 | 0.002248 |
| 잔차 | 6 | 37.79954 | 6.299924 | | |
| 계 | 7 | 200.875 | | | |
| | | | | | |
| | 계수 | 표준 오차 | t 통계량 | P-값 | |
| Y 절편 | 74.68299 | 3.684115 | 20.27162 | 9.36365E-07 | |
| X2 | 6.526281 | 1.282741 | 5.08776 | 0.002248297 | |

(b)

| 회귀분석 통계량 | | | | | |
|---|---|---|---|---|---|
| 다중 상관계수 | 0.951725 | | | | |
| 결정계수 | 0.905781 | | | | |
| 조정된 결정계수 | 0.868094 | | | | |
| 표준 오차 | 1.94557 | | | | |
| 관측수 | 8 | | | | |

분산 분석

| | 자유도 | 제곱합 | 제곱 평균 | F 비 | 유의한 F |
|---|---|---|---|---|---|
| 회귀 | 2 | 181.9488 | 90.9744 | 24.03397864 | 0.002725 |
| 잔차 | 5 | 18.9262 | 3.785241 | | |
| 계 | 7 | 200.875 | | | |

| | 계수 | 표준 오차 | t 통계량 | P-값 |
|---|---|---|---|---|
| Y 절편 | 71.11172 | 3.273065 | 21.72634 | 3.83322E-06 |
| X2 | 6.189571 | 1.005671 | 6.154667 | 0.001646912 |
| X3 | 1.822163 | 0.816037 | 2.232943 | 0.075884021 |

**07** (a)

| | 계수 | 표준 오차 | t 통계량 | P-값 |
|---|---|---|---|---|
| Y 절편 | 1190 | 55.0023 | 21.63546 | 2.47E-14 |
| D | 279.0909 | 74.16508 | 3.763104 | 0.001424 |

(b)

| | 계수 | 표준 오차 | t 통계량 | P-값 |
|---|---|---|---|---|
| Y 절편 | 419.9612 | 168.7268 | 2.489001 | 0.02347 |
| D | 15.89432 | 75.54592 | 0.210393 | 0.835862 |
| X | 0.45866 | 0.097997 | 4.680323 | 0.000215 |

(c)

| | 계수 | 표준 오차 | t 통계량 | P-값 |
|---|---|---|---|---|
| Y 절편 | 667.4339 | 287.1453 | 2.324377 | 0.033594 |
| D | -396.161 | 394.8762 | -1.00325 | 0.330671 |
| X | 0.311257 | 0.169586 | 1.835392 | 0.085105 |
| XD | 0.220462 | 0.207398 | 1.06299 | 0.303568 |

## 제13장 카이제곱검정

**02** 기대도수

| | 30 이하 | 30-50 | 50 이상 | 합 계 |
|---|---|---|---|---|
| 질 병 | 36 | 38.4 | 45.6 | 120 |
| 기 타 | 24 | 25.6 | 30.4 | 80 |
| 합 계 | 60 | 64 | 76 | 200 |

$$\chi^2 = \Sigma \frac{(\text{관찰도수} - \text{기대도수})^2}{\text{기대도수}} = 10.398$$

자유도 2에서 $\chi^2_{0.01}$ = 9.21이므로 귀무가설을 기각

**04** 기대도수

| | I | II | III |
|---|---|---|---|
| 관리직 | 11.5 | 12.2 | 12.2 |
| 사무직 | 30.7 | 32.6 | 32.6 |
| 생산직 | 53.8 | 57.1 | 57.1 |

$$\chi^2 = \Sigma \frac{(\text{관찰도수} - \text{기대도수})^2}{\text{기대도수}} = 23.362$$

자유도 4에서 $\chi^2_{0.01}$ = 13.27이므로 귀무가설을 기각

**06** 9 = 0.5이므로 6개 던져 $x$개가 앞면이 나올 확률은 ${}_6C_3(0.5)^x(0.5)^{6-x}$
이러한 시행을 반복할 때 기대 이론도수는 아래와 같다.

| 앞면 | 관찰도수 | 이론도수 |
|---|---|---|
| 0 | 13 | 10 |
| 1 | 70 | 60 |
| 2 | 137 | 150 |
| 3 | 210 | 200 |
| 4 | 145 | 150 |
| 5 | 56 | 60 |
| 6 | 9 | 10 |

$\chi^2$ = 4.727이고 자유도 6의 $\chi^2_{0.01}$ = 16.81이므로 귀무가설을 기각하지 못함.

**08** $\chi^2$ = 8.84이고 자유도 5의 $\chi^2_{0.05}$ = 11.09이므로 귀무가설을 기각하지 못함.

**10** $\chi^2$ = 79.78이고 자유도 9의 $\chi^2_{0.05}$ = 16.9이므로 5% 유의수준에서 귀무가설을 기각

**12** $\chi^2$ = 11.89이고 자유도 4의 $\chi^2_{0.05}$ = 9.49이므로 5% 유의수준에서 귀무가설을 기각. 자동차 메이커별로 불량원인이 상이하다.

## 제14장 비모수통계분석방법

**02** 생략

**06** 자료에서 A회사 제품을 선호하는 소비자 수가 7이므로, 검정통계량의 값은 $T^{sign}$ = 7이다. 부록에 수록

된 이항분포표에서 $n = 10$, $p = 0.5$일 때, $p$값은 $Pr(k \geq 7) = 1 - Pr(k < 6) = 1 - 0.828 = 0.172$이다. 따라서, 유의수준 0.05보다 크므로 귀무가설을 채택한다. 다시 말하면, A 회사 제품을 더 선호한다는 증거가 없다고 결론내릴 수 있다.

**08**

| 회사 | 1998년 순이익 | 1999년 순이익 | 증가액($D_i$) | 부호순위 |
|---|---|---|---|---|
| A | 2,600 | 14,600 | 12,000 | 12 |
| B | 1,100 | 2,500 | 1,400 | 6 |
| C | 9,600 | 8,850 | −750 | −2 |
| D | 1,950 | 2,350 | 400 | 1 |
| E | 200 | 9,500 | 9,300 | 11 |
| F | 500 | 1,300 | 800 | 3 |
| G | 9,500 | 15,100 | 5,600 | 10 |
| H | 200 | 3,500 | 3,300 | 9 |
| I | 3,100 | 4,200 | 1,100 | 5 |
| J | 5,900 | 3,700 | −2,200 | −7 |
| K | 12,500 | 14,900 | 2,400 | 8 |
| L | 10,000 | 11,000 | 1,000 | 4 |

증가액($D_i$)의 중앙값을 $\theta$라 한다면 귀무가설과 대립가설은 다음과 같다.

$$H_0 : \theta = 0 \quad \text{vs.} \quad H_1 : \theta > 0$$

표의 네 번째와 다섯 번째 칸에는 증가액($D_i$)과 부호순위가 각각 계산되어 있다. 따라서, 검정통계량 $T^{s\text{-}rank}$의 표본분포는 평균이 $\mu = 0$이고 표준편차가 $\sigma = \sqrt{(12)(13)(25)/6} = 25.5$인 정규분포를 한다.

$$T^{s\text{-}rank} \sim N(0, 25.5^2)$$

오른쪽꼬리 검정이므로, 유의수준이 0.05일 때 기각역은 $Z = \dfrac{T^{s-rank} - 0}{25.5} > Z_{0.05} = 1.645$이다. 부호순위의 총합은 $T^{s\text{-}rank} = 60$이고, $Z = \dfrac{60 - 0}{25.5} = 2.35$가 기각역에 속하므로 귀무가설을 유의수준 0.05에서 기각할 수 있다. $p$값은 $Pr(Z > 2.35) = 0.0094$로 유의수준 0.05보다 작으므로, 귀무가설이 기각됨을 알 수 있다.

**10** $M_{MBA}$와 $M_{MPH}$를 각각 *MBA*와 *MPH*의 면접점수의 중앙값이라 한다면, 여기서의 가설을 다음과 같이 표현할 수 있다.

$$H_0 : M_X = M_Y \quad \text{vs} \quad H_1 : M_X \neq M_Y$$

이제 *MMW* 검정을 적용하여 위의 가설을 검정하기 위한 첫 번째 작업은 자료를 통합하여 순위를 정하는 것이다. 검정통계량인 통합순위의 합은 *MBA*가 146이고 *MPH*가 107이며, 이 중 어느 것을 사용하여도 무관하다.

| MBA 학위자 | | MPH 학위자 | |
|---|---|---|---|
| 점수 | 통합순위 | 점수 | 통합순위 |
| 10 | 22 | 9.5 | 20 |
| 9.8 | 21 | 8.3 | 17 |
| 9.1 | 19 | 8.0 | 16 |
| 8.6 | 18 | 6.2 | 13 |
| 7.8 | 15 | 4.9 | 10 |
| 7.3 | 14 | 4.8 | 9 |
| 5.6 | 12 | 4.1 | 7 |
| 5.1 | 11 | 3.8 | 5 |
| 4.5 | 8 | 3.6 | 4 |
| 4.0 | 6 | 3.1 | 3 |
| | | 2.9 | 2 |
| | | 2.2 | 1 |

검정통계량 $S$의 표본분포는 평균이 $\mu = 12(12 + 10 + 1)/2 = 138$이고, 표준편차가 $\sigma = \sqrt{(12)(10)(12+10+1)/12} = 15.17$인 정규분포를 한다.

$$S \sim N(138,\ 15.17^2)$$

양쪽꼬리 검정이므로, 유의수준이 0.05일 때 기각역은 $Z = \dfrac{S-138}{15.17} > 1.96$ 또는 $Z < -1.96$이다. *MBA*의 부호순위의 총합은 $S = 146$이고, $Z = \dfrac{146-138}{15.17} = 0.53$이 기각역에 포함되지 않으므로 귀무가설을 유의수준 0.05에서 기각할 수 없다. $p$값은 양측검정이므로 $Pr(Z > 0.53)$의 2배가 된다. 따라서, $p$값 $= 2 \times Pr(Z > 0.53) = 2 \times 0.2981 = 0.5962$로 유의수준 0.05보다 크므로, 귀무가설을 기각할 수 없음을 알 수 있다.

**12**

| 대학 | $X_i$ 순위 | $Y_i$ 순위 | 차이 $D_i$ | $D_i^2$ |
|---|---|---|---|---|
| 1 | 1 | 11 | −10 | 100 |
| 2 | 3 | 9 | −6 | 36 |
| 3 | 8 | 6 | 2 | 4 |
| 4 | 6 | 7 | −1 | 1 |
| 5 | 12 | 3.5 | 8.5 | 72.25 |
| 6 | 4 | 12 | −8 | 64 |
| 7 | 2 | 10 | −8 | 64 |
| 8 | 5 | 8 | −3 | 9 |
| 9 | 7 | 3.5 | 3.5 | 12.25 |
| 10 | 9 | 2 | 7 | 49 |
| 11 | 10 | 5 | 5 | 25 |
| 12 | 11 | 1 | 10 | 100 |
| | | | 합 | 536.5 |

$\sum D_i^2 = 536.5$이므로, $r_{rank} = 1 - \frac{(6)(536.5)}{(12)(144-1)} = -0.876$이다. 순위상관계수의 유의성에 관한 가설검정에 필요한 표본분포는 $r_{rank} \sim N\left(0, \frac{1}{11}\right)$이므로, 유의수준 0.05인 경우의 기각역은 $Z = \frac{r_{rank} - 0}{\sqrt{1/11}} < 1.96$ 또는 $Z < -1.96$ 이 된다. 관측된 순위상관계수 −0.876을 대입하면 $Z = \frac{-0.876 - 0}{\sqrt{1/11}} = -2.91$이고, 이는 기각역에 포함되므로 귀무가설을 유의수준 0.05에서 기각할 수 있다. $p$값은 양측검정이므로 $Pr(Z < -2.91)$의 2배가 된다. 따라서, $p$값 $= 2 \times Pr(Z < -2.91) = 2 \times 0.0018 = 0.0036$으로서 유의수준 0.05보다 작으므로, 귀무가설을 기각할 수 있음을 알 수 있다.

# 찾아보기

# Index

[저자 소개]


▶ 김양렬
서울대학교 산업공학과 졸업
University of Chicago(경영학 박사)
한국과학기술연구원 경제분석연구실 실장
현, 성균관대학교 경영학부 교수
E-mail : kimyy@skku.ac.kr

▶ 민충기
서울대학교 사회과학대학 경제학과 졸업
한국과학기술원(KAIST) 경영과학과 졸업(경영과학 석사)
University of Chicago 경제학과 졸업(경제학 박사)
미국 George Mason University 경영대학 조교수
Hong Kong Polytechnic University 경영대학 방문교수
현, 한국외국어대학교 경제학과 교수
E-mail : cmin@hufs.ac.kr

▶ 윤선희
홍익대학교 경영학과 졸업
홍익대학교 대학원 경영학과 졸업(경영학박사)
미국 University of Toledo PostDoc.
서울시립대학교, 홍익대학교, 동덕여자대학교, 인천대학교, 순천향대학교 등 강사
Journal of cleaner production(JCP), International Journal of Production Economics(IJPE)
한국생산관리학회지 등 국내외 학회지에 다수 논문발표.
미국 Mid-west DSI에서 Best Research Paper Award수상.
현: 한양대학교 강의교수
E-mail : younsh365@hanyang.ac.kr



제4판 경영경제 **통계학** –Excel 2013을 이용한 분석–

2001년 2월 28일 초 판 1쇄 발행
2005년 9월 1일 개정판 1쇄 발행
2013년 2월 28일 제 3 판 1쇄 발행
2014년 2월 28일 제 4 판 1쇄 발행
2016년 8월 25일 제 4 판 3쇄 발행

저 자 **김양렬 · 민충기 · 윤선희**
발행인 **한 의 명**
발행처 **명 경 사**
서울 영등포구 경인로 82길 3-4 센터플러스 714호
전화 2164－1591(代) 팩스 2164－1594
Home-page : mkpub.co.kr
E-mail : mkpub@hanmail.net
등록 2000년 8월 9일 제10-2024(倫)

• 정가 35,000원

※ 저자와 합의하에 인지 생략함

ISBN 978-89-94236-56-8



이 책의 무단 전재 또는 복제행위는 저작권법 제136조 제1항에 의거, 5년 이하의 징역 또는 5,000만원 이하의 벌금에 처하게 됩니다.